Bayerns Anfänge als Verfassungsstaat
Die Konstitution von 1808

Bayerns Anfänge als Verfassungsstaat

Die Konstitution von 1808

Eine Ausstellung im Bayerischen Hauptstaatsarchiv

Staatliche Archive Bayerns

München 2008

Ausstellungskataloge der Staatlichen Archive Bayerns
herausgegeben von der Generaldirektion der Staatlichen Archive Bayerns
Schriftleitung: Michael Stephan
Nr. 49: Bayerns Anfänge als Verfassungsstaat. Die Konstitution von 1808.
Eine Ausstellung im Bayerischen Hauptstaatsarchiv.

München 2008

Bayerisches Hauptstaatsarchiv, 22. Februar bis 4. Mai 2008

Ausstellung und Katalog:
Stefanie Albus, Nicole Finkl, Julian Holzapfl, Thomas Paringer, Michael Puchta, Laura Scherr, Martin Schramm,
Nicola Schümann, Marcus Sporn, Till Strobel, Michael Unger, Monika von Walter
(Vorbereitungsdienst 2006/08 für den höheren Archivdienst der Bayerischen Archivschule) mit einem Beitrag von Esteban Mauerer

Koordination und Leitung: Michael Stephan
Redaktionelle Mitarbeit: Claudia Pollach und Karin Hagendorn
Ausstellungsfotografie, Katalogrepros, Farbprints: Gerhard Fürmetz, Wolfgang Kapfer, Jutta Martin, Doris Wörner

Die Ausstellung wurde durch eine großzügige Spende der Sparda-Bank München unterstützt.

Einbandgestaltung: Maja Kluy, München
Vor der Karte von 1808 (vgl. Nr. 4.1b) werden das Titelblatt der Konstitution von 1808 (vgl. Abb. S. 9)
und ein Porträt von König Max I. Joseph gezeigt (vgl. Nr. 5.1a).

Bezugsadresse: Bayerisches Hauptstaatsarchiv, Postfach 221152, 80501 München

ISBN 978-3-938831-09-0
ISSN 0932-5042

Gesamtherstellung:
VDS – Verlagsdruckerei Schmidt, 91413 Neustadt an der Aisch

Inhalt

Leihgeber

Augsburg, Diözesanmuseum St. Afra: 13.10
Augsburg, Priesterseminar St. Hieronymus: 13.9
Augsburg, Stadtarchiv: 13.8
Ingolstadt, Bayerisches Armeemuseum: 10.2, 10.3, 10.6, 10.7, 10.9b, 10.9c, 10.11a, 10.11b, 10.11c, 10.11d, 10.12a, 10.12c
München, Bayerische Staatsbibliothek: 2.6, 7.8, 12.10, 13.1a, 13.6
München, Bayerisches Hauptstaatsarchiv, Geheimes Hausarchiv: 4.10a, 5.1a, 5.2a, 5.2c, 5.4b, 5.6b, 12.9a, 12.9b, 12.9c, 12.9d
München, Bayerisches Nationalmuseum: 6.5
München, Landesamt für Vermessung und Geoinformation: 9.5c
München, Münchner Stadtmuseum: 11.9c
München, Privatbesitz (Dr. Michael Stephan): 6.1
München, Staatliche Münzsammlung: 1.4, 5.1b
München, Staatsarchiv München: 8.5, 9.2a, 9.2b, 9.2c, 9.6, 9.8, 11.2a, 11.2b, 11.3b, 11.9a, 11.9b, 12.3a
Wasserburg, Stadtarchiv: 8.3a, 8.3b, 8.6, 8.7a, 8.7b, 8.9, 8.10a, 8.10b
Wasserburg, Stadtmuseum: 8.10c, 8.10d

Abkürzungen

GBl	Gesetzblatt
RBl	Regierungsblatt
ZBLG	Zeitschrift für bayerische Landesgeschichte
AR	Antiquarregistratur
Bayern Urk.	Bayern Urkunden
BayHStA	Bayerisches Hauptstaatsarchiv
BS	Bildersammlung
Fasz.	Faszikel
GL	Gerichtsliteralien
GR	Generalregistratur
HS	Handschriftensammlung
KL	Klosterliteralien
KU	Klosterurkunden
LRA	Landratsämter
MA	Außenministerium
MA KuPl	Außenministerium, Karten und Pläne
MF	Finanzministerium
MInn	Innenministerium
MInn KuPl	Innenministerium, Karten und Pläne
MJu	Justizministerium
MK	Kultusministerium
NL	Nachlass
OBB KuPl	Oberste Baubehörde, Karten und Pläne
OP	Offizierspersonalakten
Perg.	Pergament
PLS	Plansammlung
RA	Regierungsakten
StAM	Staatsarchiv München
StR	Staatsrat
Urk.	Urkunde
WB	Wittelsbacher Bildersammlung

Zum Geleit

In der umfangreichen, kaum mehr überschaubaren landesgeschichtlichen Literatur Bayerns fehlt immer noch eine Verfassungsgeschichte des 19. und 20. Jahrhunderts. Das ist auch deshalb sehr bedauerlich, weil die bayerische Verfassungsentwicklung bemerkenswert eigenständige Züge trägt. Die geschriebenen Verfassungen von 1808 über 1818 und 1919 bis 1946 sind Schlüsseldokumente der bayerischen Geschichte. Ihr Inhalt und ihre Wirkungen bestimmen wesentlich den Weg vom Neuen Bayern der Zeit um 1800 zum modernen Bayern unserer Tage, das in der geltenden Verfassung als Rechts-, Kultur- und Sozialstaat bezeichnet wird. Bayerische Verfassungsgeschichte ist deshalb nicht nur ein wichtiges Thema der Rechts- und Geschichtswissenschaft, sondern sie kann zugleich großes geschichtspolitisches Interesse beanspruchen: Bayerns Entwicklung zum modernen Verfassungsstaat ist eine Erfolgsgeschichte, deren Bedeutung für das Selbstbewusstsein und die Identität der Menschen in unserem Land nicht unterschätzt werden darf.

Nach dem intensiven Monarchie-Jubiläum im Jahr 2006 leisten die Staatlichen Archive Bayerns deshalb 2008 gerne einen Beitrag zu einem besonderen Verfassungsjubiläum: Vor 200 Jahren ist mit der „Konstitution für das Königreich Baiern" die erste geschriebene Verfassung des jungen Königreichs entstanden; sie wurde am 1. Mai 1808 erlassen, am 25. Mai 1808 im Regierungsblatt veröffentlicht und trat – nach dem Erlass zahlreicher als „Organische Edikte" bezeichneten Vollzugsvorschriften – am 1. Oktober 1808 in Kraft. Die Geschichtswissenschaft hat sie mit Recht als „einen weiten Schritt hinein in die Zukunft des modernen Verfassungsstaates und der modernen Staatsbürgergesellschaft" (Hans-Ulrich Wehler) bezeichnet, als eine Verfassungsordnung, in der sich „die geistige Begründung des modernen bayerischen Staates" spiegelt (Karl Möckl), als ein Instrument, das Bayern „zu einem einheitlichen, modern durchorganisierten Verwaltungs- und Rechtsstaat" (Eberhard Weis) machen sollte.

Da die Konstitution bereits 1818 von einer neuen Verfassung abgelöst wurde, die dann im Wesentlichen bis 1918 in Geltung blieb, findet sie nicht immer die Aufmerksamkeit, die sie auch deshalb verdient, weil einige ihrer Elemente „moderner" erscheinen als die Regelungen der Verfassungsurkunde von 1818. Darauf – und auf vieles andere – will diese Ausstellung hinweisen, die die Konstitution im Zusammenhang mit den „Organischen Edikten" und vielen weiteren, teilweise bis heute nachwirkenden Ausführungsregelungen vor Augen führt. Die Ausstellung will die Bedeutung der Konstitution von 1808 in das Bewusstsein einer breiteren Öffentlichkeit heben und zugleich zu einer vertieften wissenschaftlichen Auseinandersetzung mit diesem eigenständigen bayerischen Beitrag zur Reformpolitik in der Rheinbundzeit anregen.

Die Ausstellung ist gleichsam ein in Teamwork gefertigtes Werkstück der Teilnehmerinnen und Teilnehmer des Vorbereitungsdienstes für den höheren Archivdienst 2006/2008 an der Bayerischen Archivschule. Unter der Leitung von Archivdirektor Dr. Michael Stephan und mit Unterstützung der redaktionellen Arbeitsgruppe der Generaldirektion der Staatlichen Archive Bayerns sollten die zukünftigen Archivarinnen und Archivare des höheren Dienstes ihre Fähigkeiten auf dem Feld der historisch-politischen Bildungsarbeit unter Beweis stellen. Ob das gelungen ist, muss dem Urteil der Ausstellungsbesucher überlassen bleiben. Auch der wissenschaftliche Katalogband ist ein Gemeinschaftswerk.

Den einleitenden Katalogbeitrag hat Dr. Esteban Mauerer geschrieben, der gegenwärtig am zweiten, bis 1807 reichenden und vor der Drucklegung stehenden Band der Edition der Protokolle des Bayerischen Staatsrats 1799 bis 1817 arbeitet, und damit als einer der besten Kenner der Entstehungsphase der Konstitution angesehen werden darf.

Ich danke allen Bearbeitern, allen Leihgebern sowie der Foto- und der Restaurierungswerkstatt des Bayerischen Hauptstaatsarchivs, die ein weiteres Mal ihre ausstellungstechnische Professionalität bewiesen haben. Die Herstellung des Katalogs lag in den bewährten Händen der Verlagdruckerei Schmidt (Neustadt a. d. Aisch), die wieder einmal mit sehr knappen Terminen zurechtkommen musste.

Auch dieses Ausstellungsprojekt ist von den Freunden und Förderern des Bayerischen Hauptstaatsarchivs e.V. großzügig unterstützt worden.

Es wäre schön, wenn von dieser Ausstellung wissenschaftliche und verfassungspatriotische Wirkungen ausgingen.

Prof. Dr. Hermann Rumschöttel
Generaldirektor der Staatlichen Archive Bayerns

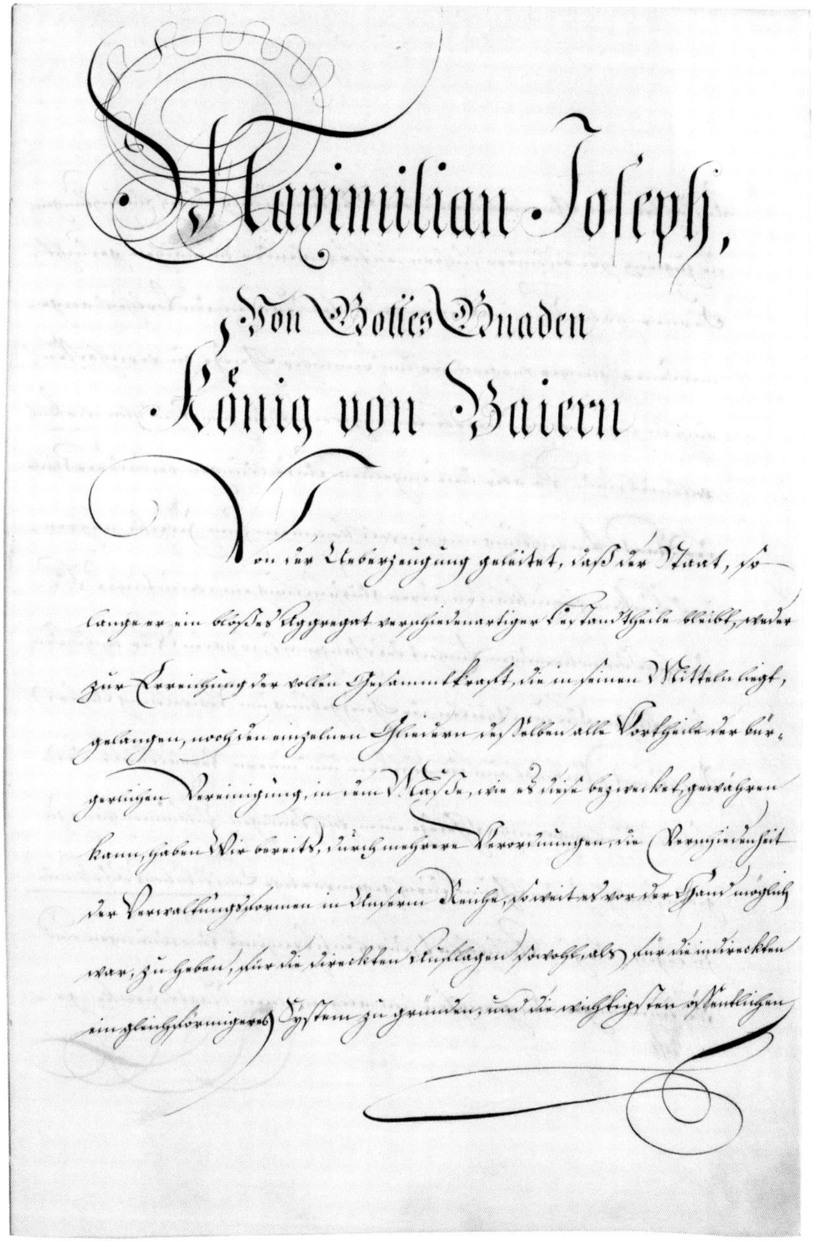

Maximilian Joseph,

Von Gottes Gnaden König von Baiern

Von der Ueberzeugung geleitet, daß der Staat, so lange er ein bloßes Aggregat verschiedenartiger Bestandtheile bleibt, weder zur Erreichung der vollen Gesammtkraft, die in seinen Mitteln liegt, gelangen, noch den einzelnen Gliedern desselben alle Vortheile der bürgerlichen Vereinigung, in dem Maße, wie es diese bezwecket, gewähren kann, haben Wir bereits durch mehrere Verordnungen die Verschiedenheit der Verwaltungsformen in Unserem Reiche, so weit es vor der Hand möglich war, zu heben, für die direkten Auflagen sowohl, als für die indirekten ein gleichförmigeres System zu gründen, und die wichtigsten öffentlichen

Original der Konstitution vom 1. Mai 1808, Bl. 1

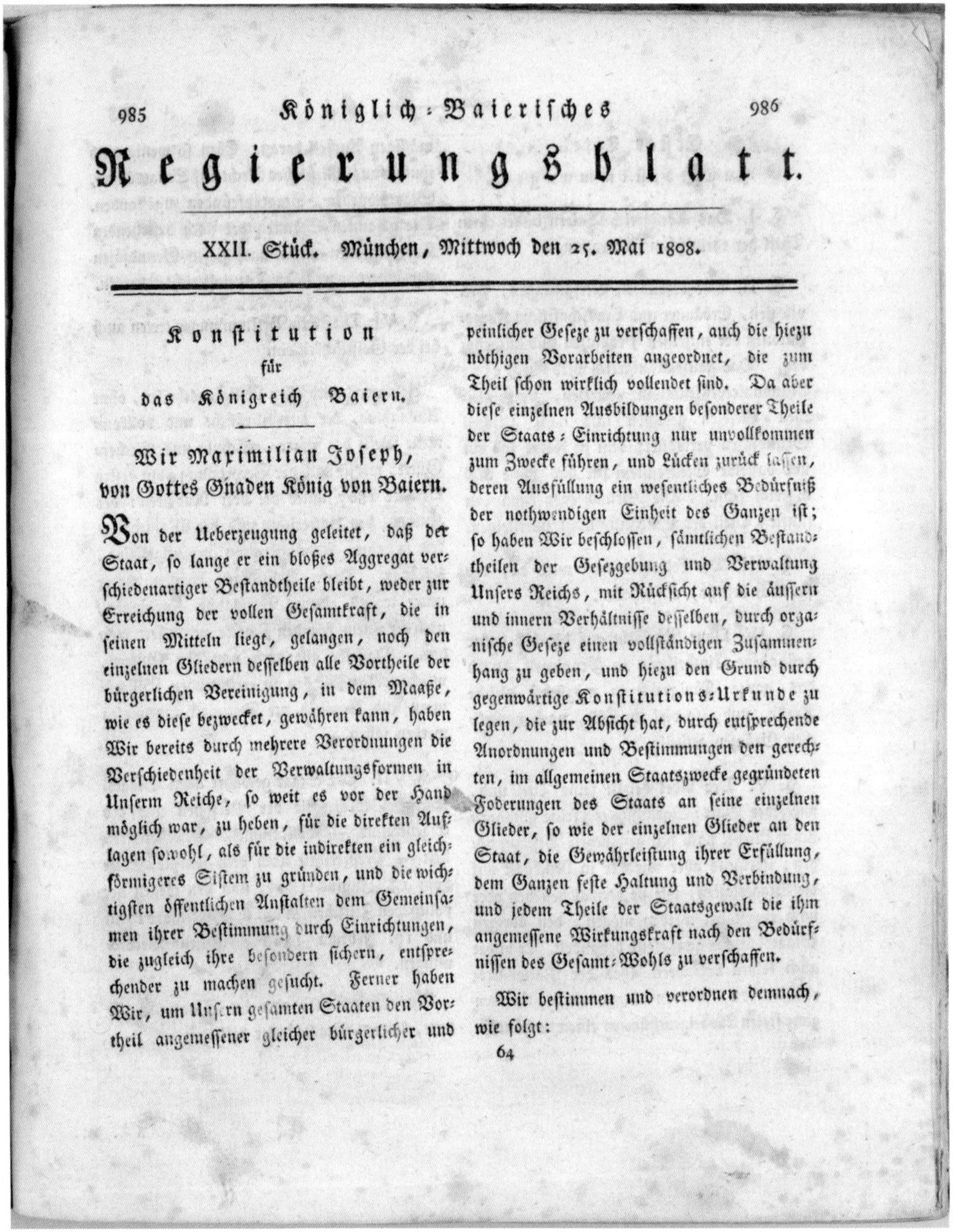

985 Königlich-Baierisches 986

Regierungsblatt.

XXII. Stück. München, Mittwoch den 25. Mai 1808.

Konstitution für das Königreich Baiern.

Wir Maximilian Joseph, von Gottes Gnaden König von Baiern.

Von der Ueberzeugung geleitet, daß der Staat, so lange er ein bloßes Aggregat verschiedenartiger Bestandtheile bleibt, weder zur Erreichung der vollen Gesamtkraft, die in seinen Mitteln liegt, gelangen, noch den einzelnen Gliedern desselben alle Vortheile der bürgerlichen Vereinigung, in dem Maaße, wie es diese bezwecket, gewähren kann, haben Wir bereits durch mehrere Verordnungen die Verschiedenheit der Verwaltungsformen in Unserm Reiche, so weit es vor der Hand möglich war, zu heben, für die direkten Auflagen sowohl, als für die indirekten ein gleichförmigeres Sistem zu gründen, und die wichtigsten öffentlichen Anstalten dem Gemeinsamen ihrer Bestimmung durch Einrichtungen, die zugleich ihre besondern sichern, entsprechender zu machen gesucht. Ferner haben Wir, um Unsern gesamten Staaten den Vortheil angemessener gleicher bürgerlicher und peinlicher Geseze zu verschaffen, auch die hiezu nöthigen Vorarbeiten angeordnet, die zum Theil schon wirklich vollendet sind. Da aber diese einzelnen Ausbildungen besonderer Theile der Staats-Einrichtung nur unvollkommen zum Zwecke führen, und Lücken zurück lassen, deren Ausfüllung ein wesentliches Bedürfniß der nothwendigen Einheit des Ganzen ist; so haben Wir beschlossen, sämtlichen Bestandtheilen der Gesezgebung und Verwaltung Unsers Reichs, mit Rücksicht auf die äussern und innern Verhältnisse desselben, durch organische Geseze einen vollständigen Zusammenhang zu geben, und hiezu den Grund durch gegenwärtige Konstitutions-Urkunde zu legen, die zur Absicht hat, durch entsprechende Anordnungen und Bestimmungen den gerechten, im allgemeinen Staatszwecke gegründeten Foderungen des Staats an seine einzelnen Glieder, so wie der einzelnen Glieder an den Staat, die Gewährleistung ihrer Erfüllung, dem Ganzen feste Haltung und Verbindung, und jedem Theile der Staatsgewalt die ihm angemessene Wirkungskraft nach den Bedürfnissen des Gesamt-Wohls zu verschaffen.

Wir bestimmen und verordnen demnach, wie folgt:

64

Druck der Konstitution im Regierungsblatt vom 25. Mai 1808

Die „Konstitution für das Königreich Baiern“ vom 1. Mai 1808

Von Esteban Mauerer

Der Weg zur Konstitution

Das *Königlich-Bairische Intelligenzblatt* machte am 21. Mai 1808 mit folgender Meldung auf: „Se[ine] königl[iche] Majestät haben für zweckmäßig befunden, dem Königreiche eine neue, allgemeine gleiche Konstitution zu geben, und statt der bisher nur in einigen Provinzen bestandenen besonderen landschaftlichen Verfassungen eine allgemeine Repräsentation einzuführen. Diesem zur Folge wurden alle bisherigen landschaftlichen Korporationen aufgehoben, die Versammlung der landschaftlichen Deputirten aufgelöst und befohlen den General-Landes-Kommissären alle landschaftl[ichen] Archive, Registraturen und Gebäude zu übergeben“.[1]

Während hier die Verordnung vom 1. Mai über die „Auflösung der dermaligen landschaftlichen Korporationen“[2] in knapper Form, aber in ihrem wesentlichen Inhalt zusammengefasst wurde, begnügte sich das Intelligenzblatt der folgenden Woche mit einem ganz kurz gehaltenen Hinweis auf die Publikation der angekündigten „neue[n], allgemeine[n] gleiche[n] Konstitution“. Das 22. Stück des Regierungsblattes, so erfuhr das Publikum, „enthält die Konstitution für das Königreich Baiern“[3]. Über den näheren Inhalt der „Konstitutions-Urkunde“[4] vom 1. Mai 1808 wurde hier allerdings kein Wort verloren, so dass sich die Leser auf den Text im amtlichen Publikationsorgan der Regierung verwiesen sahen.

Im Regierungsblatt vom 25. Mai 1808 fanden sie auf 16 eng bedruckten Spalten ein Verfassungsdokument, das die wesentlichen Reformen festschrieb, mit denen die Regierung unter Max IV./I. Joseph seit 1799 den Staat umgestaltet hatte.[5] Die Konstitution von 1808 brachte die „Revolution von oben“ in ein System und stellte „fraglos den Höhepunkt der Reformtätigkeit [des Ministers] Montgelas dar“.[6] Die tiefgreifende Neugestaltung der politisch-sozialen Ordnung im Kurfürstentum, seit 1806 Königreich Bayern, fügt sich in eine Phase der deutschen und europäischen Geschichte, die in beschleunigtem Wandel den Übergang von der Welt Alteuropas zur Moderne erlebte. Auflösungstendenzen in der ständischen Gesellschaft, die Genese neuartiger politischer Konzeptionen, der Untergang des Alten Reiches mit der Folge einer sich neu entfaltenden Reformdynamik in Staat, Gesellschaft und Wirtschaft prägten die Geschichte der deutschen Territorien und zumal Bayerns. In diesen Kontext gehört die bayerische Verfassung von 1808,

1 Intelligenzblatt 1808, 325.
2 RBl 1808, 961.
3 Intelligenzblatt 1808, 343.
4 So die Formulierung in der Präambel zur Konstitution; vgl. Textedition in diesem Band S. 324.

5 Die Konstitution wurde zuerst publiziert im RBl 1808, 985. – Edition bei Wenzel, Verfassungsurkunden und vgl. Textedition in diesem Band S. 324–332. – Darstellungen (Auswahl): Zimmermann, Bayerische Verfassungsgeschichte. – Wegelin. – Dokumente zur Geschichte von Staat und Gesellschaft III/1, bes. S. 152–190. – Möckl, Die bayerische Konstitution. – Eberhard Weis, Die Begründung des modernen bayerischen Staates unter König Max I. (1799–1825). In: Spindler IV/1, S. 3–126, bes. S. 64–67 (mit umfangreichen Quellen- und Literaturnachweisen). – Weis, Montgelas Bd. 2, S. 371–387. – Zuletzt Axel Kellmann – Patricia Drewes, Die süddeutschen Reformstaaten (Bayern, Württemberg, Baden). In: Peter Brandt – Martin Kirsch – Arthur Schlegelmilch unter redaktioneller Mitarbeit von Werner Daum (Hrsg.), Handbuch der europäischen Verfassungsgeschichte im 19. Jahrhundert. Institutionen und Rechtspraxis im gesellschaftlichen Wandel. Bd. 1: Um 1800, Bonn 2006, S. 714–784, bes. S. 718–722.
6 Helmut Neuhaus, Auf dem Wege von „Unsern gesamten Staaten“ zu „Unserm Reiche“. Zur staatlichen Integration des Königreiches Bayern zu Beginn des 19. Jahrhunderts. In: Wilhelm Brauneder (Hrsg.), Staatliche Vereinigung: Fördernde und hemmende Elemente in der deutschen Geschichte ... (Beihefte zu „Der Staat“ 12), Berlin 1998, S. 107–126, hier S. 125.

die als „erste genuin deutsche Konstitution“[7] in sechs „Titeln“ vor allem Grundsätze der staatlichen Organisation, daneben der Stellung des königlichen Hauses im Staat sowie der vorgesehenen Einführung einer Nationalrepräsentation umriss. Nach dem Willen des Königs waren damit „die Grundlagen der künftigen Verfassung Unseres Reichs“ festgelegt, die durch noch auszuarbeitende Zivil- und Strafgesetzbücher und so genannte Organische Gesetze ergänzt werden sollten, welche den „Bestimmungen theils zur nähern Erläuterung dienen, theils die Art und Weise ihres Vollzugs vorzeichnen“[8].

Die schriftliche Fixierung der Staatsorganisationsprinzipien sowie des Verhältnisses zwischen Staat und Bürgern in einer Verfassungsurkunde ergab sich mit einer „gewissen Zwangsläufigkeit“ aus der Reform von Staat und Gesellschaft.[9] Da die Reformen vielfach gegen die Widerstände vormals privilegierter sozialer Gruppen durchgesetzt werden mussten, empfahl es sich, den neuen Zustand des Gemeinwesens – anders formuliert: seine Konstitution – schriftlich zu dokumentieren und dadurch verbindlich festzuschreiben. Zugleich stärkte damit die Reformbürokratie ihre Position gegenüber einem – etwa bei einem Herrscherwechsel möglichen – Wandel der monarchischen Gesinnung wie gegenüber der Kritik, die aus unterschiedlichen Interessenlagen heraus von Adel und aufgeklärtem Bürgertum an den neuen Zuständen geäußert wurde.

Der enge Zusammenhang zwischen politischer (Neu-)Gestaltung einerseits, verfassungsmäßiger (oder wenigstens schriftlicher, rechtsförmiger) Fixierung andererseits trat schon wenige Monate nach dem Regierungsantritt Max IV. Josephs zutage. Am 10. September 1799 genehmigte der Kurfürst in einer Sitzung der Geheimen Staatskonferenz den Antrag des Ministers Montgelas, ein neues Staatsrecht für Bayern auszuarbeiten.[10] Dieser nach den „praktischen Bedürfnissen der Verwaltung“ auszuarbeitende Entwurf sah weitreichende Eingriffe in das Staatskirchenrecht vor (die Säkularisation zeichnete sich ab), während er sich im Übrigen mit der Erfassung des politischen status quo begnügte.[11] Die ständische Verfassung und Gesellschaft mussten in diesem Entwurf noch als gegeben akzeptiert werden, auch wenn Montgelas bereits Pläne zu ihrer Überwindung formuliert hatte – im Rechtsrahmen des Alten Reiches, der die landständische Verfassung schützte, war kein Platz für derartige Vorgehensweisen. Anders gewendet: Die Reformpolitiker unter Montgelas durften in den ersten Regierungsjahren auf dem Weg der Integration und Vereinheitlichung der Staatsgewalt nur soweit voranschreiten, als ständische Rechtspositionen nicht beeinträchtigt wurden. Damit rückte gleichzeitig die „Vereinheitlichung und Zentralisierung der Verwaltung“[12] als Mittel der inneren Staatsbildung in den Vordergrund und wurde zu einem intensiv bearbeiteten Feld der Politik.

Der Ausarbeitung eines neuen Staatsrechts als Fixierung der Verfassungslage standen zudem die wechselnden politischen Konjunkturen entgegen. Als man nach dem Ende der Besetzung Münchens und weiterer Teile Bayerns durch die Franzosen von Juni 1800 bis April 1801 zum politischen Normalbetrieb zurückkehrte, stand vor allem die schon länger virulente Frage der Einberufung eines Landtags auf der politischen Agenda. Solange aber die Neujustierung des Verhältnisses zwischen Herrscher und Ständen, zwischen Staat und intermediären Kräften nicht geregelt war, konnte man an eine schriftliche Fixierung der grundlegenden staatsrechtlichen Normen nicht denken. Dazu kam, dass die durch den Reichsdeputa-

[7] Hans-Ulrich Wehler, Deutsche Gesellschaftsgeschichte. Bd. 1: Vom Feudalismus des Alten Reiches bis zur defensiven Modernisierung der Reformära 1700–1815, 2. Aufl. München 1989, S. 383.

[8] Konstitution; vgl. Textedition in diesem Band S. 332.

[9] Hans Boldt, Deutsche Verfassungsgeschichte. Politische Strukturen und ihr Wandel. Bd. 2: Von 1806 bis zur Gegenwart, München 1990, S. 75.

[10] Staatsratsprotokolle Bd. 1, S. 149, Tagesordnungspunkt (fortan: TOP) 14.

[11] Vgl. Zimmermann, Bayerische Verfassungsgeschichte, S. 91, 116. – Schimke, Regierungsakten, S. 19 Anm. 35. – Weis, Montgelas Bd. 2, S. 96.

[12] Weis, Montgelas Bd. 2, S. 371.

tionshauptschluss zu erwartenden territorialen Umwälzungen eine Vergrößerung des Staatsgebiets mit noch nicht absehbaren Integrationsproblemen erwarten ließen. Es verwundert daher nicht, dass die Pläne zu einer staatsrechtlichen Grundordnung erst wieder aufgegriffen wurden, als 1806 die Territorien der mediatisierten kleineren Reichsfürsten und Reichsgrafen in den Staatsverband eingegliedert werden mussten. Dies verband sich mit Umständen, welche die politische Stellung Bayerns fundamental verändert hatten: Bayern, seit 1805 im Bündnis mit Frankreich, war am 1. Januar 1806 zum Königreich proklamiert worden, wodurch es die staatliche Souveränität erlangte. Die Erosion des Reichsverbandes verdeutlichte sich darin ebenso wie in der Gründung des Rheinbundes im Juli 1806 unter der Ägide Napoleons. Dass dem Austritt der Mitglieder des Rheinbundes aus dem Reichsverband (1. August 1806) wenige Tage später die Niederlegung der Kaiserkrone durch Franz II. folgte, war insofern nur folgerichtig. Für die leitenden Politiker des neuen Königreichs Bayern stellte sich die Situation zwiespältig dar: Zum einen waren nunmehr die rechtlichen Barrieren endgültig beseitigt, die sich im Alten Reich der Umgestaltung von Staat und Gesellschaft mit den Konzepten des bürokratischen Staatsabsolutismus[13] entgegengestellt hatten. Zum anderen ergaben sich aus der Zugehörigkeit zum Rheinbund neue Zwänge, die den Handlungsspielraum einschränkten. Der im Dezember 1806 im Kontext der Regelung der Rechtsverhältnisse der Standesherren formulierte Entwurf einer „Konstitution" für das Königreich war deshalb auch von der Sorge bestimmt, eine neue Bundesakte könne derartige Vorhaben behindern und die Reichweite autonomer Politik begrenzen.[14]

[13] Walter Demel, Vom aufgeklärten Reformstaat zum bürokratischen Staatsabsolutismus (Enzyklopädie deutscher Geschichte 23), München 1993. – Speziell zu Bayern: Demel, Staatsabsolutismus.

[14] Zitat: Michael Doeberl, Rheinbundverfassung und bayerische Konstitution (Sitzungsberichte der Bayerischen Akademie der Wissenschaften. Philosophisch-philologische und historische Klasse, Jg. 1924, 5. Abhandlung), München 1924, S. 34.

Zwar wurde der Entwurf vom Dezember 1806 nicht realisiert, doch war die Richtung künftiger Verfassungspolitik vorgezeichnet. Denn Montgelas lehnte den Konstitutionsplan nicht grundsätzlich ab, sondern sah nur die Zeit noch nicht gekommen, ihn zu verwirklichen. Mit den Prinzipien stimmte er überein. Der von dem Geheimen Referendär Georg Friedrich von Zentner ausgearbeitete Entwurf legte den Schwerpunkt darauf, die in den bayerischen „Staaten nach ihren vormaligen Verhältnissen bestehenden verschiedenen Verfassungen unter *einer* Konstitution" für das ganze „Königreich zu vereinigen, durch welche jeder Klasse ihr Eigentum und ihre persönlichen Vorrechte gesichert werden, ohne die Staatsverwaltung in ihren notwendigen Handlungen nach den Bedürfnissen der Zeit zu hemmen".[15] Indem Zentner auf politische Zentralisierung (und gesellschaftliche Homogenisierung) bei gleichzeitiger Anerkennung individueller besitzrechtlicher Ansprüche setzte, reformulierte er die Prinzipien der bayerischen Politik seit 1799. Dass dabei dem Staat der unbedingte Primat bei der Realisierung der politischen Zielvorgaben zukam – die Verwaltung durfte ja „in ihren notwendigen Handlungen" nicht beschränkt werden –, war nach der Überzeugung Montgelas' und seiner Mitarbeiter eine Bedingung für das Fortschreiten der Reformpolitik, die insofern auf die „Bedürfnisse der Zeit" reagierte.

Als Zentner im Dezember 1806 seinen Verfassungsentwurf vorlegte, stellten sich allerdings noch Restbestände ständischer Organisation dem staatlichen Politikmonopol hemmend entgegen. Daraus ergaben sich Konflikte, die sich vor allem im Bereich der Finanzverfassung zeigten. Denn das Recht der ständischen Steuergewährung bzw. Steuerverwaltung durchbrach das Prinzip der Monopolisierung aller politischen Agenden beim Staat, und das in einem eminent wichtigen Bereich. Die mit der Suspendierung ständischer Rechtspositionen zugunsten des Staates einhergehenden Überlegungen, wie sie in Staats-

[15] Zit. nach Doeberl, Rheinbundverfassung (wie Anm. 14) S. 34 (Hervorhebung im Original).

rat und Staatskonferenz seit 1799 diskutiert wurden, verknüpften sich deswegen regelmäßig mit Etat- bzw. Steuerfragen.[16]

Es lag also in der Logik der Entwicklung, dass die endgültige Beseitigung der durch die Säkularisation und den Wegfall reichsrechtlichen Schutzes bereits wesentlich geschwächten Ständevertretung im Kontext von Etatfragen stattfand. Als in der Sitzung der Geheimen Staatskonferenz vom 8. Juni 1807 Finanzminister Hompesch den äußerst prekären Zustand der Staatsfinanzen erörterte, ging er über konventionelle Abhilfen wie Steigerung der Einnahmen sowie Senkung der Ausgaben weit hinaus und entwarf eine alternative Finanzarchitektur, deren Grundlage die Einheitlichkeit der Besteuerung sein sollte.[17] Das bedeutete nichts weniger als die Abschaffung adeliger Steuerprivilegien mit der Folge, dass nunmehr prinzipiell alle Bürger die gleiche Steuerpflicht zu tragen hatten. Damit entfiel gleichzeitig die Steuerverwaltung durch intermediäre Kräfte; stattdessen war die Steuererhebung beim Staat zu zentralisieren.[18]

Wenn aber die Finanzverfassung verstaatlicht wurde, entfiel ein wesentlicher Grund für die weitere Existenz der hergebrachten, ständisch dominierten Landesrepräsentation. Hier setzte Montgelas in seinem in der Sitzung vom 8. Juni 1807 folgenden Vortrag an: Da Proteste der Landschaft wegen des Verlustes ihrer Steuerprivilegien zu erwarten waren, sei grundsätzlich zu prüfen, „ob künftig noch eine Landes Repraesentation bestehen solle oder nicht“[19]. Der König als Adressat dieser Frage war offenbar von Montgelas entsprechend vorbereitet worden, denn er beschloss unmittelbar im Anschluss an den Vortrag seines Ministers, „daß eine Repraesentation des Landes auch für die Zukunft, aber nur eine vereint für das ganze Königreich, doch nach anderen festzusezenden Grundsäzen und ohne Einmischung in die Erhebung der Steuern oder anderen Gefällen, und Verwaltung ihrer bisherigen Cassen bestehen solle“[20]. Damit änderte sich die staatsrechtliche Struktur des Königreichs in erheblichem Maße: ein entscheidender Schritt zur Vereinheitlichung des Staatsverbandes war getan worden. Dass dem eine neue rechtliche Rahmung der staatlichen Verhältnisse folgen sollte, war nur konsequent. Der König wies deswegen Montgelas an, in Abstimmung mit den Experten in den Ministerien mit den „nöthige[n] Vorarbeiten zu Entwerfung einer Verfaßung“ zu beginnen.[21]

Der Befehl des Königs, mit den Vorarbeiten „ohnverzüglich“ zu beginnen, verweist nicht zuletzt auf Handlungszwänge, die sich aus der außen- bzw. bündnispolitischen Situation Bayerns ergaben. Denn je mehr zu befürchten war, dass Napoleon den Rheinbund zu einem Bundesstaat unter französischer Führung ausbauen würde, umso mehr war die staatliche Souveränität Bayerns gefährdet. Zu einem drängenden Problem wurde dies, als Napoleon, nach dem Frieden von Tilsit (9. Juli 1807) auf dem Höhepunkt seiner Macht stehend, ein Fundamentalstatut für den Rheinbund auszuarbeiten wünschte. Unter der Voraussetzung, dass Bayern im Rheinbund verbleiben wollte, konnte dieses Vorhaben mit der gerade erst gewonnenen Souveränität des Königreichs kollidieren. Es war insoweit eine Abwehrreaktion gegen den Plan zur zentralistischen Gestaltung des Rheinbundes durch Napoleon, der den letzten Anstoß zur Ausarbeitung einer Konstitution gab. In der Sitzung der Geheimen Staats-

16 Vgl. folgende Protokolle der Sitzungen der Geheimen Staatskonferenz und des Geheimen Staatsrats [die Zitate beziehen sich für die Jahre 1799–1801 jeweils auf Staatsratsprotokolle Bd. 1 bzw. für die Jahre 1802–1807 auf Staatsratsprotokolle Bd. 2]: Staatskonferenz vom 24. August 1799, TOP 1, Nr. 29, S. 136–139; Staatskonferenz vom 10. September 1799, TOP 14, Nr. 31, S. 149; Staatskonferenz vom 4. November 1799, TOP 1, Nr. 39, S. 183 f.; Staatskonferenz vom 1. Februar 1800, TOP 1, Nr. 51, S. 218–222; Staatskonferenz vom 4. Februar 1800, TOP 1, Nr. 52, S. 225–228; Staatsrat vom 4. November 1801, TOP 12, Nr. 128, S. 458–460; Staatskonferenz vom 2. April 1803, TOP 3, Nr. 98, S. 471–473; Staatskonferenz vom 23. April 1803, TOP 5, Nr. 102, S. 498 f.

17 Staatsratsprotokolle Bd. 2, Nr. 132, S. 633–652.

18 Verordnung über die Aufhebung der Steuerprivilegien und der landschaftlichen Steuerverwaltung vom 8. Juni 1807, im Auszug bei Schimke, Regierungsakten, Nr. 4, S. 63–68.

19 Staatsratsprotokolle Bd. 2, S. 651.

20 Ebd., S. 652.

21 Ebd.

konferenz vom 20. Januar 1808 sanktionierte der König den Antrag Montgelas', „nach den Grundzügen der vorliegenden Constitution des Königreiches Westphalen[22] eine alle Theile der Staats Administration in sich fassende Constitution für das Königreich Baiern, welches künftig mit allen seinen Provinzen nur einen Staats Cörper ausmachen darf, zu entwerffen"[23]. Der gleichzeitig ergangene Beschluss, in dem nach Paris zu sendenden Entwurf des Fundamentalstatuts die innere Gesetzgebung nicht zu thematisieren, sondern vielmehr „Baierns Constitution abgesöndert von diesem Entwurfe" zu proklamieren, schirmte die Souveränitätspolitik des jungen Königreichs zusätzlich ab.[24]

Gleichwohl war Eile geboten. Schon in der Staatskonferenz vom 13. Februar 1808 konnte Montgelas den von ihm selbst erarbeiteten Entwurf einer Konstitution für das Königreich Bayern vorlegen, allerdings um den Preis, dass etliche Paragraphen lediglich in thesenartiger Kürze formuliert werden konnten.[25] Die weitere Bearbeitung und Textredaktion wurde am selben Tag einer aus leitenden Ministerialbeamten bestehenden Organisationskommission übertragen. Sie hatte auch die ergänzenden Organischen Edikte zu entwerfen, durch welche die in der Konstitution lediglich als allgemeine Grundsätze formulierten Bestimmungen gesetzlich präzisiert und in geltendes Recht umgeformt wurden. Dazu kamen in der Staatskonferenz vom 20. Februar noch Ergänzungen des Finanzministers Hompesch sowie von Montgelas. Die Arbeiten schritten rasch voran, so dass am 1. Mai die „Konstitution für das Königreich Bayern" publiziert werden konnte. Sie war nicht als abschließendes Regelwerk konzipiert, sondern legte, wie der König am Ende des Textes formulieren ließ, „die Grundlagen der künftigen Verfassung Unsers Reichs", die als Ganzes am 1. Oktober 1808 in Kraft treten sollte.[26] Die in der Konstitution niedergelegte rechtliche Grundordnung wurde damit in zwei Bezugsebenen eingeschrieben: Sie bildete einerseits die geltenden Regelungen in der Gegenwart ab und eröffnete andererseits einen Gestaltungsraum für die Zukunft. Dies verweist auf unterschiedliche Bedeutungen des Begriffs Verfassung bzw. Konstitution im politischen Diskurs der Zeit.

Die Konstitution in ihrer Zeit

Die politische Sprache der Reformzeit um 1800 und des frühen Konstitutionalismus transportierte mehrere Bedeutungen des Begriffs Verfassung oder Konstitution. Eine ältere Bedeutung verwies auf den empirisch feststellbaren, konkreten Zustand des Staates: jeder Staat *befand* sich in einer bestimmten (auch juridisch bestimmten) Verfassung – folglich *hatte* jeder Staat eine Verfassung. Dieser Bedeutungsgehalt wurde seit der zweiten Hälfte des 18. Jahrhunderts von einem neuen Verständnis überlagert. „Verfassung" verengte sich zum rechtlich geprägten Zustand eines Staates und wurde in der Lehre des Konstitutionalismus mit dem Grundgesetz identisch, das „Einrichtung und Ausübung der staatlichen Herrschaft" regelte.[27] Bei manchen Autoren verband sich das mit den neuen Freiheitsgedanken im Gefolge der Französischen Revolution. Der Verfassung wurde die Aufgabe

22 Vgl. Rüdiger Ham, Die Constitution für das Königreich Westphalen von 1807. Zur Funktion und Funktionsweise der ersten modernen Verfassung in Deutschland. In: Zeitschrift für Neuere Rechtsgeschichte 26 (2004) S. 227–245. – Michael Hecker, Napoleonischer Konstitutionalismus in Deutschland (Schriften zur Verfassungsgeschichte Bd. 72), Berlin 2005 (passim). – Zuletzt Rüdiger Ham – Mario Kandil, Die napoleonischen Modellstaaten. In: Brandt – Kirsch – Schlegelmilch (Hrsg.), Handbuch (wie Anm. 5) S. 684–713.

23 Protokoll der Geheimen Staatskonferenz vom 20. Januar 1808, Bay HStA, StR 8. – Schimke, Regierungsakten, Nr. 6, S. 70–72, hier S. 71.

24 Ebd., S. 72.

25 Druck: Doeberl, Rheinbundverfassung (wie Anm. 14) S. 88–92.

26 Vgl. Textedition in diesem Band S. 332.

27 Dieter Grimm, Konstitution, Grundgesetz(e) von der Aufklärung bis zur Gegenwart. In: Heinz Mohnhaupt – Dieter Grimm, Verfassung. Zur Geschichte des Begriffs von der Antike bis zur Gegenwart (Studien zur Verfassungsgeschichte 47), Berlin 1995, S. 100–141, hier S. 100 (auch zum Folgenden). – Vgl. ders., Deutsche Verfassungsgeschichte 1776–1866. Vom Beginn des modernen Verfassungsstaats bis zur Auflösung des Deutschen Bundes (Neue historische Bibliothek), 3. Aufl. Frankfurt am Main 1995.

zugeschrieben, den Freiheitsraum des Bürgers zu umgrenzen. Bei Johann Adam Bergk etwa avancierte die „rechtliche Konstitution" zur „Schutzwehr der bürgerlichen Freyheit": „Kein Bürger eines Staates ohne rechtliche Verfassung ist frey"[28]. Dabei darf nicht übersehen werden, dass der Freiheitsbegriff selbst ambivalent war: Bei etatistisch geprägten Autoren wurden Freiheit und Freiheitsrechte vom Staat her gedacht und auf den Staatszweck bezogen. Bei anderen Denkern trat hingegen die menschenrechtliche Fundierung der Freiheitsrechte in den Vordergrund: Der Staat hatte demnach Menschenrechte anzuerkennen, weil sie der Mensch – so die vertragstheoretische Fiktion – schon im vorstaatlichen Zustand besessen hatte. In diesem Verständnis erschloss sich der Begriff Konstitution von den Menschenrechten her und koppelte sich an politische Programme, die auf Freiheitsgewähr, Gewaltenteilung und Einrichtung einer Volksvertretung zielten. Die Konstitution eines Staates war damit nicht mehr deckungsgleich mit der vorgefundenen politisch-rechtlichen Grundordnung, sondern war materiell angereichert und aufgeladen durch den Rekurs auf den notwendigen Zusammenhang von Staatsorganisation und Grundrechtsgewährung.

Nähert man sich dem Text der bayerischen Konstitution von 1808 vor dem Hintergrund der hier knapp entfalteten Begriffsgeschichte an, so fällt zunächst die etatistische Prägung der Verfassungsgestaltung auf: Fluchtpunkt war stets der Staat. Er sollte allein vom monarchischen Willen gelenkt und einheitlich organisiert werden und keine autonomen Herrschaftsbezirke sowie ständische Sonderrechtsgebiete mehr dulden. Der durch erhebliche Territorialgewinne vergrößerte Staat sollte keineswegs ein „bloßes Aggregat verschiedenartiger Bestandtheile" bleiben, und das aus zwei Gründen. Zum einen konnte er so nicht „zu Erreichung der vollen Gesamtkraft, die in seinen Mitteln liegt, gelangen", also nicht die zur Verwirklichung seiner politischen Ziele erforderlichen Machtressourcen bilden. Zum anderen konnte ein nur unzureichend ausgebildeter Staatsapparat „den einzelnen Gliedern desselben" nicht „alle Vortheile der bürgerlichen Vereinigung, in dem Maaße, wie es diese bezwecket, gewähren". Hier klang zwar in Form der „bürgerlichen Vereinigung" die naturrechtliche Vertragslehre an, doch war damit nicht notwendig eine emanzipative Kategorie gemeint: In der zeitgenössischen Staatstheorie war noch eine ältere Fassung dieser Lehre präsent, die vom Verlust der natürlichen Rechte durch den Staatsvertrag ausging. Vor diesem Hintergrund konnte man davon sprechen, der Staat „gewähre" den Bürgern die aus dem Zusammenschluss zu einem politischen Körper erwachsenen Vorteile.[29] Im Vordergrund standen folglich die „gerechten, im allgemeinen Staatszwecke gegründeten Forderungen des Staates an seine einzelnen Glieder". Die Forderungen „der einzelnen Glieder an den Staat" traten dahinter zurück. Als Ziel formulierte die Präambel schließlich, „dem Ganzen feste Haltung und Verbindung, und jedem Theile der Staatsgewalt die ihm angemessene Wirkungskraft nach den Bedürfnissen des Gesamt-Wohls zu verschaffen". Betont wurde hier erneut der Aspekt der staatlichen Integration: Sie sollte das „Gesamt-Wohl" fördern, das wiederum im Rahmen des Staatszwecks zu definieren war.

Die Programmsätze der Präambel sind deutlich von der Doktrin des bürokratischen Staatsabsolutismus[30] geprägt, der sein Primärziel in der Beseitigung der Ständeverfassung sah und seit dem Sommer 1808 neue Dynamik entfalten konnte, als „[a]lle besondern Verfassungen, Privilegien, Erbämter und Landschaftliche Korporationen der einzelnen Provinzen" aufgehoben wurden.[31] Fortan bestimmte das „Bestreben nach einheitlicher

[28] Johann Adam Bergk, Untersuchungen aus dem Natur-, Staats- und Völkerrechte mit einer Kritik der neuesten Konstitution der französischen Republik, o.O. 1796 (Ndr. Kronberg/Ts. 1975), S. 81, zit. nach Grimm, Konstitution (wie Anm. 27) S. 110.

[29] Vgl. Diethelm Klippel, Das deutsche Naturrecht am Ende des Alten Reiches. In: Georg Schmidt-von Rhein – Albrecht Cordes (Hrsg.), Altes Reich und neues Recht. Von den Anfängen der bürgerlichen Freiheit, Wetzlar 2006, S. 27–41.

[30] Siehe Anm. 13.

[31] Konstitution, Erster Titel, § II; vgl. Textedition in diesem Band S. 325.

Durchdringung jeden Lebensgebietes von der königlichen Staatsgewalt her“[32] die politische Agenda. Das neue Konstitutionsrecht sollte die innere Staatsbildung vorantreiben, dadurch die Souveränität[33] befestigen, gesamtstaatliche Kompetenzen festlegen und nicht zuletzt die Effektivität der Verwaltung steigern. Die Politik seit 1799 hatte dem vorgearbeitet durch (Neu-)Aufbau und Optimierung des Staatsapparats, vielfältige Maßnahmen der Staatsintegration, Staatsdurchdringung und Staatsvereinheitlichung, durch Ansätze zu Rechtsreformen, durch die Neujustierung der staatlichen Finanzverhältnisse.[34]

All dies legt es nahe, Staat und Bürokratie, Herrschaft und Verwaltung, den Monarchen und die gewaltunterworfene Gesellschaft als die Bezugspunkte der Verfassungsstiftung von 1808 zu sehen. Dafür würde auch sprechen, dass die angekündigte „National-Repräsentation“ niemals zusammentrat.[35] Man hat deswegen in der Forschung des öfteren die Rheinbundverfassungen, zu denen man auch die bayerische Konstitution von 1808 zählt, als bloß scheinkonstitutionell abgewertet, weil es letztlich allein um die Herrschaft der Exekutive und den daraus sich entwickelnden Bürokratismus gegangen sei.[36] Diese Sichtweise hat ihre Berechtigung. Tatsächlich prägte ein zentralistischer Etatismus die Reformpolitik Bayerns in der Ära Montgelas. Daneben darf aber nicht übersehen werden, dass in der Konstitution von 1808 Ansätze erkennbar werden, die über reinen Etatismus hinausweisen. Dietmar Willoweit hat betont, dass mit der urkundlichen Fixierung des konkreten rechtlichen Verfassungszustandes eines Staates charakteristische Folgen eintreten, nämlich „Regelhaftigkeit, Berechenbarkeit und Dauer der die Staatstätigkeit leitenden Normen“[37]. Mit anderen Worten: Hinter die in der Konstitution niedergelegten Grundsätze der staatlichen Organisation und der Regierungsweise konnte man nicht mehr einfach zurück, auch dann nicht, wenn Zielprojektionen der Bürokratie derartige Wendungen nahe legen sollten. Dazu kam, dass sich der Begriff einer Konstitution für die Zeitgenossen mit bestimmten Zuschreibungen verband, aus denen heraus sich Forderungen nach Partizipation und Herrschaftsteilhabe an den Monarchen richten ließen. Elisabeth Fehrenbach hat deshalb darauf hingewiesen, dass die Vorstellung einer Repräsentation dem bürokratischen Absolutismus in einem zentralen Bereich widersprochen habe. Da aber an prominenter Stelle der Verfassungsurkunde eine Nationalrepräsentation für Bayern in Aussicht gestellt wurde, konnte sich die Auffassung entwickeln, nicht mehr allein der Monarch und seine Bürokratie, sondern auch die Repräsentanten des Volkes seien zur Integration des Gemeinwesens befugt und in der Lage.[38] Dagegen ließe sich einwenden, dass durch die

32 Wegelin, S. 164 f.

33 Vgl. Wolfgang Quint, Souveränitätsbegriff und Souveränitätspolitik in Bayern. Von der Mitte des 17. bis zur ersten Hälfte des 19. Jahrhunderts (Schriften zur Verfassungsgeschichte 15), Berlin 1971, S. 252–274.

34 Dazu insgesamt Weis, Begründung (wie Anm. 5). – Ders., Montgelas Bd. 2. – Quellenmaterial bei Schimke, Regierungsakten sowie in den Protokollen des Bayerischen Staatsrats, Staatsratsprotokolle Bd. 1 und Bd. 2.

35 Konstitution, Vierter Titel; vgl. Textedition in diesem Band S. 329.

36 Diese Sicht der Dinge wurde wirkungsmächtig vorgetragen von Ernst Rudolf Huber, Deutsche Verfassungsgeschichte seit 1789. Bd. 1: Reform und Restauration 1789 bis 1830. Rev. Nachdruck der 2. verb. Aufl. Stuttgart-Berlin-Köln o.J. (1990) [zuerst 1957], S. 88–91 (88: „Schein-Konstitutionalismus“), 316, 319–321. Ihm folgten zahlreiche Autoren, zuletzt z.B. Judith Hilker, Grundrechte im deutschen Frühkonstitutionalismus (Schriften zur Verfassungsgeschichte 73), Berlin 2005, S. 145, ähnlich Martin Kirsch, Monarch und Parlament im 19. Jahrhundert. Der monarchische Konstitutionalismus als europäischer Verfassungstyp – Frankreich im Vergleich (Veröffentlichungen des Max-Planck-Instituts für Geschichte 150), Göttingen 1999, S. 241. – Zu den Rheinbundverfassungen vgl. insgesamt Hecker, Napoleonischer Konstitutionalismus; Ham – Kandil, Modellstaaten (jeweils wie Anm. 22).

37 Dietmar Willoweit, Deutsche Verfassungsgeschichte. Vom Frankenreich bis zur Wiedervereinigung Deutschlands. Ein Studienbuch, 5., erw. Aufl. München 2005, S. 277.

38 Elisabeth Fehrenbach, Traditionale Gesellschaft und revolutionäres Recht. Die Einführung des Code Napoléon in den Rheinbundstaaten (Kritische Studien zur Geschichtswissenschaft 13), Göttingen 1974, S. 65.

Verbreiterung der Konsensbasis mittels Einrichtung einer Nationalrepräsentation zunächst lediglich die staatliche Macht gesteigert und effektiviert werden sollte. Dies ergab sich aus der Zielrichtung der Verfassungspolitik und trifft zu. Immerhin zeichnete sich daneben aber das Fernziel der „Teilnahme der gesamten Staatsbürgerschaft an Wahlen und Entscheidungsprozessen" ab.[39] Durch das Fehlen aller ständischen Elemente war, so Eberhard Weis, „das Verfassungsmodell von 1808 ... sogar moderner als die Verfassung von 1818"[40]. Dazu kam die Fixierung gewisser Grundrechte in der Verfassungsurkunde. Diese waren zwar vom Staat her konzipiert und markierten jenen Freiheitsbereich, der sich neutral zum Staatszweck verhielt (insofern wurden diese Grundrechte nicht als angeborene Menschenrechte gedacht).[41] Jedoch muss man auch hier geltend machen, dass nunmehr Konzepte verfassungsrechtlich normiert waren, die diskursiv eben auch im Sinne individueller Freiheitsrechte geprägt und ausgedeutet werden konnten.

Man wird also bei der Beurteilung der Konstitution von 1808 alle Brüche und Ambivalenzen zwischen Altem und Neuem zu berücksichtigen haben, wie sie der Zeit um 1800 eigen waren. Indes: Auch wenn man die Offenheit des geschichtlichen Prozesses betont und Konstellationen eher im Hinblick auf ihre pfadabhängige Genese als auf mögliche künftige Potentiale beurteilt, wird man die Würdigung Hans-Ulrich Wehlers zu bedenken haben, die bayerische Verfassung von 1808 verkörpere „einen weiten Schritt hinein in die Zukunft des modernen Verfassungsstaates und der modernen Staatsbürgergesellschaft"[42].

39 Wehler, Deutsche Gesellschaftsgeschichte Bd. 1 (wie Anm. 7) S. 383.
40 Weis, Begründung (wie Anm. 5) S. 67.
41 Dazu Klippel, Naturrecht (wie Anm. 29), und die dort angegebenen Nachweise.
42 Wehler, Deutsche Gesellschaftsgeschichte Bd. 1 (wie Anm. 7) S. 383.

1. Die Konstitution von 1808 und die staatsrechtliche Stellung Bayerns

Von Marcus Sporn

Als im Januar 1808 in aller Eile im Staatsrat der Entschluss zur Ausarbeitung einer Konstitution für das Königreich Bayern gefasst wurde, stand dahinter nicht nur eine rechtliche Zusammenfassung und Sicherung der bereits vorgenommenen und noch geplanten Reformmaßnahmen sowie die Festigung des Zusammenhalts von Altbayern mit den neu gewonnenen Territorien in Franken und Schwaben durch einen einheitlichen staatsrechtlichen Rahmen. Ausschlaggebend war der durch die geplante Verfassung des Rheinbundes drohende Eingriff in die gerade erst errungene Souveränität des neuen Königreichs, der abgewehrt werden sollte, indem man der Rheinbundverfassung durch eine eigene Konstitution zuvor kam, welche die wichtigsten französischen Forderungen erfüllte und somit die Notwendigkeit für die Schaffung einer umfassenden übergeordneten Verfassung zur Durchsetzung der französischen Ziele überflüssig machen sollte.

Erleichtert wurde dieser Schritt durch den Umstand, dass die von Napoleon geforderten Reformen alles andere als im Widerspruch zu den Reformvorstellungen Montgelas', wie dieser sie bereits im Ansbacher Mémoire 1796 formuliert hatte, standen. Maximilian Joseph Freiherr (seit 1809 Graf) von Montgelas (1759–1838) übte seit seiner mit dem Regierungsantritt des Kurfürsten Max IV. Joseph 1799 erfolgten Ernennung zum leitenden Minister einen überragenden Einfluss auf die bayerische Politik aus. Montgelas hatte bereits vor der Ausarbeitung der Reformschrift für den Reformen gegenüber aufgeschlossenen Max Joseph Erfahrungen in der bayerischen Staatsverwaltung aus erster Hand gewonnen. Nach seinem Rechtsexamen war er 1777 als Hofrat in die Dienste Kurfürst Karl Theodors getreten, musste jedoch u.a. wegen seiner Mitgliedschaft im Illuminatenorden Bayern verlassen und trat 1787 in die Dienste Herzog Karl Augusts von Pfalz-Zweibrücken und nach dessen Tod 1795 in die von dessen Nachfolger Max Joseph. Unter Max IV./I. Joseph war er bis zu seinem Sturz 1817 Außenminister, zudem noch von 1803–1806 sowie von 1809–1817 Finanzminister und von 1806–1817 Innenminister. Mit diesen weitreichenden Kompetenzen ausgestattet konnte er sein von den Ideen der Aufklärung getragenes umfassendes Reformwerk in Angriff nehmen, um nicht nur Altbayern in einen modernen Staat umzuwandeln, sondern auch mit den großräumigen territorialen Erwerbungen einen neuen bayerischen Staat zu formen.

Hatte die Französische Revolution die Umsetzung aufgeklärten Gedankenguts in die politische und gesellschaftliche Wirklichkeit auch in Deutschland mit großer Durchschlagskraft auf eine neue Höhe befördert, so waren es die Umwälzungen der Revolutionskriege und der Napoleonischen Kriege, die mit der Beseitigung des Heiligen Römischen Reiches deutscher Nation die alte Ordnung einrissen, die politische Landkarte grundlegend neu zeichneten und so erst den zur Moderne drängenden Reformkräften die freie Entfaltung ermöglichten. Diese europäischen Ereignisse am Beginn des 19. Jahrhunderts veränderten auch das Gesicht Bayerns grundlegend.

Bei seinem Regierungsantritt 1799 fand sich der neue Kurfürst Max IV. Joseph auf Seiten des Kaisers im Krieg mit Frankreich, dessen Revolutionstruppen siegreich vorrückten. Der eigenmächtige Waffenstillstand Österreichs mit Frankreich ohne Rücksicht auf bayerische Interessen nährte die Furcht, Bayern könnte zur Verhandlungsmasse des Kaisers bei anstehenden Friedensverhandlungen werden. So wurden die bayerischen Truppen aus dem kaiserlichen Heer abgezogen und Verhandlungen mit Frankreich begonnen, noch rechtzeitig, um im Frieden von Lunéville 1801 für die verlorenen linksrheinischen Gebiete eine territoriale Entschädigung zugesichert zu bekommen[1]. Diese wurde in der Pariser Mediationsakte bzw. im Reichsdeputationshauptschluss von 1803 durch Säkularisation und Mediatisierung fast aller noch bestehenden geistlichen Territorien und Reichsstädte umgesetzt. An Bayern fielen die Hochstifte Würzburg, Bamberg, Augsburg und Freising sowie Teile von Eichstätt und Passau und zahlreiche Reichsabteien und -klöster[2] sowie Reichsstädte[3]. Die neu erworbenen Gebiete erweiterten den bayerischen Staat erheblich und konnten durch weitere Erwerbungen im Verlauf der Napoleonischen Kriege arrondiert und zu einem geschlossenen Staatsgebiet ausgeformt werden. Ermöglicht wurde diese Entwicklung durch den Anschluss Bayerns an das napoleonische Frankreich, der allerdings mehr durch die Umstände erzwungen denn eine programmatische Wahl des eine Neutralitätspolitik favorisierenden Kurfürsten Max Joseph war.

Napoleon belohnte Bayern im Pressburger Frieden vom 26. Dezember 1805 neben beträchtlichen territorialen Gewinnen mit der Erhebung zum Königreich und der damit verbundenen Souveränität. Der von Jean Bodin (1530–1596) in seinen „Les six livres de la République" von 1576 geprägte Souveränitätsbegriff, der die vollständige und nur durch das göttliche Gebot eingeschränkte Gewalt über Gesetzgebung, Kriegführung sowie die Gerichts- und Finanzhoheit in den Händen des absoluten Herrschers sah, war, aus den Zeitumständen und Gräueln der Religionskriege geboren, ganz auf die französischen Verhältnisse zugeschnitten. Bodins Begriff der Souveränität war in seiner Zielsetzung auch zunächst primär auf die inneren Verhältnisse des Staates gerichtet. Die Souveränität beinhaltete die höchste Gewalt über Bürger und Untertanen, erforderte somit aber auch die Unabhängigkeit von allen auswärtigen Herrschaftsträgern[4].

Bodin und die folgenden Staatsrechtler taten sich schwer, die Verhältnisse des Reiches mit diesem Begriff zu erfassen, da sowohl Kaiser, Reichstag und Reichsfürsten Teile der Souveränitätsrechte besaßen. Einen Ausweg bot erst die „Politica methodice digesta" des Johannes Althusius aus dem Jahr 1603, der Bodins Souveränität mit der Lehre vom Herrschaftsvertrag der Monarchomachen zur Volkssouveränität verband[5]. Somit wurde es möglich, Teile der Souveränität zu delegieren. Matthias Bortius[6] unterschied dann zwei Arten von Souveränitätsrechten, die sich aus den Theorien vom Staatsvertrag, mit dem sich das Volk als Gemeinschaft konstituiert, und vom Herrschaftsvertrag, mit dem das Volk seine Herrschaftsform bestimmt, ergaben. Aus der Lehre vom Staatsvertrag erwachsen die unveräußerlichen Souveränitätsrechte, die maiestas realis, die beim Volk liegen. Aus dem Herrschaftsvertrag stammen die übertragbaren Souveränitätsrechte, die maiestas personalis, die das Volk an seinen Herrscher übertragen hat. Bei Bodin waren die Souveränität an sich und ihr Träger, der absolute Herrscher, untrennbar verbunden. Althusius Volkssouveränität durchbrach diese Einheit des Begriffes. Indem Souveränitätsrechte delegierbar wurden, ließ sich auch die Verfassung des Reiches erklären, wo die Souveränität auf verschiedene Träger aufgeteilt war.

Im Westfälischen Frieden 1648 zeigte sich dieser Doppelsinn der Souveränität deutlich, da er sowohl für die wirkliche volle Souveränität als auch für die Landeshoheit der Territorien (maiestas oder superioritas) Verwendung fand. Die den Territorien zustehenden Souveränitätsrechte zeigten sich nicht zuletzt im ius foederum und ius

1 Vgl. etwa Andreas Kraus, Geschichte Bayerns, 3. Aufl. München 2004, S. 367 ff.

2 Kempten, Elchingen, Wengen, Irsee, Ursberg, Roggenburg, Wettenhausen, Ottobeuren, Kaisheim, St. Ulrich und Afra, Waldsassen.

3 Dinkelsbühl, Rothenburg, Weißenburg, Windsheim, Schweinfurt, Kempten, Kaufbeuren, Memmingen, Nördlingen, Ulm, Wangen, Leutkirch und Ravensburg.

4 Vgl. Dietmar Willoweit, Deutsche Verfassungsgeschichte. Vom Frankenreich bis zur Wiedervereinigung Deutschlands. Ein Studienbuch, 5., erw. Aufl. München 2005, S. 194 f.

5 Vgl. etwa Fritz Dickmann, Der Westfälische Frieden, 6. Aufl. Münster 1992, S. 131.

6 Ebd. S. 134.

pacis et belli, dem Recht der Territorien mit ausländischen Mächten Bündnisse – wenn auch nicht gegen Kaiser und Reich – eingehen zu dürfen. Das Kurfürstentum Bayern besaß im Alten Reich mit der Landeshoheit demzufolge bereits eine Form der Souveränität, war aber eingeschränkt etwa durch die Reichsgesetzgebung, die Reichsgerichtsbarkeit oder die Reichssteuern. Samuel Pufendorf betrachtete daher das Alte Reich in seinem 1667 veröffentlichten Werk „De statu imperii" auch als ein Bündnis weitgehend unabhängiger Staaten[7]. Die Souveränität aber sprach der Staatsrechtler und bayerische Staatskanzler Wiguläus Franz Xaver Alois von Kreittmayr (1705–1790) den Reichsterritorien ab und betonte ihre Unterordnung unter das Reich[8]. Einige Jahre später bezeichnete Friedrich Freiherr von Zentner, einer der engsten Mitarbeiter im Kreis um Montgelas, rückblickend die Territorien des alten Reiches als „états-misouverains"[9]. Montgelas' Souveränitätsbegriff hingegen war vor allem durch das für die Staatspraxis verfasste Handbuch „Droit des Gens" des Schweizers Emer de Vattel (1714–1767) geprägt, der ähnlich wie Bortius die Souveränität dem Staat und nicht dem Fürsten zuordnete[10].

Der Pressburger Friede von 1805 löste die Bindungen Bayerns an das Reich noch nicht vollständig. Die Kurfürsten von Bayern und Württemberg erhielten mit dem Königstitel auch ausdrücklich die vollständige Souveränität (Art. XIV), sollten aber dennoch nicht aufhören, Glieder des Reiches zu sein (Art. VII). Hier dienten der Kaiser von Österreich und der König von Preußen als Vorbild, Napoleon hatte noch nicht endgültig über das Schicksal des Alten Reiches entschieden. Zudem wurden auf diese Weise Einsprüche von Preußen und Österreich erschwert. Die letzten Bindungen kappte Bayern erst mit dem Austritt aus dem Reichsverband am 1. August 1806. Dies geschah aber um den Preis des Beitritts zu einer anderen überstaatlichen Organisation, dem Rheinbund. Dieser war als Konföderation von Staaten mit voller Souveränität konstruiert. Souveränität wurde hier auf die Gesetzgebung, Gerichtsbarkeit, „Policey" und Steuerhoheit bezogen[11]. Von außenpolitischer Handlungsfreiheit war keine Rede, da der Rheinbund an erster Stelle ein militärisches Instrument Napoleons war, der Protektor des Rheinbundes wurde. Das geplante Fundamentalstatut für den Rheinbund drohte aber auch massiv in diese Souveränitätsrechte einzugreifen, weswegen Bayern und Württemberg – schließlich erfolgreich – eine Ausarbeitung des Fundamentalstatuts zu verhindern suchten.

In der inneren Politik verteidigte Bayern seine Souveränität erfolgreich und wehrte direkte Einmischungen Napoleons zumeist erfolgreich ab. Vielen französischen Forderungen musste zwar prinzipiell entsprochen werden, wie etwa Übernahme der Post, Einverleibung der Reichsritterschaft oder Aufhebung der Privilegien, aber diese Reformen waren sowieso von Bayern geplant und wurden auch eigenständig umgesetzt. Der Konstitution von 1808 kam hierbei eine Schlüsselrolle zu, da man auf diese Weise einem Eingriff von Außen zuvor kam. Die Rheinbundakte zählte außenpolitische Handlungsfreiheit nicht zu der den süddeutschen Staaten zugestandenen Souveränität, sie gehörte aber ohne Zweifel unabdingbar zu einer „souveraineté pleine et entière" hinzu, wie sie im Pressburger Frieden anerkannt wurde. Die Abhängigkeit von Frankreich machte ihre volle Umsetzung während der unangefochtenen militärischen und politischen Dominanz Napoleons illusorisch. Sie wurde aber, nachdem die Macht des Korsen nach dem Desaster in Russland zu bröckeln begann, aufgegriffen. Bayern löste sich aus dem Rheinbund und von Napoleon im Vertrag von Ried am 8. Oktober 1813 und erhielt die volle

7 Vgl. Willoweit (wie Anm. 4) S. 155.

8 Wolfgang Quint, Souveränitätsbegriff und Souveränitätspolitik in Bayern, Berlin 1971, S. 68.

9 Vgl. Quint (wie Anm. 8) S. 25.

10 Quint (wie Anm. 8) S. 113 ff.

11 Art. 26 der Rheinbundakte: „Les droits de souveraineté sont ceux de législation, de jurisdiction suprême, de haute police, de conscription militaire ou de recrutement et d´impôt", ediert in E. Walder (Hrsg.), Das Ende des Alten Reiches. Der Reichsdeputationshauptschluss von 1803 und die Rheinbundakte von 1806 nebst zugehörigen Aktenstücken, 2. Aufl. 1962.

Souveränität durch die Alliierten garantiert. In einem Geheimartikel wird explizit die völlige Unabhängigkeit Bayerns angestrebt[12] sowie die vollständige Entschädigung für die Rückgabe von Territorien.
Durch das Verlassen des Rheinbundes erneut völlig jeder übergeordneten Gewalt entledigt, währte dieser Zustand bis zum Beitritt zum Deutschen Bund. Auch hier bekämpfte Bayern vehement eine durch die geplante Verpflichtung zu einer landständischen Verfassung drohende Einschränkung der Souveränität im Innern. Diesem Widerstand wurde durch die Feststellung in der Wiener Bundesakte von 1820, dass die gesamte Staatsgewalt in dem Oberhaupt des Staats vereinigt bleibt, Rechnung getragen[13].

[12] Art. I der Articles séparés et secrets im Vertrag von Ried: „Les deux Hautes Parties contractantes regardent comme un des objets principaux de leurs efforts dans la guerre actuelle, la dissolution de la confédération du Rhin et l'indépendance entière et absolute de la Bavière, de sort que dégagée et placée hors de toute influence étrangère, elle jouisse de la plénitude de sa souveraineté".

[13] Vgl. Willoweit (wie Anm. 4) S. 279.

1.1 Territoriale Vergrößerung Bayerns durch diplomatisches Verhandlungsgeschick

1805 September 24, Amberg
Chiffrierter Brief des bayerischen Gesandten, Karl Ernst Freiherr von Gravenreuth.

Neben den politischen Entscheidungsträgern an der Spitze der Regierung konnten auch einzelne Persönlichkeiten einen maßgeblichen Einfluss auf die Entwicklung der Ereignisse nehmen. Der 1771 in Lothringen geborene Karl Ernst Freiherr von Gravenreuth war zunächst Gesandter in Wien gewesen. Im Schatten des im Herbst 1805 heraufziehenden Krieges zwischen Frankreich und der dritten Koalition war von Montgelas bereits am 25. August der Allianzvertrag von Bogenhausen unterzeichnet worden, der Kurfürst aber konnte sich noch nicht zu diesem Schritt entschließen. Gravenreuth leitete daher im September 1805 die Zusammenziehung der bayerischen Truppen in der Oberpfalz, um sie dem Zugriff Österreichs zu entziehen und so den Wert Bayerns als Bündnispartner Napoleons zu erhalten – ein Unternehmen, das unbedingt geheim ablaufen musste. Daher wurde die Korrespondenz zwischen Gravenreuth und der Regierung in München mit einem Zahlencode verschlüsselt. Tatsächlich ratifizierte der Kurfürst das Bündnis mit Frankreich erst, nachdem österreichische Truppen bereits Teile Südbayerns besetzt hatten. Gravenreuth wechselte jetzt als Gesandter in das Hauptquartier Napoleons und hatte durch sein Verhandlungsgeschick maßgeblichen Anteil an den Gewinnen, die Bayern nach der Schlacht bei Austerlitz und dem Sieg über Österreich im Vertrag von Brünn (10. Dezember 1805) von Frankreich zugestanden bekam. Denn in München waren Max Joseph und Montgelas noch unsicher über die politische Situation und das genaue Ausmaß des französischen Sieges und daher zögerlich, den als Preis für die Gewinne geforderten Schritt einer Loslösung vom Reich zu vollziehen,

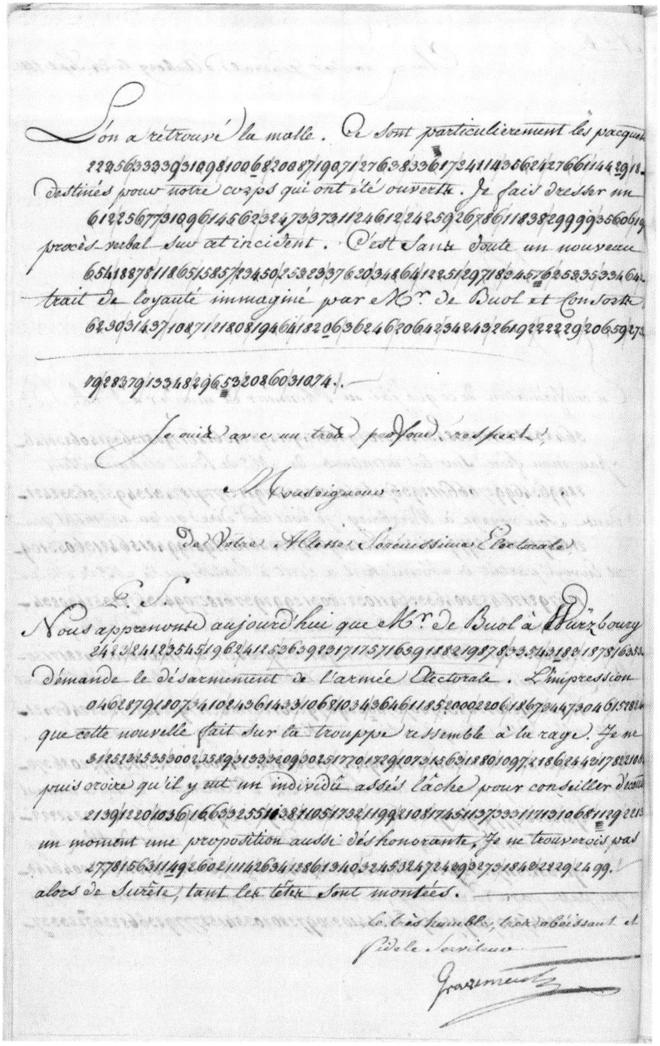

L'on a retrouvé la malle. Ce sont particulièrement les pacquets
2225633339310981006820887190712763833617241143562427661144291
destinés pour notre corps qui ont été ouverts. Je fais dresser un
612256773109614562324733731124612242592678611838299993560619
procès-verbal sur cet incident. C'est sans doute un nouveau
6541887811865158572345025323376203486412251297182457625335334
trait de loyauté immaginé par Mr. de Buol et Consorts.
623031437108712180819464182063624620642342432619222229206592
7928379133482965320860310 74.

Je suis avec un très profond respect,

Monseigneur

de Votre Altesse Sérénissime Electorale

P. S.
Nous apprenons aujourd'hui que Mr. de Buol à Würzbourg
2423241235451962412536392317175716391882198783354318318781633
démande le désarmement de l'armée Electorale. L'impression
04628791807341024361433106810343646118520002206186724473046152
que cette nouvelle fait sur la trouppe ressemble à la rage. Je ne
3125132535300235893133209302517701829107315631880109721862443178221
puis croire qu'il y eut un individu assés lâche pour conseiller d'écouter
21391220103616633255113811051732119921081745113733311131068112921
un moment une proposition aussi déshonorante, je ne trouverois pas
277815631149260211142634128619403245324724093273184022292499.
alors de sûreté, tant les têtes sont montées.

le très humble, très obéissant et
fidele Serviteur

Gravenreuth

1.1

womit sich Bayern in völlige außenpolitische Abhängigkeit von Frankreich begeben hätte. Da dieses Zögern aber den Unmut Napoleons hervorrief und die für Bayern in Aussicht stehenden Gewinne gefährdete, unterzeichnete Gravenreuth den Vertrag ohne ausdrückliche Vollmacht. Die Bestimmungen des Vertrags von Brünn flossen dann in den französisch-österreichischen Frieden von Pressburg vom 26. Dezember 1805 ein.

Schreiben, franz., 1 Bl., 36 x 24 cm, in geheftetem Akt, mit Unterschrift Gravenreuths.

Bayerisches Hauptstaatsarchiv, MA 9, Bl. 67.

Literatur: Hans Karl von Zwehl (Bearb.), Die bayerische Politik im Jahre 1805, München 1964, S. 149–273. – Weis, Montgelas Bd. 2, S. 286–293 und S. 319–330.

1.2 Bayern wird ein souveräner Staat

1805 Dezember 19, Schönbrunn
Tagesbefehl des französischen Marschalls und Kriegsministers Louis-Alexandre Berthier, Fürst und Herzog von Neuchâtel, an die Truppen.

Napoleons Ziel war es, in Süddeutschland einige mittelmächtige und von ihm abhängige Staaten als Puffer gegenüber Österreich zu schaffen. Hierzu diente die Aufwertung von Baden, Württemberg und insbesondere Bayerns durch territoriale Erweiterung unter gleichzeitiger Lösung dieser Staaten vom Alten Reich mit seinem habsburgischen Kaiser. Napoleon lockte mit der Mediatisierung der Reichsritter und der Verstaatlichung der Reichspost in Bayern. So sehr dies von Montgelas und dem Kurfürsten gewünscht war, so zögerten sie doch den offenen Bruch mit dem alten Reich immer wieder hinaus, um sich andere Optionen bei einem Umschwung der Kräfteverhältnisse offen zu halten. Um dem entgegen zu wirken, schuf Napoleon Fakten, indem er Bayern, Baden und Württemberg zu souveränen Staaten erklärte. So etwa im Tagesbefehl an die Grande Armée: „S.M. l'Empereur ayant garanti à ces trois Electeurs la souveraineté pleine et entière de leurs Etats".

Druck, franz., 1 Bl., 34 x 20 cm, in geheftetem Akt.

Bayerisches Hauptstaatsarchiv, MA 9, Bl. 208.

Literatur: Weis, Montgelas Bd. 2, S. 309–313.

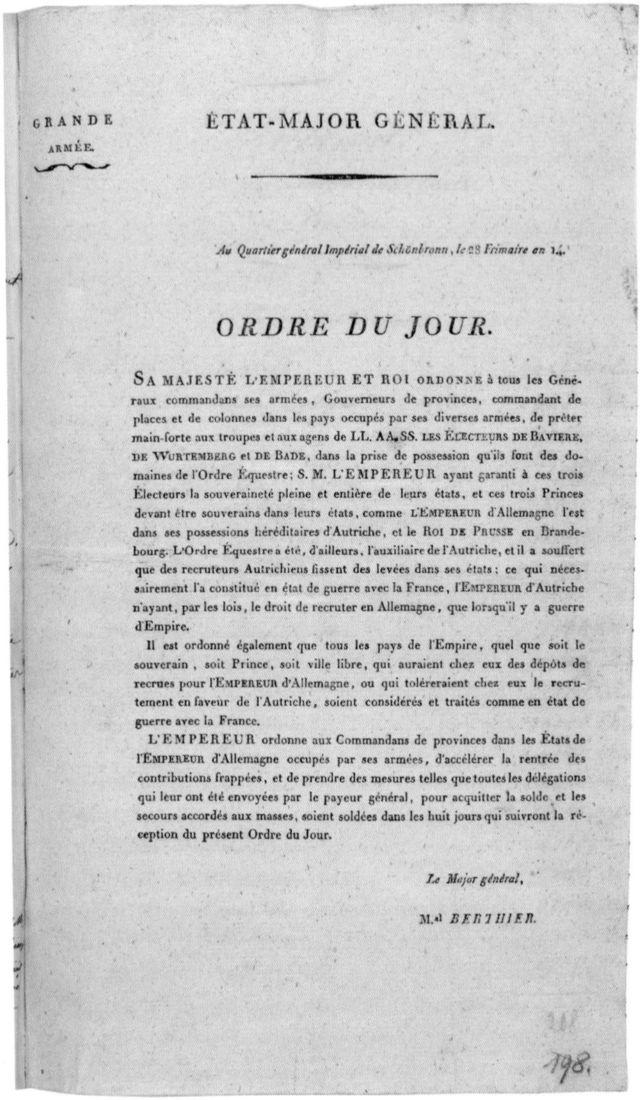
GRANDE ARMÉE.

ÉTAT-MAJOR GÉNÉRAL.

Au Quartier général Impérial de Schönbrunn, le 28 Frimaire an 14.

ORDRE DU JOUR.

SA MAJESTÉ L'EMPEREUR ET ROI ORDONNE à tous les Généraux commandans ses armées, Gouverneurs de provinces, commandant de places et de colonnes dans les pays occupés par ses diverses armées, de prêter main-forte aux troupes et aux agens de LL. AA. SS. LES ÉLECTEURS DE BAVIERE, DE WURTEMBERG et DE BADE, dans la prise de possession qu'ils font des domaines de l'Ordre Équestre; S. M. L'EMPEREUR ayant garanti à ces trois Électeurs la souveraineté pleine et entière de leurs états, et ces trois Princes devant être souverains dans leurs états, comme L'EMPEREUR d'Allemagne l'est dans ses possessions héréditaires d'Autriche, et le ROI DE PRUSSE en Brandebourg. L'Ordre Équestre a été, d'ailleurs, l'auxiliaire de l'Autriche, et il a souffert que des recruteurs Autrichiens fissent des levées dans ses états: ce qui nécessairement l'a constitué en état de guerre avec la France, l'EMPEREUR d'Autriche n'ayant, par les lois, le droit de recruter en Allemagne, que lorsqu'il y a guerre d'Empire.

Il est ordonné également que tous les pays de l'Empire, quel que soit le souverain, soit Prince, soit ville libre, qui auraient chez eux des dépôts de recrues pour l'EMPEREUR d'Allemagne, ou qui toléreraient chez eux le recrutement en faveur de l'Autriche, soient considérés et traités comme en état de guerre avec la France.

L'EMPEREUR ordonne aux Commandans de provinces dans les États de l'EMPEREUR d'Allemagne occupés par ses armées, d'accélérer la rentrée des contributions frappées, et de prendre des mesures telles que toutes les délégations qui leur ont été envoyées par le payeur général, pour acquitter la solde et les secours accordés aux masses, soient soldées dans les huit jours qui suivront la réception du présent Ordre du Jour.

Le Major général,

M.al BERTHIER.

798.

1.2

1.3 Das Wappen des neuen Königreichs Bayern

Das (zweite) Königswappen auf dem Wappenblatt und im Siegel des Adelsbriefs für Jacob Franz Freiherrn von Leistner.
1813

Hand in Hand mit der Anerkennung der Souveränität ging die Erhebung Bayerns zum Königreich durch Napoleon, die im Vertrag von Brünn gewährt und durch den „Kaiser von Deutschland und Österreich" im Pressburger Frieden anerkannt wurde. Max Joseph nahm am 1. Januar 1806 den Königstitel an, eine Krönung erfolgte jedoch nicht. Auch die Zugehörigkeit zum Alten Reich blieb formal noch bestehen, obwohl die Bestimmungen des Pressburger Friedens nicht mehr in Einklang mit der Reichsverfassung zu bringen waren.
Das erste, bis Ende 1806 gültige Königswappen enthielt daher auch noch im Herzschild den Reichsapfel des Erztruchsessenamtes und den Löwen als Symbol des Pfalzgrafen. Die bisher das kurfürstliche Wappen bildenden heraldischen Bilder der einzelnen Länder wurden zugunsten der weiß-blauen Rauten aufgegeben. Mit dem Ende des Alten Reiches enthielt das bis 1835 gültige Königswappen vom 20. Dezember 1806 statt Reichsapfel und Löwe nun Königskrone, Zepter und Schwert im Mittelschild auf 42 weiß-blauen Rauten, wie es auf dem Wappenblatt und im Siegel für den ausgestellten Adelsbrief beispielhaft zu sehen ist. Auf diese Weise wurde der Bildung eines einheitlichen zusammengehörenden Staates sinnfällig Ausdruck verliehen.

Druck, 36 x 28 cm mit Siegel, Wachs, Ø 15 cm, Umschrift: Maximilianus Josephus Dei gratia Rex Bojoariae.

Bayerisches Hauptstaatsarchiv, Adels- und Wappenbriefe 235.

Literatur: Paul Ernst Rattelmüller, Das Wappen von Bayern, München 1969, S. 50–63. – AK Wittelsbach und Bayern III/2, Nr. 419. – Wilhelm Volkert, Die Bilder in den Wappen der Wittelsbacher. In: AK Wittelsbach und Bayern I/1, S. 13–27.

Unseres lieben Herrn Geburt Eintausend
Achthundert und achtzehen Jahr, Unseres
Königreichs im Dreyzehenten
Auf
Königlichen Allerhöchsten
Befehl
Freyherrn
Diplom

1.3

1.4 Souveränität von Napoleons Gnaden

1806
Gedenkmedaille von Bertrand-Jean Andrieu (1761–1822), nach Dominique Vivant Denon (1747–1825).

Der überwältigende Sieg Napoleons bei Austerlitz eröffnete Frankreich weit reichende Möglichkeiten zur Umgestaltung Mitteleuropas. Die durch die Erlangung der Souveränität der drei süddeutschen Staaten ihrer Vollendung zustrebende Auflösung des Alten Reiches bot den fruchtbaren Boden für eine über ein reines Bündnissystem hinausreichende Institutionalisierung des französischen Einflusses in Deutschland.
Bereits die Form der Erlangung der bayerischen Souveränität, die, obwohl durchaus von der bayerischen Staatsführung gewünscht, doch praktisch von Napoleon oktroyiert worden war, da sie vor allem seinem Konzept der Neuordnung und Bündnisbildung in Deutschland entsprach, verdeutlicht, wie eingeschränkt der Sinngehalt des Begriffs Souveränität war. Formal erlangte Bayern tatsächlich eine unabgeleitete Rechtsstellung, die Bindung etwa an den Reichstag oder die Reichsgerichte war entfallen. Eine wirkliche Unabhängigkeit und Entscheidungsfreiheit ließen die begrenzten Kräfte Bayerns im Zeitalter Napoleons allerdings nicht zu. Die Souveränität war vom Kaiser der Franzosen gewährt und durch die Anlehnung an Napoleon erkauft worden. Diese neue Abhängigkeit zu begrenzen stellte die nun anstehende Herausforderung dar.

Medaille, Silber, Ø 4,1 cm, Umschrift Rückseite: „Souverainetés données / MDCCCVI“.

München, Staatliche Münzsammlung.

Literatur: AK Bayerns Krone 1806, Nr. 141, S. 202. – Weis, Montgelas Bd. 2, S. 330–352.

1.4 (Vorderseite)

1.4 (Rückseite)

1.5 Sorge des Königs um die erreichte Stellung

1806 Juli 14, München
Widerruf des Königs zur bereits erteilten Genehmigung der Zustimmung zum Rheinbund für den Gesandten Cetto.

Die französische Außenpolitik musste sich nach dem überwältigenden Sieg Napoleons bei Austerlitz zunächst erst auf die veränderte Lage und die sich damit neu eröffnenden Möglichkeiten einstellen. Der Friede von Pressburg spiegelt die noch unentschiedene Haltung über die weitere Zukunft des Alten Reiches wieder. Die Bestimmungen über die Souveränität der süddeutschen Staaten waren mit einer fortdauernden Mitgliedschaft im Reichsverband nicht vereinbar. Erste Versuche zur Bildung eines süddeutschen Bundes scheiterten im Januar 1806 zunächst am Widerstand Württembergs, doch in den folgenden Monaten entschied sich Napoleon für die Zerschlagung des Reiches und die Bildung des Rheinbundes unter französischem Protektorat. Sich dem Zwang der Umstände beugend, genehmigte Max I. Joseph zunächst die Unterzeichnung des Rheinbundes, doch die Bedenken Württembergs gegen eine Loslösung vom Alten Reich ließen auch den bayerischen König zweifeln. In aller Eile wurde am 14. Juli ein Bote ausgeschickt, um die erteilte Genehmigung zur Zustimmung für den bayerischen Gesandten in Paris zu widerrufen. Doch Cetto hatte bereits zwei Tage zuvor den Rheinbund unterzeichnet. Die Aussicht auf Gewinne Bayerns bei der anstehenden Umgestaltung Mitteleuropas schien ihm keine andere Wahl offen zu lassen.

Entwurf eines Schreibens, franz., 5 Bl., 36 x 24 cm, in geheftetem Akt.

Bayerisches Hauptstaatsarchiv, MA 11, Bl. 25v.

Druck: Michael Doeberl, Rheinbundverfassung und bayerische Konstitution (Sitzungsberichte der Bayerischen Akademie der Wissenschaften. Philosophisch-philologische und historische Klasse, Jg. 1924, 5. Abhandlung), München 1924, S. 60–62.

Literatur: Weis, Montgelas Bd. 2, S. 339–342.

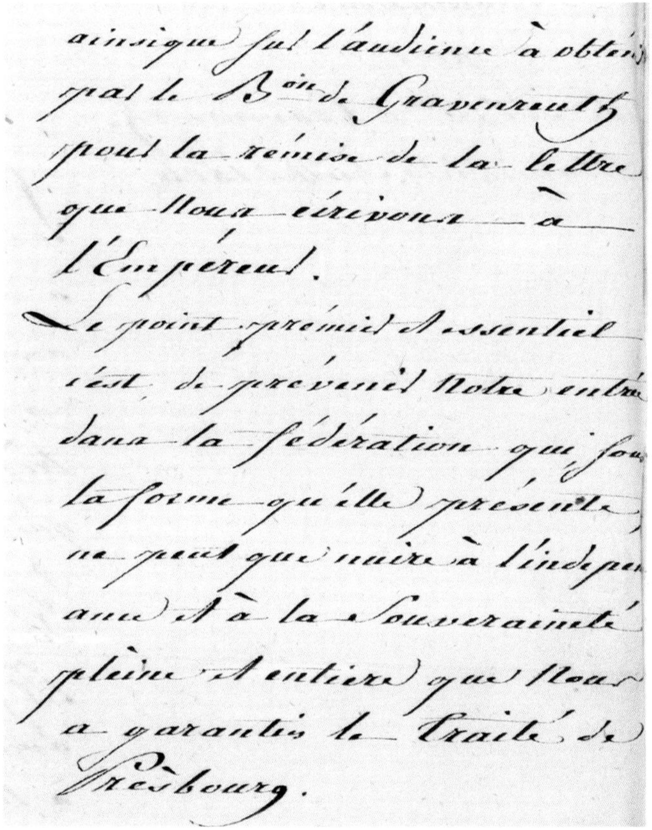
ainsi que sur l'audience à obtenir
par le Bon de Gravenreuth
pour la remise de la lettre
que nous écrivons à
l'Empereur.
Le point premier et essentiel
c'est de prévenir notre entrée
dans la fédération qui sous
la forme qu'elle présente
ne peut que nuire à l'indépendance et à la Souveraineté
pleine et entière que nous
a garantie le Traité de
Presbourg.

1.5

1.6 Besiegelung des Rheinbunds in München

1806 Juli 19, Saint Cloud (bei Paris)
Französische Vollmacht für Marschall Berthier, Fürst und Herzog von Neuchâtel und französischer Kriegsminister, zum Austausch der Ratifikationen.

Der Kongress zur Ratifikation des Rheinbundes durch die Bevollmächtigten der Könige von Bayern und Württemberg, des Erzkanzlers Dalberg, des Kurfürsten von

Napoléon, par la grâce de Dieu et les Constitutions, Empereur des Français, Roi d'Italie, ayant signé le douze de ce mois avec plusieurs Rois et Princes de l'Ouest et du midi de l'Allemagne un Traité dont les ratifications doivent être échangées à Munich, Nous avons nommé et nommons notre Cousin le Prince de Neuchâtel et Ministre de la Guerre, Maréchal d'Empire, Grand Veneur et Grand Cordon de la Légion d'honneur, notre Ministre plénipotentiaire à l'effet d'échanger les ratifications du dit Traité. Donné en notre Palais de Saint-Cloud, le dix neuf de Juillet de l'an mil huit cent six, de notre règne le 2e.

Napoleon

Le Ministre des Relations Extérieures,
Ch. Maur. Talleyrand prince de Bénévent

Par l'Empereur:
Le Ministre Secrétaire d'Etat,
Hugues B. Maret

1.6

Baden, des Großherzogs von Berg, des Herzogs von Arenberg und der Fürsten von Nassau-Usingen, Nassau-Weilburg, Hohenzollern-Hechingen, Hohenzollern-Sigmaringen, Salm-Salm, Salm-Kyrburg, Isenburg-Birstein, Liechtenstein, von der Leyen sowie des Landgrafen von Hessen-Darmstadt fand am 25. Juli in München statt. Geleitet wurde der Kongress durch den französischen Kriegsminister Marschall Louis-Alexandre Berthier (1753–1815), der seit seiner kurz darauf (1808) erfolgten Heirat mit Prinzessin Marie Elisabeth von Bayern-Birkenfeld, einer Nichte König Max I. Joseph, familiär mit den Wittelsbachern verbunden war. Am 1. August 1806 erklärte Bayern seinen Austritt aus dem Alten Reich, das nun praktisch zu bestehen aufgehört hatte, auch formal. Für Bayern galt es nun, die daraus resultierende Unabhängigkeit nicht durch noch schwerer drückende Fesseln des Rheinbundes zu vertauschen.

Als einzig annehmbare Option verblieb der Versuch, die Initiative zu ergreifen und den Rheinbund nach bayerischen Wünschen mitzugestalten. Der vom Erzkanzler Dalberg im Oktober nach Frankfurt einberufene erste Bundestag kam nicht zustande, da etwa Bayern sich weigerte einen Gesandten zu entsenden. Weitreichendere Entscheidungen waren von Bayern aber zunächst nicht gefordert, denn der Krieg Napoleons gegen Preußen und Russland 1806/07 drängte die innere Ausgestaltung des Rheinbundes für den französischen Kaiser für einige Zeit in den Hintergrund. Max I. Joseph gab sich sogar der Hoffnung hin, vielleicht doch als Partner in einem französischen Bündnissystem ohne eine Rheinbundmitgliedschaft auskommen zu können.

Urkunde, franz., Pap., 40 x 26 cm, mit Unterschriften und Siegeln von Napoleon, Maret und Talleyrand.

Bayerisches Hauptstaatsarchiv, Bayern Urk. 1670.

Literatur: Weis, Montgelas Bd. 2, S. 344.

1.7 Bayerische Gegenkonzeption zur Ausgestaltung des Rheinbundes

1808 Januar, München
Erster und zweiter Entwurf Montgelas' für eine Verfassung des Rheinbundes.

Nach Napoleons Sieg über Preußen (Friede von Tilsit vom 7. bzw. 9. Juli 1807) wandte er sich nicht sofort dem Projekt der Ausgestaltung des Rheinbundes zu, sondern konzentrierte sich auf die Schaffung des Königreichs Westphalen, das quasi als Musterrheinbundstaat dienen konnte. Auch die Verteilung der Territorialgewinne aus dem erfolgreichen Krieg, welche er somit als Druckmittel gegenüber den drei süddeutschen Staaten in der Hand behielt, zögerte er zunächst hinaus. Die beiden Entwürfe des Fürstprimas Dalberg für eine Verfassung des Rheinbundes vom August und September 1807 ließ Napoleon unbeantwortet. Stattdessen versuchte er, das wichtigste Rheinbundmitglied Bayern zur Vorlage eines ihm genehmen Entwurfes für ein Fundamentalstatut zu bewegen, indem er Montgelas bei einem Treffen Ende November 1807 in Mailand dazu aufforderte. Vorgegeben waren nur die wichtigsten Grundzüge, wie eine Bundesorganisation, Regelung der Handelsbeziehungen sowie die Einführung des Code Napoléon.

Der von Montgelas dann ausgearbeitete und in Paris vorgelegte Entwurf beinhaltete nur ein absolutes Mindestmaß an Kompetenzen für den Rheinbund. Er war als lockerer Bund souveräner Staaten konzipiert mit gemeinsamen Aufgaben auf militärischem Gebiet. In dieser Form brachte der Entwurf deutlich die auf Erhaltung der gerade errungenen Souveränität bedachte Haltung Bayerns zum Ausdruck. Mit einer Annahme und Umsetzung dieses Entwurfs durch den Kaiser der Franzosen war aber sicher nicht zu rechnen gewesen. Napoleon ignorierte dann auch den bayerischen Entwurf und beauftragte seinen Außenminister Champagny, dessen Konzept aber äußerst zentralistisch ausfiel und sicher auf den stärksten Widerstand der drei süddeutschen Staaten gestoßen wäre. Erneute außenpolitisch-kriegerische Verwicklungen in Spanien und mit Österreich verzögerten eine Entscheidung dann wieder.

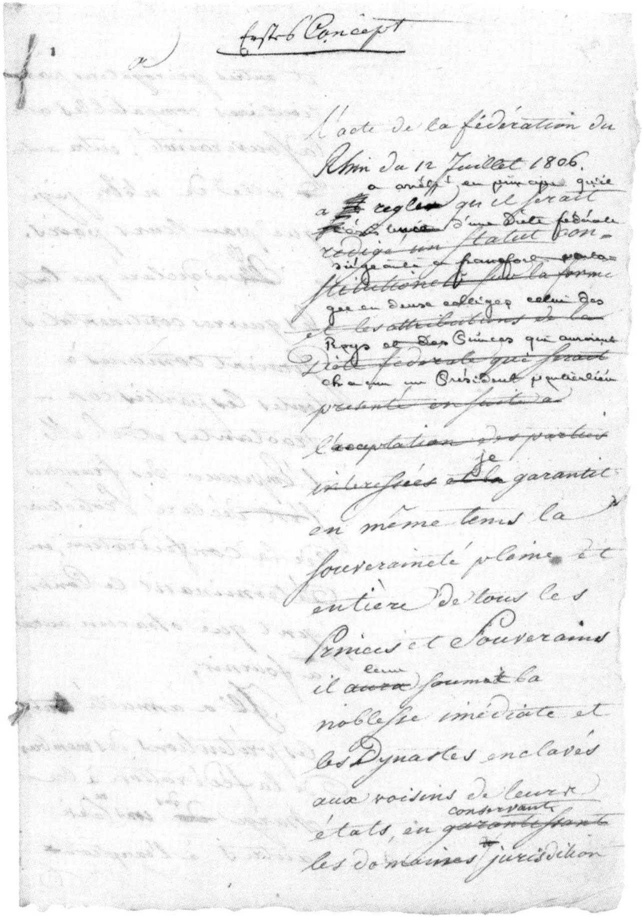
l'acte de la fédération du Rhin du 12 Juillet 1806.
en même tems la souveraineté pleine et entière de tous les Princes et Souverains
il soumet la noblesse immédiate et les Dynasties enclavés aux voisins de leurs états,

1.7

Papierlibell, franz., 2 Bl., 31,5 x 22 cm.

Bayerisches Hauptstaatsarchiv, MA 27.

Druck: Doeberl (wie Kat.Nr. 1.5) S. 80–88.

Literatur: Spindler IV/1, S. 25–28. – AK Bayerns Weg zum modernen Staat, Nr. 45. – AK Wittelsbach und Bayern III/2, Nr. 438. – Weis, Montgelas Bd. 2, S. 352–370. – AK Bayerns Krone 1806, Nr. 247.

1.8 Die Schaffung einer Konstitution für das Königreich Bayern wird beschlossen

1808 Januar 20, München
Bericht Montgelas' in der Geheimen Staatskonferenz über das Treffen mit Napoleon in Mailand.

In der Sitzung des Staatsrates am 20. Januar 1808 berichtete Montgelas von seinem Treffen im November 1807 mit Napoleon in Mailand. Der Kaiser hatte Montgelas aufgefordert, einen Entwurf für die Rheinbundverfassung vorzulegen. Dieser Entwurf Montgelas' gewährte dem Rheinbund nur minimale Kompetenzen und machte den bayerischen Standpunkt, die Souveränität der einzelnen Bundesmitglieder so gut wie vollständig unangetastet zu lassen, deutlich. Mit einem Verzicht Napoleons auf eine direkte Einflussnahme auf die deutschen Staaten mittels des Rheinbundes war aber nicht zu rechnen. Daher wurde in derselben Sitzung die Ausarbeitung einer eigenen Verfassung für das Königreich Bayern beschlossen, die einem übergeordneten Grundstatut des Rheinbundes entgegen gestellt werden konnte, indem sie die wichtigsten Forderungen Napoleons erfüllte, ohne mehr als unbedingt notwendig Souveränitätsrechte an den Rheinbund abzutreten. Dies war aber im Bereich der Außenpolitik oder der Kriegsführung nicht zu vermeiden.
Bei der Ausarbeitung konnte auf den Entwurf Montgelas' für die Rheinbundverfassung sowie vor allem auf die Konstitution des Königreichs Westphalen, eines napoleonischen Musterstaates, zurückgegriffen werden. Der Entwurf für die Konstitution wurde dem Staatsrat bereits am 13. Februar von Montgelas vorgelegt. Viele Inhalte blieben wegen der Kürze der Zeit nur skizzenhaft, Teile wurden aus der westphälischen Verfassung übernommen. In München war unklar, wie viel Zeit verbleiben würde, bis Napoleon eine eigene zentralistische Verfassung für den Rheinbund durchsetzen würde. Die endgültige Verfassungsausarbeitung erfolgte daher so zügig, dass die bay-

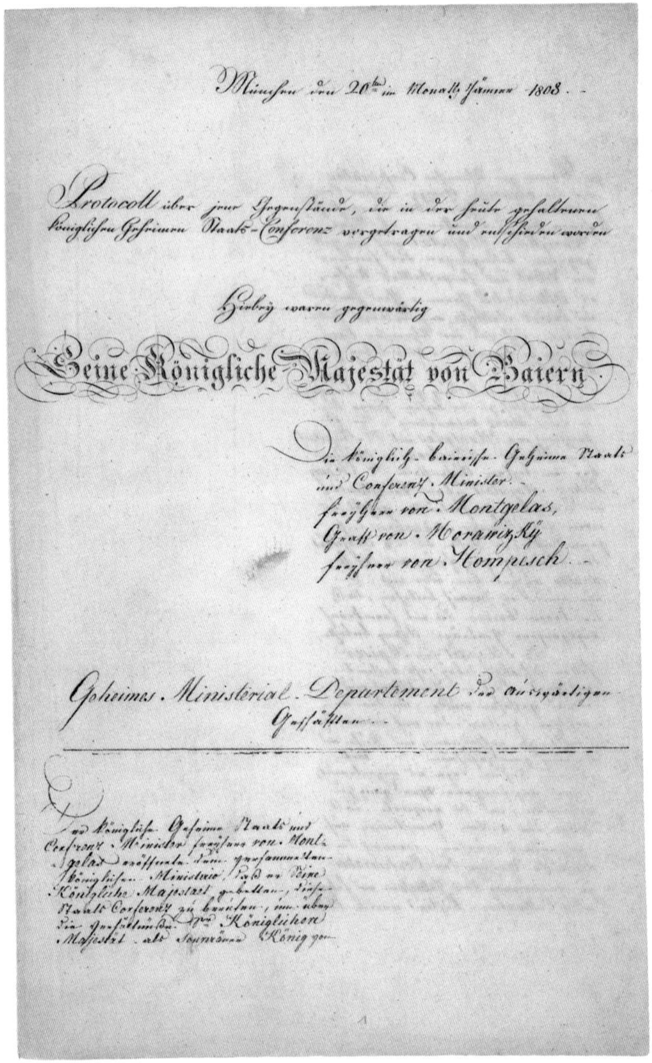
München den 20ten im Monath Jänner 1808.

Protocoll über jene Gegenstände, die in der heute gehaltenen Königlichen Geheimen Staats-Conferenz vorgetragen und entschieden worden

Hiebey waren gegenwärtig

Seine Königliche Majestät von Baiern

Die königlich baierische Geheimen Staats und Conferenz Minister
Freyherr von Montgelas,
Graf von Morawizky
Freyherr von Hompesch

Geheimes Ministerial Departement der auswärtigen Geschäften

1.8

erische Konstitution am 1. Mai 1808 verkündet werden konnte. Um aber den Eindruck eines Ausscherens aus der französischen Allianz zu vermeiden, stellt die Konstitution im § 1 fest: „Das Königreich Bayern bildet einen Teil der rheinischen Föderation".

Protokoll, 10 Bl., 33,5 x 20,5 cm.

Bayerisches Hauptstaatsarchiv, StR 8.

Druck: Doeberl (wie Kat.Nr. 1.5) S. 73–79.

Literatur: Weis, Montgelas Bd. 2, S. 352–370. – Wolfgang Quint, Souveränitätsbegriff und Souveränitätspolitik in Bayern, Berlin 1971, S. 243–252.

1.9 Napoleonische Kriege

1810 März 7, Paris
Französische Ratifikationsurkunde zum Pariser Vertrag vom 28. Februar 1810.

Die Entstehung der Konstitution von 1808 hatte gezeigt, dass die Dominanz Frankreichs nur einen eingeschränkten Bewegungsfreiraum, aber keine unabhängigen Entscheidungen der bayerischen Regierung erlaubte. Eine echte Souveränität war bei den gegebenen Abhängigkeitsverhältnissen nicht möglich. Montgelas betrachtete die Anlehnung an Frankreich daher auch nur als eine vorübergehende Bindung. Von französischer Seite wurde der Schein der Unabhängigkeit zunächst weitgehend gewahrt. Dies verhinderte aber nicht weitreichende Eingriffe in die inneren Verhältnisse Bayerns, etwa im Bereich der Wirtschaft, durch den erzwungenen Beitritt zur Kontinentalsperre gegen England und durch die Bevorzugung französischer Waren. Versüßt wurde diese Abhängigkeit durch territoriale Zuwendungen. Nach dem Krieg gegen Österreich 1809 musste Bayern im Pariser Vertrag zwar das südliche Tirol an das napoleonische Königreich Italien abtreten sowie einige kleinere Gebiete an Württemberg und Würzburg, erhielt dafür aber die Markgrafschaft Bayreuth, das Fürstentum Regensburg, das Inn-

1.9

viertel und Teile des Hausruckviertels sowie Salzburg und Berchtesgaden. Dies bedeutete einen großen Schritt hin zu einer territorialen Geschlossenheit des Staatsgebietes.

Urkunde, franz., Perg., Libell in mit Stickereien verziertem Samteinband, 6 Seiten, 38 x 27 cm, mit Unterschriften von Kaiser Napoleon, Außenminister Jean-Baptiste Nompère de Champagny (Duc de Cadore) und Staatsminister Hugues-Bernard Maret (Duc de Bassano) sowie Siegel in vergoldeter Siegelkapsel.

Bayerisches Hauptstaatsarchiv, Bayern Urk. 1453.

Literatur: AK Bayern und Frankreich, Nr. 97A. – Quint (wie Kat.Nr. 1.8) S. 257–260.

1.10 Sicherung des Erreichten für Bayern durch Bündniswechsel

1813 Oktober 8, Ried
Bayerisch-österreichischer Vertrag von Ried.

Der katastrophale Russlandfeldzug des Jahres 1812 führte zu einer erheblichen Schwächung des französischen Kaiserreichs und brachte Napoleon ins Wanken. Preußen löste sich aus der Abhängigkeit von Frankreich und begann einen Befreiungskrieg, dem sich ein halbes Jahr später im August 1813 auch Österreich anschloss. Der bayerische König hingegen wollte das Bündnis mit Napoleon nicht verraten, so dass Montgelas versuchte, Max I. Joseph zumindest zu einer Politik der Neutralität zu bewegen, auch wenn offensichtlich war, dass eine solche genauso wenig wie 1805 erfolgreich sein konnte. Trotz intensiver Versuche Montgelas' und Wredes gelang es erst am 7. Oktober, den König zum Bruch mit Frankreich und zur Genehmigung des Vertrags von Ried mit Österreich zu bewegen, in dem Bayern sich den Alliierten im Krieg gegen Napoleon anschloss, gerade noch rechtzeitig vor der vernichtenden Niederlage Napoleons in der Völkerschlacht bei Leipzig (16. bis 19. Oktober). Bayern erhielt im Vertrag von Ried nicht nur die volle Souveränität

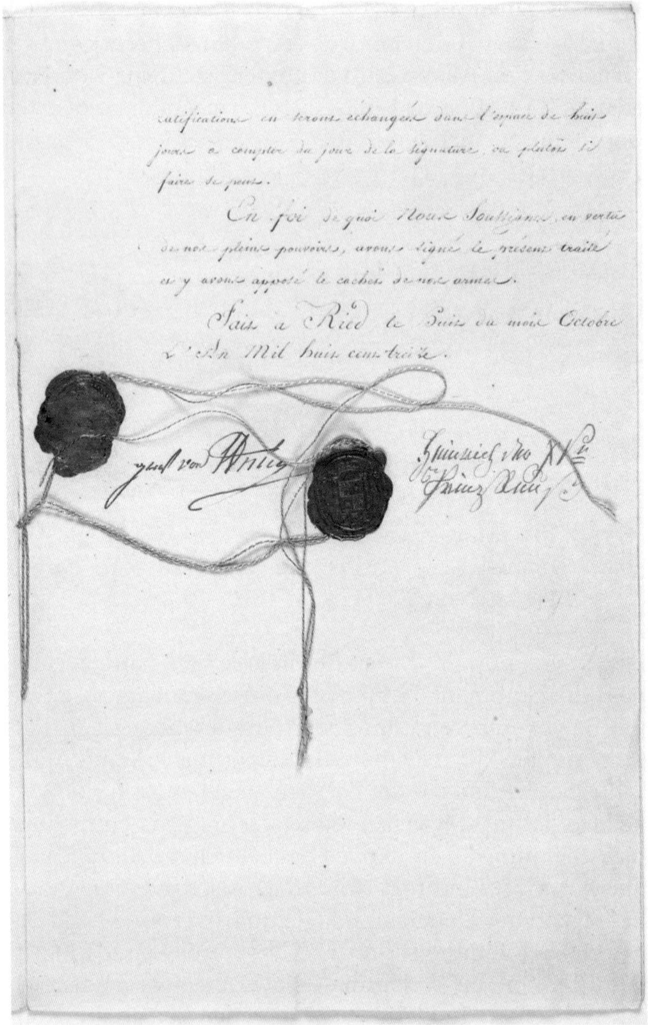
ratifications en seront échangées dans l'espace de huit jours à compter du jour de la signature, ou plutôt si faire se peut.
En foi de quoi Nous Soussignés, en vertu de nos pleins pouvoirs, avons signé le présent traité et y avons apposé le cachet de nos armes.
Fait à Ried le huit du mois Octobre l'An Mil huit cent treize.

1.10

von den Alliierten bestätigt, sondern auch eine Entschädigung für notwendige Gebietsabtretungen zugesichert. Nach dem Pariser Frieden mit Frankreich tauschte Bayern am 2./3. Juni 1814 in den bayerisch-österreichischen Verträgen zu Paris Tirol und Vorarlberg sowie später noch Salzburg gegen Würzburg und Aschaffenburg. Bayern hatte weitgehend seine heutige Form gewonnen.

Urkunde, franz., Pap., Libell, 4 Bl., 35,2 x 22,7 cm, mit Unterschriften und Siegeln von Generalfeldmarschall Carl Philipp von Wrede und Prinz Heinrich XV. von Reuß.

Bayerisches Hauptstaatsarchiv, Bayern Urk. 1573.

Literatur: Spindler IV/1, S. 40–44. – AK Wittelsbach und Bayern III/2, Nr. 526. – Weis, Montgelas Bd. 2, S. 680–687. – Quint (wie Kat.Nr. 1.8), S. 260–262.

2. Bürgerliche Freiheiten für Staatsuntertanen. Grundrechte in der Konstitution von 1808

Von Julian Holzapfl

Grundrechte in der Ideengeschichte – Spätabsolutismus und Liberalismus

Fasst man die Bestimmungen der ersten bayerischen Verfassung zum Ende der Leibeigenschaft, zur Sicherheit der Person und des Eigentums, schließlich zur Pressefreiheit und zur Gewissensfreiheit unter dem Schlagwort „Grundrechte" zusammen, so stellt man sie in einen Deutungszusammenhang, der direkt auf das Fundament des heutigen Verfassungsstaates zielt. Grundrechte sind nach heutigem Verständnis mit Geburt erworbene und unveräußerliche Menschenrechte, die als unmittelbar anzuwendende und einklagbare Rechte der Staatsbürger gegenüber der öffentlichen Gewalt in verfassungsrechtliche Form gebracht werden. Der Begriff taucht als „droits fondamentaux" zum ersten mal um 1770 in der französischen politischen Philosophie auf,[1] kommt in Deutschland aber erst im Zusammenhang mit der Paulskirchenverfassung von 1849 in Gebrauch.[2] Wenn in der zeitgenössischen Diskussion um die ersten deutschen Verfassungen stattdessen normalerweise von „bürgerlicher Freiheit" oder den „bürgerlichen Freiheiten" gesprochen wurde, wie es etwa Maximilian Joseph Freiherr von Montgelas (1759–1838) als Urheber der Konstitution tat,[3] bewegte man sich damit in einer Tradition, die zu widersprüchlich ist, um als lineare Vor- und Entwicklungsgeschichte der Grundrechte durchzugehen. Staatsrechtler und politische Philosophen des Alten Reiches wie Pufendorf, Thomasius und Wolff hatten im 17. und frühen 18. Jahrhundert eine Lehre fortentwickelt, die auf der Grundlage vertragstheoretischer Denkmodelle die Freiheitsrechte der Untertanen ganz der souveränen Machtausübung der Monarchen unterordnete. Staatlich verfasste Gemeinwesen entstanden ihrem Verständnis nach gerade dadurch, dass die angeborenen „natürlichen Freiheiten" unwiederbringlich an den „souveränen" (Jean Bodin), also alle Herrschaftsrechte auf sich vereinigenden Monarchen abgetreten wurden, der im Gegenzug Ordnung und Recht garantierte. Die „bürgerlichen Freiheiten" waren in diesem Modell gerade nicht Grundrechte, also prinzipiell herrschaftsbeschränkende Menschenrechte, sondern nur jener Rest der „natürlichen Freiheiten", der den Untertanen innerhalb der staatlichen Ordnung noch verblieben beziehungsweise ihnen vom Herrscher in einem freien, gnädigen und jederzeit umkehrbaren Akt der Selbstbeschränkung zurückgegeben worden war.[4] Auch wenn im „aufgeklärten" Spätabsolutismus Freiheitseinschränkungen durch den Herrscher vom nun enger gefassten und rational überprüfbaren „Staatszweck" gedeckt sein mussten,[5] begründete dies noch

1 Gerhard Oestreich, Geschichte der Menschenrechte und Grundfreiheiten im Umriss (Historische Forschungen 1), 2. Aufl. Berlin 1978, S. 66.

2 Judith Hilker, Grundrechte im deutschen Frühkonstitutionalismus (Schriften zur Verfassungsgeschichte 73), Berlin 2005, S. 20.

3 BayHStA, MA 12: „la liberté civile est le besoin de tous", siehe Weis, Entstehungsgeschichte, S. 413–416.

4 Diethelm Klippel, Politische Freiheit und Freiheitsrechte am Ende des 18. Jahrhunderts in Deutschland (Rechts- und Staatswissenschaftliche Veröffentlichungen der Görres-Gesellschaft NF 23), Paderborn 1976, S. 59–71. – Ders., Die Theorie der Freiheitsrechte am Ende des 18. Jahrhunderts in Deutschland. In: Heinz Mohnhaupt (Hrsg.), Rechtsgeschichte in den beiden deutschen Staaten (1988–1990). Beispiele, Parallelen, Positionen (Studien zur europäischen Rechtsgeschichte 53), Frankfurt/Main 1991, S. 348–386, hier S. 352–359. – Ders., Der politische Freiheitsbegriff im modernen Naturrecht (17./18. Jahrhundert). In: Otto Brunner – Werner Conze – Reinhart Koselleck (Hrsg.), Geschichtliche Grundbegriffe. Historisches Lexikon zur politisch-sozialen Sprache in Deutschland, Bd. 2, Stuttgart 1975, S. 469–476. – Hilker (wie Anm. 2) S. 26–52.

5 Oestreich (wie Anm. 1) S. 54–56.

keine Abwehrrechte gegen die Obrigkeit oder staatsfreie Räume im Sinne des liberalen Gesellschaftsmodells. Vor allem die gesellschaftstheoretischen Überlegungen innerhalb der westeuropäischen Strömung der Aufklärung kehrten dieses Modell um und gaben dem Gedankengebäude des Naturrechts eine revolutionäre Wendung: Natürliche Freiheiten sollten nun gerade im staatlichen Zusammenleben unbedingte Geltung als Grenze für die Ausübung obrigkeitlicher Gewalt haben (Locke),[6] durch Gewaltenteilung effektiv gesichert werden (Montesquieu) und über gemeinschaftliche Willensbildung (Rousseau) auch als politische Mitbestimmungsrechte funktionieren.[7] Die Erfahrung der radikalen Phase der französischen Revolution in den 1790er Jahren zwang die Diskussion in den monarchisch regierten Staaten, wieder auf einen politisch vorsichtigeren Freiheitsbegriff ohne systemstürzendes Potential zurückzuschwenken. Hinter die Menschenrechtskonzeption der aufgeklärten politischen Philosophie wollte und konnte man jedoch nicht zurückgehen.[8] Der Begriff der „bürgerlichen Freiheit(en)“ bleibt Anfang des 19. Jahrhunderts also einerseits einem konservativen Freiheitsbegriff verhaftet, der als Gegenbegriff zum radikalisierten republikanischen Freiheitsdenken überkommene monarchische Herrschaftsrechte untermauert. Gleichzeitig ist er aber unumkehrbar mit dem aufklärerischen Postulat allgemeiner und gleicher Menschenrechte aufgeladen. Diese Spannung zwischen spätabsolutistischer und liberaler Grundrechtskonzeption prägt die Formulierung der Konstitution und die Verfassungswirklichkeit von 1808 bis 1818 und wird deshalb dem folgenden Abriss zugrunde gelegt, obwohl, oder vielmehr gerade weil die erste bayerische Verfassung als ein Versuch zu sehen ist, eben diese Spannung in einem neuen Verhältnis zwischen König, Staat und Untertanen aufzulösen.

6 Hilker (wie Anm. 2) S. 59.

7 Klippel, Der politische Freiheitsbegriff (wie Anm. 4) S. 478 f.

8 Klippel, Der politische Freiheitsbegriff (wie Anm. 4) S. 478–486. – Ders., Die Theorie der Freiheitsrechte (wie Anm. 4) S. 384.

Die Präambel

Die Präambel der Konstitution, für die Grundrechtskonzeption mindestens genau so wichtig wie die einzelnen Paragraphen, kreist um den Begriff des Staates, verstanden sowohl horizontal, als zusammenzufügende und zu vereinheitlichende Einheit alter und neuer Territorien,[9] als auch vertikal, als aus monarchischer Spitze und einzelnen „Gliedern“ bestehendes Gemeinwesen.

Man stößt dabei auf Formulierungen, die ideengeschichtlich zunächst auf das absolutistische Staatsverständnis zurückweisen: Bereits in den ersten Sätzen wird eine ursächliche Verbindung zwischen der Effektivität des Staates als handlungsfähiger Einheit („zur Erreichung der vollen Gesamtkraft, die in seinen Mitteln liegt“) und dem Erreichen gesellschaftlicher Ziele („alle Vortheile der bürgerlichen Vereinigung ...“) geknüpft. Der Staat ist also auch hier im Kern noch ein Zweckverband von Fürst und Untertanen, und als solcher das einzig mögliche Vehikel für das Erreichen gesellschaftlicher Ziele und Verbesserungen: Nur durch staatliches Handeln, und niemals in der Abwehr oder der Beschränkung staatlichen Handelns, lassen sich Freiheitsrechte verwirklichen. Noch ganz spätabsolutistisch ist auch der „allgemeine Staatszweck“ als Ausgangspunkt und Messlatte aller Gesetze. Im absolutistischen Staatsrecht ist der Staatszweck individuellen Freiheitsrechten grundsätzlich vorrangig. Hier begründet er immerhin ein Verhältnis der Gegenseitigkeit: Auf ihn kann der Staat pochen, wenn er Forderungen an „seine Glieder“ stellt, also Pflichten der Staatsbürger einfordert und Freiheitsbeschränkungen durchsetzt, auf ihn können sich aber auch die „Glieder“ berufen, wenn sie ihrerseits darauf bestehen, dass persönliche Freiheitsrechte respektiert werden. Es wird hier also gerade nicht jene Grenze zwischen Staat und Bürgern gezogen, wie sie im modernen Verständnis durch Grundrechte als Abwehrrechte immer neu zu verteidigen ist. Stattdessen ist in der Sprache der Konstitution der zu schaffende Ein-

9 Zur territorialen Entwicklung Bayerns siehe den Beitrag von Till Strobel in diesem Band.

heitsstaat ein sowohl organisch wie allumfassend gedachtes Gebilde, das Herrscher und Beherrschte in einem gemeinsamen rechtlichen Rahmen bindet. Formal oktroyiert der König die Verfassung zwar seinen Untertanen, ohne dass deren Zustimmung zur Verfassungsgebung nötig wäre („Wir bestimmen und verordnen demnach, wie folgt"). Trotzdem ist es bemerkenswert, wie sehr die Person des Monarchen als Ausgangspunkt jeder öffentlicher Gewalt nun vom Staat selbst verdrängt wird. Die Art, wie der Staat in den Formulierungen monarchische Herrschaftsrechte ersetzt und an sich zieht, geht über die spätabsolutistische, letztlich immer noch zwischen den Polen Monarch und Untertanen angesiedelte Diskussionsbasis hinaus. Es wird eine überpersönliche Staatsauffassung propagiert und postuliert, die den verfassungsrechtlich ausformulierten Höhepunkt des „Staatsabsolutismus" (Demel) der aufgeklärten Reformbürokratie Bayerns markiert. Der Montgelas'sche Verfassungstext versucht also, die Spannung zwischen Herrschersouveränität und Bürgerrechten in einer Art Staatssouveränität aufzulösen, die Herrscher wie Beherrschte auf ein überpersönliches Gemeinwesen verpflichtet. Zur „Verstaatlichung monarchischer Herrschaftsrechte", die als Grundgedanke die Konstitution durchzieht,[10] kommt auch die Verstaatlichung der Untertanenbindung. „Grundrechte" sind im Verfassungstext von 1808 also nicht mehr nur einseitige Gnadenakte monarchischer Selbstbeschränkung, aber auch noch keine vor-, außer- und gegenstaatlichen Unverletzlichkeitsgrenzen. Das Gewähren von Rechten ist selbst ein Akt staatlichen Handelns, der allerdings durch den bindenden Charakter des Verfassungsrechts nicht mehr zurückgenommen werden kann und den Staat dadurch in seinen Handlungsmöglichkeiten effektiv beschneidet. Die konstitutionellen Grundrechte sind verbindliche Freiheitsgarantien, die durch den Staat und im Staat erst möglich werden, die ihn selbst aber in dem Sinne erst konstituieren, dass er im gesellschaftlichen Fortschritt, den er für seine „Glieder" erbringt, seine Funktion und Daseinsberechtigung findet.[11]

Die Hauptbestimmungen

In den eigentlichen Verfassungsbestimmungen werden Grund- und Freiheitsrechte im ersten Titel, den „Hauptbestimmungen", abgehandelt. Das spricht zwar zunächst für ihre starke Stellung und grundsätzliche Bedeutung. Was die Konstitution jedoch gerade nicht bietet – und nach Vorgabe ihrer durch und durch etatistischen Grundkonzeption auch nicht bieten kann –, ist eine Grundlegung in Form eines vorgeschalteten Grundrechtekatalogs, wie sie später die Paulskirchenverfassung von 1849 oder das Grundgesetzes von 1949 enthalten sollten. Zu Beginn werden Grundrechte in Form bürgerlicher Gleichheitsrechte gewährt. Zunächst geschieht dies in negativer Form durch § 3, der die Leibeigenschaft ersatzlos aufhebt, dann durch die Abschaffung ständischer Vor- und Sonderrechte: § 5 beseitigt die adeligen Vorrechte in Bezug auf Besteuerung und den Zugang zu Staatsämtern, § 6 tut das gleiche für die Geistlichkeit. In positiver Formulierung werden Grundrechte dann in § 7 eingeführt: Vier Rechte, die „Sicherheit der Personen" (sic), die Sicherheit des Eigentums, die Gewissensfreiheit und die Pressefreiheit werden genannt. Dabei wird in der Formulierung die Grundkonzeption der Präambel präzise umgesetzt: Nicht der Monarch, sondern explizit der Staat gewährt die konstitutionellen Freiheiten. Selbst wenn man die gedrängten Entstehungszusammenhänge des Verfassungswerks berücksichtigt,[12] fällt auf den ersten Blick die Knappheit der Bestimmungen auf. Auf den zweiten Blick lässt sich differenzieren zwischen denjenigen Rechten, die kaum oder gar nicht präzisiert und juristisch ausgearbeitet wer-

10 Zimmermann, Bayerische Verfassungsgeschichte, S. 149.

11 Für die wohl ausgewogenste Deutung siehe Wegelin, S. 165–171. Für eine dezidiert autoritär-antidemokratische Deutung siehe Zimmermann, Bayerische Verfassungsgeschichte, S. 137–152, für eine etwas stärkere Betonung des Bürgerrechtsaspekts siehe Weis, Montgelas Bd. 2, S. 376–380. – Ders., Entstehungsgeschichte, S. 413. – Demel, Staatsabsolutismus, S. 332–337, 563 f. – Möckl, Die bayerische Konstitution, S. 159 f.

12 Siehe dazu den Beitrag von Esteban Mauerer in diesem Band.

den und damit abstrakt bleiben, und denjenigen, die durch Edikte oder Verordnungen erst ausgestaltet werden: Die Sicherheit der Person etwa war im zeitgenössischen Verfassungsdenken des Frühkonstitutionalismus ein zentraler Begriff, der vor allem auf die körperliche Bewegungsfreiheit und Unversehrtheit der Bürger und ihre Sicherung im Haft- und Strafverfahren bezogen wurde.[13] Ausgestaltet werden sollte dieses Recht aber weder im Konstitutionstext noch in den zugehörigen Folgeedikten, sondern durch die Schaffung „angemessener gleicher bürgerlicher und peinlicher Gesetze", wie sie die Präambel andeutet. Im Bereich des Strafrechts wird dieses Versprechen noch zur Geltungszeit der Konstitution eingelöst, im Zivil- und im Prozessrecht erst viel später.[14] Auch die „Sicherheit des Eigenthums" bleibt blass, konkretisiert nur durch den Schutz vor Enteignungen und der weitgehenden Abschaffung der Vermögenskonfiskation als strafrechtliche Maßnahme,[15] die sogar durch ein eigenes Edikt weiter ausgestaltet wird.[16] Als letzte Möglichkeit einer Eigentumskonfiskation behält sich der Staat das Vorgehen gegen Deserteure und Wehrdienstverweigerer vor. In den gesetzgeberischen Diskussionen zwischen 1808 und 1818 wird dem Privateigentum durchaus ein sehr hoher Stellenwert eingeräumt: Es wird höher gewichtet als niedrigrangige Staatsaufgaben, selbst wenn diese – wie etwa der Straßenbau – gemeinnützig sind.[17] Hinter der Erklärung der Gewissensfreiheit schließlich steckt ein historischer Umbruch des Staatsverständnisses und des Staatsrechts: Der Untertanenverband wird nicht mehr als einheitlicher Glaubensverband verstanden, das ius reformandi des Landesherren ist aufgehoben.[18] Das ist zum einen konzeptionelle Folge eines neuen Staatsverständnisses, zum anderen praktisches Bedürfnis eines durch die neuerworbenen Gebiete faktisch gemischtkonfessionell gewordenen Bayerns. Die verfassungsrechtliche Verankerung der Gewissensfreiheit war weniger Postulat als vielmehr Summe und Ergebnis einer konsequenten religiösen Toleranzpolitik der Regierung Montgelas, die zunächst die Duldung von Protestanten in rein katholischen Gebieten, dann die Parität der drei christlichen Konfessionen verwirklicht hatte.[19] Doch auch in anderer Hinsicht hatte die im Religionsedikt[20] ausgestaltete Religionsfreiheit einen zukunftsweisenden grundrechtlichen Charakter: Der Raum, in dem jedermann seine Religion im Zuge der Hausandacht frei ausüben durfte, wurde damit gleichzeitig Teil einer vor staatlicher Einflussnahme geschützten Privatsphäre. Der Rest von § 7 und § 8 regelt über das Staatsbürgerrecht eine entscheidende Grundbedingung für die Ausübung von Grundrechten, wie sie ja explizit nur den „Staatsbürgern" gewährt werden. Staatsbürgerschaft kann erworben werden durch Geburt („Eingeborne") oder durch Besitzqualifikation („im Staate begüterte"), die Staatsangehörigkeit („Indigenat") ist allerdings durch einen Willensakt des Königs oder ein Gesetz formal zu erlangen. Überraschend deutlich an das ältere Untertanenrecht erinnert dabei das Verbot, sich ohne königliche Erlaubnis ins Ausland zu begeben oder auszuwandern.[21]

Abschaffung der Leibeigenschaft

Mit der Abschaffung der Leibeigenschaft hebt die Konstitution zunächst einen durch Beschränkungen der persönlichen Freiheit geminderten Rechtsstatus auf und schafft

13 Hilker (wie Anm. 2) S. 203–217. – Diethelm Klippel, Persönlichkeit und Freiheit. Das „Recht der Persönlichkeit" in der Entwicklung der Freiheitsrechte im 18. und 19. Jahrhundert. In: Günter Birtsch (Hrsg.), Grund- und Freiheitsrechte von der ständischen zur spätbürgerlichen Gesellschaft (Veröffentlichungen zur Geschichte der Grund- und Freiheitsrechte 2), Göttingen 1987, S. 269–290, hier S. 288.

14 Siehe den Beitrag von Monika von Walter in diesem Band.

15 Zur Eigentumsfreiheit in den frühkonstitutionellen Verfassungen Süddeutschlands siehe Hilker (wie Anm. 2) S. 217–234.

16 Edikt über die Konfiskationen vom 29. August 1808, RBl 1937.

17 Demel, Staatsabsolutismus, S. 387.

18 Hilker (wie Anm. 2) S. 244.

19 Siehe dazu im einzelnen den Beitrag „Religionspolitik in Bayern um 1808" in diesem Band.

20 Religionsedikt vom 14. Juni 1809, Kapitel 1, § 4, RBl 897.

21 Siehe auch Wegelin, S. 166 Anm. 39.

damit gleichzeitig alle leibherrlichen Rechte und die aus ihnen ableitbaren Abgaben ersatzlos ab. Ausgangspunkt einer historischen Einordnung muss die Diskrepanz zwischen der realen und der symbolischen Bedeutung der neuen Rechtslage sein: Leibeigenschaft war ein persönliches Abhängigkeitsverhältnis, das der aus dem Frühmittelalter stammenden rechtlichen Grundkonstruktion nach dem Leibherrn ein vierfaches Verfügungsrecht über den leibeigenen Bauern gewährte:[22] Zum ersten konnte er über seine Arbeitskraft verfügen, zum zweiten stand ihm jeglicher Ertrag dieser Arbeitskraft zu, zum dritten konnte er über den Personen- und Familienstand und schließlich über den Sitz und Aufenthaltsort des Leibeigenen bestimmen. Im Gegensatz zu den ostelbischen Territorien oder zu Böhmen, in denen die Leibherrschaft seit dem Spätmittelalter zur Gutsherrschaft intensiviert wurde, in der die Arbeitskraft unfreier Bauern unmittelbar und in wirtschaftlich erheblichem Maße genutzt wurde, war sie in Bayern sukzessive abgemildert und zurückgedrängt worden. Bayerische Grundherren hatten wenig wirtschaftliche Anreize, die Leibherrschaft zu verschärfen, und eine tendenziell bauernfreundliche landesherrliche Rechtsprechung führte dazu, dass leibherrliche Rechte in Konfliktfällen nur schwer durchzusetzen waren. Im 17. und 18. Jahrhundert gelang es immer mehr Unfreien, sich durch eine einmalige Zahlung – üblich waren 10 Prozent des Vermögens – loszukaufen oder – bei nachgewiesener Bedürftigkeit – sogar ohne Gegenleistung in die persönliche Freiheit entlassen zu werden. Anhand der Leibeigenenbücher von Prälatenklöstern (vgl. Kat.Nr. 2.4),[23] aber auch großer Adelsherrschaften wie Hohenaschau[24] lässt sich die langsame, aber deutliche Milderung und Aushöhlung der Leibeigenschaft gut nachvollziehen. Wo sie an der Wende zum 19. Jahrhundert noch bestand, äußerte sie sich konkret – mit vielen regionalen Abweichungen und Varianten – in drei Verpflichtungen, die der Grundherrschaft zwar unterworfene, aber persönlich freie Bauern nicht hatten: der Zahlung eines jährlichen Leibzinses, der Leistung einer Todfallabgabe (Mortuarium) durch die Erben beim Tod des Hofinhabers sowie dem Zwang, vor Heirat oder Wegzug die Erlaubnis des Leibherrn einzuholen, was mit weiteren Abgaben (Abzugsgebühren) verbunden war. Leibeigenschaft bedeutete in der Praxis also weder drückende Knechtschaft noch Armut, sondern war wirtschaftlich eine lästige, aber nicht existentielle Schlechterstellung im Grundleiheverhältnis. Auch rechtlich wurde die persönliche Unfreiheit gerade nicht zu einer systematischen Abwertung in verschiedenen Rechtsbeziehungen ausgebaut, sondern immer mehr auf die konkreten Verpflichtungen gegenüber dem Leibherrn reduziert.[25] Die wirtschaftliche und juristische Marginalisierung der Unfreiheit darf aber nicht darüber hinwegtäuschen, dass die Leibeigenschaft gerade innerhalb der bäuerlichen Gesellschaft bis zuletzt als sozial zurücksetzender Makel empfunden worden ist. Vor

22 Peter Blickle, Von der Leibeigenschaft in die Freiheit. Ein Beitrag zu den realhistorischen Grundlagen der Freiheits- und Menschenrechte in Mitteleuropa. In: Günter Birtsch (Hrsg.), Grund- und Freiheitsrechte im Wandel von Gesellschaft und Geschichte. Beiträge zur Geschichte der Grund- und Freiheitsrechte vom Ausgang des Mittelalters bis zur Revolution von 1848 (Veröffentlichungen zur Geschichte der Grund- und Freiheitsrechte 1), Göttingen 1981, S. 25–40, hier: S. 27. Zu den Einzel- und Besonderheiten der bayerischen Leibeigenschaft, die weder bereits abschließend erforscht sind, noch in diesem Rahmen erörtert werden können, siehe Heinz Lieberich, Die Leibeigenschaft im Herzogtum Baiern. In: Mitteilungen für die Archivpflege in Oberbayern 28 (1948) S. 741–761. – Adolf Sandberger, Entwicklungsstufen der Leibeigenschaft in Altbayern seit dem 13. Jahrhundert. In: ZBLG 25 (1962) S. 71–92. – Renate Blickle, Leibeigenschaft. Versuch über Zeitgenossenschaft in Wissenschaft und Wirklichkeit, durchgeführt am Beispiel Altbayerns. In: Jan Peters (Hrsg.), Gutsherrschaft als soziales Modell. Vergleichende Betrachtungen zur Funktionsweise frühneuzeitlicher Agrargesellschaften (Historische Zeitschrift, Beiheift 18), München 1995, S. 53–80.

23 BayHStA, KL Au am Inn 63. Siehe auch KL Tegernsee 27, 30.

24 StAM, Hohenaschau B 51, 53, 54, 56.

25 Zentral sind Kreittmayrs einleitende Passagen im Codex Maximilianeus Bavaricus Civilis von 1756: „... und bestehet solche [Leibeigenschaft] nur noch lediglich in gewissen Personal-Diensten und Gaben, wo im übrigen der Leibeigene, wie jeder andere, bey seiner Freyheit verbleibt" (CMBC Teil 1, Kapitel 8, § 1). Zur Behandlung der Leibeigenschaft im zeitgenössischen Staatsrecht siehe Peter Blickle, Von der Leibeigenschaft in die Freiheit (wie Anm. 22) S. 31.

allem leibeigene Frauen taten sich, glaubt man Manumissionsgesuchen des 17. und 18. Jahrhunderts, schwer dabei, einen Heiratspartner zu finden. So erläuterte ein Pfleger, dass „diese unschuldigen Leute unter dem Volk so verächtlich gehalten werden, daß man sie ohne Befreiung nicht heuraten will und ein wenig mehr als das Viech achtet."[26] Die Forschungen Renate und Peter Blickles zur Ideengeschichte bäuerlichen Widerstands[27] lassen die ältere Ansicht, erst die Aufklärung habe mit ihrem menschenrechtlich aufgeladenen Freiheitsbegriff ein bis dato problemloses Rechtsinstitut zu einem sozialen Problem gemacht,[28] kaum mehr plausibel erscheinen. Tatsächlich dürfte hinter Einzelfällen wie dem Prozess der Ettaler Klosteruntertanen gegen die Verwendung des Begriffs „Leibeigene" (vgl. Kat.Nr. 2.3) eine Tradition bäuerlichen Freiheitsdenkens stehen, die der Freiheitsprogrammatik der aufgeklärten Reformbürokratie vorangeht und erst gegen Ende des 18. Jahrhunderts von ihr überlagert wird. Erst in dieser Verbindung jedoch gewann die Freiheitsprogrammatik eine solche Durchschlagskraft, dass die Aufhebung der Leibeigenschaft als fortschrittsgeschichtlich gebotene Aufhebung eines Relikts aus menschenverachtender Vorzeit erschien. Der Propst des Klosters Au am Inn war durchaus keine Ausnahme, wenn er – nicht ohne Selbstgefälligkeit – den Verzicht auf leibherrliche Rechte nicht nur mit der Geringfügigkeit der noch zu erzielenden Einkünfte, sondern auch mit der geschichtlichen Notwendigkeit begründete (vgl. Kat.Nr. 2.4). Die Regierung selbst nutzte die offiziösen Publikationsorgane, um einen entsprechenden Grundton zu setzen, etwa wenn wichtige adelige Grundherren explizit für den freiwilligen Verzicht auf leibherrliche Rechte belobigt wurden.[29] Gleich nach dem Regierungsantritt Kurfürst Max IV. Josephs wurde auf Basis dieser Programmatik mit einer administrativen Großaktion die Abschaffung der Leibeigenschaft vorbereitet: Zuerst 1799, dann mehrfach zwischen 1801 und 1803 wurden alle Unterbehörden, aber auch adelige und klösterliche Hofmarksgerichte angewiesen, nach einem einheitlichen Fragenkatalog zu erheben, wo in ihrem Amtsbereich noch Leibeigenschaft existierte, wie sie historisch entstanden sei und – die wichtigste Frage – welche Einkünfte sie in den letzten 20 Jahren erbracht hätte.[30] In ihrer charakteristischen Mischung von Menschenrechtspathos und fiskalischer Genauigkeit sind diese Erhebungen zum einen geprägt vom reformbürokratischen Grundprinzip, „nur nach vollkommen erlangter Sachkenntnis des der Reform unterliegenden Objectes" gültiges Recht abzuändern,[31] zum anderen sollte zweifelsfrei geklärt werden, welche Einbußen für die Staatskasse eine ersatzlose Abschaffung der Leibeigenschaft bedeuten würde. Die Ergebnisse dieser Erhebung[32] – während einzelne Beamte unter Rückgriff

26 BayHStA, GR Fasz. 1115 (Gutachten des Landgerichts Biburg vom 5. Juni 1799). Für weitere Beispiele siehe Sandberger (wie Anm. 22) S. 81. – Siehe auch Reinhard Heydenreuter (Bearb.), Recht, Verfassung und Verwaltung in Bayern (Ausstellungskataloge der staatlichen Archive Bayerns 13), München 1981, S. 110 f.

27 Siehe Peter Blickle, Von der Leibeigenschaft in die Freiheit (wie Anm. 22) S. 25–40. – Ders., Von der Leibeigenschaft zu den Menschenrechten. Eine Geschichte der Freiheit in Deutschland, 2. Aufl. München 2006. – Renate Blickle, Frei von fremder Willkür. Zu den gesellschaftlichen Ursprüngen der frühen Menschenrechte. Das Beispiel Altbayern. In: Jan Klußmann (Hrsg.), Leibeigenschaft. Bäuerliche Unfreiheit in der frühen Neuzeit (Potsdamer Studien zur Geschichte der ländlichen Gesellschaft 3), Köln u.a. 2003, S. 157–174.

28 So Friedrich Lütge, Die Bayerische Grundherrschaft. Untersuchungen über die Agrarverfassung Altbayerns im 16.–18. Jahrhundert, Stuttgart 1949, S. 71.

29 RBl 1803, 333.

30 BayHStA, GR Fasz. 1115; RBl 1802, 61; RBl 1803, 333. – Siehe auch Sandberger (wie Anm. 22) S. 89–92. – Friederike Hausmann, Die Agrarpolitik der Regierung Montgelas. Untersuchungen zum gesellschaftlichen Strukturwandel Bayerns um die Wende vom 18. bis zum 19. Jahrhundert (Verfassungsgeschichte 2), Frankfurt/Main 1975, S. 191. – Vgl. Demel, Staatsabsolutismus, S. 301, der betont, dass an diese Erhebungen zunächst nicht gesetzgeberisch angeknüpft wurde.

31 BayHStA, MA 8481: Entschließung des Außenministeriums an das fränkische Generallandeskommissariat vom 7. Februar 1803.

32 BayHStA, GR Fasz. 1114 bis 1117. Diese im frühen 19. Jahrhundert nach dem Pertinenzprinzip zum Thema Leibeigenschaft zusammengefügten Faszikel enthalten hauptsächlich die von den Unterbehörden eingesandten Berichte (Provenienz: Generallandesdirektion, seit 1803 Landesdirektion von Baiern), aber auch zentralbehördliche

auf spätmittelalterliche Urbare regelrechte rechtshistorische Abhandlungen einschickten,[33] erstattete die Mehrzahl aller Gerichte schlichte Fehlanzeige – erwiesen die Unerheblichkeit der dem Fiskus entgehenden Einnahmen. Die ersatzlose Abschaffung der Leibeigenschaft durch die Konstitution war gegenüber der Diskussion von 1796 bis 1803 eine Radikalisierung, die einerseits auf die Unbedingtheit der aufklärerischen Programmatik zurückweist (vgl. Kat.Nr. 2.1 und 2.2), andererseits aber auch Ergebnis dieser bürokratischen Machbarkeitsstudien ist.

Gerade im Zuge der politischen Eingliederung der neubayerischen Gebiete und ihrer Bevölkerung wurde eine Abschaffung der Leibeigenschaft auch ob ihres propagandistischen Wertes in den Blick genommen: Im Januar 1803 legte der Generalkommissär für Franken, Johann Wilhelm Freiherr von Hompesch (1761–1809), dem Kurfürsten dar, die Abschaffung der Leibeigenschaft eigne sich ob ihrer problemlosen Machbarkeit, sofortigen Wirkung und untertanenfreundlichen Ausrichtung bestens dazu, das „liebevolle Zutrauen" der neuen Landeskinder zu fördern.[34] Max IV. Joseph nutzte die Chance, sich als Herrscherpersönlichkeit direkt mit der Freiheitsprogrammatik zu verbinden, indem er seine weiteren Anordnungen, die Abschaffung der Leibeigenschaft in die Wege zu leiten, geschickt damit begründete, nur über freie Menschen herrschen zu wollen, eine späte Umsetzung eines der programmatischen Kernpunkte aufgeklärten Königtums.[35]

Wenn die endgültige Abschaffung also nur noch ein symbolischer Akt war, der die letzte, nochmals intensivierte Phase einer Jahrhunderte langen Entwicklung abschloss – im ersten Verfassungsentwurf war der entsprechende Artikel sogar schlicht vergessen worden[36] – so bedurfte sie ob ihrer Kürze doch der gesetzgeberischen Ausgestaltung und Klärung. Das Edikt über die Aufhebung der Leibeigenschaft vom 31. August 1808[37] erfüllte hauptsächlich zwei Funktionen: Zunächst definierte es vor dem Hintergrund der regional sehr verschiedenen Rechtstraditionen und Rechtsbegriffe die Formen und Varianten persönlicher Unfreiheit, die im verfassungsrechtlichen Sinne als Leibeigenschaft zu gelten hatten. Vor allem aber versuchte das Edikt, das Verhältnis zweier konstitutioneller Bestimmungen, die gegensätzliche Stoßrichtungen hatten, grundsätzlich zu klären: Der Bestätigung der Rechte des Adels im Bereich der Grundherrschaft (Titel 1, § 5, sowie Organisches Edikt über die gutsherrlichen Rechte vom 28. Juli 1808[38]) auf der einen und die ersatzlose Abschaffung der Leibeigenschaft auf der anderen Seite. Es war oft äußerst schwierig, leibherrliche und grundherrliche Verpflichtungen der Bauern strikt auseinander zu halten.[39] Das Edikt versuchte hier nichtsdestotrotz eine klare Trennung: Grundherrliche Rechte sollten erhalten und explizit bestätigt und die Abschaffung der Leibeigenschaft nicht mit einer etwaigen Ablösung grundherrlichen Obereigentums vermischt werden.[40] Zähe Streitigkeiten über die Auslegung und Reichweite leibherrlicher Rechte in den kommenden Jahren, in Ein-

Überlieferung anderer Provenienzen, vor allem Hofkammer- und Hofratsakten des 16. bis 18. Jahrhunderts zu gerichtlichen Auseinandersetzungen um leibherrliche Rechte. Sie sind ein sinnvoller Ausgangspunkt für weitere Untersuchungen; siehe ergänzend auch StAM, LRA 35134.

33 BayHStA, GR Fasz. 1116.

34 BayHStA, MA 8481.

35 Ebd.

36 BayHStA, StR 8. – Siehe auch Weis, Montgelas Bd. 2, S. 376.

37 RBl 1933.

38 RBl 1833.

39 Problematisch war vor allem die Zahlung von Mortuarien, da nicht nur ein leibherrliches, sondern auch ein grundherrliches Verhältnis Todfall-Abgaben begründen konnte. Mortuarium in Form von Besthaupt wurde vereinzelt bis 1848 erhoben und erst im Rahmen der Juni-Gesetze (II. Abschnitt, Artikel 3) endgültig und entschädigungslos abgeschafft.

40 Demel, Staatsabsolutismus, S. 474–486. – Siehe auch Eberhard Weis, Die Reformen der Regierung Montgelas zugunsten der bayerischen Bauern (1799–1817). Planung und Wirklichkeit. In: Jürgen Kocka – Hans-Jürgen Puhle – Klaus Tenfelde (Hrsg.), Von der Arbeiterbewegung zum modernen Sozialstaat (Festschrift Gerhard A. Ritter), München u.a. 1994, S. 503–516, hier S. 506–509.

zelfällen bis in die 1830er Jahre, konnten dadurch allerdings nicht verhindert werden.[41]

Pressefreiheit

Wurde bei der Abschaffung der Leibeigenschaft eine bereits weitgehend vollendete Entwicklung erst an ihrem Ende mit verfassungspolitischer Bedeutung versehen, war es im Bereich der Pressegesetzgebung eher so, dass Verfassungstext und politische Wirklichkeit sich immer weiter voneinander entfernten. In der ersten, von 1769 bis 1786 reichenden und von Montgelas als jungem Zensurrat mitgestalteten Phase des kurbayerischen Bücherzensurkollegiums[42] hatte es bereits einen Abschnitt liberal-aufgeklärter Pressepolitik gegeben, an den Montgelas seit 1799 als leitender Minister konzeptionell wie persönlich anknüpfen konnte. Kurz nach dem Regierungsantritt des neuen Kurfürsten Max IV. Joseph wurde die alte, unter Kurfürst Karl Theodor auf aufklärungsfeindlichen Kurs gebrachte Zensurbehörde durch eine neue, deutlich liberaler besetzte und instruierte Bücherzensurkommission ersetzt.[43] 1803 wurde auch diese abgeschafft und der Systemwechsel von der Vorzensur zur Nachzensur vollzogen.[44] Diese Pressegesetze erscheinen auf den ersten Blick als ein radikal freiheitlicher Bruch mit der repressiven Praxis unter Karl Theodor. Doch die Präambel des Presseedikts von 1803, das über die Konstitution Verfassungsrang erhielt, zeigt noch einmal beispielhaft das Staatsdenken des aufgeklärten Absolutismus, das auch und gerade Bürgerrechte von der monarchischen Spitze her konstruierte: Die Gewährung der Pressefreiheit wird als ein Akt vernunftgeleiteter Liberalisierung geschildert, der aber die Loyalität der Untertanen voraussetzt und jederzeit zurückgenommen werden kann. An welchem Punkt die Freiheit der wissenschaftlichen Information („die Erforschung jeder nuezlichen Wahrheit“[45]) in Maßlosigkeit übergeht und den „Staatszweck“, dem sie dienen soll, gefährdet, sowie welche Gegenmaßnahmen zu ergreifen sind, bleibt im fürstlichen Ermessen. Die eingangs umrissene Stellung der Konstitution zwischen spätabsolutistischem und liberalem Verständnis von Grundrechten zeigt sich hier als Spannung zwischen Pressefreiheit als Wissenschaftsförderung unter der staatlichen Gemeinwohlpolitik und der gouvernementalen Forderung von Untertanenloyalität als Grundbedingung einer verbindlichen Herrschaftsordnung und eines handlungsfähigen Staates. Gerade in den Ausnahmen und Vorbehalten des Edikts sowie den einzelnen Regelungen auf der Verordnungsebene zeigen sich die engen Grenzen, die Montgelas' sehr restriktives Verständnis von „Öffentlichkeit“ der Pressefreiheit setzt: Weiter in Gebrauch bleibt die Vorzensur für die „politischen“ (verstanden vor allem als: außenpolitischen) Zeitschriften, die nun ins Zentrum der Pressegesetzgebung und Pressekontrolle rücken.[46] Weil das außenpolitische Nachrichtenwesen nunmehr das Hauptfeld der Pressekontrolle bildete, wurde sie auch im Außenministerium, und erst später und in geringerem Maße im Innenministerium koordiniert.[47] Im neuen Bayern stellte sich das Problem politischer Meinungsbildung jedoch auch unter neuen Bedingungen: Während in Altbayern überregional berichtende Zeitschriften im späten 18. Jahrhundert kaum entstehen konnten, gab es in Schwaben und Franken

41 Demel, Staatsabsolutismus, S. 302–305.

42 Schaich, Staat und Öffentlichkeit, S. 140–161.

43 Reskript vom 2. April 1799, siehe Theodor Bitterauf, Die Zensur der politischen Zeitungen in Bayern 1799 bis 1825. In: Karl Alexander von Müller (Hrsg.), Beiträge zur bayerischen Geschichte (Festschrift Riezler), Gotha 1913, S. 305–351, hier S. 306.

44 Verordnung, die Preß- und Buchhandel-Freyheit betreffend, vom 13. Juni 1803, RBl 377.

45 Ebd. S. 377.

46 Verordnung, die Censur der in den Churfürstl. Landen gedruckt werdenden politischen Zeitschriften betr., vom 6. September 1799, Münchner Intelligenzblatt S. 664; Verordnung, die politischen und statistischen Zeitschriften betreffend, vom 17. Februar 1806, RBl 70.

47 Der Bestand Außenministerium ist deshalb auch der wichtigste Archivbestand zu diesem Problemfeld, der sich durch die Überlieferung des Innenministeriums sowie mittelbehördliche Überlieferung, etwa der Vorgängerbehörden der Regierung von Oberbayern, sinnvoll ergänzen lässt. Siehe zum Einstieg vor allem BayHStA, MA 9519–9593, MInn 25097–25132 sowie StAM, RA 25648–25680.

einige populäre und mit guten Informationskanälen versehene Organe, beispielsweise die „Allgemeine Zeitung" in Ulm[48] oder die „Bambergische Zeitung".[49] Während das alte Zensurkollegium eine zwar in ihrem Bereich allmächtige, aber auch schwerfällige Behörde war, die mit Hilfe fester Kataloge erlaubter und verbotener Bücher arbeitete (vgl. Kat.Nr. 2.4),[50] mussten die neuen Zensurbeauftragten vor Ort immer wieder ad hoc aufeinander abgestimmt, koordiniert und kontrolliert werden. Immer wieder ergingen Reskripte zur Unterdrückung einzelner, genau bezeichneter Nachrichten.[51] Die richtige Instruktion und Kontrolle der Zensoren war dabei ebenso wichtig und ebenso problematisch wie die Kontrolle der Journalisten. Zudem wurde die Unterdrückung von Informationen nun zunehmend ergänzt durch Versuche, die öffentliche Meinungsbildung durch regierungsfreundliche Publikationen auch aktiv zu steuern.[52] Die Kontrolle der Presse und das Erzeugen öffentlicher Meinungen griffen nicht immer reibungslos ineinander: In einem sicher nicht untypischen Fall wurde ein Buchdrucker, der im Auftrag des Außenministeriums Flugschriften vervielfältigt hatte, wegen Umgehung der Zensurbehörden zum polizeilichen Verhör einbestellt.[53] Die besonderen Eingriffs- und Verbotsrechte im gesamten Bereich der außenpolitischen Berichterstattung wurden von Montgelas mit dem Ziel, völlige Handlungsfreiheit im Umgang mit anderen Mächten zu erhalten, konsequent genutzt. Zur zunehmend repressiven Abschottung der staatlichen Sphäre von oppositioneller Publizistik kam also die Abschottung des Landes gegen ausländische Druckwerke: Pressefreiheit, soweit sie gewährt worden war, bezog sich nur auf die bayerische Presse und wurde nicht als grundsätzliches Informationsrecht der Bürger verstanden. Von außen ins Land kommende politische Literatur konnte also jederzeit konfisziert werden. Dass sich dieses Muster aus punktueller Repression, engmaschiger polizeilicher Aufsicht und obrigkeitlichen Pressekampagnen dann aber immer stärker auch auf den Bereich der Innenpolitik ausdehnte,[54] lag an der sich gegen die Montgelas'sche Reformbürokratie wendenden öffentlichen Meinung. Ab 1812 kamen zum allgemeinen Stimmungsumschwung gegen die Radikalität der Reformpolitik auch publizistische Kampagnen gegen Montgelas persönlich.[55] Demagogische Hetzschriften mit persönlichen Angriffen wie die des kriminell verstrickten Grafen von Reisach-Sternberg[56] haben ihn zweifellos soweit verbittert, dass er um so weniger zögerte, auch politisch gemäßigtere, im Ton respektvolle Streitschriften (vgl. Kat.Nr. 2.6 und 2.7) mit allen polizeilichen Mitteln zu bekämpfen. Das ist nur auf den ersten Blick ein Widerspruch zu seinem früheren liberalen Wirken als kurbayerischer Zensor. Tatsächlich beruhte die aufklärerische Politik des Bücherzensurkollegiums in seiner ersten Phase, wie Michael Schaich detailliert nachgewiesen hat, auf einer breiten Meinungsübereinstimmung und Interessensgleichheit der Zensoren mit den Autoren der zu zensierenden Werke.[57] Es ging auch damals gerade nicht darum, Kritik an obrigkeitlichen Entscheidungen und „Räsonnement" über die richtige Staatsführung zuzulas-

48 BayHStA, MInn 25097/I. – Siehe auch Bitterauf (wie Anm. 43) S. 311 f.

49 BayHStA, MInn 25098/I. – Siehe auch Bitterauf (wie Anm. 43) S. 311 f.

50 Schaich, Staat und Öffentlichkeit, S. 449 f.

51 Siehe etwa StAM, RA 25680, Reskript des Außenministeriums vom 16. Juli 1814 zur Inbesitznahme der Grafschaft Falkenstein durch Österreich. – Vgl. auch StAM, RA 20961/1 und 25663.

52 Wolfgang Piereth, Bayerns Pressepolitik und die Neuordnung Deutschlands nach den Befreiungskriegen (Schriftenreihe zur bayerischen Landesgeschichte 119), München 1999, S. 52–57.

53 StAM, RA 25668.

54 Piereth (wie Anm. 52) S. 57 f.

55 Weis, Montgelas Bd. 2, S. 498–503.

56 Anonymus [August Graf von Reisach-Sternberg], Bayern unter der Regierung des Ministers Montgelas, Leipzig 1813, zum Kontext siehe Weis, Montgelas Bd. 2, S. 501–503, zum Verbot der Schrift siehe BayHStA, MA 9549.

57 Schaich, Staat und Öffentlichkeit, S. 140–161. – Siehe auch Wilhelm Fichtl, Aufklärung und Zensur. In: AK Wittelsbach und Bayern III/1, S. 174–185. – Zur Behördengeschichte des Bücherzensurkollegiums siehe auch Gigl, Zentralbehörden, S. 459–463.

sen, sondern darum, dem „liberalen Gang der Wissenschaften“[58] im Sinne einer volkserzieherischen Literatur und Diskussion den Weg zu ebnen. Die in der Konstitution garantierte Pressefreiheit hat zwar durchaus Grundrechtscharakter. Bei den näheren, durchweg einschränkenden Ausführungsverordnungen schlägt dagegen ganz das spätabsolutistische funktionelle Verständnis der Pressefreiheit als Maßnahme zur Wissenschaftsförderung und Volkserziehung durch, die jedoch auf politischer Ebene an der Souveränität und Handlungsfreiheit der Regierung ihre scharfe Grenze findet.[59] Der Gedanke einer öffentlichen Meinung als freiem Austragungsort politischer Argumente und Gegenargumente, wie ihn der Staat im modernen Rechtsstaat fördert und schützt, war Montgelas' Verfassungsdenken noch völlig fremd. Seine Deutung und Ausgestaltung der Pressefreiheit erlaubte und gebot es weit mehr, das Wirken der Staatsmacht vor der Einrede oppositioneller Meinungen zu schützen, als umgekehrt.

Nicht gewährte und verletzte Grundrechte

Weite und wichtige Bereiche der heute selbstverständlichen Grundrechte blieben entweder außerhalb der konzeptionellen Grundkonstruktion der Konstitution oder wurden der nicht weiter zu rechtfertigenden Handlungs- und Eingriffsfreiheit des Staates geopfert. So bleibt es für den Bereich der politischen Mitspracherechte bei Andeutungen, die im vierten Titel angekündigte Nationalrepräsentation tritt nie zusammen.[60] Weder von Meinungs- noch von Versammlungsfreiheit ist die Rede. Das Briefgeheimnis, eines der wichtigen Rechte zur Verteidigung der bürgerlichen Privatsphäre mit bereits langer Tradition, erhielt nicht nur keinen Verfassungsrang, sondern wurde sogar mit zunehmender Entschlossenheit und Systematik außer Kraft gesetzt: Postbeamte wurden systematisch für Überwachungs- und Spitzelaufgaben herangezogen, die von Montgelas persönlich angeordnet, koordiniert und vorangetrieben wurden.[61] Zielte das System der „Surveillance“ zunächst auf Grenzschutz und Spionageabwehr,[62] so wurde es vor allem ab 1812 zunehmend auch zur Überwachung Oppositioneller (vgl. Kat. Nr. 2.8 und 2.9) eingesetzt, auch gegen bürgerrechtliche Bedenken aus dem Postapparat selbst.[63] Die Konstitution wurde gerade in diesen Bereichen nicht als Grundrechtedeklaration mit Verpflichtungscharakter für die öffentliche Gewalt im liberalen Sinn wahr- und ernstgenommen. In spätabsolutistischer Manier galt das Staatsinteresse soweit als unhintergehbar höheres Gut, wie Grundrechte nicht ausdrücklich gewährt worden waren.

Grundrechte in der Verfassung von 1818

Die Grundrechte in der Konstitution waren, so haben die Beispiele gezeigt, einerseits nachträgliche Festschreibung des in den ersten Jahren der Reformpolitik bereits erreichten, andererseits aber auch die Projektion einer völlig auf das politische Idealgebilde des „Staates“ zulaufenden Harmonie von Rechten und Pflichten, Staatsspitze und Staatsuntertanen und als solche Teil eines Zukunftsprojekts. Als Verfassung in zentralen Bereichen wie der Volksvertretung nicht umsetzbar, als programmatisches Dokument dem seit 1810 wieder konservativer werdenden politischen Klima nicht mehr angemessen, konnte die Konstitution den eigenen Anspruch nicht einlösen. In den Jahren 1813 und 1814 wurde eine Kommission eingesetzt, die das Verfassungswerk revidieren sollte.[64] Die Grundrechte waren nicht der Schwerpunkt

58 Presseedikt von 1803, RBl 377.
59 Siehe zusammenfassend Piereth (wie Anm. 52) S. 57–59.
60 Siehe dazu den Beitrag von Thomas Paringer in diesem Band.

61 Wolfram Siemann, „Deutschlands Ruhe, Sicherheit und Ordnung“. Die Anfänge der politischen Polizei 1806–1866, Tübingen 1985, S. 48–57. – Otto Veh, Die geheime Postüberwachung im Königreich Bayern 1806–1817. In: Archiv für Postgeschichte in Bayern 11 (1935) S. 185–198.
62 Gutachten des Freiherrn von Brück über die Schaffung einer politischen Polizei, BayHStA, MA 307.
63 Gutachten des Oberpostdirekors von Drechsel vom 24. April 1812, BayHStA, MA 9597. Siehe auch MA 9593.
64 Weis, Entstehungsgeschichte, S. 413–444.

der dortigen Debatten, wurden aber auch nicht ausgeklammert: Als Joseph August Graf Törring (1753–1826), der selbst aus dem alten landsässigen Adel stammte, eine nachträgliche Entschädigung der ehemaligen Leibherrn für die aufgehobenen leibrechtlichen Abgaben ins Spiel brachte, wurde dies mit großer Mehrheit abgelehnt.[65] Auch der eigenhändige Verfassungsentwurf des Kronprinzen Ludwig schlug noch einmal eine Entschädigung der ehemaligen Leibherren vor, ohne damit Berücksichtigung zu finden.[66] Was die Pressefreiheit angeht, wurde die Fortschreibung des in der Konstitution erreichten Verfassungszustands von einer breiten Mehrheit der Verfassungskommission gestützt, nur eine Minderheit trat für eine stärkere Sicherung der Pressefreiheit ein, wobei die Diskrepanz zwischen Verfassungsrecht und politisch-administrativer Wirklichkeit deutlich angesprochen wurde.[67] Im Ergebnis bekräftigte die neue Verfassung von 1818 die gewährten Grundrechte nicht nur, sie baute sie deutlich aus: Die Präambel stellt „Freiheit der Meinungen" immerhin in Aussicht, eine Deutung der Pressefreiheit, die der Konstitution noch gänzlich fremd war. Die Freiheit der Person wurde durch eine stärkere Gesetzesbindung bei der Strafverfolgung konkretisiert (Titel IV, § 8) und das Reise- und Auswanderungsrecht liberalisiert (Titel IV, § 14). Das Prinzip, dass die Besitzer von Freiheitsrechten auch mit konkreten und effektiven Abwehrrechten zur Sicherung ihrer Freiheit ausgestattet werden müssen, war der Konstitution noch grundsätzlich fremd geblieben, wurde hier aber von Titel X („Von der Gewähr der Verfassung") in Form einer embryonalen Verfassungsgerichtsbarkeit ins Spiel gebracht. Die 1808 in der Präambel nur angedeutete Gegenseitigkeit zwischen dem Staat und seinen „Gliedern", zwischen Rechten und Pflichten, wird 1818 konsequenter ausgearbeitet, gleichzeitig aber wieder entwertet, indem dem Titel über die allgemeinen Rechte und Pflichten (Titel IV) ein eigener Titel über „besondere Rechte und Vorzüge" (Titel V) gegenübersteht[68] – eine eklatante Abkehr von der egalitären Ausrichtung der Konstitution. 1818 wird die Verfassung ganz im Sinne der konstitutionellen Monarchie schon formal von der monarchischen Spitze her aufgebaut: Die Regelungen über die Thronfolge und das königliche Haus stehen noch vor den allgemeinen Rechten und Pflichten. War in der Konstitution der Staat Ausgangspunkt aller Rechte und Pflichten, ist es nun wieder der König als souveränes, sogar „heiliges" Staatsoberhaupt (Titel II, § 1).

Die Grundrechte in der Verfassung von 1818 zeigen also zwei gegenläufige Tendenzen: Einerseits werden Grundrechte erweitert, präzisiert und durch erste Ansätze zu einer Einklagbarkeit in ihrem Bestand garantiert. Auf der anderen Seite bekommt die neue Verfassung vor allem durch die Fixierung adeliger Vorrechte eine konservative Stoßrichtung. Was die Konstitution als Entwurf eines gesellschaftlich fortschrittlichen Staatsmodells an frühliberal-egalitären Ansätzen und Versprechen bereithielt, wurde durch die adelsfreundliche, ständisch-konservative Stoßrichtung von 1818 somit vorerst zu guten Teilen wieder zunichte gemacht.

Fazit

Sowohl zum historischen Kontext der einzelnen Grundrechte wie zur Spannung von Verfassungsrecht und politischer Wirklichkeit, wie sie hier nur skizziert werden konnten, wird noch viel Detailforschung nötig sein, bevor man zu einem Gesamturteil kommen wird. Trotzdem soll hier ein vorläufiges Fazit gewagt werden. Die Konstitution als grund- und bürgerrechtlichen Anfangspunkt zu sehen, der auch in seiner begrenzten Form immerhin die Freiräume geöffnet hat, die dann in der späteren Entwicklung sukzessive ausgeweitet werden konnten, erscheint aus zwei Gründen wenig tragfähig:

65 BayHStA, StR 1643, Protokoll Nr. 2 vom 25.10.1814, S. 1–7.

66 BayHStA, StR 1654, Titel V, § 9.

67 Zu den entsprechenden Beratungen der Verfassungskommission siehe Weis, Entstehungsgeschichte, S. 425–427.

68 Zu gutsherrlichen Rechten, privilegiertem Gerichtsstand und Patrimonialgerichtsbarkeit des Adels siehe die Beiträge von Michael Puchta und Monika von Walter in diesem Band.

Zum ersten fallen in der Person Montgelas' der politische Wille hinter der Formulierung von Grundrechten im Verfassungstext und die politischen Kräfte hinter ihrer Marginalisierung in der politischen Wirklichkeit zusammen. Woher hätte dabei noch der Versuch kommen können, die Verfassungswirklichkeit tatsächlich mit bürgerrechtlicher Stoßrichtung umzugestalten? Zum zweiten verblasst die Konstitution ob ihrer kurzen Gültigkeitszeit sowohl in ihrer realen Gestaltungskraft als auch in ihrem symbolischen Gehalt in der politischen Fest- und Erinnerungskultur (vgl. Kat.Nr. 2.10) völlig neben ihrer Nachfolgerin von 1818.[69] Sie war also als symbolischer und ideeller Bezugspunkt nicht präsent und langlebig genug, um zum Ausgangspunkt gesellschaftlicher Wandlungsprozesse zu werden. Die Gewährung von Freiheitsrechten ist in ihr untrennbar mit dem Versuch verbunden, einen einheitlichen, ganz auf den Staat ausgerichteten Untertanenverband zu schaffen. Die Konstitution sieht nicht vor, dass dem Staat durch die gewährten Freiheitsrechte Grenzen seiner Wirkungsmacht gesetzt würden. Es gibt vielmehr einen unaufhebbaren Funktionszusammenhang zwischen dem projektierten neuen, einheitlichen, gerechten Staat auf der einen und den fundamentalen Menschenrechten auf der anderen Seite:[70] Gleichheit ist Menschenrecht, aber ebenso Grundbedingung eines rational, gerecht und effektiv regierbaren Untertanenverbandes. Persönliche Freiheit ist eine Frage der Menschheitsehre, aber gleichzeitig Vorbedingung für die staatliche Durchdringung auch der kleinen und alltäglichen Herrschaftsbeziehungen.[71] Ein aufgeklärtes Staatswesen ist ohne Gewissensfreiheit nicht denkbar, gleichzeitig der moderne hoheitliche Staat nicht ohne die Ausschaltung des kirchlichen Anspruchs auf konfessionelle Einheitlichkeit und kirchliche Herrschaftsrechte.[72] Dieser Funktionszusammenhang – und weniger eine freiheitlich-demokratische Fortschrittsgeschichte – scheint der vielversprechendste Deutungshorizont, um die Diskrepanz zwischen Verfassungstext und politischer Wirklichkeit zu erklären: Je besser die Grundrechte in diesen Funktionszusammenhang passten, so scheint es, desto wirkungsvoller und nachhaltiger sind sie umgesetzt und eingehalten worden.

69 Vgl. Johannes Timmermann, Verfassungsfeiern im Königreich Bayern. In: Bayernspiegel Nr. 5 (September/Oktober 1999), S. 3–9. – An die Konstitution von 1808 erinnert nur die Verfassungslinde in Grünwald, die bereits am 20. Mai 1808 als Bürgerinitiative gepflanzt wurde, im Urkataster von 1810 eingezeichnet den Ortsmittelpunkt darstellt und heute noch kräftig gedeiht.

70 Siehe Wegelin, S. 168. – Vgl. Demel, Staatsabsolutismus, S. 382.

71 Demel, Staatsabsolutismus, S. 271–306.

72 Ebd. S. 306–323.

2.1 Leibeigenschaft – eine Entehrung der Menschheit

1798 September 9
Eigenhändige Denkschrift Montgelas' in französischer Sprache für Max Joseph als Herzog von Pfalz-Zweibrücken.

Als wichtigster Berater Max Josephs konnte Maximilian Freiherr von Montgelas (1759–1838), der geistige Vater der Konstitution, bereits in den Jahren vor 1799 insofern auf die kurpfalzbayerische Politik Einfluss nehmen, als nach dem Ansbacher Vertrag von 1796 Veräußerungen von Hausvermögen nicht ohne die Zustimmung der männlichen Mitglieder des Fürstenhauses (Agnaten) möglich waren. Ähnlich wie das bekanntere Ansbacher Mémoire von 1796 zeichnet auch die hier gezeigte Denkschrift bereits die Grundzüge der späteren Reformpolitik vor.
Um die drückende Finanznot Pfalzbayerns zu beheben, empfiehlt Montgelas dem späteren Kurfürsten und König unter anderem, der Veräußerung derjenigen Rechte zuzustimmen, die einem bayerischen Landesherrn als Leibherrn unfreier Bauern zukommen. Die Leibeigenschaft und die mit ihr verbundenen Abgaben sollen von den betroffenen Untertanen abgelöst werden können. Damit kann gleichzeitig ein untragbarer Missstand (*abus*) beseitigt werden: persönliche Unfreiheit. Auch wenn dem Staat damit auf lange Sicht Einnahmen entgehen: Wo die Ehre der Menschheit auf dem Spiel steht, so Montgelas, müssen fiskalische Interessen zurückstehen.
Sticht bereits hier der Zusammenprall von aufgeklärter Menschenrechtsrhetorik und finanzpolitischer Pragmatik ins Auge, sollte sich Montgelas auf dem Höhepunkt seiner Reformpolitik zu einem noch konsequenteren Schritt entschließen: Die Leibeigenschaft wird, wo sie nicht bereits abgelöst ist, ersatzlos aufgehoben. Das ist dann tatsächlich deren Abschaffung (*abolition*), die Montgelas im gezeigten Entwurf noch gestrichen und durch Ablösung (*rachat*) ersetzt hatte. Vorher war mit dem für

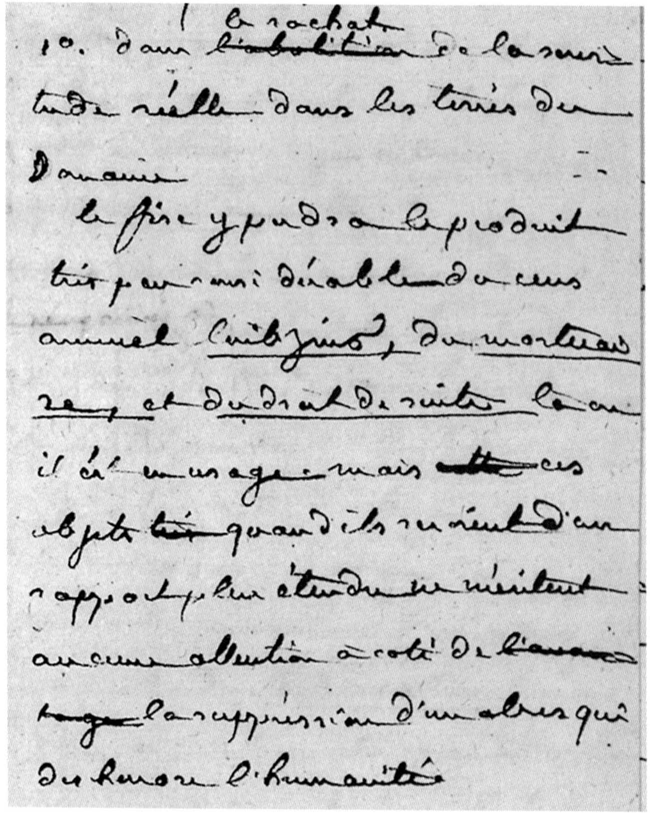
10. dans le rachat de la servitude réelle dans les terres du Domaine
le fisc y perdra le produit très peu considérable des cens annuel, [illegible], du mortuaire et du droit de suite la ou il est en usage mais ces objets quand ils seroient d'un rapport plus étendu ne méritent aucune attention à coté de la suppression d'un abus qui deshonore l'humanité

2.1

die Verwaltung unter Montgelas typischen bürokratischen Aufwand untersucht worden, wo im alten und neuen Bayern noch Leibeigenschaft bestand und in welchem Umfang daraus Einkünfte zu ziehen waren. Erst als deren Unerheblichkeit, von der Montgelas bereits 1798 ausgeht (*très peu considerable*), auch statistisch verlässlich untermauert war, war der Weg für Titel 1, § 3 der Konstitution frei.

Eigenhändiger Entwurf, Papier, 6 Doppelbl., 32 x 20 cm, in Aktenband.

Bayerisches Hauptstaatsarchiv, MA 2.

Literatur: Weis, Montgelas Bd. 1, S. 414 f.

2.2 „Keine Leibeigenschaft!“

1809 November 8, München
Anselm von Feuerbach verteidigt im Geheimen Rat seinen Entwurf eines bayerischen bürgerlichen Gesetzbuches und erläutert die persönliche Freiheit als Grundprinzip des Zivilrechts.

Die Konstitution hatte in vielen Bereichen neue Rechtslagen geschaffen, die dringend durch umfassende Gesetzeswerke ausgekleidet werden mussten. Zudem sollte das neue Bayern kein Fleckerlteppich unterschiedlicher Gesetze bleiben. König Max I. Joseph hatte in der Präambel zur Konstitution neben einem neuen Strafrecht auch ein neues, für alle Landesteile gültiges Zivilgesetzbuch in Aussicht gestellt. Tatsächlich tobten im Hintergrund bereits heftige Richtungskämpfe über dessen grundsätzliche Ausrichtung.
Der Jurist Feuerbach (1775–1833) trägt dem Geheimen Rat, dem späteren Staatsrat, in sehr suggestiven und rhetorisch zugespitzten Formulierungen die gesellschaftlichen Grundgedanken des Code Napoléon vor, der seinem eigenen Entwurf als direktes Vorbild dient: „Jeder Unterthan ist im Verhältnisse zu andern Unterthanen ein freier Mensch. Er ist frei gebohren und er muß frei bleiben. Keine Leibeigenschaft!“. Er tut dies vor dem Hintergrund von Bestrebungen, das gültige Zivilgesetzbuch, den dem alten Ständestaat verhafteten Codex Maximilianeus Bavaricus Civilis von 1756, nur zu überarbeiten. Leibeigenschaft wird hier nicht als konkreter Rechtszustand, als Bündel von Verpflichtungen gegenüber einem Leibherrn verstanden, sondern symbolisch überhöht und polemisch zugespitzt. Sie steht als Schlagwort für jede Form persönlicher Unfreiheit. Das Recht jedes Menschen an der eigenen Person deutet Feuerbach als Eigentumsrecht, das grundsätzlich im Rahmen der Vertragsfreiheit verhandelbar und entäußerbar ist, aber gleichzeitig als angeborenes Menschenrecht, das nie ganz verloren gehen kann.

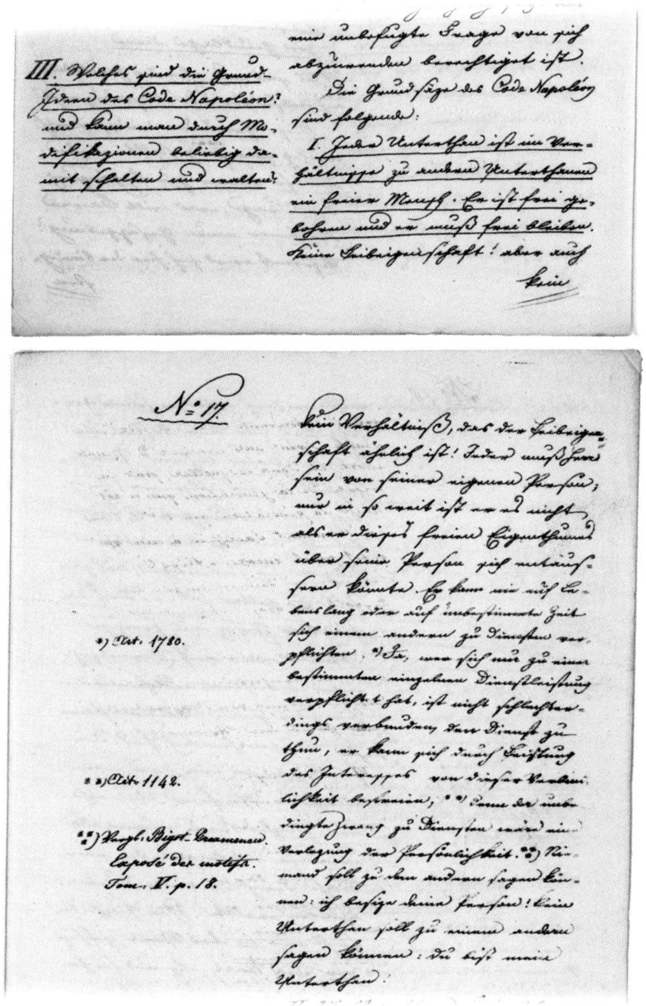

2.2

Mit seinem egalitären, von den gesellschaftlichen Idealen der französischen Revolution geprägten Liberalismus hatte Feuerbachs Entwurf keine Chance, bei der großen Mehrheit des Gremiums Zustimmung zu finden, und in der konservativer werdenden Stimmung der folgenden Jahre blieb der Versuch einer zivilrechtlichen Neuordnung und Vereinheitlichung des Landes insgesamt auf der Strecke.

Protokoll, lithographierte Handschrift, 26 Doppelbl., 33 x 22 cm.

Bayerisches Hauptstaatsarchiv, MA 99501.

Druck: Gerhard Haney (Hrsg.), Naturrecht und positives Recht. Ausgewählte Texte von Paul Johann Anselm Feuerbach (Schriftenreihe zur rechtswissenschaftlichen Grundlagenforschung 4), Freiburg-Berlin 1993, S. 136–169.

Literatur: Elisabeth Fehrenbach, Traditionale Gesellschaft und revolutionäres Recht. Die Einführung des Code Napoléon in den Rheinbundstaaten (Kritische Studien zur Geschichtswissenschaft 13), Göttingen 1974, S. 133–145. – Demel, Staatsabsolutismus, S. 46–51. – Walter Demel – Werner Schubert (Hrsg.), Der Entwurf eines Bürgerlichen Gesetzbuchs für das Königreich Bayern von 1811. Revidierter Codex Maximilianeus Bavaricus civilis (Abhandlungen zur Rechtswissenschaftlichen Grundlagenforschung 63), Ebelsbach 1986, S. LXI–LXVIII. – Weis, Montgelas Bd. 2, S. 563–569.

2.3 „Ein linders wort“

1684 September 15, München
Vergleich des Abts von Ettal mit seinen „Leibeigenen“.

In einem vom kurfürstlichen Revisorium ausgehandelten Vergleich verpflichtet sich Roman Schretler, Abt von Ettal, unter anderem, seine Gerichts- und Grunduntertanen in Ober- und Niederammergau, Soien und Kohlgrub in Dokumenten nicht mehr als Leibeigene zu bezeichnen. Nach einem sehr langen Verfahren hatte sich das höchste kurbayerische Appellationsgericht im Streit zwischen Kloster und Klosteruntertanen einer typisch frühneuzeitlichen Form der Konfliktlösung bedient. Eine Kommission war beauftragt worden, die Verhältnisse vor Ort zu begutachten und mündlich eine für beide Seiten akzeptable Lösung auszuhandeln. Abgeschlossen wurde der Fall dann wieder in der Münchner Schreibstube des Hofrats, der den Vergleich mit der gezeigten Gerichtsurkunde besiegelte – auch im wörtlichen Sinne. Den größten Teil des Kompromisses machen zum einen Fragen der Waldnutzung, zum anderen der Ausgleich zwi-

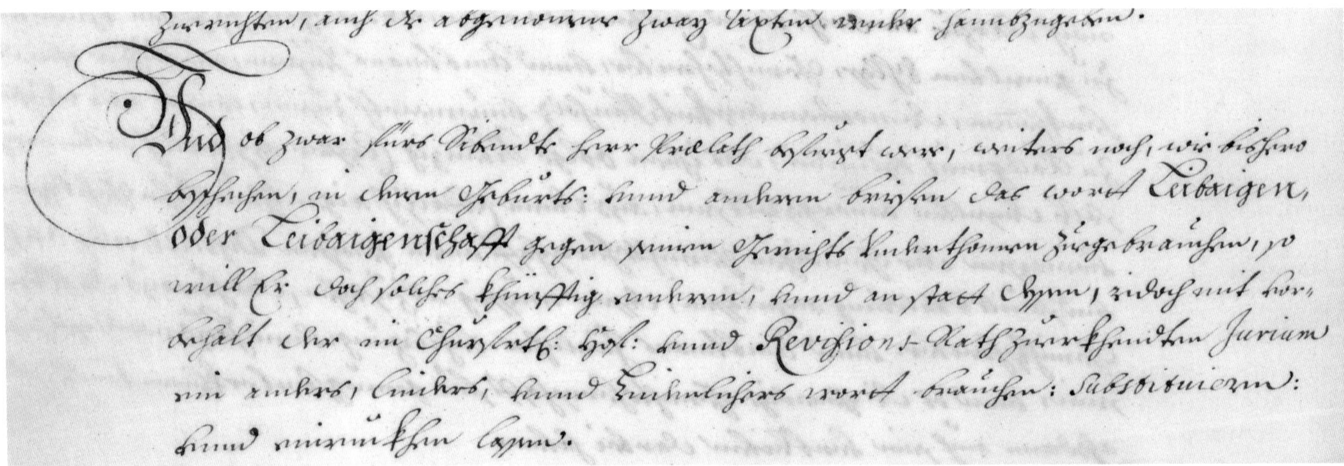

2.3

schen einer gemeindlichen und einer obrigkeitlichen Form der Gerichtsbarkeit aus.
Daneben nimmt sich der kurze siebte Punkt, der die Frage der Leibeigenschaft anspricht, auf den ersten Blick wenig substantiell aus: Zwar wird dem Abt das Recht bestätigt, in Personenstandsurkunden für seine Untertanen die Worte „leibaigen" und „leibaigenschafft" zu benutzen, er verpflichtet sich jedoch, stattdessen „ein anders, linders unnd leidenlichers wort brauchen, substituieren unnd einrükhen [zu] lassen". Ob die aufsässigen Untertanen faktisch Leibeigene sind oder nicht, wird in der Urkunde weder geklärt noch festgeschrieben – es geht um den Symbolgehalt des Begriffs und um die Weigerung der Untertanen, sich derart herabsetzen zu lassen. Leibeigenschaft ist hier mehr sozialer Makel als die existentielle Bedrückung persönlicher Knechtschaft. Ihre Ablehnung zeigt ein Freiheitsbewusstsein von unten, das sich nicht aus der aufgeklärten Ideenwelt, sondern aus der Tradition bäuerlicher Selbstbestimmung speist.
Die Möglichkeit der Untertanen, Konflikte mit ihren Leibherren vor landesherrliche Gerichte zu bringen, in diesem Fall sogar ein langwieriges und „costbare[s]" Verfahren zu führen, verhinderte in Bayern einen gewaltsamen Kampf gegen die Leibeigenschaft. Dadurch wurde es möglich, sie schrittweise abzumildern und abzubauen. Die Gewährung der persönlichen Freiheit in der Konstitution bedeutet also keine Revolution von oben, sondern den logischen Abschluss einer langsamen, aber stetigen Entwicklung.

Urk., Perg., Libell, 4 Bl., 38 x 28 cm, mit Siegel in Holzkapsel an weißblauer Seidenschnur.

Bayerisches Hauptstaatsarchiv, KU Ettal 554.

Literatur: Renate Blickle, Frei von fremder Willkür. Zu den gesellschaftlichen Ursprüngen der frühen Menschenrechte. Das Beispiel Altbayern. In: Jan Klußmann (Hrsg.), Leibeigenschaft. Bäuerliche Unfreiheit in der frühen Neuzeit (Potsdamer Studien zur Geschichte der ländlichen Gesellschaft 3), Köln u.a. 2003, S. 157–174.

2.4 „Auf immer geschlossen"

1737–1801
Das letzte Leibeigenschaftsbuch des Klosters Au am Inn.

Im Augustinerchorherrenstift Au am Inn wurde, wie in den meisten Klöstern, die über Leibeigene verfügten, ein eigenes Amtsbuch über sie geführt. Diese Buchhaltung über menschliches Eigentum wies zum einen zur internen Rechnungsführung die jeweils eingenommenen Abgaben aus, zum zweiten funktionierte sie als Personenstandsregister der Leibeigenen. Heiraten, Geburten und Todesfälle werden darin also ebenfalls protokolliert. Auf den ersten Seiten finden sich genaue Anweisungen darüber, wie das Buch zu handhaben ist, und es wird den kommenden Generationen eingeschärft, es zum Schutz der Rechte und des Einkommens des Klosters gewissenhaft zu führen. In den letzten Jahrzehnten des 18. Jahrhunderts jedoch häufen sich die Vermerke über erlassene Abgaben und über Entlassungen und Freikäufe von Leibeigenen. In vielen Jahren konnte überhaupt nur eine lapidare Fehlanzeige eingetragen werden: „nihil" (nichts).
Das Ende war auch hier kein Paukenschlag der Freiheit, sondern eher ein leises Ausklingen: Am 26. Mai 1801 wies Kurfürst Max IV. Joseph die Generallandesdirektion an, systematisch statistische Daten über Art und Umfang der noch vorhandenen Leibeigenschaft zusammenzutragen. Diese setzte eine Ausschreibung der Unterbehörden in Gang, die alle Grundbesitzer, die noch leibherrliche Rechte geltend machen wollten, aufforderten, ihre Ansprüche anzumelden. Dass eine solche Erhebung bereits die Abschaffung der Leibeigenschaft vorbereitete, war aus der Formulierung für Jedermann zu erkennen.
Im Kloster Au schrieb man deshalb gar nicht erst an die staatlichen Behörden, sondern einen letzten, zwischen Resignation und Fortschrittsglauben schwankenden Eintrag ins eigene Leibeigenschaftbuch: Man verzichte aus eigenem Entschluss auf die leibherrlichen Rechte, dieses „Denkmal voriger Zeiten", die zuletzt nur noch minimale

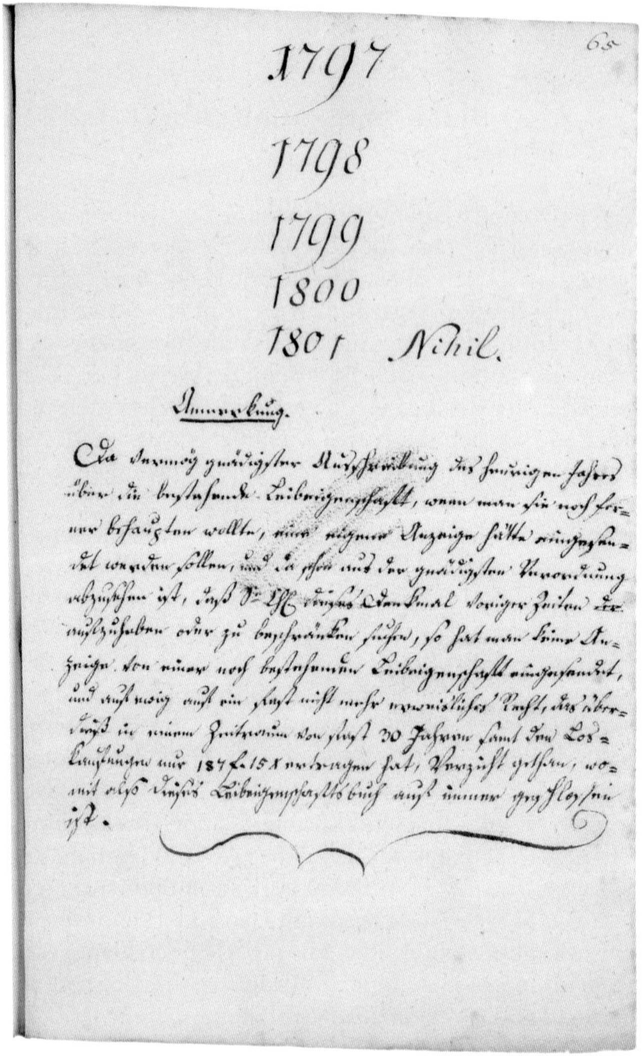
1797

1798

1799

1800

1801 Nihil.

Anmerkung.

2.4

Summen eingebracht hätten und kaum mehr durchzusetzen seien. Das Kapitel Leibeigenschaft wurde damit „auf immer geschlossen".

Amtsbuch, 60 Bl., 30 x 22 cm, unbeschriebene Seiten nachträglich herausgeschnitten.

Bayerisches Hauptstaatsarchiv, KL Au am Inn 63.

Literatur: Heinz Lieberich, Die Leibeigenschaft im Herzogtum Baiern. In: Mitteilungen für die Archivpflege in Oberbayern 28 (1948) S. 741–761. – Adolf Sandberger, Entwicklungsstufen der Leibeigenschaft in Altbayern seit dem 13. Jahrhundert. In: ZBLG 25 (1962) S. 71–92. – Renate Blickle (wie Kat.Nr. 2.3) S. 157–174.

2.5 Verbotene und erlaubte Bücher

1793–1799
a) Catalogus librorum prohibitorum.
b) Catalogus librorum permissorum.

Die Kataloge der verbotenen bzw. der erlaubten Bücher waren das bürokratische Herzstück des kurbayerischen Bücherzensurkollegiums, das 1769 von Kurfürst Max III. Joseph zur Kontrolle „zunehmender Bücherschreiberey" und zur Unterdrückung von Staat, Religion und Moral gefährdenden Schriften ins Leben gerufen worden war. Diese alphabetischen Kataloge dienten als Protokoll und Nachweis darüber, welche Bücher die Zensur passiert hatten und welche verboten worden waren. Gleichzeitig waren sie Nachschlagewerke, mit denen Kataloge, Auktionslisten und Inventare auf der Suche nach verbotenen Schriften abgeglichen werden konnten. Die überwiegende Mehrzahl der Einträge bezieht sich auf die Jahre 1793 bis 1799, die Zeit der intensivsten Tätigkeit des Kollegiums. Es war ursprünglich geplant, die Kataloge im Druck herauszugeben. Doch die bürokratische Intensivierung der Zensur und die stetige Flut von Druckschriften, die aus dem revolutionären Frankreich nach Bayern strömten, ließen sie so schnell anwachsen, dass jeder Druck schnell veraltet gewesen wäre.

Catalogus
Librorum pro-
hibitorum.
Vol. II.
Catalogus
Librorum pro-
hibitorum.
Vol. I.
Catalogus
Librorum prohibitorum.
Vol. III.

2.5

In ihrer ersten, bis 1786 dauernden Phase war die Zensurbehörde noch überwiegend mit liberalen und aufgeklärten Zensoren besetzt gewesen, unter ihnen der junge Freiherr von Montgelas. Nicht Meinungsfreiheit zu beschränken, sondern gerade dem gebildeten Lesepublikum und der Wissenschaft die für ein aufgeklärtes Staatswesen nötigen Freiräume zu schaffen, war damals die Zielsetzung der Zensoren. Das Zensuredikt vom 13. Juni 1803 und schließlich die Gewährung der Pressefreiheit im § VII des ersten Titels der Konstitution sind Weichenstellungen, die direkt an diese Vorstellungen anknüpfen.

a) Amtsbuch, 46 Bl., 33 x 21, einfacher Papiereinband.
Bayerisches Hauptstaatsarchiv, Kurbayern Bücherzensurkollegium 27.

b) Amtsbuch, 240 Bl, 33 x 21 cm, fester Pappeinband.
Bayerisches Hauptstaatsarchiv, Kurbayern Bücherzensurkollegium 18.

Literatur: Weis, Montgelas Bd. 1 S. 22–33. – Wilhelm Fichtl, Aufklärung und Zensur. In: AK Wittelsbach und Bayern III/1, S. 174–185. – Gigl, Zentralbehörden, S. 459–463. – Schaich, Staat und Öffentlichkeit, S. 140–160, 423–460.

2.6 „Wahrheit ohne Bitterkeit“ – Kritik an der Regierung

1816, Leipzig
Flugschrift „Licht und Schatten über Bayerns Staats-Verwaltung unter Maximilian I. und dem Staatsminister Grafen von Monteglas [sic!]“, von Theodor Gaeln.

In den letzten fünf Jahren der Ära Montgelas, gleichzeitig den letzten Jahren, in denen die Konstitution in Kraft war, hatten vor allem anonyme Schmähschriften gegen den leitenden Minister und ihre rigorose Unterdrückung die politische Presselandschaft geprägt. Die gezeigte Flugschrift war von anderer Art: „Wahrheit ohne Bitterkeit“ (S. 4), das hieß für den – namentlich genannten – Autor Theodor Gaeln kritische politische Analyse, jedoch in respektvollem Ton und ohne persönliche Verleumdungen.

Licht und Schatten.

Ueber

Bayerns Staats-Verwaltung

unter

Maximilian I. und dem Staatsminister

Grafen von Monteglas.

Von

Theodor Gäln,

Doctor der Philosophie.

Leipzig, 1816.

Bey Johann Ambrosius Barth.

2.6

Um Fairness bemüht, verteidigt Gaeln explizit Montgelas' Redlichkeit, die frühere Flugschriften in Zweifel gezogen hatten. Außerdem berücksichtigt er bei seiner Analyse der Verfassungs- und Verwaltungsrealität mildernde Umstände, allen voran die ständige militärische Bedrohung Bayerns und den Zwang, die staatliche Existenz zu sichern, indem man zwischen den Großmächten Österreich und Frankreich laviert. Den gemeinsamen Nenner finden seine Ausführungen zu Versäumnissen und Missständen der bayerischen Bürokratie vor allem in der Forderung nach der Beteiligung des Volkes bei der Gesetzgebung: Im staatsabsolutistischen Denken, das die Konstitution durchdringt, schafft der Staat die geeinte Nation erst durch rationalisierendes, vereinheitlichendes Verwaltungshandeln. Laut Gaeln ist es umgekehrt: „Staat setzt eine Nazion voraus, und ohne Nazionalrepräsentazion exisitiert keine Nazion" (S. 71).
Die gezeigte Flugschrift arbeitet also zum einen sehr klar den Widerspruch zwischen der noch spätabsolutistischen Vorstellung der Grundrechte als unpolitische, vom Monarchen gewährte Freiheitsrechte und der liberalen Forderung nach Grundrechten als politischen Mitbestimmungsrechten heraus. Zum anderen macht der Autor sie in einer geschickten Wendung selbst zum Prüfstein der Pressefreiheit (S. 4): Würde auch sie verboten, so disqualifizierte sich die vorgeblich liberale Regierung selbst, und ihr repressiver Charakter würde vor den Augen der kritischen Öffentlichkeit entlarvt.

Druckschrift, 72 S., 19 x 11 cm.

München, Bayerische Staatsbibliothek, Bavar. 875.

Literatur: Theodor Bitterauf, Die Zensur der politischen Zeitungen in Bayern 1799 bis 1825. In: Karl Alexander von Müller (Hrsg.), Beiträge zur bayerischen Geschichte (Festschrift Riezler), Gotha 1913, S. 305–351. – Heribert Gisch, „Preßfreiheit" – „Preßfrechheit". Zum Problem der Presseaufsicht in napoleonischer Zeit in Deutschland (1806–1818). In: Heinz-Dietrich Fischer (Hrsg.), Deutsche Kommunikationskontrolle des 15. bis 20. Jahrhunderts (Publizistik-Historische Beiträge 5), München u.a. 1982, S. 56–74. – Wolfgang Piereth, Bayerns Pressepolitik und die Neuordnung Deutschlands nach den Befreiungskriegen (Schriftenreihe zur Bayerischen Landesgeschichte 119), München 1999, S. 50–59. – Weis, Montgelas Bd. 2, S. 640–647.

2.7 „Laut ausgesprochener Tadel" – die Unterdrückung der Kritik

1815 November 19, Nürnberg
Bericht des Nürnberger Lokalkommissärs an das Außenministerium über die Konfiszierung der Flugschrift „Licht und Schatten über Bayerns Staats-Verwaltung unter Maximilian I. und dem Staatsminister Grafen von Monteglas [sic!]".

Theodor Gaelns Streitschrift war eine Herausforderung an die bayerische Regierung, in ihrer Pressepolitik Farbe zu bekennen: liberale Offenheit oder repressive Abschottung? Die Antwort ließ an Eindeutigkeit nichts zu wünschen übrig: Bereits im Herbst 1815 hatten einige Exemplare einer früheren Auflage Nürnberg erreicht und waren dort sofort und ohne zu zögern konfisziert worden. Die knappe Begründung des Lokalkommissärs Johann Georg Ritter von Kracker zeigt dabei ebenso obrigkeitshörige Grundhaltung wie seine Schlussformel „Ich ersterbe in tiefster Ehrfurcht und Treue": Die konfiszierte Broschüre spreche „ihren Tadel gegen Euer Königlicher Majestät Regierung laut aus". Montgelas lobte seinerseits nicht nur ausdrücklich das entschlossene Handeln des Lokalkommissärs, sondern verfügte auch sofort alle nötigen Schritte, um ganz Bayern gegen eine Einfuhr der Schrift abzuschotten: Die Zoll- und Mautämter, denen bei der Unterdrückung verbotener Schriften eine Schlüsselrolle zukam, wurden angewiesen, die Broschüre bereits an den Staatsgrenzen abzufangen.
Die Haltung des Beamten vor Ort, jegliche Kritik an der Regierung als Angriff auf den Staat zu behandeln, und das gouvernementale Politikverständnis der Staatsspitze griffen im gezeigten Beispiel reibungslos ineinander. Eine freie Presse war nur solange und so weit zu dulden, wie sie nicht durch politisches Räsonnement die Handlungsfreiheit der Regierung gefährdete. An die Freiheit der Staatsbürger, sich auf einem freien und zudem internationalen Markt der Nachrichten und Meinungen zu informieren, war dabei nicht gedacht.

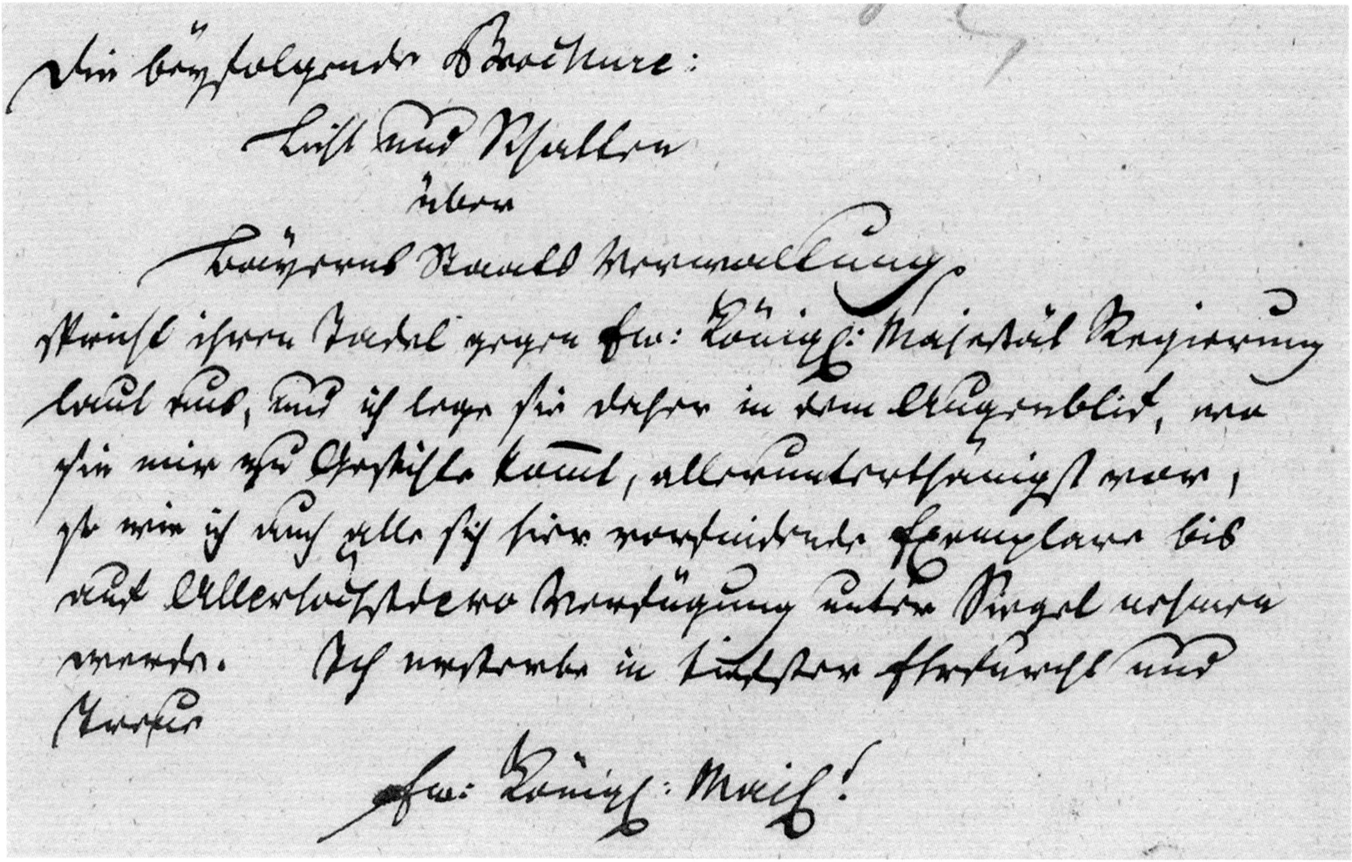

die beyfolgende Brochure:
Licht und Schatten
über
baierns Staatsverwaltung.
streicht ihren Tadel gegen Euer: Königl: Majestät Regierung
laut aus, und ich lege sie daher in dem Augenblick, wo
sie mir zu Gesichte kamm, allerunterthänigst vor,
so wie ich auch alle sich hier vorfindende Exemplare bis
auf Allerhöchstdero Verfügung unter Siegel nehmen
werde. Ich ersterbe in tiefster Ehrfurcht und
Treue
Euer: Königl: Majt!

2.7

Schreiben, Reinschrift, 1 Blatt, 32 x 21 cm.

Bayerisches Hauptstaatsarchiv, MA 9564.

Literatur: Walter Bauernfeind, Nürnberg 1806–1816. Politik und Verwaltung. In: AK Vom Adler zum Löwen, S. 43–59. – Wie Kat.Nr. 2.6.

2.8 Surveillance – Postbeamten als Spitzel

1812 September 8, München
In einem Reskript des Außenministeriums wird der Nürnberger Oberpostmeister von Axthelm angewiesen, einen Brief des Johann Michael Sailer nach Breslau abzufangen und abzuschreiben.

Die Staatsbürgerrechte hörten auch im neuen Verfassungsstaat dort auf, wo der Informationsbedarf des Staa-

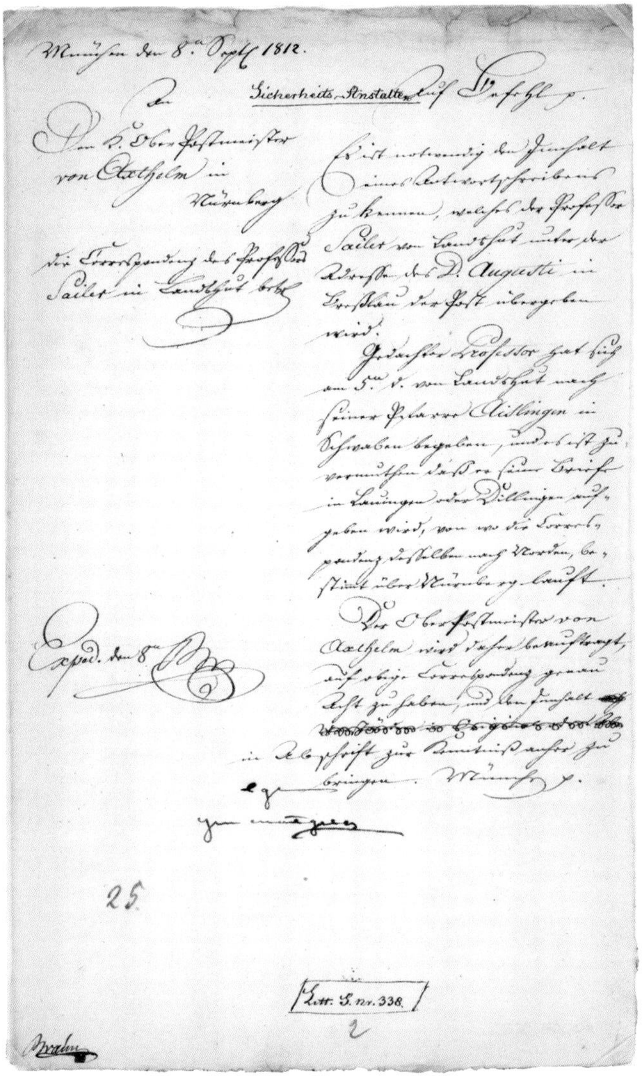
München den 8ten Sept. 1812.

Sicherheits-Anstalten

25

Lett. S. nr. 338.

2.8

tes anfing. Das Briefgeheimnis war weder im Text der Konstitution verankert worden, noch wurde es in der politischen Realität beachtet. Beim Bestreben, die „Surveillance“ (Überwachung) zur bürokratischen Perfektion zu bringen, zählte der Wissensdurst des Staatsapparates weit mehr als die Privatsphäre seiner Bürger.

Johann Michael Sailer (1751–1832), zu der Zeit Theologieprofessor in Landshut, später Bischof von Regensburg und enger Berater König Ludwigs I., gehörte gleich zu zwei Bevölkerungsgruppen, für deren Bespitzelung besonderer Aufwand betrieben wurde: Er korrespondierte viel mit Briefpartnern in anderen deutschen Staaten und im Ausland. Er gehörte damit wie Händler oder Bankiers zu denen, über die Nachrichten ins Land kommen konnten oder die selbst Nachrichten ins Ausland weitergeben, vielleicht sogar im Dienst fremder Mächte stehen konnten. Zum Zweiten vertrat er offen ein oppositionelles Programm: Als Theologe lehrte er einen offensiven Katholizismus, der die strikte Unterordnung der Kirche unter den Staat ablehnte und auf die Überwindung des aufgeklärten Rationalismus durch einen spirituell wiedererweckten Glauben hinarbeitete.

Die Informanten des Staatsapparates in Landshut waren Postmeister Mühlholz und Polizeidirektor Chrimar. Während Mühlholz die Aufgabe hatte, jeden erreichbaren Brief an oder von Sailer heimlich zu öffnen und abzuschreiben, bevor er weitergeschickt wurde, musste Chrimar zusätzlich über dessen Lebensumstände, Bekanntschaften und Reisepläne berichten. Im Außenministerium, das in dieser Zeit für Postangelegenheiten zuständig war, wusste man deshalb nicht nur, dass Sailer am 22. August einen Ruf an die Universität Breslau erhalten hatte. Man konnte auch präzise voraussagen, wann und wo Sailer den zu erwartenden Antwortbrief aufgeben würde und so die weitere Beobachtung umso effektiver dirigieren.

Entwurf, 1 Blatt, 35 x 21 cm, mit eigenhändiger Unterschrift Montgelas’.

Bayerisches Hauptstaatsarchiv, MA 9622.

Literatur: Otto Veh, Die geheime Postüberwachung im Königreich Bayern 1806–1817. In: Archiv für Postgeschichte in Bayern 11 (1935) S. 185–198. – Wolfram Siemann, „Deutschlands Ruhe, Sicherheit und Ordnung“. Die Anfänge der politischen Polizei 1806–1866, Tübingen 1985, S. 52 f.

2.9 „Geheime Ausgaben" – Briefüberwachung als Verwaltungsaufgabe

1813 Januar 5, München
Liste der Postbeamten, die mit geheimen Sondermitteln für die Briefüberwachung bezahlt wurden.

Die Überwachung des Briefverkehrs eines einzelnen Bürgers (vgl. Kat.Nr. 2.8) war keine im Einzelfall zu rechtfertigende Maßnahme, sondern Teil eines bürokratischen Überwachungssystems, das mehr und mehr als selbstverständliche Aufgabe des Staatsapparates verstanden wurde. Die gezeigte Liste dokumentiert die Verwendung von Geldern für geheime Sonderaufgaben, über die der Oberpostdirektor Freiherr von Drechsel nur Montgelas persönlich Rechenschaft abstatten musste. Damit wurden Postbeamte – darunter auch der Nürnberger Oberpostmeister von Axthelm (vgl. Kat.Nr. 2.8) – bezahlt, die neben ihrem normalen Dienst Briefe öffneten, abschrieben und wieder verschlossen.

Die Einrichtung dieser geheimen Kasse geht auf einen Schriftwechsel zwischen Drechsel und Montgelas im April 1812 zurück. Drechsel setzte dem Ministerium darin auseinander, welche zusätzlichen Mittel für die angeordnete verschärfte Briefüberwachung der Post aus dem Ausland nötig sein würden, meldete aber gleichzeitig grundsätzliche moralische und politische Bedenken gegen einen so weitreichenden Eingriff in die Privatsphäre der Bürger an. Montgelas überging diese Bedenken nicht nur, sondern ging in entscheidenden Punkten über das Vorgeschlagene hinaus: Hatte Drechsel eine Liste von vertrauenswürdigen Postbeamten für diese Sonderaufgabe vorgelegt, fügte er noch einige Namen hinzu. Hatte Drechsel 500 bis 800 Gulden für deren Bezahlung beantragt, stellte er auf Anhieb 1000 Gulden zur Verfügung.

Von der Vorgabe schließlich, Briefe auch dann abzuschreiben, wenn der Empfänger völlig unverdächtig war, rückte Montgelas erst ab, als Drechsel nachwies, dass dies selbst für einen aufgestockten Postapparat „phisisch

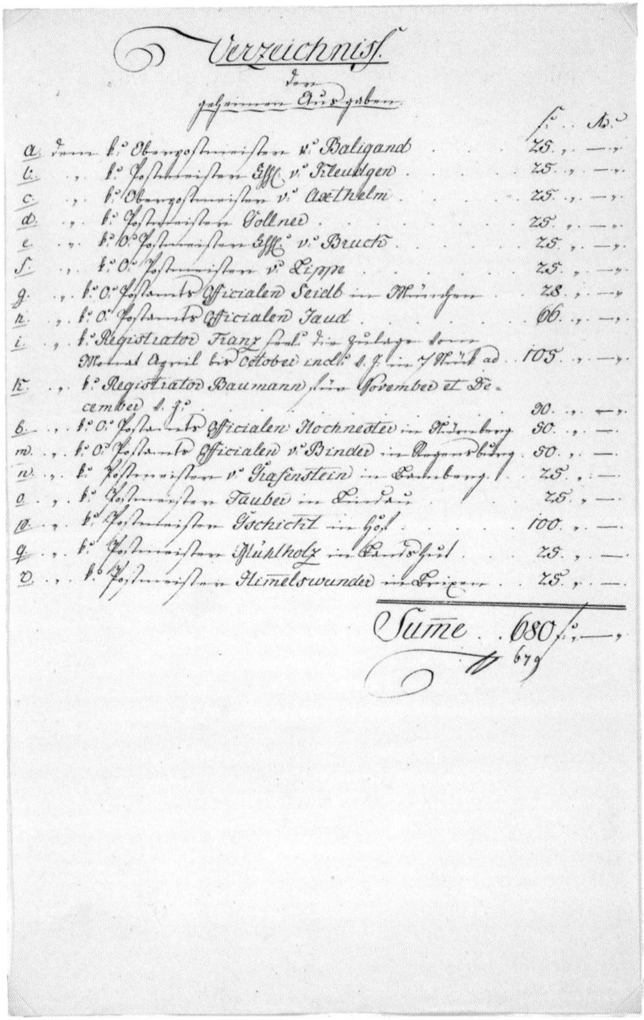

2.9

unmöglich" war. Zwar reagierte der Ausbau der „Surveillance" hier, wie bereits 1808/09, auf eine massive außenpolitische Spannungs- und Gefährdungslage. Aus der besonders prekären bündnispolitischen Situation Bayerns ist das Bestreben verständlich, über möglichst viele aktuelle Informationen aus dem In- und Ausland zu verfügen, selbst aber den Informationsfluss strikt zu kontrollieren. Es bleibt jedoch der Widerspruch zwischen dem politischen Aufklärer Montgelas, der als Autor der Konstitution zum ersten Mal in Bayern einen bürgerlichen Freiheitsraum in Verfassungsform bringt, und dem Staatsmann Montgelas, der die routinemäßige Verletzung dieser Sphäre vorantreibt.

Liste, Reinschrift, 1 Blatt, 33 x 21 cm.

Bayerisches Hauptstaatsarchiv, MA 9597.

Literatur: Wie Kat.Nr. 2.8.

2.10 Weise Gesetze – Bürgerrechte als Regententugend

1824
„Sicherheit der Person und des Eigenthums. 1811“: Lithographie nach einem für die Feier des 25jährigen Thronjubiläums Max I. Josephs in München ausgestellten Transparentgemälde.

Vom 14. bis zum 17. Februar 1824 richtete der Magistrat der Residenzstadt München König Max I. Joseph zu seinem 25jährigen Thronjubiläum eine aufwändige öffentliche Feier aus. Den Abschluss und Höhepunkt des Programms bildete eine so genannte „Illumination“, eine zu dieser Zeit beliebte Form der monumentalen Festdekoration: Auf dem Maximiliansplatz waren 25 Transparentgemälde so an eigens dafür errichteten Toren und Bögen angebracht, dass sie von hinten beleuchtet werden konnten. Jedes griff eines der Verdienste heraus, mit denen Max Joseph besonders in Verbindung gebracht wurde.
Mit „Sicherheit der Person und des Eigenthums“ (Titel 1, § VII der Konstitution) wurde auch eine der Schlüsselpassagen der ersten Bürgerrechtserklärung thematisiert. Das von Peter Heß (1792–1871) entworfene Gemälde, antikisierend im Stil und in der Ikonographie, feiert den König als weisen Gesetzgeber: Die gekrönte Bavaria im

2.10

Zentrum des Bildes wird flankiert von Justitia, die für die Gerechtigkeit steht, und Minerva, der Göttin der Weisheit. Vor ihr sitzt mit Freiheitskappe und Stab Libertas, die personifizierte Freiheit, umgeben von den bayerischen Löwen. Die Tafel mit der Inschrift „in lege salus" (Im Gesetz liegt das Heil), die sie hält, ist selbst Symbol für den Gesetzgebungsakt. Die beiden Liktoren mit Faszienbündeln und Beil im Vordergrund stehen für die strafende Staatsgewalt.

Eine eingehende politische Auseinandersetzung mit Gehalt und Umsetzung der Bürgerrechte ist von einer solchen, ganz dem Herrscherlob verpflichteten Darstellung natürlich nicht zu erwarten. Trotzdem spricht aus ihr deutlich die liberale Auffassung, dass Erfolg und Ansehen eines Herrschers gerade an den staatsbürgerlichen Rechten zu messen sind, die er seinen Untertanen gewährt. Aufschlussreich ist aber auch die ganz willkürlich gewählte Jahreszahl 1811. Während die Verfassung von 1818 in einem eigenen Gemälde gewürdigt wird, werden die Bürgerrechte nicht mehr mit der Konstitution als historischem Einschnitt in Verbindung gebracht.

Lithographie, abgedruckt in: „Feier des fünf und zwanzig jährigen Regierungs Jubiläums seiner Majestät Maximilian Joseph I., Königes von Baiern in allerhöchstdesselben Residenzstadt München", München 1824.

Reproduktion.

Literatur: Katharina Heinemann: Illuminationen in München in der Regierungszeit König Max I. Josephs. In: AK Bayerns Krone 1806, S. 62–144.

3. Die Volksvertretung in der Konstitution von 1808. Nationalrepräsentation und Kreisversammlungen

Von Thomas Paringer

Landstände – Die Landesvertretung der frühen Neuzeit

Die parlamentarische Volksvertretung und das staatliche Gewaltmonopol sind zwei Kennzeichen moderner Staaten. Was uns heute als selbstverständlich erscheint, war am Beginn des 19. Jahrhunderts noch bloße Theorie: Die Vertretung des Landes wurde seit dem späten Mittelalter häufig von einer privilegierten Gruppe, den Landständen, wahrgenommen; gestützt auf Privilegien und Vorrechte, hatten diese zusätzlich auf lokaler Ebene vielerlei öffentliche Funktionen inne, die die Wirksamkeit staatlicher Regelungen begrenzten.
Um das Jahr 1300 wird im Rahmen der entstehenden Territorialstaaten eine Entwicklung greifbar, die über ein halbes Jahrtausend die Lebenswirklichkeit der Menschen in Bayern bestimmen sollte.[1] Aus verschiedenen Anstößen heraus bildeten sich privilegierte Gruppen von Personen oder Korporationen, die eigene Herrschaftsrechte über Land und Leute behaupten konnten; mit dieser Herrschaftsgewalt auf der lokalen Ebene waren sie für die Landesherren nicht zu umgehen. Die drei Stände des Adels, der Prälaten sowie der Städte und Märkte, die zusammen die Landstände bildeten, wurden aufgrund ihrer militärischen Bedeutung und vor allem aufgrund ihrer Steuerkraft zu wichtigen Stützen des Landesherrn.[2] Zugleich aber entwickelten sie sich zu einer eigenständigen Macht, die kraft eigenen Rechts neben, nicht unter dem Herzog stand. Als solche hatten sie Anteil an der Gesetzgebung und Landesverwaltung und verfügten über das Recht, dem Herzog Steuern zu bewilligen, die dieser in der Zeit des Herrschaftsausbaus dringend und immer regelmäßiger benötigte. Das Forum für diese Herrschaftsteilhabe der Landstände bildete der so genannte Landtag. Er war die Versammlung aller Landstände, die vom Herzog nach Bedarf einberufen wurde.
Nach der endgültigen Wiedervereinigung der spätmittelalterlichen bayerischen Teilherzogtümer wurde der direkte Einfluss der Landstände allmählich zurückgedrängt. Gleichzeitig mit dem Ausbau der landesherrlichen Verwaltung im Land kam es aber auch zu einem Ausbau und zu einer Festigung der Strukturen der landständischen Finanzverwaltung.[3] Die Landschaft, wie die landständische Organisation genannt wurde, bildete eigene Gremien aus. Deren wichtigstes, die sechzehnköpfige Landschaftsverordnung, trat schließlich an die Stelle der Plenarlandtage, die zunehmend seltener, im 17. Jahrhundert nur noch 1605, 1612 und letztmals 1669, einberufen worden waren.
Seither behielt die Landschaft bis zu ihrer endgültigen Beseitigung 1808 mit ihrer mehrstufigen Verwaltungsorganisation die gesamte Administration der direkten Steuern, der indirekten Steuern und seit den 1720er Jahren auch eines großen Teiles der Staatsschulden in eigener

1 Siehe zur Entstehung der Landstände allgemein Karl Bosl, Die Geschichte der Repräsentation in Bayern. Landständische Bewegung, Landständische Verfassung, Landesausschuß und altständische Gesellschaft (Repräsentation und Parlamentarismus in Bayern vom 13. bis zum 20. Jahrhundert. Eine politische Geschichte des Volkes in Bayern 1), München 1974.

2 Zur Zusammensetzung der bayerischen Landstände siehe Heinz Lieberich, Die bayerischen Landstände 1313/40–1807 (Materialien zur bayerischen Landesgeschichte 7), München 1990.

3 Siehe Gabriele Greindl, Untersuchungen zur bayerischen Ständeversammlung im 16. Jahrhundert. Organisation, Aufgaben und die Rolle der adeligen Korporation (Miscellanea Bavarica Monacensia 121), München 1983, und Maximilian Lanzinner, Fürst, Räte und Landstände. Zur Entstehung der Zentralbehörden in Bayern 1511–1598 (Veröffentlichungen des Max-Planck-Instituts für Geschichte 61), Göttingen 1979.

Zuständigkeit. Sie war und blieb im 18. Jahrhundert hauptsächlich eine teilweise in die Staatsverwaltung integrierte Finanzbehörde eigenen Rechts, die öffentliche Aufgaben wahrnahm, jedoch dem direkten Zugriff der kurfürstlichen Finanzverwaltung entzogen blieb.[4] Daneben jedoch sah sich die Landschaft auch noch im beginnenden Zeitalter der Aufklärung als legitime Vertretung des Landes und seiner Bewohner. In dieser Funktion bewilligten die Landschaftsverordneten jährlich die vom Kurfürsten geforderten Steuern und kontrollierten auf diese Weise das Maß der Steuerbelastung für die Bevölkerung; andere direkte Mitbestimmungsrechte hatten die Landstände im 18. Jahrhundert jedoch kaum mehr.[5]
Genährt von den Ideen der Französischen Revolution und den theoretischen Erkenntnissen der Aufklärung kam es in Bayern um die Wende zum 19. Jahrhundert zu einer breiten, publizistisch und in Form von Flugschriften geführten Diskussion um die bisherige und möglicherweise zu verbessernde Form der Landesvertretung. Neben der konservativ-gemäßigten Linie, die lediglich den Plenarlandtag in den überkommenen Formen wieder zusammentreten lassen wollte, wurden auch radikalreformerische Überlegungen laut, die eine völlig neue Zusammensetzung des Landtages mit einer direkten Repräsentation der Bevölkerung vorsahen.[6]
Ungeachtet der breiten Diskussion, die das Thema der Landesvertretung ganz oben auf der politischen Agenda einordnete, verhielt sich die 1799 angetretene neue bayerische Regierung lange Zeit abwartend. Zwar wurden keine Änderungen an der bisherigen Form der Landesvertretung vorgenommen, dafür wurden die Rechte und Aufgaben der Landstände und damit der Landschaft insgesamt Stück für Stück eingeschränkt: Zunächst beseitigte die Säkularisation einen ganzen Stand, was auch für das Organisationsgefüge sowie für die Steuerkraft der Landstände einen großen Einschnitt bedeutete.[7] Der entscheidende Schlag traf die Landschaft aber 1807, als ihre gesamten Rechte in der Finanzverwaltung per Verordnung beseitigt wurden.[8] Da die Landstände auf diese Weise auch das Recht zur Steuerbewilligung und damit letztlich ihr treuhänderisches Wirken für die gesamte Bevölkerung verloren, waren für eine landständische Landesvertretung die Tage gezählt. Mit der Aufhebung aller besonderen Verfassungen, Privilegien und landschaftlichen Korporationen beseitigte die Konstitution von 1808 schließlich auch noch die verbliebenen Reste der landständischen Verfassung, die in Bayern ein halbes Jahrtausend hindurch wirksam geblieben war.[9]

Die „Nationalrepräsentation" – ein Modell

Mit den Bestimmungen der Konstitution von 1808 zur Einführung einer Volksvertretung (Vierter Titel) sollten zunächst vordringlich die überkommenen Formen der landständischen Repräsentation beseitigt werden. Zwar wurde an deren Stelle ein parlamentarisches Modell mit der Bezeichnung „Nationalrepräsentation"[10] gesetzt, gänzlich befriedigend war diese Lösung jedoch offenbar

4 Siehe dazu Thomas Paringer, Die bayerische Landschaft. Zusammensetzung, Aufgaben und Wirkungskreis der landständischen Vertretung im Kurfürstentum Bayern (1715–1740) (Studien zur bayerischen Verfassungs- und Sozialgeschichte 27), München 2007.

5 Siehe zum Ende der bayerischen Landstände Jutta Seitz, Die landständische Verordnung in Bayern im Übergang von der altständischen Repräsentation zum modernen Staat (Schriftenreihe der Historischen Kommission bei der Bayerischen Akademie der Wissenschaften 62), Göttingen 1999.

6 Siehe zum Flugschriftenkampf Seitz (wie Anm. 5) S. 215–254 und Zimmermann, Bayerische Verfassungsgeschichte, S. 49–84.

7 Siehe dazu jüngst: AK Bayern ohne Klöster? und Alois Schmid (Hrsg.), Die Säkularisation in Bayern 1803. Kulturbruch oder Modernisierung? (Beihefte zur ZBLG, Reihe B 23), München 2003.

8 Verordnung über die Aufhebung der Steuerprivilegien und der landschaftlichen Steuerverwaltung vom 8. Juni 1807, im Auszug ediert in: Schimke, Regierungsakten, S. 63–68; s.a. Weis, Montgelas Bd. 2, S. 109 f.

9 Konstitution 1808, Erster Titel, § II. – Vgl. Textedition in diesem Band S. 325.

10 Die Benennung innerhalb des Konstitutionstextes selbst ist uneinheitlich. Neben der Bezeichnung „National-Repräsentation" tauchen auch die Begriffe „Reichs-Versammlung", „Repräsentation" und „Reichs-Repräsentation" auf, vgl. Konstitution 1808, Vierter Titel, § I, IV, V und VII.

nicht, sonst wären stärkere Initiativen zu deren Umsetzung zu erwarten gewesen. Orientiert war dieses bayerische Modell hauptsächlich an der „Volksvertretung" des Königreichs Westphalen, mit dem zusammen es den ersten deutschen Versuch zur Abschaffung des ständischen Repräsentationsprinzips darstellt.[11]

Die niemals realisierte „Nationalrepräsentation" war als neuartige parlamentarische Vertretung des stark vergrößerten Bayern vorgesehen, die die Vertretungskompetenz der bisherigen, auf einzelne Landesteile beschränkten landständischen Korporationen ersetzte bzw. für die Landesteile ohne Landstände neu einführte.[12] Die Mitglieder, die die „Reichs-Versammlung" bildeten,[13] sollten in den Allgemeinen Versammlungen der Kreise gewählt werden, von denen jeder sieben Repräsentanten entsenden durfte. Da die Kreiseinteilung in der Konstitution selbst nicht detailliert geregelt war[14], musste jede Änderung Auswirkungen auf die Gesamtzahl der Deputierten haben: Nach der Anzahl der Kreise im Jahr 1808 wären dies 105 Mitglieder gewesen,[15] nach den organisatorischen Änderungen 1810 noch 70[16] und nach der Reduzierung auf schließlich acht Kreise 1817 nur noch 56.[17] Wählbar waren in jedem Kreis nur diejenigen zweihundert Landeigentümer, Kaufleute oder Fabrikanten, die in ihrem Kreis die höchste Grundsteuer bezahlten; es handelte sich somit um ein extremes Zensuswahlrecht.[18]

Die Deputierten sollten auf sechs Jahre gewählt werden, ihre Wiederwahl war möglich.[19] Die Nationalrepräsentation sollte wenigstens einmal jährlich zusammentreten; das Einberufungsrecht lag dabei allein beim König, der die Versammlung auch eröffnen, schließen und vertagen konnte. Wurde die Zusammenkunft aufgelöst – ein Recht, das ebenfalls dem König zustand –, so sollte innerhalb von zwei Monaten eine neue Nationalrepräsentation zusammenberufen werden.[20] Die Ernennung eines Präsidenten und von vier Sekretären aus den Reihen der Deputierten für eine oder mehrere Sitzungen stand überdies ebenfalls allein dem König zu.[21]

Die Arbeitsweise der Nationalrepräsentation war folgendermaßen geregelt: Aus dem Kreis der Deputierten sollten vier so genannte Kommissionen, d.h. Ausschüsse, gebildet werden, die jeweils drei bis vier Mitglieder umfassten. Es war jeweils eine Kommission für die Finanzen, für die bürgerliche und peinliche Gesetzgebung, für die innere Verwaltung und für die Staatsschuldentilgung vorgesehen. Die Kommissionen stellten also sehr kleine Ausschüsse dar, was zur Folge hatte, dass nur maximal

11 Sebald Brendel, Die Geschichte, das Wesen und der Werth der National-Repräsentation oder vergleichende historisch-pragmatische Darstellung der Staaten ... in Beziehung auf die ... Volksvertretung oder der öffentlichen Theilnahme an der höchsten Staatsgewalt, Bamberg-Leipzig 1817, S. 257 u. 262. – Wegelin, S. 175–177. – Jorma Tiainen, Die bayerische Konstitution von 1808 und die öffentliche Diskussion darüber. In: Studia Historica 1 (1967) S. 166–184, hier S. 177 und 183. – Weis, Montgelas Bd. 2, S. 378 f. – Allerdings war die bayerische Konstitution, anders als die westphälische Verfassung, kaum direkt von Frankreich beeinflusst. Siehe zur westphälischen Volksvertretung: Klaus Rob (Bearb.), Regierungsakten des Königreichs Westphalen 1807–1813 (Quellen zu den Reformen in den Rheinbundstaaten 2), München 1992, S. 18–20.

12 Wegelin, S. 171. Das Territorium Bayerns umfasste 1808 vier Territorien, in denen bis dahin landständische Organisationen bestanden hatten, nämlich das alte Herzogtum Bayern (ohne Oberpfalz), Pfalz-Neuburg, Tirol und Vorarlberg.

13 Konstitution 1808, Vierter Titel, § I.

14 Vgl. den Beitrag von Till Strobel in diesem Band.

15 Verordnung, die Territorial-Eintheilung des Königreichs Baiern betreffend, vom 21. Juni 1808, RBl 1481.

16 Verordnung, die Territorial-Eintheilung des Königreichs Baiern betreffend, vom 23. September 1810, RBl 809.

17 Verordnung, die Einteilung des Königreichs in acht Kreise betreffend, vom 20. Februar 1817, RBl 113.

18 Konstitution 1808, Vierter Titel, § I. – Die Anzahl derjenigen, die das passive Wahlrecht besaßen, lag damit 1808 bei maximal 3.000 Personen (1810: 2.000; 1817: 1.600), das waren knapp 0,001 % der Gesamtbevölkerung Bayerns von 3.230.000 Einwohnern (RBl 1808, 1487 f.); die Zahl der Wählbaren in Bayern insgesamt konnte sogar noch geringer sein, da einzelne Personen durchaus zu den Meistbegüterten in mehreren Kreisen zählen konnten.

19 Konstitution 1808, Vierter Titel, § III.

20 Konstitution 1808, Vierter Titel, § IV.

21 Konstitution 1808, Vierter Titel, § II.

16 Abgeordnete überhaupt Mitglied einer Kommission sein konnten. Nur diese vier Ausschussgremien sollten mit den einschlägigen Sektionen des Geheimen Rates über die Gesetzentwürfe und den Finanzetat beraten. Allerdings sollten sie nicht von sich aus tätig werden können, sondern nur nach Aufforderung durch die Regierung.[22] Lediglich die auf diese Weise vorbereiteten Gesetze sollten schließlich durch zwei bis drei Mitglieder des Geheimen Rates der Nationalrepräsentation zur Abstimmung vorgelegt werden. Das Rederecht war auch bei dieser Gesamtabstimmung wiederum nur für die Mitglieder der jeweils einschlägigen Kommission und die Geheimen Räte geplant, eine Plenardebatte war also ausdrücklich nicht vorgesehen. Die Abstimmung selbst sollte schriftlich und geheim erfolgen, benötigt wurde die absolute Mehrheit der Stimmen.[23]

Eine Anhörungspflicht der Nationalrepräsentation bestand somit nicht; ebenso wenig verfügte die Versammlung über ein Initiativrecht. Die Nationalrepräsentation hatte also lediglich ein Beratungsrecht, allerdings nicht automatisch, sondern wiederum nur nach Aufforderung durch die Regierung.[24] Diese Regelung erlaubte es dem König und seiner Regierung daher, bequem ohne die Nationalrepräsentation zu regieren.

Andererseits hätte die überwiegende Mehrheit der Nationalrepräsentanten überhaupt keinen Beitrag zum Gesetzgebungswerk leisten können, sondern lediglich über vorgelegte Entwürfe ein abschließendes Votum erteilen können, da das Beratungsrecht auf die Kommissionen beschränkt war. Außerdem waren die Beschlüsse der Nationalrepräsentation für den König nicht bindend. Die monarchische Gewalt war nur durch einige wenige Nebenbestimmungen beschränkt, nämlich in der obligatorischen Neuwahl innerhalb von zwei Monaten nach der Auflösung der Versammlung, in der Verpflichtung zur jährlichen Einberufung und in der Festlegung des Personenkreises, aus dem die Abgeordneten gewählt werden mussten.[25]

Repräsentation auf Kreisebene – Kreisversammlungen und Kreisdeputationen

Die Konstitution von 1808 führte mit den Kreisen auch eine neue Verwaltungsgliederung auf der mittleren Ebene ein.[26] Es war vorgesehen, den jeweiligen Kreisregierungen – also den Generalkommissariaten – ein Gremium an die Seite zu stellen, das sich aus Vertretern der besitzenden Schicht der Kreisbevölkerung zusammensetzte. Die so genannten Kreisversammlungen, die auch niemals realisiert wurden, sollten aus der Allgemeinen Versammlung und einer Deputation bestehen.[27] Während letztere an der Kreisverwaltung beteiligt werden sollte, sollten die Allgemeinen Kreisversammlungen nur zur Wahl der Nationalrepräsentanten einberufen werden.[28] Die Größe der Versammlungen sollte sich nach der Einwohnerzahl des jeweiligen Kreises richten.[29] Auf 1.000 Einwohner kam ein Mitglied der Versammlung; deren Mitgliederzahl schwankte damit zwischen 141 im Pegnitzkreis und 302 im Isarkreis.[30] Die Mitglieder der Allgemeinen Versammlungen der Kreise sollten allerdings nicht gewählt, sondern vom König bestimmt werden. Er war dabei an einen hohen Zensus gebunden: Nur die vierhundert höchstbesteuerten Landeigentümer, Kaufleute und Fabri-

22 Konstitution 1808, Vierter Titel, § VI.
23 Konstitution 1808, Vierter Titel, § VII.
24 Malte Schwertmann, Gesetzgebung und Repräsentation im frühkonstitutionellen Bayern. Die Beteiligung der Ständeversammlung an der Gesetzgebung in der parlamentarischen Praxis von 1819 bis 1848 (Würzburger rechtswissenschaftliche Schriften 67), Würzburg 2006, S. 60. – Axel Kellmann – Patricia Drewes, Die süddeutschen Reformstaaten. In: Handbuch der europäischen Verfassungsgeschichte im 19. Jahrhundert. Institutionen und Rechtspraxis im gesellschaftlichen Wandel. Bd. 1: Um 1800, hrsg. von Peter Brandt – Martin Kirsch – Arthur Schlegelmilch unter redaktioneller Mitwirkung von Werner Daum, Bonn 2006, S. 714–784, hier S. 722.
25 Schwertmann (wie Anm. 24) S. 61.
26 Konstitution 1808, Erster Titel, § IV.
27 Konstitution 1808, Dritter Titel, § IV.
28 Ebd.
29 Ebd.
30 RBl 1808, 1487; die durchschnittliche Größe der Kreise betrug 215.000 Einwohner.

kanten eines Kreises konnten in die Kreisversammlung berufen werden.[31]
Die Finanzdirektionen der Kreise waren angehalten, als erste Vorarbeiten für die Kreisversammlungen zunächst Verzeichnisse dieser vierhundert Höchstbesteuerten ihres Kreises zu erstellen, denen das Steuerjahr 1807/08 zugrundelag.[32] Diese listenartigen Verzeichnisse[33] enthalten neben den Vor- und Nachnamen sowie dem Wohnort der Besteuerten auch eine geographische Zuordnung des jeweiligen Besitzes und die Steuersumme. Aufgrund der regional unterschiedlichen Bevölkerungs- und Wirtschaftsstruktur war die Steuersumme, die zur Mitgliedschaft in der Kreisversammlung berechtigte, von Kreis zu Kreis unterschiedlich hoch. Im Inn-, Eisack- und Etschkreis, die 1808 die drei südlichsten Kreise des Königreiches bildeten, reichte bereits eine Steuersumme von jährlich etwa 25 Gulden, um zum Kreis der Höchstbesteuerten zu zählen.[34] Diese Steuersumme entsprach etwa einer Nettojahresrente von 1.000 bis 2.000 Gulden.[35] Während aber im Innkreis eine große Mehrheit der vierhundert Höchstbesteuerten bei Steuersummen von deutlich unter 50 Gulden lag, wies der von größeren Adelsherrschaften geprägte Etschkreis nur wenige Höchstbesteuerte unter 50 Gulden, aber deutlich mehr über 100 Gulden auf; nur ganz wenige Steuerzahler kamen auf über 500 Gulden, die Höchstsumme im Innkreis lag bei 964 Gulden, im Eisackkreis bei 1.085 Gulden und im Etschkreis bei 1.268 Gulden.[36] Unter den größten Steuerzahlern finden sich durchwegs hohe Adelige, hinzu traten dann mit deutlich geringeren Summen weitere Adelige, Pfarrer, Wirte, Bierbrauer, Handwerker, Händler und Fabrikanten; bei den niedrigeren Steuersummen überwogen dann die Besitzer von größeren Bauerngütern.
Die Kreisversammlungen waren als reine Wahlmännergremien für die Wahl der Nationalrepräsentation vorgesehen. Allerdings sollten die Wahlmänner, also die Mitglieder der Kreisversammlungen, selbst nicht etwa von der Bevölkerung gewählt, sondern vom König – auf Lebenszeit – ernannt werden.[37] Ein echter Wahlvorgang mit Beteiligung von Vertretern der privilegierten Bevölkerung fand somit erst bei der Wahl der Nationalrepräsentanten durch die Kreisversammlungen statt.[38] Das passive Wahlrecht beschränkte sich bei der Wahl zur Nationalrepräsentation sogar auf die zweihundert Höchstbesteuerten eines jeden Kreises, hier galt somit ein noch höherer Zensus als für die Kreisversammlungen.[39]
Die in jedem Kreis ebenfalls vorgesehenen Deputationen kamen ebenso wenig wie die Allgemeinen Versammlungen zustande. Die Bestimmungen der Konstitution grenzten zwar ihren Aufgabenbereich klar ab und regelten die Modalitäten der Zusammensetzung und Versammlung, blieben aber in eigentlich zentralen Punkten völlig unbestimmt. So war der zahlenmäßige Umfang der Deputation nicht vorgegeben.[40] Die Mitglieder sollten vom König aus den Deputierten der Allgemeinen Versammlung bestimmt werden. Jedes Jahr sollte ein Drittel der Kreisdeputation erneuert werden; allerdings war kein fester Wechsel nach Dienstalter vorgesehen, vielmehr sollte das ausscheidende Drittel der Mitglieder per Los bestimmt werden.[41] Die Deputation, die jährlich für höchstens drei Wochen auf Einberufung des Königs zusammentreten durfte, sollte bestimmte Vorschlagsrechte für Kreissteuern haben und Vorschläge und Wünsche, die „die Ver-

31 Konstitution 1808, Dritter Titel, § IV.
32 BayHStA, MInn 45438.
33 Ebd.; im Akt sind drei dieser Listen für den Inn-, Eisack- und Etschkreis überliefert, die von der königlichen Finanzdirektion Innsbruck am 22. Oktober 1808 an das Finanzministerium gesandt und von dort an das Innenministerium weitergeleitet worden waren (siehe Kat.Nr. 3.6).
34 Ebd.; Innkreis: Steuerminimum 24 fl, Etschkreis: Steuerminimum 25 fl, Eisackkreis: Steuerminimum 26 fl.
35 Walter Demel, Struktur und Entwicklung des bayerischen Adels von der Mitte des 18. Jahrhunderts bis zur Reichsgründung. In: ZBLG 61 (1998) S. 295–345, hier S. 326.
36 BayHStA, MInn 45438.
37 Konstitution 1808, Dritter Titel, § IV.
38 Konstitution 1808, Vierter Titel, § I.
39 Ebd.
40 Konstitution 1808, Dritter Titel, § IV.
41 Ebd.

besserung des Zustandes des Kreises" betrafen, durch das Ministerium des Innern an den König gelangen lassen können.[42]

Obwohl mit der Zusammenstellung der Höchstbesteuerten zumindest erste Vorarbeiten für die Einberufung der Kreisversammlungen geleistet worden waren, traten diese Gremien nie zusammen. Damit wurden diese ersten Ansätze einer Repräsentativversammlung auf der Kreisebene (d.h. der heutigen Bezirksebene) nicht umgesetzt.

Die Nationalrepräsentation – Bedeutung und Bewertung

Der Nationalrepräsentation nach den Bestimmungen der Konstitution von 1808 war erstmalig die Rolle einer allgemeinen Volksvertretung für das Königreich Bayern zugedacht. Das dabei formulierte frühparlamentarische Modell besaß allerdings noch viele Schwächen; einige Abläufe sind zudem durch uneindeutige Formulierungen nicht völlig nachvollziehbar.[43]

Bei der Wahl zur Nationalrepräsentation handelte es sich um ein indirektes Wahlsystem, wobei sowohl das passive als auch das aktive Wahlrecht mit einem extremen Zensus belegt waren. Das Kriterium für die Beteiligungsrechte der Abgeordneten war nun der Besitz, nicht mehr Ebenbürtigkeit und ständisches Privileg. Damit wurde die Repräsentation für das Bürgertum geöffnet und der geburtsständische Vertretungsgrundsatz der früheren landständischen Korporationen durch ein auf wirtschaftlicher Leistungsfähigkeit basierendes Wahlprinzip ersetzt.[44] Allerdings war das indirekte Wahlsystem mit seinen Wahlmännern völlig auf den König zugeschnitten, der die Mitglieder der Kreisversammlungen und damit den Kreis der Wahlmänner selbst frei bestimmen konnte. Damit war letztlich durch die Auswahl der Wahlmänner auch die Zusammensetzung der Nationalrepräsentation stark vom König beeinflusst.[45]

Der Wahlmodus macht deutlich, dass die Abgeordneten noch keine Volksrepräsentanten im modernen Sinn waren, da er neben der monarchischen Gewalt keine weitere Legitimationsquelle schuf. Damit basierte die Nationalrepräsentation nicht auf der Volkssouveränität, sondern stellte ein Organ eines monistisch ausgestalteten monarchischen Staates dar, womit sie ihre Legitimation letztlich allein vom König bezog.[46] Das freie Mandat spielte kaum eine Rolle, denn die Nationalrepräsentation war insgesamt als Verwaltungsorgan ausgestaltet, das mehr der Regierungstätigkeit dienen sollte und weniger der Willensbildung der repräsentierten Bevölkerung.[47] Als eine Volksvertretung mit nennenswertem Anteil an der Legislative kann daher die Nationalrepräsentation nicht bezeichnet werden.[48]

Trotz der äußerst eingeschränkten Rechte der Nationalrepräsentation ist auch dieser nie realisierte Abschnitt der Konstitution von 1808 von Bedeutung. Erstmals findet sich hier nämlich eine – wenn auch sehr geringe – Bindung der königlichen Gewalt: Die Nationalrepräsentation musste jährlich einberufen werden, nach einer Auflösung sogar innerhalb von zwei Monaten, die Auswahl der Wahlmänner war auf eine bestimmte Bevölkerungsgruppe beschränkt, und die Versammlung verfügte über bestimmte Mitbestimmungsrechte. Diese Beschränkun-

42 Ebd.; die von der Kreisdeputation vorgeschlagenen „Auflagen", die der Bestreitung von Lokalausgaben dienten, sollten zusammen mit den übrigen Steuern von der Finanzverwaltung erhoben werden; sie wurden gesondert in den „jährlichen Finanz-Etat" aufgenommen und waren ausschließlich zweckgebunden; s.a. Brendel (wie Anm. 11) S. 260 f.

43 Nach Brendel (wie Anm. 11) S. 260, wurde der Nationalrepräsentation in der Konstitution „blos ein allgemeiner Umriß gegeben"; er vermutet daher, dass „die landständische Verfassung, wenn es an der Zeit gewesen wäre, sie auszuführen, durch mehrere erläuternde Edikte ergänzt worden" wäre.

44 Schwertmann (wie Anm. 24) S. 61. – Kellmann – Drewes (wie Anm. 24) S. 728.

45 Wegelin, S. 172 f. – Schwertmann (wie Anm. 24) S. 60.

46 Schwertmann (wie Anm. 24) S. 61. – Möckl, Die bayerische Konstitution, S. 161. – Wegelin, S. 171 f. – Tiainen (wie Anm. 11) S. 180 f.

47 Schwertmann (wie Anm. 24) S. 61. – Möckl, Die bayerische Konstitution, S. 161.

48 Kellmann – Drewes (wie Anm. 24) S. 722.

gen und die Abhängigkeit der Krone oder wenigstens der Mitglieder der königlichen Familie von Mittelzuwendungen in der Art der späteren Zivilliste[49] sind Ausdruck einer unter Montgelas eingeleiteten Verstaatlichung der Herrschaftsrechte.[50] Besonders bemerkenswert am Modell Nationalrepräsentation ist das völlige Fehlen ständischer Elemente in der Zusammensetzung der Versammlung. Lediglich die Höchstbegüterten besaßen aktives und passives Wahlrecht für die Nationalrepräsentation, so dass die neue Oberschicht, aus der sich die Abgeordneten rekrutierten, nun großenteils bürgerlich gewesen wäre.[51] Gerade der weitere Verlauf der Verfassungsentwicklung sollte zeigen, dass der Entwurf von 1808 durch das Fehlen aller ständischen Elemente gegenüber dem Modell von 1818 einen wesentlich „moderneren" Weg dargestellt hatte.[52]

Die Ständeversammlung seit 1818 und der moderne Parlamentarismus in Bayern

Erst auf der Grundlage der Verfassung von 1818 entstand die erste parlamentarische Volksvertretung Bayerns.[53] Das Jahrzehnt zwischen den beiden Verfassungsdokumenten hatte zu einer völlig anderen Vorstellung vom Aufbau, aber auch von den Funktionen und Aufgaben des Parlaments im Rahmen des staatlichen Gesamtgefüges geführt. Es hatte sich gezeigt, dass die Integration der ehemals reichsunmittelbaren Fürsten und Grafen in das neue Bayern ein schwieriger Prozess war, der durch die weitgehenden Beschneidungen der adeligen Rechte durch die Konstitution von 1808 eher gehemmt wurde.[54] Schon nach wenigen Jahren war die Regierung daher völlig umgeschwenkt und hatte einen adelsfreundlichen Kurs eingeschlagen.[55] Er gipfelte in der Ausgestaltung der neuen Volksvertretung, nun Ständeversammlung genannt, die gerade die ehemals reichsunmittelbaren Adeligen besonders hervorhob und sie gleichzeitig mit einer repräsentativen Aufgabe in das Staatsgefüge integrierte. Daher wies die Ständeversammlung, die 1819 erstmals zusammentrat, nun ein Zweikammernsystem auf, das – wie die etwa zeitgleichen Verfassungen von Nassau (1814), Baden (1818), Württemberg (1819) und Hessen-Darmstadt (1820) – von der Charte constitutionelle Ludwigs XVIII. von 1814 beeinflusst war und sich letztlich am Zweikammernsystem des englischen Parlaments orientierte. Dem dortigen „house of lords" entsprechend bestand in Bayern eine „Kammer der Reichsräte" oder „Erste Kammer", in der nun unter anderem die hohen Adeligen erblich vertreten waren.[56] Daneben bestand als „Zweite Kammer" die „Kammer der Abgeordneten", die nun eine (berufs-)ständische Gliederung erhielt; nur ihre Mitglieder wurden von einem Teil der Bevölkerung mit einem Zensuswahlsystem gewählt. Die Abgeordneten waren bis 1848 in Klassen eingeteilt, danach wurde die Zusammensetzung der Kammer reformiert. Die Kammer der Abgeordneten wurde zum Vorläufer des modernen Bayerischen Landtags, da mit der Verfassung von 1919 die Kammer der Reichsräte zugunsten eines Einkammerparlaments abgeschafft wurde. Dagegen verfügte der Freistaat Bayern in den Jahren 1946 bis 2000 als einziges deutsches Bundesland mit dem Bayerischen Senat noch einmal über eine zweite Parlamentskammer, ehe sie durch Volksentscheid aufgelöst wurde.

49 Konstitution 1808, Zweiter Titel.

50 Zimmermann, Bayerische Verfassungsgeschichte, S. 148 f. – Weis, Montgelas Bd. 2, S. 383.

51 Weis, Montgelas Bd. 2, S. 383.

52 Ebd. – Kellmann – Drewes (wie Anm. 24) S. 729.

53 Götschmann, Parlamentarismus.

54 Konstitution 1808, Erster Titel, § 5.

55 Möckl, Die bayerische Konstitution, S. 161. – Vgl. auch den Beitrag von Michael Puchta in diesem Band.

56 Joseph Bauch, Die staatsrechtliche Entwicklung der bayerischen Kammer der Reichsräte 1818–1918, Diss. jur. München 1948. – Hubert Ostadal, Die Kammer der Reichsräte in Bayern von 1819 bis 1848. Ein Beitrag zur Geschichte des Frühparlamentarismus (Miscellanea Bavarica Monacensia 12), München 1968. – Bernhard Löffler, Die bayerische Kammer der Reichsräte 1848 bis 1918. Grundlagen, Zusammensetzung, Politik (Schriftenreihe zur bayerischen Landesgeschichte 108), München 1996.

Schluss

Die Umsetzung der Bestimmungen der Konstitution von 1808 zur Nationalrepräsentation und zu den Kreisversammlungen ist unterblieben. Obwohl es zumindest erste Vorbereitungen zu den Kreisversammlungen gab, wurden diese niemals einberufen; damit konnte auch keine Nationalrepräsentation gewählt werden und zusammentreten. Montgelas, der trotz der Forderungen von Zeitgenossen eine Einberufung ablehnte,[57] führte als Begründung die bewegten außenpolitischen und kriegerischen Ereignisse der Jahre 1809 bis 1816 an.[58] Damit konnte diese erste parlamentarische Volksvertretung in Bayern niemals direkt wirksam werden. Allerdings verfehlte der theoretisch gebliebene Entwurf einer Nationalrepräsentation in der Konstitution von 1808 insofern seine Wirkung nicht, als er die Begründung für die Abschaffung der altständischen Repräsentationsformen lieferte.[59] In der Entwicklung der Repräsentativverfassung Bayerns stellt damit selbst das nicht umgesetzte Modell einer Nationalrepräsentation einen nicht zu unterschätzenden ersten Schritt hin zum modernen Parlamentarismus dar.

57 Weis, Montgelas Bd. 2, S. 386 f. – Möckl, Die bayerische Konstitution, S. 155.

58 Weis, Montgelas Bd. 2, S. 382.

59 Wegelin, S. 171 f. – Kellmann – Drewes (wie Anm. 24) S. 728.

3.1 Adelige als Landtagsteilnehmer im späten Mittelalter

Um 1490 (Abschrift 16. Jh.)
Landtafel des Herzogtums Bayern-Landshut.

Im späten Mittelalter entstand mit den Landständen neben dem Landesherrn eine Landesvertretung, die sich aus den drei privilegierten Ständen des Adels, der Prälaten sowie der Städte und Märkte zusammensetzte. Sie war nicht demokratisch legitimiert, sondern gründete sich auf den Besitz von Herrschafts- und Gerichtsrechten. Dennoch erhoben die Landstände den Anspruch, für das ganze Land mit allen seinen Bewohnern zu sprechen und deren Interessen vor dem Landesherrn zu vertreten. Das Forum für diese Vertretung bildete der Landtag, die Versammlung aller Landstände, wo als wichtigstes Recht das der Steuerbewilligung ausgeübt wurde. Nach dem 16. Jahrhundert trat der Landtag nur noch dreimal zusammen, zuletzt 1669.
Der Besuch der spätmittelalterlichen Landtage war noch nicht eindeutig geregelt. Vor allem beim Adel gab es vielfach Unsicherheiten. Als Hilfsmittel wurden so genannte Landtafeln angelegt, in denen die Adeligen bzw. ihre Besitzungen, die sie zum Landtagsbesuch berechtigten, erfasst wurden. Die Landtafeln wurden herrschaftsgeographisch, d.h. nach Landgerichten oder anderen Herrschaftsbezirken gegliedert. Die gezeigte Landtafel des Herzogtums Bayern-Landshut entstand zwischen 1485 und 1492 (hier eine Abschrift des 16. Jahrhunderts). Das aufgeschlagene Blatt 4 führt unter dem Gericht Erding unter anderem einen „Jorig Schrennkh zu Nozing“ auf. Die Adelsfamilie der (Freiherren von) Schrenk (zu Notzing), ursprünglich eine Münchner Patrizierfamilie, war damit wie viele andere Adelsgeschlechter direkt auf den Landtagen vertreten und zählte so über Jahrhunderte zur Herrschaftselite des Landes. Noch in der ersten Hälfte des 19. Jahrhunderts wurden diese grundbesitzenden Familien durch die Wahlbestimmungen der Konstitution von 1808 bzw. der Verfassung von 1818 bei der Wahl zur

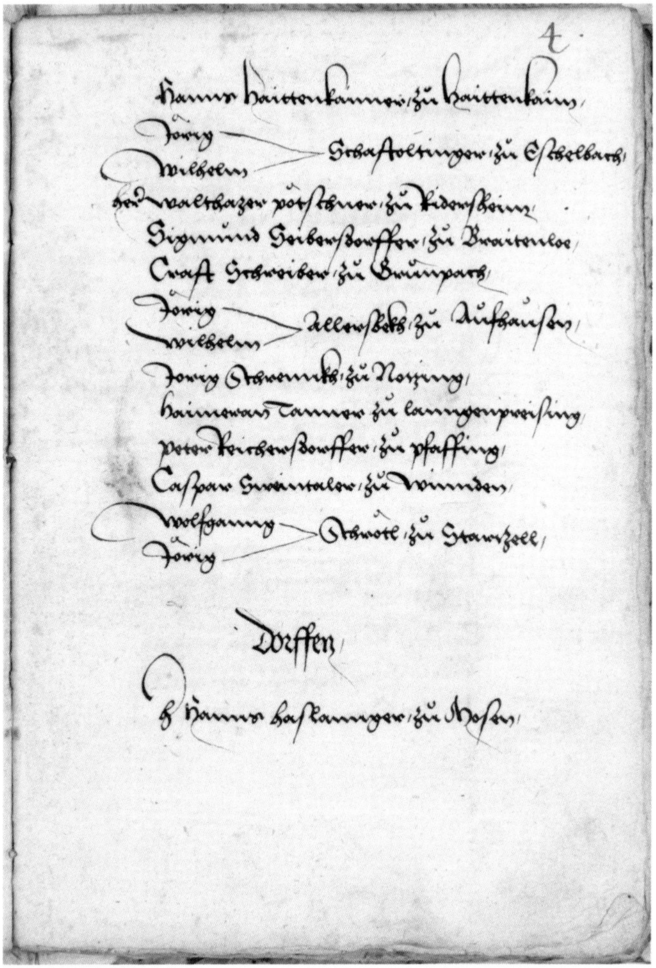

3.1

parlamentarischen Volksvertretung bevorzugt behandelt (vgl. Kat.Nr. 3.8 und 3.9).

Handschrift, Pap., 33 Bl., 24 x 19 cm.

Bayerisches Hauptstaatsarchiv, Kurbayern Äußeres Archiv 670 (aufgeschlagen Bl. 3´/4).

Druck: Franz von Krenner, Baierische Landtagshandlungen XII, München 1804, S. 425–471.

Literatur: Wilhelm Volkert, Die älteren bayerischen Landtafeln. In: Archivalische Zeitschrift 75 (1979) S. 250–262, hier S. 259 f. – Joachim Wild, Quellenlage zum Alten Landtag. In: Walter Ziegler (Hrsg.), Der Bayerische Landtag vom Spätmittelalter bis zur Gegenwart. Probleme und Desiderate historischer Forschung. Kolloquium des Instituts für Bayerische Geschichte am 20. Januar 1995 im Maximilianeum in München (Beiträge zum Parlamentarismus 8), München 1995, S. 127–139 und 265–267. – Julian Holzapfl, Die bayerischen Landtafeln des 15. Jahrhunderts. Untersuchungen zur Entstehung und Entwicklung eines neuen Schriftguttypus. In: Archiv für Diplomatik, Schriftgeschichte, Siegel- und Wappenkunde 49 (2003) S. 297–391, hier S. 341–347.

3.2 „Geben ihnen hiemit in krafft diss brieffs ...“ – Die Verleihung ständischer Privilegien

1557
Der 60. Freiheitsbrief der bayerischen Landstände (Verleihung der Edelmannsfreiheit).

Die Landstände eines Territoriums hatten Teil an der Regierung und Verwaltung des Landes. Sie übten in Form des Niedergerichts eigene Herrschaftsrechte aus. Zudem besaßen sie das Recht zur Steuerbewilligung. Der Landesherr konnte somit Steuern von den Untertanen nur mit Zustimmung der Landstände erheben. Die Landstände verstanden es, sich für diese Steuerbewilligungen oder für anderweitige Aushilfen, etwa Schuldenübernahmen, besondere Privilegien und Vorrechte zu sichern. Die bedeutendsten Privilegien der bayerischen Landstände wurden erstmals 1508 in der so genannten Erklärten Landesfreiheit gesammelt, die im Lauf des 16. Jahrhunderts noch mehrfach erweitert wurde. Seither musste der Herzog bzw. Kurfürst bei seinem Regierungsantritt zunächst diese Erklärte Landesfreiheit bestätigen, ehe er die Erbhuldigung der Stände empfing.
Der gezeigte 60. Freiheitsbrief von 1557, eine wesentliche Ergänzung zur Erklärten Landesfreiheit, verlieh dem Adel die so genannte Edelmannsfreiheit, d.h. die Niedergerichtsrechte auch auf einschichtigen, außerhalb ihrer

Von gottes genaden

3.2

Hofmarken gelegenen Gütern. Die Verleihung erfolgte im Rahmen des Landshuter Landtages von 1557, auf dem es Herzog Albrecht V. gelang, die teils reformatorische Adelsopposition durch Gewährung eben dieses Privilegs zu spalten und damit deren religionspolitische Forderungen abzuweisen.
Die landständischen Privilegien wurden mehrfach auch von den Kaisern bestätigt und genossen daher wie die Landstände selbst den Schutz der Reichsverfassung. Erst durch die Auflösung des Alten Reiches 1806 ging diese übergeordnete Bestandsgarantie verloren. Mit der Konstitution von 1808 wurden alle besonderen Privilegien für aufgehoben erklärt. Die Edelmannsfreiheit als persönliches Privileg wurde bereits speziell mit dem Edikt über die Aufhebung derselben vom 20. April 1808 beseitigt.

Urk., Perg., 37 x 62 cm, Unterschrift Herzog Albrechts V. unter der Plica links, Siegel in Holzkapsel an weiß-blauer Schnur.

Bayerisches Hauptstaatsarchiv, Altbayerische Landschaft Urk. 1557 Dez. 22.

Druck: Dokumente zur Geschichte von Staat und Gesellschaft I/3, Nr. 29, S. 260–262.

Abb.: AK Aus 1200 Jahren, S. 175.

Literatur: AK Bayerns Weg zum modernen Staat, S. 22. – AK Aus 1200 Jahren, S. 174. – Dokumente zur Geschichte von Staat und Gesellschaft I/3, S. 101–103. – Schimke, Regierungsakten, S. 98 f.

3.3 „Stündliche Notwendigkeit eines Landtags“

Um 1800
Kollage aus Titelblättern verschiedener Flugschriften zur Frage eines allgemeinen Landtags.

In Bayern kam es in den Jahren um 1800 zu einer wahren Flut von Flugschriften. Ursachen hierfür waren der Tod Kurfürst Karl Theodors 1799, der mit der Hoffnung auf einen wesentlich liberaleren Nachfolger verbunden

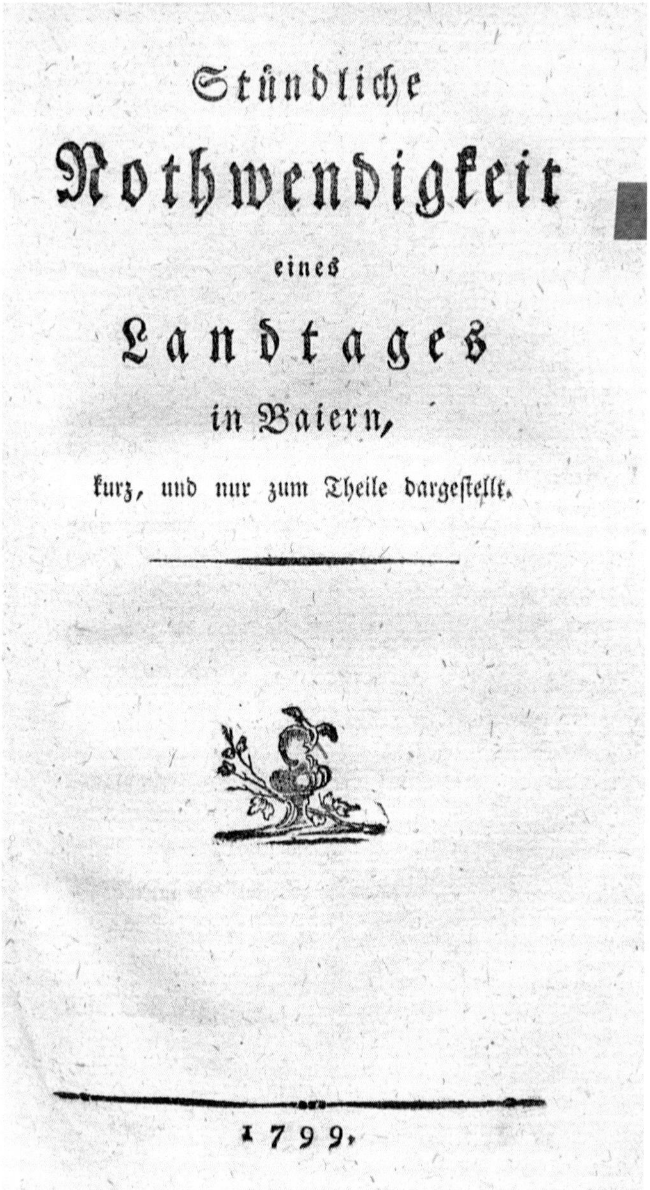
Stündliche
Nothwendigkeit
eines
Landtages
in Baiern,
kurz, und nur zum Theile dargestellt.

1799.

3.3

wurde, und in noch stärkerem Maße die französische Invasion in Süddeutschland, die dem Ideengut der Französischen Revolution hier eine weite Verbreitung verschaffte. Erleichtert wurde die Produktion der teils anonymen oder unter Pseudonym erscheinenden Flugschriftenliteratur in dieser Zeit zudem durch die faktische Aufhebung der Präventivzensur in Bayern 1799. Behandelt wurden agrarreformerische, kirchliche und dynastische Themen, vor allem aber wurde in den Flugschriften die Einberufung eines Landtags thematisiert. Da es hierbei auch um die Repräsentation der Untertanen ging, wurden dabei letztlich Verfassungsfragen diskutiert.
Die Flugschriften, deren Autoren sich in eine gemäßigt-reformerische, eine konservative und eine kleine radikaldemokratische Hauptrichtung einteilen lassen, befassten sich mit allen Facetten dieses Themas. Vordringlich wurde die Einberufung eines allgemeinen Landtags diskutiert; als Vorbilder galten dabei weniger die bayerischen Landtage, deren letzte 1605, 1612 und 1669 stattgefunden hatten, sondern vielmehr das französische und englische Beispiel und die jüngsten Reformlandtage im Reich, v.a. in den habsburgischen Territorien. Daran schloss sich die Frage nach der Zusammensetzung des Landtags an: Sollten wie bisher nur die drei privilegierten Stände Prälaten, Adel sowie Städte und Märkte daran teilnehmen, oder sollten nun auch die bis dahin lediglich indirekt repräsentierten Untertanen als vierter Stand eine direkte Repräsentation erhalten. Gefragt wurde, ob die Landschaftsverordnung als ständischer Ausschuss sämtliche Repräsentationsrechte besaß, die vor 1669 der Landtag wahrgenommen hatte, oder ob sie gut 130 Jahre nach ihrer Einsetzung durch den Landtag nicht eigentlich ohne Mandat handelte. Hinzu kamen Einzelfragen und Einzelforderungen, die an konkreten Vorgängen oder Personen festgemacht wurden und die wiederum zu neuen Flugschriften Anlass gaben.
Gezeigt wird eine Auswahl der über 100 Flugschriften, die in den Jahren 1797 bis 1803 zu dieser Thematik erschienen. Sie machen deutlich, wie drängend diese Frage um 1800 auch in der Öffentlichkeit geworden war. Max I. Joseph und Montgelas lösten die Frage schließlich dahingehend, dass sie, nachdem sie die Einberufung eines herkömmlichen Landtags in der überkommenen Form über Jahre hinweg hinausgezögert hatten, die altständische Repräsentation mit der Konstitution von 1808 gänzlich beseitigten und stattdessen eine allgemeine Nationalrepräsentation verfassungsrechtlich installierten.

Reproduktionen (Vorlagen: München, Bayerische Staatsbibliothek).

Druck: Einzelnachweise in den Verzeichnissen der Flugschriften bei Seitz, S. 321–325 und Zimmermann, S. 169–171.

Literatur: Jutta Seitz, Die landständische Verordnung in Bayern im Übergang von der altständischen Repräsentation zum modernen Staat, Göttingen 1999 (Schriftenreihe der Historischen Kommission bei der Bayerischen Akademie der Wissenschaften 62), S. 215–254. – Zimmermann, Bayerische Verfassungsgeschichte, S. 49–84.

3.4 Das Ende der Landstände

1808 Mai 16
Protokoll der Aufhebung der bayerischen Landschaft mit den Unterschriften der für abgesetzt erklärten landschaftlichen Amtsträger.

Anfang 1808 bestanden im Königreich Bayern neben der bayerischen Landschaft noch in drei weiteren, neugewonnenen Landesteilen landständische Korporationen, nämlich in Tirol, Pfalz-Neuburg und Vorarlberg. Sie hatten in der Frühen Neuzeit nicht nur die Steuern bewilligt, sondern teilweise auch die gesamte Steuerverwaltung selbst organisiert. So war etwa die bayerische Landschaft seit dem 16. Jahrhundert auch eine wichtige Finanzbehörde; mit ihren Einnahmen aus direkten und indirekten Steuern musste sie künftig die Schulden des Landesherrn absichern, so dass sie zum Garanten der Kreditfähigkeit Bayerns wurde. Anstelle des Landtags wurden hier die Geschäfte seit 1669 ausschließlich von Ausschüssen wahrgenommen. Durch das Ende des Alten Reiches verloren die Landstände ihre Bestandsgarantie. Bereits 1807

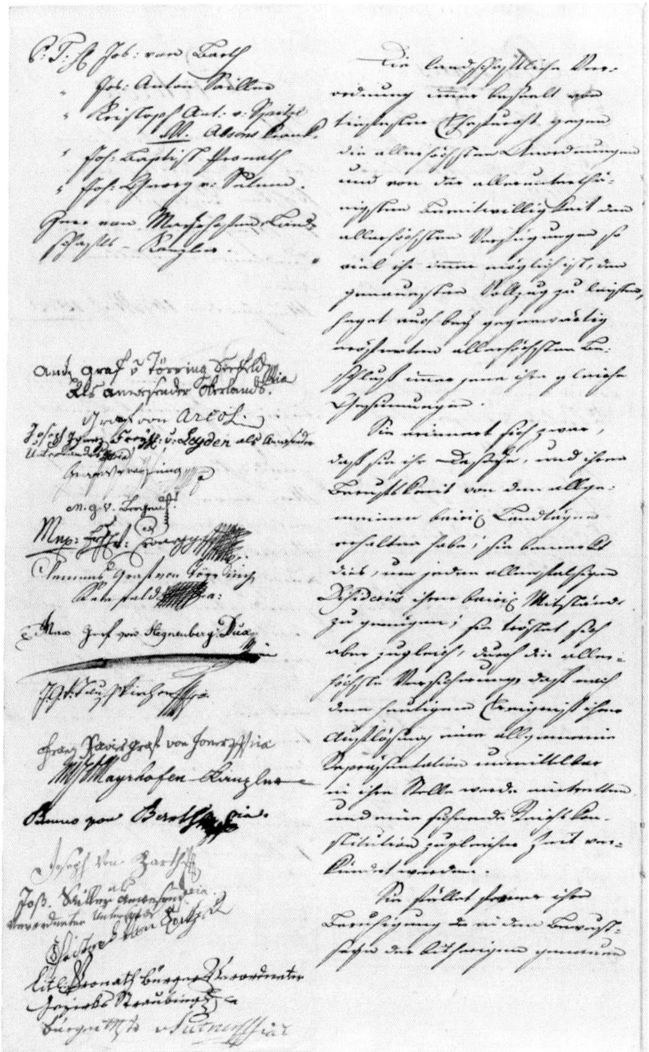

3.4

wurde die ständische Steuerautonomie in den vier Landesteilen beseitigt. Die dadurch praktisch funktionslos gewordenen Landstände wurden unter Berufung auf die Konstitution von 1808 aufgehoben, die landschaftlichen Gremien aufgelöst.

Das gezeigte Protokoll der von Generallandeskommissar Freiherr von Weichs vollzogenen Aufhebung der bayerischen Landschaft unterzeichneten notgedrungen alle verbliebenen 15 Ausschussmitglieder des Adels und des Bürgerstandes, nämlich zwölf Verordnete und drei Rechnungsaufnehmer, außerdem ein außerordentlicher Verordneter des Bürgerstands sowie der Landschaftskanzler. Parallel wurden auch die Landstände in Tirol, Vorarlberg und Pfalz-Neuburg aufgehoben. Nach einem halben Jahrtausend ständischer Mitsprache in diesen Landesteilen sollte nun laut Konstitution eine so genannte „Nationalrepräsentation" für das ganze Königreich an ihre Stelle treten.

Protokoll, Pap., 38 x 24 cm (aufgeschlagen die Seite mit den 17 Unterschriften).

Bayerisches Hauptstaatsarchiv, MA 70103.

Literatur: AK Bayern ohne Klöster? S. 38. – Seitz (wie Kat.Nr. 3.3) S. 299–304. – Schimke, Regierungsakten, S. 16–19 und 63–68. – Thomas Paringer, Die bayerische Landschaft. Zusammensetzung, Aufgaben und Wirkungskreis der landständischen Vertretung im Kurfürstentum Bayern (1715–1740) (Studien zur bayerischen Verfassungs- und Sozialgeschichte 27), München 2007.

3.5 Nur graue Theorie – Nationalrepräsentation und Kreisversammlungen

Organigramm.

Die Konstitution von 1808 sah eine frühparlamentarische Volksvertretung vor, die als „Nationalrepräsentation" bezeichnet wurde. Jeder Kreis sollte sieben Nationalrepräsentanten entsenden, die in den Allgemeinen Versammlungen der Kreise zu wählen waren. Damit hätte die Nationalrepräsentation (nach dem Stand der Kreiseinteilung von 1808 mit 15 Kreisen) aus 105 Mitgliedern bestanden. Tatsächlich trat sie jedoch niemals zusammen, ebenso wenig die Kreisversammlungen.

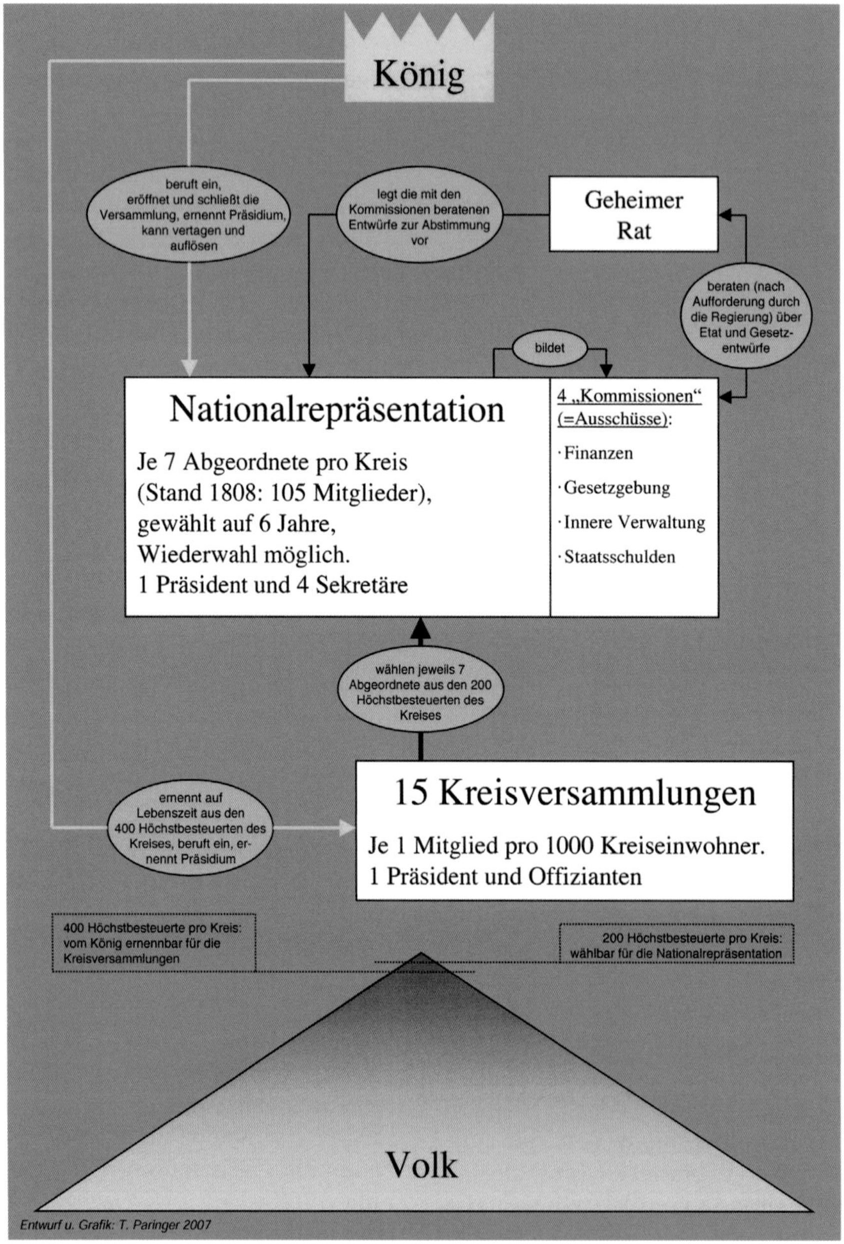
König
beruft ein, eröffnet und schließt die Versammlung, ernennt Präsidium, kann vertagen und auflösen
legt die mit den Kommissionen beratenen Entwürfe zur Abstimmung vor
Geheimer Rat
beraten (nach Aufforderung durch die Regierung) über Etat und Gesetzentwürfe
bildet
Nationalrepräsentation
Je 7 Abgeordnete pro Kreis (Stand 1808: 105 Mitglieder), gewählt auf 6 Jahre, Wiederwahl möglich. 1 Präsident und 4 Sekretäre
4 „Kommissionen“ (=Ausschüsse):
· Finanzen
· Gesetzgebung
· Innere Verwaltung
· Staatsschulden
wählen jeweils 7 Abgeordnete aus den 200 Höchstbesteuerten des Kreises
ernennt auf Lebenszeit aus den 400 Höchstbesteuerten des Kreises, beruft ein, ernennt Präsidium
15 Kreisversammlungen
Je 1 Mitglied pro 1000 Kreiseinwohner. 1 Präsident und Offizianten
400 Höchstbesteuerte pro Kreis: vom König ernennbar für die Kreisversammlungen
200 Höchstbesteuerte pro Kreis: wählbar für die Nationalrepräsentation
Volk
Entwurf u. Grafik: T. Paringer 2007

3.5

Das Schaubild versucht, die Zusammensetzung, die Aufgaben und die Kompetenzen der Nationalrepräsentation und der Kreisversammlungen im Rahmen des Verfassungsgefüges der Konstitution von 1808 zu veranschaulichen. Kennzeichnend sind die weitreichenden Kompetenzen des Königs, der die Nationalrepräsentation und die Kreisversammlungen nicht nur einberufen, eröffnen, schließen, vertagen oder auflösen konnte, sondern auch die Zusammensetzung der Kreisversammlungen selbst bestimmte.
Die vier „Kommissionen" (Ausschüsse) der Nationalversammlung sollten über Gesetzentwürfe und den Haushalt beraten; Verhandlungspartner sollte der Geheime Rat sein. Zur Beratung sollte es allerdings nur nach Aufforderung durch das zuständige Ministerium kommen. Nur diese ausgewählten Gesetzentwürfe sollten schließlich an die Nationalversammlung gelangen, wo in geheimer Wahl abgestimmt worden wäre; ein Rederecht hätten nur die wenigen Mitglieder des einschlägigen Ausschusses und des Geheimen Rates gehabt, eine Plenardebatte war nicht vorgesehen.
Die Kreisversammlungen, geteilt in eine Allgemeine Versammlung und in eine Deputation, sollten nicht gewählt, sondern vom König aus den vierhundert höchstbesteuerten Landeigentümern, Kaufleuten und Fabrikanten des Kreises bestimmt werden. Während die Kreisdeputationen an der Kreisverwaltung beteiligt sein sollten, sollten die Allgemeinen Kreisversammlungen nur zur Wahl der Nationalrepräsentanten zusammen treten. Diese sollten aus den zweihundert Höchstbesteuerten des Kreises gewählt werden. Sowohl für die Mitglieder der Kreisdeputationen als Wahlmänner und noch mehr für die gewählten Nationalrepräsentanten galt damit ein extremer Zensus. Ein echter Wahlvorgang war nur bei der Wahl der Nationalrepräsentanten vorgesehen, die Wahlmänner selbst sollten nicht von der Bevölkerung gewählt, sondern vom König auf Lebenszeit bestimmt werden.
Obwohl die Bestimmungen der Konstitution zur Nationalrepräsentation und zu den Kreisversammlungen nicht umgesetzt wurden, waren sie doch von entscheidender Bedeutung für die Verwirklichung eines staatlichen Gewaltmonopols, weil sie die Begründung für die Abschaffung der alten landständischen Verfassung bildeten.

Organigramm, 60 x 42 cm.

Entwurf und Grafik: Thomas Paringer.

3.6 Hoher Zensus – wenige Kandidaten

1808
Listen der 400 Höchstbesteuerten im Eisack-, Etsch- und Innkreis.

In jedem der neugeschaffenen Kreise sollte laut Konstitution eine Allgemeine Versammlung zusammentreten, um die sieben Nationalrepräsentanten des Kreises zu wählen. Auf 1000 Einwohner kam ein Mitglied der Versammlung; deren Größe schwankte damit zwischen 141 Mitgliedern im Pegnitzkreis und 302 Mitgliedern im Isarkreis. Die Kreisversammlungen waren reine Wahlmännergremien für die Wahl der Nationalrepräsentation. Allerdings sollten diese Wahlmänner selbst nicht etwa von der Bevölkerung gewählt, sondern vom König auf Lebenszeit ernannt werden. Die Auswahl des Königs war dabei an einen hohen Zensus gebunden: Als Kandidaten waren nur die vierhundert höchstbesteuerten Landeigentümer, Kaufleute und Fabrikanten eines jeden Kreises vorgesehen. Die Finanzdirektionen der Kreise waren angehalten, Verzeichnisse dieser vierhundert Höchstbesteuerten ihres Kreises zu erstellen, denen das Steuerjahr 1807/08 zugrunde lag. Die Verzeichnisse stellten damit zumindest erste Vorarbeiten für die Kreisversammlungen dar, die jedoch nie zusammentreten sollten.
Die drei Listen für den Inn-, Eisack- und Etschkreis wurden von der kgl. Finanzdirektion Innsbruck am 22. Oktober 1808 an das Finanzministerium gesandt und von dort an das Innenministerium weitergeleitet. Sie enthal-

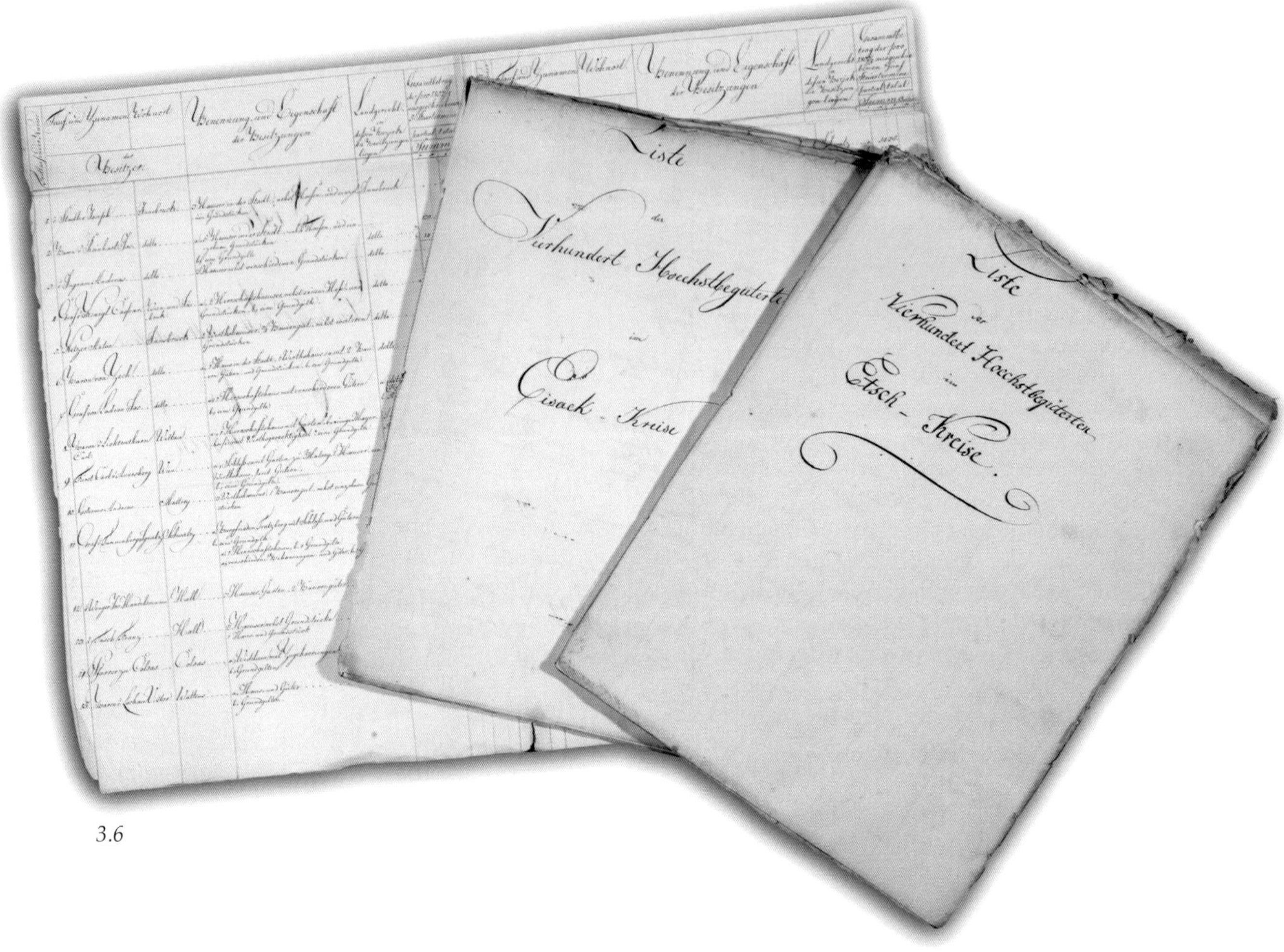
Liste der Vierhundert Hoechstbegüterten im Eisack-Kreise
Liste der Vierhundert Hoechstbegüterten im Etsch-Kreise

3.6

ERÖFFNUNG DER I ten STÆNDE VERSAMMLUNG DES KÖNIGREICHS BAIERN, DEN IV ten FEBRUAR MDCCCXIX

3.7

ten neben den Vor- und Nachnamen sowie dem Wohnort der Besteuerten auch eine geographische Zuordnung des jeweiligen Besitzes und die Steuersumme. Zu den 400 Höchstbesteuerten zählten vorwiegend Adelige, Pfarrer, Wirte, Bierbrauer, Handwerker, Händler, Fabrikanten und Besitzer von größeren Bauerngütern. Abhängig von der Bevölkerungszahl und -struktur der Kreise unterschied sich die Höhe der Steuersumme, die zur Teilnahme in den Versammlungen der einzelnen Kreise berechtigte.

Steuerlisten, Pap., 41 x 29 cm.

Bayerisches Hauptstaatsarchiv, MInn 45438.

3.7 Ständeversammlung des Königreichs Bayern – Die erste parlamentarische Volksvertretung

1819
Lithographie von Lorenzo und Domenico Quaglio: *Eröffnung der I[ten] Staende Versammlung des Königreichs Baiern, den IV[ten] Februar MDCCCXIX.*

Die Konstitution von 1808 hatte ein Einkammerparlament mit hohem Wahlzensus vorgesehen, das aber nie zusammentrat. Bis zum Erlass der Verfassung von 1818 hatte sich die Einstellung der bayerischen Politik gegenüber den Funktionen einer Volksvertretung stark gewandelt. Sie zielte nun, nach der Abschaffung der Landstände, nicht mehr auf die ständelose, gleichmäßige Repräsentation aller Untertanen, sondern sah nun die Ständeversammlung auch als wirksames Instrument zur Integration des ehemals reichsunmittelbaren Adels in Bayern. Dazu wurde ein Zweikammernparlament geschaffen. Die Erste Kammer (Kammer der Reichsräte), deren Mitglieder von der Verfassung bzw. vom König bestimmt wurden, verschaffte dem Adel eine staatstragende Funktion. Die Zweite Kammer (Kammer der Abgeordneten) erhielt nun eine (berufs-)ständische Gliederung; nur ihre Mitglieder wurden von einem Teil der Bevölkerung nach Klassen gewählt. Beide Kammern waren gleichberechtigt. Dieses erste moderne bayerische Parlament trat 1819 erstmals zusammen.
Die Lithographie von Lorenzo und Domenico Quaglio zeigt die feierliche Eröffnung der Ständeversammlung. Im von Leo von Klenze in der Münchner Prannerstraße erbauten Ständesaal verfolgen die Mitglieder beider Kammern, wie König Max I. Joseph von seinem Sohn, Kronprinz Ludwig, den Eid auf die Verfassung entgegennimmt.

Lithographie, 63 x 75 cm.

Bayerisches Hauptstaatsarchiv, Senatsarchiv.

Abbildung: AK Wittelsbach und Bayern III/2, S. 311.

Literatur: Götschmann, Parlamentarismus. – AK Wittelsbach und Bayern III/2, S. 311. – AK Bayerns Krone 1806, S. 277.

3.8 Wahl des Präsidenten – Die erste Amtshandlung der Abgeordneten

1819 Januar 30
Wahlunterlagen für die Wahl des Präsidiums der Kammer der Abgeordneten.

Ende Januar 1819, noch vor der feierlichen Eröffnung der Ständeversammlung, veranlasste die so genannte Einweisungskommission die Prüfung der Wahlunterlagen und die Wahl des Präsidiums der Kammer der Abgeordneten. Diese trat am 30. Januar 1819 vollständig zusammen, um sechs Abgeordnete zu wählen, von denen der König zwei zu Präsidenten der Kammer bestimmen sollte.
Der geheime Wahlablauf erfolgte schriftlich, wobei jeder Abgeordnete sechs Personen auf dem Stimmzettel vermerken konnte; gewählt war, wer die absolute Mehrheit der Stimmen auf sich vereinigen konnte. Die Wahlzettel wurden einzeln abgeschrieben und ausgewertet; gezeigt

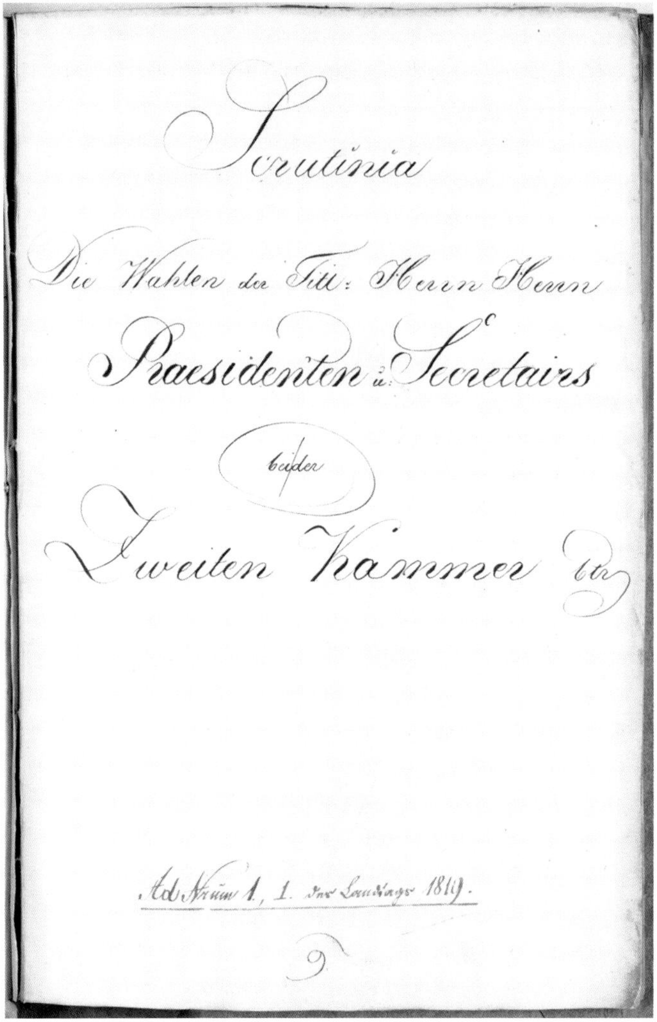
Scrutinia

Die Wahlen der Titl: Herrn Herrn

Praesidenten u: Secretairs

beider

Zweiten Kammer

Ad Num. 1, 1. des Landtags 1819.

9

3.8

wird das Titelblatt dieser Wahlzettelabschriften. Bereits im ersten Wahlgang („scrutinium“) konnten der Oberappellationsgerichtsrat Sebastian Freiherr von Schrenk und der Appellationsgerichtspräsident zu Würzburg, Michael von Seuffert, mit 87 bzw. 76 Stimmen mehr als die erforderlichen 55 Stimmen auf sich vereinen und standen damit als Teil der Vorschlagsliste fest; die übrigen vier Kandidaten wurden in drei weiteren Wahlgängen ermittelt. Am Tag nach der Wahl ernannte König Max I. Joseph am 31. Januar 1819 die beiden Erstplatzierten, Sebastian Freiherr von Schrenk und Michael von Seuffert, zum Ersten bzw. Zweiten Präsidenten der Kammer der Abgeordneten. Sebastian Freiherr von Schrenk behielt das Amt des Ersten Präsidenten der Kammer der Abgeordneten bis 1839.
Die nach Klassen gegliederte Kammer der Abgeordneten war neben der Kammer der Reichsräte gleichberechtigter Teil des Parlaments; 1848 wurde sie reformiert, in ihren Kompetenzen gestärkt und die ständische Gliederung beseitigt. Aus ihr ging der heutige bayerische Landtag hervor.

Abschrift, Pap., 34 x 22 cm.

Bayerisches Hauptstaatsarchiv, Kammer der Abgeordneten, General- und Direktorialakten I a.

Literatur: Götschmann, Parlamentarismus S. 225.

3.9 Vom Präsidenten der Zweiten Kammer zum Reichsrat – Sebastian Freiherr von Schrenk

a) 1840 Januar 2, München
Legitimationsurkunde für die Mitgliedschaft auf Lebenszeit in der Kammer der Reichsräte.
b) Um 1840
Porträt des Justizministers Sebastian Freiherr von Schrenk.

Die bayerische Ständeversammlung orientierte sich am Zweikammernsystem nach dem Vorbild des englischen Parlaments. Dem dortigen „house of lords“ entsprechend bestand in Bayern eine „Kammer der Reichsräte“ oder „Erste Kammer“. Sie war zusammengesetzt aus den volljährigen Prinzen des königlichen Hauses, den obersten

Herr

Sebastian Wenzeslaus Ignaz

Freiherr von Schrenk

königlich bayerischer Kämmerer, Staatsrath im ordentlichen Dienste und Justiz-Minister, des Verdienstordens der bayerischen Krone Grosskreuz, Herr auf Guttmanning, Hirnbrunn, Hillstatt und Thaun,

geboren am 27. September 1774,
als Besitzer der Reichsraths-Würde der Krone Bayern legitimirt durch Vorlage der im Urkundenbuche enthaltenen Dokumente, eingetreten in die Kammer der Reichsräthe am 2. Januar 1840.

Zur Bestätigung:

das Directorium die Legitimations Commision
der Kammer der Reichsräthe

3.9a

Kronbeamten, den Erzbischöfen von München und Freising sowie von Bamberg, den Häuptern der ehemals reichsständischen fürstlichen und gräflichen Familien, einem weiteren vom König ernannten katholischen Bischof und dem jeweiligen Präsidenten des protestantischen Generalkonsistoriums. Dazu konnte der König weitere Reichsräte erblich oder lebenslang berufen. Damit beruhte die Mitgliedschaft auf den Prinzipien Geburt, Bildung, Besitz und Verdienst. Gleichzeitig konnte der Adel, vor allem die mediatisierten Reichsfürsten, in den Staat integriert und eingebunden werden.
Sebastian Wenzeslaus Ignaz Freiherr von Schrenk (27.9. 1774–16.4.1848) – 1819 bis 1839 ein regierungstreues, konservatives Mitglied der Kammer der Abgeordneten und deren Erster Präsident – war Jurist im Staatsdienst (vgl. Kat.Nr. 11.6) und 1832 bis 1846 Justizminister. Er wurde vom König 1839 zum Reichsrat auf Lebenszeit ernannt und trat am 2. Januar 1840 in die Kammer der Reichsräte ein. Das gezeigte Matrikelblatt trägt oben das farbige Wappen Baron von Schrenks. Darunter folgt der Matrikeleintrag mit den Unterschriften des Aufgenommenen sowie des Direktoriums und der Legitimationskommission.
Die Kammer der Reichsräte wurde mit der Verfassung von 1919 zugunsten eines Einkammerparlaments abgeschafft. Dagegen verfügte der Freistaat Bayern in den Jahren 1946 bis 2000 als einziges deutsches Bundesland mit dem Bayerischen Senat noch einmal über eine zweite Parlamentskammer. Seit deren Abschaffung durch Volksentscheid besteht ein zweigliedriges Parlament in Deutschland nur noch auf Bundesebene.

a) Matrikelblatt mit farbigem Wappen und Zierrahmen, Perg., 58 x 5 cm. Bayerisches Hauptstaatsarchiv, Kammer der Reichsräte 1/H 026.

b) Reproduktion (Vorlage: Die Kgl. Bayerischen Staatsminister der Justiz in der Zeit von 1818 bis 1918. I. Teil; Bibliothek Archivschule, AS 393/1).

Literatur: ADB 32, S. 488 f. – Die Kgl. Bayerischen Staatsminister der Justiz in der Zeit von 1818 bis 1918. Ihre Herkunft, ihr Werdegang und ihr Wirken, hrsg. v. Staatsministerium der Justiz, I. Teil: 1818–1854, München 1931, S. 275–354. – Götschmann, Parlamentarismus S. 67–92.

Sebastian Freiherr von Schrenk
K. B. Staatsminister der Justiz
12. Dezember 1832 bis 27. Mai 1846

3.9b

3.10 Landtagsprotokolle – Von der Handschrift zur CD-ROM

a) 1557 / 1567
Handschriftliche Landtagshandlungen der Bayerischen und der Neuburger Landschaft.

b) 1819
Gedruckte Verhandlungen der Ständeversammlung des Königreichs Bayern.

c) 2004
Veröffentlichungen des Bayerischen Landtags in digitaler Form.

Zu allen Zeiten wurden die Verhandlungen von Repräsentativversammlungen schriftlich festgehalten, schon bei den Landtagen des ständischen Zeitalters und noch heute im parlamentarischen System. Die Schriftform garantiert die langfristige Gültigkeit und spätere Nachvollziehbarkeit der Beschlüsse; außerdem erlaubt sie eine dauerhafte Aufbewahrung. Die Landtage des Spätmittelalters und der Frühen Neuzeit sind handschriftlich überliefert. Seit der ersten Ständeversammlung liegen gedruckte Protokolle vor. Neuerdings werden die Drucksachen des Bayerischen Landtags auch in digitaler Form publiziert.
Präsentiert werden handschriftliche Bände der Landtagshandlungen der Neuburger Landschaft aus dem Jahr 1567 (aufgeschlagen) und der bayerischen Landtagshandlungen vom Landtag in Landshut 1557 (geschlossen), außerdem gedruckte Landtagsverhandlungen der Ständeversammlung des Königreichs Bayern von 1819 und Veröffentlichungen des Bayerischen Landtags in digitaler Form aus dem Jahr 2004.

a) Gebundene Landtagshandlungen, Pap.
Bayerisches Hauptstaatsarchiv, Neuburger Landschaft Lit. 15 und Altbayerische Landschaft Lit. 551.

b) Gedruckte Bände.
Bayerisches Hauptstaatsarchiv, Amtsbücherei.

c) CD-ROMs.
Bayerisches Hauptstaatsarchiv, Amtsbücherei.

4. Territorium und Kreiseinteilung Bayerns seit dem ausgehenden 18. Jahrhundert

Von Till Strobel

Das Herzogtum/Kurfürstentum Bayern vor 1800

Mit der Vereinigung von Ober- und Niederbayern bildete sich 1505 die Grundstruktur des Herzogtums (ab 1623 Kurfürstentums) Bayern bis zum Ende des Alten Reichs heraus. Im 30-jährigen Krieg gewann es die Oberpfalz, verlor dagegen 1778 das Innviertel. Nach dem Aussterben der Münchner Linie vereinigte Karl Theodor von der Pfalz 1777 erstmals seit 1329 alle wittelsbachischen Länder mit Ausnahme von Zweibrücken. Sein Nachfolger Max IV. Joseph aus der Linie Pfalz-Zweibrücken übernahm 1799 den wittelsbachischen Gesamtbesitz.
Seit der Vereinigung von Ober- und Niederbayern hatte es im Herzogtum/Kurfürstentum Bayern vier Mittelbehörden gegeben, die Rentämter München, Burghausen, Landshut und Straubing; 1623/28 war Amberg dazu gekommen. Teilweise lässt sich der Zuschnitt der Rentämter auf die spätmittelalterlichen Teilherzogtümer zurückführen.[1]
Im Gegensatz zu Kurbayern dominierten in Franken und Schwaben in der Zeit des Alten Reichs kleine Territorien, Reichsstädte und die Besitzungen der Reichsritter (vgl. Kat.Nr. 4.3).

1 Dieter Albrecht, Staat und Gesellschaft. Zweiter Teil: 1500–1745. In: Spindler II, S. 625–663, hier S. 651–652. – Reinhard Heydenreuter (Bearb.), Recht, Verfassung und Verwaltung in Bayern 1505–1946 (Ausstellungskataloge der staatlichen Archive Bayerns 13), München 1981, S. 88.

Äußere Entwicklung und Provinzeinteilung Bayerns 1800–1808

Territoriale Veränderungen Bayerns bis 1808

Im Napoleonischen Zeitalter erfuhr Bayern erhebliche territoriale Veränderungen. Durch den Frieden von Lunéville (9. Februar 1801) fielen seine linksrheinischen Besitzungen (Teile der Kurpfalz, Zweibrücken, Jülich) an Frankreich. Dafür wurde es nach dem Reichsdeputationshauptschluss (1803) mit vier Hochstiften (Bamberg, Würzburg, Augsburg und Freising; außerdem Teile von Eichstätt und Passau), 13 Reichsabteien und 15 Reichsstädten (u.a. Dinkelsbühl, Weißenburg und Ulm) entschädigt.[2]
Im Vertrag von Brünn (10. Dezember 1805) erhielt Bayern von Napoleon unter anderem die Markgrafschaft Burgau, die Reichsstädte Augsburg und Lindau, die Reste von Eichstätt und Passau sowie das Markgraftum Ansbach im Tausch gegen das Herzogtum Berg (Düsseldorf). Ferner tauschte Bayern das ehemalige Hochstift Würzburg gegen Tirol, Brixen und Trient. Im Jahr 1806 erwarb Bayern nach dem Beitritt zum Rheinbund schließlich die Besitzungen der fränkischen und schwäbischen Reichsritterschaft und der noch verbliebenen kleineren Fürstentümer.[3]
Innerhalb eines Jahrzehnts hatte Bayern sein Gebiet durch den Erwerb einer Vielzahl einst reichsunmittelbarer Territorien (vgl. Kat.Nr. 4.3) erheblich vergrößern können. Damit stand es jedoch zugleich vor der Herausforderung, wie das heterogene Gebilde künftig verwaltet werden sollte.

2 Eberhard Weis, Die Begründung des modernen bayerischen Staates und König Max I. (1799–1825). In: Spindler IV/1, S. 4–126, hier S. 17.
3 Weis (wie Anm. 2) S. 23–27.

Einteilung in Provinzen

In Kurbayern waren 1799 die drei Provinzen Baiern, Oberpfalz und Neuburg mit Landesdirektionen an der Spitze eingerichtet worden.[4] Dieses Konzept wurde nach 1803 auf die neu erworbenen Gebiete ausgedehnt, die nicht mit dem Bestehenden vereinigt wurden, sondern eigene Provinzen bildeten. Eine Ausnahme stellte lediglich Vorarlberg dar, das von Tirol abgetrennt wurde und Teil der Provinz Schwaben wurde.[5] Da die Provinzeinteilung auf die historischen Grenzen Rücksicht nahm, waren die Provinzen von sehr unterschiedlicher Größe (vgl. Kat.Nr. 4.4).[6]

Durch äußere Ereignisse änderte sich die Zahl der Provinzen mehrfach. Zuletzt bestand Bayern aus den sieben Provinzen Baiern, Oberpfalz, Schwaben, Bamberg, Neuburg, Ansbach und Tirol (vgl. Kat.Nr. 4.4).[7]

Die Kreiseinteilung von 1808 und ihre Vorgeschichte

Obwohl die Einteilung in Provinzen bis 1808 Bestand hatte, wurde bereits zwei Jahre nach Regierungsantritt Max IV. Josephs im Staatsrat erstmals die Einrichtung von Kreisämtern – und damit die Einteilung des Kurfürstentums in Kreise – diskutiert. Am 16. Juli 1801 nahm Justizminister Friedrich von Hertling gegenüber dem Finanzministerium zur Einrichtung mittlerer Verwaltungsbehörden Stellung.[8] Am 28. September wurde im Staatsrat der Entwurf des Justizreferendärs Franz Joseph von Stichaner[9] vorgestellt (vgl. Kat.Nr. 4.5). Dieser sah 14 Kreise vor, die zwischen 19,5 und 61 Quadratmeilen (1074 bis 3359 km^2) und 55.665 bis 106.922 Einwohner umfassen sollten. Die Kreise sollten aus drei bis sechs Landgerichten bestehen und nach dem jeweiligen Hauptort (z.B. München, Dachau, Burghausen oder Cham) benannt werden.[10] Von Stichaners Entwurf zeigt, dass bereits vor den nach 1803 erfolgten Gebietszuwächsen in Franken und Schwaben über eine Neueinteilung des Landes nachgedacht wurde. Bedingt durch den geringeren Umfang Bayerns im Jahr 1801 waren die Kreise vergleichsweise klein.

Die nächsten Spuren für die Arbeit an einer Kreiseinteilung finden sich erst im Februar 1807: Johann Adam Freiherr von Aretin (1769–1822)[11] legte einen „Vorschlag über Administration und Eintheilung des Königreichs“ vor (vgl. Kat.Nr. 4.6).[12] Er sah die Gliederung in vier Teile vor: Nord-, Ost-, West- und Südbaiern mit den Hauptstädten Nürnberg, München, Augsburg und Innsbruck. Diese sollten aus jeweils drei bzw. vier Bezirken bestehen, die nach Flüssen benannt werden sollten. Eine den Plan illustrierende Karte der 14 Bezirke hat sich nicht erhalten, doch der Beschreibung lassen sich Aretins Grundüberlegungen entnehmen. Das entscheidende Kriterium scheint für ihn eine möglichst gleichmäßige Bevölkerungszahl gewesen zu sein. Für Landgerichte sah er 10.000–20.000, für Bezirke 200.000–270.000 und für Landesteile 700.000–1.000.000 Einwohner vor. Da sein Konzept keine Flächenangaben enthält, dürfte die Größe eine untergeordnete Rolle gespielt haben. Aretins Bezirke setzten sich jeweils aus unterschiedlichen ehemaligen Territorien zusammen. So umfasste der Bezirk „Untere Donau“ unter anderem Landgerichte, die früher zu Kurbayern (Ingolstadt, Riedenburg), den Hochstiften Eichstätt (Eichstätt, Beilngries) und Augsburg (Dillingen), der Grafschaft Oettingen (Oettingen, Wallerstein, Harburg)

4 Volkert, Handbuch, S. 35–36. Für Baiern: Generallandesdirektion, seit 1803 Landesdirektion von Bayern.

5 Anton Bundsmann, Die Entwicklung der politischen Verwaltung in Tirol und Vorarlberg seit Maria Theresia bis 1918, Dornbirn 1961, S. 97.

6 Dokumente zur Geschichte von Staat und Gesellschaft III/3, S. 107–108. – Knemeyer, S. 117.

7 Darstellung der Entwicklung zwischen 1799 und 1808: Montgelas-Denkwürdigkeiten, S. 27–28.

8 BayHStA, MInn 34580, fol. 12–22, gedruckt in: Schimke, Regierungsakten, S. 341–345.

9 Zu Stichaner: AK Bayern entsteht, S. 137.

10 BayHStA, MInn 34580, fol. 59–62.

11 Zu Aretin: ADB Bd. 1, S. 517–518. – NDB Bd. 1, S. 347–348. – AK Bayern entsteht, S. 131.

12 BayHStA, NL Montgelas 170.

gehört hatten sowie das Gebiet der Reichsstadt Nördlingen und die Grafschaft Pappenheim.
Der Hauptunterschied zu dem, was gut ein Jahr später beschlossen wurde, ist die zusätzliche Ebene der Landesteile. Zahl und Zusammensetzung der Kreise wichen ebenfalls von den 1808 verwirklichten ab. Doch auf der anderen Seite war bereits eine Festlegung auf Flussnamen erfolgt, die überwiegend auch verwendet wurden: 12 der 15 Kreisnamen des Jahres 1808 stimmen mit denen von Aretin überein, nur der Regen-, Altmühl- und Illerkreis waren von ihm nicht vorgesehen worden. Darüber hinaus ähneln einige der Bezirke bereits stark in ihrem Umfang den Kreisen des Jahres 1808.[13]
Noch im Jahr 1808 scheint die Zahl der geplanten Kreise schwankend gewesen zu sein. Im Entwurf einer Konstitution vom 13. Februar 1808 heißt es im Ersten Titel, § IV „das ganze Königreich solle in sechszehen möglichst gleiche Kreiße getheilet werden."[14] Dagegen wurde in der knapp drei Monate später erlassenen Konstitution deren Zahl offen gelassen. Diese legt im Ersten Titel, § IV nur fest: „Ohne Rücksicht auf die bis daher bestandene Eintheilung in Provinzen, wird das ganze Königreich in möglichst gleiche Kreise, und, so viel thunlich, nach natürlichen Gränzen getheilt."[15] Sie machte damit Grundvorgaben, überließ die konkrete Einteilung aber späteren Ausführungsbestimmungen.
Die endgültige Entscheidung wurde in der „Verordnung die Territorial-Eintheilung des Königreichs Baiern betr." vom 21. Juni 1808 (vgl. Kat.Nr. 4.1a) bekannt gegeben.[16] Bayern wurde in 15 nach Flüssen (Main, Pegnitz, Naab, Rezat, Altmühl, Oberdonau, Lech, Regen, Unterdonau, Isar, Salzach, Iller, Inn, Eisack und Etsch) bezeichnete Kreise eingeteilt. Durch die Kreiseinteilung sollten die „Unterthanen aller Theile des Reiches mit dem wohltätigen Bande eines gemeinschaftlichen Vaterlandes" umfasst werden. Um dieses Ziel zu erreichen und die „Vortheile näher gelegner Administrations-Behörden" zu erhalten, sollten „Bezirke, welche durch gleichere Sitten und die Gewohnheit langer Jahre, oder durch die von der Natur selbst bezeichnete Lage näher mit einander verbunden sind, in ihrer engeren Vereinigung" belassen werden. Damit weichen die Bestimmungen der Verordnung von dem eher theoretischen Konzept in der Konstitution ab, das Montgelas rückblickend in seinem Compte rendu wiederholt: „Le 21 juin 1808 V(otre) M(ajesté) ... divisa le royaume en quinze cercles suivant les proportions géographiques et statistiques les plus exactes possibles."[17]
Tatsächlich dürften weitere Faktoren ebenfalls eine Rolle gespielt haben. Anders lässt sich nicht erklären, dass der Pegnitzkreis nur ein Viertel der Fläche des Innkreises und halb so viele Einwohner wie der Isarkreis hatte (vgl. Kat.Nr. 4.1a). Auch lagen die Hauptstädte, wie aus einer im Sommer 1808 entstandenen Karte (vgl. Kat.Nr. 4.1b) zu ersehen ist, meist nicht im Zentrum ihres Kreises.[18] Als historisches Vorbild für die Kreiseinteilung in Bayern wird immer wieder die französische Departementaleinteilung von 1790 angeführt; diese hatte an Stelle der historischen Provinzen 83 weitgehend nach Flüssen benannte Departements geschaffen.[19]

13 Dies gilt insbesondere für den Main-, Naab- und Salzachkreis, dagegen fanden in Schwaben noch erhebliche Veränderungen statt.

14 BayHStA, StR 8: Protokoll der königlichen geheimen Staats-Conferenz vom 13. Februar 1808; abgedruckt in: Michael Doeberl, Rheinbundverfassung und bayerische Konstitution (Sitzungsberichte der Bayerischen Akademie der Wissenschaften. Philosophisch-philologische und historische Klasse, Jg. 1924, 5. Abhandlung), München 1924, S. 88–92. – Sowie: Manfred Treml (Hrsg.), Geschichte des modernen Bayern. Königreich und Freistaat, 2. Aufl., München 2000, S. 125–126.

15 RBl 1808, 985: Konstitution für das Königreich Baiern vom 1. Mai 1808.

16 RBl 1808, 1481, abgedruckt in: Dokumente zur Geschichte von Staat und Gesellschaft III/3, S. 118–120.

17 Montgelas-Denkwürdigkeiten, S. 28.

18 An der Entstehung der Karte war Johann Adam Freiherr von Aretin beteiligt, der seiner Frau am 1. August 1808 von der Fertigstellung der „ersten Abdrücke von der kleinen Karte Bayerns" berichtete (freundliche Mitteilung von Prof. Dr. Karl Otmar von Aretin vom 28. 12. 2007).

19 So z.B. bei Weis (wie Anm. 2) S. 73. In der Einschätzung unterschiedlich: Volkert, Die bayerischen Kreise, S. 309, spricht von einer

Die Zusammensetzung der Kreise bedeutete vielfach eine Abkehr von den historischen Strukturen. So umfasste der Lechkreis altbayerische und schwäbische Gebiete, der Altmühlkreis gar altbayerische, Oberpfälzer, pfalz-neuburgische, eichstättische, ansbachische und ritterschaftliche Gebiete sowie die Reichsstadt Weißenburg und Besitzungen des Deutschen Ordens.[20]

Territoriale Neugliederung 1810
Territoriale Veränderungen 1808–1810

Die Jahre nach Inkrafttreten der Konstitution waren von erheblichen territorialen Veränderungen des Königreichs Bayern geprägt.[21] Durch den Pariser Vertrag (28. Februar 1810) erhielt es mit Salzburg, Berchtesgaden, dem Innviertel und Teilen des Hausruckviertels nicht nur österreichische Gebiete, sondern auch Bayreuth und Regensburg. Dagegen verlor es seine südlichen Landesteile (den Etsch- und Teile des Eisackkreises) an das napoleonische Italien.[22] Zusätzlich trat Bayern an seiner Westgrenze gelegene Gebiete an Württemberg (u.a. Ulm) und das Großherzogtum Würzburg ab.

Kreiseinteilung 1810

Diese von außen erzwungenen territorialen Veränderungen Bayerns machten eine Neueinteilung der Kreise unumgänglich. Die damit verbundenen Planungen (vgl. Kat.Nr. 4.7) sind weitaus besser dokumentiert als die der zwei Jahre zuvor erfolgten erstmaligen Kreiseinteilung. Johann Adam von Aretin machte am 26. Juni 1810 deutlich, dass die Gebietserwerbungen und -abtretungen eine Abänderung des Bestehenden erforderlich machten. Dabei fasste er zwei Möglichkeiten ins Auge: Entweder eine Veränderung des „bisherigen Typus" oder nur eine Anpassung an die Grenzveränderungen.[23] Zur Entscheidungsfindung hatte das Ministerium des Äußeren mehrere Varianten mit zwischen 9 und 15 Kreisen entworfen und jeweils kartographisch festgehalten.[24]

In Abhängigkeit von der anvisierten Zahl der Kreise weisen die Entwürfe eine unterschiedlich starke Radikalität auf. Ausgehend von einem Kern von 9 Kreisen (Main-, Rezat-, Naab-, Regen-, Donau-, Lech-, Isar-, Inn- und Salzachkreis) wurde bei jedem Entwurf ein Kreis hinzugefügt (z.B. durch Teilung des Salzachkreises in einen Salzach- und einen Atterkreis oder die Errichtung eines im Wesentlichen aus den Bayreuther Erwerbungen bestehenden Fichtelkreises (vgl. Kat.Nr. 4.7).

Doch die Vorgehensweise war keinesfalls unumstritten. So wandte sich namens des Finanzministeriums Franz von Krenner am 1. August 1810 gegen eine Veränderung ohne hinlängliche Vorbereitungen. Die „Kreiseintheilung vom J. 1808" sei „nicht so schlecht, daß nach einzigen 2 Jahren ein allgemeines Bouleversement absolute nothwendig geworden ist." Nicht zuletzt aus finanziellen Überlegungen schlug Krenner vor, die Reste von Kreisen, die den größten Teil ihres Territoriums verloren hatten, sowie die Neuerwerbungen anderen Kreisen zuzuordnen.[25]

systematischen Zerstörung der gewachsenen Landeseinteilung in Frankreich. Dagegen sieht Weis, Montgelas Bd. 2, S. 518, grundsätzliche Unterschiede zwischen Bayern und Frankreich, da in Frankreich Rücksicht auf historische Provinzen genommen worden sei. Er nimmt Bezug auf Jacques Godechot, Les Institutions de la France sous la Révolution et L´Empire, Paris 1968, S. 98: Demnach sei die Einteilung 1790 nicht „comme l'a dit souvent une œuvre arbitraire", sondern „un compromis habile entre les nécessités d'une administration moderne et les donées de la géographie et de l'historie" gewesen.

20 Vgl. Volkert, Die bayerischen Kreise, S. 311–312.

21 Siehe Weis (wie Anm. 2) S. 36.

22 Zu konzeptionellen Überlegungen über die Folgen der Abtretung siehe BayHStA, MA 6180.

23 BayHStA, MInn 65515: Antrag die Territorial Eintheilung des Königreichs betreffend vom 26. Juni 1810.

24 BayHStA, MInn KuPl 10, 11, 12, 13, 14, 15, 16, 17, 18 und 19. Auf der Grundlage der Karte des Jahres 1808 (vgl. Kat.Nr. 4.1b) wurden die neukonzipierten Kreise eingezeichnet.

25 BayHStA, MInn 65515: Votum über die neue Kreiseinteilung vom 1. August 1810.

Schließlich wurde am 23. September 1810 eine Neuordnung der Kreise verkündet.[26] Neben den „theils durch Abtretungen, theils durch Zuwachs" eingetretenen Grenzveränderungen des Königreichs wurde sie mit dem Ziel der Verwaltungsvereinfachung begründet. Da nicht nur der Eisack- und Etschkreis wegfielen, sondern auch der Naab-, Pegnitz-, Altmühl- und Lechkreis aufgelöst und mit anderen Kreisen vereinigt wurden, bestand Bayern nur noch aus neun Kreisen (vgl. Kat.Nr. 4.8). Somit hatte sich – wenn auch mit Veränderungen – der Vorschlag durchgesetzt, der die geringste Zahl an Kreisen vorgesehen hatte.

Abschluss des napoleonischen Zeitalters Territoriale Veränderungen bis zum Ende des Wiener Kongresses

Die Zeit territorialer Umwälzungen hatte 1810 noch nicht ihren Endpunkt erreicht. Im Vertrag von Paris (3. Juni 1814) erhielt Bayern Würzburg und Aschaffenburg, trat dafür Tirol und Vorarlberg ab. Zu einem endgültigen Gebietsausgleich mit Österreich führte der Münchner Vertrag vom 14. April 1816. Mit Ausnahme von vier links von Salzach und Saalach gelegenen Ämtern fiel Salzburg an Österreich, das darüber hinaus auch das Inn- und Hausruckviertel erhielt.[27] Die wichtigste bayerische Erwerbung war ein größeres Gebiet am Rhein. Dieses war nicht mit der Anfang des Jahrhunderts verlorenen Kurpfalz identisch, sondern bestand aus 43 früheren Reichsständen, die allerdings zu 60 % wittelsbachisch gewesen waren.[28]

Die Kreiseinteilung des Jahres 1817

Es war nur konsequent, dass Bayern auf die neue territoriale Situation reagierte und im Jahr 1817 einen Neuzuschnitt der Kreise vornahm. Seit 1810 waren immerhin zwei Kreise (Inn- und Salzachkreis) weggefallen, dafür waren am Rhein und am Main neue Gebiete hinzugekommen. Wie in den Jahren zuvor wurden mehrere Alternativen diskutiert. Die Rahmenbedingungen waren vom König in der Verordnung vom 2. Februar 1817 festgelegt worden: „Das Königreich soll in acht Kreise mit Einschluß des Landes am Rhein, und mit Einverleibung der LocalKommissariate[29] eingetheilt werden."[30] Die endgültige Entscheidung fiel in der Staatsratssitzung vom 15. Februar 1817. In ihr stellte Johann Adam von Aretin zwei Konzepte vor, zu denen Innen- und Außenministerium Stellungnahmen verfasst hatten. Dem Innenministerium war eine gleichmäßige Bevölkerungsverteilung besonders wichtig. Bei insgesamt 3,56 Millionen Einwohnern kamen auf jeden der acht Kreise im Schnitt 445.111 Einwohner, weshalb eine Höchstzahl von 500.000 Einwohnern nicht überschritten werden sollte. Ausgehend vom Isarkreis wurde vom Staatsrat nacheinander die Zusammensetzung aller Kreise durchgesprochen. Als besondere Knackpunkte erwiesen sich die Zugehörigkeit Mühldorfs (Isar- oder Unterdonaukreis), Waldmünchens, Chams und Kötztings (Regen- oder Unterdonaukreis). Lange diskutiert wurde die Kreiszugehörigkeit von Aichach, Friedberg und Schrobenhausen. Schließlich wurden sie dem Oberdonaukreis zugesprochen, um „dem Kreise selbst in der Mitte mehr Rundung [zu] geben." Damit seine Bevölkerungszahl dadurch nicht zu groß wurde, musste der Oberdonaukreis einige Landgerichte an den Rezatkreis abtreten.[31] Da für zwei Kreise die „Donau als Hauptstrom" anzusehen sei, einigte man sich auf die

26 RBl 1810, 809: Die Territorial-Eintheilung des Königreichs betreffend (26. September 1810).

27 Weis (wie Anm. 2) S. 96–97.

28 Weis (wie Anm. 2) S. 98–99.

29 1810 hatten die Städte Nürnberg und Augsburg eigene Kommissäre erhalten. Vgl. RBl 1810, 809: Die Territorial-Eintheilung des Königreichs betreffend (26. September 1810). Dadurch sollte wohl ein Ausgleich dafür geschaffen werden, dass sie ihren Status als Sitz von Generalkreiskommissariaten verloren hatten.

30 RBl 1817, 49: Verordnung die Bildung und Einrichtung der obersten Stellen des Staats betreffend (2. Februar 1817).

31 Den infolge dieser Entscheidung erreichten Umfang des Rezatkreises zeigt Kat.Nr. 4.2. Die Karte illustriert zugleich den Aufbau der Kreise auf der Grundlage der Land- und Herrschaftsgerichte.

Bezeichnung Oberdonau- (statt Donaukreis) und Unterdonau- (statt Lechkreis). Außerdem herrschten unterschiedliche Ansichten in der Frage, ob Eichstätt oder Augsburg Hauptstadt des Oberdonaukreises werden sollte (vgl. Kat.Nr. 4.9).[32]

Die Entwicklung von 1817 bis zur Gegenwart Umbenennung und Neueinteilung durch König Ludwig I.

Ihre heutigen Namen verdanken die bayerischen Regierungsbezirke dem Geschichtsbewusstsein König Ludwigs I. Nachdem er sich mindestens seit 1834 über die Kreise und ihre Namen Gedanken gemacht hatte, verfügte er im November 1837 eine Umbenennung und Neuaufteilung der Kreise.[33] Ludwig begründete sein Vorgehen damit, dass im Königreich Bayern „mehrere der edelsten teutschen Volksstämme vereiniget" seien. Ziel sei es, „die alten, geschichtlich geheiligten Marken der Uns untergebenen Lande möglichst wieder herzustellen."[34]
Ab dem 1. Januar 1838 gab es folgende Kreise (vgl. Kat. Nr. 4.10a): Oberbayern (früher Isarkreis), Niederbayern (Unterdonaukreis), Pfalz (Rheinkreis), Oberfranken (Obermainkreis), Mittelfranken (Rezatkreis); drei Kreise erhielten zusammengesetzte Namen, um auf die in ihnen vereinigten unterschiedlichen territorialen Traditionen hinzuweisen: Oberpfalz und Regensburg, Unterfranken und Aschaffenburg, Schwaben und Neuburg. Vom geschichtlichen Denken des Königs wurden nicht nur die Namen, sondern auch der Zuschnitt der Kreise beeinflusst. So kamen Ingolstadt, Schrobenhausen, Aichach und Friedberg nach Oberbayern, Eichstätt und Kipfenberg nach Mittelfranken sowie Monheim nach Schwaben. Auf die historische Komponente verweisen in der Planungsphase von Innenminister Ludwig Fürst zu Oettingen-Wallerstein gezeichnete Karten, die zeigen, wie sehr sich die Kreiseinteilung Mitte der 30er Jahre von der – allerdings idealisierten – Situation zum Ende des Alten Reichs entfernt hatte.[35]

Veränderungen im 20. Jahrhundert

Die von König Ludwig I. festgelegte Einteilung der Kreise (seit 1938 Regierungsbezirke), die eine drei Jahrzehnte dauernde Entwicklung zu einem Abschluss brachte, hatte bis ins 20. Jahrhundert Bestand. Im Zuge von Sparmaßnahmen wurden 1932 Niederbayern und die Oberpfalz vereinigt, 1933 Mittelfranken und Oberfranken.[36] Die Verfassung von 1946 legte eine Gliederung Bayerns in Kreise (Regierungsbezirke) (Art. 9) fest und machte die Zusammenlegungen der 1930er Jahre rückgängig (Art. 185). Allerdings kam die Pfalz nach 1945 nicht mehr zu Bayern (ein entsprechendes Volksbegehren scheiterte im April 1956) und blieb Teil des neuen Bundeslandes Rheinland-Pfalz. Erst die Gebietsreform des Jahres 1972 führte zu einer Veränderung des Zuschnitts der Regierungsbezirke. Obwohl einige Landkreise (z.B. Höchstadt, Eichstätt, Neuburg oder Aichach) zu einem anderen Regierungsbezirk kamen, blieben die im 19. Jahrhundert entwickelten Strukturen im Wesentlichen bestehen.

Entwicklungslinien der Territorialeinteilung Bayerns

In der ersten Hälfte des 19. Jahrhunderts wirkten zwei Momente auf die Kreiseinteilung ein. Zum einen die ter-

32 BayHStA, StR 389: Protokoll über die Staatsratssitzung vom 15. Februar 1817.

33 Ausführlich mit der Vorgeschichte der Entscheidung Ludwigs I. hat sich Volkert, Die bayerischen Kreise, S. 314–323, befasst. Aus diesem Grund soll hier nur knapp auf die wichtigsten Ergebnisse eingegangen werden. – Siehe auch: Hans-Michael Körner, Staat und Geschichte in Bayern im 19. Jahrhundert (Schriftenreihe zur Bayerischen Landesgeschichte 96), München 1992, S. 106.

34 RBl 1837, 793: Königliche allerhöchste Verordnung die Eintheilung des Königreichs Bayern betreffend (29. November 1837).

35 Vgl. Volkert, Die bayerischen Kreise, S. 316–317; die Karten: Bay HStA, Geheimes Hausarchiv, NL Ludwig I., I–XVI Nr. 398. Die Idealisierung früherer Verhältnisse zeigt sich vor allem in der „Charte vom Königreich Bayern nach der Territorial-Eintheilung zur Zeit des teutschen Reiches", die einige Entwicklungen nach 1806 in die Zeit des Alten Reichs projiziert.

36 Volkert, Handbuch, S. 39.

ritorialen Veränderungen im Napoleonischen Zeitalter und zum anderen der Wunsch nach besseren Verwaltungsstrukturen, die zugleich identitätsstiftend wirken sollten: Erst sollten sich alle Untertanen des Königreichs als Bayern fühlen, ab 1838 zugleich auch beispielsweise als Oberbayer, Mittelfranke oder Schwabe.

Eine auffällige Entwicklung zwischen 1808 und 1838 ist die schrittweise Reduzierung der Zahl der Kreise von 15 auf acht; dadurch wurden sie im Durchschnitt größer. Für 30 Jahre waren die Kreise konsequent nach Flüssen bezeichnet worden. Bei der Neueinteilung geplante, aber nicht verwirklichte Kreisnamen bestätigen dies, sieht man von den Ausnahmen Fichtel- und Atterkreis ab. Erst König Ludwig I. sorgte für eine Abkehr von den Flussnamen. Damit unterscheidet sich Bayern vom ursprünglichen Vorbild Frankreich, wo die in der Revolutionszeit entstandenen Departements ohne Änderung ihrer Benennung bis heute fortbestehen.

Bayern weist in der ersten Hälfte des 19. Jahrhunderts viele Übereinstimmungen mit der Entwicklung in anderen süddeutschen Staaten auf. So wurden in Baden die Provinzen 1808 durch zehn nach zweckrationalen Gesichtspunkten eingerichtete Kreise ersetzt, die überwiegend nach Flüssen benannt wurden. Bis 1832 wurde die Zahl der badischen Kreise schrittweise auf vier reduziert. In Württemberg waren 1806 zwölf Kreise mit durchschnittlich 100.000 Bewohnern geschaffen worden, die sich über die alten Strukturen hinwegsetzten und naturräumliche Namen trugen. 1817 wurde die Zahl der Kreise auf vier (Neckar, Jagst, Schwarzwald und Donau) reduziert.[37]

Die in zwei Schritten vorgenommene Verringerung der Zahl der bayerischen Kreise führte zu teilweise erheblichen Veränderungen in ihrer Zusammensetzung. Während fast die Hälfte der ursprünglichen Kreise aufgelöst wurden bzw. wie der Etschkreis für Bayern verloren gingen, weisen andere Kreise eine beachtliche Kontinuität auf. So wuchs der 1808 geschaffene Isarkreis stetig und kann als direkter Vorgänger des heutigen Regierungsbezirks Oberbayern betrachtet werden.[38]

In einigen Fällen veränderte sich das Gebiet der Kreise erheblich. Ein besonders auffälliges Beispiel hierfür ist der Oberdonaukreis, der zwar von 1808 bis 1837 existierte, sich aber zunächst deutlich nach Nordosten verschob, um schließlich den Südwesten Bayerns zu umfassen. Lediglich fünf Landgerichte (Burgau, Dillingen, Höchstädt, Lauingen und Wertingen) gehörten stets zum Oberdonaukreis. In dieses Bild passt auch, dass er mit jeder Veränderung der Kreiseinteilung eine neue Hauptstadt erhielt: erst Ulm (1808–1810), dann Eichstätt (1810–1817) und schließlich Augsburg (seit 1817).

Aus der Perspektive der Landgerichte fielen die Veränderungen sehr unterschiedlich aus. Ein beachtlicher Teil der Landgerichte (z.B. um München, aber auch in Unterfranken oder der gesamte ursprüngliche Unterdonaukreis) wechselte nie seine Kreiszugehörigkeit. Auf der anderen Seite gab es einige Gegenden Bayerns, in denen die Zuordnung keinesfalls eindeutig war. Immerhin neun Landgerichte (Hilpoltstein, Beilngries, Kipfenberg, Eichstätt, Ingolstadt, Monheim, Schrobenhausen, Aichach und Friedberg) wechselten bei jeder Veränderung zwischen 1808 und 1838 ihre Zugehörigkeit. Hierbei mögen unterschiedliche Gründe eine Rolle gespielt haben, doch es fällt auf, dass diese Landgerichte überwiegend in der Mitte Bayerns bzw. an den Grenzlinien zwischen Altbayern und Franken bzw. Schwaben liegen. Interessanterweise setzte sich diese Entwicklung vielfach im 20. Jahrhundert fort – Eichstätt kam 1972 von Mittelfranken zu Oberbayern, Aichach von Oberbayern zu Schwaben und Neuburg von Schwaben zu Oberbayern.

[37] Knemeyer, S. 141–144, 154–156. – Hansmartin Schwarzmeier – Meinrad Schaab (Hrsg.), Handbuch der baden-württembergischen Geschichte. Bd. 3: Vom Ende des Alten Reiches bis zum Ende der Monarchien, Stuttgart 1992, S. 44–46, 274.

[38] Zu Oberbayern siehe: Rainer Braun, Oberbayern was ist das? In: Die Regierungspräsidenten von Oberbayern im 19. und 20. Jahrhundert, hrsg. im Auftrag von Regierungspräsident Werner-Hans Böhm durch Stephan Deutinger, Karl-Ulrich Gelberg und Michael Stephan, München 2005, S. 15–29.

4.1 Einteilung Bayerns in 15 Kreise im Jahr 1808

a) 1808 Juni 21, München
„Allerhöchste Verordnung die Territorial Eintheilung des Königreichs Baiern betreffend".

b) 1808, München
Karte Bayerns.

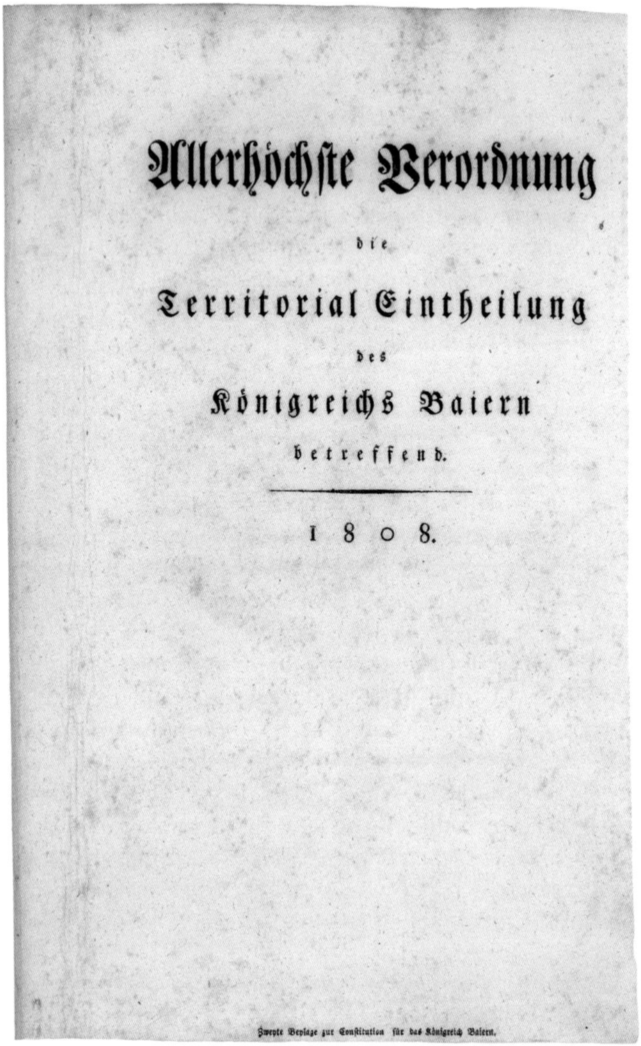

Allerhöchste Verordnung

die

Territorial Eintheilung

des

Königreichs Baiern

betreffend.

1808.

Zweyte Beylage zur Constitution für das Königreich Baiern.

4.1a (S. 1)

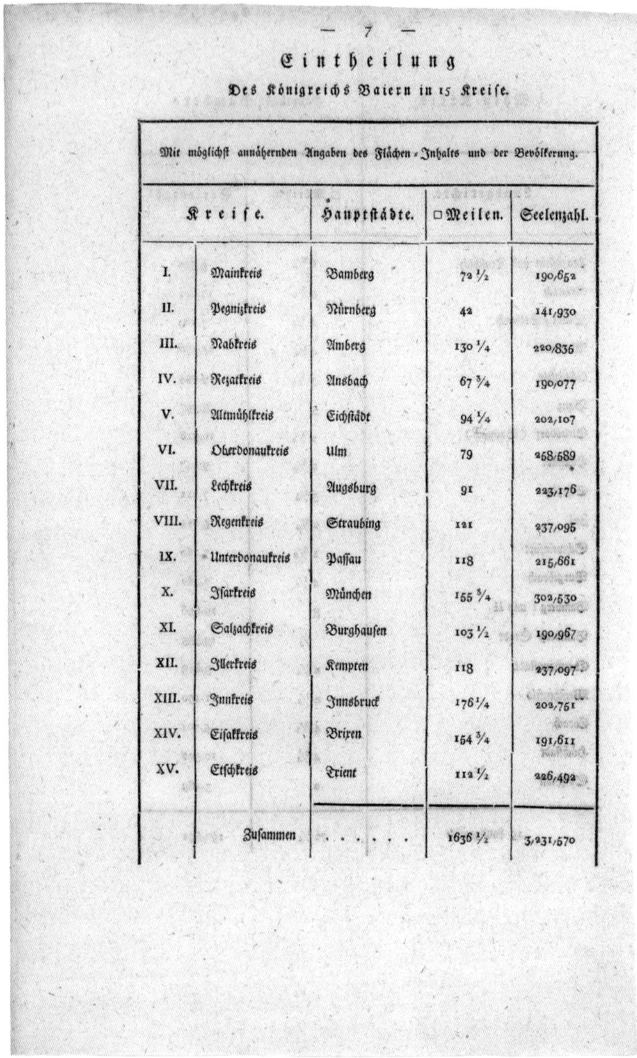

— 7 —

Eintheilung

des Königreichs Baiern in 15 Kreise.

Mit möglichst annähernden Angaben des Flächen-Inhalts und der Bevölkerung.

Kreise.		Hauptstädte.	□ Meilen.	Seelenzahl.
I.	Mainkreis	Bamberg	72 ½	190,652
II.	Pegnizkreis	Nürnberg	42	141,930
III.	Nabkreis	Amberg	130 ¼	220,836
IV.	Rezatkreis	Ansbach	67 ¾	190,077
V.	Altmühlkreis	Eichstädt	94 ¼	202,107
VI.	Oberdonaukreis	Ulm	79	258,689
VII.	Lechkreis	Augsburg	91	223,176
VIII.	Regenkreis	Straubing	121	237,095
IX.	Unterdonaukreis	Passau	118	215,661
X.	Isarkreis	München	155 ¾	302,530
XI.	Salzachkreis	Burghausen	103 ½	190,967
XII.	Illerkreis	Kempten	118	237,097
XIII.	Innkreis	Innsbruck	176 ¼	202,761
XIV.	Eisakkreis	Brixen	154 ¾	191,611
XV.	Etschkreis	Trient	112 ½	226,492
	Zusammen	. . . . . .	1636 ½	3,231,570

4.1a (S. 7)

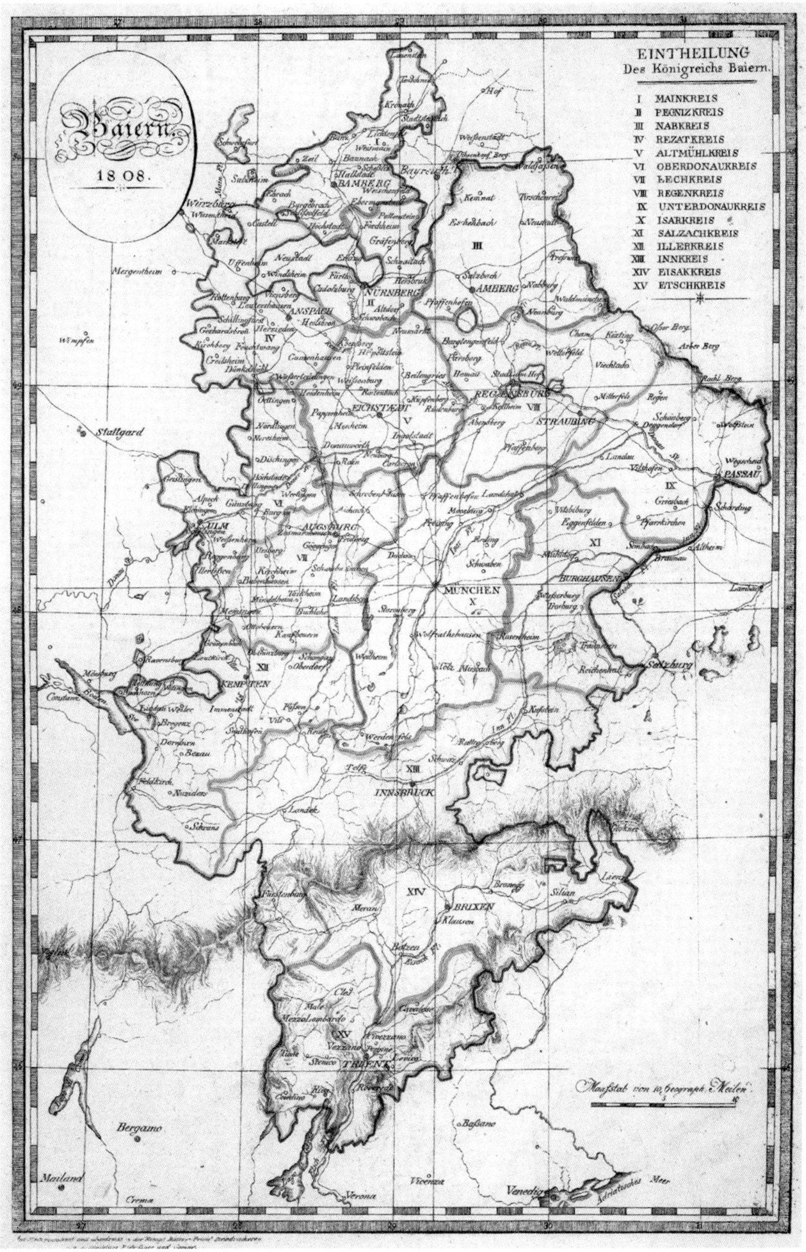
Baiern.
1808.
EINTHEILUNG
Des Königreichs Baiern.
I MAINKREIS
II PEGNIZKREIS
III NABKREIS
IV REZATKREIS
V ALTMÜHLKREIS
VI OBERDONAUKREIS
VII LECHKREIS
VIII REGENKREIS
IX UNTERDONAUKREIS
X ISARKREIS
XI SALZACHKREIS
XII ILLERKREIS
XIII INNKREIS
XIV EISAKKREIS
XV ETSCHKREIS
BAMBERG
NÜRNBERG
AMBERG
ANSPACH
REGENSBURG
STRAUBING
PASSAU
AUGSBURG
ULM
MÜNCHEN
BURGHAUSEN
KEMPTEN
INNSBRUCK
BRIXEN
TRIENT
Stuttgard
Bergamo
Mailand
Verona
Vicenza
Venedig
Adriatisches Meer

4.1b

Die von Alois Senefelder gedruckte Karte, „vermutlich die älteste im so genannten ‚Flachdruck' hergestellte Karte der Welt" (Kupčík), zeigt die im Juni 1808 von König Max I. Joseph verkündete Kreiseinteilung des Königreichs Bayern. Dabei nahm er auf die sieben Wochen zuvor erlassene Konstitution Bezug, die vorgesehen hatte, Bayern „ohne Rücksicht auf die bis daher bestandene Eintheilung in Provinzen ... in möglichst gleiche Kreise, und, so viel thunlich, nach natürlichen Gränzen" (Erster Titel, § IV) einzuteilen.
In Bayern, das sich 1808 vom Main bis zum Gardasee und vom Bodensee bis Passau erstreckte, wurden folgende 15 Kreise eingerichtet: Mainkreis (Hauptstadt Bamberg), Pegnitzkreis (Nürnberg), Naabkreis (Amberg), Rezatkreis (Ansbach), Altmühlkreis (Eichstätt), Oberdonaukreis (Ulm), Lechkreis (Augsburg), Regenkreis (Straubing), Unterdonaukreis (Passau), Isarkreis (München), Salzachkreis (Burghausen), Illerkreis (Kempten), Innkreis (Innsbruck), Eisackkreis (Brixen) und Etschkreis (Trient).
Alle Kreise wurden nach Flüssen bezeichnet. Damit folgte Bayern dem Vorbild des revolutionären Frankreich, wo die 1789 gegründeten Departements nach Flüssen, Gebirgen und Meeren benannt wurden, um Erinnerungen an vorhergehende Strukturen zu vermeiden. In den meisten Fällen gelang es in Bayern Flüsse auszuwählen, die für den jeweiligen Kreis prägend waren, so die Isar oder den Main. War ein Name schon vergeben, musste zu Notlösungen gegriffen werden. Beispielsweise berührt die Salzach den Salzachkreis nur am Rand.
Aus den statistischen Angaben zu Größe in Quadratmeilen (zur Orientierung: 1 Quadratmeile entspricht 55 km^2) und Bevölkerung (Seelenzahl) wird ersichtlich, dass die Kreise entgegen den Vorgaben der Konstitution nicht gleich waren. Ihre Größe schwankte zwischen 42 und 176,25 Quadratmeilen, ihre Einwohnerzahl zwischen 141.930 und 302.530 Einwohnern.

a) Druck, 22 S., 33,5 x 21 cm, aufgeschlagen S. 1 und S. 7.
Bayerisches Hauptstaatsarchiv, MInn 34545.
b) Karte, auf Stein gezeichnet und abgedruckt in der königlich bayerischen privilegierten Steindruckerey von A. Senefelder, F. Gleißner u. Comp., 34,5 x 23 cm.
Bayerisches Hauptstaatsarchiv, Kartensammlung 732.

Druck: RBl 1808, 1481.

Literatur: Jacques Godechot, Les Institutions de la France sous la Révolution et L'Empire, Paris 1968, S. 98. – Dokumente zur Geschichte von Staat und Gesellschaft III/3, S. 118–120. – AK Wittelsbach und Bayern III/2, Nr. 302B. – Ivan Kupčík, Mappae Bavariae. Thematische Karten von Bayern bis zum Jahr 1900. Sonderausstellung des Deutschen Museums München (Veröffentlichungen aus dem Archiv des Deutschen Museums 2), Weißenhorn 1985, S. 120. – Volkert, Die bayerischen Kreise, S. 308–311. – Weis, Montgelas Bd. 2, S. 517–518.

4.2 Der Rezatkreis

1820
„Charte vom Rezatkreis mit der Eintheilung in Land- und Herrschaftsgerichte".

Auf dieser Karte des Rezatkreises ist der Zuschnitt eines bayerischen Kreises in der ersten Hälfte des 19. Jahrhunderts gut erkennbar. Sie verdeutlicht, dass der Umfang eines Kreises stets über die ihm zugehörigen Landgerichte definiert wurde.
Der Rezatkreis mit der Hauptstadt Ansbach war 1808 entstanden. Im Jahr 1810 wurde er durch die Auflösung des Pegnitzkreises um das Gebiet um Nürnberg deutlich vergrößert. Im Rahmen der Neueinteilung 1817 erfuhr er Zuwächse an seiner Südgrenze. Dadurch hatte der Rezatkreis, wie auf der Karte zu erkennen ist, eine relativ günstige Form. Zu diesem Zeitpunkt setzte er sich aus 53 Land-, Stadt- und Herrschaftsgerichten zusammen, die jeweils mit einer Farbe gekennzeichnet sind.
1837 wurde der Rezatkreis in Mittelfranken umbenannt, sein Umfang wurde leicht verändert: insbesondere fielen die Gerichte im Südwesten (u.a. Monheim, Nördlingen und Oettingen) an Schwaben.

Karte, Christoph Fembo, 58 x 49,5 cm.

Bayerisches Hauptstaatsarchiv, MA KuPl 261.

Literatur: Volkert, Handbuch, S. 407–408.

CHARTE
vom
Rezatkreis.
Mit der Eintheilung in Land- und Herrschafts-Gerichte
CHRISTOPH FEMBO.
Erklärung der Zeichen
GRÖSSERE STÄDTE
Kleinere Stadt
Vestung

4.2

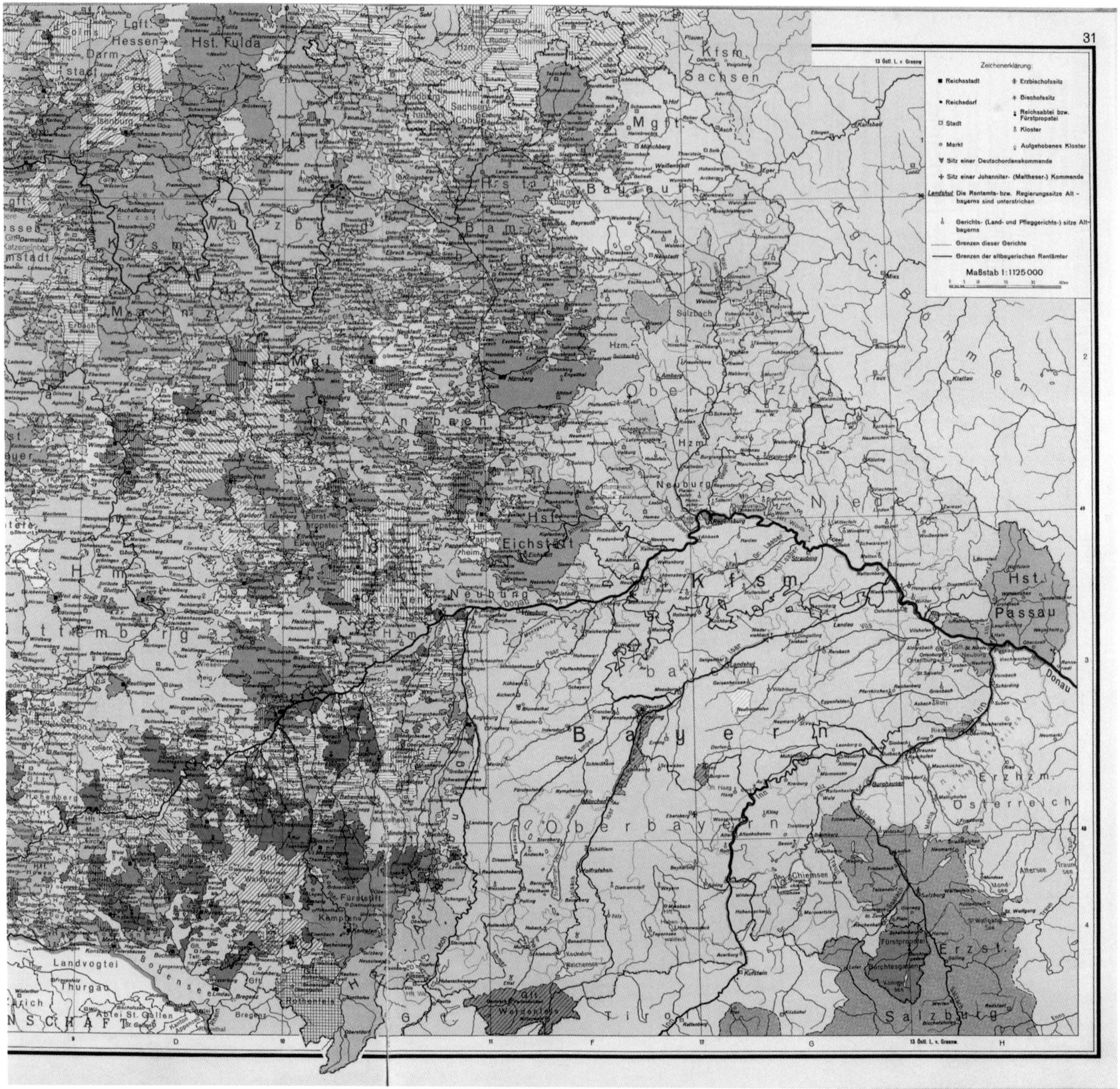
31
Zeichenerklärung:
Reichsstadt
Erzbischofssitz
Reichsdorf
Bischofssitz
Reichsabtei bzw. Fürstpropstei
Stadt
Kloster
Markt
Aufgehobenes Kloster
Sitz einer Deutschordenskommende
Sitz einer Johanniter- (Maltheser-) Kommende
Landshut Die Rentamts- bzw. Regierungssitze Altbayerns sind unterstrichen
Gerichts- (Land- und Pfleggerichts-) sitze Altbayerns
Grenzen dieser Gerichte
Grenzen der altbayerischen Rentämter
Maßstab 1:1125000
Hst. Fulda
Kfsm. Sachsen
Mgft. Bayreuth
Hst. Bamberg
Hst. Würzburg
Mgft. Ansbach
Oberpfalz
Hst. Eichstädt
Neuburg
Niederbayern
Kfsm.
Hst. Passau
Bayern
Oberbayern
Erzhzm. Österreich
Erzst. Salzburg
Böhmen
Tirol
Landvogtei Thurgau
Bodensee
Donau
Inn

4.3

4.3 Im Alten Reich: ein bunter Fleckerlteppich

Karte des Gebiets des heutigen Bayern im Jahr 1789.

Das Heilige Römische Reich Deutscher Nation war von einer großen territorialen Vielfalt geprägt. So dominierten in Franken und Schwaben kleine Territorien, Reichsstädte sowie die Besitzungen der Reichsritter, die zwar reichsunmittelbar waren, also nur dem Kaiser unterstanden, aber nur über wenige Dörfer herrschten.
Dagegen umfasste das Kurfürstentum Bayern ein vergleichsweise großes Gebiet, das nur von wenigen Enklaven (z.B. Hochstift Freising, Mühldorf, Reichsstadt Regensburg) durchbrochen war. Kurbayern (in etwa das Gebiet des heutigen Ober- und Niederbayern sowie der Oberpfalz) war in die fünf Rentämter München, Burghausen, Landshut, Straubing und Amberg aufgeteilt.
Die Münchener Wittelsbacher herrschten Ende des 18. Jahrhunderts nicht nur im Kurfürstentum Bayern, sondern hatten auch am Rhein (u.a. Pfalz mit Hauptstadt Mannheim) Besitzungen. Nachdem diese beim Frieden von Lunéville (1801) an Napoleon gefallen waren, wurde Bayern wie andere deutsche Fürsten, die ihre linksrheinischen Besitzungen verloren hatten, dafür entschädigt. Auf dem Reichsdeputationshauptschluss in Regensburg (1803) erhielt es geistliche Besitzungen und Territorien mindermächtiger Herrscher.

Reproduktion (Vorlage: Bayerischer Geschichtsatlas, S. 30–31).

4.4 Einteilung Bayerns in sieben Provinzen

[1806–1808]
Übersicht über Größe und Bevölkerung.

Die undatierte Übersicht zeigt die Situation in Bayern unmittelbar vor der Einteilung in Kreise (1806–1808). Damals zählte das Königreich Bayern sieben Provinzen (Baiern, Oberpfalz, Neuburg, Schwaben, Bamberg, Tirol und Ansbach), die in Größe und Bevölkerungszahl sehr unterschiedlich waren. So umfassten die beiden größten Provinzen Baiern und Tirol zusammen mehr als die Hälfte des Königreichs. Mit 543,5 Quadratmeilen (knapp 30.000 km^2) war die Provinz Baiern fast sechsmal so groß wie die kleinste Provinz, Bamberg (92,75 Quadratmeilen; ca. 5100 km^2), seine 969.713 Einwohner standen 167.554 Einwohnern in der Provinz Neuburg gegenüber.
Die großen Unterschiede zwischen den Provinzen spiegeln die Territorialentwicklung in der Zeit um 1800 wieder. Im Jahr 1799 war das Kurfürstentum in fünf Provinzen eingeteilt worden: Baiern und die Oberpfalz, die zusammen seit dem 17. Jahrhundert Kurbayern bildeten, sowie Neuburg, Pfalz und Berg (Düsseldorf), die 1777 durch dynastische Erbfolge mit Bayern vereinigt worden waren. Die Provinzen Bamberg und Schwaben entstanden nach dem Reichsdeputationshauptschluss (1803), der Bayern große Gebietsgewinne gebracht hatte. Im gleichen Jahr kam die Provinz Würzburg hinzu, die zunächst nur für drei Jahre zu Bayern gehören sollte. 1806 wurden die Provinzen Ansbach und Tirol bayerisch, gleichzeitig ging die Provinz Berg verloren.
Die Neuerwerbungen wurden nicht mit dem Bestehenden vereinigt, sondern zu neuen Provinzen zusammengefügt. Eine Ausnahme von diesem Muster war nur Vorarlberg, das 1806 mit Schwaben vereinigt wurde.

Tabellarische Übersicht, 1 Doppelblatt, 33,5 x 21 cm.

Bayerisches Hauptstaatsarchiv, MA 6180.

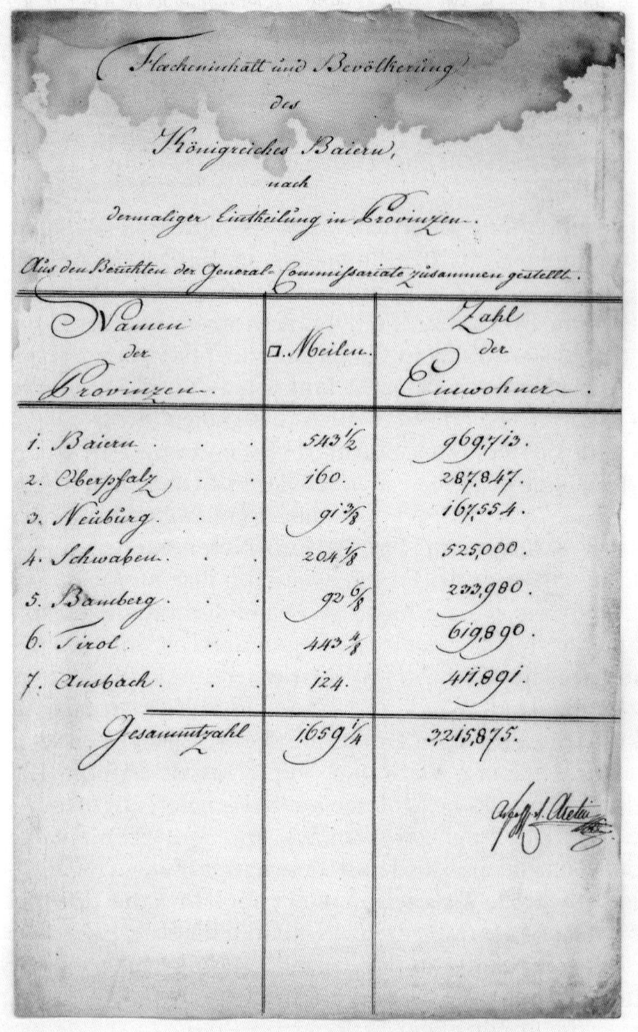
Flächeninhalt und Bevölkerung des Königreiches Baiern, nach dermaliger Eintheilung in Provinzen.

Aus den Berichten der General-Commissariate zusammengestellt.

Namen der Provinzen	□ Meilen	Zahl der Einwohner
1. Baiern	543 1/2	969.713.
2. Oberpfalz	160.	287.847.
3. Neuburg	91 3/8	167.554.
4. Schwaben	204 1/8	525.000.
5. Bamberg	92 6/8	233.980.
6. Tirol	443 4/8	619.890.
7. Ansbach	124.	411.891.
Gesammtzahl	1659 1/4	3.215.875.

4.4

Literatur: Montgelas-Denkwürdigkeiten, S. 27–28. – Bayerischer Geschichtsatlas, S. 36 (Karte a). – Knemeyer, S. 117, 126. – Volkert, Handbuch, S. 35–36. – Wilhelm Volkert, Bayern. In: Kurt G. A. Jeserich – Hans Pohl – Georg-Christoph von Unruh (Hrsg.), Deutsche Verwaltungsgeschichte, Bd. 2: Vom Reichsdeputationshauptschluß bis zur Auflösung des Deutschen Bundes, Stuttgart 1983, S. 503–550, hier S. 524. – Peter Brandt – Martin Kirsch – Arthur Schlegelmilch unter redaktioneller Mitwirkung von Werner Daum (Hrsg.), Handbuch der europäischen Verfassungsgeschichte im 19. Jahrhundert. Institutionen und Rechtspraxis im gesellschaftlichen Wandel, Band 1: Um 1800, Bonn 2006, S. 738.

4.5 Erste Gedanken über eine Kreiseinteilung Bayerns

1801 September 28
Entwurf Stichaners einer Einteilung des Landes in Kreise und Landgerichte.

Bereits im Jahr 1801 machte sich der Staatsrat Gedanken über eine Neueinteilung des Kurfürstentums Bayern. Diskutiert wurde die Einrichtung von Kreisämtern, die jeweils einen Kreis aus mehreren Landgerichten verwalten sollten. Am 28. September 1801 wurde der Entwurf des Geheimen Referendärs im Justizministerium Franz Joseph von Stichaner (1769–1856) vorgestellt. Dieser sah 14 Kreise im Gebiet der Provinzen Bayern, Oberpfalz und Neuburg vor, die zwischen 19,5 und 61 Quadratmeilen und 55.665 bis 106.922 Einwohner umfassen sollten. Ihre Bezeichnung richtete sich nach dem jeweiligen Hauptort (Wasserburg, München, Dachau, Weilheim, Landshut, Burghausen, Vilshofen, Straubing, Cham, Ingolstadt, Neuburg, Neumarkt, Amberg und Weiden). Jeder Kreis sollte sich aus drei bis sechs Landgerichten zusammensetzen. So sollte beispielsweise der Kreis Neuburg aus den Landgerichten Höchstädt, Monheim und Neuburg bestehen und 19,5 Quadratmeilen (1074 km^2) umfassen. Die Bevölkerungszahl wurde mit 10.597 Familien bzw. 55.665 Seelen angegeben.

Da der Vorschlag, Bayern in Kreisämter einzuteilen, zunächst nicht weiter verfolgt wurde, wurde Stichaners Konzept nie in die Tat umgesetzt. Es zeigt jedoch, dass bereits vor den Zuwächsen in Franken, Schwaben und Tirol über eine neuartige Gliederung Bayerns nachgedacht wurde. Auch wenn Stichaners Entwurf nicht umgesetzt wurde und die späteren Kreise deutlich größer waren, kann doch nicht ausgeschlossen werden, dass Stichaner,

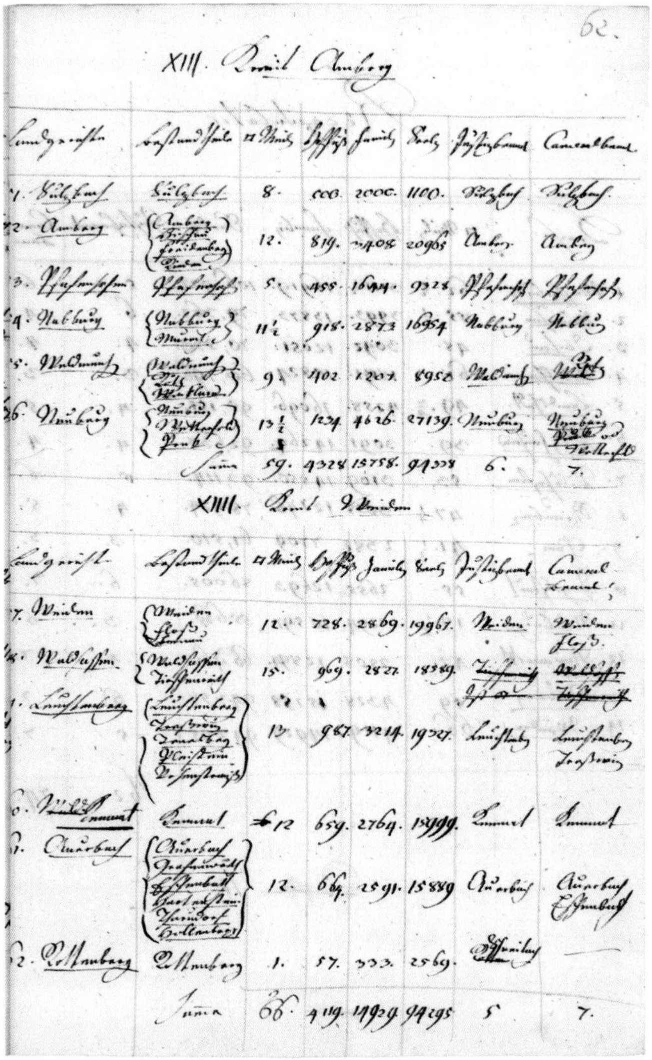

4.5

der 1806 bis 1808 im Innenministerium arbeitete, Einfluss auf die Entscheidungen des Jahres 1808 hatte.

Entwurf, 5 Blatt, 33,5 x 21 cm, in Aktenband, gezeigt wird fol. 62.

Bayerisches Hauptstaatsarchiv, MInn 34580.

Literatur: Josef A. Weiß, Die Integration der Gemeinden in den modernen bayerischen Staat. Die Entstehung der kommunalen Selbstverwaltung in Bayern (1799–1818), München 1986, S. 4–9. – AK Bayern entsteht, S. 137. – Schimke, Regierungsakten, S. 341–343. – Staatsratsprotokolle Bd. 1, S. 496–497.

4.6 Vorschlag: vier Landesteile mit 14 Bezirken

1807 Februar 16
Aretins Entwurf einer Territorialeinteilung des Königreichs Baiern.

Die frühesten Spuren für die Arbeit an einer Territorialeinteilung Bayerns im Vorfeld der Konstitution stammen aus dem Februar 1807. Johann Adam Freiherr von Aretin (1769–1822) präsentierte einen „Vorschlag über Administration und Eintheilung des Königreichs“. Dieser sah die Gliederung in vier Teile vor: Nordbaiern, Ostbaiern, Westbaiern und Südbaiern mit den Hauptstädten Nürnberg, München, Augsburg und Innsbruck. Die vier Hauptteile sollten aus jeweils drei bzw. vier nach Flüssen benannten Bezirken bestehen. Für die 14 Bezirke wurden folgende Namen vorgesehen: am Main, an der Rezat, an der Pegnitz, an der Naab, an der unteren Donau, an der Salzach, an der Isar, an der oberen Donau, am unteren Lech, am oberen Lech, am Rhein, am Inn, an der Eisack und an der Etsch. Aretin legte seinem Konzept folgende Überlegungen zugrunde: Die Obergliederung erfolgte nach den Himmelsrichtungen, die Untergliederung nach Flusskreisen mit einigermaßen gleicher Bevölkerung von 200.000 bis 270.000 Einwohnern. Da in der Übersicht nur die Bevölkerung, nicht aber die Fläche angegeben wird, kann vermutet werden, dass dies für Aretin das entscheidende Kriterium war. Mit 194.500 bis 273.000 Einwohnern waren die von Aretin vorgeschlagenen Kreise gleicher als die 1808 tatsächlich eingerichteten.
Die Hauptunterschiede zu dem, was gut ein Jahr später beschlossen wurde, sind die Zwischenebene der Haupt-

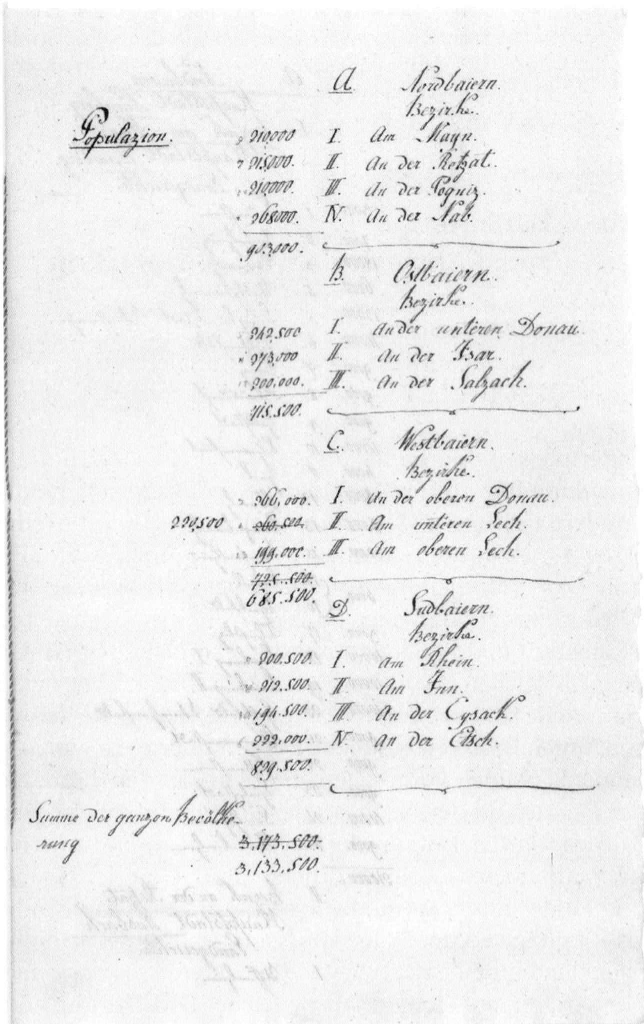

A Nordbaiern.
Bezirke.
Population. 210000 I. Am Mayn.
215000. II. An der Rezat.
210000. III. An der Pegniz.
268000. IV. An der Nab.
903000.
B. Ostbaiern.
Bezirke.
242.500 I. An der unteren Donau.
273.000 II. An der Isar.
200.000. III. An der Salzach.
715.500.
C. Westbaiern.
Bezirke.
266.000. I. An der oberen Donau.
220500 ~~260.500.~~ II. Am unteren Lech.
199.000. III. Am oberen Lech.
~~725.500.~~
685.500.
D. Sudbaiern.
Bezirke.
200.500 I. Am Rhein.
212.500. II. Am Inn.
194.500. III. An der Eysach.
222.000. IV. An der Etsch.
829.500.
Summe der ganzen Bevölkerung ~~3.173.500.~~
3.133.500.

4.6

teile sowie eine abweichende Zahl und Zusammensetzung der Kreise. Andererseits hatte Aretin sich bereits auf Flussnamen festgelegt, die überwiegend auch verwendet wurden. Darüber hinaus sind einige seiner Bezirke in ihrem Umfang den Kreisen des Jahres 1808 durchaus ähnlich.

Entwurf, 10 Blatt, 34 x 22 cm.

Bayerisches Hauptstaatsarchiv, NL Montgelas 170.

Literatur: ADB, Bd. 1, S. 517–518. – NDB, Bd. 1, S. 347–348. – AK Bayern entsteht, S. 131. – Schimke, Regierungsakten, S. 322.

4.7 Nachdenken über eine neue Kreiseinteilung nach nur zwei Jahren

1810 Juni 26
Entwurf einer Einteilung Bayerns in 14 Kreise.

Bereits zwei Jahre nach der erstmaligen Kreiseinteilung Bayerns wurde eine Neuordnung des Königreichs diskutiert. Diese wurde durch äußere Ereignisse erforderlich: Im Pariser Vertrag (28. Februar 1810) musste Bayern den Etsch- und Teile des Eisackkreises abtreten, dafür erhielt es die Markgrafschaft Bayreuth, Regensburg, die Fürstentümer Salzburg und Berchtesgaden sowie das Inn- und Hausruckviertel.
Im Vorfeld der Neuordnung wurden mehrere Möglichkeiten durchgegangen, die die Schaffung von 9 bis 15 Kreisen vorsahen. Der vorliegende Entwurf umfasst 14 Kreise. Zunächst wird die Zusammensetzung der Kreise vorgestellt, abschließend folgt eine Übersicht über alle 14 geplanten Kreise. Es wurden jeweils Name, Hauptstadt, Fläche in Quadratmeilen und Bevölkerung („Volkschaft") aufgeführt. Aus der Liste sämtlicher Kreise wird ersichtlich, dass bei diesem Konzept die bestehenden Kreise beibehalten werden sollten, das von Burghausen aus verwaltete Gebiet in Unterinnkreis umbenannt werden sollte und die Territorialgewinne von Österreich auf einen Salzachkreis (um Salzburg) und einen Atterkreis (Ried im Innviertel) aufgeteilt werden sollten.

Entwurf, 5 Blatt, 33,5 x 21 cm, in Aktenband.

Bayerisches Hauptstaatsarchiv, MInn 65515.

Literatur: Dokumente zur Geschichte von Staat und Gesellschaft III/3, S. 21.

XIII Ober Innkreis

39½	32,198.	Landeck
23½	24,752.	Telfs
5.	5,533	[illegible]
¼	9,306.	Innsbruck Stadt.
21.¾	26,243	Innsbruck. L. G.
11	22,041.	Schwaz
16.	19,945.	Rattenberg
21½	30,025.	Kufstein
18.	10 000.	Ziller und Leukenthal
156½	180,043.	

XIV. Salzachkreis.

157.	197,000.	Salzburg mit Berchtesgaden und Reichenhall ohne [illegible], Ziller- und Leukenthal, dann Windisch-matrey und Defereggen.

Kreis.	Hauptstadt	□ Meilen.	Volkszahl.
I Mainkreis.	Bamberg.	91¾	285,728.
II Pegnitzkreis.	Nürnberg.	72¼	246,866.
III Naabkreis.	Amberg.	137¼	248,835.
IV. Rezatkreis	Ansbach.	87. ¾	275,181.
V. Altmühlkreis.	Eichstädt.	94¼	202,107.
VI Oberdonaukr.	Augsburg.	83¼	224,063.
VII. Lechkreis	Kempten.	102¾	186,766.
VIII Regenkreis.	Regensburg.	124.	266,095.
IX. Unterdonaukr.	Passau.	118.	215,661.
X Isarkreis.	München.	150¾	296,997.
XI. Unter Innkreis	Burghausen.	103½	190,967.
XII. Etschkreis.	Trient	90.	225000.
XIII. Ober Innk.	Innsbruck.	156½	180,043.
XIV. Salzachkreis.	Salzburg.	157.	197,000.
14 Kreise	—	1569 □ Meilen	3,241,309.

Ehemal

15 —	—	1636½	3,231,570
1. Kreis.	minder	67½ □ Meilen	
	mehr		9739 nach übereinkommenden Datis.

4.7

4.8 Neueinteilung in neun Kreise

1810 (auf Grundlage der Karte von 1808)
Karte der Kreiseinteilung.

Nachdem eine Vielzahl möglicher Neuordnungen der Kreiseinteilung des Königreichs Bayern diskutiert worden war (vgl. Kat.Nr. 4.7), wurde im September 1810 das Ergebnis verkündet. Künftig bestand Bayern nur noch aus neun Kreisen: Isarkreis (München), Salzachkreis (Salzburg), Unterdonaukreis (Passau), Regenkreis (Regensburg), Mainkreis (Bayreuth), Rezatkreis (Ansbach), Oberdonaukreis (Eichstätt), Illerkreis (Kempten) und Innkreis (Innsbruck). Die alten Namen wurden beibehalten, doch die Lage der Kreise änderte sich zum Teil erheblich. Einige Kreise erhielten daher neue Hauptstädte. So war der Oberdonaukreis deutlich nach Nordosten gewandert. Statt des an Württemberg gefallenen Ulm wurde Eichstätt seine Hauptstadt.
Die neue Situation wurde auf der Grundlage der Karte von 1808 (vgl. Kat.Nr. 4.1b) eingezeichnet. Dadurch werden die Veränderungen zwischen 1808 und 1810 offensichtlich. Die Gebiete, die Bayern verloren hatte, sind an ihrer roten Umrandung erkennbar: Am Westrand an Württemberg und Würzburg, am Südrand an Italien. Doch Bayern hatte auch Zuwachs erfahren. Im Norden hatte es Bayreuth und im Südosten Salzburg erworben.
Die neun neuen Kreise sind auf der Karte farbig gekennzeichnet und umfassen bereits die Neuerwerbungen, während sich die römischen Zahlen und die Beschriftung am rechten Rand auf die alte Einteilung beziehen.
Im Gegensatz zur tatsächlichen Situation sind auf der Karte die Landgerichte Günzburg und Elchingen dem Oberdonau- und nicht dem Illerkreis zugeordnet.

Karte, Lithographie mit Wasserfarben koloriert, J.M. Schramm – Aloys Senefelder, 67,5 x 45 cm.

Bayerisches Hauptstaatsarchiv, Kartensammlung 761.

4.9 Reduzierung um einen Kreis

1817 Februar 15
Staatsratsprotokoll.

Die territorialen Veränderungen der letzten Jahre des Napoleonischen Zeitalters gingen an Bayern nicht spurlos vorbei. Durch mehrere Verträge verlor es Tirol und Salzburg an Österreich. Dafür erhielt es Würzburg und Aschaffenburg sowie ein aus den vier französischen Arrondissements Frankenthal, Kaiserslautern, Landau und Zweibrücken zusammengesetztes Gebiet westlich des Rheins.
Diese erheblichen Veränderungen führten zu einer erneuten Umgestaltung der Kreiseinteilung. Die Zahl der Kreise hatte König Max I. Joseph in einer Verordnung vom 2. Februar 1817 auf acht festgelegt. Somit musste nur noch über deren Zuschnitt diskutiert werden. Allein beim Rheinkreis erübrigte sich dies, da er vom übrigen Bayern getrennt war und sein Umfang durch äußere Zwänge vorgegeben war. Bei den übrigen Kreisen (Isar-, Unterdonau-, Regen-, Oberdonau-, Rezat-, Obermain- und Untermainkreis) wurde das Ziel gesetzt, dass keiner mehr als 500.000 Einwohner haben solle. Wie die Übersicht der Kreise und ihrer Bevölkerungszahl zeigt, gelang dies auch: die acht Kreise bewegten sich in einem Rahmen von 353.638 bis 487.941 Einwohnern. Zusammenfassend wurde im Protokoll festgehalten: „diese Kreise würden ... weder eine zu grose, noch eine zu kleine Seelenzahl enthalten sondern sich hierin einander nach Möglichkeit nähern."

Protokollband, 34 x 21 cm, aufgeschlagen sind S. 32 und 33.

Bayerisches Hauptstaatsarchiv, StR 389.

Literatur: Volkert, Die bayerischen Kreise, S. 312.

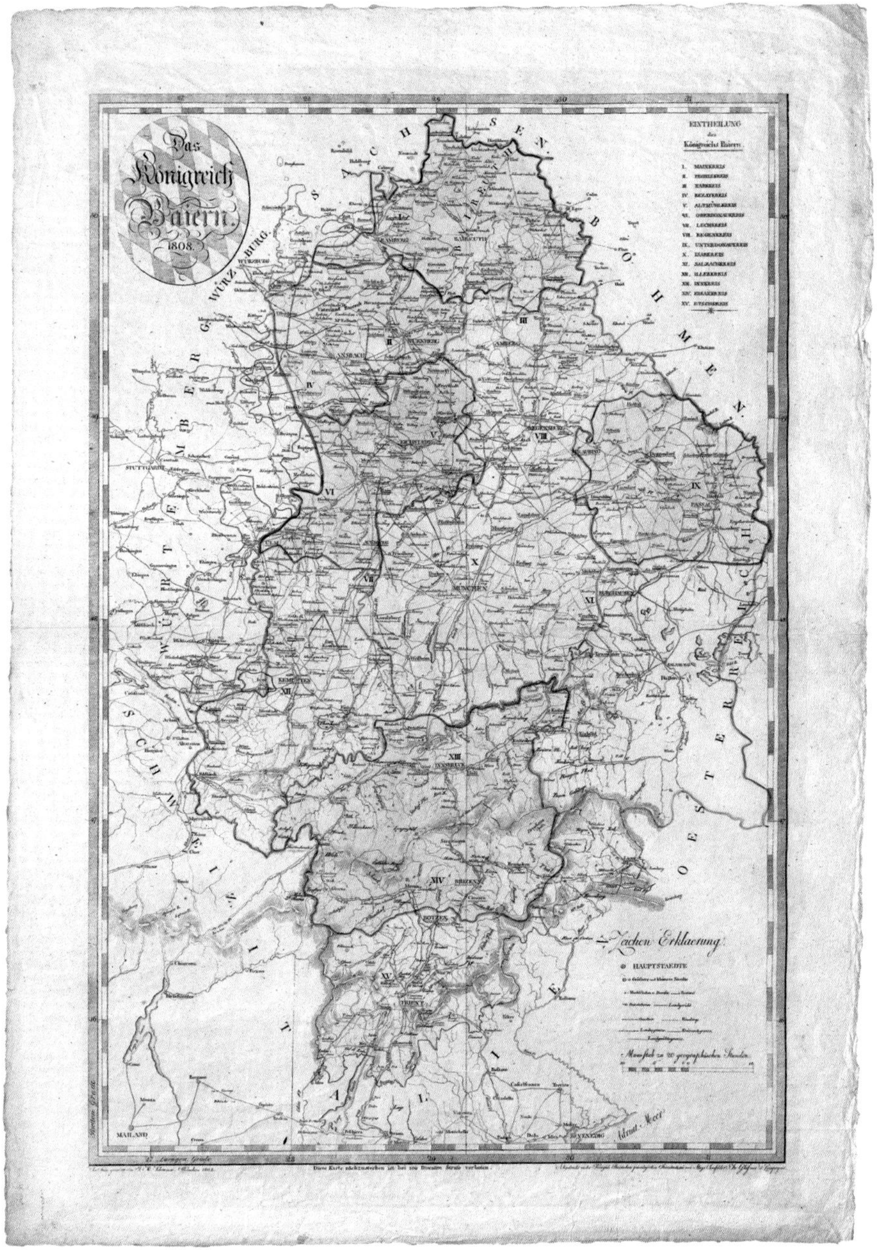
Das Königreich Baiern.
1808.
EINTHEILUNG des Königreichs Baiern
SACHSEN
BÖHMEN
WÜRTEMBERG
SCHWEITZ
OESTERREICH
ITALIEN
Zeichen Erklaerung
HAUPTSTAEDTE
STUTTGART
MAILAND
VENEDIG

4.8

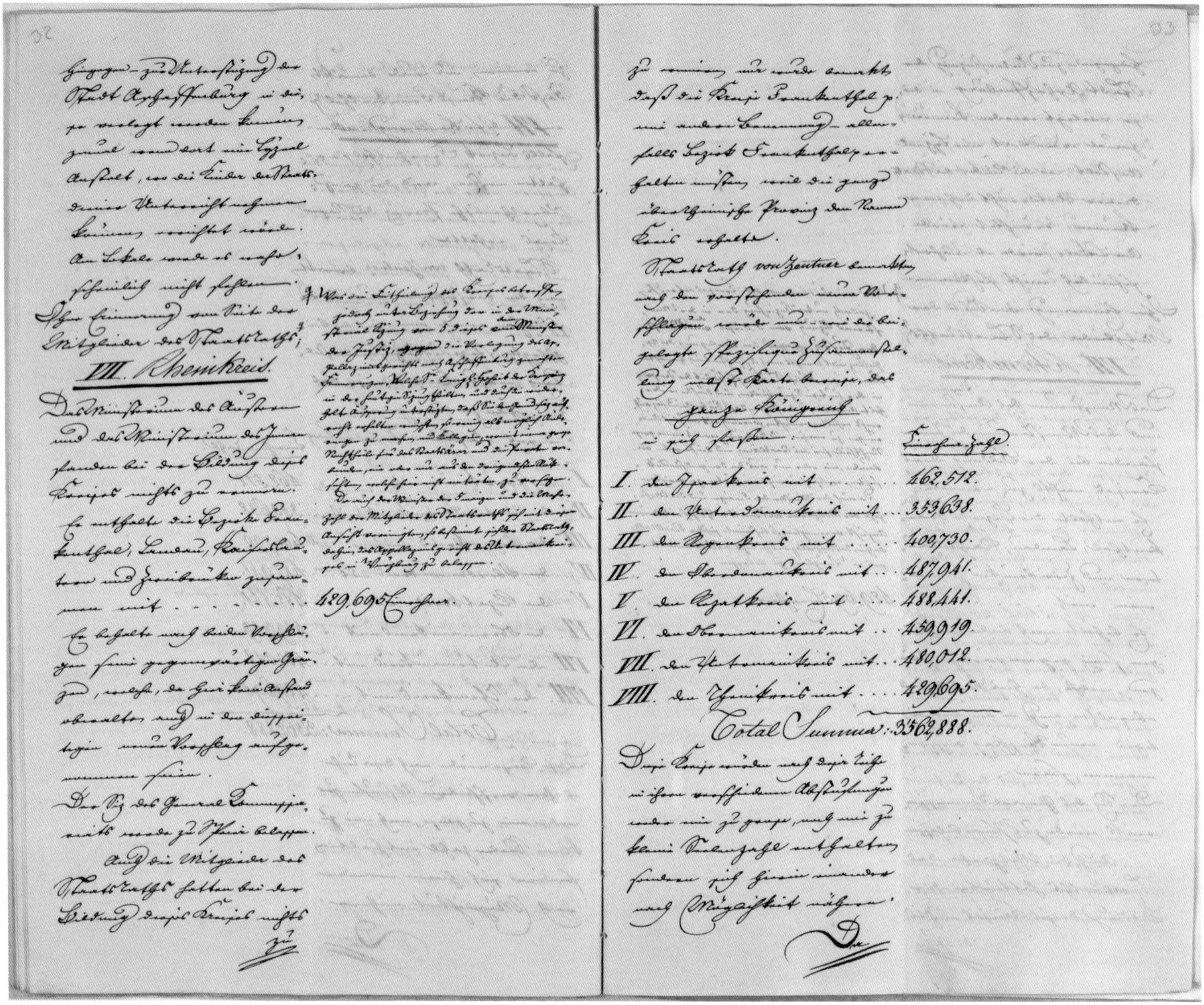
VII. Rheinkreis
Einwohnerzahl
I. der Isarkreis mit ... 462,512.
II. der Unterdonaukreis mit ... 353,638.
III. der Regenkreis mit ... 400,730.
IV. der Oberdonaukreis mit ... 487,941.
V. der Rezatkreis mit ... 488,441.
VI. der Obermainkreis mit ... 459,919.
VII. der Untermainkreis mit ... 480,012.
VIII. der Rheinkreis mit ... 429,695.
Total Summa: 3562,888.
429,695 Einwohner.

4.9

4.10 „Die edelsten teutschen Stämme“

a) 1837
Tabelle der durch König Ludwig I. umbenannten Kreise.

b) [Ca. 1868]
Karte des Königreichs Bayern.

Am 29. November 1837 verordnete König Ludwig I. eine Umbenennung und Neueinteilung der Kreise. Er begründete diesen Schritt damit, dass die „göttliche Vorsehung ... mehrere der edelsten teutschen Volksstämme“ unter seiner Regierung vereint habe. Um an diese große Vergangenheit zu erinnern, sei die Bezeichnung der Kreise auf „die ehrwürdige Grundlage der Geschichte zurückzuführen“. Künftig bestand das Königreich Bayern aus

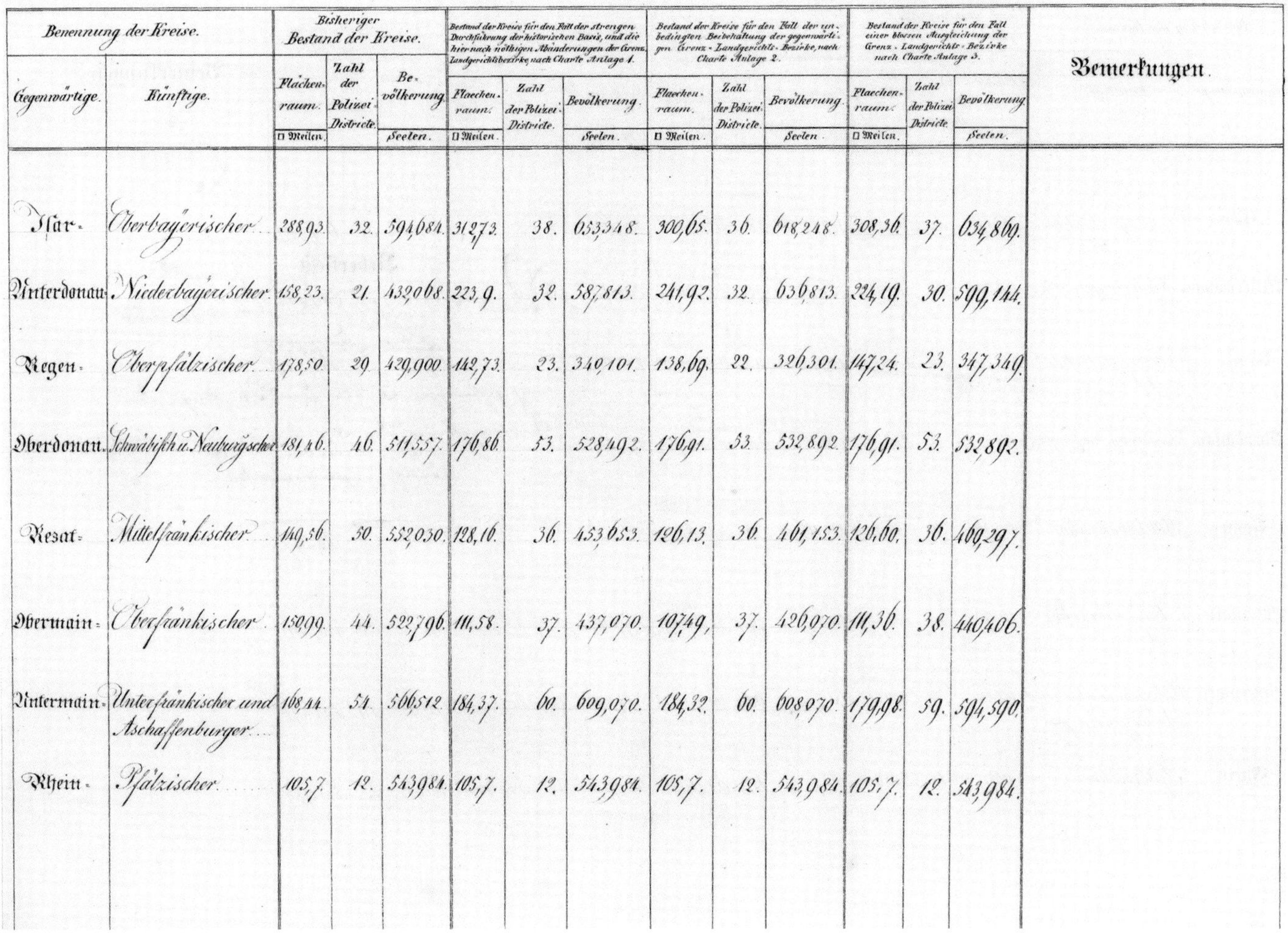

Benennung der Kreise.		Bisheriger Bestand der Kreise.			Bestand der Kreise für den Fall der strengen Durchführung der historischen Basis, und die hiernach nöthigen Abänderungen der Grenz-Landgerichtsbezirke nach Charte Anlage 1.			Bestand der Kreise für den Fall der unbedingten Beibehaltung der gegenwärtigen Grenz-Landgerichts-Bezirke, nach Charte Anlage 2.			Bestand der Kreise für den Fall einer blossen Ausgleichung der Grenz-Landgerichts-Bezirke nach Charte Anlage 3.			Bemerkungen.
Gegenwärtige.	Künftige.	Flächenraum. □ Meilen.	Zahl der Polizei-Districte.	Bevölkerung. Seelen.	Flaechenraum. □ Meilen.	Zahl der Polizei-Districte.	Bevölkerung. Seelen.	Flaechenraum. □ Meilen.	Zahl der Polizei-Districte.	Bevölkerung. Seelen.	Flaechenraum. □ Meilen.	Zahl der Polizei-Districte.	Bevölkerung. Seelen.	
Isar-	Oberbayerischer	288,93.	32.	594,684.	312,73.	38.	653,348.	300,65.	36.	618,248.	308,36.	37.	634,869.	
Unterdonau-	Niederbayerischer	158,23.	21.	432,068.	223,9.	32.	587,813.	241,92.	32.	636,813.	224,19.	30.	599,144.	
Regen-	Oberpfälzischer	178,50.	29.	429,900.	142,73.	23.	340,101.	138,69.	22.	326,301.	147,24.	23.	347,349.	
Oberdonau-	Schwäbisch u. Neuburgscher	181,46.	46.	511,557.	176,86.	53.	528,492.	176,91.	53.	532,892.	176,91.	53.	532,892.	
Rezat-	Mittelfränkischer	149,56.	50.	552,030.	128,16.	36.	453,653.	126,13.	36.	461,153.	126,60.	36.	460,297.	
Obermain-	Oberfränkischer	150,99.	44.	522,796.	111,58.	37.	437,070.	107,49.	37.	426,070.	111,36.	38.	440,406.	
Untermain-	Unterfränkischer und Aschaffenburger	168,44.	54.	566,512.	184,37.	60.	609,070.	184,32.	60.	608,070.	179,98.	59.	594,590.	
Rhein-	Pfälzischer	105,7.	12.	543,984.	105,7.	12.	543,984.	105,7.	12.	543,984.	105,7.	12.	543,984.	

4.10a

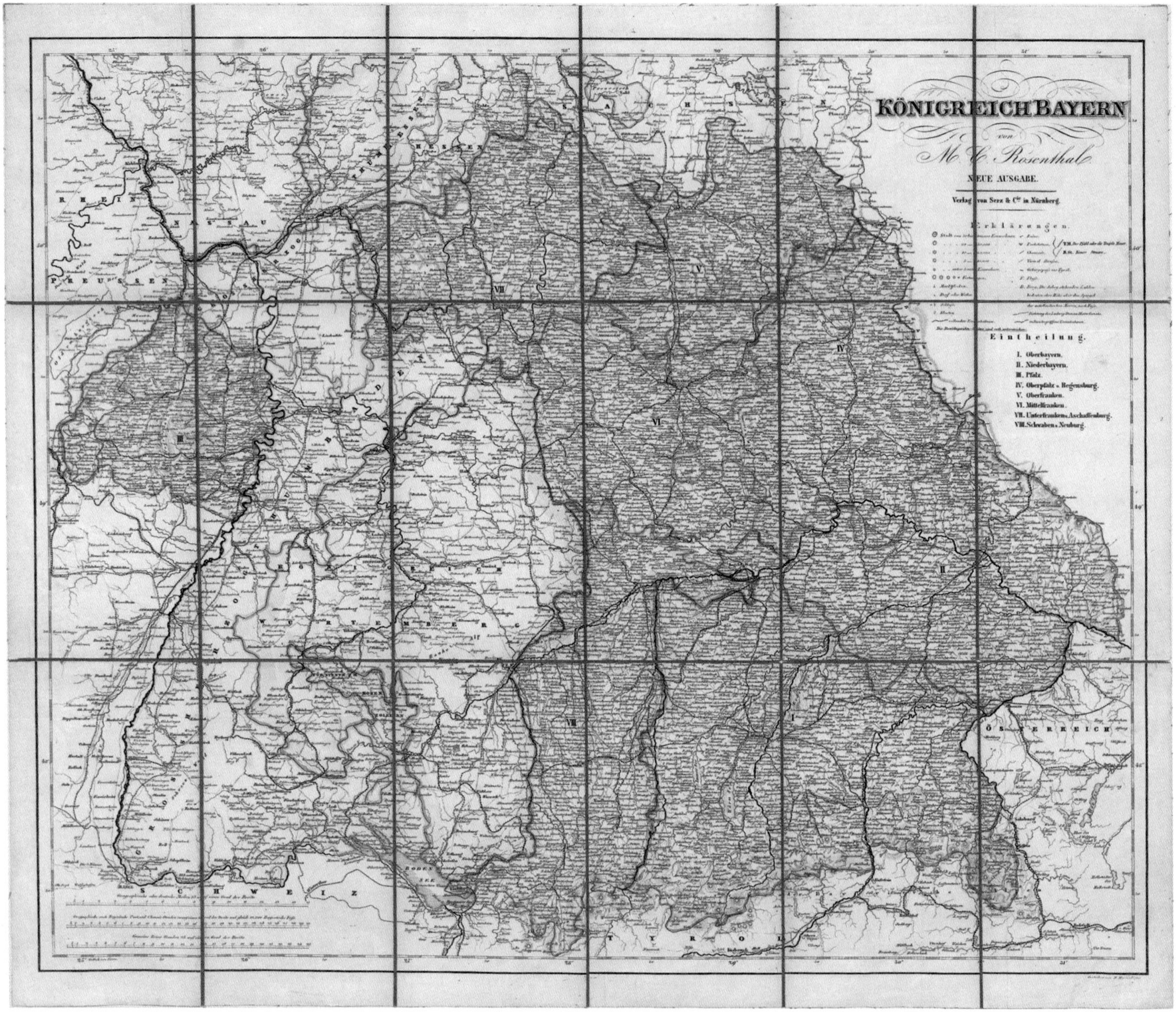
KÖNIGREICH BAYERN
von
M. C. Rosenthal
NEUE AUSGABE.
Verlag von Serz & Cie in Nürnberg.
Erklärungen.
Eintheilung.
I. Oberbayern.
II. Niederbayern.
III. Pfalz.
IV. Oberpfalz u. Regensburg.
V. Oberfranken.
VI. Mittelfranken.
VII. Unterfranken u. Aschaffenburg.
VIII. Schwaben u. Neuburg.
SACHSEN
ÖSTERREICH
TYROL
SCHWEIZ
WÜRTEMBERG
NASSAU
PREUSSEN

4.10b

folgenden acht Kreisen: Oberbayern (bisher Isarkreis), Niederbayern (bisher Unterdonaukreis), Oberpfalz und Regensburg (bisher Regenkreis), Oberfranken (bisher Obermainkreis), Mittelfranken (bisher Rezatkreis), Unterfranken und Aschaffenburg (bisher Untermainkreis), Schwaben und Neuburg (bisher Oberdonaukreis) und der Pfalz (bisher Rheinkreis). Mit Ausnahme der Pfalz, die nach 1945 an das neugegründete Bundesland Rheinland-Pfalz fiel, leben die von Ludwig I. gewählten Bezeichnungen bis heute in den Namen der bayerischen Regierungsbezirke fort. Ihr Umfang wurde allerdings im Rahmen der Gebietsreform 1972 modifiziert.

Die Veränderung der Zusammensetzung einiger Kreise begründete Ludwig ebenfalls historisch und versuchte den Zustand vor 1806 zumindest ansatzweise wieder herzustellen. So kam Landshut, das im Spätmittelalter Residenz des niederbayerischen Teilherzogtums gewesen war, vom Isarkreis nach Niederbayern. Der fränkische Bischofssitz Eichstätt gehörte künftig zu Mittelfranken und nicht wie zuvor zum Regenkreis.

Die Tabelle stammt aus der Planungsphase des Jahres 1837. Sie zeigt alte und neue Namen nebeneinander sowie, dass mehrere Varianten durchgespielt wurden. Bei dem Ziel die „historische Basis“ wiederherzustellen, wurden unterschiedlich umfangreiche Umgestaltungen in Betracht gezogen.

a) Doppelblatt, 30 x 41,5 cm.
Bayerisches Hauptstaatsarchiv, Geheimes Hausarchiv, NL Ludwig I., I–XVI 398.

b) Karte, M. L. Rosenthal, gestochen von M. Hassendörfen, 53 x 64 cm.

Bayerisches Hauptstaatsarchiv, Kartensammlung 805.

Literatur: RBl 1837, 793. – Volkert, Bayern. In: Deutsche Verwaltungsgeschichte (wie Kat.Nr. 4.4) S. 526–527. – Heinz Gollwitzer, Ludwig I. von Bayern. Königtum im Vormärz. Eine politische Biographie, München 1986, S. 361–363. – Volkert, Die bayerischen Kreise, S. 315–323.

5. König Max I. Joseph und das königliche Haus im Kontext der Konstitution von 1808

Von Stefanie Albus

Die königliche Familie

Nach dem Tod des pfalz-bayerischen Kurfürsten Karl Theodor aus der Linie Pfalz-Sulzbach ohne Hinterlassung legitimer Erben kam im Jahr 1799 Max Joseph, geboren als Nachkomme der Wittelsbacher Linie Zweibrücken-Birkenfeld-Bischweiler-Rappoltstein, auf der Grundlage mehrerer Erbverträge in Bayern an die Regierung.[1]

Eine Schlüsselrolle bei der Regierungsübernahme spielte der seit 1780 in Landshut ansässige Vertreter Zweibrückens in Bayern, Pfalzgraf Wilhelm von Pfalz-Birkenfeld,[2] der als einziger Agnat seiner Linie im Falle des Todes Max Josephs die Vormundschaft über dessen Sohn Ludwig, wie es im Rohrbacher (Ansbacher) Hausvertrag von 1797 (1796) festgelegt worden war, hätte übernehmen sollen.[3] Wilhelm nämlich verhinderte durch sein Eingreifen, unterstützt von der Witwe Karl Theodors, der Habsburgerin Maria Leopoldine[4], einen Verlust des Kurfürstentums Bayern an die Habsburger.[5] Im Saal des Geheimen Rates ließ Wilhelm am 16. Februar 1799 die Besitzergreifungspatente sowie seine Vollmachten verlesen und nahm den Titel eines Herzogs in Bayern an. Danach proklamierte ein Herold Max IV. Joseph als neuen pfalzbayerischen Kurfürsten.

Kurfürst Max IV. Joseph, in der Königszählung ab 1806 Max I. Joseph, wurde 1756 in Mannheim als Sohn des Pfalzgrafen Friedrich Michael und seiner Frau Franziska Dorothea von Pfalz-Sulzbach geboren.[6] Seine auf eine militärische Laufbahn zielende Ausbildung endete 1773. 1776 wurde er Kommandant des französischen Regiments Alsace. Im Juli 1785 heiratete er Auguste Wilhelmine von Hessen-Darmstadt, die bereits elf Jahre später starb.

Neben seinen beiden Schwestern, Maria Amalie und Maria Anna, die Pfalzgraf Wilhelm von Pfalz-Birkenfeld ehelichte, hatte Max Joseph einen zehn Jahre älteren Bruder, Karl August, der jedoch ebenfalls früh, nämlich bereits 1795, starb,[7] was Max Joseph am 1. April dieses Jahres den Titel eines Herzogs von Zweibrücken einbrachte.

Aus seiner ersten Ehe erreichten vier Kinder das Erwachsenenalter. Als Erstgeborener der Kronprinz Ludwig Karl, der spätere Ludwig I., der 1786 in Straßburg zur Welt kam[8] und 1810 Prinzessin Therese von Sachsen-Hildburghausen heiratete. Ihm folgte 1788 Auguste Ama-

1 Hans Rall, Die Hausverträge der Wittelsbacher. Grundlagen der Erbverträge von 1777 und 1799. In: AK Wittelsbach und Bayern III/1, S. 13–48.

2 Vgl. zu Herzog Wilhelm von Zweibrücken-Birkenfeld-Gelnhausen: Hermann von Witzleben – Ilka von Vignau, Die Herzöge in Bayern. Von der Pfalz zum Tegernsee, München 1976.

3 Vgl. zum Rohrbacher bzw. Ansbacher Hausvertrag das entsprechende Kapitel bei Weis, Montgelas Bd. 1, S. 287–293, sowie Hans Rall, Pfalzbayerns Probleme im Urteil der Zweibrücker Reformer. Eine Studie zur Entstehung des Ansbacher Hausvertrages. In: ZBLG 18 (1955) (Festgabe für Max Spindler), S. 408–434. – Der Rohrbacher bzw. Ansbacher Vertrag betrachtet die pfalzbayerischen Staaten als unteilbaren Fideikommiss und sollte damit der Verschleuderung von Territorien und Herrschaftsrechten durch Kurfürst Karl Theodor und seine Nachkommen einen Riegel vorschieben.

4 Zu Maria Leopoldine siehe Sylvia Krauß-Meyl, Das enfant terrible des Königshauses. Maria Leopoldine, Bayerns letzte Kurfürstin (1776–1848), 2. Aufl. Regensburg 2002.

5 Vgl. hierzu Weis, Montgelas Bd. 1, S. 431–439.

6 Hierzu Hans Ammerich, Jugend und Erziehung Max' I. Joseph. In: AK Wittelsbach und Bayern III/1, S. 65–82.

7 Adalbert Prinz von Bayern, Max I. Joseph von Bayern. Pfalzgraf, Kurfürst und König, München 1957, S. 257.

8 Vgl. zu Ludwig I. Heinz Gollwitzer, Ludwig I. von Bayern. Königtum im Vormärz. Eine politische Biographie, München 1986.

lie, die am 14. Januar 1806 zur Besiegelung des Bündnisses mit Frankreich den Stiefsohn Napoleons, Eugène de Beauharnais, ehelichte. Die Ehe wurde, obwohl sie aus rein politischen Gründen und gegen den Willen Augustes geschlossen worden war,[9] recht glücklich. Nach dem Sturz Napoleons erhob Max I. Joseph seinen ihm persönlich sehr nahestehenden Schwiegersohn zum Herzog von Leuchtenberg und Fürsten von Eichstätt. Charlotte Auguste, das dritte, 1792 geborene Kind, wurde zunächst 1808 16-jährig mit Kronprinz Wilhelm von Württemberg vermählt – eine Ehe, deren Anbahnung bereits voller Schwierigkeiten war und die schließlich am 23. August 1814 durch ein von König Friedrich I. von Württemberg einberufenes Ehegericht wegen gegenseitiger Abneigung und Nichtvollzug aufgelöst wurde, was auch von der Sacra Rota Romana bestätigt wurde.[10] Am 18. Oktober 1816 heiratete Charlotte Auguste zur Festigung des Bündnisses mit Österreich dann den bereits dreimal verwitweten Kaiser Franz I. und nannte sich fortan Caroline Auguste. Danach folgte 1795 noch ein weiterer Sohn, Karl Theodor.

Nach dem Tod seiner ersten Gemahlin ehelichte Max Joseph am 9. März 1797 die 21-jährige badische Prinzessin Karoline Friederike (vgl. Kat.Nr. 13.4), die ihm neun weitere Kinder gebar. Von diesen starb allerdings der erste Sohn noch bei der Geburt, der zweite, Maximilian Joseph, wurde nur drei Jahre alt. Es folgten sechs Töchter, zunächst die Zwillingspaare Elisabeth und Amalie 1801 sowie Sophie und Maria 1805, dann 1808 Ludovika und schließlich 1810 als jüngste Maximiliane Josephine – offenbar das liebste Kind des Königspaares –, die aber nur das elfte Lebensjahr erreichte. Elisabeth verband sich am 16. November 1823 mit dem preußischen Kronprinzen Wilhelm, dem späteren Friedrich Wilhelm IV., während Amalie bereits ein Jahr zuvor den späteren König Johann von Sachsen geehelicht hatte. Dessen Bruder Friedrich August heiratete 1832 die bayerische Prinzessin Maria. Deren Zwillingsschwester Sophie wurde 1824 mit dem österreichischen Erzherzog Franz Karl vermählt,[11] während Ludovika ihrem Vetter, Herzog Maximilian in Bayern, angetraut wurde.

Die königliche Familie führte offenbar ein sehr enges Familienleben, das möglichst frei von höfischer Etikette sein sollte. Zwar hatte Max IV. Joseph bei seinem Regierungsantritt 1799 die so genannte Churpfalzbaierische Hof- und Kammerordnung[12] eingeführt, die u.a. den Zutritt zum Kurfürsten bzw. König regelte, aber die Zeremonien des Coucher, Lever sowie die Cour- und Galatage schaffte er ebenso ab wie die Bedienung seiner Familie beim Essen durch Kammerherren und Edelknaben.[13]

9 Siehe hierzu Adalbert Prinz von Bayern (wie Anm. 7) S. 485–509; Vgl. zu Auguste Amalie und Eugène de Beauharnais auch Adalbert Prinz von Bayern, Eugen Beauharnais, Berlin 1940. – Vgl. zum französischen Heiratsprojekt Auguste Amalies BayHStA, Geheimes Hausarchiv, Ministerium des königlichen Hauses, 79–81.

10 Otto-Heinrich Elias, Artikel Charlotte Auguste. In: Sönke Lorenz – Dieter Mertens – Volker Press (Hrsg.), Das Haus Württemberg. Ein biographisches Lexikon, Stuttgart 1997, S. 306–308. Siehe zur Eheschließung und Aufhebung der Ehe BayHStA, Geheimes Hausarchiv, Ministerium des königlichen Hauses, 83–86 und Landesarchiv Baden-Württemberg, Abt. Hauptstaatsarchiv Stuttgart, Bestände G 269, E 55. Mit Angabe der Bestände im Haus-, Hof- und Staatsarchiv Wien und weiterer Literatur s. Susanna Elisabeth Hauser, Caroline Auguste, die vierte Gemahlin Kaiser Franz I. von Österreich, Diss. Wien 1991.

11 Vgl. zu den Heiratsverbindungen der Kinder und Enkel Max I. Josephs Adalbert Prinz von Bayern (wie Anm. 7).

12 Siehe zu dieser Hof- und Kammerordnung Eberhard Weis, Die höfische Gesellschaft in Bayern unter König Max I. In: Karl Möckl, Hof und Hofgesellschaft in den deutschen Staaten im 19. und beginnenden 20. Jahrhundert (Deutsche Führungsschichten in der Neuzeit 18), Boppard 1990, S. 79–92.

13 Vgl. AK Wittelsbach und Bayern III/2, S. 601. – Nach Weis, der sich hierbei auf Adalbert Prinz von Bayern bezieht, hatte bereits Kurfürst Karl Theodor das offizielle, feierliche Lever abgeschafft vgl. Weis, Montgelas Bd. 2, S. 26 und Adalbert Prinz von Bayern, Als die Residenz noch Residenz war, München 1967, S. 168. – Zum Verzicht auf die Kammerdiener Weis (wie oben) S. 25 und Adalbert Prinz von Bayern (wie oben) S. 193, 220. – Georg v. Laubmann – Ludwig von Scheffler (Hrsg.), Die Tagebücher des Grafen August von Platen. Aus der Handschrift des Dichters, 2 Bde., Stuttgart 1896, 1900, hier Bd. 1, S. 44: „In den Privatzimmern des Königs hatten wir gar nichts zu tun, denn er liebte das Zeremoniell nicht."

Die Betonung eines erfüllten Familienlebens des neuen Kurfürsten nach langen Jahren der Kinderlosigkeit am bayerischen Hofe schlug sich auch in der Kunst nieder, in der das Familienporträt nun einen größeren Raum einnahm. Es gibt zahlreiche Darstellungen des Königs im Kreise seiner Familie, die Kinder wurden ebenfalls in verschiedenen Kombinationen ins Bild gesetzt. Mittels des Familienporträts sollte der König, der Vater seiner Familie, auch als Pater patriae dargestellt werden, der in seiner eigenen Familie die natürliche Ordnung vorlebte, wie sie auch auf den Staat übertragen werden sollte. Dabei verkörperte der Herrscher keine abstrakte Staatsidee, sondern die natürliche, gottgewollte Ordnung, die dem Bürgertum auf diese Weise nahegebracht werden konnte, da dadurch ein von diesem unangefochtener Wert, das Familienethos, in den Vordergrund gestellt wurde.[14] In diesem Sinne ist auch das anlässlich des 25-jährigen Regierungsjubiläums Max I. Josephs unter den Illuminationen der Stadt München gezeigte Bild des Königs zu interpretieren, das ihn „als glücklichen Gatten und Vater preist ... Das Gemaelde, welches das hohe Familienglück Unseres allergnädigsten Koeniges darzustellen bestimmt ist, zeigt uns alle seine erhabenen Kinder um ihn versammelt."[15] Neben der Darstellung des Familienglückes werden in der Illumination jedoch ebenso die positiven Auswirkungen der Heiratsverbindungen der Kinder und Enkel Max I. Josephs für Bayern betont, die die Dynastie der Wittelsbacher mit Frankreich, Österreich, Sachsen, Preußen und sogar Schweden verknüpften.

Die eher bürgerliche und volksnahe Art Max I. Josephs war es, die den König bei seinem Volk, selbst in Gebieten wie dem während der napoleonischen Kriege besetzten Tirol, so beliebt machte.[16] Der König, der sich in einem Gemälde Joseph Stielers nicht nach Art eines Staatsporträts, sondern wie ein Bürger im Gehrock porträtieren ließ,[17] liebte es, durch die Straßen und über die Märkte seiner Hauptstadt, wie den von ihm selbst begründeten Viktualienmarkt, und im Englischen Garten spazieren zu gehen oder bei den Bürgern in die Fenster zu schauen. Er schlichtete selbst Konflikte, beispielsweise bei entstandenen Unruhen zwischen Meistern und ihren Gesellen[18] oder rettete durch sein Eingreifen bei den Bergungsarbeiten nach dem Einsturz zweier Häuser hinter der Frauenkirche 1801 einen Glaserlehrling, den später berühmten Optiker und Astronom Joseph von Fraunhofer, aus den Trümmern.[19] Dafür wurde er von seinem Volk so sehr geliebt und verehrt, dass es sich sogar beständig für seinen Gesundheitszustand interessierte.[20]

König Max I. Joseph und die Konstitution von 1808

Mit der Regierungsübernahme Max IV. Josephs 1799 kam auch Maximilian Freiherr von Montgelas (ab 1809 Graf), der bereits seit September 1796 die politischen Geschäfte des damaligen Herzogs Max Joseph von Zweibrücken leitete, in Bayern zu Regierungsverantwortung. Das Programm hierzu hatte er in großen Teilen bereits 1796 im so genannten Ansbacher Mémoire formuliert.[21] Als Summe dieser Reformen, ursächlich aber v.a. zur Verhinderung einer von Napoleon oktroyierten Rheinbundverfassung, stellte Montgelas 1808 in großer Eile die Bestimmungen

14 Vgl. hierzu AK Wittelsbach und Bayern III/2, S. 624, Nr. 1180. – Rainer Schoch, Das Herrscherbild in der Malerei des 19. Jahrhunderts, München 1975, S. 105 f.

15 AK Bayerns Krone 1806, S. 142 f. Original: Stadtarchiv München, BuR 122.

16 Dies geht aus einem Brief des Kronprinzen hervor, der schreibt, die Tiroler hätten den König selbst während ihres Aufstandes ob seiner Umgänglichkeit geliebt, vgl. Brief des Kronprinzen Ludwig an Max I. Joseph, Innsbruck, 31. Oktober 1810, BayHStA, Geheimes Hausarchiv, NL Max I. Joseph, II B 1, 2. Teil.

17 König Max I. Joseph von Bayern am Schreibtisch, Gemälde von Joseph Stieler, 1814. In: AK Wittelsbach und Bayern III/2, S. 620, Nr. 1169.

18 Weis, Montgelas Bd. 2, S. 90.

19 Vgl. hierzu Adalbert Prinz von Bayern (wie Anm. 7) S. 419.

20 Vgl. Demel, Staatsabsolutismus, S. 30, der sich auf die Münchner Volksgespräche (BayHStA, MInn 45773) beruft.

21 Weis (wie Anm. 3) S. 266–287. Vgl. zum Ansbacher Mémoire mit Edition Eberhard Weis, Montgelas' innenpolitisches Reformprogramm. Das Ansbacher Mémoire für den Herzog vom 30.9.1796. In: ZBLG 33 (1970) (Festschrift für Heinz Lieberich) S. 219–256.

der Konstitution zusammen.[22] Welcher Anteil Max I. Joseph selbst an deren Entstehung zugeschrieben werden darf, ist mangels einschlägiger Quellen nicht zu entscheiden. Es ist jedoch davon auszugehen, dass Montgelas mit Max I. Joseph die Notwendigkeit der Abfassung einer Konstitution für das neugegründete Königreich Bayern nach dem Vorbild der westphälischen Verfassung bereits vor der Staatsratssitzung vom 20. Januar 1808, in der der Minister schließlich mit der Erstellung eines Entwurfs betraut wurde, besprochen hatte. Informiert dürfte der König also zumindest gewesen sein. Zudem spricht ein kurfürstliches Schreiben an die Landstände dafür, dass sich Max IV. Joseph bzw. sein Beraterkreis bereits 1803 mit dem Gedanken einer Lösung der Verfassungsfrage getragen hatten.[23] Am 13. Februar 1808 legte Montgelas dann einen Konstitutionsentwurf vor, der aus Zeitmangel nicht in Form eines schriftlichen Antrages formuliert, sondern lediglich mündlich vorgetragen wurde.[24] Insgesamt dürfte die Initiative zu den innenpolitischen Reformen wie zu den außenpolitischen Handlungen während der Zusammenarbeit Max I. Josephs mit Montgelas von diesem bzw. seinen Beratern ausgegangen sein, die er dann dem König zur Genehmigung vorlegte.[25] Anders sah dies beispielsweise im Königreich Württemberg aus, wo wichtige Initiativen und Instruktionen von König Friedrich I. selbst ausgingen und dieser sie oft auch eigenhändig ausführte.[26] Allerdings wollte Max I. Joseph offensichtlich von allen auch noch so unwichtigen Vorgängen Kenntnis haben, wovon die große Zahl an Schreiben in teilweise eher banalen Angelegenheiten zeugt, die der König und Montgelas gegenzeichneten.

Für den Kronprinzen, den späteren König Ludwig I., lässt sich ein großes Interesse an verfassungspolitischen Fragestellungen dagegen explizit nachweisen, wie ein Blick in seinen Nachlass zeigt, in dem sich aus den Jahren 1814 und 1815 nicht nur die Bemerkungen über eine Revision der bayerischen Konstitution von 1808, sondern auch Gedanken zu einer Verfassung des Deutschen Bundes finden.[27]

Festzuhalten bleibt, dass die Konstitution weder in ihrer Vorbereitung noch in ihrer Präsentation in der Öffentlichkeit dieselbe Aufmerksamkeit und Sorgfalt erreichte, wie die Verfassung von 1818.[28] Dementsprechend wurde sie auch nach und nach von den so genannten organischen Edikten und weiteren zusätzlichen Bestimmungen wie dem „Reglement die Kronämter des Reichs betreffend" ergänzt.[29] Was die Präsentation in der Öffentlichkeit betrifft, so existiert zwar im Stadtmuseum München eine Zeichnung wohl für eine Illumination anlässlich des Inkrafttretens der Konstitution[30], aber weder in den Illuminationen der Stadt München zum 25-jährigen Regierungsjubiläum Max I. Josephs noch in dem ausgestellten Bild „Bayerns Trauer", das als eine Art Nachruf auf die Leistungen der Regierung Max I. Josephs zu verstehen sein dürfte, wird die Konstitution auch nur erwähnt. Für das Jahr 1808 wird in beiden Darstellungen die Gründung der Akademie der Künste als wichtiger angese-

22 Siehe hierzu v.a. Eberhard Weis, Die Begründung des modernen bayerischen Staates. In: SpindlerVI/1, S. 1–126, besonders S. 64–66.

23 Kurfürstliches Schreiben an die Landschaft vom 5. Februar 1803, zitiert bei Möckl, Die bayerische Konstitution, S. 151–167.

24 BayHStA, StR 8.

25 Vgl. Weis (wie Anm. 3) S. 445.

26 Vgl. hierzu Weis (wie Anm. 3) S. 445. – Vgl. auch Wolfram Siemann, Friedrich II./I. In: Lorenz – Mertens – Press (wie Anm. 10) S. 289–292.

27 BayHStA, Geheimes Hausarchiv, NL Ludwig I. 88/4/2. – In der Forschung wird dem Kronprinzen Ludwig auch ein im NL Montgelas befindliches „Projet de Constitution" zugeschrieben, das auf die Jahre zwischen 1806 und 1808 datiert wird. Vgl. hierzu Zimmermann, Bayerische Verfassungsgeschichte, S. 120–131 und Gollwitzer (wie Anm. 8) S. 214–216.

28 Vgl. zur Verfassung von 1818 u.a. den Aufsatz von Friedrich Kohler, Charta magna Bavariae. In: AK Wittelsbach und Bayern III/1, S. 115–120.

29 Eine Übersicht der die Konstitution ergänzenden bzw. für ihren Vollzug notwendigen Bestimmungen findet sich bei Wenzel, Verfassungsurkunden, S. 18–20, und in diesem Band S. 332–334.

30 AK Wittelsbach und Bayern III/2, S. 223, Nr. 440.

hen.[31] Und auch in der vom König ausgehenden „Propaganda“ dürfte die Konstitution eine eher untergeordnete Rolle gespielt haben. Im Gegensatz dazu ließ Max I. Joseph auf die Verfassung von 1818 sogar einen Konstitutionstaler prägen, auf dem die Verfassung als „Charta Magna Bavariae“ bezeichnet wird und deren Zweck auch explizit benannt wird: „saluti publice“.[32] Es entstanden zudem bildliche Darstellungen auf den Erlass der Verfassung,[33] die Stände ließen eine Gedenkmünze zum Jahrestag prägen,[34] und Franz Erwein Graf von Schönborn-Wiesentheid ließ eine Konstitutionssäule auf dem Sonnenberg bei Gaibach errichten und deren Grundsteinlegung bildlich für seinen Konstitutionssaal festhalten.[35] Diese wenigen Beispiele mögen bereits für eine andere Wahrnehmung der Verfassung von 1818 in der Öffentlichkeit des Königreichs Bayern genügen. Hätte Max I. Joseph jedoch eine ähnliche Valorisierung der Konstitution von 1808 gewünscht, wäre dies sicher propagandistisch zu beeinflussen gewesen. Dass in dieser Hinsicht offenbar keine Anstrengungen unternommen wurden, könnte dafür sprechen, dass er selbst auf eine andere öffentliche Darstellung der Konstitution keinen Wert legte und diese zumindest nicht in dem Maß wie die Verfassung von 1818 als Erfolg seiner Regierungszeit ansah.

Konstitution und königliches Haus

Wichtiger Teil der Konstitution, die der König seinem Volk „von der Überzeugung geleitet“ und mit Ziel, dem neuen Staat „feste Haltung und Verbindung und jedem Theile der Staatsgewalt die ihm angemessene Wirkungskraft nach den Bedürfnissen des Gesamtwohls zu verschaffen“, aus eigener Machtvollkommenheit schenkte, war die Verankerung des Herrscherhauses in diesem neuen Staat. Zunächst wurde Max I. Joseph durch den Erlass der Konstitution, die allerdings die königliche Gewalt impliziert[36] und stillschweigend von ihrer Präponderanz ausgeht, als König auch zu einem Teil des Staates, in diesen integriert und Organ desselben.[37] Und genau darin liegt das ausgeprägt Monarchische der Konstitution, in welcher der König als oberste Gewalt vor und über dem Verfassungstext steht, an den er nicht durch einen Eid gebunden ist.

Der Zweite Titel der Konstitution ist allein „dem königlichen Hause“ gewidmet. Dort werden Fragen der Erbfolge, der Zugehörigkeit zum königlichen Haus, der Gerichtsbarkeit sowie der Einkünfte der Mitglieder des Hauses geregelt, das Erscheinen eines besonderen Familiengesetzes angekündigt und die Errichtung von vier Kronämtern des Reiches bestimmt. Zudem wird dort ausdrücklich die schon 1804 erlassene „Domanialfideikommisspragmatik des Churhauses Pfalzbaiern“ bestätigt, welche bereits die Trennung zwischen Staat und königlichem Haus v.a. in vermögensrechtlicher Hinsicht vollzogen hatte, auch wenn deren Realisierung in der Praxis z.T. schwierig war[38].

In der Verfassung von 1818 ist es ebenfalls Titel II, der sich mit den Fragen des königlichen Hauses befasst. Allerdings ist er nun mit „Von dem Könige und der Thronfolge, dann der Reichsverwesung“ überschrieben. Statt den Fragen der Dynastie wird hier eindeutig der König als Staatsoberhaupt in den Mittelpunkt gestellt und so regelt auch, im Gegensatz zur Konstitution, § 1 des Titels II der Verfassung von 1818 die Stellung des Königs. Des weiteren werden im Gegensatz zu 1808 insbesondere die Fragen einer Reichsverwesung, die während der Minderjährigkeit eines Monarchen oder wenn dieser an der Ausübung der Regierung gehindert war, eintreten sollte,

31 Katharina Heinemann, Illuminationen in München in der Regierungszeit König Max I. Josephs. In: AK Bayerns Krone 1806, S. 63–144, hier S. 113.
32 AK Wittelsbach und Bayern III/2, S. 319, Nr. 607 a.
33 Vgl. AK Wittelsbach und Bayern III/2, S. 310, Nr. 594.
34 AK Wittelsbach und Bayern III/2, S. 319, Nr. 607 c.
35 AK Wittelsbach und Bayern III/2, S. 318, Nr. 606.

36 Das Fehlen der ausdrücklichen Nennung der allumfassenden königlichen Gewalt wird auch in nicht näher bezeichneten und zugewiesenen Bemerkungen zu den Beratungen zur Revision der Verfassung 1814/15 bemängelt, vgl. BayHStA, StR 1654.
37 Siehe hierzu Wegelin, hier besonders S. 181–195.
38 Vgl. zur Domanialfideikommisspragmatik, RBl 1805, 161.

detailliert erörtert. Dagegen fiel die Festsetzung der Apanagen sowie die ausdrückliche Unterstellung der Mitglieder des königlichen Hauses unter die Gerichtsbarkeit des Monarchen in der Verfassung von 1818 weg.

Das Familiengesetz

Die erste Fassung des in der Konstitution angekündigten Familiengesetzes wurde bereits am 28. Juli 1808 erlassen und am 26. September 1810 im Regierungsblatt publiziert. Es regelte in zehn Titeln und 90 Artikeln die Belange der königlichen Familie, insbesondere Fragen der Erbfolge, der Regentschaft etc. 1816 wurde es jedoch bereits durch ein neues königliches Familiengesetz ersetzt, das in ebenfalls zehn Titeln, aber jetzt 100 Artikeln, die Belange des königlichen Hauses behandelt und das zuvor durch Max I. Joseph gegebene Gesetz von 1808 aufhebt, welches v.a. aufgrund seiner starken Bezüge zur Konstitution revisionsbedürftig geworden war. So ist z.B. Titel V des Familiengesetzes von 1808 auf der Grundlage des Zweiten Titels der Konstitution zu sehen: „Diese richtet sich sowohl in Ansehung des Rechts als der Ordnung nach den in dem II. Titel, § 1,2,3 der Konstitution unseres Königreiches enthaltenen Bestimmungen.“ Dagegen bezieht sich das Gesetz von 1816 nur einmal – in Art. 41 – auf die Konstitution, jedoch nicht auf einen konkreten Artikel.[39] Noch vor dem Erscheinen einer neuen bayerischen Verfassung wurden also mit einem losgelöst von der Konstitution gültigen Familiengesetz die für diesen Fall nötigen Vorkehrungen getroffen. Besonders starke Veränderungen erfuhren dabei Titel V „Von der Thron- und Erbfolge“ sowie Titel IX „Von der Reichsverwesung und Vormundschaften“. In Titel V wurden zusätzlich ein Artikel zum Eintreten der Reichsverwesung sowie zwei Artikel zur Vermögensnachfolge beigegeben, welche es so im Familiengesetz von 1808 noch nicht gab. Titel IX des Gesetzes von 1808 beginnt zunächst wieder mit einem Bezug auf die Konstitution, während im Familiengesetz von 1816 zunächst die Fälle definiert werden, in denen eine Reichsverwesung überhaupt eintritt. Beim Fehlen eines volljährigen Agnaten, der die Regentschaft übernehmen konnte, stand diese nämlich dem ersten Kronbeamten zu. Während die Regentschaft einer verwitweten Königin im Gesetz von 1808 nicht in Betracht gezogen wurde,[40] wurde sie 1816 zwar kategorisch ausgeschlossen, in der Verfassung von 1818 jedoch noch vor der Übernahme der Regentschaft durch einen Kronbeamten favorisiert. Das Gesetz von 1816 wurde am 5. August 1819 nochmals durch ein königliches Familienstatut ergänzt.[41]

Die Kronämter

Das Institut der Kronbeamten wurde im Zweiten Titel § X der Konstitution grundgelegt. Der Kronobersthofmeister, der Kronoberstkämmerer, der Kronoberstmarschall und der Kronoberstpostmeister waren für die Repräsentation einer Monarchie unabdingbare Ämter, die deshalb auch zwei Jahre nach der Erhebung Bayerns zum Königreich eingeführt wurden. Zusätzlich zu dem sie behandelnden Abschnitt in der Konstitution wurde am 28. Juli 1808 ein „Allerhöchstes Reglement die Kronämter des Reiches betreffend“ verkündet.[42] Die Kronämter wurden als Mannlehen auf dem Thron durch den jeweiligen König entweder nur auf Lebenszeit oder nach agnatisch-linealischer Erbfolge verliehen. Rangmäßig waren die Kronbeamten

[39] In Titel V, Art. 41 wird im Zusammenhang mit der Frage nach der Vermögenserbfolge der Prinzessinnen im Fall eines endgültigen Erlöschens des Mannesstammes auf das in der Konstitution, früheren Verträgen und Familiengesetzen definierte Hausvermögen, welches nicht Bestandteil des zur Krone gehörigen Vermögens war, verwiesen.

[40] Königliches Familiengesetz vom 28. Juli 1808, RBl 1810, 791; Königliches Familiengesetz vom 18. Januar 1816, RBl 747, hier 770, Art. 71; Verfassungs-Urkunde des Königreichs Baiern vom 26. Mai 1818, Art. 13.

[41] Königliches Familienstatut vom 5. August 1819, RBl 1821, 5.

[42] Allerhöchstes Reglement die Kronämter betreffend vom 28. Juli 1808, RBl 2109. Vgl. zu den Kronämtern auch Max Seydel, Bayerisches Staatsrecht, Bd. 1, München 1884, S. 362 f., 464–466.

direkt nach den dirigierenden Staats- und Konferenzministern angesiedelt, untereinander rangierten sie in der Ordnung, in der sie im Gesetz genannt wurden. Sie waren zudem Mitglieder des Familienrates und konnten ebenso am Geheimen Rat teilnehmen. Ihre zeremoniellen Pflichten hatten die Kronbeamten bei größeren Hoffeierlichkeiten und Thronbelehnungen sowie bei der feierlichen Eröffnung der Reichsversammlung wahrzunehmen. Dabei, so schreibt es das Reglement vor, standen die Kronbeamten an der obersten Stufe des Thrones neben den Staats- und Konferenzministern, darunter folgten die obersten Hofbeamten, die auch bei Abwesenheit der Kronbeamten deren Stellen einnehmen sollten.

Den Kronbeamten waren außerdem gemäß der Rangfolge die Reichsinsignien anvertraut, also dem Kronobersthofmeister die Krone, dem Kronoberstkämmerer das Szepter, dem Kronoberstmarschall das Schwert und dem Kronoberstpostmeister der Reichsapfel. Zudem kam jedem einzelnen Kronbeamten bei den großen Feierlichkeiten eine spezielle Aufgabe zu: dem Kronobersthofmeister die Besorgung der „Polizei" in den Gebäuden, in welchen sich der König befand, dem Kronoberstkämmerer die Einführung der feierlichen Deputationen und die Überbringung der königlichen Befehle an den Oberstzeremonienmeister, dem Kronoberstmarschall die Entgegennahme der königlichen Befehle über die Feierlichkeiten außerhalb der königlichen Schlösser und Residenzen, und dem Kronoberstpostmeister schließlich die Oberaufsicht bei feierlichen Zügen und Auffahrten. Zuletzt wurde im Reglement auch die Uniform der Kronbeamten in einem eigenen Artikel detailliert festgesetzt: Über einem „Kleid" aus dunkelkornblumenblauem Samt oder Seidenzeug sollte ein Mantel aus ponceaurotem Samt oder Seide, beides mit Goldstickerei, getragen werden.

Die Bestimmung der Inhaber der einzelnen Kronämter wurde, wie bereits dargestellt, durch den König vorgenommen. In einem Akt zu den Kronbeamten aus dem Jahr 1808 wurde neben zeremoniellen Belangen der Belehnungsfeierlichkeiten auch die Frage der Besetzung der vier zu vergebenden Ämter diskutiert[43]. Der zuständige Referent Johann Adam von Aretin[44] erarbeitete hierfür eine Übersicht der in Frage kommenden Familien, die er zunächst in bis zur Mediatisierung reichsunmittelbare und mittelbare Familien einteilte. Beide Kategorien wurden dann nochmals nach innerhalb oder außerhalb Bayerns ansässigen Familien unterschieden. Zu den zunächst unmittelbaren, bayerischen Familien gehörten die Oettingen-Wallerstein und die Oettingen-Spielberg, die Thurn und Taxis, die Hohenlohe-Kirchberg, die Fugger zu Babenhausen, die Castell-Remlingen (spätere Linie Castell-Castell), die Rechteren-Limpurg und die Pappenheim,[45] zu den nichtbayerischen Familien die Schwarzenberg, die Esterhazy von Galantha, die Ostein, die Schönborn sowie die Stadion-Thannhausen.[46] Als Vertreter mittelbarer, bayerischer Familien wurden die Törring-Gutenzell, die Preysing, die Castelbarco und die Künigl zu Ehrenburg genannt,[47] als Abkömmlinge mittelbarer, nichtbayerischer Familien die Auersperg, die Lamberg sowie die Zenobio.[48] Offenbar wurde die Belehnung nicht in Bayern ansässiger Familien durchaus in Betracht

43 BayHStA, MA 70136.

44 Vgl. zu Johann Adam von Aretin: NDB Bd. 1, S. 347 f. – Vgl. AK Bayern entsteht, S. 131.

45 Die namentlich vorgeschlagenen Vertreter dieser Familien waren Johann Alois Fürst von Oettingen-Spielberg, 20 Jahre alt, Ludwig Kraft Karl Fürst von Oettingen-Wallerstein, 17 1/2 Jahre alt, Georg Ludwig Moritz Fürst von Hohenlohe-Kirchberg, 22 Jahre alt, Anselm Maria Fugger Fürst zu Babenhausen, Karl Alexander Fürst von Thurn und Taxis, Albrecht Friedrich Karl Graf von Castell-Remlingen, Friedrich Ludwig Christian Graf von Rechteren-Limpurg, Carl Theodor Friedrich Graf und Herr zu Pappenheim.

46 Explizit waren hier Joseph Johann Fürst zu Schwarzenberg, Nikolaus Fürst Esterhazy von Galantha, Prosper Fürst von Sinzendorf, Franz Philipp Joseph Graf von Schönborn, Johann Friedrich Graf von Ostein und Johann Georg Joseph Graf von Stadion-Thannhausen gemeint.

47 Namentlich waren dies Joseph Graf von Törring-Gutenzell, Maximilian Graf von Preysing, der Graf von Castelbarco sowie Leopold Joseph Graf von Künigl.

48 Hier angeführte Namen waren: Carl Fürst von Auersperg, Carl Eugen Fürst von Lamberg sowie Graf Zenobio.

gezogen, da Aretin die Frage aufwirft, ob solche Familien durch die Verleihung eines Kronamtes nicht dazu gebracht werden könnten, ihren Wohnsitz fernerhin in Bayern zu nehmen.
Die Entscheidung des Königs ist als Signat auf dem Entwurf des Referenten festgehalten: Das Kronobersthofmeisteramt sollte Ludwig von Oettingen-Wallerstein, der zu diesem Zeitpunkt freilich noch unter dem Mindestalter von 21 Jahren lag, bekleiden, die Funktion des Kronoberstkämmerers ging an den Fürsten von Fugger-Babenhausen, während das Kronoberstmarschallamt auf Wunsch des Königs zunächst unbesetzt bleiben sollte. Das Kronoberstpostmeisteramt hatte Max I. Joseph bereits an die von Thurn und Taxis verliehen, die 1808 in diesem Zusammenhang auf das ihnen eigene Postregal verzichteten und damit den Weg für ein königlich-bayerisches Postwesen frei gemacht hatten[49].
Die feierliche Belehnung der Kronbeamten wurde allerdings offenbar erst 1812 wieder vorangetrieben, denn aus diesem Jahr stammt ein Akt „Das Kostüm der Kronbeamten betreffend", der die 1808 im Reglement über die Kronbeamten gemachten Kleidervorschriften einer nochmaligen Revision unterzieht und im wesentlichen statt der Gold- eine Silberstickerei und statt des ponceauroten nun einen kornblumenblauen Mantel festsetzt[50].
In der Verfassung von 1818 tauchen die Kronbeamten in Titel V wieder auf, in dem sie „als oberste Würden des Reiches" und nun auch als Mitglieder der ersten Kammer der Ständeversammlung angesprochen werden.

Zusammenfassung

Die Konstitution von 1808 hatte für die Institutionalisierung des königlichen Hauses entscheidende Bedeutung. Durch die Hereinnahme eines das königliche Haus betreffenden Titels in dieses erste Verfassungsdokument des noch jungen bayerischen Königreichs wurden der König und sein Haus zu einem Teil des Staates mit verfassungsmäßig definierten Rechten, Pflichten und unumstößlich festgesetzten Abläufen, z.B. in Fragen der Reichsverwesung oder der Thronfolge. Durch die ausdrückliche Bestätigung der Domanialfideikommisspragmatik von 1804, die bereits die Trennung von Staats- und Hausvermögen vollzogen hatte, wurden diese Bestimmungen jetzt auch in der Verfassung festgeschrieben.

49 Vgl. zu den Thurn und Taxis und der ihnen anvertrauten Post Wolfgang Behringer, Thurn und Taxis. Die Geschichte ihrer Post und ihrer Unternehmen, München 1990. – Max Piendl, Das fürstliche Haus Thurn und Taxis. Zur Geschichte des Hauses und der Thurn und Taxis-Post, Regensburg 1980.

50 BayHStA, MA 70139.

5.1 Bayerns erster König

a) Nach 1812
   Stahlstich von König Max I. Joseph.
b) 1806
   Medaille auf die Annahme der Königswürde.

Am 1. Januar 1806 erklärte sich Max I. Joseph auf der Grundlage des Vertrags von Brünn (10. Dezember 1805) und bestätigt durch den Frieden von Pressburg (26. Dezember 1805) zum bayerischen König. In Anwesenheit der Minister und der Chefs der Hofstäbe nahm er morgens um 10 Uhr im Appartement der Kurfürstin Karoline den Titel eines Königs von Bayern an. Dies wurde der versammelten Hof- und Staatsdienerschaft mitgeteilt, während ein Herold die Proklamation unter Glockengeläut und 200 Salutschüssen den Untertanen auf den Straßen Münchens verlas.

Der gezeigte Stich bildet den bayerischen König im Krönungsornat ab, im Hintergrund die Verkündigungsszene durch den Herold. Zu beiden Seiten finden sich je drei kleinere Szenen aus der Zeit bis zum Russlandfeldzug 1812, darunter die Hochzeit der Prinzessin Auguste mit Eugène de Beauharnais, der Abschied und der Aufenthalt des Kronprinzen Ludwig im Feld, eine Szene aus dem Tirolerkrieg, der Rückmarsch der bayerischen Soldaten aus Russland sowie das erste Oktoberfest von 1810. Der Stich dürfte kurz nach dem Russlandfeldzug entstanden sein, steht er doch für die Phase der Regierungszeit Max I. Josephs, in der Bayern sich an Frankreich orientierte und Mitglied des Rheinbundes war, dem es bis zum Vertrag von Ried (8. Oktober 1813) angehörte.

Zur Feier der Königserhebung wurde auch eine nicht ausgeprägte Medaille geschlagen. Sie zeigt auf dem Avers ein Brustbild des Königs im Profil nach rechts mit der Umschrift Maximilian Josephus Boiariae Rex. Auf der Rückseite weist die gekrönte Bavaria auf die Landkarte des vergrößerten Bayern. Die Umschrift Regnum Boiariae Restitutum steht für die Erhebung Bayerns zum Königreich, die Inschrift antiquus Honos / Novum

5.1a

Saeculum / MDCCCVI spielt auf die Fiktion einer bereits althergebrachten bayerischen Königswürde an, die in der königlichen Propaganda auf den Agilolfinger Garibald I. im 6. Jahrhundert zurückgeführt wurde. Damit reichte die Rechtfertigung der bayerischen Königswürde noch vor Karl den Großen, auf den sich das Heilige Römische

5.1b (Vorderseite)

5.1b (Rückseite)

Reich sowie Napoleon als Schöpfer des Grand Empire bezogen.

a) Stahlstich, 22 x 15 cm, P.C. Geissler.
Bayerisches Hauptstaatsarchiv, Geheimes Hausarchiv, WB Max I. Joseph 20/22.

b) Medaille, Blei geschnitten, Ø 5,1cm, Joseph Losch.
München, Staatliche Münzsammlung.

Literatur: Richard Bauer, Max I. Joseph. Der König und seine Residenzstadt. In: Alois Schmid – Katharina Weigand (Hrsg.), Die Herrscher Bayerns, München 2001, S. 295–309. – Adalbert Prinz von Bayern, Max I. Joseph von Bayern. Pfalzgraf, Kurfürst und König, München 1957. – AK Wittelsbach und Bayern III/2, Nr. 409, S. 209. – Eberhard Weis, Die Begründung des modernen Staates unter König Max I. (1799–1825). In: Spindler IV/1, S. 3–126. – Ferdinand Kramer, Der Weg zur Königswürde. In: AK Bayerns Krone 1806, S. 17–23.

5.2 „Vater Max"

a) O.J.
Druck „Der Max kommt."

b) 1823
Lithographie „Der Stamm des Gerechten wird blühen."

c) 1808 März 19, München
Schreiben Max I. Josephs bezüglich des Heiratsprojekts seiner Tochter Charlotte Auguste.

Max I. Joseph – „Vater Max" – genoss ob seiner zupackenden, volksnahen Art im einfachen Volk eine hohe Beliebtheit. Er war ein leidenschaftlicher Spaziergänger, der gern über die Märkte und Plätze seiner Residenzstadt oder im Englischen Garten promenierte. Diese Seite des Königs fand ihre künstlerische Verarbeitung auf dem gezeigten Druck, auf dem Max I. Joseph mit Königin

5.2a

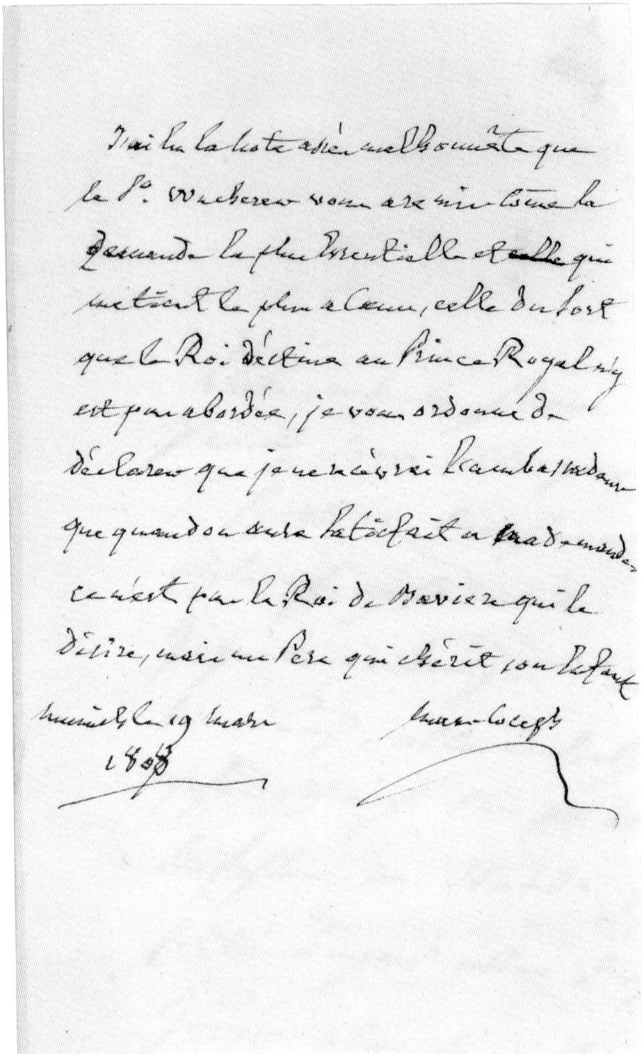
J'ai lu la note assez malhonnête que
le S. Wacherow vous a remise touchant la
demande la plus essentielle et celle qui
me tient le plus à cœur, celle du sort
que le Roi destine au Prince Royal n'y
est pas abordée, je vous ordonne de
déclarer que je ne suis pas l'ambassadeur
que quand on aura satisfait à ma demande,
ce n'est pas le Roi de Bavière qui le
désire, mais un Père qui chérit son enfant
Munich le 19 mars
1808
Max Joseph

5.2c

Stieler erf. P. Heß gez. Weller grav.

DER STAMM DES GERECHTEN WIRD BLÜHEN.
1823.

5.2b

Karoline bei einer Promenade über den Viktualienmarkt dargestellt ist.
Max I. Joseph war laut Aussage des in seiner Jugend bei Hofe als Page tätigen August Grafen von Platen ein zärtlicher Vater. Als solcher wird er auch in den Illuminationen der Stadt München anlässlich seines 25-jährigen Regierungsjubiläums gezeigt. Insbesondere der beigegebene Text in dem zur Erinnerung erstellten Buch betont das Familienglück des Königspaares und zeigt dessen Kinder teilweise mit deren Ehepartnern. Gleichzeitig weist er auf die für Bayern vorteilhaften Heiratsverbindungen mit Österreich, Sachsen, Preußen, Schweden und dem napoleonischen Frankreich hin.
Trotz aller politischen Überlegungen hatte Max I. Joseph – dies ist dem gezeigten Brief, der im Vorfeld der Eheschließung seiner zweiten Tochter Charlotte Auguste mit dem württembergischen Kronprinzen Wilhelm geschrieben wurde, zu entnehmen – das Wohl seiner Kinder im Blick. Er schreibt: „ce n'est pas le Roi de Baviere qui le désire, mais un Pere qui chérit son enfant". Die württembergische Ehe wurde jedoch 1814 für ungültig erklärt. 1816 ehelichte Charlotte zur Verbesserung und Festigung der Beziehungen Bayerns zu Österreich den bereits dreimal verwitweten Kaiser Franz I.

a) Druck, unbek. Künstler; 22 x 14,8 cm.
Bayerisches Hauptstaatsarchiv, Geheimes Hausarchiv, WB Max I. Joseph 27/31.

b) Reproduktion, 31 x 46 cm, Entwurf Joseph Stieler, Lithographie Peter Heß.
München, Stadtarchiv, BuR 122.
Abbildung: AK Bayerns Krone 1806, S. 142 f.

c) Schreiben, 18,1 x 11,1 cm, eingebunden in einen Aktenband.
Bayerisches Hauptstaatsarchiv, Geheimes Hausarchiv, Ministerium des königlichen Hauses 83.

Literatur: G. v. Laubmann – L. von Scheffler (Hrsg.), Die Tagebücher des Grafen August von Platen. Aus der Handschrift des Dichters, 2 Bde., Stuttgart 1896, 1900. – Adalbert Prinz von Bayern (wie Kat.Nr. 5.1). – Die Memoiren des Karl Heinrich Ritter von Lang. Faksimile der Ausgabe 1842, mit einem Nachwort von Heinrich von Mosch, 2 Bde. (Bibliotheca Franconia) Erlangen 1984. – Weis (wie Kat.Nr. 5.1). – Katharina Heinemann, Illuminationen in München in der Regierungszeit König Max I. Josephs. In: AK Bayerns Krone 1806, S. 63–144.

5.3 Trennung von königlichem Haus und Staat

1808 August 8 (1810 September 26)
Druck des königlichen Familiengesetzes im Regierungsblatt.

Das Erscheinen eines Familiengesetzes wurde bereits in der Konstitution vom 1. Mai 1808 angekündigt. Am 7. Juli 1808 erfolgte eine erste Lesung des durch Georg Friedrich von Zentner erstellten Entwurfs dazu, der nochmals mit Änderungen zur Korrektur verwiesen wurde. In der Sitzung der Geheimen Staatskonferenz vom 28. Juli 1808 wurde das Gesetz endgültig beschlossen, aber erst zwei Jahre später veröffentlicht.
Das Familiengesetz dient insbesondere zur Regelung der Erbfolge, definiert aber auch die Bedingungen der Zugehörigkeit zum königlichen Haus, legt die Notwendigkeit einer Zustimmung des Königs als Oberhaupts des Hauses zu Heiraten und Adoptionen fest, regelt u.a. die Vorgehensweise bei Regent- und Vormundschaften sowie die Frage der Gerichtsbarkeit über Mitglieder des königlichen Hauses.
Im Gegensatz zur Konstitution, in der die Gerichtsbarkeit über Angehörige des Hauses ohne Ausnahme dem König zugesprochen wird, wird diese nun differenzierter behandelt, und zwar bei Real- und vermischten Klagen an die königlichen Appellationsgerichte, bei persönlichen und gerichtlichen Angelegenheiten an einen Familienrat verwiesen. Im Titel „Von der Erbfolge" werden die Prinzessinnen des Hauses bis zum Erlöschen des Mannesstammes von der Thronfolge ausgeschlossen, danach geht diese auf diejenigen männlichen Nachkommen der Prinzessinnen über, die dem letzten Monarchen am nächsten verwandt sind.
Am 18. Januar 1816 wurde nach dem Beitritt Bayerns zum Deutschen Bund (Juni 1815) eine angepasste Fassung des Königlichen Familiengesetzes erlassen, die zehn Artikel mehr enthält. Mit dem das königliche Haus betreffenden Titel der Konstitution sowie den beiden Familiengesetzen

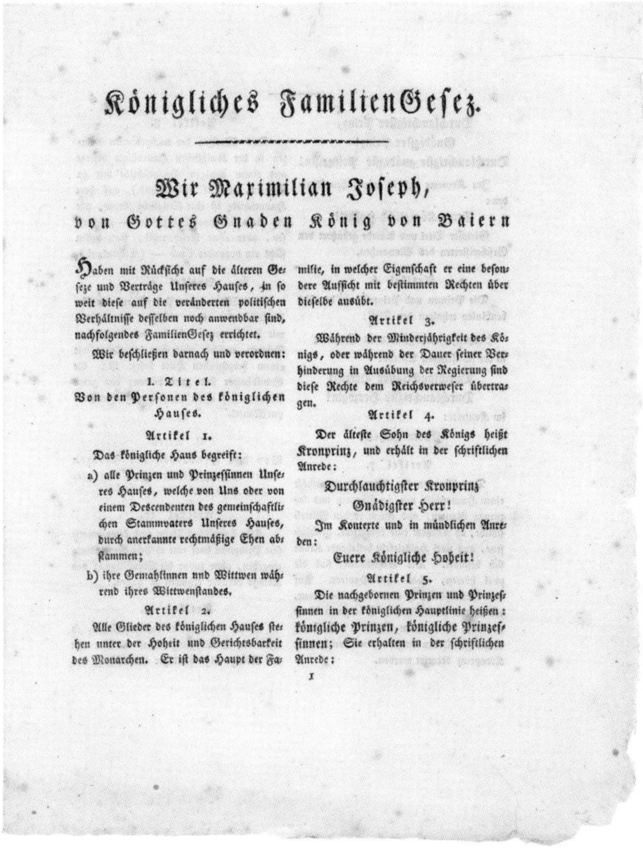

Königliches FamilienGesez.

Wir Maximilian Joseph,
von Gottes Gnaden König von Baiern

Haben mit Rücksicht auf die älteren Geseze und Verträge Unseres Hauses, in so weit diese auf die veränderten politischen Verhältnisse desselben noch anwendbar sind, nachfolgendes FamilienGesez errichtet.

Wir beschließen darnach und verordnen:

I. Titel.
Von den Personen des königlichen Hauses.

Artikel 1.

Das königliche Haus begreift:

a) alle Prinzen und Prinzessinnen Unseres Hauses, welche von Uns oder von einem Descendenten des gemeinschaftlichen Stammvaters Unseres Hauses, durch anerkannte rechtmäßige Ehen abstammen;

b) ihre Gemahlinnen und Wittwen während ihres Wittwenstandes.

Artikel 2.

Alle Glieder des königlichen Hauses stehen unter der Hoheit und Gerichtsbarkeit des Monarchen. Er ist das Haupt der Familie, in welcher Eigenschaft er eine besondere Aufsicht mit bestimmten Rechten über dieselbe ausübt.

Artikel 3.

Während der Minderjährigkeit des Königs, oder während der Dauer seiner Verhinderung in Ausübung der Regierung sind diese Rechte dem Reichsverweser übertragen.

Artikel 4.

Der älteste Sohn des Königs heißt Kronprinz, und erhält in der schriftlichen Anrede:

Durchlauchtigster Kronprinz
Gnädigster Herr!

Im Kontexte und in mündlichen Anreden:

Euere Königliche Hoheit!

Artikel 5.

Die nachgebornen Prinzen und Prinzessinnen in der königlichen Hauptlinie heißen: königliche Prinzen, königliche Prinzessinnen; Sie erhalten in der schriftlichen Anrede:

I

5.3

von 1808 und 1816 wurde die bereits in der Domanialfideikommisspragmatik von 1804 vollzogene Trennung von Dynastie und Staat nochmals bestätigt. Das königliche Privatvermögen wurde in Zukunft vom Staatseigentum getrennt; dazu zählten Archive, Registraturen, öffentliche Gebäude, Geschütz und Munition, Hofämter, Kunst- und wissenschaftliche Sammlungen sowie alles, was aus Staats- und Kameralvermögen erworben worden war.

Sonderdruck des Familiengesetzes, 28 x 22 cm, 8 Bl., gezeigt wird Bl. 1.

Bayerisches Hauptstaatsarchiv, NL Montgelas 107.

Druck: RBl 1810, 777.

Literatur: Hans Rall, Die Hausverträge der Wittelsbacher. Grundlagen der Erbfälle von 1777 und 1799. In: AK Wittelsbach und Bayern III/1, S. 13–48.

5.4 Der Kronprinz als Konstitutionalist?

a) 1815 März 9, Wien
„Bemerkungen Seiner königlichen Hoheit des Kronprinzen Ludwig über den Entwurf der Verfassung für Bayern betreffend."

b) 1815 März 7, Wien
Notizen des Kronprinzen über die Revision der Verfassung von 1808.

Am 1. März 1815 ließ Max I. Joseph den Kronprinzen Ludwig, der sich in Wien aufhielt, auffordern, sich zum ersten Ergebnis der im September 1814 einberufenen Kommission zur Revision der Verfassung zu äußern. Hieraus entstanden am 9. März 1815 die *Bemerkungen über den Entwurf der Verfassung für Baiern*, in denen Ludwig den Entwurf in dessen einzelnen Titeln und Paragraphen einer genauen Prüfung unterzog und seine Kritik, Fragen und Änderungswünsche hierzu formulierte. Aus den Notizen wird deutlich, wie intensiv sich der Kronprinz mit den Verfassungsfragen beschäftigte. In seiner Vorrede schreibt er: „So wußte der Thronerbe sehr wohl, als er diese Beschränkungen vorschlug, daß jede die angenommen wird, auch für ihn gültig sey und daß er sich selbst große, vielleicht unüberwindbare Hinderniße in den Weg lege, manche lebhafte Lieblingsneigung auszuführen". Dennoch sprach er sich u.a. für das Recht der Stände zur Steuer-, Kredit- und Gesetzesbewilligung, das Initiativrecht der Kammern und die Zuschreibung des Wahlrechts an jeden Untertanen aus, der Steuern in Höhe von 7 Gulden und 30 Kreuzern bezahlte. Von der Gewährung einer Verfassung erwartete Ludwig – wie er in seiner „freimüthige[n] Aeußerung" am Ende des Entwurfs bemerkt – auch einen positiven Einfluss auf das Verhältnis zwischen Volk und Monarchie: „umso größer nur

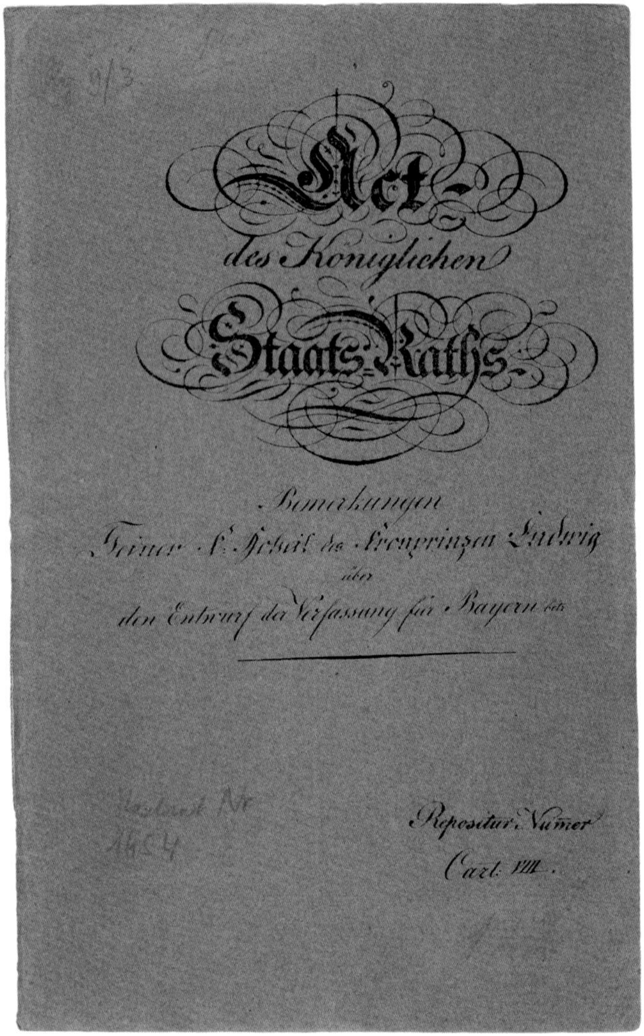
Act des Königlichen Staats-Raths

Bemerkungen Seiner K. Hoheit des Kronprinzen Ludwig über den Entwurf der Verfassung für Bayern betr.

Repositur Numer Cart. VIII.

5.4a

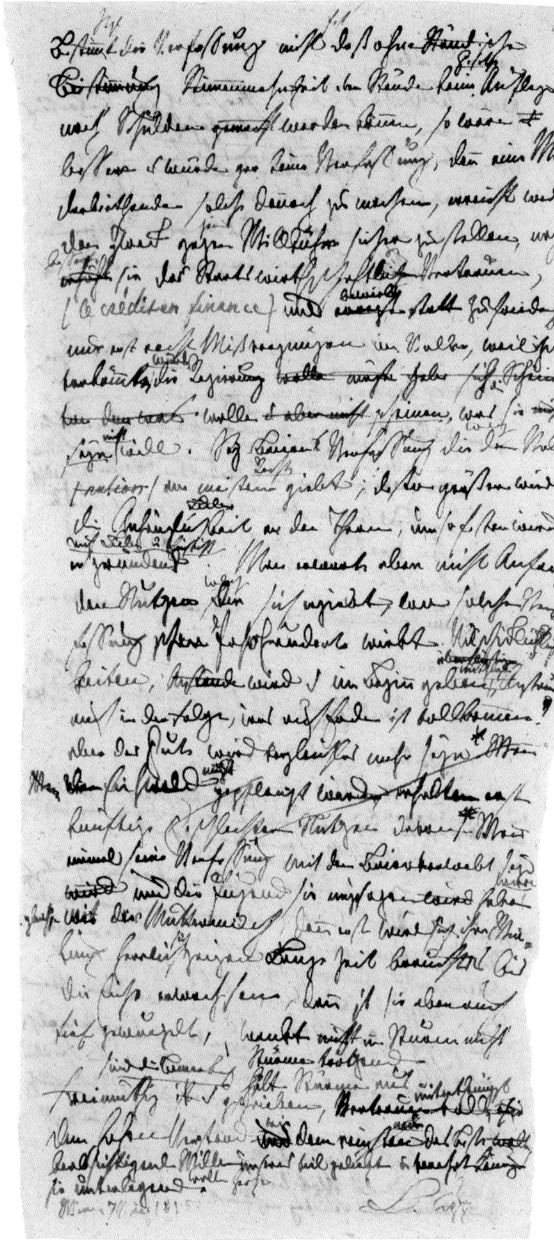

5.4b

wird die Anhänglichkeit an den Throne, desto fester wird er sich gründen auf Liebe und Einsicht". Abgesehen von dieser, von Ludwig eigenhändig geschriebenen und unterfertigten Auseinandersetzung mit der bayerischen Verfassung lassen sich Notizen des Kronprinzen zu einer Verfassung des Deutschen Bundes nachweisen. Ein weiterer, als *Projet de Constitution* titulierter Entwurf einer bayerischen Verfassung, der sich im Nachlass Montgelas befindet, und bereits aus der Zeit zwischen 1806 und 1808 stammen soll, wird in der Forschung ebenfalls Ludwig zugeschrieben. Insgesamt waren es – dies wird auch in den Bemerkungen von 1815 deutlich – jedoch v.a. die die Monarchie betreffenden Fragen nach Thronfolge, Hausrecht und königlicher Prärogative, die Ludwig in seinen Entwürfen besonders interessierten.

a) Aktendeckel, 36,2 x 22,5 cm
Bayerisches Hauptstaatsarchiv, StR 1654.

b) Entwurf, 28,6 x 13,4 cm, loses Aktenbündel.
Bayerisches Hauptstaatsarchiv, Geheimes Hausarchiv, NL Ludwig I., 88/4/2.

Literatur: Zimmermann, Bayerische Verfassungsgeschichte, S. 120 f. – Heinz Gollwitzer, Ludwig I. von Bayern. Königtum im Vormärz. Eine politische Biographie, München 1986, S. 214–216.

5.5 Stammbaum des königlichen Hauses

Nach 1821
Lithographie „Stamm-Eiche des Regentenhauses Baiern".

Der gezeigte Stammbaum des königlichen Hauses entstand noch in der Regierungszeit Max I. Josephs nach 1821. Dafür spricht, dass der Name des Königs als einziger in Kapitälchen gesetzt ist und das jüngste noch in den Stammbaum aufgenommene Kind des Kronprinzen, Luitpold, im Jahr 1821 geboren wurde.
Die Eiche ist als Inbegriff des beständigen, deutschen Baumes und als Sinnbild für die Dauerhaftigkeit der königlich-bayerischen Dynastie zu interpretieren. Über ihre weibliche Linie führen sich die Wittelsbacher hier auf Karl den Großen zurück.
Alle vor dem 12. Lebensjahr verstorbenen Kinder sind nur mit ihrer Ziffer in der Geburtenfolge erwähnt. Ihre Namen waren dem Stammbaum offenbar in einer Tabelle beigegeben. Die weiblichen sowie die männlichen Nachkommen im geistlichen Stand sind kursiv aufgeführt. In der Baumkrone genannte Kinder Max I. Josephs, die das 12. Lebensjahr erreichten, sind aus erster Ehe Kronprinz Ludwig Karl, Auguste Amalie, Charlotte sowie Karl, aus zweiter Ehe die beiden Zwillingspaare Elisabeth und Amalie sowie Sophie und Maria und schließlich Ludovika. Weitere drei Kinder Max I. Josephs, darunter die jüngste und Lieblingstochter des Königspaares, Maximiliane, starben früh, der erste Sohn aus der zweiten Ehe mit der badischen Prinzessin Karoline Friederike verschied bei der Geburt.

Lithographie, 81,2 x 37,5 cm, Entwurf Franz von Paula Schramml, Archivsekretär des Geheimen Staatsarchivs, Zeichnung auf Stein von Franz Xaver Nachtmann.

Bayerisches Hauptstaatsarchiv, MA Karten und Pläne, Nr. 462.

Literatur: Adalbert Prinz von Bayern (wie Kat.Nr. 5.1).

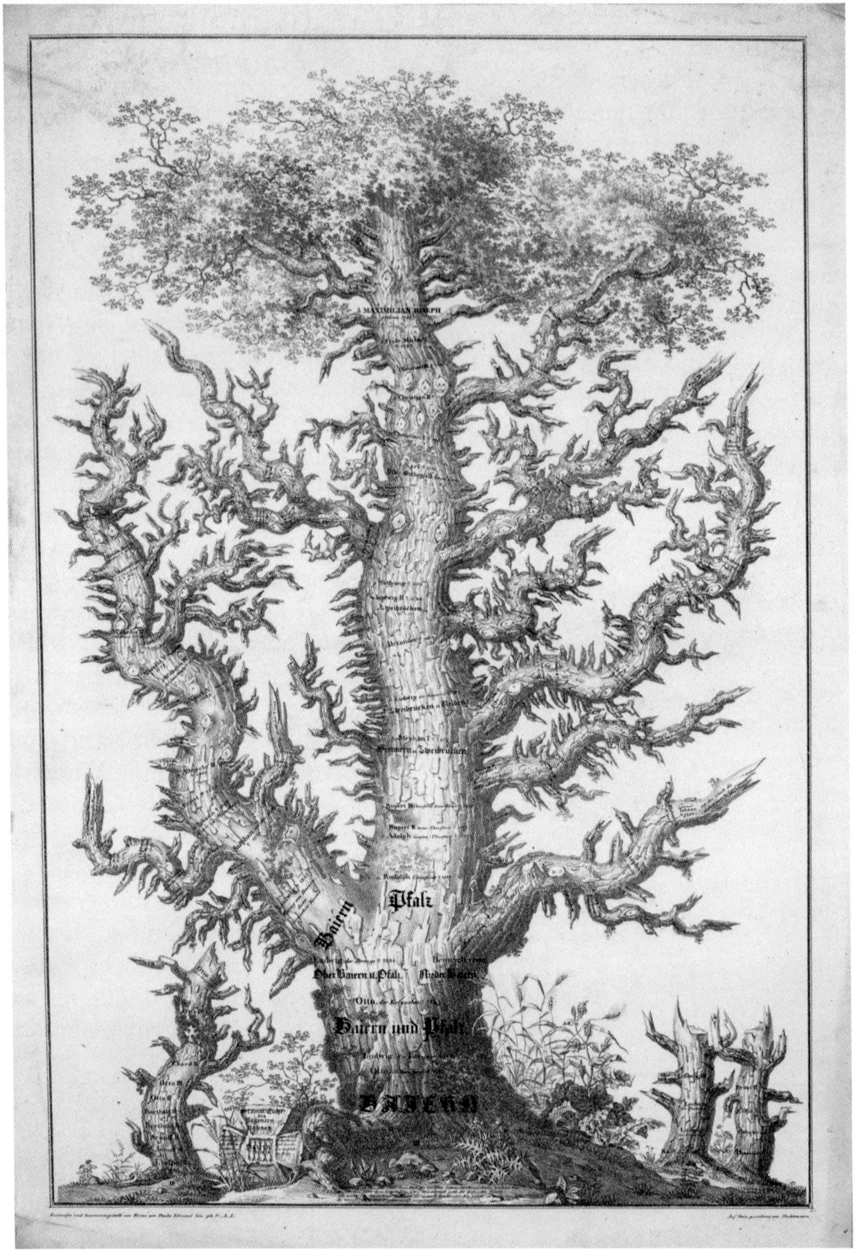

Pfalz
Baiern
Ober Baiern u. Pfalz
Nieder Baiern
Baiern und Pfalz

5.5

5.6 Der König und die Konstitution

a) München, 1814 September 17
Entschließung Max I. Josephs zur Revision der Konstitution.

b) [1825]
Lithographie „Bayerns Trauer".

Die gezeigte Lithographie eines unbekannten Künstlers ist als eine Art Nachruf anlässlich des Todes Max I. Josephs im Jahr 1825 entstanden. Die Darstellung wird umrahmt von Ereignissen aus der Regierungszeit des Königs. Für das Jahr 1808 wird Bayern in Anspielung auf die Gründung der Akademie der Bildenden Künste als eine Heimat der Künste gefeiert, die Konstitution – als Zusammenfassung der Reformen der ersten Regierungsjahre Max Josephs – findet hingegen keine Erwähnung. Dies dürfte damit zusammenhängen, dass die Verfassung von 1818 die Konstitution im allgemeinen Bewusstsein wohl überlagerte. Sie hatte von Beginn an aufgrund ihrer kurzfristigen Entstehung sowie ihrer Funktion zur Verhinderung einer oktroyierten Verfassung durch Napoleon eher vorläufigen Charakter. Diesem Eindruck wurde offensichtlich auch in der „Propaganda" des Königreichs Bayern nicht entgegengewirkt. Die Vorläufigkeit der Konstitution scheint gleichfalls in einem königlichen Reskript vom 17. September 1814 auf, in dem Max I. Joseph die Anweisung zur Bildung eines Ausschusses zur Revision der Konstitution unter Berücksichtigung der geänderten außen- und innenpolitischen Situation und der zur Ergänzung publizierten organischen Edikte gab. Montgelas hatte dies durch einen Bericht an Max I. Joseph vom 14. September 1814 und mittels der Aufstellung von *Leitsätzen für den auszuarbeitenden Entwurf* angestoßen. 1815 entstand schließlich ein Verfassungsentwurf, der u.a. durch den Kronprinzen als zu reaktionär kritisiert wurde. Dennoch bildete das erarbeitete Konzept in vielen Bereichen eine wichtige Grundlage für die Verfassung von 1818.

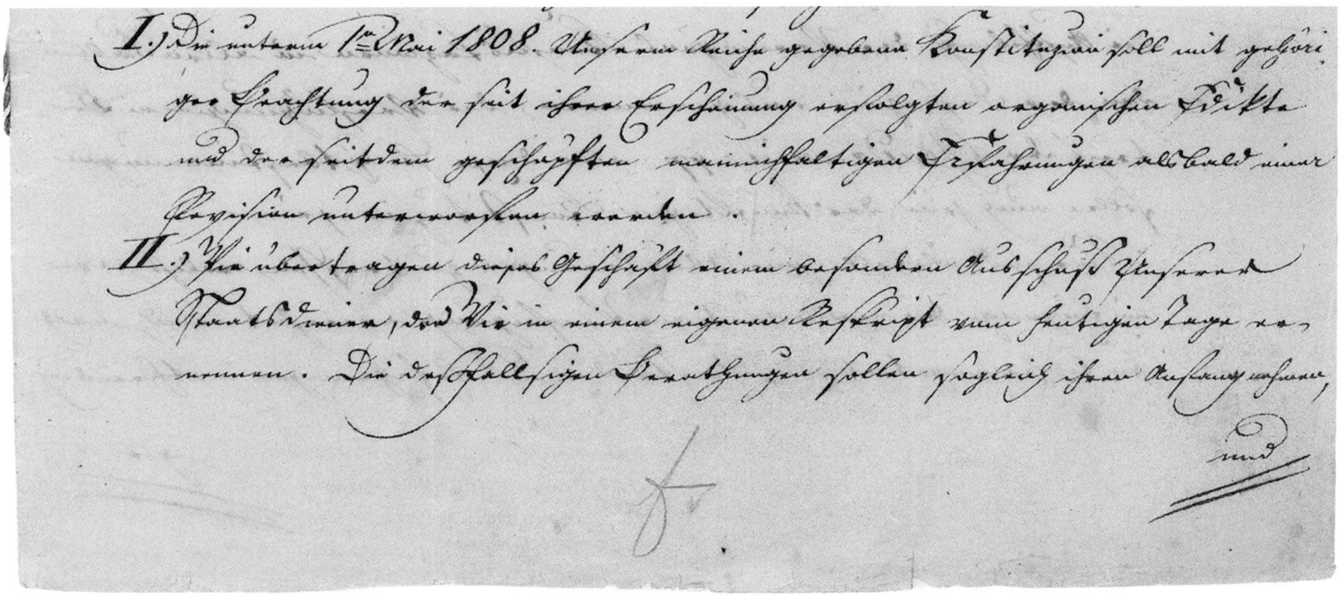
I.) Die unterm 1ten Mai 1808. Unserem Reiche gegebene Konstitution soll mit gehöriger Beachtung der seit ihrer Erscheinung erfolgten organischen Edikte und der seitdem geschöpften mannichfaltigen Erfahrungen alsbald einer Revision unterworfen werden.
II.) Wir übertragen dieses Geschäft einem besonderen Ausschuss Unseres Staatsraths, den Wir in einem eigenen Reskript vom heutigen Tage ernennen. Die desfallsigen Berathungen sollen sogleich ihren Anfang nehmen, und

5.6a

5.6b

a) Schreiben, 6 Bl., 34 x 21,5 cm, gez. wird Bl. 1.
Bayerisches Hauptstaatsarchiv, StR 1654.

b) Lithographie, 39,5 x 29 cm, Martin Engelbrecht, Augsburg.
Bayerisches Hauptstaatsarchiv, Geheimes Hausarchiv München, WB Max I. Joseph 66/80.

Literatur: Eberhard Weis, Zur Entstehungsgeschichte der bayerischen Verfassung von 1818. Die Debatten der Verfassungskommission von 1814/15. In: Eberhard Weis, Deutschland und Frankreich um 1800. Aufklärung, Revolution, Reform, München 1990, S. 243–278. – Reinhard Heydenreuter, Bayerische Verfassungstradition. In: AK Bayern entsteht, S. 63–74.

5.7 „Die Insignien unseres Reichs werden den Kronbeamten ... anvertraut"

1808 Juli 28, München
Reglement über die Kronämter des Reichs.

Paragraph 10 des zweiten Titels der Konstitution bestimmte die Errichtung von vier Kronämtern des Reichs: Kronobersthofmeister, Kronoberstkämmerer, Kronoberstmarschall und Kronoberstpostmeister. Dies galt als eine für die Repräsentation einer Monarchie unabdingbare Einrichtung. In einer der zahlreichen Vollzugsvorschriften der Konstitution, dem *Reglement die Kronämter des Reichs betreffend* vom 28. Juli 1808 erfährt Paragraph 10 des Verfassungstextes eine weitere Präzisierung. Die Kronämter wurden als Mannlehen der Krone entweder auf Lebenszeit des Würdenträgers oder auf dessen Erben verliehen. Die mit dem Amt verbundenen Funktionen konnten nach Erreichen des 21. Lebensjahrs ausgefüllt werden. Rangmäßig waren die Kronbeamten zunächst nach den Staats- und Konferenzministern angesiedelt, untereinander rangierten sie in der Folge, in der sie im Reglement genannt wurden. Sie konnten an den Sitzungen des Geheimen Rates teilnehmen und waren Mitglieder des über rechtliche Angelegenheiten der königlichen Familie befindenden Familienrates. Ihre zeremoniellen Funktionen im Dienste der Monarchie – neben den Staats- und Konferenzministern auf der obersten Stufe des Thrones stehend – erfüllten sie bei größeren Hoffeierlichkeiten, Thronbelehnungen oder der feierlichen Eröffnung der Reichsversammlung: Dabei hatte der Kronobersthofmeister die „oberste Polizei" in den vom König und seiner Familie besuchten Gebäuden zu beaufsichtigen, der Kronoberstkämmerer führte die Deputationen ein und überbrachte diesbezügliche Befehle an den Oberstzeremonienmeister, die königlichen Befehle außerhalb der königlichen Schlösser und Residenzen fielen in das Ressort des Kronoberstmarschalls, während der

— 4 —

§. 7.

Unter sich haben sie den Rang nach der Ordnung, in welcher sie oben genannt sind.

(§1)

§. 8.

Die Kronbeamten sind Mitglieder Unseres Familien-Raths, nach den näheren Bestimmungen Unseres Familien-Gesetzes.

§. 9.

Die Kronbeamten können während ihrer Anwesenheit in Unserer Residenz den Sitzungen des geheimen Raths beiwohnen.

§. 10.

Die Kronbeamten erscheinen bey allen grösseren Hoffeierlichkeiten, und bey den Thronbelehnungen, wenn sie sich an Unserem Hoflager befinden, oder an dasselbe einberufen werden.

§. 11.

Sie erscheinen bey der feierlichen Eröfnung der Reichs-Versammlung, ohne eine Einberufung zu erwarten.

§. 12.

Bey diesen feierlichen Gelegenheiten stehen Unsere Kronbeamten auf der obersten Stufe an Unserem Throne neben den Staats- und Conferenz-Ministern.

§. 13.

Unsere obersten Hofbeamten stehen eine Stufe tiefer an dem Throne.

§. 14.

In Abwesenheit der Kronbeamten nehmen Unsere obersten Hofbeamten ihre Stellen ein.

§. 15.

Die Insignien Unseres Reichs werden den Kronbeamten dergestalt anvertraut, daß
dem Kron-Oberst-Hofmeister die Krone,
dem Kron-Oberst-Kämmerer der Scepter,
dem Kron-Oberst-Marschall das Schwert,
dem Kron-Oberst-Postmeister der Reichs-Apfel übergeben wird.

§. 16.

Der Kron-Oberst-Hofmeister hat bey allen grossen Feierlichkeiten die oberste Polizey in jenen Gebäuden zu besorgen, in welchen Wir Uns befinden.

§. 17.

Der Kron-Oberst-Kämmerer führt die feierlichen Deputationen bey Uns ein, und bringt Unsere dießfalsigen Befehle an den Oberst-Ceremonienmeister.

— 5 —

§. 18.

Durch den Kron Oberst-Marschall werden Wir Unsere Befehle über die öffentlichen Feierlichkeiten außer dem Bezirke Unserer Residenzen und Schlösser ertheilen.

§. 19.

Unserem Kron-Oberst-Postmeister übertragen Wir die Oberaufsicht bey feierlichen Zügen und Auffahrten.

§. 20.

Unsere Kronbeamten werden in der Ausübung dieser Attribute von Unseren obersten Hofbeamten unterstüzt, und in ihrer Abwesenheit von ihnen supplirt.

§. 21.

Den Kronbeamten werden eben dieselben Civil- und Militär-Ehrenbezeugungen erwiesen, wie den dirigirenden Staats- und Conferenz-Ministern.

§. 22.

Das feierliche Kostüme der Kronbeamten besteht in folgender Kleidung:

Ein Kleid von dunkel kornblauem Samt oder Seidenzeug, auf allen Näthen mit einer reichen Goldstickerey besetzt, mit weißem Unterfutter und goldenen Knöpfen. Weiße Beinkleider und Weste mit Gold gestickt: weiße Strümpfe und Schuhe, goldener Degen.

Ein Mantel von ponceaurothem Samt oder Seide mit der nämlichen Goldstickerey wie das Kleid, und in gleicher Länge mit Hermelin gefüttert.

Halskrause von Spitzen: der Hut vorne aufgeschlagen, mit drey weißen und zwey blauen Schwungfedern, oben an der Hutschlinge mit der National-Kokarde.

München den 28sten July 1808.

Max Joseph.

L. S.

Freyh. v. Montgelas. Graf Morawitzky. Freyh. v. Hompesch.

5.7

Kronoberstpostmeister die Oberaufsicht über feierliche Auffahrten etc. zu führen hatte. Zu besonderen Anlässen wurden den Kronbeamten die Reichsinsignien – dem Kronobersthofmeister die Krone, dem Kronoberstkämmerer das Szepter, dem Kronoberstmarschall das Schwert und dem Kronoberstpostmeister der Reichsapfel – anvertraut.

Druck, 3 Bl., 34 x 20 cm, gezeigt wird Bl. 2.

Bayerisches Hauptstaatsarchiv, MA 70136.

Druck: Reglement die Kronämter des Reichs betreffend, 28. Juli 1808 (RBl 2109).

Literatur: Max Seydel, Bayerisches Staatsrecht, Bd. 1, München 1884, S. 362 f., 464–466.

5.8 Die Kronbeamten

München, 1808 Juli 14
Signat Max I. Joseph zur Bestimmung der Träger der Kronämter.

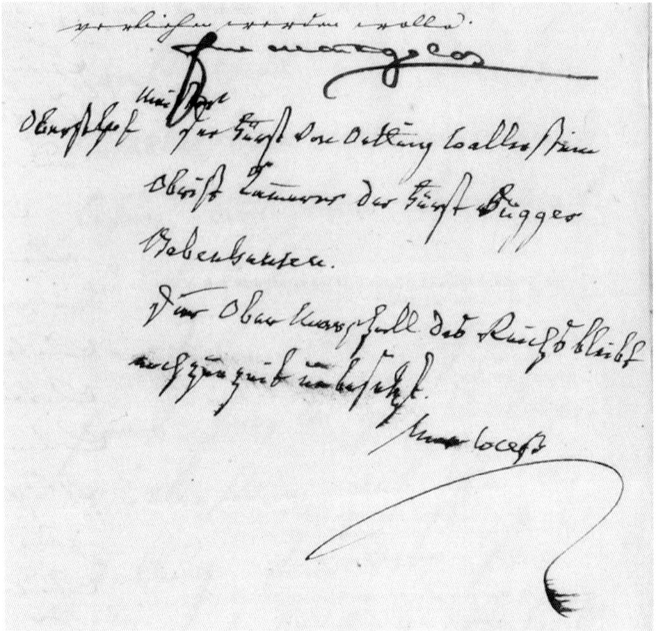

5.8

In diesem Akt über die Kronbeamten befindet sich auch ein Bericht des zuständigen Referenten Johann Adam von Aretin zur Besetzung der Kronämter. Darin wurde sorgfältig die Verleihung an Mitglieder einzelner Adelsfamilien erwogen. Man prüfte, welche Familien des Amtes würdig waren bzw. die Bedingungen hierfür erfüllten. Dafür teilte man die Adelsfamilien in zwei Kategorien, nämlich die ehemals reichsunmittelbaren und die mittelbaren Adelsgeschlechter ein. Beide wurden nochmals nach in Bayern ansässigen und nicht dort ansässigen Familien untergliedert. Die Tatsache, dass die in Frage kommenden Mitglieder der Familien Oettingen-Spielberg und Oettingen-Wallerstein das erforderliche 21. Lebensjahr noch nicht erreicht hatten, wurde ebenso zu bedenken gegeben wie der Umstand, dass das fernerhin in der Auswahl befindliche Haus Hohenlohe-Kirchberg bereits ein Erbamt des württembergischen Königreiches innehatte. Erörtert wurde auch, ob Mitglieder nicht in Bayern ansässiger Familien durch die Verleihung eines Kronamtes zur Verlegung ihres ständigen Wohnsitzes nach Bayern bewegt werden könnten. Von den bayerischen Familien hob der Referent die Häuser Oettingen, Hohenlohe, Taxis und Pappenheim besonders heraus. Die von Pappenheim seien allerdings eher zur Reichsritterschaft zu zählen.
Die endgültige Auswahl vermerkte Max I. Joseph, bekräftigt durch seine Unterschrift, als Signat am Ende des Schreibens: Er bestimmte den Fürsten von Oettingen-Wallerstein zum Kronobersthofmeister, den Fürsten von Fugger-Babenhausen zum Kronoberstkämmerer, das Kronoberstmarschallamt sollte zunächst unbesetzt bleiben. Das Kronoberstpostmeisteramt hatte der König bereits an die von Thurn und Taxis verliehen, die 1808 auf das ihnen eigene Postregal verzichteten und damit den Weg für ein königliches Postwesen frei machten.

Die Kronämter finden in der Verfassung von 1818 „als oberste Würden des Reiches" erneute Erwähnung.

Schreiben, 37 x 46 cm, 3 Bl., eingebunden in Akt.

Bayerisches Hauptstaatsarchiv, MA 70136.

5.9 Die Uniform der Kronbeamten

1812
Aktendeckel und Stickerei-Muster.

Dieser Akt zum „Kostüm der Kronbeamten" beginnt mit einem Schreiben des Referenten Johann Adam Freiherr von Aretin bezüglich der endgültigen Festlegungen für die Uniform, da der Zeitpunkt der feierlichen Belehnung der Kronbeamten bevorstand. Datiert ist es auf den 13. Januar 1812. Erst zu diesem Zeitpunkt – mehr als drei Jahre nach dem Reglement vom 28. Juli 1808 – ging man an die Ausgestaltung des Instituts der Kronbeamten. Trotz einer am 31. Januar 1812 gegebenen, grundsätzlichen Zustimmung zu der im Juli 1808 vorgeschlagenen Gestaltung der Uniform erfuhr diese am 6. Februar 1812 eine erneute Änderung: Statt der zunächst vorgesehenen Goldstickerei sollte nun eine Silberstickerei die Nähte bedecken, der Mantel sollte aus blauem Samt bestehen und ebenfalls mit Silberstickerei verziert sein. Anstelle der drei weißen und zwei blauen Schwungfedern sollten lediglich fünf weiße Federn den Hut schmücken. Das ausgewählte Stickereimuster war beim Ministerium des Äußeren und des Königlichen Hauses einzusehen. Es ist dem Akt beigegeben. Im Akt finden sich außerdem Anfragen der als Kronbeamten vorgesehenen Fürsten

Innere Verhältnisse.
139
Acta des Ministeriums des Koeniglichen Hauses und des Aeussern.
Das Kostüm der Kronbeamten.

5.9

von Fugger-Babenhausen und von Oettingen-Wallerstein nach weiteren Details der Uniform, beispielsweise dem Tragen eines Degens. Auch die übrigen Beamten des neuen Königreichs – vor allem in höheren Positionen – erhielten in dieser Zeit äußere Ehrenzeichen wie neue Uniformen oder Beamtendegen. Wie aus einer Rechnungsanweisung an die Zentralstaatskasse vom 10. November 1813 hervorgeht, ließ sich der Lyoneser Schneider Blanchon-Cortet eine Uniform mit 5100 fr. vergüten.

Aktendeckel, 36,5 x 23 cm, Akt 14 Bl. gebunden und eingebundener Druck, 28,2 x 18,1 cm, gezeigt als Reproduktion.

Bayerisches Hauptstaatsarchiv, MA 70139.

6. Allmacht und Verwaltungselend. Die Ministerien, der Geheime Rat und die Konstitution von 1808

Von Michael Unger

Die Konstitution des Jahres 1808 gilt in der Forschung als ein Höhepunkt der vielfältigen Reformen, die Bayern während der Sattelzeit zwischen Französischer Revolution und Wiener Kongress zu einem modernen Staatswesen umformten. Ein ganz wesentlicher Aspekt dieses Wandels vom „alten" Bayern des Ancien Régime zum „neuen" Bayern als eine konstitutionelle Monarchie stellt eine kaum überschaubare Abfolge von Verwaltungsreformen dar. In der Rückschau verdichtet sich dieser Prozess zu einem Reformwerk, das untrennbar mit dem Namen seines spiritus rector und Protagonisten, des Grafen Maximilian von Montgelas verbunden ist. Im Unterschied zu anderen Verwaltungsreformen, die ein beständiger Begleiter des administrativen Alltags sind, reichten Intention und Tragweite dieses Prozesses weit über die Rationalisierung der Staatsverwaltung hinaus auf die politische Ebene.[1] Bekanntlich gingen Eingriffe in die Aufbau- und Ablauforganisation des Staatsapparates Hand in Hand mit ideengeschichtlichen, verfassungsrechtlichen und territorialen Veränderungen und legten letztlich den Grundstein für die spezifische Ausprägung der für das weitere 19. Jahrhundert kennzeichnenden „bürokratischen Herrschaft" im Sinne Max Webers.[2] Diese Zusammenhänge gilt es zu berücksichtigen, wenn die Rolle der Konstitution in der Entwicklung der obersten Staatsorgane bewertet werden soll.

Ursprung, Entwicklungslinien und Reformen vor 1808

Die Konstitution fußte auf den Reformen, die seit dem Herrscher- und Regierungswechsel des Epochenjahres 1799 bereits durchgeführt oder eingeleitet worden waren und gerade für die Zentralbehörden einen signifikanten Einschnitt bedeuteten. Das damalige Kurfürstentum entbehrte nicht nur der rechtlichen, sondern auch der administrativen Einheit, setzte es sich doch aus einer Reihe von Teilterritorien zusammen, als deren verbindendes Element entsprechend der patrimonialstaatlichen Verfassung des Ancien Régime allein der Landesherr fungierte. Somit bestanden in den einzelnen Provinzen jeweils eigenständige Zentralbehörden unverbunden nebeneinander, deren Ursprünge teils noch im Spätmittelalter anzusiedeln sind, und die ihre Gesamtstruktur im Wesentlichen mit dem Ausbau des frühabsolutistischen Staates in der zweiten Hälfte des 16. Jahrhunderts erhalten hatten. In Baiern, dem größten Teilstaat, gliederte sich die oberste Verwaltungsebene in den Hofrat (seit dem 13. Jahrhundert) mit Aufgaben der inneren Verwaltung und der Jurisdiktion, neben dem die Hofkammer (1550) vor allem Finanz- und Wirtschaftsfragen bearbeitete, während der Geistliche Rat (1570) für Religionsangelegenheiten zuständig war, der Hofkriegsrat (1583/1620) für das Militär und der Geheime Rat (1550/82) für zentrale Staatsangelegenheiten.[3] Dazu kamen zwei weitere Behör-

[1] Vgl. Georg-Christoph von Unruh, Verwaltungsreformen – Vorhaben und Ergebnisse seit dem Ausgang des 19. Jahrhunderts. In: Rudolf Morsey (Hrsg.), Verwaltungsgeschichte. Aufgaben, Zielsetzungen, Beispiele (Schriftenreihe der Hochschule Speyer 66), Berlin 1977, S. 23–60, hier S. 23 f.

[2] Unter besonderer Berücksichtigung Bayerns siehe Dirk Götschmann, Die Verwaltung im bürokratischen Staat. Zum Stellenwert der Verwaltungsgeschichte im 19. Jahrhundert. In: ZBLG 61 (1998) S. 45–57, hier S. 48 ff.

[3] Zu den bayerischen Zentralbehörden des Ancien Régime siehe v.a.: Maximilian Lanzinner, Fürst, Rat und Landstände. Die Entstehung der Zentralbehörden in Bayern 1511–1598 (Veröffentlichungen des Max-Planck-Instituts für Geschichte 61), Göttingen 1980. – Harro Georg Raster, Der kurbayerische Hofrat unter Kurfürst Ferdinand Maria 1651–1679. Funktion, Ausbau, Personal und Umfeld, Diss. München 1994. – Richard Bauer, Der kurfürstliche geistliche Rat und die bayerische Kirchenpolitik 1768–1802 (Miscellanea Bavarica

den, die erst während des 18. Jahrhunderts neu entstanden waren, als sich in Bayern wie in anderen europäischen Staaten auch die Vorzeichen des späteren Reformschubs ankündigten. In der Geheimen Konferenz, die 1726 als exklusiver Beraterkreis des Kurfürsten aus dem Geheimen Rat destilliert worden war, fanden sich erste Ansätze zu einer Spezialisierung der Geschäftsverteilung verwirklicht, indem die wenigen Mitglieder als „Geheime Staats- und Konferenzminister" mit bestimmten Geschäftssparten (Departements) betraut wurden. Auf diese Weise kündigte sich, wenn auch noch in rein personalisierter Form, das Ressortprinzip an,[4] dem Montgelas – ab 1799 selbst Mitglied dieses Gremiums – letztlich zum Durchbruch verhelfen sollte. Dem Trend zur Spezialisierung stand das Bedürfnis einer effektiveren Bündelung der Regierungsaufgaben im Sinne von Zentralisierung und Rationalisierung gegenüber, dem die 1779 geschaffene Obere Landesregierung als neuartige Zwischeninstanz zwischen Fürst und anderen Zentralbehörden dienen sollte. Grundsätzliche Schwächen der obersten Verwaltungsebene wie unklare Kompetenzabgrenzung und mangelnder Instanzenzug waren demnach in ihrem Kern bereits erkannt und bekämpft worden, allerdings ohne dass die starken Beharrungskräfte erfolgreich überwunden und andere Hemmnisse einer effektiven Behördenstruktur hätten ausgeschaltet werden können.[5] Dies betraf zum einen die weiterhin konstitutive Einteilung nach dem Territorialprinzip, zum anderen aber auch die lähmende Geschäftsbehandlung innerhalb der Dikasterien nach dem Kollegialprinzip, d.h. nach dem Mehrheitsbeschluss gleichberechtigter, im übrigen oft mangelhaft ausgebildeter und nicht selten korrupter Räte.[6]
Organisation, Funktion und Personal der überkommenen Zentralbehörden schienen demnach kaum dazu geeignet, die geplante Reformpolitik umzusetzen. Dass Montgelas, der als früherer bayerischer Beamter diese Verhältnisse genau kannte,[7] daher eine Reform der Zentralbehörden selbst an den Anfang und in den Mittelpunkt seiner Ministertätigkeit stellte, deutet den Stellenwert dieser Angelegenheit an. Bereits in seinem berühmten Grundsatzprogramm für den künftigen Kurfürsten und König, im so genannten Ansbacher Mémoire von 1796 (vgl. Kat.Nr. 6.2), hatte Montgelas angekündigt, was nunmehr konsequent in die Realität umgesetzt wurde: die Errichtung von zunächst vier Ministerien, einstweilen noch als Departements eines Ministerialdepartements bezeichnet und zuständig für die auswärtigen Angelegenheiten, für das Finanzwesen, für das Justizwesen und für die geistlichen Angelegenheiten; ein „Ministerium des Krieges", von dem im Ansbacher Mémoire die Rede gewesen war, fehlte noch, da sich der Kurfürst als vormaliger Offizier die Bearbeitung dieser Angelegenheiten persönlich vorbehalten hatte. Während einerseits die Bezüge zur Geheimen Konferenz unübersehbar waren und sich in der Bezeichnung der Geheimen Staats- und Konferenzminister, deren überwiegend beratender Funktion, in der Beigabe Geheimer Referendäre und nicht zuletzt in der Bezeichnung des Ministerkollegiums als Geheime

Monacensia 32), München 1971. – Georg Wünsche, Die bayerische Hofkammer während der ersten Regierungsjahre Max Emanuels, unveröffentlichte Zulassungsarbeit München 1971. – Stefan Fischer, Der Geheime Rat und die Geheime Konferenz unter Kurfürst Karl Albrecht von Bayern 1726–1745 (Schriftenreihe zur Bayerischen Landesgeschichte 86), München 1987. – Theresia Münch, Der Hofrat unter Kurfürst Max Emanuel von Bayern (1679–1726) (Miscellanea Bavarica Monacensia 58), München 1979. – Annelie Hopfenmüller, Der geistliche Rat unter den Kurfürsten Ferdinand Maria und Max Emanuel von Bayern (1651–1726) (Miscellanea Bavarica Monacensia 85), München 1985. – Reinhard Heydenreuter, Der landesherrliche Hofrat unter Herzog und Kurfürst Maxmilian I. von Bayern (1598–1651) (Schriftenreihe zur bayerischen Landesgeschichte 72), München 1981.

4 Vgl. Emil Guilleaume, Das Ressortprinzip. In: Theo Stammen (Hrsg.), Strukturwandel der modernen Regierung (Wege der Forschung 119), Darmstadt 1967, S. 439–445. – Alois Schmid, Der Reformabsolutismus Kurfürst Max' III. Joseph von Bayern. In: ZBLG 54 (1991) S. 39–76, hier v.a. S. 61–64.

5 Zu den Verwaltungsreformen in den Jahrzehnten vor Montgelas siehe Gigl, Zentralbehörden.

6 Knemeyer, S. 112.

7 Zu Montgelas' Tätigkeit als Hofrat und Bücherzensor in München siehe Weis, Montgelas Bd. 1, S. 16–33.

Staatskonferenz äußerten, fallen wesentliche Neuerungen ins Gewicht. Erstens vertauschten die Ressorts ihren personellen mit einem institutionellen Charakter, verbunden mit einer klaren Kompetenzabgrenzung und der Zuweisung regelrechter Ministerialetats. Zweitens zeichnete sich das Ministerialdepartement durch seine explizite Zuständigkeit für den Gesamtstaat aus. Dieser wegweisende Fortschritt vom Territorial- zum bis heute konstitutiven Realprinzip wies den Ministerien eine zentrale Rolle bei der politisch-administrativ einheitlichen Durchdringung der einzelnen Landesteile und damit bei deren Verschmelzung zu einem geschlossenen Staatswesen zu. Zudem war eine Entwicklung eingeleitet worden, die sich durch die schrittweise Übertragung der – im Ancien Régime noch allein dem Landesherrn obliegenden – Verantwortung für die Ausübung der Staatsgewalt auf die Zentralbehörden auszeichnete, und so die allmähliche rechtliche Verselbständigung des Staates indizierte.[8]

Vorläufig bildeten die 1799 nicht etwa aufgehobenen, sondern reorganisierten Provinzialbehörden einen integralen Bestandteil der Ministerialverfassung, namentlich die teils für die Provinz Baiern, teils auch für den Gesamtstaat zuständige Generallandesdirektion in München.[9] Dessen ungeachtet wurde die Ministerialorganisation kontinuierlich fortentwickelt. 1801 rückten die Ministerien bei der festen Etablierung eines behördlichen Instanzenzugs endgültig an die Spitze der Staatsverwaltung und auch im Innern der einzelnen Departements vollzog sich ein tiefgehender Wandel. Im Unterschied zu den Chefs der alten Dikasterien, die nur als primus inter pares agiert hatten, übernahmen die „dirigierenden" Minister nach dem neuen Direktorialprinzip die alleinige Entscheidungsbefugnis in ihren Ressorts. Dadurch beschleunigte sich nicht nur das Verwaltungshandeln, gehoben wurde auch die administrative Bedeutung der Ministerien. 1803 verlor die Generallandesdirektion, die sich als schwerfällige Superbehörde erwiesen hatte, ihre sämtlichen gesamtstaatlichen Kompetenzen an die Ministerien, deren Strukturen bereits 1806 erneut reorganisiert wurden, als Bayern mit der Königskrone die volle Souveränität erhielt. Das von Montgelas geleitete Außenministerium erhielt staatsrechtlich bedeutsame Aufgaben hinzu, während das neue Innenministerium an die Stelle des aufgelösten Departements für geistliche Angelegenheiten trat und umfängliche Zuständigkeiten für Polizei, Wirtschaft und Bildung übernahm. Schließlich waren die Minister nicht mehr wie noch 1799 nur Berater des Landesherrn, sondern übernahmen zentrale Leitungsfunktionen in der Staatsverwaltung.[10] Da die Landschaft als ständisches Organ der alten Verfassung bereits vor ihrer offiziellen Beseitigung 1808 keine nennenswerte Rolle mehr spielte (vgl. Kat.Nr. 3.4), ein vergleichbares Gegengewicht – etwa in Gestalt einer Volksvertretung – aber fehlte und die Ministerien sowohl in der Verwaltung wie auch in der Gesetzgebung eine überragende Stellung einnahmen, verkörperten sie ganz wesentlich die neugewonnene Macht des Staates.

Bestimmungen der Konstitution

Dass die Ausarbeitung der Konstitution und der sie ergänzenden organischen Edikte in den Ministerien erfolgte, versteht sich demnach ebenso von selbst wie die Neuregelung der Ministerialverfassung durch diese staatsrechtlichen Grundgesetze.[11] Rührte der äußere Anlass

8 Vgl. Otto Hintze, Die Entstehung der modernen Staatsministerien. In: Ders., Staat und Verfassung. Gesammelte Abhandlungen zur allgemeinen Verfassungsgeschichte, hrsg. von Gerhard Oestreich, Bd. 1, 2. Aufl. Göttingen 1962, S. 275–320.

9 Aufgelöst wurden die Oberlandesregierung, die Hofkammern in München, Neuburg und Amberg, die Forstkammer, das Oberstmünz- und Bergmeisteramt, das Collegium Medicum, die Rentdeputationen Straubing und Burghausen sowie das Rentamt Landshut; 1802 folgte der Geistliche Rat.

10 Horst Raffael, Ausbau und Entwicklung der Ministerialverfassung Bayerns unter Maximilian von Montgelas 1799–1808, Diss. München 1952, S. 125.

11 Vgl. u.a. MA an MInn vom 5. März 1808 (BayHStA, MInn 65100); Organisches Edikt über die Anordnung einer Polizeisektion, o.D. (Entwurf); Organisches Edikt über die Anordnung eines Polizeibüros, o.D. (Entwurf vom August 1808) (beide BayHStA, MInn

zur Abfassung einer eigenen bayerischen Verfassung zu Jahresanfang 1808 aus dem Interesse, einer Einflussnahme Frankreichs auf die inneren Verhältnisse Bayerns zuvorzukommen und die neugewonnene Souveränität außenpolitisch abzusichern, lag die Konstitution doch ganz auf der innenpolitischen Linie der bisherigen Reformpolitik, die vorrangig darauf abzielte, die neugewonnene Souveränität im Lande selbst zur größtmöglichen Geltung zu bringen.[12] So erschienen die Ausdehnung des Staates auf Kosten jeglicher noch bestehender Sonderrechte, etwa der Stände oder der gemeindlichen Selbstverwaltung, und die Zentralisierung der Verwaltung als zwei Seiten derselben Medaille, deren Ausprägung im Namen der Vereinheitlichung erfolgte. Programmatisch sprach die Einleitung der Konstitution davon, dem Staat zur Entfaltung seiner „Gesamtkraft" zu verhelfen und „jedem Theile der Staatsgewalt die ihm angemessene Wirkungskraft"[13] zukommen zu lassen.

Bedeutsam für die Stellung der Ministerien im Staatsaufbau, aber auch für die rechtliche Stellung des Staates selbst und den Geschäftsgang innerhalb der Ministerien waren die Aussagen der Konstitution über die Ministerverantwortlichkeit. Nachdem der Landesherr zum Souverän aufgestiegen und damit jeglicher Verantwortung für die Regierungsgeschäfte entrückt war war, eben diese Verantwortung künftig den Ministern als obersten Beamten übertragen.[14] Ihren sinnfälligen Ausdruck gewann diese Sonderstellung nicht nur durch die Verpflichtung zu jährlichen Rechenschaftsberichten an den König, auf den allein sich die Ministerverantwortlichkeit bezog, sondern durch die Bestimmung, wonach königliche Dekrete ihre Gültigkeit erst durch die Gegenzeichnung des zuständigen Ministers erlangen sollten. Zwar war die Kontrasignatur bereits in vorkonstitutioneller Zeit üblich gewesen und hatte damals bereits eine gewisse Mitverantwortung ausgedrückt. Auch war der König künftighin keinesfalls an die Person des Ministers gebunden, dessen Stellung allein vom Herrscher abhing und der von jenem folglich jederzeit entlassen werden konnte. Wohl aber erfuhr das Ministeramt durch die Bestimmungen der Konstitution eine erhebliche staatsrechtliche Aufwertung, indem die Minister nunmehr die Eigenrechtlichkeit des Staates repräsentierten und als Hauptorgane der Staatsgewalt, sei es in Exekutive oder Legislative, auftraten.[15] Implizit wurden sie dadurch zu „Hütern der Verfassung".[16] Endgültig verschwanden die letzten, langsam arbeitenden Dikasterien gleichzeitig mit ihren Sprengeln, den alten Provinzen, und machten einem hierarchisch klar gegliederten und an der rationalen Kreiseinteilung orientierten Behördenapparat Platz. In dem dreistufigen Verwaltungsaufbau, den die Konstitution skizzierte, unterstanden den Ministerien die neugeschaffenen Generalkreiskommissariate – Vorläufer der heutigen Bezirksregierungen – auf der mittleren und die reorganisierten

65548); Armeebefehl, o.D. (Entwurf vom 26. September 1808) (BayHStA, Kriegsarchiv, OP 83232); Protokolle der Geheimen Staatskonferenz vom 13. Februar 1808, vom 20. April 1808, vom 25. August 1808, vom 1. September 1808, vom 8. September 1808, vom 15. September 1808 (alle BayHStA, StR 8).

12 Möckl, Die bayerische Konstitution, hier S. 152. – Knemeyer, S. 120.

13 Konstitution für das Königreich Baiern vom 1. Mai 1808 (RBl 985); vgl. Texteditionen in diesem Band S. 324.

14 Die Konstitution bezieht die Verantwortlichkeit des Ministers auf die Ausübung des „Staatssekretariats" im jeweiligen Ministerialdepartement. Diese in Bayern ungebräuchliche Terminologie scheint nach Ferdinand Weckerle, Geschichte der Ministerverantwortlichkeit in Bayern bis zum Tode König Maximilians I., Würzburg 1930, S. 11 Anm. 65a aus dem französischen Verfassungsrecht übernommen worden zu sein und findet auch im späteren Staatsrecht des Königreichs keine weitere Anwendung. Die Einrichtung von Staatssekretären als politischen Stellvertretern der Staatsminister kennt erst die Bamberger Verfassung vom 14. August 1919 (§ 58 II).

15 Rudolf Oeschey, Die bayerische Verfassungsurkunde vom 26. Mai 1818 und die Charte Ludwigs XVIII. vom 4. Juni 1814. Ein Beitrag zur Lehre vom monarchischen Prinzip, München 1914, S. 94 f. – Weckerle, Geschichte der Ministerverantwortlichkeit (wie Anm. 14) S. 20 f. Vgl. Wegelin, S. 181 f., der keine besondere Ministerverantwortlichkeit erkennen will, sondern dieselbe als Teil der überkommenen Gehorsamspflicht der Beamten bewertet.

16 Hermann Rumschöttel, Zur Geschichte der Verfassungsgerichtsbarkeit in Bayern. In: Verfassung als Verantwortung und Verpflichtung. Festschrift zum 50-jährigen Bestehen des Bayerischen Verfassungsgerichtshof, hrsg. vom Bayerischen Verfassungsgerichtshof, München 1997, S. 137–153, hier S. 140.

Landgerichte (älterer Ordnung) auf der unteren Ebene.[17] Der Spitzenstellung in der staatseinheitlichen Verwaltungspyramide entsprach die Anwendung des Direktorialprinzips bei der Geschäftsbehandlung innerhalb der Ministerien, für deren Maßnahmen die jeweiligen Minister zuerst und unmittelbar die Verantwortung zu übernehmen hatten.

Dem französisch inspirierten Vorbild der westphälischen Verfassung war die Bestimmung über die Ministerverantwortlichkeit ebenso verbunden wie die Festlegung der Ressortgliederung. Für die bereits bestehenden vier Zivilstaatsministerien bedeutete die Konstitution dahingehend nur eine Bestätigung ihres Wirkungskreises, und auch der ausdrückliche Hinweis auf die Zulässigkeit der Leitung mehrerer Ressorts durch einen Minister sanktionierte schlichtweg die gängige Praxis: denn die längste Zeit seiner Regierung hielt Montgelas mehr als ein Portefeuille in Händen, mit der Folge eines höchst überschaubaren Ministerkollegiums.[18] Neu war jedoch die Aufnahme des bereits 1796 von Montgelas angekündigt gewesenen „Departements des Kriegs-Wesens" in das Spektrum der heute als „klassisch" bezeichneten Ministerien. Die verspätete Einbeziehung des Militärwesens in die Ministerialorganisation kam mit der Errichtung des Kriegsministeriums auf der organisatorischen und personellen Grundlage des Geheimen Kriegsbüros im Oktober 1808 zu einem vorläufigen Abschluss.[19]

Neben den Ministerien betraf die Konstitution noch ein weiteres Staatsorgan, das gemäß seinen Geschäftsaufgaben zum Umfeld der Zentralbehörden zu zählen ist und durch organisches Edikt vom 4. Juni 1808 errichtet wurde: den Geheimen Rat.[20] Unter der Bezeichnung des gleichzeitig aufgelösten traditionsreichen Dikasteriums ersetzte er den erst 1799 neu geschaffenen Staatsrat und übernahm von diesem seine weitreichende Zuständigkeit auf den Gebieten der Legislative und Judikative. Neben dem König, dem Kronprinzen und den Ministern sollten weitere zwölf bis 16 Geheime Räte dem Gremium angehören und die wichtigsten Staatsangelegenheiten beratschlagen.[21] Die Vorberatungen erfolgten nach der Art von Ausschüssen in drei Sektionen, von denen jeweils eine der (Privat- und Straf-)Gesetzgebung, den Finanzen und der inneren Verwaltung gewidmet war. Ein Initiativrecht stand diesem Gremium allerdings ebenso wenig zu wie eine irgendwie geartete Mitwirkung am Beschluss von Gesetzen. Gleichwohl bezeichnet die Forschung den Geheimen Rat mitunter als ein „Beamtenparlament" und einziges – besser einzig mögliches – Korrektiv zur Regierung im System des bayerischen Staatsabsolutismus.[22] Immerhin beschränkte sich die Auswahl

[17] Raffael (wie Anm. 10) S. 117 f.

[18] Neben Montgelas amtierten Johann Friedrich Frhr. von Hertling als Justizminister (1799–1806), Franz Karl Frhr. von Hompesch-Bollheim als Finanzminister (1799/1800), dessen Sohn Johann Wilhelm ebenfalls als Finanzminister (1806–1809), Theodor Heinrich Graf Topor von Morawitzky als Finanz- (1800–1806) und als Justizminister (1806–1810) und Heinrich Aloys Graf von Reigersberg als Justizminister (1810–1823). Siehe Die Kgl. Bayer. Staatsminister der Justiz in der Zeit von 1818 bis 1918. Ihre Herkunft, ihr Werdegang und ihr Wirken, hrsg. vom Staatsministerium der Justiz, München 1931, S. 3–156. – Walter Schärl, Die Zusammensetzung der bayerischen Beamtenschaft 1806–1918 (Münchener Historische Studien, Abt. Bayerische Geschichte 1), Kallmünz 1955, S. 97, 102 f., 109 f. – Heinrich Wanderwitz, Theodor Heinrich Graf Topor von Morawitzky. In: ZBLG 46 (1983) S. 139–155.

[19] Armeebefehl vom 27. September 1808 (RBl 985); Armeebefehl vom 10. Januar 1809 (RBl 127). Zur Amtsführung im Kriegsministerium siehe Kat.Nr. 6.4.

[20] Organisches Edikt, die Bildung des geheimen Rats betr. vom 4. Juni 1808 (RBl 1329).

[21] Anfänglich sollte die Berufung in den Geheimen Rat auf ein Jahr beschränkt bleiben und durfte erst nach sechs Dienstjahren in einen Sitz auf Lebenszeit umgewandelt werden. Den Vorsitz führten entweder König oder Kronprinz bzw. der älteste Minister.

[22] Vgl. Heinz W. Schlaich, Der Bayerische Staatsrat. Beiträge zu seiner Entwicklung von 1808/09 bis 1918. In: ZBLG 28 (1965) S. 460–522, hier S. 466. – Demel, Staatsabsolutismus, S. 22 f. – Möckl, Die bayerische Konstitution, S. 161. – Mit der Edition der Protokolle des Geheimen Rats bzw. Staatsrats darf eine intensivere Forschung zu dieser Institution erwartet werden. Bisher erschienen sind: Staatsratsprotokolle Bd. 1 und Bd. 2.

der Mitglieder nicht zwingend auf Kreise der regierenden Ministerialbürokratie, so dass die Zusammensetzung eine gewisse Meinungsvielfalt zuließ. Vor allem aber konnte die in der Konstitution nur angekündigte Nationalrepräsentation erst gar kein Gegengewicht zu den Ministerien bilden. Dagegen übernahm der Geheime Rat die jurisdiktionellen Aufgaben des Staatsrats und damit, ähnlich einem Verwaltungsgerichtshof, die Entscheidungsbefugnis über Kompetenzstreitigkeiten von Gerichten und Behörden sowie darüber, ob ein Verwaltungsbeamter vor Gericht gestellt werden durfte oder nicht. Aufgrund seiner Befugnis, über Rekurse gegen richterliche Erkenntnisse zu entscheiden, soweit staatsrechtliche Belange berührt waren, fielen ihm auch verfassungsrechtliche Aufgaben zu, für die es ansonsten keine eigenständige Institution gab.[23]

Ausgestaltung der konstitutionellen Bestimmungen

Gleich einem Rahmengesetz hatte die Konstitution damit die Grundstrukturen eines zentralistischen rationalen Verwaltungsstaates vorgegeben, dessen Ausgestaltung allerdings noch weitgehend der Umsetzung harrte. Noch während der Verfassungsberatungen im Februar 1808 war unter der Ägide Montgelas' dazu eine Organisationskommission ins Leben gerufen worden, der im folgenden Jahr die Ausarbeitung der bereits damals als Ergänzung der Konstitution geplanten organischen Edikte obliegen sollte. Diese Kommission war neben den Ministern selbst mit den zweifellos profiliertesten Ministerialbeamten jener Zeit besetzt: Georg Friedrich von Zentner, Johann Adam von Aretin, Joseph von Stichaner, Max von Branca und Anselm Feuerbach.[24] Sie wirkte auf eine konsequente Fortentwicklung der Ministerialverfassung im Geiste weitestgehender Zentralisierung hin, wobei sich neben Montgelas vor allem dessen Kollege aus dem Finanzressort Hompesch als Ideengeber profilierte.[25] Die Ministerien sollten nicht nur bei den neudefinierten Staatsaufgaben, etwa im Lehenswesen, im Schul- oder Stiftungs- und Kirchenwesen die politische Entscheidungsbefugnis erhalten. Vielmehr war den Zentralbehörden die Übernahme administrativer Aufgaben für ihr gesamtes, auf Kosten der Mittelbehörden stark erweitertes Kompetenzspektrum zugedacht, um noch mehr als bisher die Einheitlichkeit der Staatsverwaltung zu fördern.[26] Aus dieser Perspektive fügt sich der tiefgreifende Funktionswandel des Ministeriums von einem Beratungs- und Leitungsorgan zu einer Verwaltungsbehörde völlig in den seit 1799 konsequent betriebenen Ausbau der Zentralbehörden. Bemerkenswert ist dennoch das Ausmaß dieses Einschnittes in das System der Staatsverwaltung, den Montgelas selbst rückblickend als „la plus grande révolution administrative de l'année 1808"[27] bezeichnet hat.

Um den neuen Anforderungen gerecht werden zu können, erhielten die Ministerien bis auf die Departements für Justiz und das Kriegswesen mit ihren weitgehend konstanten Wirkungskreisen[28] zusammen mit den neuen

23 Rumschöttel (wie Anm. 16) S. 140.

24 Michael Doeberl, Rheinbundverfassung und bayerische Konstitution (Sitzungsberichte der Bayerischen Akademie der Wissenschaften. Philosophisch-philologische und historische Klasse, Jg. 1924, 5. Abhandlung), München 1924, S. 139. – Franz Dobmann, Georg Friedrich Freiherr von Zentner als bayerischer Staatsmann in den Jahren 1799–1821 (Münchener Historische Studien, Abt. Bayerische Geschichte 6), Kallmünz 1962, S. 93. – Demel, Staatsabsolutismus, S. 12–15.

25 Knemeyer, S. 122. – Demel, Staatsabsolutismus, S. 123.

26 Vgl. u.a. Instruktion für die Generalkreiskommissariate vom 17. Juli 1808 (RBl 1649); Allgemeine Verordnung, den Dienst des Polizeikordons betr. vom 31. Januar 1809 (RBl 169); Verordnung betr. Die Dispension von dem kirchlichen Aufgebote der Protestanten betr. vom 27. Februar 1809 (RBl 499); Organisches Edikt, die Bildung der Mittelstellen für die protestantischen Kirchenangelegenheiten und ihre Verhältnisse zu dem bei dem Ministerium des Innern angeordneten Generalkonsistorium betr. vom 17. März 1809 (RBl 569); Konsistorialordnung Nr. 1 vom 8. September 1809 (RBl 1491); Allgemeine Verordnung, die Reiselizenzen für die königlichen Landrichter, Landgerichtsassessoren und Aktuare betr. vom 19. April 1809 (RBl 713); Allgemeine Verordnung, die Form der künftigen Jahresberichte betr. vom 27. September 1809 (RBl 1721).

27 Montgelas-Denkwürdigkeiten, S. 43.

28 Zum Justizministerium siehe Hermann Rumschöttel, Das Bayerische Staatsministerium der Justiz 1799–1966. In: August R. Lang

Geschäftsaufgaben einen beträchtlichen organisatorischen Unterbau. Die Ministerien im engeren Sinne bewahrten dabei ihren Charakter als personell schlanke Stabsstellen der Minister, während sich die spezifischen Fachaufgaben in neuerrichteten Abteilungen, so genannten Sektionen vollziehen sollten.[29] Im Außenressort wurden demnach die Sektion für Lehen- und Hoheitssachen, das Statistisch-topographische Büro, die Generalpostdirektion und das Reichsheroldenamt errichtet.[30] Das Innenministerium erhielt die Sektion für die Generaladministration des Stiftungs- und Kommunalvermögens, die Polizeisektion, die Generaldirektion des Wasser-, Brücken- und Straßenbaus, das Medizinalbüro, die Kirchensektion und die Sektion für die öffentlichen Unterrichts- und Erziehungsanstalten.[31] Dem Finanzministerium wurden die Steuer- und Domänensektion, die Generalforstadministration, die Generalzoll- und Mautdirektion sowie zuletzt die Münzkommission angegliedert.[32]
Mit jeweils eigenen Vorständen, Räten, Sekretären und eigenem Kanzleipersonal sowie einem eigenständigen Geschäftsgang glichen diese Sektionen selbst regelrechten Zentralbehörden, blieben durch das Direktorialprinzip jedoch immer mit den Ministerien verbunden. Bemerkenswerterweise vollzog sich die Entscheidungsfindung innerhalb der Sektionen allerdings noch weiterhin nach dem traditionellen Kollegialprinzip, und nur dem Minister persönlich oblag die bürokratische Entscheidungsbefugnis über die zu protokollierenden Beschlüsse der Sektionen. Der Gang der Ministerialgeschäfte blieb somit durch zwei gegensätzliche Modelle der Ablauforganisation geprägt. Kam dem Kollegialprinzip formal nur noch eine untergeordnete Funktion zu, verstärkten doch seine aus den alten Dikasterien sattsam bekannten Schwächen – allen voran die Schwerfälligkeit der Entscheidungsfindung – die grundsätzlichen Mängel des 1808 grundgelegten Organisationsschemas.[33] Gegenüber dem gewünschten Effekt eines zentral bestimmten und damit einheitlichen Verwaltungsvollzugs traten Auswirkungen hervor, die als systemimmanent selbst durch die größte Anspannung der Ressourcen kaum zu vermeiden waren. Zurecht ist zwar die Leistungsfähig-

(Hrsg.), Festschrift für Karl Bengl, München 1984, S. 329–381, hier S. 335 ff.

29 Zu Organisation und Wirkungskreis der einzelnen Sektionen zusammenfassend Raffael (wie Anm. 10) S. 133–138.

30 Organisches Edikt, die Anordnung einer Lehen- und Hoheitssektion bei dem Ministerium der auswärtigen Angelegenheiten betr. vom 25. August 1808 (RBl 1939); Allgemeine Verordnung, die Organisation des topographischen Bureaus betr. vom 8. September 1808 (RBl 1264); Organisches Edikt, die Anordnung der Generalpostdirektion als Sektion des auswärtigen Ministeriums vom 17. September 1808 (RBl 2261); Organisches Edikt über die Anordnung des Reichsheroldenamts vom 1. November 1808 (RBl 2629) und Gerald Müller, Das bayerische Reichsheroldenamt 1808–1825. In: ZBLG 59 (1996) S. 533–593, hier S. 540–547.

31 Organisches Edikt, die Anordnung einer Polizeisektion bei dem Ministerium des Innern betr. vom 25. August 1808 (RBl 1953); Anordnung einer Sektion in Kirchengegenständen bei dem Ministerium des Innern vom 15. September 1808 (RBl 2271); Organisches Edikt über das Medizinalwesen im Königreiche vom 8. September 1808 (RBl 2189); Aktivitätsetat der Sektion des Ministeriums des Innern für die Generaladministration des Stiftungs- und Kommunalvermögens nach der Nomination vom 12. September 1808 (RBl 2229); Organisches Edikt über die Sektion des Ministeriums des Innern für die öffentliche [sic] Unterrichts- und Erziehungsanstalten vom 15. September 1808 (RBl 2461); Organisches Edikt, die Leitung des Wasser-, Brücken- und Straßenbaues betr. vom 1. September 1808 (RBl 1964); Allgemeine Verordnung, die Organisation der Generaldirektion des Wasser-, Brücken- und Straßenbaues, in der Eigenschaft als Sektion bei dem königlichen Ministerium des Innern betr. vom 21. September 1809 (RBl 1617). – Dirk Götschmann, Das bayerische Innenministerium 1825–1864. Organisation und Funktion, Beamtenschaft und politischer Einfluss einer Zentralbehörde in der konstitutionellen Monarchie (Schriftenreihe der Historischen Kommission bei der bayerischen Akademie der Wissenschaften 48), Göttingen 1993, S. 29 ff. – Hermann Rumschöttel, Geschichte des bayerischen Kultusministeriums von der Errichtung bis zum Ende des Zweiten Weltkriegs. In: Tradition und Perspektive. 150 Jahre bayerisches Kultusministerium, München 1997, S. 45–101, hier S. 55 ff.

32 Organisches Edikt über die Anordnung einer Steuer- und Domänensektion bei dem königlichen geheimen Finanzministerium vom 1. September 1808 (RBl 2045); Allgemeine Verordnung, die königliche Münzkommission und das bei dem Hauptmünzamte angestellte Personal betr. vom 28. Oktober 1808 (RBl 2751).

33 Knemeyer, S. 122. – Raffael (wie Anm. 10) S. 141 f.

keit der Staatsverwaltung gerade in den Jahren nach 1808 immer wieder als staunenswert hervorgehoben worden, wobei die Verwaltungsstrukturen zweifellos hemmend gewirkt haben.[34] Da nunmehr sogar kleinste Detailgeschäfte – zu denken ist etwa allein an die aufwändige Verwaltung des Stiftungs- und Kommunalvermögens[35] – auf der obersten Verwaltungsebene zu entscheiden waren, verlangsamte sich zwangsläufig der Geschäftsgang und die Ministerien erwiesen sich zunehmend als überlastet.

Bewährung in der Praxis

Die Zentralisierungstendenzen der gesamten Staatsverwaltung auf die Ministerien hin hatten 1808 ihren Höhepunkt erreicht und waren unverkennbar bis an die Grenzen nicht nur des Zweckmäßigen, sondern des überhaupt Machbaren geführt worden. Montgelas, der seit 1809 als drittes auch das Finanzministerium leitete und bereits früher freimütig bekannt hatte, dass „in Gegenständen der Erfahrung ein Tag den anderen belehrte“[36], versuchte durch vielfältige, unter anderem auch zur bisherigen Reformrichtung gegensätzliche Maßnahmen gegenzusteuern. Dazu zählten besonders die allmähliche Rückverlagerung von Kompetenzen an untere Verwaltungsebenen und die neuerliche Beschränkung der Ministerialaufgaben auf belangreichere Angelegenheiten. Aber auch im innerministeriellen Geschäftsgang fanden laufende Korrekturen statt, die umso notwendiger erschienen, als die verbliebenen Minister kaum mehr den Überblick über ihre ausgedehnten Geschäftsbereiche wahren konnten. Entlastung und Beschleunigung des Geschäftsgangs sollten 1811 die Einrichtung eines Generaldirektors im Finanzministerium als Ministerstellvertreter in weniger bedeutsamen Angelegenheiten (vgl. Kat.Nr. 6.7) sowie die ressortübergreifende Zurückdrängung der Sektionskollegien durch die Einrichtung der Departementalversammlungen und die Ausbildung regelrechter Referate fördern[37].

Diese – aus der Perspektive von 1808 – Gegenreformen blieben hinter den Erwartungen der Ministerialbeamten, die zuerst und vor allem mit den Folgen der Zentralisierung konfrontiert waren, zurück. In den Akten der Ministerien finden sich neben den Verordnungen, Bekanntmachungen und Ordonnanzen über die Vereinfachung des Geschäftsgangs unzählige Denkschriften, Gutachten und Anträge von Beamten unterschiedlicher Rangstufen über die Beseitigung der Missstände im Verwaltungsalltag. In Übereinstimmung mit den meisten seiner Kollegen beklagte der Geheime Finanzreferendär Franz Sales v. Schilcher, dass „das bei dem Ministerium angehäufte übergroße Geschäftsdetail jeder reifen Beurteilung und Behandlung der wichtigeren Gegenstände Zeit und Kraft“[38] raubte und fügte einige Jahre später an, das Ministerium würde ohne gründliche Reorganisation „in dem Labyrinth des immensen Geschäftsdetail sich verlieren, wenn es dieses alles [seine bisherigen Aufgaben; Anm. des Verf.] allein besorgen, alles selbst anordnen und leiten wollte. Der Kopf muss frei sein! Von dem

34 Siehe u.a. Demel, Staatsabsolutismus, S. 123. – Peter Koch, 200 Jahre Bayerisches Staatsministerium des Innern. Eine Behörde für Bayern, München 2006, S. 25.

35 Siehe Kat.Nr. 6.6.

36 RBl 1803, 657.

37 Vgl. Montgelas-Denkwürdigkeiten, S. XV f. – Knemeyer, S. 122 f. – Demel, Staatsabsolutismus, 118 f., 123. – Müller, Reichsheroldenamt (wie Anm. 30) S. 547. – Rumschöttel, Geschichte des bayerischen Kultusministeriums (wie Anm. 31) S. 57. – Bek. Die Ernennung eines Generaldirektors der Finanzen betr. vom 14. Dezember 1809 (RBl 1062); Organisches Edikt, den Geschäftsgang bei dem Ministerium des Innern betr. vom 8. Oktober 1810 (RBl 889); Organisches Edikt, den Geschäftsgang bei dem Ministerium der Finanzen betr. vom 7. Oktober 1810 (RBl 1017); Organisches Edikt über die Generaladministration des Stiftungs- und Kommunalvermögens vom 16. Oktober 1810 (RBl 1146); Allgemeine Verordnung, die diplomatische Pflanzschule betr. vom 10. November 1810 (RBl 1238); Verordnung vom 10. April 1811 (BayHStA, NL Montgelas 215); Ordonnanz vom 29. Mai 1813; Reglementarverfügung, die Einrichtung und den Geschäftsgang bei dem Ministerium des Innern betr. vom 18. September 1815 (BayHStA, MInn 65549).

38 Gutachten über die Vereinfachung des Geschäftsganges bei dem Königl. Ministerium vom 8. Juli 1814 (BayHStA, MF 19666).

Ministerium dürfen nur wohlbemessene – von allen Seiten wohlerwogene, deutliche, bestimmte, mit dem Ganzen in allen seinen Teilen vollkommen in Einklang stehende Anordnungen und Entschließungen, welche keinen Widerspruch, keine Leuteration, keine Berichtigung mehr zulassen, ausfließen."[39] Bis in die Niederungen des inneren Verwaltungsdiensts waren die Auswirkungen der von Schilcher beschriebenen Strukturen spürbar und wurden von einem Registrator des Innenministeriums in der lakonischen Bemerkung zusammengefasst: „Nicht mehr das Geschäft, das Kontrolieren ist zur Hauptsache geworden."[40] Montgelas, der Hauptadressat solcher warnenden Stimmen, erwies sich als pragmatischer Verwaltungsfachmann und bekannte nicht nur nachträglich die verfehlte Grundtendenz der Ministerialreform von 1808, wenn er seinem König schrieb: „Die Basis der Pyramide wurde umgekehrt. Das Ministerium, statt die allgemeine Übersicht der Administration und ihre Leitung im Großen zu haben, fand sich mit allem ihrem Detail beladen: man hatte geglaubt, nur Bureaux dazu aufzustellen, und man sah sich auf einmal mit ebenso viel Collegien umgeben."[41] Nicht die allgemeine Zielsetzung, die 1808 erst zu den Reformen geführt hatte und auf eine Vereinheitlichung des Staatswesens mit Hilfe der Staatsverwaltung abhob, war demnach in Frage gestellt, sondern das System, durch das eben dieses Ziel hätte erreicht werden sollen, sich in der Praxis jedoch nicht bewährt hatte. Noch während der Spätphase von Montgelas' Tätigkeit als dirigierender Minister müssen die Folgen aus dieser Analyse gezogen und Vorarbeiten für eine allgemeine Revision der Verhältnisse an der Staatsspitze vorbereitet worden sein. Deren Umsetzung fiel dann allerdings symbolisch mit seiner – nicht zuletzt auch von den Unzufriedenen in der Ministerialbürokratie mit herbeigeführten – Entlassung am 2. Februar 1817 zusammen.[42] In deutlicher Abkehr von der überspannten Zentralisierung von Kompetenzen erfolgte nunmehr eine wirksame Rückverlagerung an die unteren Verwaltungsstufen, wonach sich etwa das Innenministerium endlich der nur unzulänglich erledigten Kommunal- und Stiftungsverwaltung weitgehend entledigte. In der Organisation der Staatsspitze selbst erfolgten wegweisende Änderungen, sei es die Zusammenfassung der einzelnen Ministerien zum Gesamtstaatsministerium als die oberste vollziehende Stelle, sei es die moderne Binnengliederung der Ressorts nach den Zuständigkeitsbereichen von Referenten (Ministerialräten). Gleichzeitig wurde der Geheime Rat unter weitgehender Beibehaltung des Wirkungskreises, jedoch unter der neuen Bezeichnung Staatsrat und mit einer neuen Binnengliederung auf eine Grundlage gestellt, die sich bis zum Ende der Monarchie 1918 als tragfähig erweisen sollte.[43] Kurz darauf, am 15. April 1817, fand eine wegweisende Neuabgrenzung der Ressorts statt, auf die sich wiederum die Formationsverordnung vom 9. Dezember 1825 stützen konnte.[44] Trotz späterer Neugründungen von Ministerien und partiellen Kompetenzverschiebungen war der Ministerialverfassung damit selbst über verfassungsrechtliche Brüche hin-

39 Vortrag, Verbesserung des Geschäftsgangs betr. vom 29. Januar 1817 (BayHStA, MF 56168). Vgl. u.a. Antrag, eine neue Organisation der Ministerialfinanzsektion betr. vom 16. Dezember 1816; Entwurf einer Instruktion für die Ministerialfinanzsektion, eigentlich eines organischen Edikts, die Anordnung eines Oberfinanzkollegiums betr. vom 12. Dezember 1816 (BayHStA, MF 56168); Vortrag des Vorstands der Polizeisektion an Montgelas vom 14. Juli 1814 (BayHStA, MInn 4663); Antrag der Beamten der Lehen- und Hoheitssektion an den König vom 31. März 1817 (BayHStA, MInn 45704).

40 Registrator Lampel an Montgelas vom 1. Februar 1815 (BayHStA, MInn 65584).

41 Im Original: „La base de la pyramide fut renversée, le ministère au lieu de la surveillance générale et de la conduite en grand de l'administration, se trouva chargé de tous ses détails; on avoit cru n'établir que des bureaux, on se trouva subitement entouré d'autant de collèges." – Montgelas-Denkwürdigkeiten, S. 41; deutsche Übersetzung aus Compte rendu, o.D. [1817] (BayHStA, NL Montgelas 146).

42 Maßgeblich hierzu Weis, Montgelas Bd. 2, S. 790–811.

43 Vgl. Verordnung, die Bildung und Einrichtung der obersten Stellen des Staates betr. vom 2. Februar 1817 (RBl 49); Götschmann, Innenministerium (wie Anm. 31) S. 32 f. – Koch (wie Anm. 34) S. 33 f. – Schlaich, Staatsrat (wie Anm. 22) S. 471 f.

44 Vgl. Kabinettsbefehl an den kgl. Staatsrat vom 15. April 1817 (RBl 330); Verordnung, die Formation der Ministerien betr. vom 9. Dezember 1825 (RBl 977). – Siehe Kat.Nr. 6.10.

weg ein Gerüst gegeben, das mehr als hundert Jahre tragen sollte. In Bezug auf die Staatsspitze waren die Bestimmungen der Konstitution und ihrer Annexe folglich mehreren Umprägungen unterworfen, ehe sich dauerhafte Strukturen etablierten.

Fazit

Einen glanzvollen Platz scheinen die Reformen des Jahres 1808 vor allem in der Geschichte der Ministerien mithin kaum einzunehmen, wie bereits die Zeitgenossen in ihren überwiegend negativen Einschätzungen bezeugt haben. Wesentliche Elemente der Ministerialverfassung gehen dennoch auf die damals gesetzten Grundlagen zurück und sind in ihrer dauerhaften Wirkung kaum zu überschätzen: sei es die endgültige Konsolidierung der Ministerien als oberste leitende *und* vollziehende Staatsorgane und damit als verantwortliche Schnittstellen zwischen Politik und Verwaltung, sei es die Einbeziehung des Militärs in die Ministerialorganisation, sei es die Festigung des – nach kurzer Unterbrechung in den Jahren 1817 bis 1825[44] – bis heute maßgeblichen Direktorialprinzips in der Geschäftsbehandlung oder die Ausprägung einer nennenswerten Ministerialbürokratie, die sogleich ihr enormes politisches Gewicht unter Beweis stellen sollte. Nicht zuletzt gab die Verfassungswirklichkeit nach 1808 ein wirksames Lehrstück ab für die Ausprägung einer wohlausgewogenen Kompetenzverteilung unter den Zentralbehörden und innerhalb der gesamten Staatsverwaltung. Die Konstitution und die organischen Edikte ließen somit nicht nur in ihrer überzogenen Tendenz die Triebkräfte und Zielsetzungen der Staatsreformer um Montgelas besonders deutlich hervortreten, sie waren ein gewichtiger Baustein bei der Aufrichtung des modernen Verwaltungsstaats.

[45] Götschmann, Innenministerium (wie Anm. 29) S. 105 f.

6.1 Vater der Konstitution und Schöpfer der modernen bayerischen Staatlichkeit

Nach 1809
Porträt von Maximilian Freiherr (seit 1809 Graf) von Montgelas.

Als maßgeblicher politischer Berater des Herrschers und führender Staatsmann nahm Montgelas (1759–1838) zwi-

6.1

schen 1799 und 1817 eine herausragende Stellung bei der Formung des modernen bayerischen Staates ein. Unter seiner Leitung standen das Ministerium des (Königlichen) Hauses und des Äußern, 1803–1806 sowie ab 1809 das Innenministerium, seit 1809 zudem auch das Finanzministerium.
Beeinflusst vom Gedankengut der Aufklärung und der französischen Revolution gab Montgelas der Reformepoche, die mit dem Regierungsantritt Kurfürst Max IV. Josephs begann, Richtung und Ziel und prägte den bayerischen „Staatsabsolutismus“ (Walter Demel) jener Jahre. Unter dem außenpolitischen Druck der napoleonischen Kriege handelte es sich dabei vor allem um die Sicherung der Souveränität und die herrschaftliche Durchdringung eines Staatsgebiets, das durch die Arrondierung heterogener Territorien entstanden war. Als maßgebliches Instrument dieser Revolution von oben sollte ein effektiver Verwaltungsapparat integrierende Wirkung erzielen und sich als einigendes Band um das junge Staatsgebilde legen.

Lithographie, 38,8 x 28,8 cm.

Privatbesitz.

Literatur: Weis, Montgelas Bd. 1 und Bd. 2. – AK Montgelas. – AK Bayern entsteht.

6.2 Vom alten zum modernen Staat: Ministerien als neue Zentralbehörden

1796 September 30, Ansbach
Denkschrift Montgelas' an Herzog Max Joseph von Pfalz-Zweibrücken (so genanntes Ansbacher Mémoire).

Das so genannte Ansbacher Mémoire gilt zurecht als Schlüsseldokument zu den bayerischen Verwaltungsreformen der Ära Montgelas im Allgemeinen und der

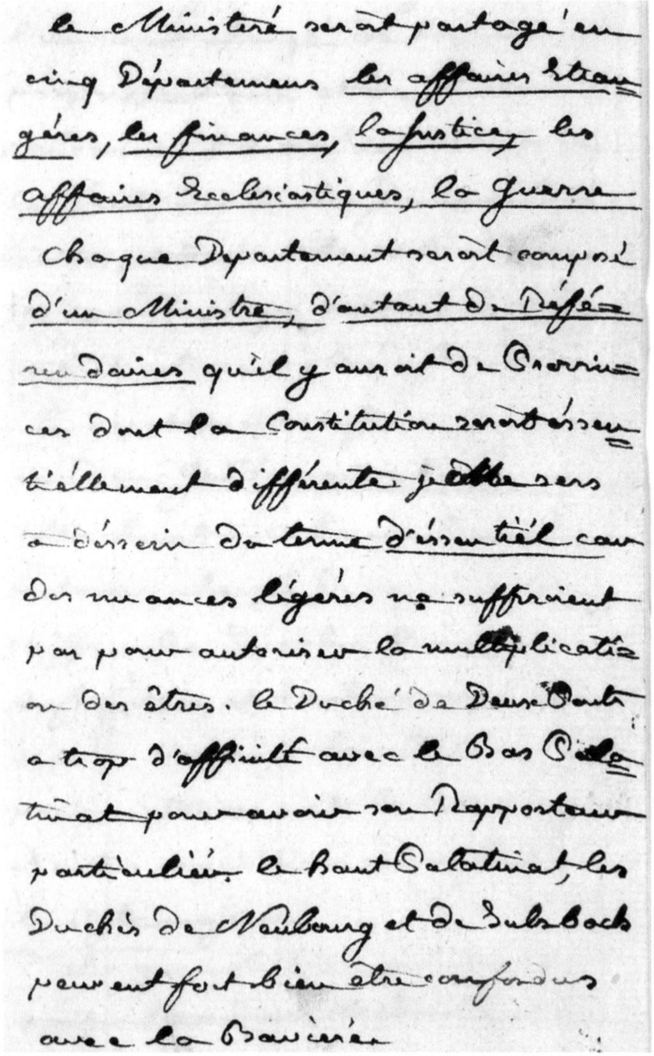
le Ministère serait partagé en cinq Départemens les affaires étrangères, les finances, la justice, les affaires Ecclésiastiques, la guerre. Chaque Département serait composé d'un Ministre, d'autant de Référendaires qu'il y aurait de Provinces dont la Constitution serait essentiellement différente je dis à dessein du terme d'essentiel car des nuances légères ne suffiraient pas pour autoriser la multiplication des êtres. le Duché de Deux-Ponts a trop d'affinité avec le Bas Palatinat pour avoir son Rapporteur particulier. le haut Palatinat, les Duchés de Neubourg et de Sulzbach peuvent fort bien être confondus avec la Bavière.

6.2

Schaffung der Ministerialorganisation im Besonderen. Der später allmächtige Minister hatte die Denkschrift in Ansbach für seinen Herzog Max Joseph von Pfalz-Zweibrücken verfasst, der kurz zuvor zum Erben Kurpfalz-

Bayerns designiert worden war. Aufgrund der Kriegsverhältnisse in den pfälzischen Territorien vorübergehend im preußischen Ansbach residierend, hatte Max Joseph den politisch diskreditierten jedoch fachlich profilierten Verwaltungsbeamten zur vorübergehenden Leitung seiner Geschäfte aus Heidelberg zu sich berufen. Rasch verstand es Montgelas, sich unentbehrlich zu machen und rückte in eine Position auf, die seine zentrale Rolle in den kommenden zwei Jahrzehnten begründete.

Maßgeblichen Anteil daran hatte sein „Mémoire présenté à Monseigneur le Duc", in dem einer bemerkenswert schonungslosen Kritik an der überkommenen Staatlichkeit Kurpfalz-Bayerns ebenso weitgehende Vorschläge für deren Reform auf dem Wege des Neuaufbaus der Verwaltung gegenüberstanden. Das Kernstück dieser Reorganisation betraf die Neugestaltung der Zentralbehörden, für die sich bereits 1764 die Bezeichnung „Geheimes Staats- und Konferenz-Ministerium" eingebürgert hatte. Anstelle des noch immer dominierenden Territorialprinzips plädierte Montgelas für die Einteilung dieses Gesamtministeriums nach dem Real- oder Ressortprinzip. Waren die unterschiedlichen Provinzen bislang jeweils für sich durch eigene Zentralbehörden verwaltet worden, sollte demnach nur noch jeweils ein Ministerialdepartement für die Verwaltung eines Sachgebietes in sämtlichen Provinzen zuständig sein. Entsprechend der zeitgenössischen Staatsauffassung und gleichartigen Reformen in anderen Staaten intendierte Montgelas fünf Ressorts (auswärtige Angelegenheiten, Justiz, Finanzen, geistliche Angelegenheiten, Krieg), die nach seinen Plänen zwischen 1799 und 1808 errichtet wurden: „le Ministère serait partagé en cinq Départements, les affaires Etrangères, les Finances, la Justice, les affaires Ecclesiastiques, la Guerre." Im Kern haben diese Ressorts, wenn auch aus staatsrechtlichen Gründen auf unterschiedlichen Ebenen unseres föderalen Bundesstaates, bis heute Bestand.

Manuskript, franz., 35 Bl., 33,5 x 21 cm; gezeigt wird Bl. 2.

Bayerisches Hauptstaatsarchiv, NL Montgelas 17.

Druck: Eberhard Weis, Montgelas' innenpolitisches Reformprogramm. Das Ansbacher Mémoire für den Herzog vom 30.9.1796. In: ZBLG 33 (1970) S. 243–256.

Übersetzung: Oliver Zeidler, Das „Ansbacher Mémoire". In: AK Bayern entsteht, S. 23–36.

Literatur: Weis, Montgelas Bd. 1. – Eberhard Weis, Ansbach 1796 – Der Aufstieg eines Staatsmannes. In: AK Bayern entsteht, S. 45–51. – Maria Schimke, Das Ansbacher Mémoire und die praktische Umsetzung seiner Reformideen: In: ebd., S. 52–62. – Gigl, Zentralbehörden.

6.3 Alle Macht den Ministerien: Die Konzeption eines administrativen Wasserkopfs

1808 August
Entwurf des Organischen Edikts, die Anordnung eines Polizei-Büros bei dem Ministerium des Innern betreffend.

Montgelas war umgeben von einer Reihe fähiger Beamter, die ein hohes Maß an Einfluss auf die Gestaltung des Reformwerks nahmen. Als eigentlicher Initiator der weitgehenden Zentralisierung von Kompetenzen in den Zentralbehörden, die im Zusammenhang mit der Konstitution 1808 erfolgte, gilt etwa der Finanzminister Johann Wilhelm Freiherr von Hompesch (1761–1809). Die konkrete Ausarbeitung der organischen Edikte, welche die Grundlage dafür lieferten, oblag einer vierköpfigen „Kommission in Organisationssachen" um den Geheimen Referendär Georg Friedrich von Zentner (vgl. Kat. Nr. 13.1).

Auf Veranlassung Montgelas', der bereits in der Planungsphase alle Aspekte der anstehenden Verwaltungsreformen überblicken wollte, hatte die Kommission bald nicht nur ihre kollegial gefassten Empfehlungen, sondern auch die unterlegenen Minderheitenvoten vorzulegen, um dem Minister mögliche Alternativen aufzuzeigen. Tatsächlich nahm Montgelas im vorliegenden Fall des

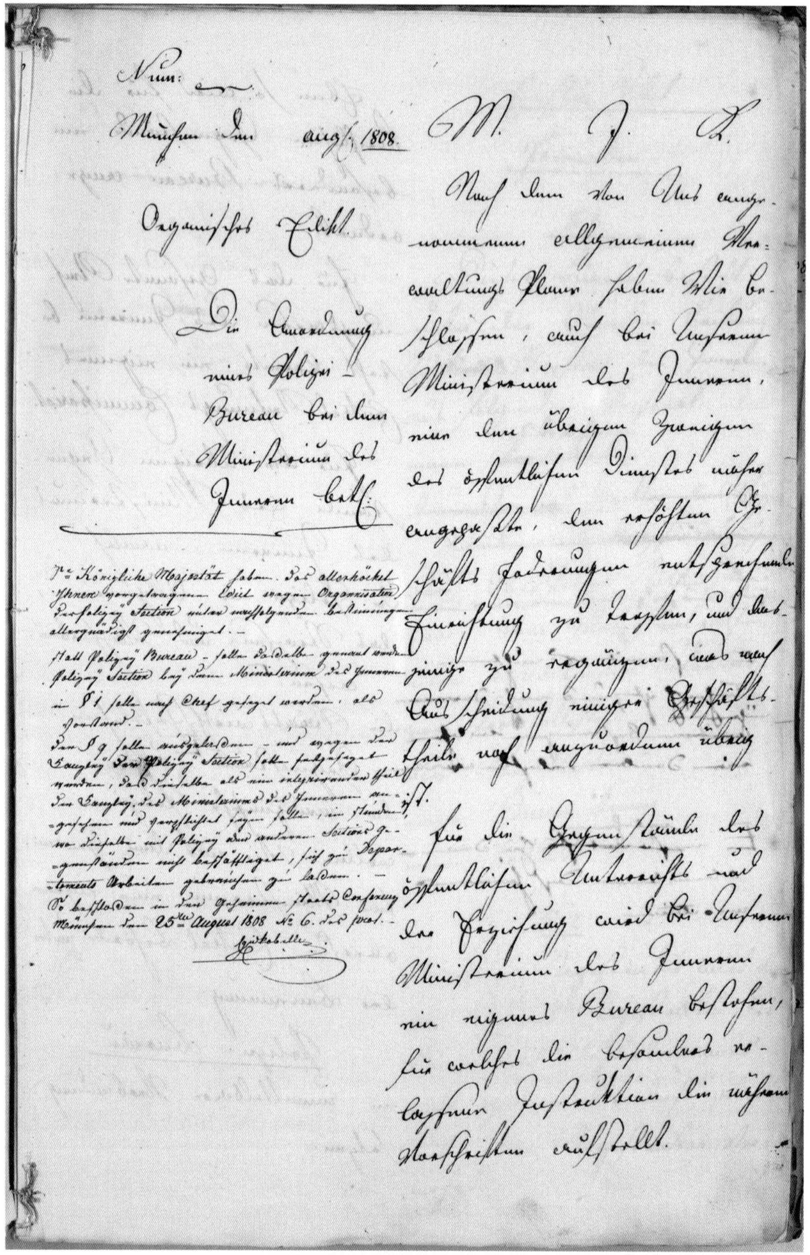

6.3

geplanten Polizei-Büros im Innenministerium nicht unwesentliche Eingriffe vor, die u.a. die Bezeichnung „Sektion“ statt „Bureau“ betrafen. Wie der Vermerk des Konferenzsekretärs Egid Kobell zeigt, ließ sich der König bei der Beratung des vorliegenden Entwurfs – wie auch der folgenden Edikte – in der Geheimen Staatskonferenz von seinem Vertrauen auf die administrativen Fähigkeiten Montgelas' leiten und erteilte den von diesem revidierten Entwürfen seine Zustimmung.

12 Bl., 33,5 x 22 cm, in Aktenband, mit handschriftlichen Ergänzungen Montgelas' und Kobells.

Bayerisches Hauptstaatsarchiv, MInn 65548.

Literatur: Horst Raffael, Ausbau und Entwicklung der Ministerialverfassung Bayerns unter Maximilian von Montgelas 1799–1808, Diss. München 1952. – Franz Dobmann, Georg Friedrich Freiherr von Zentner als bayerischer Staatsmann in den Jahren 1799–1821 (Münchener Historische Studien, Abt. Bayerische Geschichte 6), Kallmünz 1962.

6.4 Ein neues Ministerium fürs Militär

a) 1808 Dezember 8, München
Ministerstaatssekretär Generalleutnant von Triva protestiert bei Montgelas gegen seine Ernennung zum Geheimen Rat.

b) 1808 Dezember
König Max I. Joseph widerruft seine Ernennung Trivas zum Geheimen Rat.

Das 1808 neu errichtete Ministerium für das Kriegswesen nahm insofern eine Sonderstellung in der bayerischen Ministerialorganisation ein, als sich der König – zum Offizier ausgebildet – die persönliche Leitung des Ressorts vorbehielt. Bei der Fülle seiner Herrscherpflichten musste allerdings ein ständiger Stellvertreter die Geschäfte führen.
Mit dieser Aufgabe war der Generalleutnant Johann Nepomuk von Triva (1725–1827) als Ministerstaatssekretär betraut. Über die Stellung Trivas im Rahmen der Regierung kamen rasch Unstimmigkeiten mit Montgelas

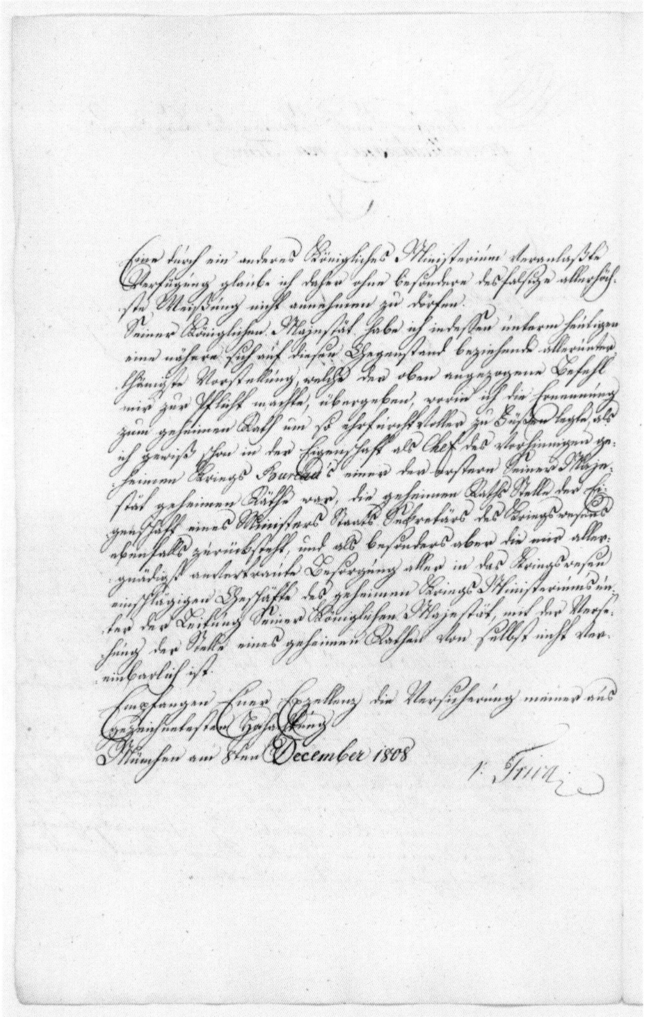
München am 8ten December 1808
v. Triva

6.4a

auf, dem der in rein militärischen Kategorien denkende, unpolitische General fern stand. Für einen Eklat sorgte der Versuch Montgelas', Triva aus dem exklusiven Kreis der Minister fernzuhalten und ihn auf die Mitgliedschaft im Geheimen Rat zu beschränken. Empört über den Angriff auf seinen Rang, der jedoch nirgends näher determi-

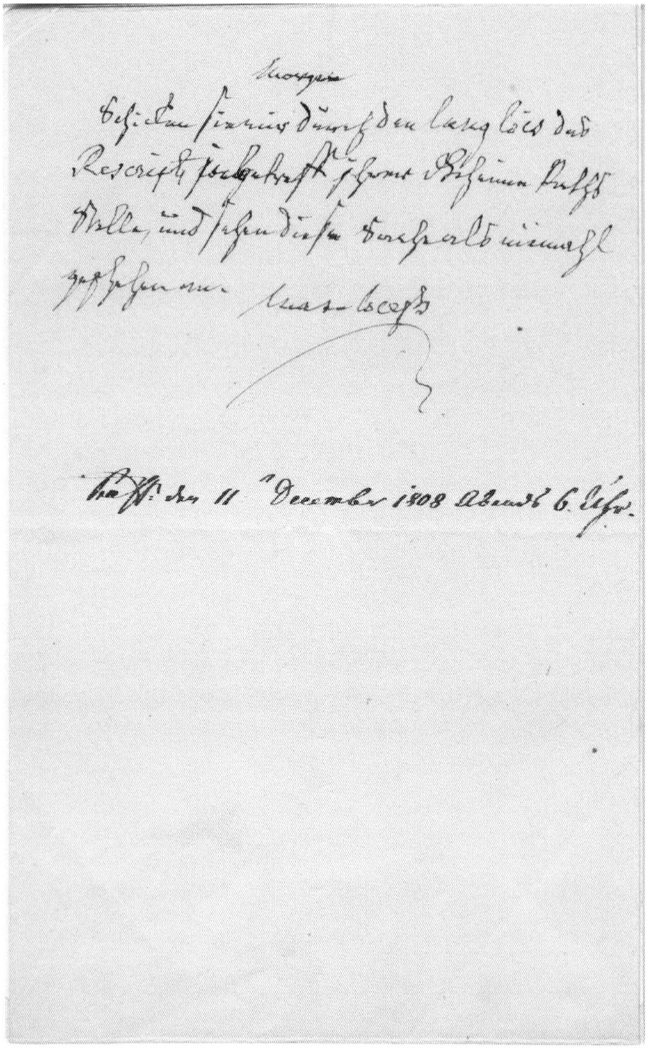
Morgen
... Rescript ...
Max Joseph
München den 11 December 1808 Abends 6 Uhr.

6.4b

niert worden war, legte Triva nicht nur bei seinem Rivalen förmlichen Protest ein, sondern intervenierte auch direkt beim König. Dieser hatte, wie häufig in vollem Vertrauen auf seinen leitenden Minister, das entsprechende Manuskript unterzeichnet und die Wirkung dieser Entscheidung wohl unterschätzt. Indem er nunmehr stillschweigend seinen Beschluss revidierte, glättete Max I. Joseph die Wogen und zeigte Montgelas nachträglich die Grenzen seiner Macht auf.

a) Note, Doppelbl., 34,5 x 22 cm.

b) Schreiben, 1 Bl., mit Unterschrift Max I. Josephs.

a, b) Bayerisches Hauptstaatsarchiv, Kriegsarchiv, OP 83232.

Literatur: Adolf Erhard, Johann Nepomuk Graf von Triva. K. B. General der Artillerie, der erste Kriegsminister Bayerns. 1755–1827, München/Bamberg 1892. – Oskar Bezzel, Geschichte des königlich bayerischen Heeres unter König Max I. Joseph 1806 (1804) bis 1825 (Geschichte des Bayerischen Heeres 6,1), München 1933. – Wolf D. Gruner, Die bayerischen Kriegsminister 1805–1885. Eine Skizze zum sozialen Herkommen der Minister. In: ZBLG 34 (1971), S. 238–315. – Gerhard Heyl, Johann Nepomuk Graf Triva, der erste Kriegsminister des Königreichs Bayern In: AK Bayern und seine Armee, S. 18–27.

6.5 Ministerien: Nicht nur Planungs-, sondern auch Vollzugsbehörden

a) Nach 1809
Portefeuille des Innenministeriums (aus dem Besitz Montgelas').

b) 1808/1809
Jahresbericht samt Beilagen der Sektion für die öffentlichen Unterrichts- und Erziehungsanstalten des Innenministeriums.

Bis 1808 hatten in jeder der heterogenen Provinzen des jungen Königreichs noch jeweils eigene Oberbehörden (Generallandesdirektion, Landesdirektionen) zentrale Exekutivaufgaben wahrgenommen. Die Ministerien waren daher zunächst noch ganz auf die Erarbeitung von Richtungsentscheidungen beschränkt gewesen. Erst durch die organischen Edikte rückten die Ministerien an die alleinige Spitze der reorganisierten Staatsverwaltung und erhielten umfängliche Exekutivaufgaben zugewiesen. Jeden Hauptverwaltungszweig bearbeiteten fortan

6.5a

personalstarke Sektionen (Fachabteilungen), in denen die Minister den nötigen administrativen Apparat an die Hand bekamen, um ihrer veränderten verfassungsrechtlichen Stellung entsprechen zu können. Waren sie vorher lediglich Berater des Herrschers gewesen, verantworteten sie nunmehr den Vollzug der königlichen Befehle und jedwede Verletzung der Konstitution gegenüber dem König. Aus dieser Ministerverantwortlichkeit ergab sich der Umstand, dass den Ressortchefs immer mehr Vorgänge zur Entscheidung vorzulegen waren. Zu diesem Zweck kamen nach 1809 aufwendig gestaltete Aktentaschen, so genannte Portefeuilles in Gebrauch, deren

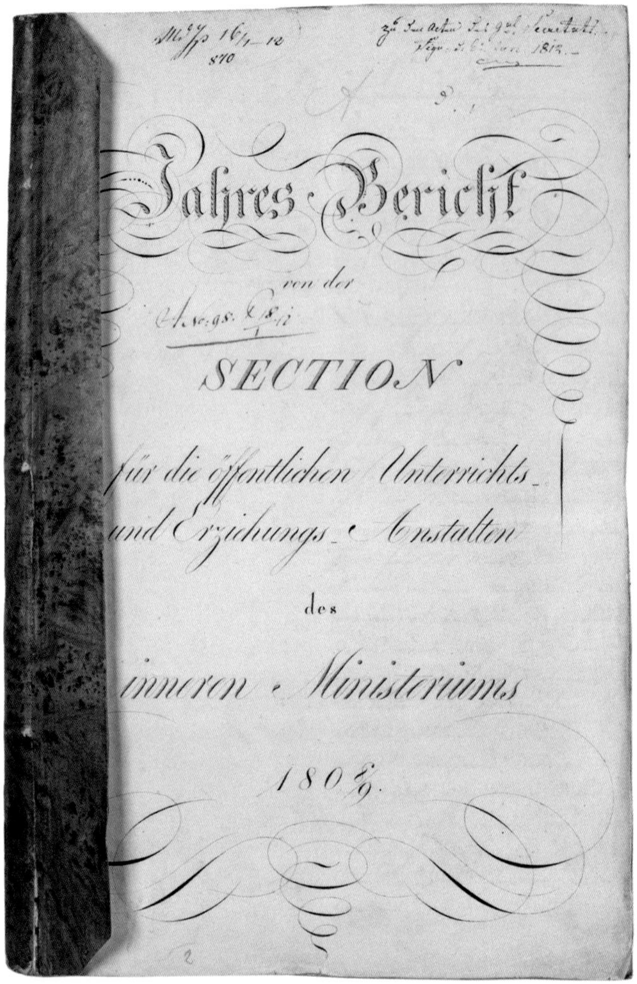

6.5b

Bezeichnung zu einem Synonym für den Aufgabenbereich eines Ministers geworden ist. Aus dem Privatbesitz Montgelas' sind – analog zu seinen drei gleichzeitig verwalteten Ministerämtern – drei solcher Portefeuilles überliefert („Au comte de Montgelas" – „Ministere des Finances" – „Ministere de l'Intérieur"). Angesichts des enormen Anstiegs des Verwaltungsaufwands in den Ministerien, die für den Minister schon bald kaum mehr zu überblicken war, dokumentierten die einzelnen Sektionen ihre Tätigkeit in Jahresberichten. Auf dieser Grundlage konnten die Minister ihrer eigenen Verpflichtung nachkommen, jährlich Rechenschaft für jeweils ihr Ressort abzulegen.

a) Rotes Leder, punziert und vergoldet, Messingbeschläge, 32,5 x 42,5 x 5,2 cm.
Bayerisches Nationalmuseum, Inv.Nr. 2006/241.
Abbildung: AK Bayern entsteht, S. 138. – AK Bayerns Krone 1806, S. 161.

b) Aktenband, 33 x 22 cm, mit Unterschrift von Georg Friedrich von Zentner.
Bayerisches Hauptstaatsarchiv, MInn 44703.

Literatur: Ferdinand Weckerle, Geschichte der Ministerverantwortlichkeit in Bayern bis zum Tode König Maximilians I., Würzburg 1930. – Raffael (wie Kat.Nr. 6.3). – Knemeyer, S. 121 ff. (für Bayern).

6.6 Detailarbeit in den Zentralbehörden

a) 1810 November 16
Eintrag im Sitzungsprotokoll der Ministerialstiftungs- und Kommunalsektion für das Etatjahr 1810/11 über Kommunalgegenstände.

b) 1811 Januar
Sitzungsprotokoll der Ministerialstiftungs- und Kommunalsektion für das Etatjahr 1810/11 über Stiftungsgegenstände.

Grundlegendes Ziel der Verwaltungsreformen war die Zentralisierung und Rationalisierung der administrativen Aufbau- und Ablauforganisation. Während der Bestand der Behörden und ihre Stellung zueinander, also der Instanzenzug, ab 1799 vielfachen Neuordnungen unterworfen waren, hielten sich die überkommenen Formen des internen Verwaltungshandelns bis weit ins 19. Jahrhundert hinein.
Nach dem so genannten Kollegialsystem vollzog sich die Entscheidungsfindung innerhalb der Behörden noch nicht als bürokratischer Akt eines verantwortlichen Vor-

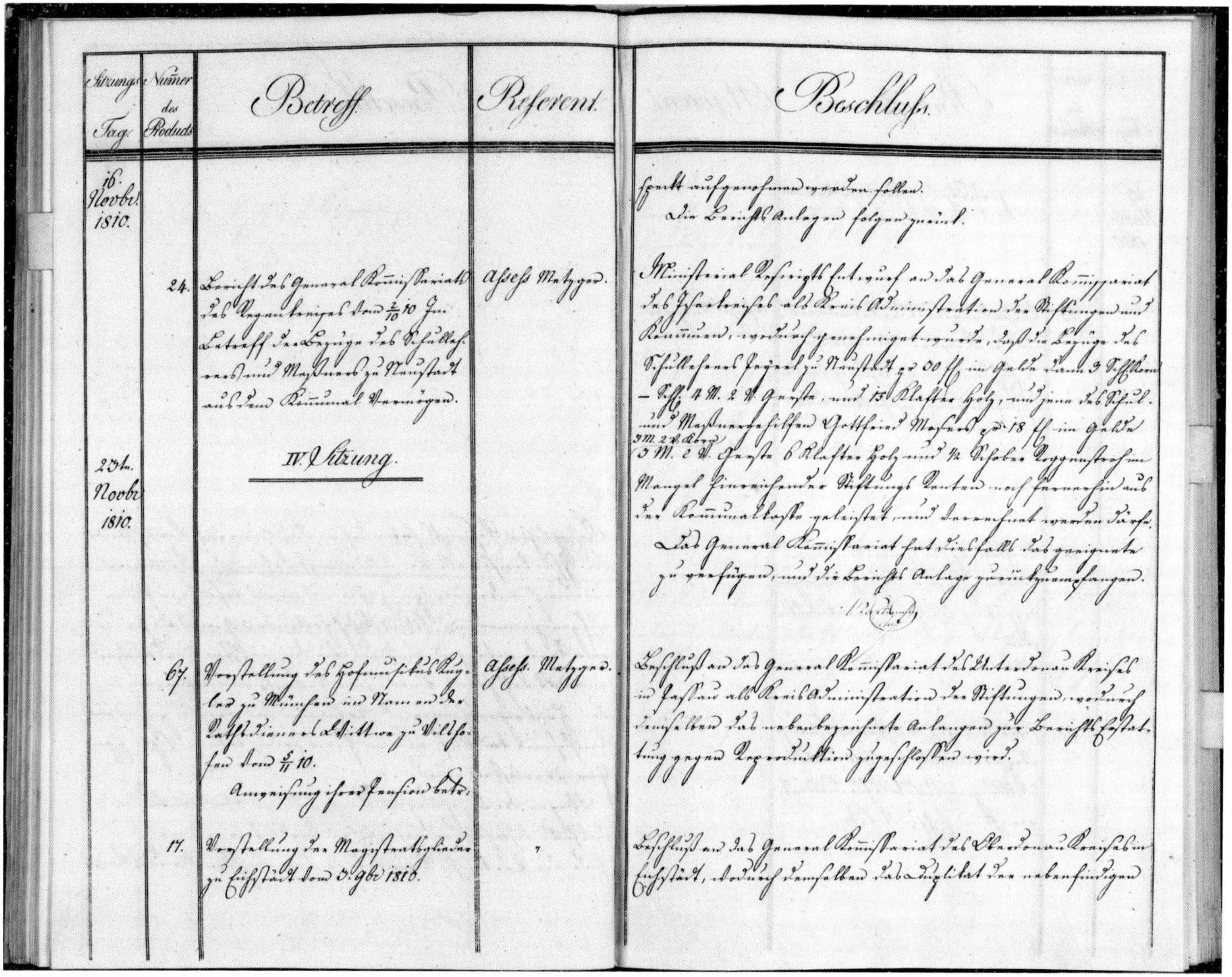
Sitzungs Tag
Numer des Products
Betreff
Referent
Beschluß

6.6a

gesetzten, sondern durch das Mehrheitsvotum eines Gremiums gleichberechtigter Beamter. In den Ministerien kam ab 1808 eine Mischform beider Systeme zur Anwendung. Über die einzelnen Vorgänge einer Sektion erarbeitete demnach ein Beamter als Referent eine Vorlage, über die anschließend das Plenum seiner Kollegen abstimmte. Der auf dieser Grundlage erarbeitete Entwurf wurde schließlich dem Minister vorgelegt, der allein und eigenverantwortlich die Entscheidung fällte. Nicht nur die Art und Weise dieser umständlichen Entscheidungsfindung widersprach auf Dauer der zeitgenössischen Zielsetzung einer hierarchischen Neuordnung der Entscheidungsstrukturen. Insbesonders die von den Beamten selbst beständig kritisierte Überlastung mit so genannter „Detailarbeit", ein Ergebnis der übermäßigen Zentralisierung von Kompetenzen, wirkte als beständiger Sand im Getriebe einer kopflastigen Verwaltung. Besonders eklatant erwies sich die Diskrepanz zwischen Verwaltungsebene und Geschäftsaufgaben im Bereich der Kommunal- und Stiftungsangelegenheiten, die bis 1808 zur Kompetenz der kommunalen Selbstverwaltung gehört hatten. Im vorliegenden Beispiel entschied die Stiftungs- und Kommunalsektion des Innenministeriums über die – teils noch in Naturalien erfolgende – Entlohnung eines Schullehrers und seines Gehilfen im oberpfälzischen Neustadt. Bagatellfälle wie diese waren vordem von den Kommunen selbst entschieden worden. Als Widerspruch zum hierarchischen Prinzip der Verantwortlichkeit, das im Instanzenzug bereits frühzeitig verwirklicht worden war, verschwand das Kollegialprinzip nach dem Regierungsantritt des autokratischen Königs Ludwig I. endgültig aus den Ministerien.

a) Protokollband, 98 Bl., 34,3 x 21 cm.
Bayerisches Hauptstaatsarchiv, MInn 74342.

b) Protokollband, 195 Bl., 34,3 x 21,3 cm.
Bayerisches Hauptstaatsarchiv, MInn 74267.

Literatur: Dokumente zur Geschichte von Staat und Gesellschaft III/1. – Dirk Götschmann, Das bayerische Innenministerium 1825–1864. Organisation und Funktion, Beamtenschaft und politischer Einfluss einer Zentralbehörde in der konstitutionellen Monarchie (Schriftenreihe der Historischen Kommission bei der Bayerischen Akademie der Wissenschaften 48), Göttingen 1993. – Josef A. Weiß, Die Integration der Gemeinden in den modernen bayerischen Staat. Zur Entstehung der kommunalen Selbstverwaltung in Bayern (1799–1818) (Studien zur Bayerischen Verfassungs- und Sozialgeschichte 11), München 1986, S. 86–92.

6.7 Verwaltungsvereinfachung in den Ministerien

1811 April 10, München
Reskript König Max' I. Joseph zur Vereinfachung des Geschäftsganges im Finanzministerium.

Die Reorganisation der Ministerialverwaltung durch die Konstitution und ihre organischen Edikte war auf verfassungsrechtlicher und damit höchstmöglicher Ebene festgelegt. Neben dieser letztlich politischen Dimension gehörten verwaltungsreformerische Maßnahmen vor wie auch nach 1808 zum administrativen Alltagsgeschäft der Ministerien. Bereits 1803 hatte Montgelas die Notwendigkeit laufender korrigierender Eingriffe in den Geschäftsbetrieb damit begründet, dass „in Gegenständen der Erfahrung ein Tag den anderen belehrte" (RBl 1803, 657). Sprunghaft gewannen Aspekte der Rationalisierung an Bedeutung, als Montgelas neben dem Außen- und dem Innenministerium 1809 erneut zusätzlich die Leitung des Finanzministeriums übernahm. Der Umfang eines solchen Arbeitsgebietes war von einer Person kaum mehr zu bewältigen und erforderte die Entlastung des dirigierenden Ministers von Einzelaufgaben minderer Bedeutung. Mit dieser Aufgabe wurde der hohe Beamte Heinrich von Schenk (1748–1813) als Generaldirektor und damit Stellvertreter des Ministers im Finanzressort betraut, dessen Zuständigkeiten eine allmähliche Erweiterung erfuhren. Nicht zuletzt aus Rücksicht auf die unmittelbaren Rückwirkungen dieser Maßnahme auf die – nach der Konstitution alleinige – Verantwortlichkeit des Ministers für die Geschäftsführung in seinem Ministerialdepartement, erfolgte diese Regelung durch ein Aller-

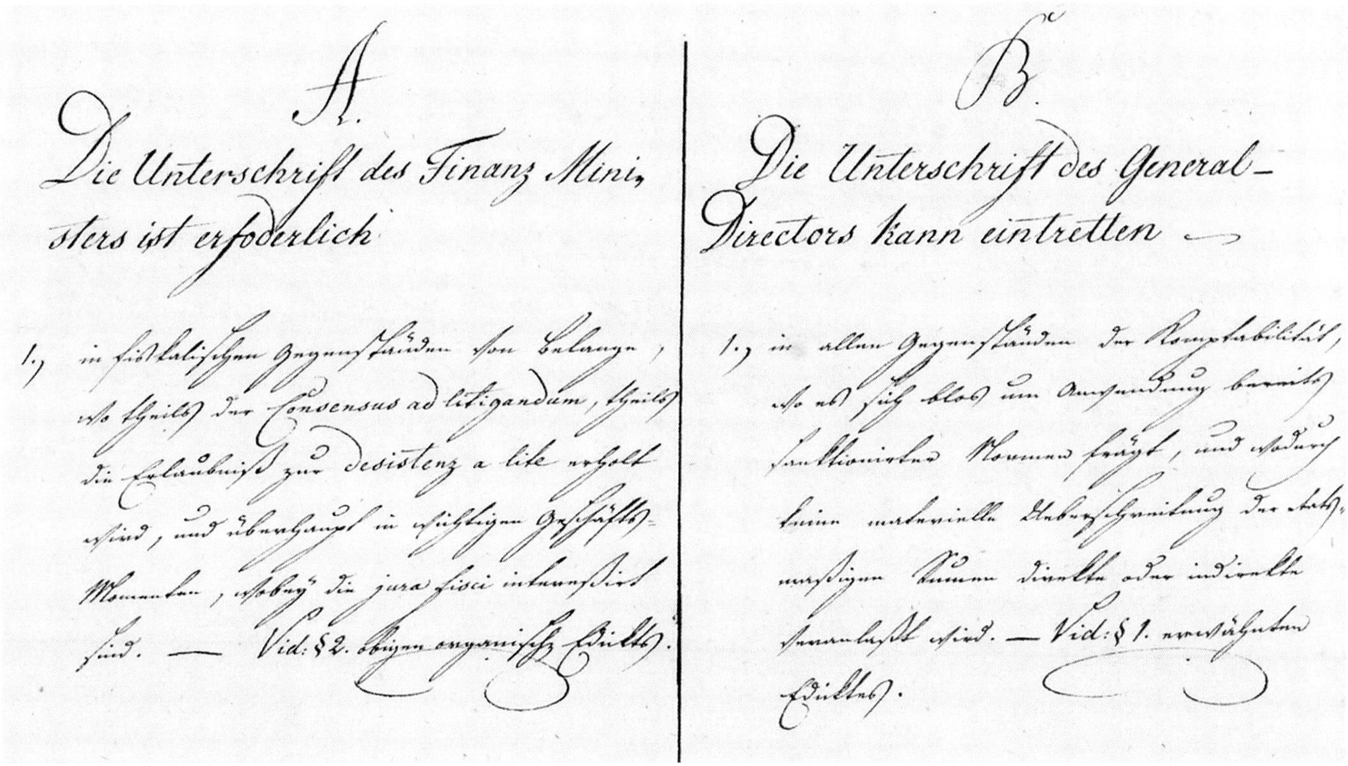
A.

Die Unterschrift des Finanz Ministers ist erfoderlich

1.) in fiskalischen Gegenständen von Belange, wo theils der Consensus ad litigandum, theils die Erlaubniß zur desistenz a lite erholt wird, und überhaupt in wichtigen Geschäfts-Momenten, wobey die jura fisci interessirt sind. — Vid: §2. obigen angeregten Edikts.

B.

Die Unterschrift des General-Directors kann eintretten —

1.) in allen Gegenständen der Komptabilität, wo es sich bloß um Anwendung bereits sanktionirter Normen fragt, und wodurch keine materielle Ueberschreitung der etats-mäßigen Summen direkte oder indirekte veranlaßt wird. — Vid: §1. vorstehenden Edikts.

6.7

höchstes Reskript des Königs. Doch auch mit diesen internen Reformen ließ sich die strukturbedingte Überlastung der Ministerien und des dreifachen Ressortchefs Montgelas kaum wirksam beheben. Trotz einer außergewöhnlichen persönlichen Arbeitsleistung eröffnete dessen Amtsführung zuletzt immer breiteren Raum für Kritik, die 1817 seine Entlassung zur Folge haben und die Gelegenheit zu einer grundlegenden Revision der Ministerialorganisation geben sollte.

6 Bl., 33,5 x 21,5 cm, mit Unterschrift des Königs Max I. Joseph.

Bayerisches Hauptstaatsarchiv, NL Montgelas 215.

6.8 Vom Scheitern eines administrativen Wasserkopfs

1817 Januar 29, München
Vorschläge der Ministerialfinanzsektion zur Verbesserung des Geschäftsgangs der Ministerien.

Die schärfste Kritik an den Verwaltungsreformen von 1808 kam aus den Kreisen der unmittelbar betroffenen Ministerialbeamtenschaft. In einer Reihe von Gutachten äußerten sich über Jahre hinweg zahlreiche bekannte und weniger bekannte Persönlichkeiten aus allen Ressorts zu der übermäßigen Konzentration von Aufgaben in den Zentralbehörden. Nach dem allgemeinen Urteil war eine

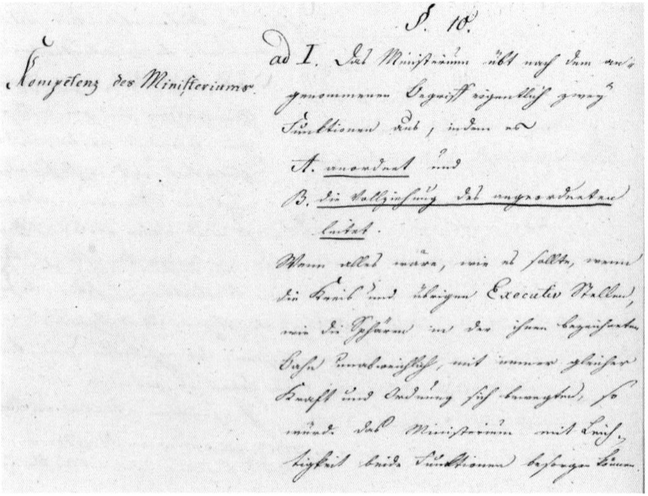

§. 10.

Kompetenz des Ministeriums

ad I. Das Ministerium übt nach dem angenommenen Begriff eigentlich zwey Funktionen aus, indem es

A. anordnet und

B. die Vollziehung des angeordneten leitet.

Wenn alles wäre, wie es sollte, wenn die Kreis und übrigen Executiv Stellen, wie die Sphären in der ihnen bezeichneten Bahn unabweichlich, mit immer gleicher Kraft und Ordnung sich bewegten, so würde das Ministerium mit Leichtigkeit beide Funktionen besorgen können

6.8

angemessene Bearbeitung der Geschäfte kaum mehr möglich, so dass eine zumindest teilweise Revision der organischen Edikte immer wieder angemahnt wurde.
Im vorliegenden Beispiel befasste sich, kurz vor der tiefgreifenden Revision der Ministerialorganisation und dem Sturze Montgelas' im Februar 1817 (vgl. Kat.Nr. 6.10), das Finanzressort mit dem Zustand der bestehenden Ministerialverfassung. Der Geheime Finanzreferendär Franz Sales von Schilcher (1766–1843) stellte dazu freimütig fest: „Das Ministerium übt nach dem angenommenen Begriff eigentlich zwey Funktionen aus, indem es A. anordnet und B. die Vollziehung des angeordneten leitet. Wenn alles wäre, wie es sollte, wenn die Kreis- und übrigen Executivstellen wie die Sphären in der ihnen bezeichneten Bahn unabweichlich, mit immer gleicher Kraft und Ordnung sich bewegten, so würde das Ministerium mit Leichtigkeit beide Funktionen besorgen können." Dies war nach dem übereinstimmenden Urteil aller maßgeblichen Kenner der bayerischen Verwaltung seit 1808 jedoch nicht mehr der Fall gewesen. Selbst Montgelas sah sich schließlich in seinem nach dem Rücktritt vom Februar 1817 verfassten Rechenschaftsbericht (Compte rendu) an den König selbstkritisch veranlasst, den überzogenen Zentralismus der Konstitution und der organischen Edikte als Irrweg zu bezeichnen.

Aktenband, 39 Bl., 33,5 x 21,5 cm, mit Unterschrift von Franz Sales von Schilcher.

Bayerisches Hauptstaatsarchiv, MF 56168.

Literatur: Montgelas-Denkwürdigkeiten, S. 41–46.

6.9 Der Geheime Rat – Ein Ersatzparlament?

1809 Februar 16, München
Protokoll des Geheimen Rats zur Beratung über den Entwurf eines Zivilgesetzbuchs von Anselm Feuerbach.

Die Aufgaben und die Zusammensetzung des Geheimen Rates verliehen ihm den Charakter eines Beamtenparlaments. Neben dem König, dem Kronprinzen und den Ministern gehörte ein gutes Dutzend wirklicher Geheimer Räte dem kleinen Sachverständigengremium an. Trotz gemeinsamer Zugehörigkeit zur neuen Elite der Beamtenschaft wirkten sich die heterogenen sozialen und politischen Prägungen seiner Mitglieder auf die Entscheidungsfindung aus.
Einer der ersten, hochbedeutsamen Beratungsgegenstände nach der Konstituierung zum Jahresbeginn 1809 war der Entwurf eines neuen Zivilgesetzbuches. Der Verfasser Anselm Feuerbach (1775–1835) gehörte mit Friedrich von Zentner, Johann Nepomuk von Krenner (1758–1812) und dessen Bruder Franz (1762–1819) zum reformerischen Flügel des Geheimen Rates und vertrat hier persönlich seine beiden großen Gesetzesentwürfe eines Strafgesetzbuches und eines Bürgerlichen Gesetzbuches. Letzteres lehnte sich stark an den Code Napoléon an und stieß aufgrund seiner progressiven gesellschaftspolitischen Ansätze auf die Opposition der konservativen Räte um Ignaz Graf von Arco (1741–1812), Maximilian Graf von Preysing (1736–1827) und Joseph Graf von Toer-

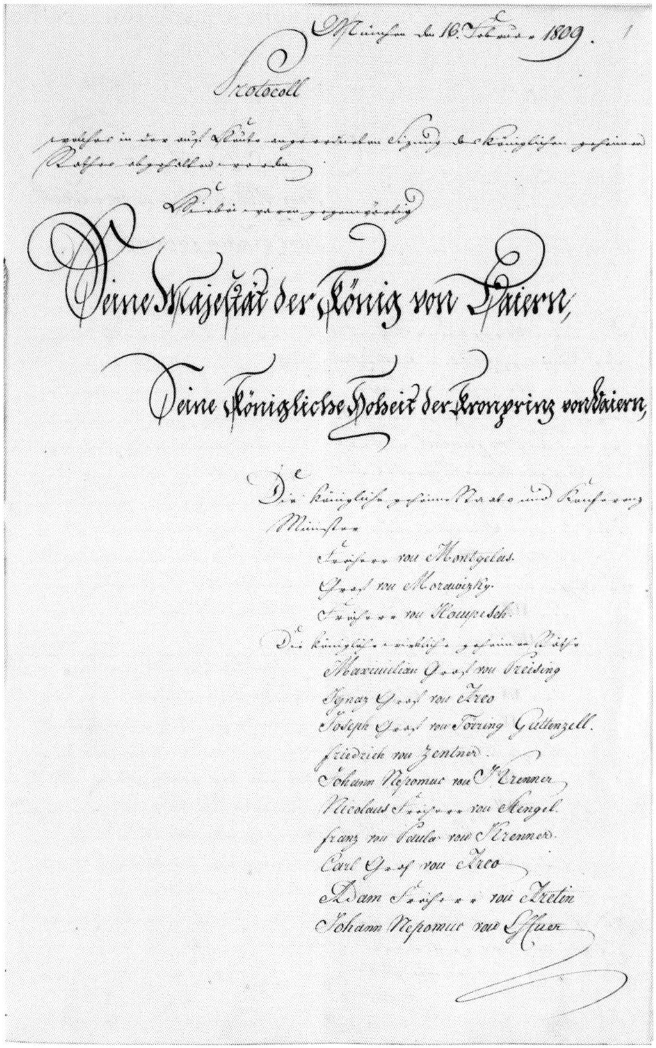
München den 16. Februar 1809.

Protocoll

welches in der auf heute angeordneten Sitzung des Königlichen geheimen Rathes abgehalten worden.

Anwesend waren gegenwärtig

Seine Majestät der König von Baiern,

Seine Königliche Hoheit der Kronprinz von Baiern,

Die königlichen geheimen Staats und Konferenz Minister

Freiherr von Montgelas.
Graf von Morawizky.
Freiherr von Hompesch.

Die königlichen wirklichen geheimen Räthe

Maximilian Graf von Preising
Ignaz Graf von Arco
Joseph Graf von Törring Guttenzell.
Friedrich von Zentner.
Johann Nepomuc von Krenner
Nicolaus Freiherr von Mengel.
Franz von Paula von Krenner.
Carl Graf von Arco
Adam Freiherr von Aretin
Johann Nepomuc von Effner

6.9

ring-Guttenzell (1753–1826), die alle drei dem feudalen Hochadel entstammten. Trotz erneuter Anläufe mit revidierten Fassungen scheiterte Feuerbach mit seinem Projekt.

Aktenband, 9 Bl., 33,5 x 21,5 cm, mit Unterschriften von Kronprinz Ludwig sowie der Minister Montgelas, Morawitzky und Hompesch.

Bayerisches Hauptstaatsarchiv, StR 156.

Literatur: Heinz W. Schlaich, Der Bayerische Staatsrat. Beiträge zu seiner Entwicklung von 1808/09 bis 1918. In: ZBLG 28 (1965), S. 460–522. – Gustav Radbruch, Paul Johann Anselm Feuerbach. Ein Juristenleben, 3. Aufl. Göttingen 1969. – Walter Demel – Werner Schubert (Hrsg.), Der Entwurf eines Bürgerlichen Gesetzbuches für das Königreich Bayern von 1811. Revidierter Codex Maximilianeus Bavaricus civilis (Abhandlungen zur Rechtswissenschaftlichen Grundlagenforschung 63), Ebelsbach 1986. – Gerhard Haney (Hrsg.), Naturrecht und positives Recht. Ausgewählte Texte von Paul Johann Anselm Feuerbach (Haufe-Schriftenreihe zur rechtswissenschaftlichen Grundlagenforschung 4), Berlin 1993. – Staatsratsprotokolle Bd. 1, S. 21–24.

6.10 Fortschritt durch Rückschritt: Die Reformen gehen weiter

1817 Februar 2, München
Reskript des Königs an den Geheimen Rat über die Bildung und Einrichtung der obersten Stellen des Staats.

Der Sturz Montgelas', der als eine Art „Superminister" zuletzt drei Ressorts geleitet und sich selbst damit zuletzt als überfordert erwiesen hatte, bot den äußeren Anlass für die von verschiedener Seite immer wieder geforderte und von Montgelas selbst noch eingeleitete Revision der Ministerialorganisation von 1808. Das Reskript vom 2. Februar 1817, dem Entlassungstag des großen Reformers, gab in den folgenden Monaten den Auftakt zu einer Reihe weiterer Verordnungen, durch die nicht nur die Zuständigkeiten der Ministerien untereinander neu und auf lange Sicht voneinander abgegrenzt wurden. Vor allem fanden die eindeutigen Erkenntnisse der zahlreichen Gutachten aus den Jahren zuvor Berücksichtigung, die eine Entschlackung der Zentralbehörden von Verwaltungsarbeit durch die Rückverlagerung von Kompetenzen auf die Mittel- und Unterbehörden gefordert hatten. Die Formationsverordnung vom 9. Dezember 1825 (RBl

977) baute im Wesentlichen auf dieser Grundlage auf, und prägte – wenngleich vielfach abgeändert – bis zur Verordnung über die Staatsministerien vom 11. Februar 1932 (GVBl 61) und die Gemeinsame Geschäftsordnung für die Staatsministerien vom 1. April 1932 (BayHStA, MA 102045) den Kern der äußeren und inneren Organisation der bayerischen Ministerialorganisation. Auch der Geheime Rat erhielt im Februar 1817 unter der Bezeichnung Staatsrat eine neue Form und Aufgabenzuschreibung, die im Wesentlichen bis zum Ende der Monarchie im November 1918 Bestand haben sollte.

Reskript, 2 Doppelbl., 33,3 x 21,3 cm, eingeheftet in Aktenband, mit Unterschrift von König Max I. Joseph.

Bayerisches Hauptstaatsarchiv, StR 386.

Literatur: Schlaich, Der Bayerische Staatsrat (wie Kat.Nr. 6.9). – Götschmann, Innenministerium (wie Kat.Nr. 6.6).

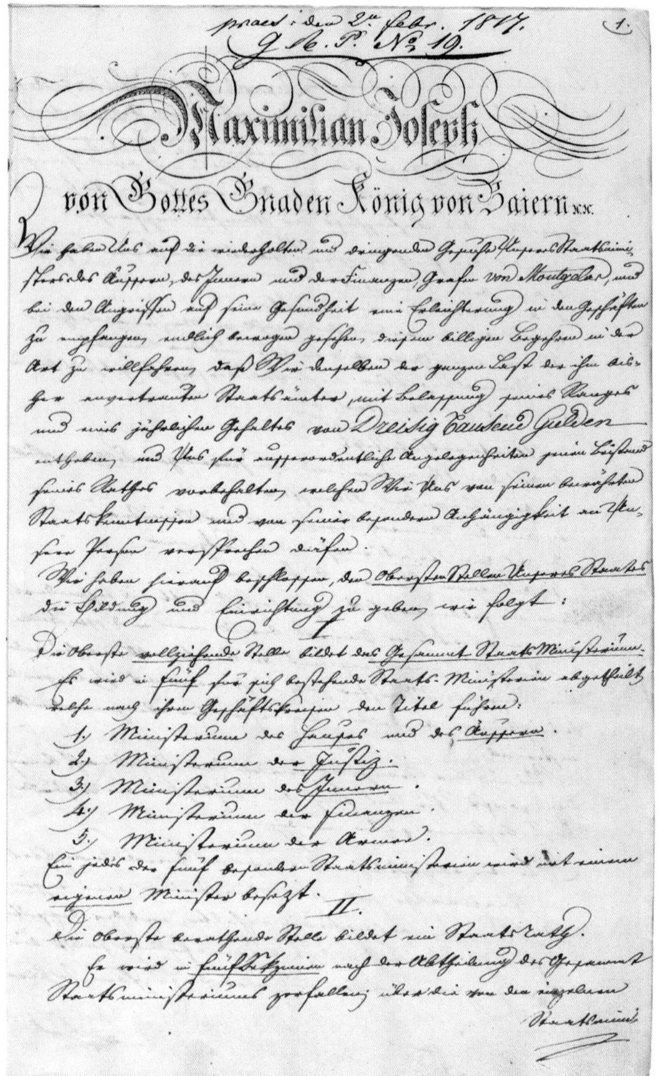
Maximilian Joseph
von Gottes Gnaden König von Baiern xx.

6.10

7. Die Konstitution von 1808 und die innere Verwaltung in Bayern

Von Nicola Schümann

„Das ganze Königreich wird ... nach gleichen Grundsäzen verwaltet ... An der Spize eines jeden Kreises steht ein königlicher General-Kommissär, dem wenigstens drei, höchstens fünf, Kreis Räthe untergeordnet sind ...".[1] Mit diesen schlichten Worten erklärte die Konstitution vom 1. Mai 1808 den Schlussstrich unter eine Reform, die seit dem Regierungsantritt Max IV./I. Joseph 1799 betrieben worden war und zu den bedeutenderen jener reformträchtigen Ära gezählt werden kann: Ein Teil der bestehenden Behörden wurde aufgelöst und durch eine einheitliche, strikt auf die Zentrale hin ausgerichtete mittlere und untere Verwaltungsorganisation ersetzt. Was nun im Konstitutionstext und in den zugehörigen Organischen Edikten kaum eines Satzes gewürdigt worden war – offenbar hielt man die verwaltungstechnischen Details eines Verfassungsdokuments nicht für angemessen –, wurde wenige Wochen nach deren Veröffentlichung in Form einer umfangreichen Dienstanweisung konkretisiert. Die Instruktion für die Generalkreiskommissare vom 17. Juli 1808 verfügte die Schließung der aufgelösten Behörden und die Geltung des neuen Systems ab dem 1. Oktober 1808.[2] Sie geriet damit zum eigentlichen Schlüsseltext für die Umsetzung der Neugestaltung in der inneren Verwaltung des Königreichs Bayern ab 1808. Anlass, Vorgeschichte, Durchführung und Bilanz dieser „réforme totale", wie Graf Montgelas sie rückblickend bezeichnet hat,[3] sollen im Folgenden kurz dargestellt werden.

Ausgangspunkt der Reformen

Kernproblem und Ausgangspunkt der Reform war die ganz unterschiedliche Organisationsstruktur der alten und neuen Landesteile, die Bayern in den Jahren 1803 bis 1808 zugefallen waren. Nicht nur die geographischen Grenzen,[4] auch die inneren Verhältnisse mussten neu geordnet werden. Die hinzugewonnenen Gebiete hatten bis 1808 zunächst provisorische Übergangsverwaltungen erhalten. Je nach Landesteil schwankte die Anzahl der Funktionsträger der dortigen so genannten Landesdirektionen zwischen 29 und 89 Mann; während man für die Personalausgaben in Neuburg „nur" 63.600 fl. berappen musste, schlugen diese in Mittelfranken und Schwaben mit je 110.000 fl. zu Buche.[5] Finanzwesen und allgemeine Landesverwaltung waren nicht getrennt, die Befugnisse gegenüber den Unterbehörden schwach ausgeprägt, und gegenüber der in sich selbst noch ungefestigten Zentrale herrschte nur ein recht unspezifischer Berichtszwang. Dagegen bestimmte die Neuregelung von 1808 nicht allein die gleichartige Besetzung jedes Kreises mit einem Generalkreiskommissar an der Spitze, sondern auch einen identischen Umfang des übrigen Personals und einen fest umrissenen Geschäftsgang. Die Kreise wurden auf eine Bevölkerungsgröße von 140.000 bis 300.000 Einwohnern festgelegt. Die neuen Generalkreiskommissariate sollten Exekutivorgane für die Ministerien sein und nur in seltenen Fällen kollegial beraten oder entscheiden

1 Konstitution für das Königreich Baiern, 1. Mai. 1808 (Erster Titel, § II; Dritter Titel, § IV), RBl 985; vgl. Textedition in diesem Band S. 325, 328.

2 Instruktion für die General-Kreis-Kommissäre, 17. Juli 1808 (Einleitung), RBl 1649; teilweise ediert bei Schimke, Regierungsakten, Dok. 69, S. 369–372.

3 Montgelas-Denkwürdigkeiten, S. 37.

4 Vgl. den Beitrag von Till Strobel in diesem Band.

5 BayHStA, StR 8, Beilage vom 26. September 1808: „Uebersicht des Staatsaufwandes auf die Besoldungen für die Finanz Verwaltung nach dem bisherige Stande der Provinzen, und nach der neuesten Organisation der Kreise".

(vgl. Kat.Nr. 7.1–2).[6] Für die Finanzverwaltung auf der Mittelebene wurden eigene Kreisfinanzdirektionen geschaffen.[7] Die Sprengel der Generalkreiskommissariate fungierten zugleich auch als Justizbezirke und – zumindest auf dem Papier – als Wahlkreise für die Nationalrepräsentation.

Vorgeschichte

Unter Kurfürst Karl Theodor (1777–1799) wurde 1779 die Obere Landesregierung als letzte Zentralbehörde „alten Stils" geschaffen, die zugleich als Provinzialbehörde für das Ober- und Niederbayern umfassende alte Herzogtum Baiern fungierte.[8] Kurfürst Max IV. Joseph ließ nach seinem Regierungsantritt die Obere Landesregierung 1799 zunächst nach preußischem Vorbild in „Generallandesdirektion" umbenennen und mit einer geringfügig geänderten Geschäftsanweisung versehen.[9] 1801 wurde im Staatsrat und in den Ministerialdepartements über die Umwandlung der Generallandesdirektion und der anderen Landesdirektionen in Amberg und Neuburg a.d. Donau in echte Mittelbehörden verhandelt, die als Kontroll- und Vermittlungsinstanzen zwischen Regierung und ausführenden Organen fungieren sollten. Die Meinungen waren jedoch gespalten: Justiz- und Innenministerium gaben eine befürwortende, das Finanzministerium eine ablehnende Haltung zu erkennen. Aus Kostengründen entschloss man sich Anfang 1802, die Reformen an der Basis zu beginnen.[10] So wurde der Hebel zuerst bei den Landgerichten als der untersten Verwaltungsebene angesetzt. Es handelte sich dabei jeweils um Amtsbezirke aus mehreren Gemeinden mit einigen Tausend Seelen, einem Landrichter an der Spitze und einem Diener oder Schergen als Gehilfen (vgl. Kat.Nr. 7.1). Ihre Tätigkeit beinhaltete die ganze Bandbreite der Zivilverwaltung von der öffentlichen Sicherheit über Presseaufsicht, Medizinalwesen, Ansässigmachung und Eheschließung bis hin zu Handel, Gewerbe, Landwirtschaft und Armenfürsorge, außerdem die erstinstanzliche Gerichtsbarkeit. Als Schwachstellen galten die unqualifizierte Besetzung der Landrichterposten, die faktische Erblichkeit der Ämter, ihre Mitfinanzierung aus Verwaltungsgebühren („Sportelunwesen") und vor allem die ineffiziente Vermischung von Aufgaben unterschiedlicher Verwaltungszweige. Mit Verordnung vom 24. März 1802 wurden die unterschiedlichen Bezeichnungen der Unterämter vereinheitlicht, die personelle Besetzung und der Geschäftsgang einander angeglichen und die Gesamtanzahl der Ämter von 120 Landgerichten auf zunächst 73 im Jahre 1803 wesentlich verringert. Die Finanzangelegenheiten wurden ausgegliedert, indem in jedem Landgericht mehrere Rentamtsbezirke eingerichtet wurden.[11] Nicht auf der untersten

6 Vgl. Schimke, Regierungsakten S. 318–322. – Wilhelm Volkert, Bayerns Zentral- und Regionalverwaltung 1799–1817. In: Eberhard Weis (Hrsg.), Reformen im rheinbündischen Deutschland (Schriften des Historischen Kollegs, Kolloquien 4), München 1984, S. 169–180, hier S. 170–173.

7 Vgl. den Beitrag von Nicole Finkl in diesem Band.

8 Gigl, Zentralbehörden, S. 252–306, hier S. 252.

9 Schimke, Regierungsakten, Dok. 62, S. 323–334: Geschäftsverteilungsplan der Generallandesdirektion, München 23. April 1799. – Ebd., Dok. 66, S. 355–362: Umbenennung in Landesdirektion, München 15. August 1803 (Auszug).

10 BayHStA, MInn 34580 Nr. 18: Staatsratsprotokoll, Sitzung vom 24. Dezember 1801, teilweise ediert bei: Staatsratsprotokolle Bd. 1, Nr. 144, S. 497–503. – BayHStA, StR 4, Sitzung vom 4. Januar 1802 (kurfürstliche Bestätigung). Zu den Positionen Hertlings, Krenners und Stichaners vgl. Anm. 13, 16 und 26.

11 Die Einrichtung der Landgerichte betreffend, 24. März 1802, RBl 236 und 249. – Vgl. Schimke, Regierungsakten, S. 319 f. – Franz Bittner, Landgericht, Distriktsgemeinde, Landkreis. In: Bericht des Historischen Vereins für die Pflege der Geschichte des ehemaligen Fürstbistums Bamberg 120 (1984) S. 547–563, hier S. 551. – Volkert, Handbuch, S. 41. – Zur geographischen Entwicklung 1802–1806 vgl. Karl Weber, Neue Gesetz- und Verordnungen-Sammlung für das Königreich Bayern mit Einschluß der Reichsgesetzgebung enthaltend die auf den Gebieten der Verfassung und Verwaltung geltenden oder die Interessen der Staatsbürger betreffenden Gesetze, Verordnungen und sonstigen Bestimmungen, Anhangband, Nördlingen-München 1894, S. 114–126. Bis 1808 wurde die Zahl wieder mehr als verdoppelt (191 zum 7. August 1808 nach Angaben von Clement Hellmuth, Die königlich bayerischen Landgerichte diesseits des Rheins vom 24. März 1802 bis zur Gegenwart bezüglich ihrer Bezirksformation, Verfassung, amtlichen Stellung und der Personalverhältnisse ihrer Beamten, Nördlingen 1854, S. 23).

Ebene verwirklicht wurde dagegen die Trennung von Justiz und Verwaltung – ein Grundsatz, der unter anderem dem als Vorbild fungierenden napoleonischen System entsprach und in Bayern durchaus in der Diskussion gestanden hatte.[12] Auf der Mittelebene beschränkte sich der erste Reformanlauf 1803 zunächst auf die namentliche Gleichstellung der Generallandesdirektion mit den übrigen Landesdirektionen (darunter nun auch die neuen Behörden in Ulm, Bamberg und Würzburg für die Erwerbungen in Schwaben und Franken).

Fragt man nach den führenden Köpfen dieser Reformen, so lässt sich beim bisherigen Stand der Forschung keine zufriedenstellende Antwort geben. Vor allem der Justizreferent Joseph von Stichaner (1769–1856),[13] der Funktionär der Oberen Landesregierung Johann Adam von Aretin (1769–1822),[14] der Referent für auswärtige Angelegenheiten Friedrich von Zentner (1752–1835)[15] und der 1806 verstorbene ehemalige Justizminister (Johann) Friedrich von Hertling (1729–1806; 1799–1806 Justizminister)[16] waren seit 1799 immer wieder mit entsprechenden Reformkonzepten in Erscheinung getreten. Aretin hatte sein jüngstes Projekt noch 1807 im engeren zeitlichen Umfeld der Konstitution vorgelegt.[17] In den Verfassungsberatungen von 1808 hingegen sind Verhandlungen über die administrativen Veränderungen kaum dokumentiert; unmittelbare Vorentwürfe für die Instruktion der Generalkreiskommissare sind nicht bekannt. Höchstwahrscheinlich war der Text ein Ergebnis der von Montgelas ins Leben gerufenen Verfassungskommission, die auch das Edikt über die geographische Einteilung der 15 Kreise zu verantworten hatte.[18] Diese Kommission bestand außer Stichaner, Aretin und Zentner noch aus den Ministern Maximilian Graf von Montgelas (1759–1838; 1799–1817 Außen- bzw. 1806–1817 Innenminister), Johann Wilhelm Freiherr von Hompesch (1761–1809; 1806–1809 Finanzminister) und Theodor Heinrich Graf Topor von Morawitzky (1735–1810; 1806–1810 Justizminister) sowie dem Justizreferenten Anselm von Feuerbach (1775–1833) und dem Innenministerialreferenten Max Edler von Branca (1767–1813).[19] Insgesamt kann man sicher davon ausgehen, dass einige Vorschläge fertig in der Schublade lagen und für die Konstitutionsgesetzgebung herangezogen, wenn auch nicht unverändert übernommen wurden. Die Reform sollte wohl schon am Namen als Einschnitt kenntlich sein. Die Bezeichnung der neuen Mittelinstanzen als „Kreisämter“, die bis dato in Bayern so nicht existierte, bestimmte bereits die Vorentwürfe.[20] Dabei wurde 1801 einmal explizit die Instruktion der Ansbach-Bayreuther Kreisdirektorien, mithin eine preußische Einrichtung, als Vorbild genannt.[21] Auch Frankreich,

12 Vgl. Joseph von Obernberg, Über die baierische Landgerichts-Praxis, Augsburg 1815, S. 5, 10. – Schimke, Regierungsakten, S. 320; Dok. 71, S. 376–383: Rat der Ministerialpolizeidirektion Lutz, vermutlich 3. Mai 1811.

13 Zur Person Stichaners vgl. Annemarie Liebler, Die niederbayerische Regierung in Passau 1808–1838, Diss. München 2002, München 2003, S. 36 f. – Walter Schärl, Die Zusammensetzung der bayerischen Beamtenschaft von 1806 bis 1918 (Münchener historische Studien, Abt. Bayerische Geschichte 1), Diss. München, Kallmünz 1955, S. 214. Zu Stichaners Standpunkt: BayHStA, MInn 34580 Nr. 17: Antrag Stichaners o.D. (ca. Dezember 1801). Stichaner nahm 1802 auch die Organisation der Landgerichte in die Hand; vgl. BayHStA, StR 382, Sitzung vom 17. Januar 1802.

14 Allgemein Schärl (wie Anm. 13) S. 121. Als Referent in der Sache erwähnt bei: Staatsratsprotokolle Bd. 1, S. 386 f., Sitzung vom 29. Juli 1801; BayHStA, MInn 34580 Nr. 6: Konferenzbeschluß, 10. August 1801 (Abschrift).

15 Vgl. Schärl (wie Anm. 13) S. 118. – BayHStA, StR 383: Sitzungen vom 9. Februar 1803, 16. Februar 1803, 15. Juni 1803.

16 Vgl. Schärl (wie Anm. 13) S. 319. – Staatsratsprotokolle Bd. 1, Nr. 144, S. 496 Anm. 484. – BayHStA, MInn 34580 Nr. 3: Hertling an das Finanzdepartement, 15. Juni 1801; ebd. Nr. 5: Gutachten Hertlings, München 16. Juli 1801, teilweise ediert bei Schimke, Regierungsakten, Dok. 64, S. 341–345.

17 BayHStA, NL Montgelas 170: Entwurf Aretins, 16. Februar 1807. Dazu kurz Schimke, Regierungsakten, S. 322.

18 BayHStA, StR 8: Sitzung vom 20. April 1808.

19 Zimmermann, Bayerische Verfassungsgeschichte, S. 139. Zu Feuerbach und Branca: Schärl (wie Anm. 13) S. 353.

20 Vgl. erstmals BayHStA, MInn 34580 Nr. 2: Konferenzbeschluß, 19. Mai 1801 (Auszug).

21 Staatsratsprotokolle Bd. 1, Nr. 144, S. 496, Sitzung vom 23./24. Dezember 1801 (Antrag Stichaners). Die gedruckte „Instruction für die Kreisdirectorien in den Fränkischen Fürstenthümern“ von 1797

Österreich, Böhmen und Hannover dienten als Orientierungspunkte. Vergleichbare so bezeichnete Kreisgliederungen gab es zum Beispiel in Österreich, Württemberg (ab 1806) und in Baden (ab 1810).[22] Von einer bewussten Abschaffung des Namens „Provinz" zugunsten von „Kreis" spricht jedenfalls Montgelas später in seinen Erinnerungen („en abolissant le nom et les limites des provinces").[23] Dass man den obersten Leitungsposten in den Kreisen nur noch als „Kommissar" und nicht mehr als „Präsident" oder „Direktor" bezeichnete, unterstrich die stärker exekutiv ausgerichtete Qualität des Amtes.[24] Die Umbenennungen wurden vermutlich auch vom König maßgeblich mitbestimmt: Zumindest bei der Organisation der Finanzdirektionen ließ er ebenfalls gewisse begriffliche Vorlieben erkennen.[25] Nicht ganz klar sind die Entwicklungslinien schließlich hinsichtlich der personellen Ausstattung. Meist wurden in den Vorentwürfen zwei höhere und ein bis zwei niedere Posten empfohlen, also deutlich weniger, als 1808 letztendlich eingeführt. Insofern erwiesen sich die frühen Warnungen des Finanzministeriums vor einer drohenden Kostenexplosion als nicht ganz unbegründet.[26] Die Befürworter der Kreisreform dagegen hatten nicht zuletzt Einsparungseffekte von 100.000 bis 150.000 Gulden versprochen.[27]

Durchführung

So schleppend die Reformvorbereitungen auf der Mittelebene seit 1801 vor sich gegangen waren, so rasch machte man sich 1808 an die Ausführung der Organisationsbestimmungen. Mit der Evaluierung des verfügbaren Personals in den Provinzen wurde schon vor Veröffentlichung der Konstitution begonnen;[28] es folgte die erwähnte Instruktion und vier Monate später bereits allenthalben die feierliche Amtseinsetzung.[29] Damit konnten die neuen Behörden ihre Arbeit aufnehmen. Jeder Kreis erhielt einen Generalkreiskommissar an der Spitze sowie eine überschaubare Anzahl an Direktoren und Räten. Mit statistischen Erhebungen und Berichten über Sittlichkeit und Sicherheit (vgl. Kat.Nr. 7.2–3),[30] der Aufsicht auf die

weist allenfalls in der Sache, nicht aber in Wortwahl, Anordnung und Begrifflichkeit Parallelen zur bayerischen Lösung auf. – Vgl. allgemein auch Knemeyer, S. 67, 96.

22 BayHStA, MInn 34580 Nr. 5: Gutachten Hertlings, München 16. Juli 1801; ebd., Nr. 9: Votum Steiners o.D. (vor 12. September 1801). Allgemein zum Vorbild Frankreich vgl. auch: Volkert, Die bayerischen Kreise, S. 309 f. – Reinhard Stauber, Der Zentralstaat an seinen Grenzen. Administrative Integration, Herrschaftswechsel und politische Kultur im südlichen Alpenraum 1750–1820 (Schriftenreihe der Historischen Kommission bei der Bayerischen Akademie der Wissenschaften 64), Habil.-Schr. München 1998, S. 299–317. – Zu den anderen Staaten Margot Hamm, Die bayerische Integrationspolitik in Tirol 1806–1814 (Schriftenreihe zur bayerischen Landesgeschichte 105), Diss. München 1992, München 1996, S. 35. – Knemeyer, S. 67, 96, 105, 136, 141, 148, 153.

23 Montgelas-Denkwürdigkeiten, S. 41.

24 Michael Stephan, Zur Geschichte der Regierung von Oberbayern seit 1808. In: Die Regierungspräsidenten von Oberbayern im 19. und 20. Jahrhundert, hrsg. im Auftrag von Regierungspräsident Werner-Hans Böhm durch Stephan Deutinger, Karl-Ulrich Gelberg und Michael Stephan, München 2005, S. 31–50, hier S. 34. Zum Namen „Comissaire" vgl. schon BayHStA, MInn 34580 Nr. 17: Antrag Stichaners o.D. (ca. Dezember 1801). „Generalkommissär" hieß im napoleonischen Rheingebiet zum Beispiel auch der königliche Stellvertreter in Mainz.

25 Vgl. die Änderung der Bezeichnung von „Domainen-Räthen" in „Finanz Räthe", von „Actuar" in „Secretaire" und von „Bureau" in „Section"; BayHStA, StR 8: Sitzungen vom 8. August 1808, 25. August 1808.

26 Vgl. BayHStA, MInn 34580 Nr. 10: Votum Krenners, 12. September 1801 (Konzept).

27 BayHStA, NL Montgelas 170: Entwurf Aretins, 16. Februar 1807 (§ 7).

28 BayHStA, MInn 34545 Nr. [2]: Innenministerium an die Generalkreiskommissariate in München, Neuburg, Amberg, Ulm, Ansbach, Bamberg, Innsbruck; München 5. Mai 1808 (gez. Aretin, Montgelas). Zu den folgenden Personalberatungen vgl. BayHStA, StR 8: Sitzungen vom 25. August 1808, 1. September 1808, 8. September 1808, 15. September 1808.

29 Vgl. mit Berichten aus mehreren Orten u.a. zum Zeremoniell: Bay HStA, MInn 6412.

30 Vgl. z.B. den edierten Bericht aus dem Salzachkreis 1813/14 bei Stefan Miedaner, Salzburg unter bayerischer Herrschaft. Die Kreishauptstadt und der Salzachkreis von 1810–1816, Diss. München 1983/84. In: Mitteilungen der Gesellschaft für Salzburger Landeskunde 125 (1985) S. 9–305, hier: S. 277–304.

Landgerichte (vgl. Kat.Nr. 7.4)[31] und der Kanalisierung von Änderungsvorschlägen aus der Bevölkerung (vgl. Kat.Nr. 7.5) waren Schwerpunkte der administrativen Tätigkeit bezeichnet. Aufsichtsfunktionen bestanden auch zum Gewerbewesen, zur gutsherrlichen Gerichtsbarkeit, zur Kommunalverwaltung, zur Militärordnung und zum Schulwesen.[32]

Beachtliche Leistungen, die wohl nur mithilfe tragfähiger Mittelbehörden zu erzielen waren, schaffte das neue System unter anderem im Gesundheitswesen und in der Sorge für einen überregional funktionierenden Handel. Eine große Erleichterung für Wirtschaft und Verkehr war etwa die Angleichung von Maßen und Gewichten. Rund 500 verschiedene Einheiten wurden zusammengelegt, wobei sich das Königreich vage an den entsprechenden Reformen in Frankreich orientierte.[33] Bereits im März 1808 wurden Vergleichstabellen veröffentlicht[34] und im Juli 1808 die Generalkreiskommissare grundsätzlich mit der Aufsicht über die lokalen Messgerätschaften betraut.[35] 1809 wurde im ganzen Königreich die Übernahme einheitlicher Maße und Gewichte unter altbayerischer Bezeichnung zur Vorschrift.[36] Der Aufwand bei der Anfertigung tausender neuer Normalgewichte war freilich so groß, dass Geltungsbeginn und Durchführung noch mehrfach verschoben werden mussten (vgl. Kat.Nr. 7.6 a–b). Für das Gesundheitswesen exemplarisch zu nennen sind Verbesserungen der medizinischen Ausbildung (vgl. Kat.Nr. 7.7)[37] sowie die Maßnahmen zur Überwachung der 1807 eingeführten Schutzpockenimpfung (vgl. Kat. Nr. 7.8) – Punkte, die sich in der Instruktion für die Generalkreiskommissare angesprochen und im Organischen Edikt über das Medizinalwesen detailliert ausgeführt finden. Entscheidendes Schlagwort war auch hier die einheitliche Umsetzung: „das in dieser Hinsicht schon bestehende Brauchbare, auf alle Theile Unsers Reiches, in einen jeden der neu organisirten Kreise zu übertragen ...“ Zur Durchführung und Überwachung wurden auf der untersten Ebene durchgehend Landgerichtsärzte, dann ab 1808 auf der Ebene der Generalkreiskommissariate je eigene Medizinalräte und auf übergeordneter Ebene drei Medizinalkomitees in München, Bamberg und Trient eingerichtet.[38] Nur angesichts dieser fortschreitenden Institutionalisierung der Gesundheitsversorgung ist der rasche Erfolg der Pockenimpfung zu verstehen. Bemerkenswert ist zudem, dass die Reformen nicht nur durch

31 Zu weiteren Veränderungen bei den Landgerichten vgl. v.a. Konstitution 1808, Dritter Titel, § V. – Siehe Textedition in diesem Band S. 328. Organisches Edikt, die Gerichts-Verfassung betreffend, 24. Juli 1808, bes. Zweiter Titel (Untergerichte), RBl 1785; Die Ernennung der Landgerichts-Assessoren und Aktuare für das gesamte Königreich betreffend, 4. März 1809 (RBl 442); allgemein Hellmuth (wie Anm. 11) S. 119 f.

32 Vgl. die Beiträge von Michael Puchta, Laura Scherr, Martin Schramm und den Beitrag „Religionspolitik in Bayern um 1808“ in diesem Band.

33 Zahlenschätzung nach Hildegard Weiß, Vereinheitlichung von Maß und Gewicht in Deutschland im 19. Jahrhundert unter besonderer Berücksichtigung Bayerns, Solingen 1996, S. 33. – Allgemein AK Bayern und Frankreich S. 342.

34 Die Reduktion des Französischen Gewichtes in das Baierische Gewicht betreffend, 10. März 1808 (RBl 662 ff.).

35 Instruktion 1808 (wie Anm. 2), 1659 (§ 27 III.m).

36 Die Einführung eines gleichen Maß-, Gewicht- und Münz-Fußes im Königreiche Baiern betreffend, 28. Februar 1809 (RBl 473): ediert bei Schimke, Regierungsakten, Dok. 128, S. 636–639.

37 Als Grundstein: Die Bestimmung und Besoldung der Landgerichts-Aerzte betreffend, 28. Oktober 1803, RBl 912; dazu: Christian Probst, Die Reform des Medizinalwesens in Bayern zwischen 1799 und 1808. In: Eberhard Weis (Hrsg.), Reformen im rheinbündischen Deutschland (Schriften des Historischen Kollegs, Kolloquien 4), München 1984, S. 195–210, hier S. 198 ff., 204 ff. – Thomas Bein, Die Reform des bayerischen Medizinalwesens im Spiegel der „Montgelas-Statistik“, Diss. München 1985, S. 69–87.

38 Die in sämtlichen Provinzen gesezlich einzuführende Schuzpocken-Impfung betreffend, 26. August 1807, RBl 1426; Instruktion 1808 (wie Anm. 2), Sp. 1658 f. (§ 26 II.k); Organisches Edikt über das Medizinalwesen im Königreiche, 8. September 1808, RBl 2189 (Zitat Sp. 2189 f.): ediert bei Schimke, Regierungsakten, Dok. 137, S. 692–702; Die Organisation der Medizinal-Komiteen zu München, Bamberg und Trient betreffend, 8. Dezember 1808, RBl 2889; zur Umsetzung BayHStA, MInn 61362. – Allgemein Max von Seydel, Bayerisches Staatsrecht, Bd. 1: Die Staatsverfassung nebst geschichtlicher Einleitung, 2. Auflage bearb. von Robert Piloty, Tübingen 1913, S. 47. – AK Wittelsbach und Bayern III/2, S. 162 f. Nr. 298–301. – Probst (wie Anm. 37) S. 195, 208. – Bein (wie Anm. 37) S. 66.

administrative Maßnahmen, sondern auch durch vielfältiges persönliches Engagement getragen wurden: Zahlreiche Mediziner und andere Verwaltungsbeamte wirkten durch ihr Aufklärungsschrifttum daran mit.[39] Überhaupt war der neue Staat nur möglich durch das Reformbeamtentum, das nicht allein Funktions-, sondern auch Identifikations- und Bewusstseinsträger war. Damit wurde einem Missstand entgegengetreten, den Montgelas bereits 1796 im so genannten „Ansbacher Mémoire" im Bezug auf Altbayern gegeißelt hatte: dem Problem eines zahlenmäßig und qualitativ unzureichenden Personalstabs.[40] Als positiver Verbesserungsanreiz wurde 1805 durch die „Staatsdienerpragmatik" die materielle Absicherung der Beamten in Bayern außerordentlich früh geregelt.[41] Diese Bestimmungen wurden in der Konstitution in ihrem Inhalt im Wesentlichen bestätigt und garantiert, wenn auch nur für etwa ein Zehntel aller Staatsdiener und mit einer längeren Probezeit von sechs Jahren. Hier wurde bis 1818 noch einmal nachgebessert, indem die Probezeit auf drei Jahre verkürzt und der begünstigte Personenkreis ausgeweitet wurde. Damit war ein Zustand erreicht, der sich bis ins 20. Jahrhundert hinein als grundlegend erweisen sollte.[42] Nicht zuletzt verstand es der Staat, die Beamten durch moralische Appelle und den geschickten Einsatz von Hoheitssymbolik für sich zu vereinnahmen.[43] Schon im Schlussappell der Instruktion der Generalkreiskommissare von 1808 hatte es beschwörend geheißen: „Wir versprechen Uns von Unsern General-Kommissären, Kreis-Kanzlei-Direktoren und Kreis-Räthen, so wie von dem gesamten Personal dieser oberen Landes-Administrativ-Behörden, daß sie, der Würde ihres Berufes eingedenk, sich auf alle Art beeifern werden, den Ansprüchen der Regierung und des Vaterlandes an sie durch ihre Anstrengung im Dienste des Staates zu genügen, und dem Vertrauen zu entsprechen, mit welchem Wir ihnen einen für das National-Wohl so wichtigen Wirkungskreis angewiesen haben."[44] Verfassungseid (vgl. Kat.Nr. 7.9) und Uniform (vgl. Kat.Nr. 7.10a–c) waren weitere Kristallisationspunkte eines Wandels, mit dem aus den ehemaligen privatrechtlich gebundenen Fürstendienern selbstbewusste, dem Gemeinwohl verpflichtete Staatsdiener geworden waren.

Bilanz

Einschränkend bleibt sicher festzuhalten, dass die Reformbereitschaft der Jahre 1799 bis 1808 in mancher Hinsicht über das Ziel hinausgeschossen war. Fehlkalkula-

39 Vgl. z.B. Montgelas' Leibarzt Dr. Simon Haeberl (geb. 1772), der als „Triebfeder der Medizinalreform" bezeichnet wird (so Probst (wie Anm. 37) S. 201), sowie besonders auch die Schriften von Obermedizinalrat Johann Evangelist Wetzler und Impfarzt Franz Seraph Giel (1776–1837).

40 AK Bayern entsteht, S. 23. – Eberhard Weis, Montgelas' innenpolitisches Reformprogramm. Das Ansbacher Mémoire für den Herzog vom 30.9.1796. In: ZBLG 33 (1970) S. 219–256, hier S. 243–256. – Bernd Wunder, Privilegierung und Disziplinierung. Die Entstehung des Berufsbeamtentums in Bayern und Württemberg (1780–1825) (Studien zur modernen Geschichte 21), Habil.-Schr. Konstanz 1974, München 1978, S. 140 ff.

41 Die Verhältnisse der Staatsdiener, vorzüglich in Beziehung auf ihren Stand und Gehalt betr., 1. Januar 1805, RBl 225. – Zur unklaren Entstehung dieses Textes vgl. Wunder (wie Anm. 40) S. 130, 134, 216, 230 und Seydel (wie Anm. 38) S. 51 f. – Allgemein Bernd Wunder, Die Reform der Beamtenschaft in den Rheinbundstaaten. In: Eberhard Weis (Hrsg.), Reformen im rheinbündischen Deutschland (Schriften des Historischen Kollegs, Kolloquien 4), München 1984, S. 181–193, hier S. 192. – AK Montgelas, S. 78, Nr. 100. – Nicolaus Thaddäus Goenner, Der Staatsdienst aus dem Gesichtspunkt des Rechts und der Nationalökonomie betrachtet. Nebst der Hauptlandespragmatik über die Dienstverhältnisse der Staatsdiener im Königreiche Baiern, mit erläuternden Anmerkungen, Landshut 1808, S. 220 f.

42 Konstitution 1808, Dritter Titel, § VII. – Siehe Textedition in diesem Band S. 328. Instruktion 1808 (wie Anm. 2) § 13, Sp. 1652; Verfassungs-Urkunde des Königreichs Baiern, 26. Mai 1818 (Fünfter Titel, § VI), GBl 101–140. Zur Bewertung vgl. Weis, Entstehungsgeschichte, hier S. 416. – Wunder (wie Anm. 40) S. 218. – Ders. (wie Anm. 41) S. 191. – Walter Demel, Beförderungen und Versetzungen. Zur Persönlichkeit Montgelas' 1814/16. In: ZBLG 42 (1979) S. 107–126. – Probst (wie Anm. 37) S. 206. – Schimke, Regierungsakten, S. 21, 384–427.

43 Vgl. entsprechend Walter Demel, Politische und soziale Integration im „neuen Bayern" (1803–1818). Eine Zwischenbilanz der Forschung. In: Jahrbuch für fränkische Landesforschung 58 (1998) S. 327–348, hier S. 344.

44 Instruktion 1808 (wie Anm. 2) RBl 1649 f.

tionen zeigten sich bei der personellen Ausstattung der Generalkreiskommissariate, Effizienzhindernisse ergaben sich durch die Überlastung der Ministerien mit Detailberichten der nachgeordneten Stellen und durch den eng bemessenen Entscheidungsspielraum der Mittelbehörden.[45] Der ehemalige Generallandesdirektionsrat Clemens von Neumayr (1766–1829), zuletzt Staatsrat im Innenministerium, resümierte in seinen Memoiren trocken: „Wenn die General-Landes-Direction zu monstreus angelegt worden ist, so fiel man jetzt in den entgegen gesetzten Fehler: und die verwalteten Behörden wurden zu sehr vermehrt."[46] Umgekehrt beklagte sich ein Generalkreiskommissar über seinen geringen Entscheidungsspielraum: „Noch weit mehr würde ich in dem kurzen Zeitraum meiner hiesigen Verwaltung zu wirken im Stande gewesen seyn, wenn meine Vollmacht nicht zu enge Gränzen hätte, und ich selbst im Stande wäre, Verbesserungen anzubefehlen ...".[47] Die Kritik an den übergroßen Sprengeln der Landgerichte war ebenfalls allgegenwärtig. Hier hatte man, wie Montgelas selbst später rückblickend einräumte, zuviel gespart.[48]

Die Entwicklung blieb daher beim Zustand von 1808 nicht lange unverändert stehen. Bei den Mittelbehörden kam es ab 1810 zu einer Verringerung der Anzahl auf zehn Kreise sowie zu gewissen Personalaufstockungen und 1811 zu einer ersten Erweiterung der Entscheidungsbefugnisse etwa im Bereich der Schul- und allgemeinen Personalaufsicht. Ab 1817 wurden die Generalkreiskommissariate und Kreisfinanzdirektionen in „Kammern des Inneren" und „Kammern der Finanzen" umbenannt, die zusammen unter der Leitung des Generalkommissars, der in dieser Funktion den Titel eines „Präsidenten" erhielt, die „Regierung" der Kreise bilden sollten. Das neue Amt des Regierungspräsidenten gewann zunehmend an Gewicht, so dass der Titel des Generalkreiskommissars 1838 gänzlich abgeschafft wurde.[49] Auf der Ebene der Landgerichte wurde fortlaufend nachgebessert: Allein zwischen 1838 und 1859 kam es zu 24 Neugründungen, weil die Klagen über den schleppenden Geschäftsgang nicht abrissen. Ganz war in dieser Beziehung auch die regionale Vielfalt nicht „wegzurationalisieren": Bei der Landgerichtsorganisation behielten Zeit ihres Verbleibs bei Bayern die Kreise an Inn und Eisack einen verwaltungstechnischen Sonderstatus, ebenso wie die 1816 hinzugekommene Rheinpfalz.[50] Insgesamt aber überwiegen die strukturellen Kontinuitäten der Generalkreiskommissariate und Landgerichte hin zu den modernen Regierungsbezirken und Landkreisen, wie sie seit der ersten Hälfte des 20. Jahrhunderts genannt wurden.[51]

Die organisatorischen Nachbesserungen sprechen nicht gegen eine grundsätzliche rasche Konsolidierung des 1808 neugeschaffenen Kreissystems. Zwischen Randbezirken und zentraleren Gebieten herrschte dabei freilich ein deutliches Gefälle. Die größten Widerstände gegen

45 Vgl. den Beitrag von Michael Unger in diesem Band.

46 Hans Schmidt, Ein bayerisches Beamtenleben zwischen Aufklärung und Romantik. Die Autobiographie des Staatsrats Clemens von Neumayr. In ZBLG 35 (1972) S. 591–690, hier S. 678. – Zu Neumayr auch AK Bayern entsteht, S. 166 f. Nr. 122.

47 BayHStA, MInn 6414: Bericht aus Straubing, 21. September 1810.

48 Vgl. Montgelas-Denkwürdigkeiten, S. 31; als Kritik von Beamten z.B. J(ohann B.) Reingruber, Ueber den Wirkungskreis eines Landgerichtes im Königreiche Baiern, Bd. 1, Landshut 1814, S. 112; M(ichael) G. Regnet, Ueber die Wiederherstellung oder ganz neue Einrichtung der am leichtesten herzustellenden Landgerichte in Altbaiern, nebst jetziger und künftiger Beschaffenheit derselben, Regensburg 1819, S. 3.

49 Die Territorial-Eintheilung des Königreichs betreffend, 23. September 1810, RBl 809; Die Formation der General-Kreis-Kommissariate betreffend, 7. Oktober 1810, RBl 899; Die Erweiterung des Wirkungskreises bei den General-Kreis- und Lokal-Kommissariaten betreffend, 2. Oktober 1811, RBl 1497; Die Eintheilung des Königreichs in acht Kreise betreffend, 20. Februar 1817, RBl 113; Die Formation, den Wirkungskreis, und den Geschäftsgang der obersten Verwaltungs-Stellen in den Kreisen betreffend, 27. März 1817, RBl 233.

50 Vgl. Hellmuth (wie Anm. 11) S. 49 ff. – Hamm (wie Anm. 22) S. 157, 161–171. – Volkert (wie Anm. 6) S. 175. – Volkert, Handbuch, S. 41. – Weiß (wie Anm. 33) S. 42.

51 Vgl. die Ausblicke bei Bittner (wie Anm. 11). – Stephan (wie Anm. 24) S. 37–41, 48. – Knemeyer, S. 128 f. – Volkert, Die bayerischen Kreise, S. 313–321.

die bayerische „Gleichmacherei" – auch gegen das bayerische Ellenmaß und die Pockenimpfnadel – regten sich in Tirol, wo 1809 die Rebellion unter dem berühmten Anführer Andreas Hofer (1767–1810) von den französischen Verbündeten Bayerns blutig niedergeschlagen werden musste.[52] Wenn die Akzeptanz des Systems insgesamt trotzdem als relativ hoch beurteilt wird, war dies sicher nicht zuletzt dem Umstand zu verdanken, dass die Reform das ganze Land betraf und nicht allein die neubayerischen Gebiete mit neuen Verwaltungsstrukturen überzog.[53] Bei den Maßen und Gewichten, um noch einmal auf die genannten Beispiele zurückzukommen, hatte man zwar die altbayerischen Bezeichnungen bevorzugt und damit den neuen Gebieten die größere Umstellung abverlangt, aber wenigstens das Nürnberger Apothekergewicht wurde als weithin anerkannte Messgröße im Königreich übernommen.[54] Im Medizinalwesen konnte etwa durch die Einrichtung des Medizinalkomitees in Bamberg an den dortigen hohen medizinischen Standard der fürstbischöflichen Zeit angeknüpft werden.[55] Nicht zuletzt waren auch die Verwaltungsapparate der neuen Landesteile von einer überwiegenden personellen Kontinuität geprägt.[56] So bedeutete die Konstitution für die innere Verwaltung des Königreichs bei allen punktuellen Rückschlägen und Korrekturen einerseits eine konsequente Fortsetzung bereits begonnener Reformmaßnahmen, andererseits im Anspruch auf die flächige Durchdringung aller Lebensbereiche – hier ist an Walter Demels Wort vom bayerischen „Staatsabsolutismus" zu denken – doch auch einen prägnanten Neubeginn.[57] Verfassungsstatus sollten die Regelungen zur inneren Verwaltung übrigens auch in den späteren Verfassungstexten im Wesentlichen nicht bekommen.

52 Vgl. Bein (wie Anm. 37) S. 138. – Weiß (wie Anm. 33) S. 31 f. – Stauber (wie Anm. 22) S. 362 ff. – Hamm (wie Anm. 22) S. 239, 314–330. – Zu schwächeren Widerstandsbewegungen in Nürnberg vgl. Demel (wie Anm. 43) S. 337. – AK Vom Adler zum Löwen, S. 54. – Zu Augsburg vgl. Wolfgang Zorn, Die Eingliederung Augsburgs in das Königreich Bayern unter König Max I. Joseph in der Sicht des Patriziats. In: Dieter Albrecht (Hrsg.), Europa im Umbruch 1750–1850, München 1995, S. 335–351, hier S. 346.

53 Vgl. z.B. Demel (wie Anm. 43) S. 314, 330. – Volkert, Die bayerischen Kreise, S. 314. – Möckl, Die bayerische Konstitution, S. 151.

54 Weiß (wie Anm. 33) S. 41. – Zur rigorosen Durchsetzung der neuen Bezeichnungen vgl. BayHStA, MF 2856.

55 Probst (wie Anm. 37) S. 212 (Diskussionsbericht).

56 Vgl. dazu Demel (wie Anm. 43) S. 338–342 f. – Volkert (wie Anm. 6) S. 175. – Vgl. auch BayHStA, StR 8, Sitzung vom 15. September 1808.

57 Allgemein Demel, Staatsabsolutismus. – Vgl. auch Hamm (wie Anm. 22) S. 131.

7.1 Klare Hierarchieebenen, klare Zuständigkeiten – Der neue Aufbau der Mittel- und Unterbehörden

Schematische Darstellung der drei Säulen der Landesverwaltung um 1808/10.

Zugleich mit der geographischen Neugliederung erhielten die neugeschaffenen Mittel- und Unterbehörden 1808 gleichförmige Verwaltungsapparate. Die Landesverwaltung verteilte sich dort nunmehr auf drei Säulen: Gerichtswesen, Zivilangelegenheiten und Finanzverwaltung. Auf der Mittelebene wurden diese drei Bereiche 1808 klar getrennt. Auf der Unterebene wurde lediglich die Steuererhebung als Kernaufgabe der Rentämter abgeschieden; Justiz und Verwaltung blieben als Zuständigkeit der Landgerichte in einer Hand vereint. Eine vierte Säule hätte die – nie verwirklichte – Beteiligung der Kreise an der Nationalrepräsentation dargestellt.
Einen Blick in die tatsächliche Aufgabengestaltung unmittelbar nach der Gründung der Kreise gewährt eine Rechnung des Salzachkreises im Finanzjahr 1808/09. Circa 60 Prozent der Steuereinnahmen wurden hier für kreisinterne Ausgaben verwendet. Der mit Abstand größte Sachposten in diesem Jahr betraf Land-, Wasser- und Brückenbaumaßnahmen. Auch andere Aufsichtsaufgaben bei Medizin und Polizei schlugen auf der Ausgabenseite zu Buche (StAM, Salzachkreis 43). Ab 1811 wurden die Aufgabenbereiche der Kreise sukzessive noch ausgeweitet, vor allem um Aspekte der Schul- und Wirtschaftsaufsicht, aber auch um die Verwaltung des untergeordneten Personals und die Oberadministration des Kommunal- und Stiftungsvermögens. 1815 traten die Verfolgung kleinerer Dienstvergehen, Bauaufsicht, Besetzung niederer Lehrerstellen sowie weitere Funktionen im Gewerbe-, Studien- und Kirchenwesen hinzu (RBl 1811, 1497, RBl 1815, 689, RBl 1817, 113).

Über die Hälfte des Etats wurde allerdings – zumindest im Salzachkreis 1808/09 – vom Verwaltungspersonal selbst „geschluckt", das um 1810 einen halbwegs stabilen Stand erreicht hatte. Die Generalkreiskommissariate bestanden anfangs aus je fünf bis sieben leitenden Angestellten und vier Schreibkräften; beigestellt wurden jeweils ein bis zwei Medizinalräte, ein Schulrat und in Gebieten mit evangelischer Bevölkerung gegebenenfalls ein protestantischer Kirchenrat. Weitere Posten – verbunden mit neuen Aufgaben – wurden bis Ende des 19. Jahrhunderts mit dem Kreistierarzt, dem Kreisbaubüro, dem Kreismedizinalausschuss und dem Fabrik- und Gewerbeinspektor geschaffen. Zu nennen sind außerdem die 1885 bei den Regierungen eingerichteten Forstabteilungen, 1908 umbenannt in „Kammern der Forsten".
Der Aufgabenbereich der Kreise ähnelte damit zunehmend denen der heutigen Regierungsbezirke. Ein völlig neues Tätigkeitsfeld wurde dort lediglich 1974 noch einmal mit der Gründung der Abteilung „Landesentwicklung und Umweltfragen" erschlossen.

Entwurf: Nicole Schümann.

Quellenbasis: Regierungsblätter 1808–1810 (Verordnung über die Landgerichte vom 24. März 1803 bzw. 28. Juni 1809; Einteilung in 15 Kreise vom 21. Juni 1808; Instruktion für die Generalkreiskommissariate vom 17. Juli 1808; Organisches Edikt über die Gerichtsverfassung des Königreichs Bayern vom 24. Juli 1808; Organisches Edikt über die Finanzdirektionen vom 8. August 1808; Die Formation der General-Kreis-Kommissariate betreffend vom 7. Oktober 1810; Die Formation der Kreis-Finanz-Direktionen betreffend vom 7. Oktober 1810).

Literatur: Clement Hellmuth, Die königlich bayerischen Landgerichte diesseits des Rheins vom 24. März 1802 bis zur Gegenwart bezüglich ihrer Bezirksformation, Verfassung, amtlichen Stellung und der Personalverhältnisse ihrer Beamten, Nördlingen 1854. – Schimke, Regierungsakten. – Michael Stephan, Zur Geschichte der Regierung von Oberbayern seit 1808. In: Die Regierungspräsidenten von Oberbayern im 19. und 20. Jahrhundert, hrsg. im Auftrag von Regierungspräsident Werner-Hans Böhm durch Stephan Deutinger, Karl-Ulrich Gelberg und Michael Stephan, München 2005, S. 31–50.

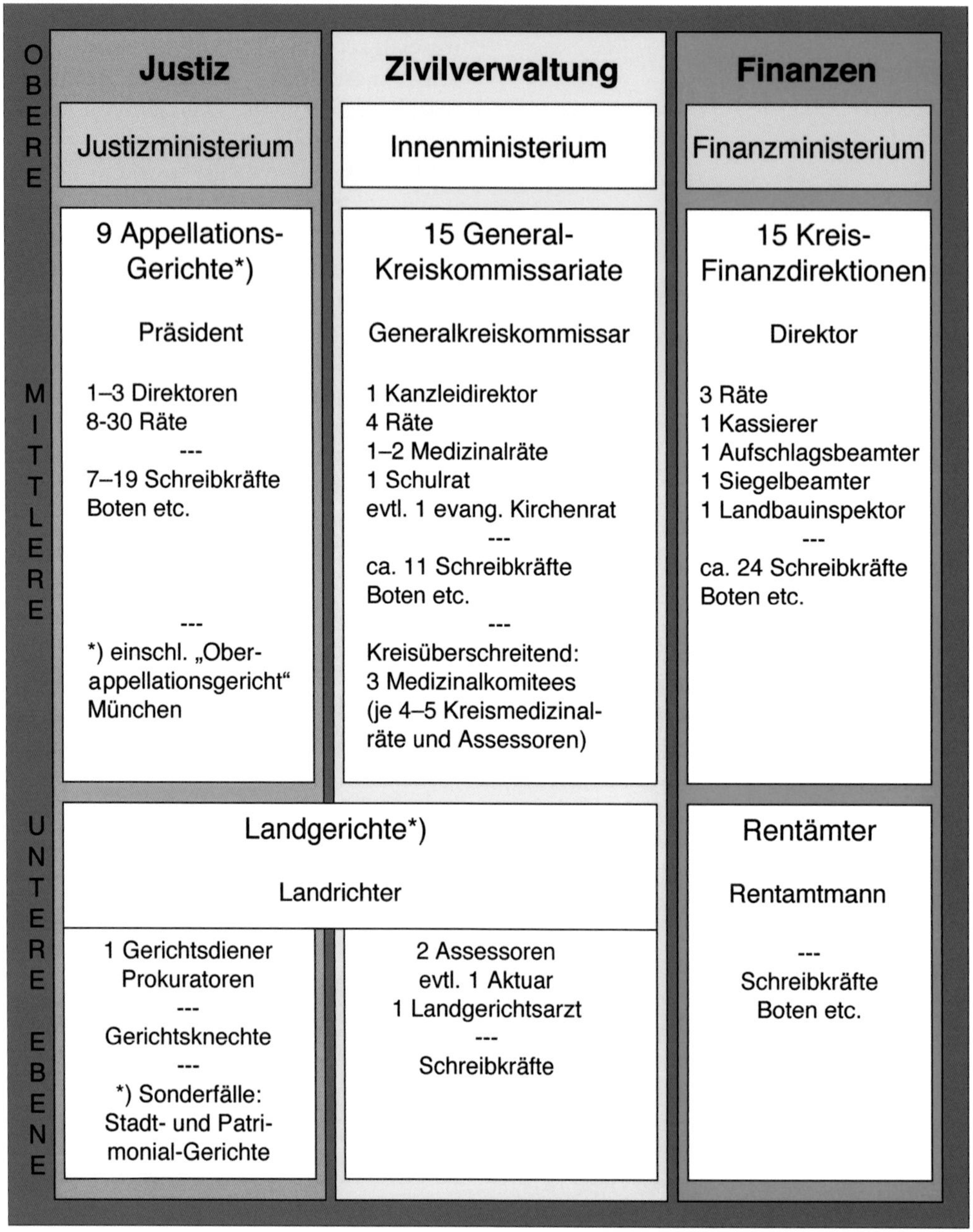
OBERE
MITTLERE
UNTERE EBENE
Justiz
Zivilverwaltung
Finanzen
Justizministerium
Innenministerium
Finanzministerium
9 Appellations-Gerichte*)
Präsident
1–3 Direktoren
8-30 Räte

7–19 Schreibkräfte
Boten etc.
---
*) einschl. „Oberappellationsgericht“ München
15 General-Kreiskommissariate
Generalkreiskommissar
1 Kanzleidirektor
4 Räte
1–2 Medizinalräte
1 Schulrat
evtl. 1 evang. Kirchenrat
---
ca. 11 Schreibkräfte
Boten etc.

Kreisüberschreitend:
3 Medizinalkomitees
(je 4–5 Kreismedizinalräte und Assessoren)
15 Kreis-Finanzdirektionen
Direktor
3 Räte
1 Kassierer
1 Aufschlagsbeamter
1 Siegelbeamter
1 Landbauinspektor
---
ca. 24 Schreibkräfte
Boten etc.
Landgerichte*)
Landrichter
1 Gerichtsdiener
Prokuratoren

Gerichtsknechte
---
*) Sonderfälle: Stadt- und Patrimonial-Gerichte
2 Assessoren
evtl. 1 Aktuar
1 Landgerichtsarzt

Schreibkräfte
Rentämter
Rentamtmann

Schreibkräfte
Boten etc.

7.1

7.2 Weisungsgebundene Mittelbehörden – „Keine Verordnung dürfen sie aus eigener Macht erlassen"

1808 Juli 17, München
Instruktion für die Generalkreiskommissare.

An der Spitze der Mittelbehörden standen die Generalkreiskommissare, die als Bindeglied zwischen den zentralen Ministerien und den lokalen Unterbehörden dienen sollten. Ihre Dienstanweisung regelte nicht nur Zuständigkeiten, sondern führte auch die Geschäftsabläufe innerhalb der Behörde detailliert aus. Daher waren der Verordnung gleich einige Muster-Formulare beigegeben. Sie stehen anschaulich für die Rechenschaftspflicht, die dem Generalkreiskommissar in vielen Bereichen auferlegt wurde.
Allein elf unterschiedliche Dokumentations- und Berichtsformen waren in der Verordnung vorgesehen, nämlich 1.) ein Hauptbericht über Auswanderung, 2.) ein Hauptbericht über Bevölkerungszahlen, 3.) ein Gewerbekataster, 4.) ein Geschäftsprotokoll, 5.) Sitzungsprotokolle, 6.) Geschäftstabellen des Generalkreiskommissars, 7.) eine Geschäftstabelle des Kanzleidirektors, 8.) Vormerkungsbücher der aktiven Staatsdiener, 9.) der Quieszenten beziehungsweise 10.) der Aspiranten und 11.) ein Vormerkungsbuch für allgemeine Anweisungen und Generalien. Eine Bilanz des Isarkreises von 1814/15 zeigt, dass dort tatsächlich neun verschiedene Protokolle geführt wurden – mit insgesamt 34.289 Eintragungen pro Jahr (BayHStA, MInn 43266). Empfänger der Aufzeichnungen war in der Regel das Innenministerium.
Die selbstständige Handlungsfreiheit des Generalkreiskommissars war allerdings begrenzt, eigene Entscheidungen waren nicht vorgesehen: „Keine Verordnungen kann er aus eigener Macht erlassen", so hieß es in der Instruktion. Auch durfte sich der Generalkreiskommissar nur mit königlicher Erlaubnis aus seinem Kreis entfernen

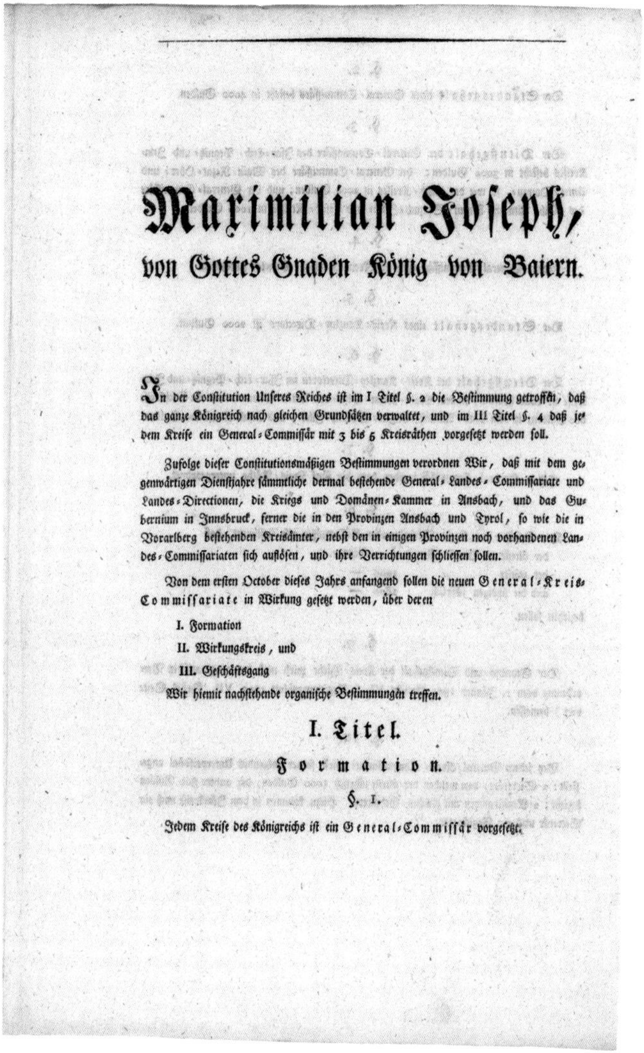

Maximilian Joseph,

von Gottes Gnaden König von Baiern.

In der Constitution Unseres Reiches ist im I Titel §. 2 die Bestimmung getroffen, daß das ganze Königreich nach gleichen Grundsätzen verwaltet, und im III Titel §. 4 daß jedem Kreise ein General-Commissär mit 3 bis 5 Kreisräthen vorgesetzt werden soll.

Zufolge dieser Constitutionsmäßigen Bestimmungen verordnen Wir, daß mit dem gegenwärtigen Dienstjahre sämmtliche dermal bestehende General-Landes-Commissariate und Landes-Directionen, die Kriegs und Domänen-Kammer in Ansbach, und das Gubernium in Innsbruck, ferner die in den Provinzen Ansbach und Tyrol, so wie die in Vorarlberg bestehenden Kreisämter, nebst den in einigen Provinzen noch vorhandenen Landes-Commissariaten sich auflösen, und ihre Verrichtungen schliessen sollen.

Von dem ersten October dieses Jahrs anfangend sollen die neuen General-Kreis-Commissariate in Wirkung gesetzt werden, über deren

I. Formation

II. Wirkungskreis, und

III. Geschäftsgang

Wir hiemit nachstehende organische Bestimmungen treffen.

I. Titel.

Formation.

§. 1.

Jedem Kreise des Königreichs ist ein General-Commissär vorgesetzt.

7.2

(§ 42). Die Verwaltung des gewaltigen Reiches zwischen Etsch und Main war damit zumindest theoretisch bis ins letzte Detail vereinheitlicht.

Verordnung, Loseblattsammlung, Druck, 24 Bl., 34,8 x 21,2 cm.

Bayerisches Hauptstaatsarchiv, MInn 34545, erste Textseite (in der Ausstellung außerdem gezeigt: Titelblatt, Beilage C: Geschäftstabelle).

Druck: RBl 1808, 1650.

Edition: Schimke, Regierungsakten, S. 369–372, Nr. 69 (Auszug).

Literatur: Stephan (wie Kat.Nr. 7.1).

7.3 Dem Volk aufs „Maul" geschaut – Der Münchner Generalkreiskommissar berichtet

1816 Januar 3, München
Bericht des Generalkommissars Ferdinand Maria von Schleich ans Innenministerium mit anliegender Sammlung der „Volks-Gespräche".

Neben den standardisierten tabellarischen Berichten lieferten die Generalkreiskommissare auch individuellere Eindrücke ans Innenministerium. Der Generalkommissar des Isarkreises, Ferdinand Maria von Schleich (1766–1833), verfasste in den 28 Monaten vom 13. Oktober 1814 bis zum 1. Januar 1817 allein 31 Berichte an das Innenministerium mit Beobachtungen über die allgemeine Sicherheitslage. Im Anhang waren jedes Mal die neuesten „Volks-Gespräche" aufgeführt, die ihm in der Zwischenzeit zu Ohren gekommen waren. Anlass dafür war im Oktober 1814 die Entdeckung gewisser „Umtriebe" in der Hauptstadt gewesen. Vom hohen Bierpreis bis hin zur hohen Politik war in diesen Gerüchten alles dabei. Schwerpunkte waren auch die Königsfamilie, die Damenwelt und sogar die Zustände in der inneren Landesverwaltung, wie die folgenden exemplarischen Zitate zeigen:

„Man behauptet, daß der Soldat und der gemeine Mann das Sommer-Bier gar nicht werde bezahlen können, wenn das Winter-Bier schon so theuer kömmt." (3. Januar 1816)

„Man bemerkt, daß der Kaiser Napoleon für sich hinlächeln werde, wenn er den verschiedenen Ideen, und dem Mangel an Einigkeit auf dem Wiener Kongresse hört." (22. Januar 1815)

„Die Einwohner von Tölz sind über den Aufenthalt Seiner Majestät des Königs daselbst noch wie bezaubert. Solche Reisen elektrisiren eine ganze Gegend." (16. Dezember 1815)

„Die hiesige Dienstmägde seyen meistens Auswärtige, weil die Münchnerinnen, sagt man, sich lieber bedienen ließen, als dienen." (16. Februar 1816)

„Man erzählt sich, daß diejenige General-Kreiskommissariate, welche, ohne vorgegangene Anfrage, den Tag der Leipziger Schlacht gefeyert haben, einen Verweis erhalten hätten." (14. November 1814)

Schleichs Berichte setzten sich solange fort, bis das Innenministerium 1817 schließlich höflich dazu aufrief, sich künftig auf wirklich „bedenkliche" Nachrichten zu beschränken.
Der Verfasser wies eine typische Karriere für einen hohen Beamten in einer Mittelbehörde auf. Voraussetzungen waren der Adelstitel und eine juristische Ausbildung. Außerdem wurde von Schleich – ähnlich wie seine Kollegen – häufig versetzt: von der Mittelstelle in Ulm (1803) ins Generalkommissariat des Salzachkreises (1808), von dort in den Isarkreis (1810) und schließlich in den Unterdonaukreis (1819). Als Generalkommissar des Isarkreises residierte Schleich im ehemaligen Landschaftsgebäude im Herzen der Stadt – dort, wo heute das neue Münchner Rathaus steht.
Neben den Sicherheitsberichten sind auch die vielfach überlieferten Hauptjahresberichte der Kreise eine ergiebige Quelle. Sie umfassen das Aus- und Einwanderungswesen, Polizei- und Gefängnisverhältnisse, Gesundheitszustand, Wirtschaft, Gewerbe, Religion und Sitten (RBl

1809, 1721). Insgesamt wurde der Informationsfluss von „unten“ nach „oben“ durch die Arbeit der Generalkreiskommissare massiv verstärkt.

Schreiben (Ausfertigung), 2+10 Bl., 34 x 21 cm.

Bayerisches Hauptstaatsarchiv, MInn 45773 Nr. 44 mit Beilage.

Literatur: Stefan Miedaner, Salzburg unter bayerischer Herrschaft. Die Kreishauptstadt und der Salzachkreis von 1810–1816, Diss. München 1983/84. In: Mitteilungen der Gesellschaft für Salzburger Landeskunde 125 (1985) S. 277–304 (mit Edition eines Jahresberichts des Salzachkreises 1813/14). – Sabine Rehm-Deutinger, Die Gebäude der Regierung von Oberbayern. In: Die Regierungspräsidenten von Oberbayern im 19. und 20. Jahrhundert, hrsg. im Auftrag von Regierungspräsident Werner-Hans Böhm durch Stephan Deutinger, Karl-Ulrich Gelberg und Michael Stephan, München 2005, S. 51–70. – Stephan (wie Kat.Nr. 7.1). – Alfred Tausendpfund, Ferdinand Freiherr von Schleich. Generalkommissär des Isarkreises 1810–1819. In: Regierungspräsidenten (wie oben) S. 80–87.

7.4 Allzuständige Unterbehörden – Ein Landrichter erinnert sich

1815, Augsburg
Ignaz Joseph von Obernberg:
„Ueber die baierische Landgerichts-Praxis“.

Die zentrale Anlaufstelle für die Untertanen in erstinstanzlichen Gerichtssachen und in Verwaltungsangelegenheiten waren die Landgerichte. Sie waren 1802 grundsätzlich reformiert worden und wurden mit den Verordnungen der Jahre 1808 und 1809 den Kreiskommissariaten bzw. in Justizfragen den Appellationsgerichten und Oberappellationsgerichten unterstellt. Nur dem Namen nach von den Landgerichten zu unterscheiden waren die Patrimonialgerichte, die noch von Adelsfamilien geführt wurden. Damit wurden die gesamten ländlichen Gebiete administrativ und jurisdiktionell erschlossen; allein die größeren Städte nahmen mit der Differenzierung in Stadtgerichte und Magistrate eine verwaltungstechnische Sonderstellung ein. Die Generalkreiskommissare sollten mit ihren Gutachten auch hier für die „Konstitutionsmässige Gleichstellung aller Theile Unseres Reichs“ und für ein „passendes Ebenmaaß“ der Unterbehörden sorgen (Bay HStA, MInn 34581/1).

Im August 1808 gab es in Bayern 191 Landgerichte mit durchschnittlich 8,2 Quadratmeilen Größe (zur Orientierung: 1 Quadratmeile entspricht 55 km^2) und 14.750 Einwohnern. An ihrer Spitze stand jeweils ein Landrichter, der von untergeordnetem Schreibpersonal unterstützt wurde. Ein zeitgenössisches Druckwerk liefert eine anschauliche Skizze der äußerst vielseitigen Landrichtertätigkeit: „In einer Person, nur von drey Scribenten unterstützt, vereinigte er die Funktionen des Gerichts-Polizey- und Kammeral-Beamten, der Straßen-Inspektion, Kirchen-Administration, und Forst-Polizey. Außerdem hatte er ein, nicht unbedeutendes Staats-Bräuhaus unter seiner Verwaltung.“ Und, so hieß es weiter, die Vielseitigkeit kam der Bevölkerung entgegen: „Das Volk liefert stets unzweideutige Beweise, daß ihm eine solche Einrichtung behage. Es findet an einem Orte Alles.“

Verfasser dieser Zeilen war Ignaz Joseph von Obernberg, der von 1784 bis 1799 Vorsteher des Vogteiamts (ab 1800: Landgerichts) Miesbach im Isarkreis war und demnach aus eigener Erfahrung berichten konnte. Von Obernberg beendete seine Laufbahn 1808 als Kreiskanzleidirektor des Salzachkreises (BayHStA, MInn 35499, GR Faszikel 161/209). Es ist charakteristisch für das patriarchalische Selbstverständnis der Lokalbeamten jener Zeit, wenn der Verfasser in seiner Druckschrift den idealen Landrichter rückblickend auch als den „Vater einer großen Familie“ (S. 7) von Untertanen bezeichnet.

Gedruckte Broschüre, 84 S., 21,2 x 11,7 cm (in der Ausstellung außerdem gezeigt: Titelblatt).

Bayerisches Hauptstaatsarchiv, Amtsbücherei.

Literatur: Hellmuth (wie Kat.Nr. 7.1). – Franz Andrelang, Landgericht Aibling und Reichsgrafschaft Hohenwaldeck (Historischer Atlas von Bayern, Teil Altbayern 17), Diss. München 1966, München 1967, bes. S. 284–288, 329.

7.5 Kritik an den großen Amtsbezirken – Das Landgericht Pfaffenhofen fordert die Teilung

1811
„Eintheilung des Königlichen Landgerichts Pfaffenhofen in Steuerdistrikte für das Grundsteuercataster".

Aus Sicht der Bürger hatte die neue Landgerichtseinteilung ihre Tücken. Oft wurden mehrere ältere Landgerichte in einem Sprengel zusammengefasst. Vor allem in den weniger dicht besiedelten Landstrichen folgte daraus, dass der Weg zum Amtssitz sehr weit sein konnte. Daher häuften sich im Innenministerium die Gesuche um Grenzänderungen.

Für das Landgericht Pfaffenhofen im Isarkreis wurde 1811 ein Entwurf für eine künftige Verkleinerung eingereicht. Der Markt Geisenfeld – in sechs Stunden Fußmarsch Entfernung zum Amtsort Pfaffenhofen gelegen – bat mit einigen Nachbarorten um die Einrichtung eines eigenen Landgerichtsamtes, das sich von Vohburg über Ebenhausen und Rohrbach bis Ebertshausen erstrecken sollte. Die Geisenfelder Gemeindevertreter begründeten dies auch mit dem wirtschaftlichen Niedergang des Ortes seit Auflösung des bis 1803 dort beheimateten Benediktinerinnenklosters. Ein handgezeichneter Situationsplan mit Entfernungsangaben in Stunden unterstrich das Begehren, die Amtsgewalt dichter zu zentrieren (Bay HStA, MInn 34581/I). Diesen Vorgang spiegelt auch die ausgestellte Landgerichtskarte. Die Karte zeigt die Gegend rund um Pfaffenhofen mit den Eckmarken Ernsgaden, Berg, Steinkirchen und Waidhofen; eingezeichnet sind die Rentamtsbezirke und (per Hand) eine Trennlinie zum geplanten Landgericht Geisenfeld.

Der Pfaffenhofener Landrichter Reingruber schlug sich übrigens öffentlich auf die Seite seiner Schutzbefohlenen. Er klagte in Buchform über ein eklatantes „Mißverhältniß" zwischen Größe, Einwohnerzahlen und Personal der Landgerichte (Reingruber, Wirkungskreis, S. 112) und forderte die durchgehende Verkleinerung auf maximal 6.000 Einwohner (ebd., S. 114). 1808 hatte er bereits in einem internen Jahresbericht darauf hingewiesen, dass fast ein Viertel seines 20.000 Seelen umfassenden Distrikts aus Waldflächen bestehe und daher die Wege unnötig weit seien (BayHStA, GR Faszikel 921 Nr. 3/1). Die Kritik blieb im Falle von Pfaffenhofen lange erfolglos. Erst 1862 wurde dem Antrag stattgegeben und ein eigenes Landgericht Geisenfeld errichtet. Pfaffenhofen war damit beileibe kein Einzelfall – ähnliche Vorgänge sind aus anderen Orten bekannt.

Landkarte, 1 Bl., 56 x 55 cm; Bildgröße: 47 x 47,2 cm, mit Eintragungen von Hand.

Bayerisches Hauptstaatsarchiv, MInn KuPl 257.

Literatur: J(ohann B.) Reingruber, Ueber den Wirkungskreis eines Landgerichtes im Königreiche Baiern, 2 Bde., Landshut 1814. – (Johann B. Reingruber,) Kritik über die Rezension des Werkes: Wirkungskreis eines Landgerichtes, Landshut 1815. – M(ichael) G. Regnet, Ueber die Wiederherstellung oder ganz neue Einrichtung der am leichtesten herzustellenden Landgerichte in Altbaiern, nebst jetziger und künftiger Beschaffenheit derselben, Regensburg 1819, S. 14, 26 f., 60 f. – Karl Weber, Neue Gesetz- und Verordnungen-Sammlung für das Königreich Bayern mit Einschluß der Reichsgesetzgebung enthaltend die auf den Gebieten der Verfassung und Verwaltung geltenden oder die Interessen der Staatsbürger betreffenden Gesetze, Verordnungen und sonstigen Bestimmungen, Anhangband, Nördlingen-München 1894, S. 117, 141. – Volker von Volckamer, Das Landgericht Pfaffenhofen und das Pfleggericht Wolnzach (Historischer Atlas von Bayern, Teil Altbayern 14), teilw. zugl. Diss. München 1957, München 1963, bes. S. 191–195. – Miedaner (wie Kat.Nr. 7.3) S. 97.

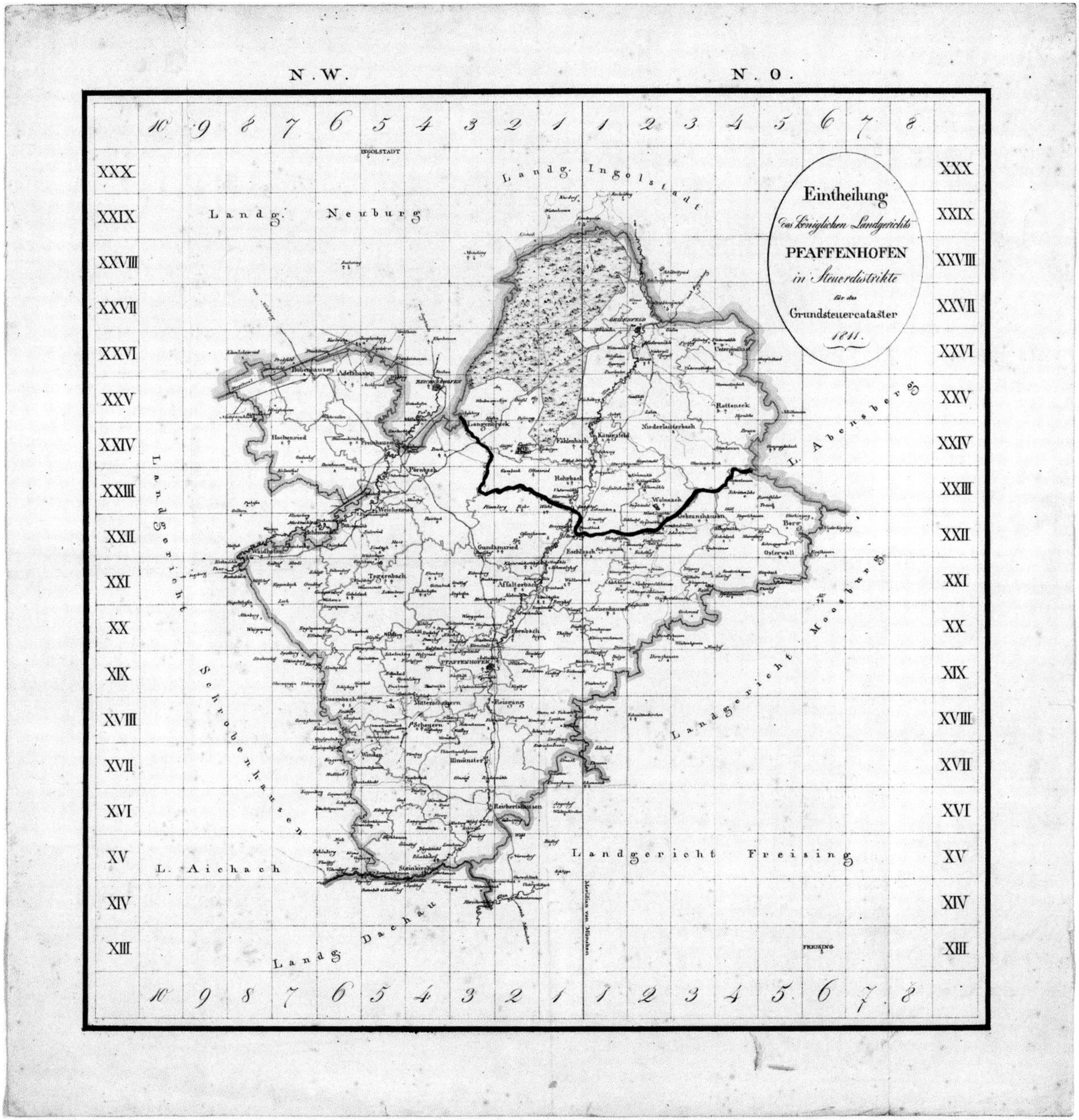
N.W.
N.O.
Eintheilung
des königlichen Landgerichts
PFAFFENHOFEN
in Steuerdistrikte
für das
Grundsteuercataster
1811.
Landg. Ingolstadt
Landg. Neuburg
L. Abensberg
Landgericht Schrobenhausen
Landgericht Moosburg
Landgericht Freising
L. Aichach
Landg. Dachau
PFAFFENHOFEN
INGOLSTADT
FREISING

7.5

7.6 Aus Maltern werden Metzen – Umrechnung in ein einheitliches Maß und Gewicht

a) 1809 Februar 28, München
„Reduction der baierischen Maße und Gewichte in die neuen Französischen" (Beilage zum Regierungsblatt vom 11. März 1809).

b) 1814, Nürnberg
Historische Fußmaßstäbe (Rekonstruktion nach: „Neueste Geld-, Münz-, Maß- und Gewichtskunde für Kaufleute, Geschäftsmänner und Zeitungsleser").

Die Generalkreiskommissariate und Landgerichte waren auch für die Durchführung der Verordnung vom 28. Februar 1809 zur Vereinheitlichung von Maß und Gewicht in allen neuen und alten bayerischen Gebieten zuständig. Bis dahin galten von Landstrich zu Landstrich etwa 500 unterschiedliche Gewichts-, Maß- und Längeneinheiten. Auch der Beginn der Landesvermessung für die Katastererhebung motivierte die Schaffung einheitlicher Maße.
Bei der Reform blickte Bayern nach Frankreich. Nach der Revolution war dort das metrische System mit „Meter" und „Gramm" als Einheiten sowie den Vorsilben „Hekto-", „Deka-", „Dezi-" und „Zenti-" als Untereinheiten eingeführt worden. 1799 wurde von der französischen Akademie der erste „Urmeter" konstruiert, der nach heutigen Maßstäben allerdings 1,02 m lang war. Er wurde von der Länge des Erdmeridians abgeleitet und sollte mit dem Kilogramm in direkter Korrelation stehen (1 g = 1 cm^3 destilliertes Wasser bei 4°C im luftleeren Raum).
1809 wurden in Bayern die Maßeinheiten in Relation zum französischen System festgelegt, so dass nun das Pfund 560 französische Gramm wog (und damit für Altbayern um 1,66 Gramm leichter wurde). Darüberhinaus wurde bei den Flächenmaßen bereits das Dezimalsystem eingeführt. Es folgten komplizierte Taxierungs- und Umrechnungsverfahren der Messgerätschaften in allen Ämtern des Königreichs sowie die Versendung Hunderter neuer Normalmaße und -gewichte im ganzen Land, bis die Regelung richtig greifen konnte (vgl. BayHStA, MF 2856, Hauptmünzamt 398). Eine Flut von Informationsschrifttum unterstützte die allmähliche Umstellung der Bevölkerung auf die neuen Maßstäbe.
Bis 1872 blieben die altbayerischen Benennungen „Metzen", „Eimer", „Maßkanne", „Elle" und „Fuß" in ganz Bayern verbindlich vorgeschrieben. Die vollständige Umstellung auf das metrische System erfolgte schließlich erst nach der Reichsgründung: Mit Wirkung zum 1. Januar 1872 schloss sich Bayern dem neuen Maßsystem des Norddeutschen Bundes an.

a) Tabelle, 2 S., 23,8 x 20 cm.
Bayerisches Hauptstaatsarchiv, Amtsbücherei 8° Z 116, Sp. 479–482 (in der Ausstellung gezeigt: Reproduktion Sp. 479–480).
Edition: Schimke, Regierungsakten, Dok. 128, S. 636–639.

b) Maßstabs-Reproduktionen (Quellengrundlage: Neueste Geld-, Münz, Maß- und Gewichtskunde für Kaufleute, Geschäftsmänner und Zeitungsleser; München, Bayerische Staatsbibliothek, 4° Merc. 31 m).

Literatur: Besondere Beylage zum Intelligenzblatt für den Unter-Mainkreis des Königreichs Baiern 142 (1821). – Heinrich Grebenau, Tabellen zur Umwandlung des bayerischen Masses und Gewichtes in metrisches Maß und Gewicht und umgekehrt, München 1870. – Hildegard Weiß, Vereinheitlichung von Maß und Gewicht in Deutschland im 19. Jahrhundert unter besonderer Berücksichtigung Bayerns, Solingen 1996, bes. S. 34; 37; 130 (Abb. Anhang S. 7 f.). – AK Bayern und Frankreich, S. 344 f.

7.7 Diagnose: Ärztemangel – Neue Anstellungsprüfung für Amtsärzte

1803 Dezember 23, [München]
Antwortbogen eines Kandidaten zur amtsärztlichen Anstellungsprüfung.

Das bayerische Gesundheitswesen war zu Anfang des 19. Jahrhunderts gewissermaßen selbst ein Notfall. Von den medizinisch-wissenschaftlichen Fortschritten der Aufklärungszeit konnte kaum profitiert werden, da um 1800 in ganz Bayern nur circa 100 studierte Ärzte praktizierten, 19 davon auf dem platten Land. Daneben trieben unautorisierte Chirurgen, Bader und Kurpfuscher ihr Unwesen. Hier zielten die Verordnungen der Jahre 1803 bis 1808 auf Abhilfe, indem die Zahl der staatlich verpflichteten Ärzte deutlich angehoben wurde: Für jedes Landgericht wurde nun ein akademisch ausgebildeter Amtsarzt vorgeschrieben. Diese Landgerichtsärzte sollten das übrige örtliche Gesundheitspersonal im Sprengel überwachen und besitzlose Kranke gratis verarzten. In den Generalkreiskommissariaten führten ein bis zwei Medizinalräte die Aufsicht. In Bamberg, Trient und München wurden übergeordnete Medizinalkomitees für Belange der Gerichtsmedizin, Studium und Approbation eingerichtet. Die Oberaufsicht lag beim Innenministerium (RBl 1803, 912; RBl 1808, 2189; RBl 1808, 2889).

Sechs Semester Studium mit Promotion wurden von den angehenden Amtsärzten verlangt. Außerdem war ein spezieller Eignungstest („Probrelation") abzulegen, bei dem, wie das vorliegende Beispiel zeigt, besonderer Wert auf Geburtsheilkunde und Gerichtsmedizin gelegt wurde. Frage 1 der Prüfung von 1803 lautete: „Wenn eine Schwangere im 8ten Monath der Schwangerschaft durch einen Stich am Unterleib verwundet wird, wie kann diese Verwundung zur Geburth, zum Tode des Kindes, und der Mutter Anlass geben ...?" Wenn man Berichte liest, wonach die Bader „kreissende Frauen auf einem Strohsacke auf den Boden hinlegen liessen, dann auf den schwangern Leib stiegen, und mit den Füssen die Leibesfrucht hinausstampfen und stossen wollten" (Wetzler, S. 172), so erkennt man den tieferen Sinn einer solchen Prüfungsfrage. Ob der hier unterzeichnende Kandidat Eisenreich allerdings erfolgreich war, darf bezweifelt werden. Frage 2 nach den häufigsten Viehseuchen beantwortete er recht oberflächlich und schloss mit den Worten: „... ich muss dahero nothwendig anmerken dass ich mich nie sonders auf das Studium der Viehseuchen, theils aus Mangel an Zeit und Gelegenheit, verlegt habe, und muss also die Hauptsachen noch nachzuhollen mich bestreben."

Nach einer bestandenen „Probrelation" folgte noch ein zweijähriges Praktikum und das Staatsexamen. Der überall florierende Krankenhausbau, die verstärkte Versorgung mit Hebammen, Chirurgen, Apothekern und Tierärzten sowie die Hebung des allgemeinen medizinischen Ausbildungsniveaus trugen das Ihre dazu bei, dass die Gesundheitsstandards im Lande bis zur Jahrhundertmitte tatsächlich erheblich verbessert werden konnten.

Handschriftliche Prüfungsbögen, 14 Bl., 34,5 x 21,2 cm, gez. vom Kandidaten Eisenreich.

Bayerisches Hauptstaatsarchiv, GR Faszikel 1197/107.

Literatur: J(ohann) E(vangelist) Wetzler, Ueber das Medizinalwesen in der vormaligen königlich-baier'schen Provinz in Schwaben: Oder Rechenschaft über meine Geschäftsführung als Medizinalrath bey der Landesdirekzion der vormaligen königlich-baier'schen Provinz in Schwaben. Nebst Darstellung der Medizinalverfassung von Baiern, unter der vorigen und gegenwärtigen Regierung, Augsburg 1810. – Christian Probst, Die Reform des Medizinalwesens in Bayern zwischen 1799 und 1808. In: Eberhard Weis (Hrsg.), Reformen im rheinbündischen Deutschland (Schriften des Historischen Kollegs, Kolloquien 4), München 1984, S. 195–210. – Thomas Bein, Die Reform des bayerischen Medizinalwesens im Spiegel der „Montgelas-Statistik", Diss. München 1985.

7.8 Kaum noch Pocken-Tote in Bayern – Die frühe Impfpflicht zahlt sich aus

1810
Landgericht München, Übersicht der Verstorbenen der Jahre 1809/10.

Eine Hauptpflicht der Amtsärzte bestand in der Durchführung der Pockenschutzimpfung. Bayern war 20 Tage nach Hessen-Darmstadt der zweite deutsche Staat, der die um 1798 in England entwickelte Heilmethode förderte und per Verordnung vom 26. August 1807 gesetzlich vorschreiben ließ. 1808 wurde den neugeschaffenen Generalkreiskommissariaten die Aufsicht übertragen.

72

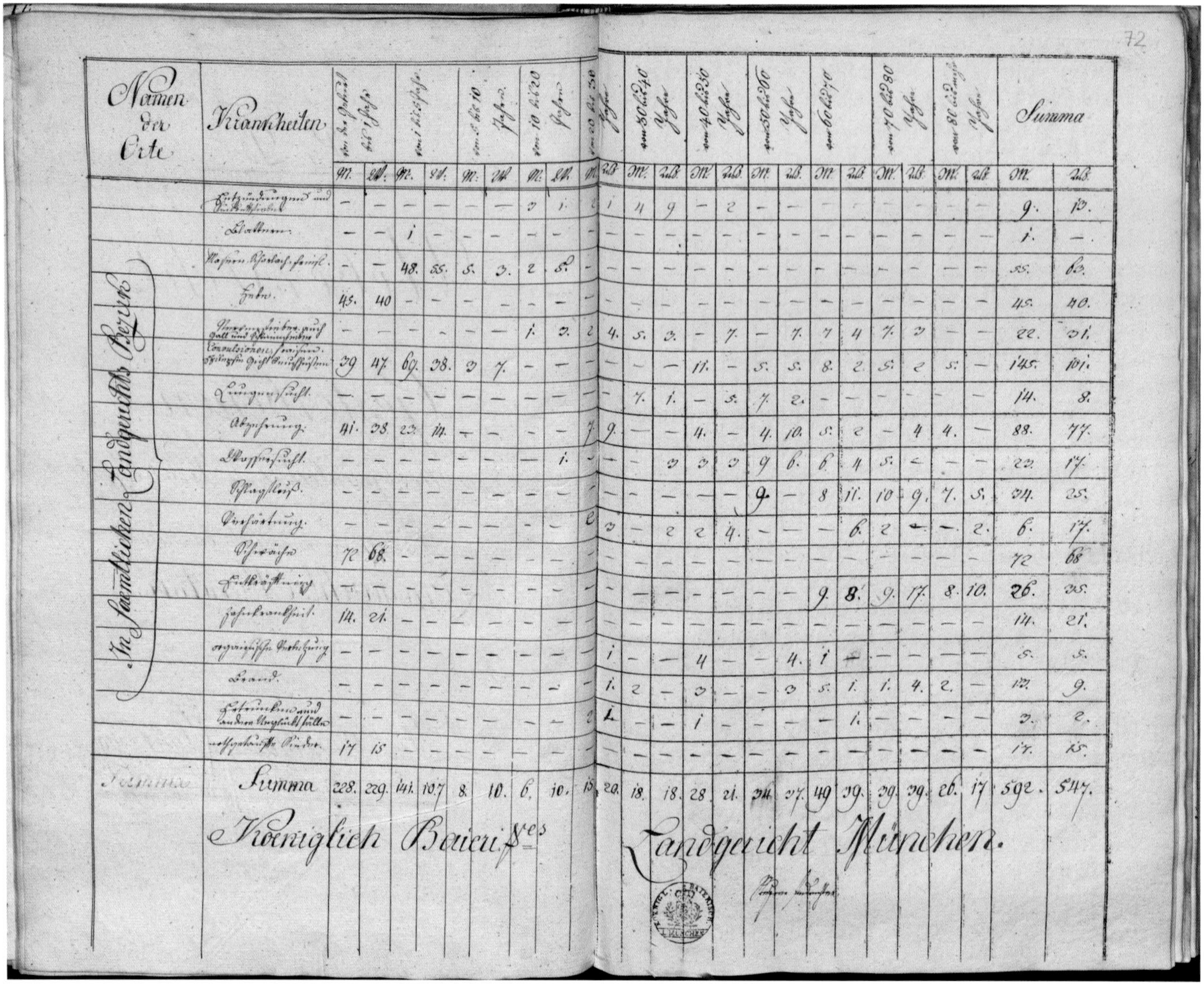

Namen der Orte	Krankheiten	von der Geburt bis 1 Jahr M.	W.	von 1 bis 5 Jahre M.	W.	von 5 bis 10 Jahre M.	W.	von 10 bis 20 Jahre M.	W.	von 20 bis 30 Jahre M.	W.	von 30 bis 40 Jahre M.	W.	von 40 bis 50 Jahre M.	W.	von 50 bis 60 Jahre M.	W.	von 60 bis 70 Jahre M.	W.	von 70 bis 80 Jahre M.	W.	von 80 und mehr Jahren M.	W.	Summa M.	W.
In saemtlichen Landgerichts Bezirk	Entzündungen und Brustfieber	–	–	–	–	–	–	3	1.	2	1	4	9	–	2	–	–	–	–	–	–	–	–	9.	13.
	Blattern.	–	–	1	–	–	–	–	–	–	–	–	–	–	–	–	–	–	–	–	–	–	–	1.	–.
	Masern, Scharlach, Frieseln.	–	–	48.	55.	5.	3.	2	5.	–	–	–	–	–	–	–	–	–	–	–	–	–	–	55.	63.
	Zahnen.	45.	40	–	–	–	–	–	–	–	–	–	–	–	–	–	–	–	–	–	–	–	–	45.	40.
	Nervenfieber auch Gall- und Schleimfieber	–	–	–	–	–	–	1.	3.	2	4.	5.	3.	–	7.	–	7.	7	4	7.	3	–	–	22.	31.
	Convulsionen, Fraisen, Gichter	39	47.	69.	38.	3	7.	–	–	–	–	–	–	11.	–	5.	5.	8.	2.	5.	2	5.	–	145.	101.
	Lungensucht.	–	–	–	–	–	–	–	–	–	–	7.	1.	–	5.	7.	2.	–	–	–	–	–	–	14.	8.
	Abzehrung.	41.	38.	23.	14.	–	–	–	–	7	9.	–	–	4.	–	4.	10.	5.	2	–	4	4.	–	88.	77.
	Wassersucht.	–	–	–	–	–	–	–	1.	–	–	–	3	3	3	9	6.	6	4	5.	–	–	–	23.	17.
	Schlagfluss.	–	–	–	–	–	–	–	–	–	–	–	–	–	–	9	–	8	11.	10	9.	7.	5.	34.	25.
	Verhärtung.	–	–	–	–	–	–	–	–	2	3	–	2	2	4.	–	–	–	6.	2	–	–	2.	6.	17.
	[illegible]	72	68.	–	–	–	–	–	–	–	–	–	–	–	–	–	–	–	–	–	–	–	–	72	68
	Entkräftung	–	–	–	–	–	–	–	–	–	–	–	–	–	–	–	–	9	8.	9.	17.	8.	10.	26.	35.
	[illegible]	14.	21.	–	–	–	–	–	–	–	–	–	–	–	–	–	–	–	–	–	–	–	–	14.	21.
	organische Verletzung	–	–	–	–	–	–	–	–	–	1	–	–	4	–	–	4.	1	–	–	–	–	–	5.	5.
	Brand.	–	–	–	–	–	–	–	–	–	1.	2	–	3	–	–	3	5.	1.	1.	4.	2.	–	13.	9.
	Ertrunkene und andere Unglücksfälle	–	–	–	–	–	–	–	–	2	1	–	–	1	–	–	–	–	1.	–	–	–	–	3.	2.
	todtgeborne Kinder.	17	15	–	–	–	–	–	–	–	–	–	–	–	–	–	–	–	–	–	–	–	–	17.	15.
Summa	Summa	228.	229.	141.	107	8.	10.	6.	10.	15.	20.	18.	18.	28	21.	34.	27.	49	39.	39.	39.	26.	17.	592.	547.

Koeniglich Baierisches Landgericht München.

7.8

Die Pockenkrankheit hatte bis 1800 in Europa jährlich 400.000 Tote gefordert und war um die Jahrhundertwende immer wieder epidemisch aufgetreten. Sie kündigte sich durch Fieber und Schüttelfrost an und führte zu charakteristischen eitrigen Pusteln am ganzen Körper. Entstellende Narben oder Organschäden waren die Folge; die Todesrate lag bei rund 30 Prozent. Selbst Kurfürst Max III. Joseph war 1777 im Alter von 50 Jahren daran gestorben.

Bereits während des 18. Jahrhunderts hatte man in einem riskanten Impfverfahren Eiter von Menschenpocken injiziert, um vorbeugend Abwehrkörper zu erzeugen („Inokulation"). Nach der neueren Methode wurden zur Impfung stattdessen die harmloseren Kuhpocken verwendet („Vakzination"). Vorbeugung im frühen Kindesalter, möglichst bequemer Ablauf für die Untertanen und Bestrafung im Säumnisfall lauteten ab 1807 die Grundprinzipien der bayerischen Vorschriften. Die Impfung war im dritten Lebensjahr vorzunehmen. In München sollte ab 1809 einmal in der Woche ein Impftag im Sitzungssaal des Rathauses abgehalten werden. Auf dem Lande wurden die Impflokale meist in Pfarrhäusern eingerichtet; der örtliche Pfarrer, ein Arzt und ein Polizeibeamter begleiteten die Prozedur. Bei Nichterscheinen drohten Geldstrafen. Außerdem wurde ohne erfolgreichen Impfnachweis seit dem 28. Mai 1811 kein Kind mehr zur Schule zugelassen (RBl 1811, 729).

111.611 Impfungen fanden auf diese Weise schon im Berichtsjahr 1807/08 in ganz Bayern statt, davon 89,8 Prozent ohne Komplikationen. Die königliche Familie selbst ging mit gutem Beispiel voran. Die Zwangsimpfung zeigte rasche Wirkung: 1809/10 war im Landgericht München nur noch eine Person (männlich, Alter 1–5 Jahre) den Pocken alias „Blattern" erlegen. Die Impfpflicht wurde in Deutschland 1975/76 aufgehoben und die Krankheit von der Weltgesundheitsorganisation 1980 für ausgerottet erklärt.

Die Daten für die Jahre 1809–1810 sind der so genannten „Montgelas-Statistik" zu entnehmen, die in über 400 Bänden Zahlen zur wirtschaftlichen und sozialen Lage des Landes sammelte. Die Bände beruhten auf der Berichterstattung der Generalkreiskommissariate – hier speziell auf den Sterbelisten der Pfarreien – und existieren für die Berichtsjahre 1809/10 und 1811/12 mit Nachträgen von 1814/15. Durch das Landesamt für Statistik wurden sie 1913 an die Bayerische Staatsbibliothek abgegeben. Zahlreiche Vorarbeiten liegen zudem in den Archiven (vgl. StAM, RA 1104 Nr. 15678/1). Die „Montgelas-Statistik" gilt als ein Meilenstein systematischer Statistik in Bayern. Tabellarisch aufgelistet sind alle Sterbefälle nach Alter, Geschlecht und Todesursachen. Die medizinischen Rubriken lauten: „Entzündungen und Kindbettfieber"; „Blattern"; „Masern, Scharlach, Friesl"; „Hebe"; „Nervenfieber, auch Gall- und Scheinfieber"; „Convulsionen, Fraisen, Epilepsie, Gicht, Keuchhusten"; „Lungensucht"; „Abzehrung"; „Wassersucht"; „Schlagfluß"; „Verhärtung"; „Schwäche"; „Entkräftung"; „Zahnkrankheit"; „Organische Verletzung"; „Brand"; „Ertrunken und andere Unglücksfälle"; „Nothgetaufte Kinder".

Doppelseite in Aktenband, 45 x 29 cm, lithographierte Tabelle mit handschriftlichen Einträgen.

München, Bayerische Staatsbibliothek, cgm. 6847/15.

Literatur: Reingruber, Wirkungskreis (wie Kat.Nr. 7.5) S. 379–433. – Wetzler (wie Kat.Nr. 7.7) S. 120–126. – Franz S(eraph) Giel, Die Schutzpockenimpfung in Bayern vom Anbeginn ihrer Entstehung und gesetzlichen Einführung bis auf gegenwärtige Zeit, dann mit besonderer Beobachtung derselben in auswärtigen Staaten, München 1830, S. 2. – Schreiber, Kuhpockenimpfung (1834), S. 1 f. – AK Wittelsbach und Bayern III/2, S. 164, Nr. 304 (o. Abb.). – Probst (wie Kat.Nr. 7.7) S. 213. – AK Montgelas, S. 85, Nr. 116 (o. Abb.). – Bein (wie Kat.Nr. 7.7) S. 52–57, 133–137. – Annemarie Liebler, Die niederbayerische Regierung in Passau 1808–1838, Diss. München 2002, München 2003, S. 143 f.

7.9 Auf Verfassungstreue verpflichtet – Beginn des modernen Berufsbeamtentums

1821 November 21, Günzburg
„Konstitutions-Eid“ des Landgerichtsaktuars Johann Nepomuk Seiler.

Für die Beamten war die neue Zeit mit beruflichen Veränderungen verbunden. Im Zuge der Verwaltungsreformen von 1802 bis 1808 wurden sie mit zunehmenden Eingriffen in ihre Freiheiten konfrontiert. Ein angehender Landgerichtsaktuar wie Johann Nepomuk Seiler aus München musste 1821 in Günzburg nicht nur den vorher schon üblichen Diensteid schwören, sondern auch einen „Konstitutions-Eid“. Um 1803 hatte sich die entsprechende Verpflichtungsformel im Wesentlichen noch auf die Versicherung beschränkt, „dem Durchlaüchtigsten Fürsten und Herrn Herrn Maximilian Joseph“ gehorsam zu sein (BayHStA, GR Faszikel 114/7). Nun stand nicht mehr die Treue gegen Gott und den König an erster Stelle, sondern die Treue gegen den König und ein abstraktes Prinzip – die Verfassung. Die Eidesformeln waren eigenhändig abzuschreiben und zu unterzeichnen. Mit ähnlichen Worten auf die „Constitution“ eingeschworen wurden von Anfang an auch die neuen Generalkreiskommissare und ihr unmittelbarer Personalstab (Bay HStA, MInn 6412). Ein wichtiger Hintergedanke war dabei nicht zuletzt die seit 1799 betriebene Unterbindung revolutionärer Regungen bei den Beamten (RBl 1799, 755; RBl 1814, 1521).

Auch sonst wurden die Freiheiten der Staatsdiener beschränkt: durch die Erstellung von oft sehr kritischen Leistungsüberprüfungen, den so genannten „Conduitelisten“, wie sie zu Dutzenden noch in den Archiven vorhanden sind (z.B. BayHStA, MInn 43485 f.), durch Zwangspensionierungen bei vergleichsweise geringem Gehalt, Versetzungen, Staatsprüfungen für Anwärter und die Einführung eines Disziplinarstrafverfahrens, wie

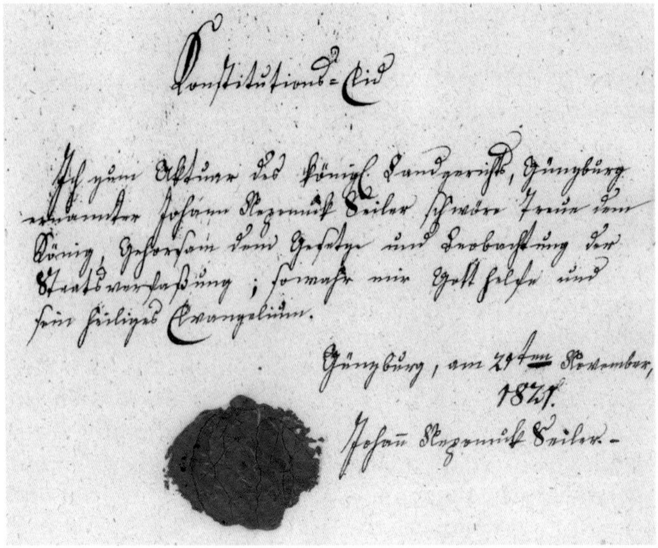
Constitutions-Eid

Ich zum Aktuar des königl. Landgerichts Günzburg ernannter Johann Nepomuk Seiler schwöre Treue dem König, Gehorsam dem Gesetze und Beobachtung der Staatsverfassung; so wahr mir Gott helfe und sein heiliges Evangelium.

Günzburg, am 21ten November 1821.
Johann Nepomuk Seiler.

7.9

es so ähnlich auch heute noch existiert. Nicht einmal heiraten durfte der Beamte ohne Erlaubnis der Vorgesetzten, wenn er nicht seine Pensionsansprüche aufs Spiel setzen wollte.

All dies gehörte zu den letztendlich erfolgreichen Ansätzen des Königreichs, die im Beamtentum des 18. Jahrhunderts unübersehbar gewordenen Missstände – Sportelunwesen, Qualifikationsmängel und Bestechlichkeit – einzudämmen.

Urkunde, 1 Bl., 34 x 20,5 cm, Ausfertigung mit rotem Lacksiegel.

Bayerisches Hauptstaatsarchiv, Staatsverwaltung 1312, Bl. 108.

Literatur: Hellmuth (wie Kat.Nr. 7.1) S. 108. – Montgelas-Denkwürdigkeiten, S. XXIII–XXIV. – Bernd Wunder, Privilegierung und Disziplinierung. Die Entstehung des Berufsbeamtentums in Bayern und Württemberg (1780–1825) (Studien zur modernen Geschichte 21), Habil.-Schr. Konstanz 1974, München 1978, S. 207 f. – AK Wittelsbach und Bayern III/2, S. 157.

7.10 Ohne Kleider ist kein Staat zu machen – Jeder Beamte trägt jetzt eine Dienstuniform

a–c) 1807
Abbildungen bayerischer Beamtenuniformen aus: „Sammlung der Baierischen Civil-Uniformen", a) Minister (?), b) Generalkommissar (?), c) Landrichter (?).

d) 1814
Karikatur: „Zum öffentlichen Dienst sich rüstende Stellvertreter".

Der Beamtenstatus brachte nicht nur Pflichten mit sich. Mit der 1805 erlassenen „Staatsdienerpragmatik" erhielten die Staatsdiener erstmals einen Rechtanspruch auf Festgehalt, Anstellung auf Lebenszeit, Ruhestandspensionen und Hinterbliebenenfürsorge (RBl 1805, 225). Diese Verordnung, die als Grundstein des modernen Berufsbeamtentums gilt, wurde in der Konstitution von 1808 im Wesentlichen bestätigt.
Ebenfalls sehr wichtig war den begünstigten Personen, dass ihre herausgehobene Stellung auch äußerlich an der seit 1799 sukzessive neu eingeführten Dienstkleidung sichtbar war. Ein Landrichter aus Landau begründete im Februar 1800 seine Bitte an den Kurfürsten um eine Uniform mit folgenden Worten: „Uniform zu tragen ist in jeder Rücksicht nicht nur mit Reinlichkeit und Ersparung verbunden, sondern auch ein entscheidendes Ehrenzeichen ..." (BayHStA, MA 70575). Ab 1807 wurden alle Verwaltungsbereiche systematisch eingekleidet (RBl 1807, bes. 385, 417, 513, 553, 1113, 1417), danach bei jeder Stellenneuschaffung auch die Uniformfrage neu dekretiert. Nahezu jeder Dienstgrad war schließlich in das System einbezogen.
Die hier ausschnitthaft gezeigte „Sammlung der Civil-Uniformen" aus dem Jahre 1807 sollte wohl Klarheit in die unübersichtlich gewordenen Einzelverordnungen bringen. Als Verfasser gilt der Münchner Kupferstecher

7.10a

und Lithograph Ferdinand Schiesl. Allerdings lassen sich die neun von ihm verfertigten kolorierten Abbildungen mangels Details nicht ganz eindeutig nach Dienstgraden bestimmen. Wie in den Zeichnungen zu sehen, diente als Grundstoff meist dunkelblaues Tuch, auf dem verschieden breite goldene oder silberne Stickereien, Knöpfe mit Löwengepräge und Aufnäher mit den königlichen Initialen angebracht waren. Der Beamtendegen als besondere Auszeichnung für höhere Beamte vervollständigte üblicherweise das Bild.

7.10d

Die Bevölkerung war dadurch aber nicht so leicht zu beeindrucken. 1814 tauchte ein Spottblatt unter dem Titel: „Zum öffentlichen Dienst sich rüstende Stellvertreter" in München auf, das die Beamtenanwärter von ihrer unförmigsten Seite zeigte. Auf Basis einer Zensurverordnung von 1803, die die Verballhornung von Staat und Kirche unter Ermessensstrafe stellte (RBl 1803, 377), wurde das Pamphlet per Weisung vom 6. Oktober 1814 mit sofortiger Wirkung streng verboten.

a–c) Handkolorierte Lithographien, 2 Bl. in loser Sammlung von Einzelblättern, 28 x 22,5 cm bzw. 32 x 23,5 cm bzw. 27,5 x 21,5 cm.

Bayerisches Hauptstaatsarchiv, GR Faszikel 134/93.

Weitere Ausgaben: München, Bayerische Staatsbibliothek, 4° Bavar. 1591; Nürnberg, Germanisches Nationalmuseum, 8° Lr 180/1.

d) Kupferstich, 1 Bl., überliefert als Beilage zum Schreiben des Innenministeriums an Generalkreiskommissar von Schleich (München, 6. Oktober 1814), 21 x 33,5 cm (Bildausschnitt: 16 x 21,5 cm).

Bayerisches Hauptstaatsarchiv, MInn 45773, ad 5.

Literatur: Montgelas-Denkwürdigkeiten, S. 58. – Wunder (wie Kat.Nr. 7.9) bes. S. 182 ff. – AK Wittelsbach und Bayern III/2, S. 158. – AK Bayern entsteht, S. 142, 152–165 (bes. Nr. 105).

8. Kommunen in Bayern (1799–1818). Ende und Anfang der kommunalen Selbstverwaltung

Von Laura Scherr

Einführung

„Wir haben beschlossen, über das Gemeinde-Wesen allgemeine und gleichförmige Bestimmungen zu treffen, und in die Verordnung hierüber sowohl die rechtlichen Verhältnisse, welche den Gemeinden zustehen, als auch die Grundzüge aufzunehmen, nach welchen ihre polizeiliche und ökonomische Verwaltung geordnet werden soll."[1] Nüchtern und harmlos leiten diese Zeilen das „Edikt über das Gemeinde-Wesen", erlassen im September 1808, ein. Ganz und gar nicht harmlos erscheinen die Auswirkungen des Ediktes auf die rechtliche und ökonomische Stellung der Städte, Märkte und Dörfer. Gemeinden im Sinne des Ediktes waren: „Jede Stadt, Markt, – jedes grosse Dorf, mit den nahe daran gelegenen Meierhöfen, – oder mehrere nahe gelegene Dörfer und einzelne Höfe."[2] Für alle diese Kommunen galt, sie „stehen unter der beständigen Kuratel des Staats ... Ohne Genehmigung der Kuratel können ... weder sie, noch ihre Vertreter erwerben oder veräussern; – keine neuen Verbindlichkeiten auf sich nehmen; – keine bedeutenden neuen Einrichtungen treffen; – kein Personal aufnehmen oder bevollmächtigen, – und überhaupt keine gültigen Gemeinde-Schlüsse fassen".[3] Auf den Punkt gebracht bedeutet das: „Die Gemeinden sind ... in Ausübung ihrer Rechte, wie die Minderjährigen, beschränkt, und geniessen auch ihre Vorrechte."[4] Wie die meisten Minderjährigen, sahen auch die Gemeinden eher die Nachteile der fehlenden Rechte, zumal die Suche nach wirklichen Vorrechten oder Vorteilen nur bescheidene Ergebnisse brachte.

Mittel- und Angelpunkt der vorliegenden Betrachtungen ist die im Jahr 1808 erlassene Konstitution, im Falle der Gemeinden fokussiert und verfassungsrechtlich manifestiert in zwei Edikten, dem „Organischen Edikt über die Bildung der Gemeinden" und dem „Edikt über das Gemeinde-Wesen".[5] Gerade aus dem Blickwinkel der Kommunen symbolisiert 1808 gleichzeitig Höhepunkt, Abschluss und Umkehrpunkt in ihrem Streben nach Selbstverwaltung. Es ist daher erforderlich, den zeitlichen Rahmen weiter zu spannen und auf die Regierungszeit Max IV./I. Joseph von 1799 bis 1818, zwischen Regierungsantritt und Verfassung, auszuweiten.[6] Um die Wechselwirkungen zwischen staatlicher und kommunaler Ebene in Bayern zu Beginn des 19. Jahrhunderts untersuchen zu können, ist es notwendig, beide Perspektiven und Überlieferungsschichten in Augenschein zu nehmen. Die Verwaltungs- und Entscheidungsstränge „von oben

1 RBl 1808, 2405.

2 RBl 1808, 2406.

3 RBl 1808, 2415 f.

4 RBl 1808, 2415.

5 Organisches Edikt über die Bildung der Gemeinden vom 28. Juli 1808 (RBl 2789). – Edikt über das Gemeinde-Wesen vom 24. September 1808 (RBl 2405) mit Instruktion der Gemeinde-Vorsteher (RBl 1808, 2431), Instruktion der Polizei-Direktionen in den Städten (RBl 1808, 2509) und Verordnung die Organisation der städtischen Polizei-Behörden betreffend (RBl 1809, 5).

6 Max Seydel, Bayerisches Staatsrecht, Bd. 1, München 1884, S. 240–253. – Ludwig Doeberl, Maximilian von Montgelas und das Prinzip der Staatssouveränität, München 1925. – Michael Doeberl, Entwicklungsgeschichte Bayerns, Bd. 2: Vom Westfälischen Frieden bis zum Tode König Maximilians I., 3. Aufl. München 1928, S. 452–530. – Horst Clément, Das bayerische Gemeindeedikt vom 17. Mai 1818, Diss. Freiburg i. Br., Kassel 1934. – Dokumente zur Geschichte von Staat und Gesellschaft III/1. – Volkert, Handbuch, S. 87–101. – Josef A. Weiss, Die Integration der Gemeinden in den modernen bayerischen Staat. Zur Entstehung der kommunalen Selbstverwaltung in Bayern (1799–1818), München 1986 (derzeit maßgeblich, mit älterer Literatur). – Schimke, Regierungsakten, S. 427–492. – Weis, Montgelas Bd. 2, S. 519–530.

nach unten" lassen sich quellenmäßig für den Betrachtungszeitraum hauptsächlich fassen in den Beständen des Finanz- und Innenministeriums, in den Akten des Staatsrats und im Bestand Gerichtsliteralien im Bayerischen Hauptstaatsarchiv.[7] Darüber hinaus findet sich in den – in variierendem Ausmaß provenienzrein formierten – Beständen der Regierungen, Kreise und Landgerichte in den bayerischen Staatsarchiven ein reiches Quellenspektrum.[8] Für den Blick „von unten nach oben" bieten die Bestände der Stadt- bzw. Gemeindearchive unterschiedlich dichtes Quellenmaterial. Als kommunales Beispiel wurde für die vorliegenden Betrachtungen die Stadt Wasserburg am Inn gewählt. Im Stadtarchiv Wasserburg vermitteln mehrere Aktenbestände und die Serie der Ratsprotokollbände ein deutliches Bild der Situation vor Ort.[9]

Außerhalb des gewählten Betrachtungsrahmens bleibt die bayerische Pfalz. Die Gemeindeentwicklung verlief hier vielfach anders, außerdem erfolgte auch nach der Vereinigung mit Bayern, zumindest bis 1869, keine vollständige Angleichung der rechtlichen Rahmenbedingungen.[10] In vielen Bereichen blieb die Pfalz enger am französischen Vorbild.

7 BayHStA, MF, MInn, StR, GL.

8 Z.B. StAM, Generalkommissariat des Salzachkreises, Isarkreises, AR, RA.

9 Stadtarchiv Wasserburg a. Inn, Akt Formation der Gemeinde, Ratsprotokollbände, Stiftungsrechnungen.

10 Vgl. Max von Seydel – Josef von Graßmann – Robert Piloty, Bayerisches Staatsrecht, Bd. I, S. 514–518, hier S. 514: „Die Pfalz hat nach ihrem Anschlusse an Bayern das französische Gemeinderecht behalten, das, selbst in eine Mehrzahl einzelner Gesetze, Dekrete usw. zersplittert, von der bayerischen Gesetzgebung gleichfalls nur in Einzelheiten geändert wurde." – Hans Hess, Die Entwicklung der Kommunalverfassung in der linksrheinischen Pfalz. In: Kommunale Selbstverwaltung – Idee und Wirklichkeit, Sigmaringen 1983, S. 151–162. – Eberhard Weis, Die Begründung des modernen bayerischen Staates unter König Max I. In: Spindler IV/1, S. 101–108, hier S. 98–100.

Das Beispiel Wasserburg am Inn

Stetiges Bemühen um städtische Eigenständigkeit, verbunden mit konstantem Streben nach politischer Geltung, macht das oberbayerische Wasserburg am Inn zu einem Paradebeispiel städtischen Selbstbewusstseins und Selbstverständnisses. In Wasserburg kreuzte die Salzstraße den Inn. Diese für Mittelalter und frühe Neuzeit günstige Verkehrslage bewirkte einerseits eine frühe wirtschaftliche Blüte und hatte andererseits natürlich große strategische Bedeutung. Allerdings erwies sich die strategisch geschützte Position sowie die Abhängigkeit vom Rohstoff Salz im 19. Jahrhundert als ökonomischer Hemmschuh. Bereits am Ende des 18. Jahrhunderts hatte die Stadt ihren wirtschaftlichen Zenit weit überschritten, dem Stolz auf Traditionen und alte Privilegien tat dies keinen Abbruch. Mehr noch, gerade in Phasen wirtschaftlichen Niedergangs sind alte Rechte bekanntlich besonders wichtig, Wasserburg war hier keine Ausnahme. Die Bestrebungen der Landesherrn gingen hingegen in eine ganz andere Richtung: Bereits die Kurfürsten Max III. Joseph und Karl Theodor unternahmen gegen Ende des 18. Jahrhunderts im Sinne eines aufgeklärten Absolutismus Versuche, den staatlichen Einfluss auf Städte und Märkte auszudehnen.[11] Zu diesem Zeitpunkt gelang es jedoch noch nicht, aus dem Mittelalter überkommene kommunale Privilegien gänzlich auszuhebeln, was vor allem der starken Stellung der Stände zugerechnet werden kann.

So war das Verhältnis Wasserburgs zum Landesherrn am Ende des 18. Jahrhunderts maßgeblich gekennzeichnet durch den Kampf um Bestätigung und Erhalt älterer Rechte. Als 1779 der Stadt- und Bannrichter von Wasserburg starb, entzog Kurfürst Karl Theodor der Stadt die Gerichtsbarkeit zugunsten des kurfürstlichen Pflegbeamten, jedoch sollte der Magistrat jeweils vor einer endgültigen Entscheidung beigezogen werden.[12] Interessant

11 Weiss (wie Anm. 6) S. XX.

12 BayHStA, GL Wasserburg 18. – Tertulina Burkhard, Landgerichte Wasserburg und Kling (Historischer Atlas von Bayern, Teil Altbay-

und besonders im gesamtbayerischen Kontext aufschlussreich, ist die am 21. Juni 1779 in diesem Zusammenhang ergangene allerhöchste Weisung an den kurfürstlichen Hofrat (vgl. Kat.Nr. 8.1). Es wird deutlich, dass die Übertragung von Stadtrichteramt und Blutbann auf den Wasserburger Pflegbeamten keineswegs eine lokale Erscheinung, sondern Teil eines größeren organisatorischen Konzeptes war: „Da seiner kurfürstlichen Durchlaucht höchsten Willensmeinung gemäß ist, daß in dem Landpolizeiwesen mit der Zeit eine allgemeine Abänderung getroffen, auch gelegentlich dessen, wegen der von den Städten und Märkten vor sich habenden Privilegien und Freiheiten im ganzen, die gnädigste Entschließung nach den darüber schon mehrfältig geforderten Berichten erst näher bemessen werden solle ...".[13] Mit der kurfürstlichen Entscheidung war die Angelegenheit für die Wasserburger Bürgerschaft keineswegs erledigt, eine langwierige Auseinandersetzung folgte. Wiederholt wurde auf die Vergangenheit, auf alte „Privilegien, Freyheiten und Genaden"[14] (vgl. Kat.Nr. 8.2) sowie die Stellung Wasserburgs, die „iederzeit deren Haubt- und Regierungs Stätten gleich gehalten"[15], Bezug genommen. 1787 schienen mit der Ernennung eines neuen Stadt- und Bannrichters die alten städtischen Privilegien tatsächlich wiederhergestellt, es blieb aber nicht bei dieser Lösung.[16] Schon bald verlor die Stadt die Jurisdiktion über Fremde und schließlich auch den Blutbann wieder an das Pfleggericht. Endgültig beendet wurde der Streit um das Amt des Stadtrichters von Wasserburg erst mit den Verwaltungsreformen des frühen 19. Jahrhunderts. 1806 erhielt Wasserburg einen königlichen Stadtrichter, 1809 wurde das Stadtgericht gänzlich aufgelöst.[17]

ern Heft 15), München 1965, S. 175 f. – Martin Geiger, Wasserburg am Inn. Ein geschichtlicher Abriß (Heimat am Inn 1), Wasserburg a. Inn 1980, S. 34–38.

13 BayHStA, GL Wasserburg 18.

14 BayHStA, GL Wasserburg 18.

15 BayHStA, GL Wasserburg 18.

16 BayHStA, GL Wasserburg 17.

17 Joseph Heiserer, Topographische Geschichte der Stadt Wasserburg am Inn (Oberbayerisches Archiv 19), München 1858/59, S. 258 f.

Die drei Phasen der Gemeindepolitik unter Max IV./I. Joseph

Die geschilderte, auf den ersten Blick singulär wirkende Auseinandersetzung Wasserburgs mit dem Landesherrn ist beispielhaft für die gesamtbayerische Entwicklung jener Zeit. Vereinheitlichung und Zentralisierung der staatlichen Verwaltung unter Max IV./I. Joseph richteten sich gerade auch gegen die Stellung der Gemeinden als historisch gewachsene lokale Gewalten. „Zentralisation der Verwaltung bedeutete Verstaatlichung. In einem solchen System war für selbständige Kommunen naturgemäß kein Platz."[18] Gleichzeitig trugen Kompetenzstreitigkeiten, Missstände und Vetternwirtschaft auf Seiten der Kommunen nicht notwendigerweise zur Festigung der alten Strukturen bei.

Stark vereinfacht, kann die Gemeindepolitik unter Max IV./I. Joseph mit Hilfe eines Dreiphasenmodells veranschaulicht werden:

Kern der ersten, mit dem Regierungsantritt 1799 beginnenden Phase war die Neuorganisation der Zentral- und Mittelbehörden. Während aus Rücksicht auf die ständische Opposition die verfassungsrechtliche Stellung der Gemeinden nicht berührt wurde und somit eine komplette Eingliederung der Gemeinden in die neue Staatsverwaltung unterblieb, trennte eine kurfürstliche Verordnung 1802 Rechtssprechung und städtische Verwaltung.[19] 1806 ging die bisher bei den Städten verankerte Polizeigewalt auf den Staat über.[20]

In der zweiten Phase erreichte die Gemeindepolitik unter Max IV./I., mathematisch neutral ausgedrückt, den Scheitelpunkt ihrer Entwicklung. Mit der Erhebung Bayerns zum Königreich und der damit verbundenen Erlangung voller innerer und äußerer Souveränität waren auch die Voraussetzungen für eine umfassende

18 Hans-Joachim Hecker, Bayerisches Kommunalrecht von 1818 bis 1919. Historische Einführung. In: Bayerisches Kommunalrecht 1818–1919, Kronach 1998, S. 3–9, hier S. 3.

19 RBl 1803, 8.

20 RBl 1806, 129.

Neuregelung der rechtlichen Stellung der Gemeinden geschaffen.
Wesentliche Eingriffe geschahen im Bereich der Vermögensverwaltung. Anlässlich der Bildung des Innenministeriums 1806 und durch die Bestimmungen der Verordnung vom 29. Dezember 1806 „Die Verwaltung der Stiftungen betreffend"[21] wurde die Administration der Stiftungsvermögen dem Verantwortungsbereich des Innenministeriums zugeordnet. 1807 bestimmte die Verordnung „Die General-Administration des Stiftungs- und Kommunal-Vermögens im Königreich Baiern betreffend"[22] letztgültig Beamte des Innenministeriums zu Verwaltern der Stiftungs- und Kommunalvermögen. Im Gegensatz zum Stiftungsvermögen wurde das Kommunalvermögen weiterhin nach Gemeinden getrennt verwaltet, eine vollständige Konsolidierung und Zentralisierung unterblieb. Etwaige Überschüsse aus dem Bereich der Kommunalvermögen sollten nicht umverteilt werden, sondern der jeweiligen Gemeinde zu Gute kommen. Obwohl Stiftungs- und Kommunaladministration bis in den personellen Bereich streng getrennte Strukturen darstellten, waren die auftretenden Probleme sehr ähnlich. Kompetenzstreitigkeiten und Überlastung machten es für die Kommunen oftmals schwierig bis unmöglich, rechtzeitig über ausreichende Geldmittel zu verfügen. In der Theorie sollte eine zentrale Stiftungsverwaltung eine satzungskonforme Verwendung der Gelder sicherstellen.[23] In der Praxis führte die Konzentration von Verantwortung zu einer steigenden Überlastung der übergeordneten Stellen und begünstigte so auch Missbrauch und Ungenauigkeiten.
Für Wasserburg am Inn übernahm nach dem Tod des Stadtrichters 1806 die königliche Lokalkommission die Stiftungsverwaltung. Für das Etatjahr 1806/07 liegen für die meisten Stiftungen noch gesonderte Rechnungsbände vor (vgl. Kat.Nr. 8.3a und b). Zwischen 1807 und 1810 setzt die Rechnungsüberlieferung im Stadtarchiv Wasserburg für alle Wasserburger Stiftungen aus. Im Etatjahr 1810/11 beginnt die Rechnungsüberlieferung für Kultus- und Unterrichtsstiftungen wieder, ab 1815 gibt es auch wieder Rechnungen für Wohltätigkeitsstiftungen.[24] Der Umfang der zwischen 1810 und 1818 von der königlichen Stiftungsadministration geführten Rechnungen fällt im Vergleich zur vorangegangenen Stiftungsverwaltung durch kommunale Vertreter gering aus, auch die ausgezahlten Geldsummen nehmen ab. Finden sich bis 1806/1807 pro Stiftung und Etatjahr meist einzelne Bände von teils beträchtlichem Umfang, so füllen die Rechnungen der Jahre 1810–1815, 1815–1817, 1817/18 für alle verwalteten Stiftungen jeweils einen Band.[25]
Mit der Stiftungsverwaltung in engem Zusammenhang stand die Armenpflege. Auch dieser Bereich wurde dem Verantwortungsbereich der Kommunen entzogen und dem Innenministerium unterstellt.[26]
Im Konstitutionstext von 1808 werden keine genauen Regelungen hinsichtlich der Städte und Märkte getroffen. § II im Ersten Titel der Konstitution erklärt jedoch alle „besonderen Verfassungen, Privilegien, Erbämter und Landschaftliche Kooperationen"[27] für aufgehoben und beendet somit auch für den kommunalen Bereich eindeutig „die Politik der kleinen Einzelschritte hin zur grundsätzlichen Umwälzung der verfassungsrechtlichen Ver-

21 RBl 1807, 49.
22 RBl 1808, 209.
23 Weiss (wie Anm. 6) S. 86–90. – Schimke, Regierungsakten, S. 431. – Volker Laube, „Leg Rechenschaft ab über deine Verwaltung ..." (Lukas 16,2). Kirchliche Finanzkontrolle im Spannungsfeld von Staat und Kirche. In: AK Finanzkontrolle, S. 224–252, hier S. 228 f.
24 Revisionsexemplare der Rechnungen der Wohltätigkeitsstiftungen finden sich für 1808–1810 im Staatsarchiv München (Stiftungsadministration; Vorläufige Nr. 92 und 97), ebenso Generalrechnungen über sämtliche Stiftungen des Administrationsdistrikts Wasserburg 1808–1817 (Stiftungsadministration; Vorläufige Nr. 98 und 99).
25 Stadtarchiv Wasserburg a. Inn, II, Rechnungen der Kultus- und Unterrichtsstiftungen der Stadt Wasserburg.
26 Verordnung die Armen-Pflege betreffend vom 22. Februar 1808 (RBl 593), 595: „8. Art. Die Armen-Pflege ist im Ganzen eine Staats-Anstalt der Wohlthätigkeit für den Stand der Armuth. 9. Art. Diese Staats-Anstalt fällt in die dem Ministerium des Innern gegebene oberste Polizei- und Kuratel-Kompetenz."
27 RBl 1808, 987; vgl. Textedition in diesem Band S. 325.

hältnisse“[28]. Zwei an die Konstitution geknüpfte Edikte[29] regeln das Verhältnis von Staat und Kommunen neu und entziehen Städten und Märkten ihre privilegierte Stellung. Aus Gemeinden werden staatliche Verwaltungsorgane, staatliche Kuratel ersetzt in den meisten Bereichen kommunale Selbstverwaltung. Vermögensverwaltung und Gerichtsbarkeit zählen nicht mehr zum kommunalen Aufgabenkreis. Die Referendäre Karl Heller von Hellersberg und Joseph von Stichaner gelten als geistige Väter der Entwürfe der Gemeindeedikte.[30] Unterlagen über die genaue Vorgehensweise bei der Ausarbeitung der Edikte durch die Organisationskommission fehlen allerdings.[31] Montgelas selbst trug die Edikte am 30. Juni 1808 erstmals in der Geheimen Staatskonferenz vor[32], am 15. September erfolgte nach erneutem Vortrag die Genehmigung (vgl. Kat.Nr. 8.4). Das „Edikt über die Bildung der Gemeinden“[33] definiert den grundsätzlichen Rahmen für die Organisation der Gemeinden und legt die Vorgehensweise bei der Gemeindeformation fest (vgl. Kat.Nr. 8.5). Verwaltungsaufbau und rechtliche Stellung der Gemeinden bestimmt das „Edikt über das Gemeindewesen“[34].

Hinsichtlich der Gemeindegröße wird zwischen der „Klasse der Städte und grösseren Märkte“[35] und der „Klasse der kleineren Märkte und Dörfer“[36] bzw. „Rural-Gemeinden“ differenziert. Letztere bestimmen keine „beständigen Repräsentanten oder Vertreter“[37], sondern „besorgen ihre Angelegenheiten durch Gemeinde-Versammlungen und Gemeinde-Beschlüsse“[38]. Städte und größere Märkte werden durch einen Munizipalrat mit 4–5 Mitgliedern vertreten. In Städten unter 5000 Einwohnern wählen die Mitglieder der Gemeinden unter „Leitung der Kuratel-Beamten“[39] die Angehörigen des Munizipalrates, in Städten mit mehr als 5000 Einwohnern erfolgt die Wahl durch Wahlmänner. Ab 1813 gab es auch in Wasserburg einen vierköpfigen Munizipalrat und einen Bürgermeister (vgl. Kat.Nr. 8.6). Der Munizipalrat blieb im wesentlichen auf verwaltende Befugnisse beschränkt und durfte nur mit Zustimmung und unter der Leitung der Polizeistelle zusammentreten.[40] Betrachtet man die städtischen Ratsprotokolle, so werden Bedeutungsverlust und Einflusslosigkeit der Munizipalräte im Vergleich zu den alten städtischen Magistraten augenscheinlich: In Wasserburg ergibt sich in der ansonsten von 1551 an vollständigen Reihe eine Lücke von 1809 bis 1817 (vgl. Kat.Nr. 8.7a und b)[41], in München umfasst die Lücke die Jahre 1811 bis 1817.[42]

Schon bald nach 1808 kann der Beginn der dritten Phase angesetzt werden. Es zeigten sich erste Verwerfungen der neuen Ordnung, die Kritik, auch aus der Ministerialbürokratie, wuchs.[43] Zur Überlastung der Zentralverwaltung traten ernste Kompetenzstreitigkeiten in den Mittel- und Unterbehörden.[44] Darüber hinaus wurden die Gemeinde-

28 Schimke, Regierungsakten, S. 430.
29 RBl 1808, 2789. – RBl 1808, 2405.
30 Volkert, Handbuch, S. 88.
31 Clément (wie Anm. 6) S. 22. – Zimmermann, Bayerische Verfassungsgeschichte S. 139. – Weiss (wie Anm. 6) S. 101.
32 BayHStA, StR 8. – Vgl. Weiss (wie Anm. 6) S. 100–103.
33 RBl 1808, 2789.
34 RBl 1808, 2405.
35 RBl 1808, 2792.
36 RBl 1808, 2792.
37 RBl 1808, 2416.
38 RBl 1808, 2416.
39 RBl 1808, 2416.
40 Weiss (wie Anm. 6) S. 107–110.
41 Im Stadtarchiv Wasserburg finden sich ab 1514 für einzelne Jahre städtische Protokollbände, die Reihe ist allerdings nicht vollständig. Erst ab 1551 sind die Abschiedsbücher und Ratsprotokolle bis 1809 lückenlos erhalten. Vgl. aktuelle Beständeübersicht des Stadtarchivs Wasserburg a. Inn: http://www.wasserburg.de/de/stadtarchiv/bestaende/kommunalarchiv/ http://www.wasserburg.de/de/stadtarchiv/bestaende/alteregistraturen/ (zuletzt aufgerufen am 4.11.2007).
42 Ludwig Morenz, Verfassungswirklichkeit in Bayern rechts des Rheins während des 19. Jahrhunderts. In: Kommunale Selbstverwaltung – Idee und Wirklichkeit, Sigmaringen 1983, S. 140–150, hier S. 141.
43 Zu den Kritikern gehörten z.B. Joseph von Stichaner, Maximilian Emanuel Freiherr von Lerchenfeld, Georg Friedrich von Zentner und Friedrich Graf von Thürheim.
44 Weiss (wie Anm. 6) S. 175–198.

edikte nicht in allen Generalkreiskommissariaten in gleicher Art, Weise und Konsequenz umgesetzt.[45] Selbst auf Ministeriumsebene herrschte nicht immer Einigkeit, wie die Auseinandersetzung zwischen Finanz- und Innenministerium um die Besserung der schlechten finanziellen Lage der Städte und Märkte zeigt.[46] Während das Innenministerium noch mit statistischen Auswertungen beschäftigt war, wies eine Verordnung des Finanzministeriums im Herbst 1808 den Städten und Märkten die Hälfte des bisher staatlichen Fleischaufschlags zu. Aus den schließlich abgeschlossenen Berechnungen des Innenministeriums ging jedoch klar hervor, dass die Hälfte in diesem Fall noch deutlich zu wenig war. Rückfragen im Finanzministerium nach der rechnerischen Basis der Verordnung bewiesen deren gänzliches Fehlen. 1813 wurde den Städten und Märkten (nicht den kleinen Gemeinden!) schließlich auch die zweite Hälfte des Fleischaufschlages übertragen. In seinem „Compte rendu" konstatiert Montgelas scharfe Konflikte mit dem Finanzministerium, das sich „la direction exclusive" angemaßt habe.[47] Meinungsverschiedenheiten und Auseinandersetzungen zwischen Innen- und Finanzministerium beschränkten sich nicht auf Einzelheiten und blieben offenbar bestehen, als Montgelas 1809 die Leitung beider Ministerien übernahm.[48] Auch in der Diskussion um die 1812 erlassene Umlageverordnung für die Gemeinden[49] traten Konflikte der beiden Ministerien zutage. An der schlechten finanziellen Situation der meisten Kommunen änderte die Verordnung nichts. Gemeindliche Umlagen wurden weiterhin zentral geregelt, eine Anpassung an individuelle Bedürfnisse war somit nicht möglich.

Deutliche Kritik, nicht nur an der Umlagenverordnung, äußerte Joseph von Stichaner, der als Referendär im Innenministerium an der Ausarbeitung der Gemeindeedikte beteiligt gewesen war.[50] Seit 1808 durfte Stichaner als Generalkommissär außerhalb Münchens[51] praktische Erfahrungen mit dem teilweise von ihm selbst erarbeiteten Regelwerk sammeln und erfuhr so dessen Defizite am eigenen Leib. In einem Gutachten 1814 sah er „in der Konstitution selbst" den Ursprung aller Probleme und erklärte zur Umlageverordnung, dass „durch das Labyrinth von Tabellen, Ausscheidungen, Überschlägen, Vernehmungen, Gutachten, Konspekten und Berichten, nicht an das Ende zu gelangen ist".[52] Grenzenlos seien Sorgen und Probleme, die Gemeinden könnten nur wählen zwischen Verschuldung oder Selbsthilfe. Drastischer formulierte eine Schmähschrift auf Montgelas: „Die Gemeinden haben statt Vermögen nur Schulden, ihre Realitäten sind verkauft, und dennoch wälzt man neben den drückenden Steuern der Unterthanen noch alle möglichen Lasten auf sie. Der Unterhalt der Schullehrer, der Geistlichen, der Kirchen, der Schulhäuser; die Besoldung der Landärzte, der Hebammen, die Unterstützung der Armen, der Kranken; die Herrichtung der Straßen, die Erhaltung der Kordons-Anstalt."[53] Montgelas selbst war sich der Probleme, die die Umlageverordnung verursachte, bewusst.[54] Die Suche nach einer Lösung gipfelte in einer neuen Umlageverordnung 1815.[55] Die Gemein-

45 Seydel – Graßmann – Piloty, Staatsrecht, Bd. 1 (wie Anm. 10) S. 507: „Das Gemeindeedikt von 1808 ist übrigens niemals vollständig zum Vollzuge gelangt. Wie bei jedem Gesetze, das dem Willen des Gesetzgebers ohne Rücksicht auf die Verhältnisse und Bedürfnisse des Lebens Geltung zu verschaffen bestrebt war, begannen die Schwierigkeiten sofort mit dem Versuche seiner Durchführung."

46 BayHStA, MInn 54331. – Weiss (wie Anm. 6) S. 126.

47 Montgelas-Denkwürdigkeiten, S. 33. – Über die Digitale Bibliothek der Bayerischen Staatsbibliothek ist das „Compte rendu" auch digitalisiert verfügbar: http://mdz10.bib-bvb.de/~db/bsb00007137/images/ (zuletzt aufgerufen am 4.11.2007).

48 Weis, Montgelas Bd. 2, S. 524.

49 RBl 1812, 321.

50 Weiss (wie Anm. 6) S. 8 f., 136 f.

51 1808 Generalkommissär des Unterdonaukreises, 1809 Generalkommissär des Regenkreises, 1810 Kommissär der Stadt Augsburg, 1813 Generalkommissär des Illerkreises.

52 BayHStA, MInn 54433.

53 Anonymus (August von Reisach-Sternberg), Bayern unter der Regierung des Ministers Montgelas, Leipzig 1813, 75 f. – Siehe dazu den Beitrag von Julian Holzapfl, Anm. 56, in diesem Band.

54 Ludwig Doeberl, Prinzip der Staatssouveränität (wie Anm. 6), S. 98 f. – Weis, Montgelas Bd. 2 S. 524.

55 RBl 1815, 393.

den erhielten größere Freiräume bei Umlagenfestsetzung und -erhebung, am Problem der langen und komplizierten Genehmigungswege innerhalb der Verwaltung änderte sich nichts.[56]

Verstärkt durch vielfältige Beschwerden und die unübersehbare Dauerüberlastung der Zentralverwaltung, festigte sich auch auf der Führungsebene der Ministerien die Überzeugung, dass eine vollständige Revision und Reform der Gemeindeverfassung unabwendbar sei. Darüber hinaus hatte der Adel 1812 mit dem Edikt über die gutsherrliche Gerichtsbarkeit[57] seine Gerichtsbarkeit zurückerhalten, auf dem Gebiet der Städte und Gemeinden war aber nichts geschehen, was einer Zurücksetzung des Bürgertums gleichkam. Insgesamt war Montgelas aus den genannten Gründen einer Rückgabe der Gerichtsbarkeit an die Städte nicht abgeneigt, die Trennung zwischen Justiz und Verwaltung musste aber in jedem Fall gewahrt bleiben. Auch über die Rückgabe der Verwaltung des Kommunal- und Stiftungsvermögens an die Gemeinden herrschte spätestens ab 1815 Einigkeit zwischen König und erstem Minister, zwei Reskripte verdeutlichen diesen Tatbestand.[58] Erklärtes Ziel der Regierung war eine Neuregelung der Gemeindeverfassung noch vor dem Erlass einer Landesverfassung. Die Beratungen über eine genaue Regelung zogen sich jedoch hin. Im März 1816 beantragte der Geheime Rat auf Initiative Zentners beim König, die Revision des Gemeindeedikts zu beschleunigen und zu beenden, „bis dahin aber die Anwendung des GemeindeEdicts durch eine allerhöchste Erklärung zu suspendieren“[59]. Montgelas sprach sich entschieden gegen diesen Antrag aus, da der „Begriff der Revision nur eine Modifikation in den einzelnen Bestimmungen, keineswegs aber eine Aufhebung des Edikts“[60] umfasste und gewann auch die Zustimmung des Königs. Nach der Entlassung Montgelas’ im Februar 1817 gewannen die Beratungen um eine Neufassung der Gemeindegesetzgebung unter maßgeblicher Beteiligung von Zentners und der Minister Thürheim und Lerchenfeld an Fahrt.

Für den weiteren Verlauf der Gemeindegesetzgebung wird die Bedeutung der Entlassung Montgelas’ in der Forschungsdiskussion unterschiedlich beurteilt. Josef Weiss kommt in seiner Untersuchung zu dem Schluss, es wäre „auch unter seiner Führung – wenn auch aus anderen Motiven – ein Gemeindeedikt, wie es 1818 veröffentlicht wurde, möglich gewesen“.[61] Eberhard Weis relativiert diese Aussage in seiner Biographie Montgelas’ – besonders im Hinblick auf die Durchsetzungsgeschwindigkeit: „Die Verfassungsgebung wurde vor allem durch den Kronprinzen, Zentner und Wrede nach Montgelas’ Entlassung wieder in Gang gebracht. Als Voraussetzung wollten diese Männer zunächst ein neues Gemeindeedikt fertig stellen lassen. Ob beides unter einem Minister Montgelas zumindest so schnell zu vereinbaren gewesen wäre, scheint doch zweifelhaft.“[62]

Schon am 6. März 1817 erging eine Verordnung über die Rückgabe des Kommunal- und Stiftungsvermögens. Ein erster, 138 Paragraphen umfassender Entwurf einer Neufassung des Gemeindeedikts wurde von Lutz am 14. Mai 1817 vorgelegt.[63] Wahrscheinlich Bedenken der Kommunal- und Stiftungssektion führten zur Ausarbeitung eines zweiten, auf 98 Paragraphen reduzierten Entwurfs, den von Zentner im Staatsratsausschuss vortrug. Aus intensiven Beratungen im Staatsratsausschuss von August bis Dezember 1817[64] ging ein dritter Entwurf hervor, der von Januar bis April 1818 im Staatsratsplenum erörtert wurde.[65]

56 Weiss (wie Anm. 6) S. 136–142.
57 Organisches Edikt über die gutsherrliche Gerichtsbarkeit (RBl 1812, 1505).
58 Weiss (wie Anm. 6) S. 192.
59 BayHStA, MInn 43905. – Weiss (wie Anm. 6) S. 198.
60 BayHStA, MInn 43905.
61 Weiss (wie Anm. 6) S. 198.
62 Weis, Montgelas Bd. 2, S. 530.
63 BayHStA, MInn 54219.
64 BayHStA, MF 13217, StR 2330 und 423.
65 BayHStA, StR 423–430, 436, 2330. – Clément (wie Anm. 6) S. 44–46. – Weiss (wie Anm. 6) S. 199–201.

Das Ergebnis aller Beratungen und Diskussionen wurde eine Woche vor Erlass der neuen bayerischen Verfassung im Mai 1818 veröffentlicht.[66] Die „Verordnung die künftige Verfassung und Verwaltung der Gemeinden im Königreich betreffend“[67] regelte die Stellung der Gemeinden neu (vgl. Kat.Nr. 8.8).
Zum Wirkungskreis der laut Verordnung neu gebildeten kommunalen Magistrate zählten: Verwaltung des Gemeinde- und Stiftungsvermögens, Erhebung und Verwendung der Gemeindeumlagen, Bürgeraufnahmen und Erteilung von Gewerbebewilligungen. Weiters erhielten die Gemeinden beschränkten Einfluss auf Kirchenverwaltung und Volksschulwesen sowie im übertragenen Wirkungskreis auf die Ortspolizei. Anders als in der Konstitution 1808, in die die Gemeinden im wesentlichen nur durch die beiden Edikte Eingang fanden, ist die Zieldefinition für den kommunalen Bereich bereits in der Präambel der Verfassung von 1818 formuliert: „Wiederbelebung der Gemeinde-Körper durch die Wiedergabe der Verwaltung der ihr Wohl zunächst berührenden Angelegenheiten“.[68] Das erstarkte bzw. wiedererwachte Selbstbewusstsein der Städte, Märkte und Gemeinden fand zusätzlichen Ausdruck in Wappen (vgl. Kat.Nr. 8.9) und Gemeindesiegeln (vgl. Kat.Nr. 8.10).

Hinter den allgemeinen Erwartungen und der euphorischen Aufnahme vor allem in den Städten, blieb die Realität natürlich deutlich zurück.[69] Ohne die Bedeutung des Gemeindeedikts von 1818 als „einen entscheidenden Schritt zur modernen Selbstverwaltung“[70] in Frage stellen zu wollen, ergaben sich doch einige auf lange Sicht gravierende Mängel. Umfang und Ausmaß der nun in der Verfassung festgeschriebenen kommunalen Selbstverwaltung waren nicht hinreichend definiert. Besonders im Bereich der Polizei kam es zu häufigen Differenzen zwischen staatlichem und kommunalem Einflussbereich. Auch die weitgehende Sonderstellung des Adels erwies sich als Sollbruchstelle der neuen Ordnung. Die Mitglieder der Magistrate und Gemeindeausschüsse wurden zwar gewählt, die Bestätigung durch die Aufsichtsbehörden blieb jedoch vorgeschrieben. Erst die Gemeindegesetzgebung 1919 brachte eine Abschaffung der Staatskuratel.
Trotzdem bleibt festzuhalten: „Man muß, wenn man dem Gemeindeedikte von 1818 gerecht werden will, nicht nur den Rechtszustand ins Auge fassen, den es schuf, sondern auch jenen, welchen es beseitigte.“[71]

66 Seydel, Staatsrecht (wie Anm. 6) Bd. 3/1, 6–16. – Seydel – Graßmann – Piloty, Staatsrecht, Bd. 1 (wie Anm. 10) S. 506–520. – Clément (wie Anm. 6). – Weiss (wie Anm. 6) S. 241–256.
67 GBl 1818, 49–96.
68 GBl 1818, 101.
69 Michael Doeberl, Entwicklungsgeschichte (wie Anm. 6) S. 594. – Weiss (wie Anm. 6) S. 257–262. – Weis, Montgelas Bd. 2, S. 529 f.
70 Weis, Montgelas Bd. 2, S. 530.
71 Seydel – Graßmann – Piloty, Staatsrecht, Bd. 1 (wie Anm. 10) S. 507.

8.1 Früher Kampf um städtische Privilegien

1779 Juni 21, München
Weisung Kurfürst Karl Theodors an den kurfürstlichen Hofrat in der Auseinandersetzung um das Stadtrichteramt in Wasserburg am Inn.

Schon unter den Kurfürsten Max III. Joseph und Karl Theodor wurde im Sinne eines aufgeklärten Absolutismus versucht, Freiheiten und Privilegien der Städte und Märkte einzuschränken. So ist auch das Verhältnis Wasserburgs zum Landesherrn am Ende des 18. Jahrhunderts maßgeblich gekennzeichnet durch den Kampf um Bestätigung und Erhalt älterer Rechte. Als 1779 der Stadt- und Bannrichter von Wasserburg starb, entzog Karl Theodor der Stadt die Gerichtsbarkeit zugunsten des kurfürstlichen Pflegbeamten, allerdings sollte der Magistrat jeweils vor einer endgültigen Entscheidung beigezogen werden. Besonders im gesamtbayerischen Kontext aufschlussreich ist die am 21. Juni 1779 in diesem Zusammenhang ergangene allerhöchste Weisung an den kurfürstlichen Hofrat. Es wird deutlich, dass der Eingriff in städtische Einflussbereiche keine auf Wasserburg beschränkte Erscheinung, sondern Teil eines größeren organisatorischen Konzeptes war: „... daß in dem Landpolizeiwesen mit der Zeit eine allgemeine Abänderung getroffen, auch gelegentlich dessen, wegen der von den Städten und Märkten vor sich habenden Privilegien und Freiheiten im ganzen, die gnädigste Entschließung nach den darüber schon mehrfältig geforderten Berichten erst näher bemessen werden solle ...“ Mit der kurfürstlichen Entscheidung gab sich die Wasserburger Bürgerschaft nicht zufrieden, eine lange Auseinandersetzung war die Folge. Endgültig beendet wurde der Streit um das Amt des Stadtrichters von Wasserburg erst mit den Verwaltungsreformen des frühen 19. Jahrhunderts, 1806 erhielt Wasserburg einen königlichen Stadtrichter, 1809 wurde das Stadtgericht gänzlich aufgelöst.

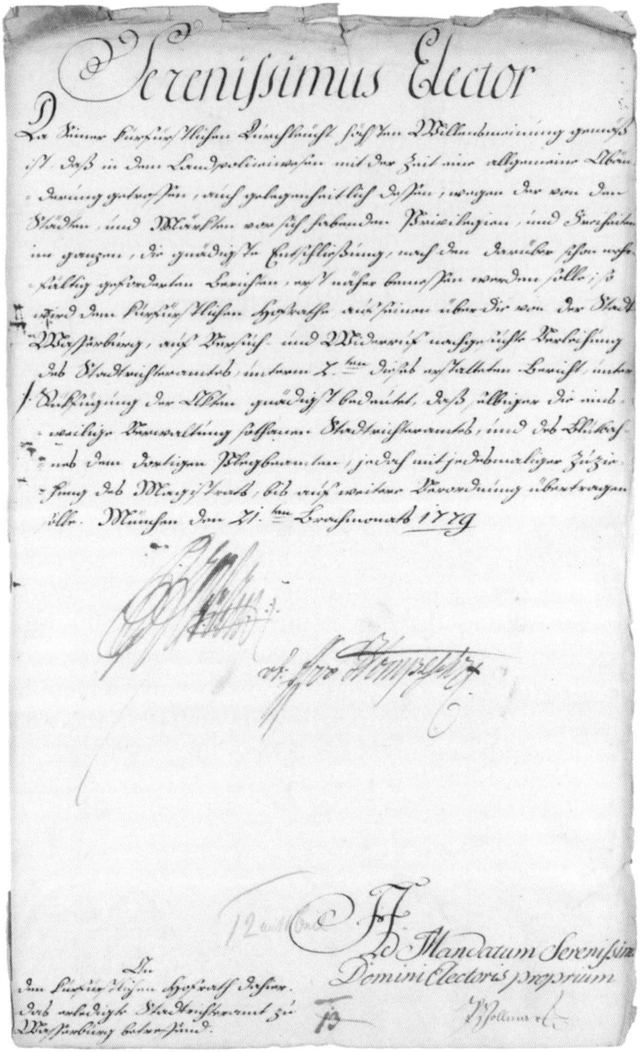
Serenissimus Elector

Ad Mandatum Serenissimi Domini Electoris proprium

8.1

Schreiben, Pap., 1 Doppelbl., 34,5 x 21,5 cm, Unterschriften von Kurfürst Karl Theodor und Minister Franz Karl Frhr. von Hompesch.

Bayerisches Hauptstaatsarchiv, GL Wasserburg 18.

Literatur: Tertulina Burkhard, Landgerichte Wasserburg und Kling (Historischer Atlas von Bayern, Teil Altbayern Heft 15), München 1965, S. 165–182. – Josef A. Weiss, Die Integration der Gemeinden in den modernen bayerischen Staat. Zur Entstehung der kommunalen Selbstverwaltung in Bayern (1799–1818), München 1986, S. 10–24.

8.2 Alte Stadt – alte Rechte – neue Bestätigung?

1790 März 26, München
Abschrift der von Kurfürst Max III. Joseph 1752 ausgestellten Privilegienbestätigung der Stadt Wasserburg a. Inn.

Die Stadt Wasserburg suchte regelmäßig beim Landesherrn um Bestätigung ihrer Freiheiten und Privilegien nach, so auch während der Regierungszeit der Kurfürsten Max III. Joseph und Karl Theodor. Der Bitte um Bestätigung wurden Abschriften älterer Privilegien beigelegt. Abschriften der Privilegien dienten auch als Beweismittel in der Auseinandersetzung um das Stadtrichteramt in den Jahren 1779–1806.
Max III. Joseph nimmt in seiner hier in Abschrift gezeigten Urkunde Bezug auf „... alte Privilegia, Sag und Ordnungen, Gebrauch und Gewohnheiten ...“ der Stadt Wasserburg und besonders auf die darüber unterm 10. Dezember 1683 von Kurfürst Maximilian Emanuel erteilte Bestätigung. Hervorzuheben ist auch die ausdrückliche Nennung der Stadt- und Marktinstruktion des Jahres 1748, der alle älteren „Gewohnheiten und altes Herkommen“ unterworfen werden. Neben der zitierten Urkunde Maximilian Emanuels befanden sich Abschriften von 28 städtischen Urkunden, die älteste aus dem Jahr 1342, in dem eingereichten Privilegienkonvolut. Alle Abschriften wurden vom kurfürstlichen Hofkammerregistrator Johann Michael Hilburger 1790 mit den Originalen verglichen und beglaubigt.
Wasserburg besaß sicher deutlich über das Jahr 1342 hinausreichende ältere Dokumente, ein verheerender Stadt-

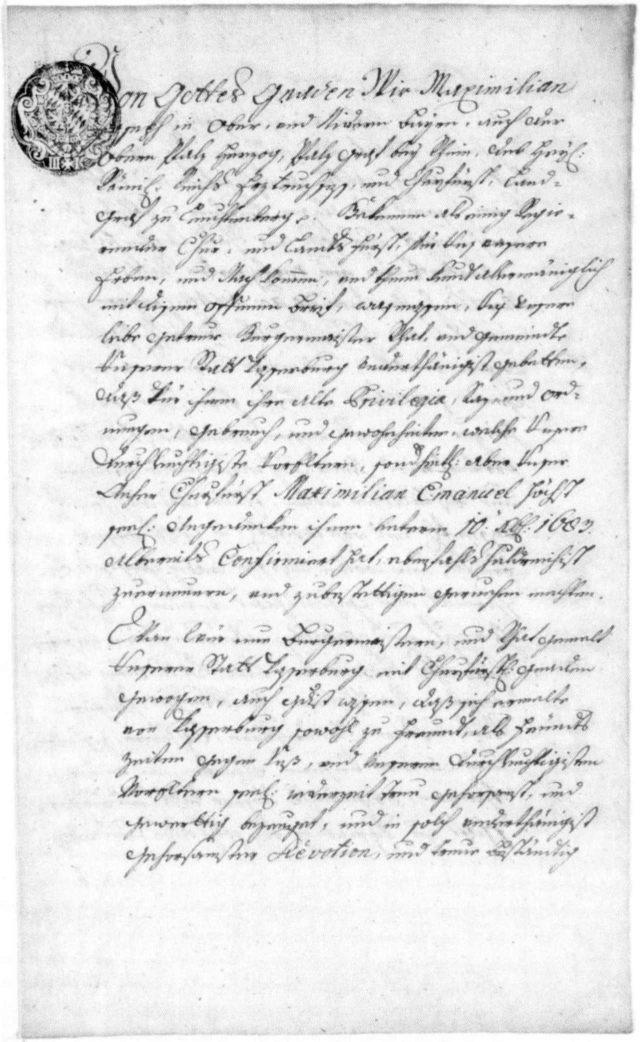

8.2

brand 1339 vernichtete allerdings nicht nur nahezu alle Gebäude der Stadt, sondern auch das städtische Archiv im Rathaus. Rat und Stadt gerieten durch den Verlust ihrer wichtigsten Unterlagen in erhebliche Beweisnot, die erst 1374 mit der Stadtrechtserneuerung und Bestätigung aller älteren Rechte, die „abgangen seind von Prunst wegen" durch Herzog Stephan II. und seine Söhne Friedrich und Johannes behoben werden konnte.

Abschrift, Pap., 1 Doppelbl., 32,5 x 20,5 cm, Siegel unter Papier.

Bayerisches Hauptstaatsarchiv, GL Wasserburg 17.

Literatur: Burkhard (wie Kat.Nr. 8.1) S. 165–182. – Martin Geiger, Wasserburg am Inn. Ein geschichtlicher Abriß (Heimat am Inn 1), Wasserburg a. Inn 1980, S. 19–21.

8.3 Stiftungs- und Kommunalvermögen in staatlicher Verwaltung

a) 1806/07
Abrechnung der Gumpelzhammer-Stiftung, Wasserburg am Inn.

b) Nach 1811/12
Sammelakt der „Königlichen allgemeinen Districts Stiftungs Administration Wasserburg" über die Besetzung der Spitalspfarre.

Die Gumpelzhammer-Stiftung gewährte seit 1586 Almosen, Zahlungen für Heiratsbewilligungen sowie Unterstützung für arme und kranke Bürger. Nach dem Tod des Stadtrichters Zeller übernahm 1806 die königliche Lokalkommission die Stiftungsverwaltung. Für das Etatjahr 1806/07 liegt noch ein gesonderter Rechnungsband unterzeichnet von Stadtrat Joseph Schweighart vor, zwischen 1807 und 1815 findet sich im Stadtarchiv Wasserburg keine Rechnungsüberlieferung der Gumpelzhammer-Stiftung. Ab 1815 werden Rechnungen der Stiftung zusammen mit Rechnungen anderer Stiftungen der Stadt durch die „Königliche Districts Stiftungs Administration Wasserburg" geführt. Im Fall der Heilig-Geist-Spital-Stiftung hat sich für die Jahre ohne Rechnungsüberlieferung ein Sammelakt (begonnen im Etatjahr 1811/11) über die Besetzung der Spitalspfarre erhalten. Mit dem Rechnungsabschluss 1818 übernimmt der Magistrat der Stadt Wasserburg die Stiftungsverwaltung.

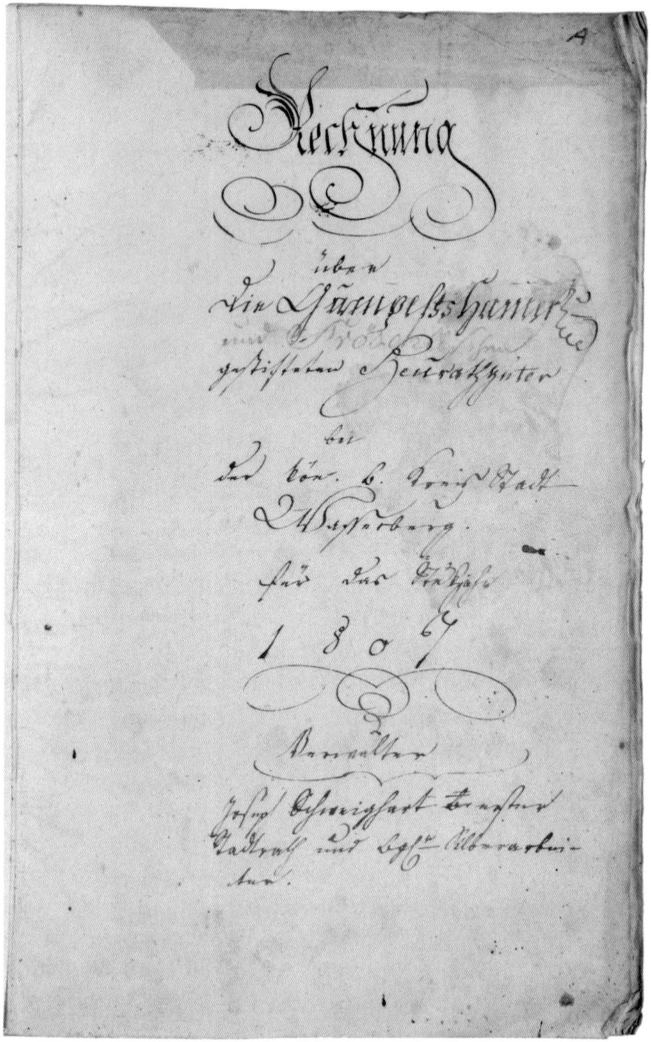

8.3a

Endgültig zentralisiert wurde das Stiftungs- und Kommunalvermögen zwar erst mit der Verordnung „Die General-Administration des Stiftungs- und Kommunal-Vermögens im Königreiche Baiern betreffend" (RBl 1808, 209) vom 1. Oktober 1807. Allerdings war schon mit der Bildung des Innenministeriums 1806 und dem Erlass der

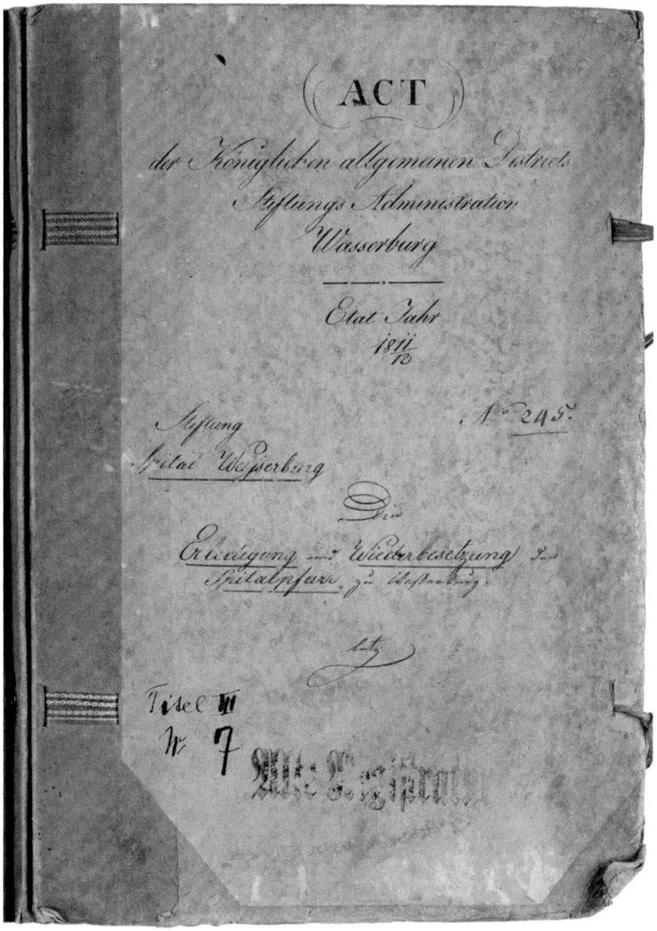

8.3b

Verordnung „Die Verwaltung der Stiftungen betreffend" (RBl 1807, 49) vom 29. Dezember 1806 eine Zuordnung der Stiftungsverwaltung in den Zuständigkeitsbereich des Innenministeriums erfolgt. Im Unterschied zum Kommunalvermögen, welches nach Gemeinden getrennt behandelt wurde, erfolgte beim Stiftungsvermögen eine umfassende Konsolidierung und Zentralisierung. Aufgrund der extremen Zentralisierung und der damit verbundenen dauerhaften Überforderung der Zentralstellen konnten die Inspektoren der Stiftungen und Gemeinden ihren Aufgaben kaum pflichtgemäß nachkommen. Missstände und finanzielle Probleme auf Seiten der Gemeinden, für die es schwierig war, rechtzeitig an ihr Geld zu gelangen, waren die Folge.

a) Rechnungsband, Pap., 11 Bl., 33,7 x 21,5 cm.
   Wasserburg a. Inn, Stadtarchiv, I2c, Rechnung der Gumpelzhammer-Stiftung 1806/1807.

b) Aktendeckel, Pap., 35 x 23,5 cm.
   Wasserburg a. Inn, Stadtarchiv, II 86, Aktendeckel.

Literatur: Burkhard (wie Kat.Nr. 8.1) S. 235. – Demel, Staatsabsolutismus, S. 273. – Weiss (wie Kat.Nr. 8.1) S. 86–90.

8.4 Gemeindeedikt – beraten und genehmigt

1808 September 15, München
Vortrag Montgelas' und Genehmigung des Edikts über das Gemeindewesen in der Geheimen Staatskonferenz.

Das Protokoll der mit der Erarbeitung der Gemeindeedikte betrauten Organisationskommission war am 16. Mai 1808 abgeschlossen, somit konnten die eigentlichen Beratungen in der Geheimen Staatskonferenz beginnen. Montgelas selbst trug die Gemeindeedikte erstmalig am 30. Juni vor. Nachdem am 22. August die Instruktion für die Ruralgemeinden auf der Tagesordnung der Staatskonferenz stand, wurden am 15. September Edikte und Instruktionen über das Gemeindewesen, die Gemeindevorsteher sowie die Polizeidirektionen in den Städten erneut vorgetragen und diskutiert. Die Staatskonferenz genehmigte die Edikte und äußerte keine wesentlichen Änderungswünsche. Auch Montgelas' Vorschlag, die bisher bei den Generallandeskommissariaten verankerte Kommunalkuratel den Generalkreiskommissariaten zu überantworten, wurde angenommen. Mit Datum vom 24. September 1808 erfolgte die Veröffentlichung des

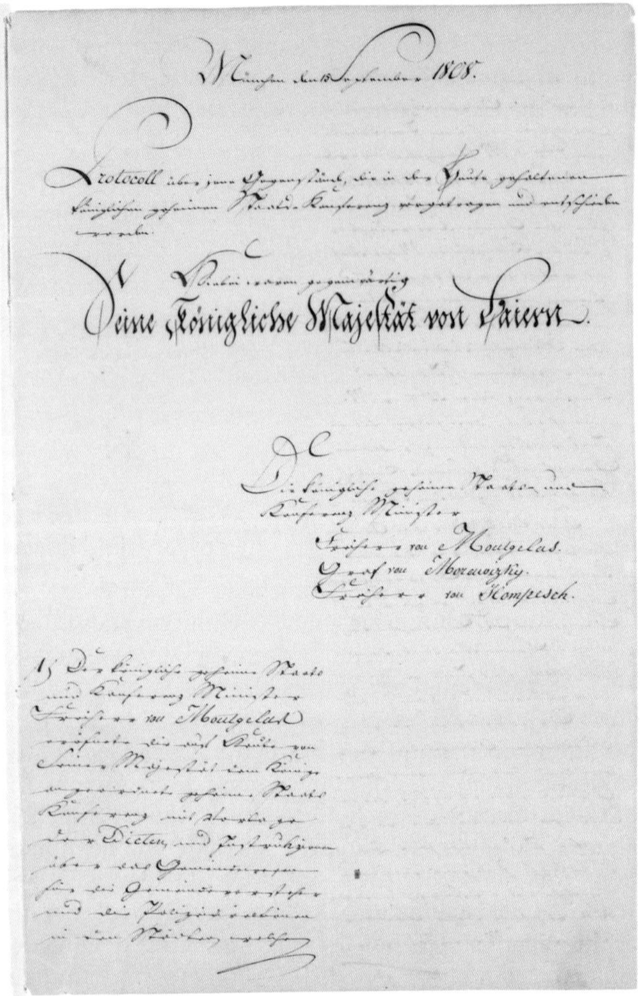
München den 18 September 1808.

Protocoll

Seine Königliche Majestät von Baiern

Montgelas.

Morawitzky.

Hompesch.

Montgelas

8.4

Edikts für das Gemeindewesen im Regierungsblatt (RBl 1808, 2405), gleichzeitig wurde die „Instruktion der Gemeindevorsteher“ (RBl 1808, 2431) publiziert. Die „Instruktion der Polizei-Direktionen in den Städten“ (RBl 1808, 2509) trägt gleichfalls das Datum 24. September. Das vorläufige Ende der kommunalen Selbstverwaltung und die vollständige Verstaatlichung der Gemeinden war beschlossen und verordnet.

Protokoll, Pap., 6 ineinander gelegte und gebundene Doppelblätter, 1 zugebundenes Doppelblatt, 33,5 x 22 cm, gezeigt wird die erste Seite.

Bayerisches Hauptstaatsarchiv, StR 8.

Literatur: Weiss (wie Kat.Nr. 8.1) 102 f. – Weis, Montgelas Bd. 2, 519–530.

8.5 Gemeindeedikt – Vollzug und Umsetzung

1808 November 21, München
Weisung des Innenministeriums an das Generalkommissariat des Salzachkreises.

Das Ministerium des Inneren weist in dem von Montgelas unterzeichneten Schreiben das Generalkommissariat des Salzachkreises an, mit der Umsetzung des Ediktes über das Gemeindewesen vom 24. September 1808 zu beginnen. Inhaltlich identische Schreiben gingen auch an die Generalkommissariate der übrigen bayerischen Kreise. Die zur Umsetzung notwendigen Schritte werden einzeln aufgeführt. Zunächst sollen Munizipal- und Ruralgemeinden gebildet und in zwei getrennten „Konspekten“ beschrieben werden. Der Konspekt der Munizipalgemeinden soll den Namen des Gerichts, den Namen der Gemeinde, Umfang und „Seelenzahl“ sowie zusätzliche „Erklärungen oder Bemerkungen“ beinhalten. Für den Konspekt der Ruralgemeinden sollen der Name des Gerichts und der Gemeinde, die die Gemeinde bildenden Orte, die Diametralentfernung, die Anzahl der Einwohner sowie „die Ursachen der vorgeschlagenen Formation“ aufgelistet werden. Nach Genehmigung der Gemeindeformation erfolgt in den Ruralgemeinden die Wahl von Gemeindevorsteher und -verwalter, in den Munizipalgemeinden die Wahl des Munizipalrates, des Bürgermeisters und des Kommunaladministrators. Für die anschließende Inventarisierung des Gemeindevermö-

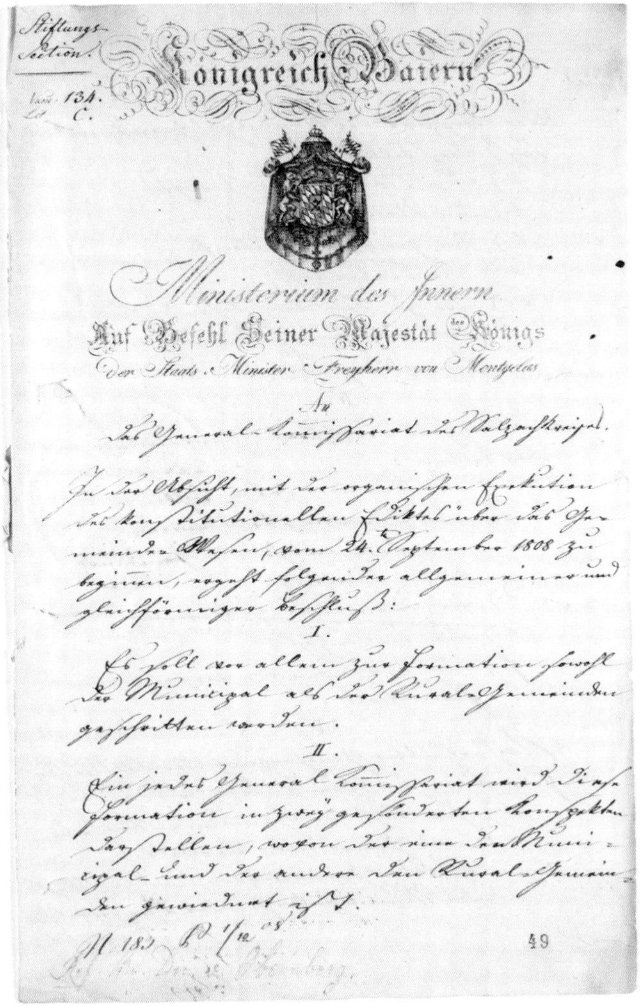

8.5

gens und die Aufstellung des Gemeindeetats sind die bereits im Bezug auf das Stiftungsvermögen erlassenen Verordnungen analog anzuwenden. Zur Abfassung der Kommunalrechnungen wird für die Ruralgemeinden auf die Vorschriften des organischen Ediktes vom 24. September, für die Munizipalgemeinden auf den „im 3. § der Instruktion der Generalkommissariate als Kommunalkuratel gegebenen Schematismus“ verwiesen.

Doppelblatt, im Aktenband Bl. 49 f. von 351, 33,5 x 21 cm, mit Unterschrift von Minister Frhr. von Montgelas; rückseitig aufgedrücktes Siegel unter Papier.

Staatsarchiv München, Generalkommissariat des Salzachkreises 8 (Teil 1).

Literatur: Sebastian Hiereth, Die Bildung der Gemeinden im Isarkreis nach den Gemeindeedicten von 1808 und 1818. In: Oberbayerisches Archiv 77 (1952) 1–34. – Weiss (wie Kat.Nr. 8.1) 102 f.

8.6 Machtlose Munizipalräte – beschränkte städtische Rechte

1813 September 1, Wasserburg
Protokoll der Gemeindeversammlung im Wasserburger Rathaus anlässlich der Amtseinführung der gewählten und bestätigten Munizipalräte sowie des Bürgermeisters.

Nach Wahl der vier Munizipalräte durch die Gemeindeversammlung von Wasserburg und Bestätigung der Wahl durch das Innenministerium (RBl 1813, 958) trat die Gemeinde erneut auf Befehl des Generalkommissariats zusammen. Der neue Munizipalrat und der provisorische Kommunaladministrator wurden den anwesenden Gemeindemitgliedern vorgestellt. Der Apotheker Franz Winkler wurde als nun bestätigter Bürgermeister von seinem Amt als Munizipalrat entbunden. Auf Winklers Platz im Munizipalrat rückte Färbermeister Franz Unterauer auf.
Nach den Vorgaben des II. Abschnitts des Gemeindeedikts „Von den Gemeinde-Versammlungen und dem Munizipalitäts-Rathe“ durften Ruralgemeinden keine ständigen Vertreter bestimmen, sondern mussten Gemeindeangelegenheiten durch Versammlungen und Beschlüsse regeln (§ 59 Gemeindeedikt). Im Gegensatz dazu stand Städten und größeren Märkten die Wahl von maxi-

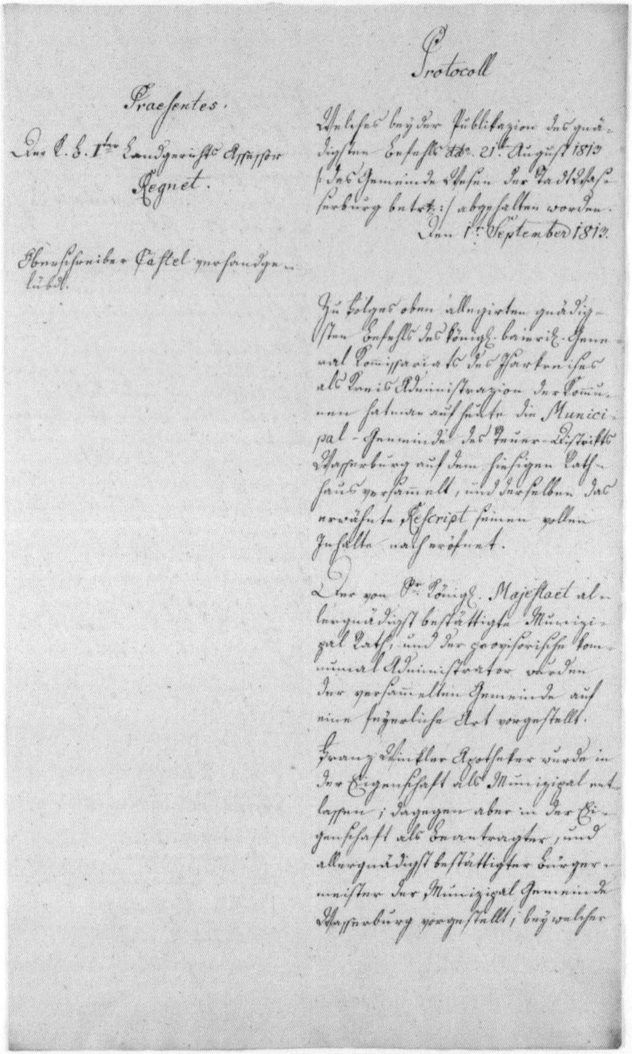
Protocoll

Praesentes.

Regnet.

8.6

mal fünf Munizipalräten zu (§ 60 GE). In Wasserburg, das zu Beginn des 19. Jahrhunderts etwa 2000 Einwohner hatte, repräsentierten vier Munizipalräte und ein Bürgermeister die Stadt. Alle drei Jahre wurde die Hälfte der Munizipalräte neu bestimmt, die Räte „vertreten ihre Stelle unentgeltlich“ (§ 62 GE). Weder der Gemeindeversammlung noch den Munizipalräten war es erlaubt, ohne Wissen, Genehmigung und Leitung der Polizeistelle zusammenzutreten (§ 63 GE). In den Sitzungen waren nur Beratungen über Erhaltung der Gemeindegüter, Erfüllung der Gemeindeverbindlichkeiten, Regulierung der Abgaben, Bevollmächtigung der Gemeindeglieder sowie die jährliche Einsicht in die Gemeinderechnungen erlaubt (§ 65 GE). Der in Wasserburg ab 1813 formierte Munizipalrat agierte somit lediglich als Gremium zur Verwaltung des Gemeindevermögens.

Protokoll, Pap., Doppelbl., 35,5 x 22,5 cm.

Wasserburg a. Inn, Stadtarchiv, I1b, KBF1 Nr. 12/13.

Literatur: Burkhard (wie Kat.Nr. 8.1) S. 235. – Weiss (wie Kat.Nr. 8.1) S. 105–110.

8.7 Beschränkte Rechte – keine Protokolle

a) 1804–1808
Ratsprotokollband Stadt Wasserburg am Inn.

b) 1818–1821
Ratsprotokollband Stadt Wasserburg am Inn.

Der Ratsprotokollband der Stadt Wasserburg der Jahre 1804–1808 schließt mit dem Eintrag über die Sitzung vom 29. August 1808. Mit Erlass des Gemeindeedikts verloren die alten städtischen Vertretungsorgane ihre Bedeutung, Ratsprotokollbände für die Jahre 1809 bis 1817 gibt es daher nicht. „Die Gemeinden sind daher in Ausübung ihrer Rechte, wie die Minderjährigen beschränkt, und geniessen auch ihre Vorrechte“ (§ 56 Gemeindeedikt). Im September 1813 traten in Wasserburg ein neuer vierköpfiger Munizipalrat und ein Bürgermeister allerdings mit deutlich eingeschränkten rein verwaltenden Befugnissen zusammen. Erst 1818 gewannen die Gemeinden mit Erlass der „Verordnung, die künftige Verfassung und Verwaltung der Gemeinden im Königreich betreffend“

8.7a

(RBl 1818, 49) einen Teil ihrer Selbstverwaltungsrechte zurück. Die Wasserburger Gemeinde als Magistrat III. Klasse repräsentieren Bürgermeister, Stadtschreiber, acht Magistratsräte und 24 Gemeindebevollmächtigte. Symbol der neuen magistratischen Verfassung und erstarkter städtischer Macht sind die Ratsprotokollbände, die seit 1818 wieder geführt werden.

a) Protokollband, Pap., 108 Bl., 34,3 x 22,7 cm.
Wasserburg a. Inn, Stadtarchiv, I1c, Ratsprotokoll 1804–1808.

b) Protokollband, Pap., 278 Bl., 35,8 x 22,7 cm.
Wasserburg a. Inn, Stadtarchiv, II, Ratsprotokoll 1818–1821.

8.8 Gemeindeverfassung 1818 – Wiederherstellung der kommunalen Selbstverwaltung

1818 Mai 17, München
Verordnung über die künftige Verfassung und Verwaltung der Gemeinden im Königreich.

Noch vor Erlass der bayerischen Verfassung am 26. Mai 1818 regelte die „Verordnung über die künftige Verfassung und Verwaltung der Gemeinden im Königreich" vom 17. Mai 1818 (GBl 1818, 49) die Stellung der Gemeinden neu. An diesem zeitlichen Vorzug lässt sich bereits die Bedeutung abschätzen, die der neuen Gemeindeverfassung beigemessen wurde. Schon die Einleitungssequenz der Verordnung führt vor Augen, dass man sich der Unausgereiftheit der um 1808 getroffenen Regelungen bewusst war. Absicht der neuen Gesetzgebung war es, „in den Städten und Märkten die Magistrate mit einem freiern und erweiterten Wirkungskreise wieder herzustellen, wie auch den Rural-Gemeinden eine ihren Verhältnissen angemessene Verfassung und Verwaltung zu geben". Zu diesem erweiterten Wirkungskreis zählten Verwaltung des Gemeinde- und Stiftungsvermögens, Erhebung und Verwendung der Gemeindeumlagen, Bürgeraufnahmen und Erteilung von Gewerbebewilligungen. Darüber hinaus verfügten die Gemeinden über beschränkten Einfluss auf Kirchenverwaltung und Volksschulwesen sowie im übertragenen Wirkungskreis über die Ortspolizei. Im Gegensatz zur Konstitution 1808 finden die Kommunen im Prolog der neuen Verfassung Erwähnung und verfassungsrechtliche Fundierung: „Wiederbelebung der Gemeinde-Körper durch die Wiedergabe der Verwaltung der ihr Wohl zunächst berührenden Angelegenheiten" (GBl 1818, 102). Trotz aller, vor allem in der Rückschau sichtbarer Mängel und Schwächen stellte das neue Gemeindeedikt doch einen erheblichen Fortschritt dar. Gerade in den Städten wurde es daher mit großer Begeisterung aufgenommen.

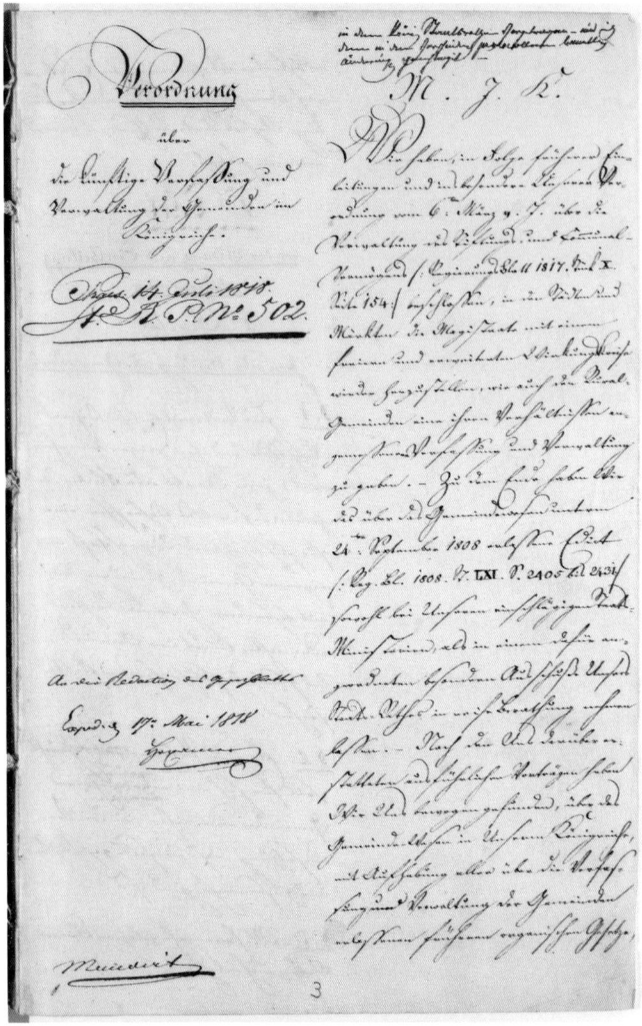

8.8

Aktenband, Pap., 316 Bl., 33,5 x 21,5 cm.

Bayerisches Hauptstaatsarchiv, StR 1660.

Druck: GBl 1818, 49. – Georg Döllinger, Die Verfassung und Verwaltung der Gemeinden in Baiern nach dem Edikte über das Gemeinde-Wesen nebst darauf bezüglichen Regulativen und Verordnungen mit besonderer Rücksicht auf den Gebrauch für städtische Beamte und Gemeinde-Vorsteher, Bd. 1 (1819) 1–47. – Karl Weber, Neue Gesetz- und Verordnungssammlung für das Königreich Bayern mit Einschluß der Reichsgesetzgebung, Bd. 1 (1880) 557–577. – Dokumente zur Geschichte von Staat und Gesellschaft III/3, 160–174.

Literatur: Horst Clément, Das bayerische Gemeindeedikt vom 17. Mai 1818. Ein Beitrag zur Entstehungsgeschichte der kommunalen Selbstverwaltung in Deutschland, Freiburg i. Br. 1934. – Weiss (wie Kat.Nr. 8.1) 241–253.

8.9 Jedem Bürgermeister eine Medaille – jeder Stadt ein Wappen

1835, Wasserburg
Wappen der Stadt Wasserburg gezeichnet nach der Bürgermeistermedaille von 1818.

Der Wasserburger Stadtschreiber Joseph Heiserer erstellte 1835 auf Veranlassung des Magistrats der Stadt eine Abhandlung betitelt „Nachrichten über das Gemeinde- und Stiftungs-Wappen der Stadt Wasserburg". Heiserer fügte seinem historischen Abriss mehrere Beilagen mit farbigen Abbildungen der städtischen Wappen und Siegel an.
Beilage I zeigt das Wappen der Stadt Wasserburg „in Folge königlicher Regierungsausschreibung de dato 18. Jhäner 1819 ... nach der Bürgermeister Medaille gezeichnet". Die angesprochene „Regierungsausschreibung" wies die Magistrate an, Siegel und Wappen nur wie auf den Bürgermeistermedaillen abgebildet zu führen (Intelligenzblatt für den Isarkreis 1819, 41). Die Gemeindeverfassung von 1818 legte in § 51 einerseits fest „die Amts-Kleidung des Magistrats ist schwarz" und bestimmte andererseits: „Den zeitlichen Bürgermeistern ist gestattet: a) in den Städten der ersten Classe eine goldene Medaille an einer goldenen Kette, b) in den Städten der zweyten Classe eine gleiche Medaille an einem hellblauen Bande, c) in den Städten und Märkten der dritten Classe eine Medaille von Silber an einem gleichen Band ... zu tragen. Diese Medaillen zeigen auf der Vorderseite das Brustbild des Regenten, und auf der Rückseite das Wappen der Stadt oder des Marktes ..." (GBl 1818, 67).

8.9

Farbzeichnung, Wappen der Stadt Wasserburg, ca. 14 x 14 cm.

Wasserburg a. Inn, Stadtarchiv, II, XA10, Beilage I.

Literatur: Klemens Stadler, Deutsche Wappen, Bd. 6: Die Gemeindewappen des Freistaates Bayern II. Teil M–Z, Bremen 1968, 90. – Reinhold Bucher, Die bayerischen Bürgermeistermedaillen unter besonderer Berücksichtigung des Landkreis Cham. In: Beiträge zur Geschichte im Landkreis Cham 21 (2004) S. 97–174 und Ergänzende Beilage für die Pfalz (ohne Seitenzählung).

8.10 Siegel als Zeichen kommunaler Selbstverwaltung

a) 1835, Wasserburg
Siegel der Stadt Wasserburg 13. Jh. – 1818.
b) 1835, Wasserburg
Siegel der Stadt Wasserburg ab 1819.
c) 17. Jh., Wasserburg
Siegeltypar der Stadt Wasserburg.
d) Nach 1819, Wasserburg
Siegeltypar der Stadt Wasserburg.

Die Beilagen IV und V der Abhandlung Joseph Heiserers über Gemeinde- und Stiftungswappen der Stadt Wasserburg zeigen die Siegel der Stadt vom 13. bis ins 19. Jahrhundert. In Folge einer königlichen Verordnung vom 6. März 1813 änderte die Stadt ihr Siegel. Bis Januar 1819 stand das in der Mitte der untersten Reihe von Beilage IV (vgl. Kat.Nr. 8.10a) aufgedrückte Siegel mit lateinischer Umschrift in Gebrauch. Nach Erlass des Gemeindeediktes wurde am 24. November 1818 der neue städtische Magistrat in seinen Wirkungskreis eingewiesen und auch das Stadtsiegel neu gestaltet. Das städtische Siegel ab 1819 trägt die nun deutschsprachige Siegelumschrift „Magistrat der Stadt Wasserburg" (vgl. Kat.Nr. 8.10b und 8.10d). Die Gestaltung der Siegelumschrift entsprach dem in Bayern allgemein üblichen Muster „Magistrat der Stadt NN".

a) 5 Wachssiegel, 1 Stempelsiegel, auf Pap., Ø 3–10 cm.
Wasserburg a. Inn, Stadtarchiv, II, XA10, Beilage IV.

b) 1 Wachssiegel, 4 Stempelsiegel, 1 Papierssiegel, auf Pap., Ø 4–6 cm.
Wasserburg a. Inn, Stadtarchiv, II, XA10, Beilage V.

c) Siegeltypar, Eisen, Messing, Ø 4,1 cm, Höhe 12,7 cm.
Wasserburg a. Inn, Stadtmuseum, Inventarnummer 2809.

d) Siegeltypar, Holz, Eisen, Messing, Ø 3,5 cm, Höhe 16,5 cm.
Wasserburg a. Inn, Stadtmuseum, Inventarnummer 1150.

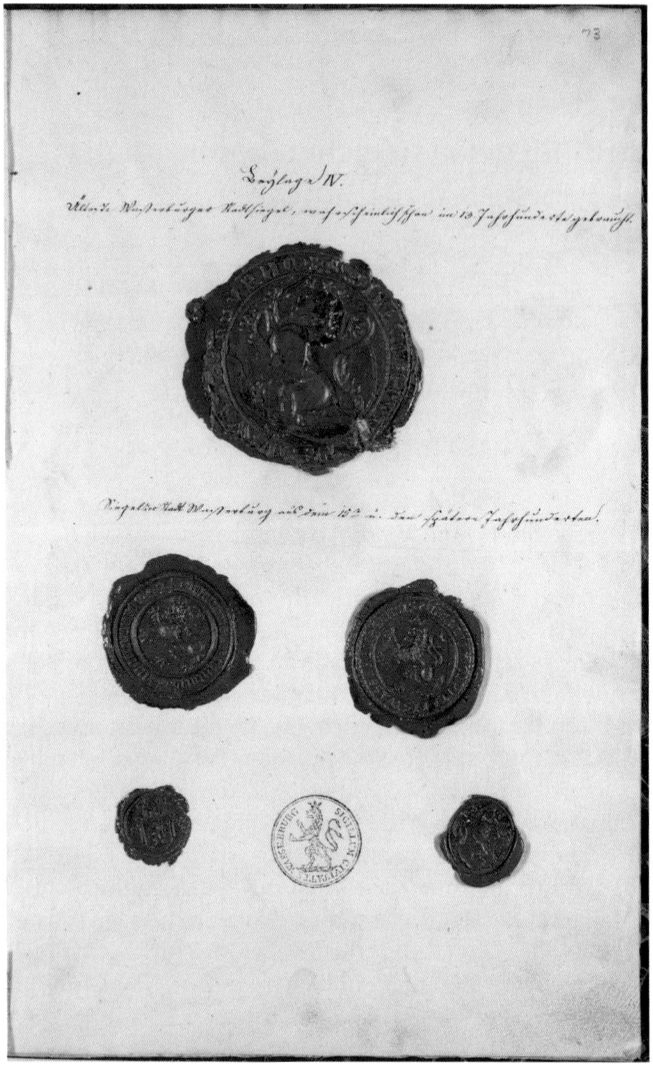

8.10a

8.10c

8.10d

9. Die Finanzverwaltung in Bayern und die Konstitution von 1808

Von Nicole Finkl

„Licht in dieses Chaos zu bringen"[1]

I. Der Status quo vor 1799

Das Kurfürstentum Bayern kämpfte schon im 18. Jahrhundert mit einer immer drückender werdenden Schuldenlast. Die kurfürstliche Kreditfähigkeit ohne landschaftliche Garantien war in den zwanziger Jahren faktisch verloren gegangen. Die Landschaft trug nicht nur 45 % der Einnahmen, sondern hatte zudem das Steuerbewilligungsrecht inne. Außerdem machte die dezentrale, uneinheitliche kurfürstliche Finanzverwaltung die konkreten Haushaltsplanungen unmöglich. Zwar gelang es durch gemeinsame Aktionen von Landschaft und einer kurfürstlichen Deputation bis 1777 die Schulden Bayerns um die Hälfte zu reduzieren.[2] Jedoch schlitterte der Staat seit den neunziger Jahren – bedingt durch steigende Staatsausgaben, vor allem im militärischen Bereich und die Übernahme der Schulden aus territorialen Veränderungen, wie etwa durch die Vereinigung mit der Pfalz und Jülich-Berg – in eine erneute Schuldenexplosion. Auch ein weiterer Tilgungsversuch in den Jahren 1788 bis 1796 wurde durch politische Ereignisse konterkariert.[3] Maximilian Joseph Freiherr von Montgelas wies schon in seinem Ansbacher Mémoire von 1796 darauf hin, dass „la suppression des prérogatives pécuniaires des ordres privilégiés des diverses provinces, la confection d'un cadastre dressé avec soin qui établisse une proportion plus juste dans la perception de l'impôt direct, l'abolition de plusieurs droits trop onéreux au sujet, la cessation du régime désastreux des douanes bavaroises appellent hautement l'attention du legislateur dans les diverses branches de cette vaste administration".[4] Um die darin angedachten Reformmaßnahmen durchzuführen, war es notwendig, vor allem aufgrund des immens hohen Staatsdefizits sowie des konkurrierenden Mit- und Gegeneinander zwischen Kurfürst und Landständen bezüglich der Besteuerung in drei Bereichen tätig zu werden. Einmal war eine straff organisierte und zentralisierte Behördenstruktur zu schaffen, um zweitens überhaupt einen Staatshaushalt zu erhalten, der „den Erfordernissen der Vollständigkeit, Einheit, Klarheit, Genauigkeit, Vorherigkeit, qualitativer, quantitativer und zeitlicher Spezialität

1 BayHStA, MF 19711.

2 Um ca. 15.000.000 fl durch ein seit 1720 betriebenes Schuldenabledigungswerk der Landschaft bzw. 1749 eine Schuldenwerkskommission mit Vertretern beider Seiten. Näheres dazu bei Thomas Paringer, Die bayerische Landschaft. Zusammensetzung, Aufgaben und Wirkungskreis der landständischen Vertretung im Kurfürstentum Bayern (1715–1740) (Studien zur bayerischen Verfassungs- und Sozialgeschichte 27), München 2007, S. 198–230. – Siehe auch den Beitrag von Thomas Paringer in diesem Band.

3 Vgl. „Tabelle des Churfürstlich und Landschaftlich gemeinsamen Schulden Abledigungs Werk" (BayHStA, GR Fasz. 1306/22). Näheres bei Peter Claus Hartmann, Die Schuldenlast Bayerns von Kurfürst Max Emanuel bis König Ludwig I. In: Andreas Kraus (Hrsg.), Land und Reich – Stamm und Nation. Probleme und Perspektiven bayerischer Geschichte. Festgabe für Max Spindler zum 90. Geburtstag, Band 2: Frühe Neuzeit (Schriftenreihe zur bayerischen Landesgeschichte 79), München 1984, S. 369–383, hier S. 378. Zu den Reformversuchen Ende des 18. Jahrhunderts wie der Konferenz zur Sanierung der bayerischen Staatsfinanzen 1798, vgl. Weis, Montgelas Bd. 1, S. 273, 404.

4 „Die Aufhebung finanzieller Vorrechte der privilegierten Stände in den verschiedenen Provinzen, die Erstellung eines sorgfältig angelegten Katasters, der eine gerechtere Erhebung der direkten Steuern ermöglicht, die Abschaffung mehrerer Abgaben, die den Untertanen zu sehr belasten und die Aufhebung des katastrophalen bayerischen Zollsystems fordern in verschiedensten Zweigen dieser weitläufigen Verwaltung auf das schärfste die Aufmerksamkeit des Gesetzgebers." Zitat aus: Eberhard Weis, Montgelas' innenpolitisches Reformprogramm. Das Ansbacher Mémoire für den Herzog vom 30.9.1796. In: ZBLG 33 (1970) S. 219–256, hier S. 247. Übersetzung von Oliver Zeidler aus: AK Bayern entsteht, S. 26.

sowie Öffentlichkeit entsprach und dessen Finanzgebaren durch ein Rechnungsrevisionssystem überprüfbar war."[5] Drittens war das System der Abgaben an sich zu reformieren, wozu auch und zwar vor allem die Aufhebung des ständischen Steuerprivilegs gehörte.

II. Die Reformen Montgelas' ab 1799

Erster Reformansatz Montgelas' war deshalb die Errichtung des Finanzministeriums, dem er unter anderem Aufgaben im Bereich der Verteilung und Erhebung aller Steuern und staatlichen Abgaben, die Oberaufsicht über Zölle und Akzisen, die Verwaltung der Domänen, Salinen und Wälder, wie auch die oberste Leitung und Beaufsichtigung aller Finanzkammern und -beamten zuschrieb.[6] Für die weitere Umsetzung waren jedoch zunächst Maßnahmen auf verschiedenen Ebenen nötig.

a) Die Finanzadministration: Neuorganisation der Unter- und Mittelbehörden

Das kurfürstliche Finanzwesen war gekennzeichnet durch Dezentralität sowie ein problematisches Kassen-, Rechnungs- und Kontrollwesen. So arbeitete jede Kasse zunächst nach einem Überschussprinzip, d.h. erst nach Deckung der eigenen Ausgaben und Verwaltungsaufwendungen ging der Überschuss an das nächsthöhere Amt. Zwar gab es seit 1762 eine Zentralkasse, ansonsten agierte jede Kasse für sich nach dem Fondsprinzip. Auch gab es keine Revisionen, Ausgaben- und Kreditrichtlinien, was dazu führte, dass u.a. die Ämter auf den unteren Verwaltungsebenen, also Land- und Pfleggerichte, Rentämter, Maut- und Zollämter falsche Zahlen meldeten und letztlich einen realen Überblick über die finanzielle Lage des Staats verhinderten. Noch im Jahr des Regierungsantritts, 1799, wurde deshalb zunächst die übrige Behördenstruktur reformiert. Die Hofkammer und die bisher als Mittelbehörden agierenden Rentämter wurden aufgehoben und stattdessen die Generallandesdirektion in Altbayern bzw. in den anderen Landesteilen Landesdirektionen errichtet, 1803 neu formiert und ab 1804 umgewandelt in Generallandeskommissariate.[7] Der erhoffte Erfolg dieser Maßnahmen blieb jedoch aus. Auf der unteren Ebene der Verwaltung erfolgte ebenfalls eine Neuorganisation: Hier wurde die Finanzverwaltung 1802 von der übrigen Verwaltung, in Form der Landgerichte, getrennt, sie wurde künftig von den neuen Rentämtern übernommen.[8] Als weitere organisatorische Maßnahme erfolgte die Einführung einer zeitlichen Grundrechnungseinheit.[9]

b) Die Schuldentilgung: Trennung von öffentlichen und privaten Schulden

Damit ließ sich nun ein deutlicheres Bild der Haushaltslage bzw. des -defizits gewinnen: Im Jahr 1799 betrugen die Schulden Bayerns bereits 28.245.676 Gulden, nach der Säkularisation und Mediatisierung wuchsen diese auf 58

5 Susanne Wolf, Erste Schritte zur Ordnung der Staatsfinanzen im jungen Königreich Bayern. In: AK Finanzkontrolle, S. 100–133, hier S. 100.

6 Im Rahmen dieser Neugliederung wurden, angeleitet von Montgelas, durch die dem neuen Ministerium zugewiesenen Geheimen Referendäre Erhebungen zum finanziellen Status quo des Landes gemacht und deren Ergebnis wie auch die daraus resultierenden Lösungsansätze in einer Denkschrift festgehalten. Vgl. Kat.Nr. 9.1.

7 So erhielten sie 1803 je einen eigenen Finanzetat und eine eigene Provinzialkasse. Vgl. Kat.Nr. 9.2. Zur Verwaltungsorganisation grundlegend ist u.a. Volkert, Handbuch, S. 145–147.

8 Der weiterhin problematisch ablaufende Geschäftsgang und die mangelnde Anbindung an das Ministerium konnten das anvisierte Ziel der Haushaltskonsolidierung nur unzureichend lösen. Vgl. Kat.Nr. 9.2.

9 Es wurde verbindlich der Zeitraum vom 1. Oktober des laufenden bis zum 30. September des nächsten Jahres als Rechnungs- und Finanzjahr festgelegt. Näheres bei Johann Georg Kraus, Die Staatshaushaltskontrolle in Bayern seit dem Ausgang des 18. Jahrhunderts. In: Finanzarchiv 42, 1 (1925) S. 1–68, hier S. 52.

10 Zur Säkularisation und ihren Folgen vgl. etwa AK Bayern ohne Klöster? Neben der Übernahme neuer Auf- und Ausgaben durch den Staat wurde die Staatsgewalt jedoch durch eine Vermehrung des Staatsvermögens und damit eine Erhöhung des Staatsanteils am Bruttosozialprodukt gestärkt. 1/3 der Staatsforsten stammt aus ehemaligen Klosterwaldungen, hinzu kamen die Domanial- und Domi-

Millionen an.[10] Ein erster Ansatz zur Abarbeitung dieses staatlichen Schuldenbergs musste auf mentaler Ebene erfolgen: mit der Schuldenpragmatik von 1804, welche die Trennung von fürstlichem Hausvermögen und Staatsvermögen einleitete,[11] vollzog sich auch ein Wandel von der bisherigen privatrechtlichen Auffassung vom Staat als Eigentum des Fürsten. Weitergehende Verwaltungsschritte resultierten daraus zunächst jedoch nicht, denn die Schuldenverwaltung war immer noch mit der Kurrentverwaltung verbunden, sie wurde zwar nun über neue Provinzschuldentilgungskassen abgewickelt, blieb aber gerade dadurch territorial zersplittert und unübersichtlich. Zudem stieg die Schuldenlast durch den dritten Koalitionskrieg ab 1805 nochmals an.[12]

c) Die Steuern: Ständische Privilegien und steigende Abgabenlasten

Die direkten Steuern

Als weitere Maßnahme strebte die neue Regierung darum die Aufhebung sowohl der provinziellen als auch ständischen Sonderrechte an, die Montgelas schon in seinem Ansbacher Mémoire als einen der Gründe für das schlechte Funktionieren des Haushalts angeprangert hatte. Nicht zuletzt nach der Übernahme neuer Gebiete gab es nun insgesamt 607 verschiedene Bezeichnungen für direkte Steuern und davon allein 114 Grundsteuerarten in Altbayern,[13] was die Unübersichtlichkeit und Uneinheitlichkeit der Besteuerung noch verstärkte. Erleichterungen wie Verbesserungen mussten deshalb auf zwei Ebenen erfolgen: Einmal versuchte der Staat 1800 mit einem allgemeinen Kriegskostenvorschuss eine erste progressive Vermögenssteuer einzurichten und mit dem Steuermandat von 1804 unabhängig von der Landschaft eigene Steuern zu erheben, ohne jedoch einen endgültigen Bruch mit den Ständen zu riskieren.[14] Außerdem wurde andererseits schrittweise versucht, die Abgaben zu reformieren bzw. übersichtlicher zu gestalten. So waren die Land- und Untertanensteuern kein fixer Satz, sondern wurden jährlich neu zwischen Landesherr und Landschaft verhandelt und durch letztere auch verwaltet. Diese Art der Steuerperzeption erschwerte nicht nur jede Finanzplanung, sondern führte in zunehmendem Maße zu einem immer stärkeren Ungleichgewicht in der Besteuerung zwischen den steuerlich begünstigten Ständen und der nicht gefreiten Bevölkerung, die daneben auch noch Auflagen für Kommunalzwecke, grund-, gerichts- und zehentherrliche Forderungen plus die indirekten Steuern zu leisten hatte.[15]

Die indirekten Steuern und Zölle

Wie die direkten Steuern wurden auch die Aufschläge auf Lebensmittel und Getränke, Taxen, Sporteln, Stempelgebühren und Zölle schon seit dem Mittelalter durch die Landschaft erhoben und verwaltet.[16] Auch hier hatte man in den zwanziger Jahren des 18. Jahrhunderts danach getrachtet, durch neuere Mandate für Bräu- und Aufschlagssachen sowie das Stempelwesen und neuere Regelungen für Zoll und Maut 1726/27 die Steuereinkünfte ergiebiger zu gestalten. Im Rahmen einer weiteren Maut- und Behördenreform wurden 1764/65 durch eine Mautkarte die neuen verbalen Informationen zu Mautstationen und -tarifen zusätzlich visuell publiziert und damit effizienter gestaltet.[17] Zeitgleich bemühte sich der

nikaleinkünfte aus den geistlichen Feudalrechten, die an den Staat übergingen. Vgl. Demel, Staatsabsolutismus, S. 63–68, zur Verschuldung Bayerns vgl. S. 185–189, hier auch Tabelle zur Schuldenherkunft.

11 Wolf (wie Anm. 5) S. 106.

12 Besonders deutlich wird dies bei der Auflistung der übernommenen Schulden und Zinsen nach dem Preßburger Frieden 1805. Vgl. dazu auch Kat.Nr. 9.3.

13 Josef Amann, Das baierische Kataster, Stuttgart 1920, S. 1.

14 Wie etwa 1805 in Württemberg geschehen. Näheres bei Demel, Staatsabsolutismus, S. 214.

15 Zur Ausschreibung der Steuer 1802 vgl. auch Kat.Nr. 9.7.

16 Seit 1542 werden die indirekten Steuern in Form von Aufschlägen erhoben. Gut erkennbar ist die Belastung des Einzelnen bei: Rainer Beck, Unterfinnig, Ländliche Welt vor Anbruch der Moderne, München 1993, S. 472–505.

17 Geltend für die vier altbayerischen Rentämter. Vgl. Kat.Nr. 9.9.

Herrscher, wie schon bei den direkten Abgaben, das Bewilligungsrecht der Stände auszuhöhlen, was diese jedoch mit der Androhung reichsrechtlicher Sanktionen abwiegelten. Aus dieser Erfahrung heraus konnte man zunächst nur punktuelle Maßnahmen ergreifen. Im Bereich der Zölle erfolgte 1799 eine erste Vereinheitlichung der Einfuhrzölle durch eine neue Zollordnung mit einem liberaleren Handels- und Zollsystem und damit eine Umkehrung der bisherigen merkantilistischen Grundsätze.[18]

III. Die Konstitution von 1808 und ihre Auswirkungen auf die Finanzverwaltung

Trotz erster Reformansätze, um das finanzielle Defizit in den Griff zu bekommen, war die Neuverschuldung – bedingt durch die fortlaufenden Kriege, aber auch Pensionszahlungen, die nach Säkularisation und Mediatisierung laut Reichsdeputationshauptschluss der Staat zu leisten hatte – auf 80,5 Millionen Gulden angestiegen.[19] Damit stand Bayern 1806/07 kurz vor dem Staatsbankrott. Daraus war zusätzlich ein massiver Sachzwang für weitergehende effektivere Reformen entstanden, der nicht allein durch effizientere Verwaltung bzw. damit einhergehend gesicherte Einnahmen und planbare Staatsfinanzen lösbar war, sondern nur durch einen mentalen, aber besonders reichs- und verfassungsrechtlichen Wandel,[20] der in mehreren Schritten erfolgte.

a) Staatsidee und Souveränität 1806

Mit der bisherigen Verwaltungsreform war bereits eine erste Basis geschaffen worden, einen direkteren Zugriff auf finanzielle und personelle Ressourcen der Bevölkerung zu erhalten, um die von Montgelas angestrebte Staatssouveränität nach innen durchsetzen zu können. Wichtigster Schritt dazu war aber die Erhebung Bayerns zum Königreich 1806 sowie die Auflösung des Reichs. Damit war für den Staatsrat die erste Grundvoraussetzung für weitere, tiefer gehende Reformen geschaffen worden: die landständische Verfassung hatte den Schutz der Reichsverfassung verloren: „Seine Königliche Majestät wären gegenwärtig unbeschränkter Souverain des Königreichs Baiern".[21]

b) Die Steuergleichheit 1807

Ein weiterer wichtiger Schritt war folgerichtig die Aufhebung der meist kontraproduktiven landständischen Steuerverwaltung. Hier bot, nachdem die Säkularisation die Landschaft bereits durch das Verschwinden des Prälatenstands geschwächt hatte, die völkerrechtliche Souveränität neue Freiräume für den Staat bzw. den Monarchen, um „vollen Rechten und Macht jede Art von Repraesentation aufzuheben". Der immer wieder aufflammende Versuch, das Steuerprivileg der Stände zu brechen, war nun nicht nur möglich, sondern „eine unverkennbare Pflicht des Staates geworden". Im Gegensatz zu früher war keine reichsrechtliche Sanktion mehr zu befürchten, das Reich existierte nicht mehr. In der Staatskonferenz zur Lösung der Finanzfrage vom 8. Juni 1807 wurde deshalb beschlossen: „jeder Staatsbürger ohne Unterschied des Standes habe für den gleichen Genuß der Persönlichen Sicherheit und des öffentlichen Schuzes gleiche Bürden zu tragen und das Gehässige einer Befreyung, von welcher Art sie seye, von sich zu entfernen"[22]. Erst jetzt waren die bisher neu errichteten Finanzbehörden auch für die Festsetzung und Erhebung der öffentlichen Abgaben und Steuern an den Staat zuständig. Zudem war nun die Gelegenheit für eine umfassende Neuformierung der Abgaben gegeben. Diese Re-

[18] Eberhard Weis, Die Begründung des modernen bayerischen Staates unter König Max I. (1899–1825). In: Spindler IV/1, S. 82, 83.

[19] Insgesamt waren seit 1802 jährlich 4 Millionen Gulden zu zahlen, da allen abtretenden Reichsfürsten, Domkapiteln, Konventualen, etc., wie der Hof- und Zivilbeamtenschaft, Militär und Pensionisten Wohn- und Pensionszahlungen versprochen worden waren. Eine Tabelle der Zahlungen bei Demel, Staatsabsolutismus, S. 181.

[20] Manfred Treml (Hrsg.), Geschichte des modernen Bayern, München 2000, S. 30–38.

[21] BayHStA, StR Nr. 7.

[22] Genaueres bei Kat.Nr. 9.4. Alle Zitate aus: BayHStA, StR Nr. 7.

form erhöhte damit nicht nur die Akzeptanz der bisherigen Umstrukturierungen in der Bevölkerung, sondern markiert auch den entscheidenden Durchbruch zur allgemeinen Steuerpflicht in Bayern.

c) Die Konstitution 1808

Da vor allem Montgelas Proteste der Landschaft gegen die Beschlüsse der Staatskonferenz voraussah und glaubte, „dass gegenwärtig schon der Zeitpunckt gekommen, wo Se. Königliche Majestät die Frage zu entscheiden geruhen mögten, ob künftig noch eine Landes Repraesentation bestehen solle oder nicht?", beschloss der König noch in der gleichen Sitzung Montgelas zu beauftragen, „im Benehmen mit den einschlagenden übrigen Ministerial Departements die hiernach nöthigen Vorarbeiten zu Entwerfung einer Verfaßung ohnverzüglich zu fertigen."[23] Die Konstitution hob in der Folge 1808 definitiv alle bisherigen Privilegien, Erbämter und landschaftlichen Korporationen auf, fixierte damit die bisher erreichten Reformen und verschaffte der neuen Verwaltungsorganisation die verfassungsrechtliche Anerkennung. So legte der Dritte Teil in § I fest: „das Ministerium theilt sich in fünf Departments" u.a. das „der Finanzen". Die Geschäftssphäre eines jeden war durch die bisherigen Verordnungen geregelt.[24] „Die Gefälle Steuern und Auflagen des Reiches" sollten künftig nach § VI „durch die Rentämter, die übrigen zur Einnahme der Auflagen bestimmter Beamten erhoben" werden.[25] Weitere Vorgaben lieferten Organische Edikte zur Konstitution: die „Anordnung der Kreis-Finanz-Direktionen betreffend vom 8. August 1808"[26], welche die Finanzen durch die Schaffung dieser neuen Behörde auch auf mittlerer Ebene von der übrigen Verwaltung trennte sowie die „Anordnung einer Steuer- und Domänen-Sektion bei dem königlich Geheimen Finanzministerium vom 25. August 1808."[27] Diese drei Entwicklungsphasen zogen tiefgehende Auswirkungen nach sich.

Direkte Steuern

Erst nach der Beseitigung des Steuerprivilegs 1807 zugunsten „der allgemeinen gleichheitlichen Teilnahme an den Staatslasten"[28] und der verfassungsmäßigen Verankerung einer allgemeinen Steuerpflicht konnte die bisher unübersichtliche und uneinheitliche Besteuerung aufgehoben werden. Die Vorgaben der Konstitution erfüllten damit einen doppelten Zweck: einmal die Beendigung der in Schieflage geratenen Besteuerungsmodalitäten und Steuersätze, denn „wenn der Staat nicht zu Grunde gehen soll, so müssen die öffentlichen Abgaben in einem richtigen Verhältnisse entrichtet und ohne Beschwerde der Untertanen eingehoben werden."[29] Andererseits aber auch die verwaltungsmäßige Neuordnung Bayerns im Steuersektor: Die oberste Staatsgewalt war nun für die Erhebung der Steuern zuständig, alle staatlichen Kassen waren dem Finanzministerium unterstellt. Am 21. Juni 1807 wurde unter dessen Oberaufsicht eine Steuerrektifikationskommission[30] geschaffen und ein erstes Steuerprovisorium erstellt, das auch die bisher nicht oder nur wenig Steuerpflichtigen heranzog.[31] Denn neben dem schon erreichten Ziel der Gleichheit bei der Besteuerung musste nun auch die Vereinheitlichung erreicht werden. Zu diesem Zweck wurde obige Kommission 1808 angewiesen, dass sie „durch verschiedene an Ort und Stelle vorzunehmende Versuche die Art und

23 BayHStA, StR Nr. 7.
24 Etwa von 1801 und 1804, vgl. RBl 1801, 335; RBl 1804, 425.
25 Alle Zitate nach Textedition in diesem Band, S. 324–332.
26 RBl 1808, 1869.
27 RBl 1808, 2045.

28 RBl 1807, 1788.
29 Zitat aus: Vereinbarung des Kurfürsten Max VI. Joseph mit den pfalzneuburgischen Landständen über die Verfassungsverhältnisse, abgedruckt bei: Schimke, Regierungsakten, S. 44–56.
30 U.a. unter Leitung des Geheimen Finanzreferendärs Utzschneider, vgl. Kat.Nr. 9.1.
31 Darin wurde u.a. die bisherige Kriegssteuer aufgehoben und „ein halbes Prozent des heutigen Werthes als heurige Steuerngabe von allen jenen ..., welche bisher noch gar keine Steuer oder unter dem Titel von Rittersteuern, Kammersteuern und dergleichen nur ganz willkürliche unverhältnismäßige Beträge geleistet haben". Vgl. RBl 1807, 1789.

Weise ausmitteln sollte, wodurch am zuverlässigsten und genauesten, als in der möglichst kürzesten Zeitfrist, jene Berichtigung des Steuerwesens verlangt werden könnte."[32] Als Ergebnis gab es nur mehr vier direkte Steuern: die Rustikal- bzw. Grundsteuer, die nicht mehr nach dem bisherigen Hoffuß veranlagt werden sollte;[33] die Dominikalsteuer, zahlbar für Gefälle und grundherrschaftliche Einnahmen; die Häuser- und die Gewerbesteuer, letztere mit acht Steuerklassen; statt der vielfältigen Personalsteuern war ein so genanntes Familienschutzgeld zu entrichten.[34] Alle Abgaben wurden durch die neuen zentralistisch organisierten Verwaltungsstrukturen eingenommen und verbucht.

Vermessung und Kataster

Gerade die von Grund- und Hausbesitz zu entrichtenden Steuern setzten statt des bisher praktizierten, längst veralteten Hoffuß-Modells eine genaue Ermittlung und Wertung der Besitzungen durch eine Vermessung voraus. Auch hier konnte man bereits auf eine Tradition zurückblicken: 1801 war unter dem Finanzreferendär Josef Utzschneider[35] ein Topographisches Bureau errichtet worden, das die Landesaufnahme planen und durchführen sollte. Schon bei dessen Grünung wurde auf die „allgemein anerkannte Wichtigkeit ... eine vollständige astronomisch und topographisch richtige Charte"[36] zu haben hingewiesen. Nach der ersten Festsetzung der neuen Steuern schuf man 1808 zur „Leitung des auf das Steuerwesen Bezug habenden Vermessungsgeschäftes" eine eigene, dem Ministerium unterstellte Steuervermessungskommission, die 1811 in Steuerkatasterkommission umbenannt wurde.[37] Es sollten alle Grundstücke in Bayern vermessen wie auch nach Größe, Bonität und Nutzungsart beschrieben werden, hinzu kamen Eigentümer und Erwerbungstitel. All dies war in ein nach Steuergemeinden angelegtes Katasterbuch einzutragen.[38]

Indirekte Steuern

Auch für die bisherige Vielzahl von indirekten Steuern sollte nach und nach „eine völlige Gleichheit dieser Staatsabgabe herzustellen"[39] versucht werden. Ebenso wie bei den direkten Steuern wurde der administrative Apparat erneuert, wobei nun eigene, bei den Kreisfinanzdirektionen eingerichtete Oberaufschlagämter die festgesetzten Tarife einhoben. Besonders deutlich werden die staatlichen Vereinheitlichungsmaßnahmen bei den Getränkesteuern der einzelnen Gebiete, die im so genannten Malzaufschlag, zu 37 1/2 Kreuzer vom Metzen, zusammengefasst wurden.[40] Auch das neben der allgemeinen Verwaltungserneuerung vorrangige Ziel der Schuldentilgung wurde dabei nicht aus den Augen verloren. Der neue Malzaufschlag diente seit 1811 explizit zur Tilgung der Schulden. Außerdem wurden die verschiedenen in den jeweiligen Territorien zudem unterschiedlich gehandhabten Taxen, Sporteln, Stempel- und Siegelgelder vereinheitlicht.[41]

32 RBl 1808, 431.

33 Der Hoffuß war die Grundlage der Steuerberechnung seit dem 15. Jahrhundert. Dabei wurden unterschiedliche Hofgrößen, die jedoch keine bestimmte Fläche, sondern eine Steuergröße darstellten, fixiert.

34 In Höhe von 20 Kreuzern bis zu 12 Gulden, basierend auf 8 Klassen. Vgl. RBl 1808, 2820; RBl 1810, 1116.

35 Zur Rolle Joseph von Utzschneiders bei der Reform der bayerischen Finanzverwaltung vgl. Kat.Nr. 9.1.

36 Zitat aus: Mandat zur Gründung des topographischen Bureau vom 19. Juni 1801. Abgedruckt bei: Theodor Ziegler, Die Entstehung des bayerischen Katasterwerks, o. O., 1982.

37 Sie stand unter der Oberaufsicht des Finanzministeriums und war beschränkt auf „die Erhebung der oberflächlichen Verschiedenheiten der Grundstücke und ihrer Lage", vgl. RBl 1808, 432. Als Vorstand agierte hier auch wieder Utzschneider, vgl. Kat.Nr. 9.1.

38 Zum Ablauf der Vermessung vgl. Kat.Nr. 9.5 und 9.6 sowie das Katasterbuch (vgl. Kat.Nr. 9.8).

39 RBl 1810, 797.

40 Vgl. Max Seydel, Bayerisches Staatsrecht, Bd. I, München 1884, S. 290.

41 Gebühren, die u.a. für amtliche Tätigkeiten direkt an die Beamten zu zahlen waren bzw. für amtlich gültiges gestempeltes (Siegel)Papier zu entrichten waren.

Zoll und Maut

Daneben erfolgte nach 1808 eine Zentralisierung der Zollverwaltung und vor allem die Aufhebung der inneren Zollgrenzen,[42] was ebenso wie die Steuergleichheit eine integrative Wirkung für die neuen Landesteile darstellte. Denn „ohne Kommerz-Freyheit lässt sich in keinem Staate ein hoher Grad von Landeskultur und von wohlhabender Bevölkerung erwarten."[43] In der Folgezeit entstand ein einheitliches, gleichförmiges mit festen Tarifen hantierendes Zollsystem,[44] das durch neue Zoll- und Mautstationen an den Grenzen überwacht wurde. Das durch die Neuorganisation entstandene Einnahmedefizit zur Instandhaltung der Verkehrswege konnte durch eine eigene Zugtiersteuer von 36 Kreuzer je Pferd und 24 Kreuzer je Maultier aufgefangen werden.[45]

Schulden

Unter der Voraussetzung der jetzt besser planbaren Einnahmen konnte auch die weitere Entschuldung in Angriff genommen werden. Bereits seit der Schuldenpragmatik wurde zwischen öffentlichen und privaten Schulden getrennt, durch die 1806 erreichte Souveränität gab es nur noch Staatsschulden. Mit der Aufhebung der Kassen des Schuldenabledigungswerks der Landschaft 1807 und der Einrichtung eines eigenen Staatsschuldentilgungskommissars je Provinz waren weitere Voraussetzungen für eine Schuldenrevision eingeleitet. Jedoch war die Kreditwürdigkeit des neuen Staates noch sehr eingeschränkt, was man u.a. durch eine Kommerzialisierung der öffentlichen Schulden in Form einer Forcierung des Bankenwesens zu beheben versuchte. Im Jahr 1807 wurde die bisherige Ansbach-Bayreuthische Hofbank in die in Nürnberg sitzende königliche Bank transferiert. Dies war zunächst erfolgreich. Schon zwei Jahre später kam es jedoch bedingt durch militärische Auseinandersetzungen mit Österreich zu weiteren Gebietsveränderungen. Deshalb wurde 1811 die bisher in Kombination mit der Finanzverwaltung agierende Schuldenverwaltung in eine eigene Staatsschuldentilgungskommission überführt, dies bedeutete auch die Trennung der Schulden in auf Obligationen begründet und den übrigen Verpflichtungen.[46] Zusätzlich wurden noch eigene Kommissionen zur Abtragung der Klosterschulden errichtet. Ziel dieser neuen Behörden war es u.a., die Rechnungsführung und das Ausstandswesen zu ordnen. Außerdem wurde die neue Kommission mit Einkünften aus Aufschlägen sowie aus Verkäufen von Domänen gut mit Aktivkapital dotiert.[47]

Verwaltungsorgane

Nach der Aufhebung der landständischen Steuerverwaltung war die bisherige Konzentration der Finanzverwaltung der mittleren Ebene auf den Generallandeskommis-

42 Dazu wurden vier Mautinspektionen in Stadtamhof bei Regensburg, Nürnberg, Augsburg und Bozen errichtet. Vgl. Maria Schimke, Das Ansbacher Mémoire und die praktische Umsetzung seiner Reformideen. In: AK Bayern entsteht, S. 55.

43 Vorläufige neue Zoll- und Mautordnung für die altbayerischen Länder vom 7. Dezember 1799, abgedruckt bei: Schimke, Regierungsakten, S. 626–632.

44 Vgl. Kat.Nr. 9.9.

45 RBl 1811, 1755.

46 Über die Arbeit der Staatsschuldenkommission berichtet damals u.a. Ritter von Lang: So soll er gebeten worden sein Staatspapiere zu „legalisieren" mit folgender Begründung: „Sie müssen wissen, dass das Haus Oesterreich den Stiftern und Klöstern in Franken kraft ausgestellter Obligationen mehr als 600.000 Gulden schuldig geworden ist und, seitdem die Stifter aufgehoben worden, kraft des Heimfalls sich der Capitalien frei und ledig hält. Diese Einwendung fällt weg, wenn man die Schuldbriefe in einer Gestalt erscheinen lassen kann, nach der sie ... nicht mehr zum ... Vermögen der aufgehobenen Stifter gehörten." Die Aufgabe Langs wäre es, „im Archiv nach Mustern der damaligen Kanzleischrift" zu suchen und „aus dem Archiv einen gleichzeitigen Siegelstempel hervor" zu suchen". Er lehnte dies empört mit den Worten ab: „das heißt ja mit dem rechten Wort falsche Urkunden zu machen". In: Die Memoiren des Karl Heinrich Ritter von Lang. Faksimile der Ausgabe 1842 mit einem Nachwort von Heinrich von Mosch, 2 Bde. (Bibliotheca Franconica Bd. 10) Erlangen 1984, hier: Bd. 2, S. 217 ff.

47 So wurden Malzgefälle, Bierpfennig wie auch ein eigens eingeführter Konsumaufschlag auf Kolonialwaren und ausländische Fabrikate hierzu verwendet. Vgl. Demel, Staatsabsolutismus, S. 195.

sär an der Spitze der Provinzen bzw. Kreise unmöglich. „Damit ähnliche Unordnungen in der Finanzverwaltung vermindert werden“[48], wurden mit dem Organischen Edikt zur Verfassung vom 8. August 1808 die Kreisfinanzdirektionen errichtet, welche seit 1810 mit einem Kreisdirektor und drei Finanzräten beschickt wurden, Sitz war das Generalkreiskommissariat. Auch wurde im Gegensatz zu den Reformen 1803/04 der Dispositionsrahmen eingeschränkt: Alle Einnahmen waren nun an die Zentralkasse weiterzuleiten.[49] Die seit Beginn des Jahrhunderts postulierte Neuorganisation wie Zentralisierung in der Verwaltung fand nun durch die Konstitution ihre endgültige Ausprägung. Auch auf der unteren Ebene waren die Rentämter, die bisher nur die Staatsgefälle einzunehmen hatten, die nicht von anderen Behörden eingezogen wurden, nun mit der Eintreibung der neuen Steuern beschäftigt und hatte die Katasterumschreibbücher zu führen. Flankiert wurde dies durch zusätzliche Verwaltungsneuerungen im Forst-, Berg- und Hüttenwesen.[50] Deren Arbeit, vor allem aber deren Finanzgebaren musste nun auch geprüft und überprüft werden.

Rechnungskontrolle

Bereits im 18. Jahrhundert stellte die mangelnde Form der Rechnungskontrolle eines der Probleme für die Unübersichtlichkeit des Haushalts dar. Erster Ansatz einer Kontrollbehörde war 1809 die Errichtung eines Zentralrechnungskommissariats im Finanzministerium, allerdings hatten sich hier in kürzester Zeit bereits 6822 unerledigte Rechnungen angesammelt. Erst mit der Bildung des Obersten Rechnungshofes 1812 gelang es, ein praktikables Organ für die Vereinheitlichung und Verschärfung der Revision zu installieren.[51] Ziel war es, „durch eine strenge und genaue Komptabilität Unsere Finanzen fortwährend in Ordnung zu erhalten.“[52] Der Oberste Rechnungshof war dem Finanzministerium unterstellt.

IV. Ausblick

Um den Staat aus der Finanzmisere zu retten, war eine Verfassungsreform unvermeidlich gewesen. Trotz der Aussage, „es mag auch damals wohl kein Staat in Europa gewesen seyn, dessen Schuldenwesen besser dotiert gewesen wäre“, befanden sich die Finanzen Bayerns bis 1816/17 weiterhin in einem ruinösen Zustand.[53] Auch nach dem Sturz Montgelas’ 1817, der eine Erhöhung des Heeresetats zu Lasten der übrigen Reformen verweigert hatte, hielten seine Nachfolger an den Grundlagen der bisherigen Finanzpolitik und -verwaltung fest.

a) Verwaltung

Die Konstitution von 1808 hatte zwar die bis heute gültige dreistufige Verwaltungsgliederung durchgesetzt. Gerade die strikte Zentralisierung wie auch die damit einsetzende Überforderung der Verwaltung blieb ein noch zu lösendes Problemfeld für das 19. Jahrhundert, dem man u.a. 1817 durch die Bildung neuer Kreisregierungen mit getrennten Kammern für Inneres und Finanzen entgegen zu wirken suchte. Die neue organisatorische Gliederung der Mittel- und Unterbehörden, also die Trennung der Kreisfinanzdirektionen und der Rentämter von der übrigen Verwaltung blieb bis 1848 bzw.

48 Finanzminister Freiherr von Hompesch in einem Bericht über den Zustand der Staatseinkünfte und Staatsausgaben in Bayern (Bay HStA, MA 8003).

49 Nach dem Zusammenschluss der Kreisfinanzdirektionen mit den Generalkreiskommissariaten zu Kreisregierungen 1817 wurde unterschieden in Kammer des Inneren und Kammer der Finanzen; vgl. Volkert, Handbuch, S. 142 f.

50 1807 erfolgte die Trennung der Berg- und Hüttenverwaltung von der Salinenverwaltung, 1808 wurde die General-Bergwerks-Administration mit drei Hauptbergdistrikten errichtet. Seit 1807 gab es eine Generaladministration der Salinen, dieser waren u.a. drei Hauptsalzämter nachgeordnet. Näheres dazu bei Volkert, Handbuch, S. 174.

51 Vgl. auch Kat.Nr. 9.10.

52 Zitat: Verordnung die Errichtung und Bildung des Obersten Rechnungshofes, vgl. RBl 1812, 1785. Zum Obersten Rechnungshof vgl. v.a. Wolf (wie Anm. 5) S. 110–114.

53 Vgl. Demel, Staatsabsolutismus, S. 202 und 214.

1862 und in ihrem Grundaufbau bis heute bestehen.[54] Die Rentämter entwickelten sich bis 1919 zu Finanzämtern, die Generaldirektion der Zölle und indirekten Steuern wurde das Landesfinanzamt. Aus dem Katasterbüro ging 1915 das Vermessungsamt hervor, der Oberste Rechnungshof löste sich 1907 aus der Unterstellung unter das Finanzministerium und existiert bis in die Gegenwart.

b) Steuern

Die angestrebte Vereinheitlichung der Besteuerungsmaßstäbe ließ sich nicht leicht bewerkstelligen. Zwar trat 1811/12 ein allgemeines Steuermandat für das Königreich Bayern in Kraft, das sechs Auflagearten, beispielsweise die Grundsteuer (3/4 %), Dominikalsteuer (1/2 %), Haussteuer (1/4 %), vorgab.[55] Jedoch hatte gerade die Erhebung der Grund- und Dominikalsteuer anhand der früher erstellten Fassionen[56] zu erfolgen, da die neue Form der Vermessung noch nicht abgeschlossen war.[57] Zudem mussten schon 1814 Bonitierung und Katasteranlegung wegen Protesten eingestellt werden,[58] so dass man bei der Besteuerung des Bodens wieder nach dem Kurrentwert[59] und dem aus diesem abgeleiteten Reinertrag verfahren musste. Der ehrgeizige Versuch mittels neuer Messungsmethoden eine gerechtere Besteuerung mitzugestalten war zunächst gescheitert. Erst das Grundsteuergesetz von 1828 nahm die Ideen der Bonitierung wieder auf. Da die Landesvermessung bis 1868 andauerte, war die Steuererhebung weiter ein Provisorium.

c) Zoll

Das bisher freihändlerisch mit niedrigen Ein- und Ausfuhrzöllen organisierte bayerische Zollsystem wurde 1810 durch die napoleonische Kontinentalsperre konterkariert. Es musste ein Schutzzollsystem eingeführt werden, das erst 1813 wieder abgebaut werden konnte. In der Phase der ständigen Gebietsabtrennungen bis 1815 waren außerdem mehrfach territoriale Umorganisationen der Zollgrenzen und -stellen nötig. Jedoch wurden in Bayern schon 1808 erste Grundlagen geschaffen, die bis 1833 in die Bildung eines größeren Zollgebiets und den Deutschen Zollverein mündeten. Bayern stellte damit weit früher als beispielsweise Preußen 1818 oder Österreich 1848 die Weichen für einen einheitlichen Binnenwirtschaftsraum. Nach 1836 erfolgten daraufhin auch die endgültigen Verwaltungsgliederungen in Haupt- sowie Nebenzollämter I. und II. Klasse, die 1919 verreichlicht wurden.

d) Schulden

Trotz aller Bemühungen blieb der Schuldenstand Bayerns auch nach den Reformen der ersten Dekade des 19. Jahrhunderts immens. Zwar war es zunächst gelungen, die Schuldenlast bis 1812 von 108 auf 105 Millionen Gulden zu reduzieren.[60] Die Abwicklung dieser Schuldenlast war aber umso schwieriger, da der Landesherr und der neue Staat im Gegensatz zu den bisherigen Ständen, als Vertreter des größten Grundbesitzes, wenig Kredit besaß. Schon in der berühmten Sitzung des Geheimen Staatsrats vom 8. Juni 1807 mahnte Montgelas deshalb eine Mitwirkung einer „Landes-Repraesentation" an.[61] Diese war

54 Zum weiteren Verwaltungsaufbau vgl. u.a Spindler IV/1, S. 71.

55 Zu den Steuertarifen vgl. auch Kat.Nr. 9.8.

56 Fassion, von lat. ‚fateri' = aussagen, ist die Erklärung eines Eigentümers über seinen Besitz und seine Einkünfte, zur Steuerberechnung, basierend auf dem Hoffußsystem.

57 Vgl. Demel, Staatsabsolutismus, S. 233.

58 Dies wurde nur in 19 Ämtern des Isarkreises vollendet. Vgl. Amann (wie Anm. 13) S. 13.

59 Kurrentwert = der aus den Kaufsfällen eines bestimmten Zeitabschnitts ermittelte laufende Güterpreis. Er sollte zunächst durch Selbstfatierung, dann durch eine dem gegenübergestellte eidliche Sachverständigenschätzung ermittelt und letztlich per Gutachten durch den aufnehmenden Beamten festgesetzt werden.

60 Diese Summe entsprach insgesamt 377 % der jährlichen Staatseinnahmen von etwa 26,2 Millionen. Näheres bei Hartmann (wie Anm. 3) S. 379.

61 Der König trägt diesem auf, in den Verfassungsberatungen eine „Repräsentation des Landes, auch für die Zukunft – aber nur eine

zwar in der Verfassung von 1808 vorgesehen, wurde aber nie einberufen. Erst mit der Verfassung von 1818 und der dort fixierten und später durch zwei Kammern ausgeübten Repräsentation war die Kreditfähigkeit Bayerns wieder gesichert.[62] Die regional organisierten Spezialkassen zur Schuldentilgung arbeiteten jedoch bis 1867/1880.[63]

V. Fazit

Der bayerische Schuldenberg stellte einen massiven Sachzwang für die geplanten Reformen zu effizienter Verwaltung und planbaren Staatsfinanzen dar. Die zeitgleich gegebenen militärischen Erfordernisse und territorialen Umwälzungen wirkten als Katalysatoren für den Auf- und Ausbau eines staatlichen Finanz- und Steuersystems.[64] Das Jahr 1807 ist dabei als Kulminationspunkt der bisherigen Mobilisierung der alten und neuen Finanzreserven zu betrachten. Die Aufhebung der ständischen Steuerprivilegien und Steuerverwaltung bedeutete den endgültigen Bruch mit den mittelalterlichen Strukturen Bayerns und war die entscheidende Initialzündung für eine Realisierung der Finanzverwaltung nach modernen Gesichtspunkten und die Einführung der allgemeinen Steuerpflicht in Bayern. Die Gleichstellung in der Steuerbelastung konterkarierte letztendlich die bisherigen Feudalrechte so erheblich,[65] dass die Aufhebung der landständischen Verfassung und die verfassungsmäßige Neuformierung des Königreichs Bayern unumgänglich wurden. Damit hat die Finanzkrise letztlich maßgeblich den Anstoß für die Konstitution von 1808 gegeben. Dass das in der Konstitution vorgesehene Parlament nicht einberufen wurde, behinderte die Kreditfähigkeit des Staats so nachhaltig, dass die finanzielle Situation auch einen der Gründe für die neue Verfassung 1818 bildete. Finanzielle Zwänge und Reorganisationsbedarf waren damit direkt und indirekt Auslöser für zwei bayerische Verfassungen. Die Bestimmungen vor bzw. infolge der Konstitution von 1808 und ihre weiterführenden Edikte brachten dennoch „Licht in dieses Chaos“ und bildeten die Grundlage für den Ausbau und das Funktionieren der Finanzverwaltung bis heute.

vereint für das ganze Königreich doch nach anderen festzusetzenden Gründsäzen und ohne Einmischung in die Erhebung der Steuern ...“ zu diskutieren. Zitat aus: BayHStA, StR Nr. 7.

62 Vgl. Spindler IV/1, S. 78.

63 Einen kurzen Überblick zur Verwaltungsentwicklung bietet Volkert, Handbuch.

64 Axel Kellmann – Patricia Drewes, Die süddeutschen Reformstaaten. In: Handbuch der europäischen Verfassungsgeschichte im 19. Jahrhundert. Institutionen und Rechtspraxis im Gesellschaftlichen Wandel. Bd. 1: Um 1800, hrsg. von Peter Brandt – Martin Kirsch – Arthur Schlegelmilch unter redaktioneller Mitwirkung von Werner Daum, Bonn 2006, S. 107–112.

65 Vgl. Demel, Staatsabsolutismus, S. 227.

9.1 Joseph von Utzschneider (1763–1840): Reformer der bayerischen Finanzverwaltung

a) Nach 1818
Porträt Utzschneiders.
b) 1799 August 10, München
Bericht Utzschneiders über die Finanzsituation in Bayern.

Neben der organisatorischen und rechtlichen Neuformierung der Verwaltungsstrukturen erfolgte auch eine personelle Reform. Den bisher kollegial agierenden Finanzbehörden wurden nun auf der Ebene der Ministerien ein Kreis von Fachleuten, die so genannten Geheimen Referendäre, als quasi leitende Beamte beigegeben – ohne Rücksicht auf deren Herkunft. Einer von ihnen war Joseph von Utzschneider. Als Sohn kleiner Leute 1763 am Staffelsee geboren, berief ihn Kurfürst Max IV. Joseph 1799 in das neu geschaffene Finanzdepartement, hier war er zuständig für die Tilgung der Schulden „ohne mindesten Zeitverlust nach gerechten Grundsätzen". In seinem Bericht vom 10. Oktober 1799, der eigenhändig von Montgelas abgezeichnet wurde, brachte er die bayerische Finanzsituation auf den Punkt: „Es ist bekannt, dass das damalige Finanz-Departement bey dem Antritt seiner itzt regierenden Churfürstlichen Durchlaucht ... die Finanzen in sehr großer Unordnung übernommen habe" und „die Regie aller baierischen Finanzquellen ... ganz verdorben war, noch wirklich ist, und ohne große Anstrengung und Unterstützung sobald auch nicht in Ordnung gebracht werden könne". Als Gründe sah er nicht nur das Problem der miserabel arbeitenden Behörden und der unübersichtlichen Besteuerung, sondern auch die landständische Steuerbewilligung und -privilegierung sowie den Reformunwillen der Landstände an. Damit zog er sich den Unmut der Stände zu, was noch 1801 zu seiner Ruhestandsversetzung führte. Im Jahr 1807 wurde er zurückgerufen und als Vorstand der Staatsschuldentilgungs-

9.1a

später auch der Steuerrektifikationskommission und der Steuerkatasterkommission installiert. Damit war er maßgeblich beteiligt, als nach der Aufhebung der ständischen Privilegien 1807 bzw. endgültig durch die Konstitution 1808, die Umsetzung neuer Besteuerungsmodalitäten und deren Grundlagen durch die Vermessung und Katastrierung Bayerns geschaffen wurden.

1814 trat Utzschneider von seinen Posten zurück. Zwei Jahre später gründete er eine Tuchmanufaktur. 1818 wurde er zum Münchner Bürgermeister und zum Ehrenmitglied der Bayerischen Akademie der Wissenschaften gewählt, 1819 in die Kammer der Abgeordneten, deren Mitglied er bis zu seinem Tod (1840) war.

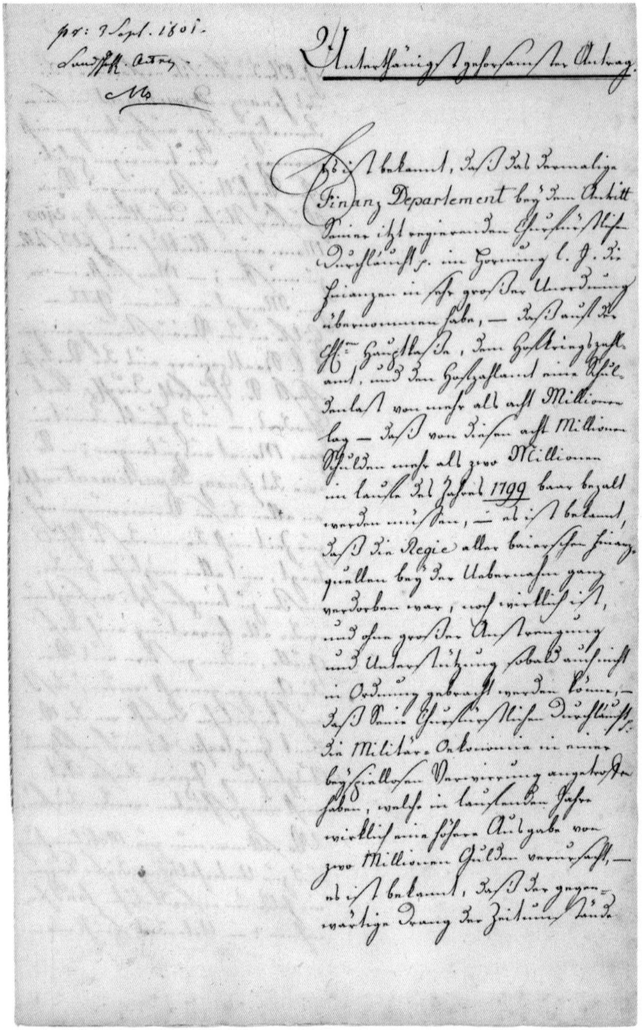

9.1b

a) Unbekannter Künstler, Öl / Leinwand 73 x 60.

b) Schreiben, 5 Bl., 33,5 x 21,5 cm, Titelblatt.

a) München, Bayerische Akademie der Wissenschaften (00125-12) (Reproduktion).
b) Bayerisches Hauptstaatsarchiv, MA 8003.

Literatur: Schimke, Regierungsakten, S. 21–26. – Susanne Wolf, Erste Schritte zur Ordnung der Staatsfinanzen im jungen Königreich Bayern. In: AK Finanzkontrolle, S. 100–133. – Ulrike von Düring-Ulmenstein, Joseph von Utzschneider. In: Rainer A. Müller (Hrsg.), Unternehmer – Arbeitnehmer. Lebensbilder aus der Frühzeit der Industrialisierung in Bayern (Veröffentlichungen zur Bayerischen Geschichte und Kultur 7/85), München 1985, S. 92–103. – Konrad von Zwehl, Joseph von Utzschneider. In: AK Bayern entsteht, S. 135–137, Nr. 81.

9.2 Geschäftsgang und Schuldentilgung: die „Überlassung der Wallfahrtskirche auf der Wies“

a) 1806 September 10, Steingaden
Bitte des Forstgeometers Dismas Gebhard an das „Königliche General Landes Commissariat von Baiern“ um Überlassung der Wieskirche.
b) 1806 September 24, München
Rückfrage der Landesdirektion an das Rentamt Schongau.
c) 1806 Oktober 20, Schongau
Antwort des Rentamts Schongau.
d) 2004
Wieskirche.

Das neu geschaffene Finanzministerium agierte mangels nachgeordneten Apparats nicht als Exekutivbehörde. Die Durchführung ministerieller Vorgaben wurde von der Generallandesdirektion (Altbayern) bzw. den Landesdirektionen erledigt, die für die Verwaltung der Einnahmen (Staatsauflagen, Regalien, Staatsgüter) und Ausgaben (Besoldung, Pensionen, Schulden etc.) zuständig waren. Nach den territorialen Veränderungen bis 1803 entstand eine neuerliche Formationsordnung zur Vereinheitlichung der Finanzadministration: Jede Provinz hatte nun eine eigene Kasse und einen eigenen Etat, hier liefen die Einnahmen aller unteren Behörden zusammen. Allerdings agierten sie weiterhin nach dem Kollegialprinzip,

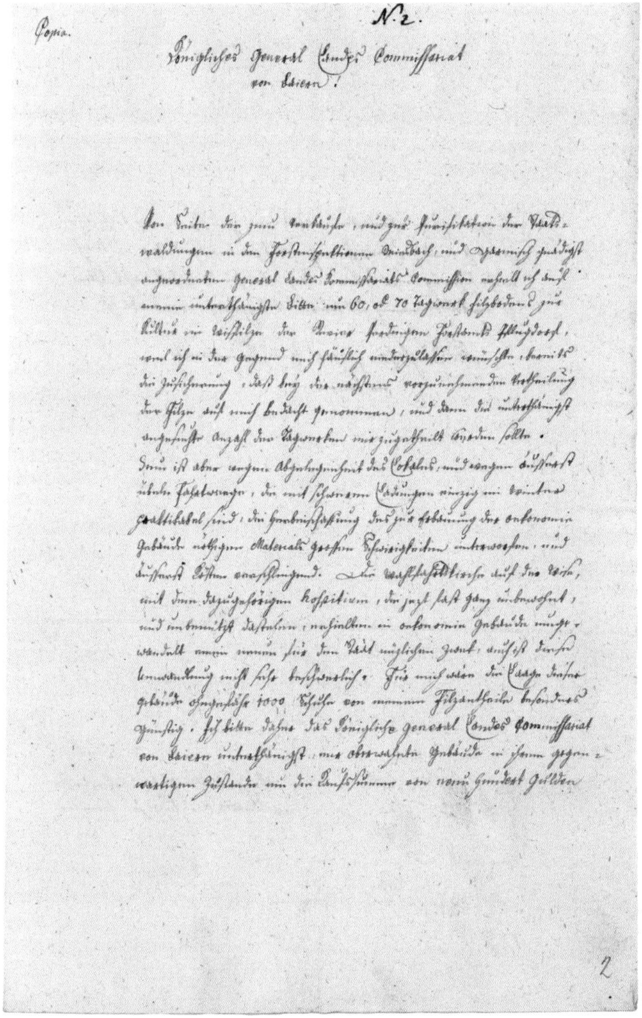

9.2a

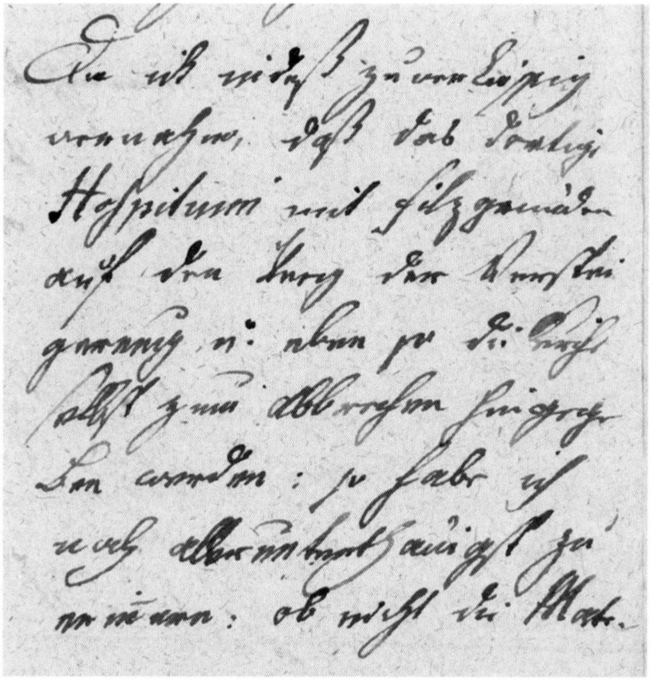

9.2c

was sich als Hindernis für eine moderne und vor allem effiziente Finanzpolitik erwies. Die Oberaufsicht führten zunächst die Präsidenten der Landesdirektionen. Nachdem diese ab 1804 zu Generallandeskommissären wurden, wurde die Generallandesdirektion abgeschafft bzw. alle Landesdirektionen in Generallandeskommissariate umbenannt (9.2b). Das zog zwar eine engere Anbindung an das Ministerium nach sich, löste aber nicht deren Überforderung, neben der übrigen Verwaltung auch noch die Finanzverwaltung effektiv zu handhaben. Allerdings gab es nun einen einheitlichen Geschäftsgang und die Abfuhr der Überschüsse an die Münchner Zentralkasse. Als Finanzbehörden der unteren Ebene agierten seit 1802 die Rentämter getrennt von der übrigen Verwaltung der Landgerichte. Sie waren zuständig für die Einnahmen und die Verrechnung der Staatsgefälle und Staatsausgaben im Rentamtsbezirk, führten aber nun alles an die Provinzkassen ab. Dies erhöhte die Effizienz in Arbeitsweise und im Geschäftsgang von unten nach oben.

Dem Ansinnen eines Kaufinteressenten, der „Wallfahrtskirche auf der Wies ... in Oekonomie Gebäude umgewandelt einen neuen für den Staat nüzlichen Zweck“ zu geben (9.2a), stand das Rentamt Schongau eher ablehnend gegenüber. Es hatte vernommen, dass das dortige „Hospitium ... auf den Weg der Versteigerung u. eben so die Kirche selbst zum Abbrechen hingeben werden" (9.2c) sollen. Letztlich scheiterte die Veräußerung an Protesten aus der Bevölkerung (9.2d). Da weder der nur schleppend vorangehende Verkauf der Kirchengüter den erwünschten Gewinn brachte, noch die Finanzverwaltung stringent und rational arbeiten konnte, mussten zur Schuldentilgung ab 1807/08 weitere Maßnahmen erfolgen.

a) Schreiben, 2 Bl., 32 x 21 cm , erste Seite.

b) Schreiben, 2 Bl., 36 x 21 cm, erste Seite.

c) Schreiben, 2 Bl., 34 x 21 cm, Doppelseite.

a–c) Staatsarchiv München, Rentämter 2260.

d) Fotografie.

Literatur: Volkert, Handbuch, S. 142–145 – Rainer Braun, Das Schicksal der Klosterkirchen und Gebäude. Der Umgang des Staates mit den säkularisierten Klöstern. In: AK Bayern ohne Klöster? S. 152–153. – Hans Pörnbacher, Dem Profanen entrückt. Die Weihe der Wieskirche vor 250 Jahren (1754–2004). In: Lech-Isar-Land 2004, Weilheim 2004, S. 3–32, hier S. 29.

9.3 Die Schulden des neuen Bayern

Nach 1809 September 30, München
Übersicht über die aus den Jahren 1799 bis 1808/1809 übernommenen Schulden.

Gemeinsam mit dem Modernisierungsschub in der Finanz- und Steuerverwaltung musste auch eine Konsolidierung der öffentlichen Finanzen in Angriff genommen werde. Zu diesem Zweck erarbeitete die Zentralstaatskasse, basierend auf den Angaben der Finanzdirektionen, die mittels einer eigenen Instruktion noch 1808 zur Lieferung von Zahlen verpflichtet worden waren, eine detaillierte Übersicht über die Entwicklung des bayerischen Schuldenstands 1799 bis 1808/09. Das dazu zusammengestellte zwanzigseitige Tafelwerk enthält Aufstellungen über die auf den einzelnen Gebieten lastenden Schulden wie auch Angaben, welche davon von der Zentralkasse bzw. den Provinzschuldentilgungskassen getragen wurden. Dabei erfolgt eine Einteilung in „Epochen": I. Regierungsantritt 1799, II. Reichsdeputationshauptschluss 1803, III. Pressburger Friede 1805 und IV. „Rheinische Confoederations Akte" 1806. Ebenso kann man die Zahl bzw. Namen der bayerischen Geldgeber sowohl aus dem In- als auch dem Ausland entnehmen. Ferner war erstmals ein jährlicher Überblick über die Entwicklung des Schuldenstands möglich, aber auch beispielsweise eine Aufstellung über den „Betrag der übernommenen Schulden und Zinsen 1799–1805." Ziel einer effektiven Entschuldungspolitik musste es bei diesen Summen sein, auch das konkurrierende Schuldenverwaltungsrecht und die Verschuldungshoheit der Landstände zu brechen und eine Konstitutionalisierung der Schuldenwirtschaft zu erreichen. Jedoch besaßen Staat und Landesherr im Gegensatz zu den Ständen als Vertreter der Grundbesitzer in der Folgezeit nur sehr wenig Kredit.

Tafelwerk, 21 Bl., je 42 x 27 cm; gezeigt wird S. 118 v, 119 r.

Bayerisches Hauptstaatsarchiv, MF 19730/2.

Literatur: Hans-Peter Ullmann, Die öffentlichen Schulden in Bayern und Baden 1780–1820. In: Historische Zeitschrift 242 (1986) S. 31–67. – Peter-Claus Hartmann, Die Schuldenlast Bayerns von Kurfürst Max Emanuel bis König Ludwig I. In: Andreas Kraus (Hrsg.), Land und Reich – Stamm und Nation. Probleme und Perspektiven bayerischer Geschichte. Festgabe für Max Spindler zum 90. Geburtstag, Band 2: Frühe Neuzeit (Schriftenreihe zur bayerischen Landesgeschichte 79), München 1984, S. 369–383.

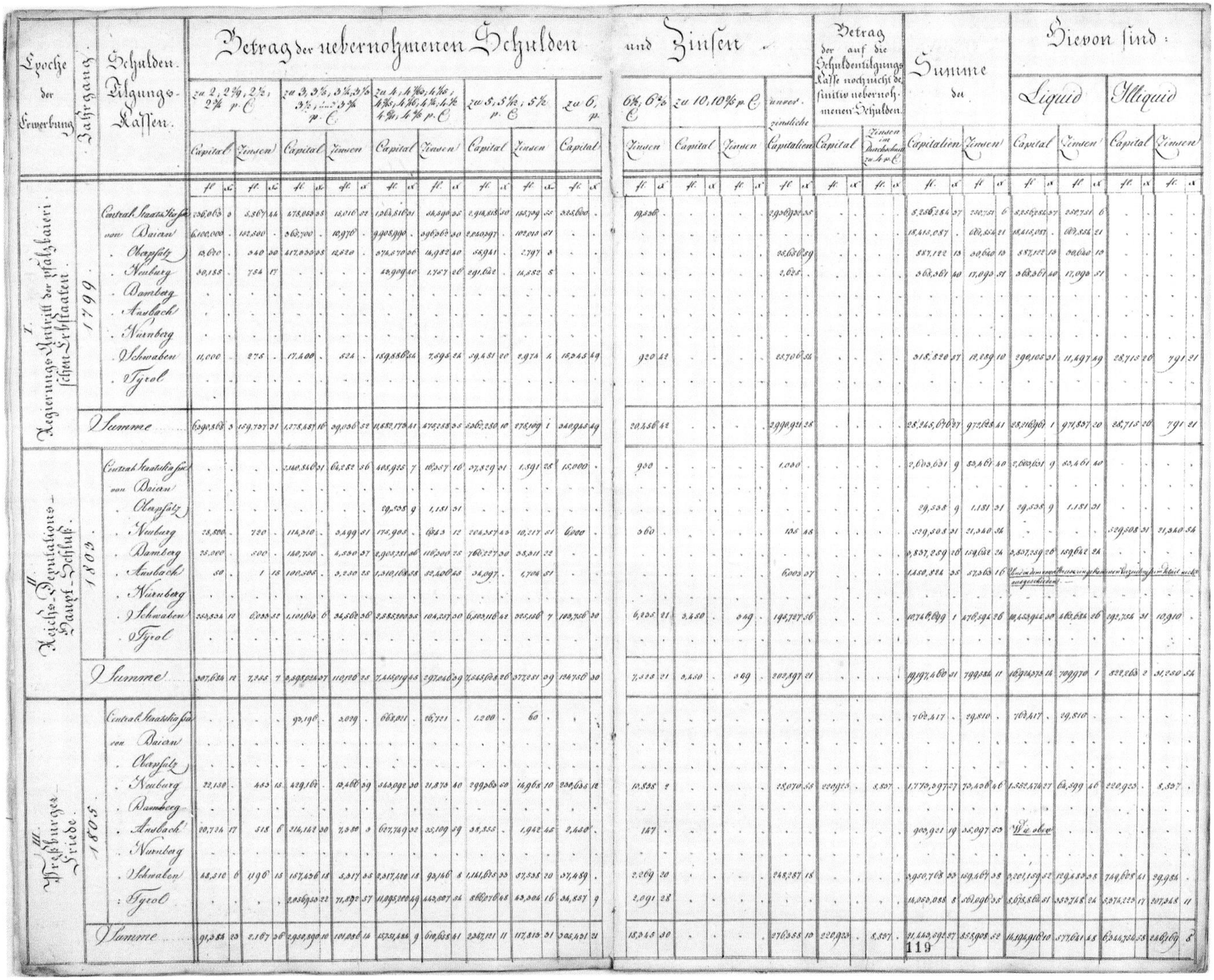

Epoche der Erwerbung	Jahrgang	Schulden-Tilgungs-Kassen	zu 2, 2 2/9, 2 1/2, 2 3/4 p. C Capital (fl. x)	Zinsen	zu 3, 3 1/3; 3 1/4, 3 1/3; 3 1/2, und 3 3/4 p. C Capital	Zinsen	zu 4, 4 1/60; 4 1/15; 4 1/5, 4 1/6; 4 1/4; 4 1/2, 4 2/3; 4 4/5 p. C Capital	Zinsen	zu 5, 5 1/2; 5 1/2 p. C Capital	Zinsen	zu 6, 6 1/4, 6 2/3 p. C Capital
I. Regierungs-Antritt der pfalzbaierischen Erbstaaten	1799	Central Staatskasse	236,063 3	5,367 44	475,053 33	15,016 52	1,264,816 31	54,890 35	2,914,815 50	155,739 55	325,600
		von Baiern	6,100,000	132,500	363,700	10,976	9,908,990	396,362 30	2,042,397	102,013 51	
		Oberpfalz	13,620	340 30	417,833 33	12,520	374,570 36	14,982 40	56,941	2,797 3	
		Neuburg	30,155	754 17			62,909 40	1,757 26	291,642	14,552 5	
		Bamberg									
		Ansbach									
		Nürnberg									
		Schwaben	11,000	275	17,400	524	159,886 54	7,695 24	59,451 20	2,974 4	15,345 49
		Tyrol									
		Summe	6,390,868 3	159,737 31	1,273,487 16	39,036 52	11,682,173 41	475,288 35	5,362,250 10	278,109 1	340,945 49
II. Reichs-Deputations-Haupt-Schluß	1803	Central Staatskasse			2,140,840 31	64,252 36	408,925 7	16,357 16	37,829 51	1,591 25	15,000
		von Baiern									
		Oberpfalz					29,535 9	1,181 31			
		Neuburg	28,800	720	114,310	3,499 51	175,905	6,843 12	204,357 43	10,217 51	6,000
		Bamberg	25,000	500	140,750	4,330 37	2,903,281 56	116,200 25	760,227 30	38,311 32	
		Ansbach	50	1 15	100,505	3,250 25	1,310,168 58	52,400 45	34,097	1,704 51	
		Nürnberg									
		Schwaben	253,534 12	6,033 52	1,101,610 6	34,562 36	2,885,200 35	104,257 30	6,503,116 42	325,156 7	103,756 30
		Tyrol									
		Summe	307,634 12	7,255 7	3,595,924 37	110,126 25	7,415,019 45	297,046 39	7,545,628 26	377,281 39	124,756 30
III. Preßburger Friede	1805	Central Staatskasse			93,196	3,029	668,021	26,721	1,200	60	
		von Baiern									
		Oberpfalz									
		Neuburg	22,130	453 15	429,162	13,466 39	543,092 30	21,873 40	299,363 50	14,968 10	230,635 12
		Bamberg									
		Ansbach	20,724 17	518 6	214,142 30	7,380 3	627,749 32	25,109 59	38,355	1,942 45	2,450
		Nürnberg									
		Schwaben	48,510 6	1,196 15	157,436 18	5,317 55	2,317,420 18	93,146 8	1,141,625 33	57,538 20	37,489
		Tyrol			2,056,953 22	71,892 57	11,095,200 49	443,807 54	866,076 48	43,304 16	34,857 9
		Summe	91,364 23	2,167 36	2,950,890 10	101,086 14	15,251,484 9	610,658 41	2,347,121 11	117,813 31	305,431 21

Schulden-Tilgungs-Kassen	zu 6 p. C Zinsen (fl. x)	zu 10, 10 2/3 p. C Capital	Zinsen	unverzinsliche Capitalien	Betrag der auf die Schuldentilgungs-Kasse noch nicht definitiv uebernohmenen Schulden: Capital	Zinsen im Durchschnitt zu 4 p. C	Summe der Capitalien	Summe der Zinsen	Hievon sind: Liquid Capital	Liquid Zinsen	Illiquid Capital	Illiquid Zinsen
I. 1799 Central Staatskasse	19,536			2,936,932 35			8,256,284 37	250,751 6	8,256,284 37	250,751 6		
von Baiern							18,415,087	664,554 21	18,415,087	664,554 21		
Oberpfalz				25,636 59			887,122 13	30,640 13	887,122 13	30,640 13		
Neuburg				2,625			368,361 40	17,095 51	368,361 40	17,095 51		
Bamberg												
Ansbach												
Nürnberg												
Schwaben	920 42			25,706 54			318,820 57	12,289 10	290,105 31	11,497 49	28,715 26	791 21
Tyrol												
Summe	20,456 42			2,990,921 28			28,245,676 27	972,623 41	28,216,961 1	971,837 20	28,715 26	791 21
II. 1803 Central Staatskasse	930			1,050			2,603,631 9	83,461 40	2,603,631 9	83,461 40		
von Baiern												
Oberpfalz							29,535 9	1,181 31	29,535 9	1,181 31		
Neuburg	360			135 48			529,508 31	21,340 54			529,508 31	21,340 54
Bamberg							3,837,259 26	159,642 24	3,837,259 26	159,642 24		
Ansbach				6,003 37			1,450,824 35	57,363 16	Sind in dem von Ansbach eingekommenen Verzeichnisse im Detail nicht ausgeschieden.			
Nürnberg												
Schwaben	6,235 21	3,450	349	195,727 56			10,746,699 1	476,594 26	10,453,944 30	463,684 26	292,754 31	10,910
Tyrol												
Summe	7,525 21	3,450	369	202,897 21			19,197,460 31	799,584 11	16,924,375 14	709,970 1	822,263 2	31,250 54
III. 1805 Central Staatskasse							762,417	29,810	762,417	29,810		
von Baiern												
Oberpfalz												
Neuburg	10,838 2			28,070 55	220,923	8,837	1,773,397 27	73,436 46	1,552,474 27	64,599 46	220,923	8,837
Bamberg												
Ansbach	147						903,921 19	35,097 53	Wie oben			
Nürnberg												
Schwaben	2,269 20			248,287 18			3,950,768 33	159,467 38	3,201,159 52	129,483 38	749,608 41	29,984
Tyrol	2,091 28						14,053,088 8	561,096 35	8,678,864 51	353,748 24	5,374,223 17	207,348 11
Summe	18,345 30			276,358 13	220,923	8,837	21,443,593 27	858,908 52	14,194,916 10	577,641 48	6,344,754 58	246,169 8

119

9.3

9.4 Das Ende der Privilegien – eine allgemeine Steuerpflicht für Bayern

1807 Juni 8, München
Sitzungsprotokoll der Geheimen Staatskonferenz.

Zu Beginn des Jahres 1807 befand sich Bayern kurz vor dem endgültigen Staatsbankrott. Die Geheime Staatskonferenz befasste sich darum in der Sitzung vom 8. Juni 1807 mit der Frage nach notwendigen und möglichen Abwehrmaßnahmen: Finanzminister von Hompesch trägt dazu zunächst detailliert den finanziellen Status quo vor und erläutert Pläne zur Sanierung der Staatsfinanzen, welche u.a. eine Erhöhung der Kriegssteuer, die Ausweitung der Erträge aus den Salinen, eine Kürzung beim Ausbau von Verkehrswegen und eine Reduzierung der Pensionen für Staatsdiener vorsieht. Allerdings würden diese nur eine kurzfristige Entspannung bewirken. „Um ein dauerhaftes Gleichgewicht in dem Staatsvermögen herzustellen“, schlägt er darum eine komplette Neuorganisation der Finanzverfassung vor. Dazu gehört vor allem die „Änderung in der Erhebung der öffentlichen Gefälle und Aufhebung aller landschaftlichen Kassen“ zugunsten einer neu zu organisierenden Steuerverwaltung. Diese setze die „Gleichheit der Abgaben“ voraus und basiere auf der Idee, dass jeder Staatsbürger ohne Unterschied des Standes für den gleichen „Genuß der Persönlichen Sicherheit und des öffentlichen Schuzes gleiche Bürden zu tragen“ habe. Die Steuererhebung „müße eine Sache der obersten Staats Gewalt werden und dürfe blos durch von ihr unmittelbahr verpflichtete und von ihr allein controlirte Diener geschehen“ und mittels einer „Concentrierung aller Cassen ... unter die Oberaufsicht des Ministerial Finanz Departements“ die landschaftlichen Kassen und Schuldentilgungswerke unter königliche Verwahrung nehmen.
Montgelas fürchtete, „das[s] solche großes Aufsehen und manche von dem Egoismus geleitete Wiedersprüche her-

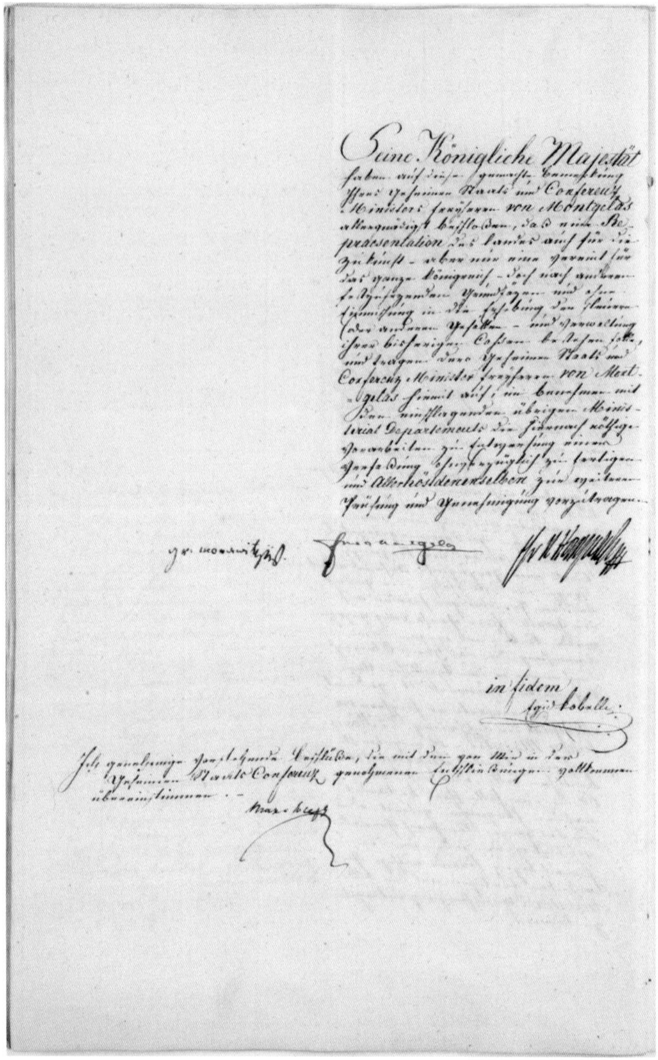
Seine Königliche Majestät
in fidem

9.4

beyführen würden“, und regte darum einen noch weitergehenden Schritt an: Da „Seine Königliche Majestät gegenwärtig unbeschränkter Souverain des Königreichs Baiern [wäre] und „in vollen Rechten und Macht jede Art von Repraesentation aufzuheben“, stellt sich die Frage nach Berechtigung und Zukunft der bisherigen Landschaft. Der König entscheidet sich, „dass eine Repraesentaion des Landes auch für die Zukunft, aber nur eine vereint für das ganze Königreich, doch nach anderen festzusezenden Grundsäzen und ohne Einmischung in die Erhebung der Steuern oder anderen Gefällen, und der Verwaltung ihrer bisherigen Cassen bestehen solle“, und trägt seinen Ministern auf, „nöthige Vorarbeiten zur Entwerfung einer Verfassung“ vorzunehmen.
Damit stellen die in dieser Sitzung gefassten Beschlüsse, die im Sitzungsprotokoll nochmals durch die eigenhändige Unterschrift des Königs wie der drei Minister Montgelas, Morawitzky und Hompesch bestätigt werden, den zentralen Wendepunkt in der bayerischen Finanzverwaltung und den zentralen Ausgangspunkt für die verfassungsmäßige Neuordnung dar.

Kanzleihandschrift, nicht paginiert, eigenhändige Unterschrift der drei Minister und des Königs, 20 Bl., 33 x 20,5 cm; gezeigt werden Bl. 17v, 18r, 18v.

Bayerisches Hauptstaatsarchiv, StR 7.

Literatur: Thomas Paringer, Die bayerische Landschaft. Zusammensetzung, Aufgaben und Wirkungskreis der landständischen Vertretung im Kurfürstentum Bayern (1715–1740) (Studien zur bayerischen Verfassungs- und Sozialgeschichte 27), München 2007, S. 198–230. – Demel, Staatsabsolutismus, S. 189–240. – Schimke, Regierungsakten, S. 22–27. – AK Bayern entsteht, S. 55–58.

9.5 Die Vermessung des neuen Bayern

a) 1801, München
„Vue Générale De l'Appareil Employé Pour la Mesure De La Base De La Goldach“.

b) 1801, München
„Détails De l'Appareil au Vingtieme des Grandeurs Réelles“.

c) 1823, Fa. Ertel München
Achtzölliger Repetitionstheodolit mit Fraunhoferfernrohr.

d) 1810
„Praktisches Handbuch zur Berechnung eines Haupt Dreieck Netzes“.

e) 1808 April 12, München
„Vorschrift zur Zeichnungsart für die Pläne der Steuer-Rectifikations Vermessung (Anhang der Instruktion für die bey der Steuer-Messung im Königreiche Baiern arbeitenden Geometer und Geodäten)“.

f) 1809
Vorschrift zur Zeichnung für die Ortschaftsmesser.

g) 1807 Juli 28, München
Antrag von Joseph Stanger an die „Königlich baier. Steuerperaequations Commission“.

Ein erster Anstoß für die Vermessung Bayerns ging von der „Französischen Heeresleitung“ während des 2. Koalitionskriegs (1799–1801) aus. Im Juni 1801 folgte die Gründung des Topographischen Büros und, auf Anregung Utzschneiders (vgl. Kat.Nr. 9.1), auch eines „Bureau de cadastre“. Anfänglich unter Leitung französischer Fachleute wurde zunächst mit der Messung einer altbayerischen Grundlinie zwischen München und Aufkirchen begonnen, die später die Grundlinie eines Hauptdreiecknetz bildete (9.5a und b). Ab 1808 wurde das Vermessungssystem auch auf die hinzugekommenen schwäbischen und fränkischen Gebiete ausgedehnt. Dabei stellte sich heraus, dass das durch die französische

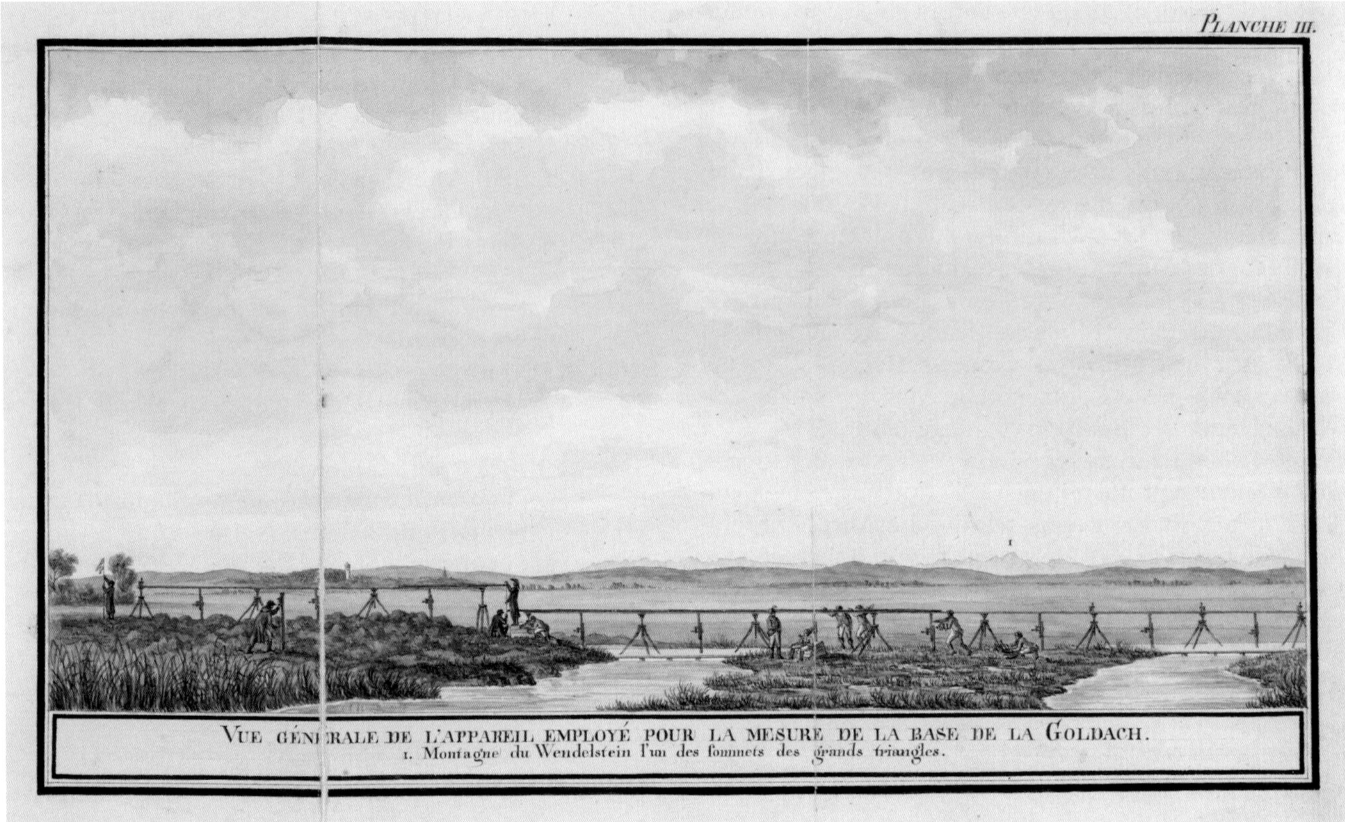
Planche III.
Vue générale de l'appareil employé pour la mesure de la base de la Goldach.
1. Montagne du Wendelstein l'un des sommets des grands triangles.
1

9.5a

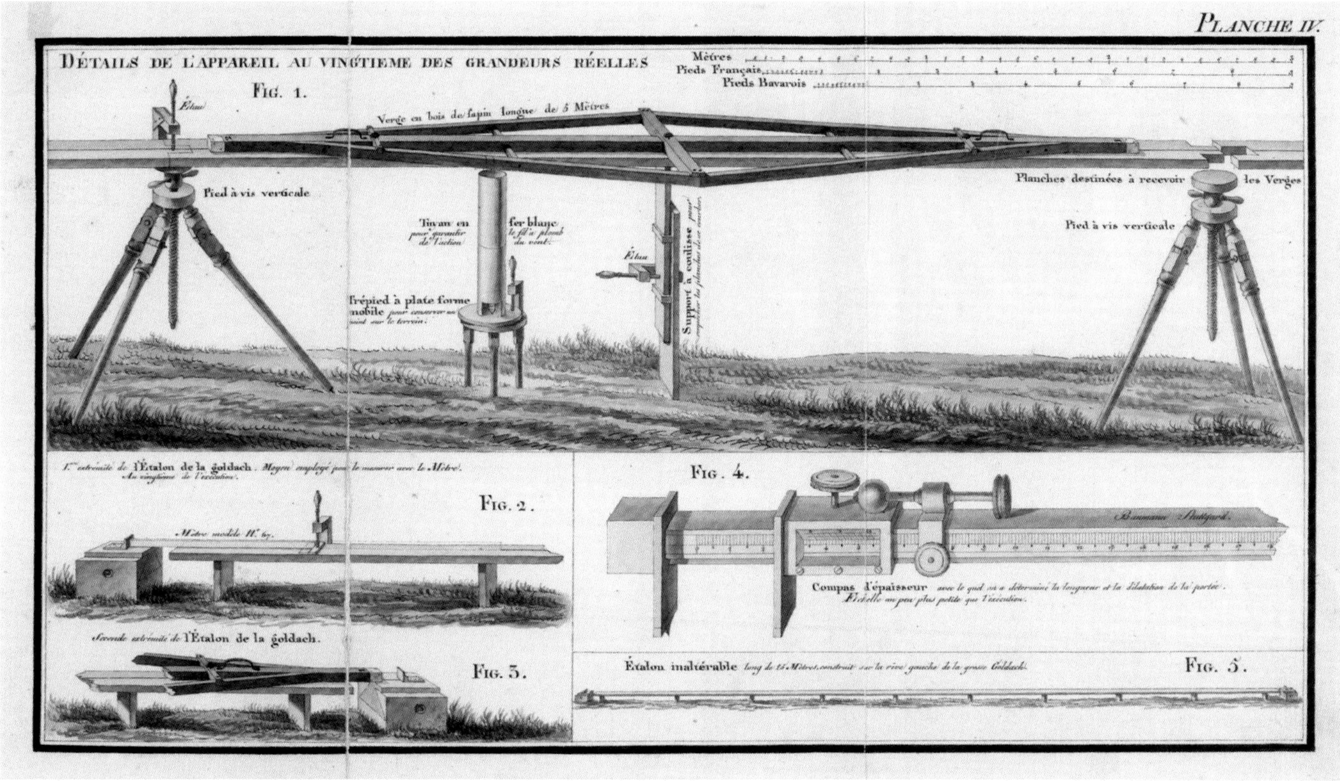

PLANCHE IV.
DÉTAILS DE L'APPAREIL AU VINGTIEME DES GRANDEURS RÉELLES
Mètres
Pieds Français
Pieds Bavarois
FIG. 1.
Étau
Verge en bois de sapin longue de 5 Mètres
Pied à vis verticale
Planches destinées à recevoir les Verges
Pied à vis verticale
Tuyau en fer blanc
Étau
Trépied à plate forme mobile
Support à coulisse
FIG. 2.
Étalon de la goldach.
FIG. 3.
Étalon de la goldach.
FIG. 4.
Compas d'épaisseur
FIG. 5.
Étalon inaltérable

9.5b

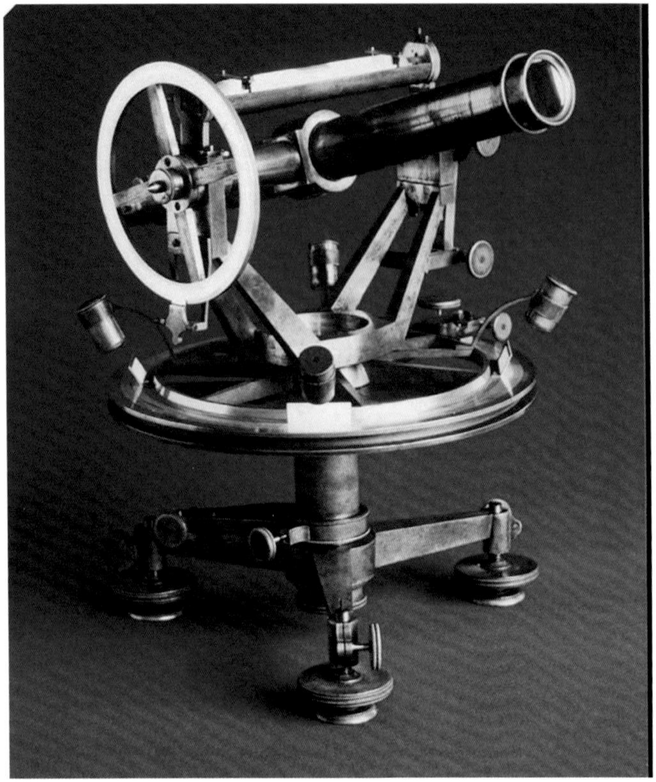

9.5c

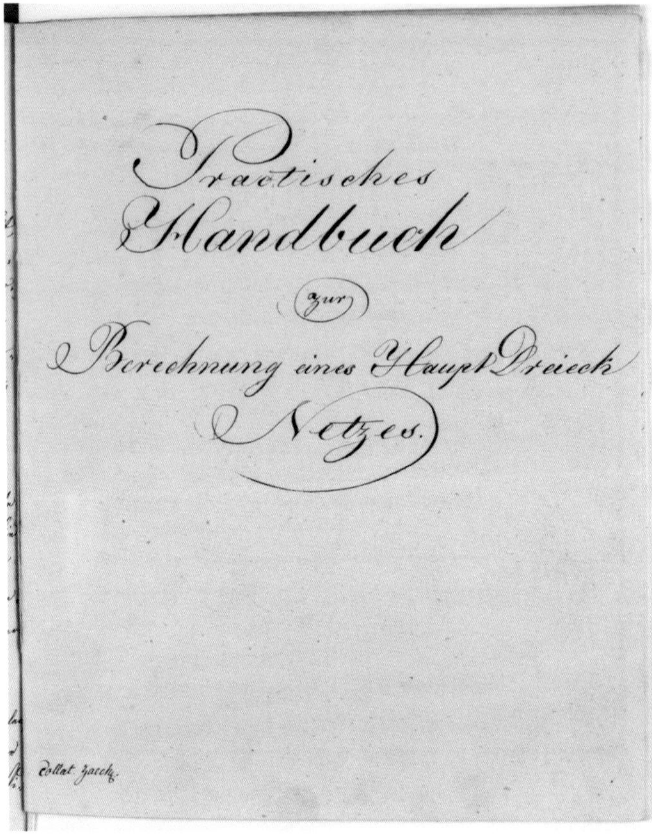

Practisches
Handbuch
zur
Berechnung eines Haupt Dreieck
Netzes.

Collat. Zacek.

9.5d

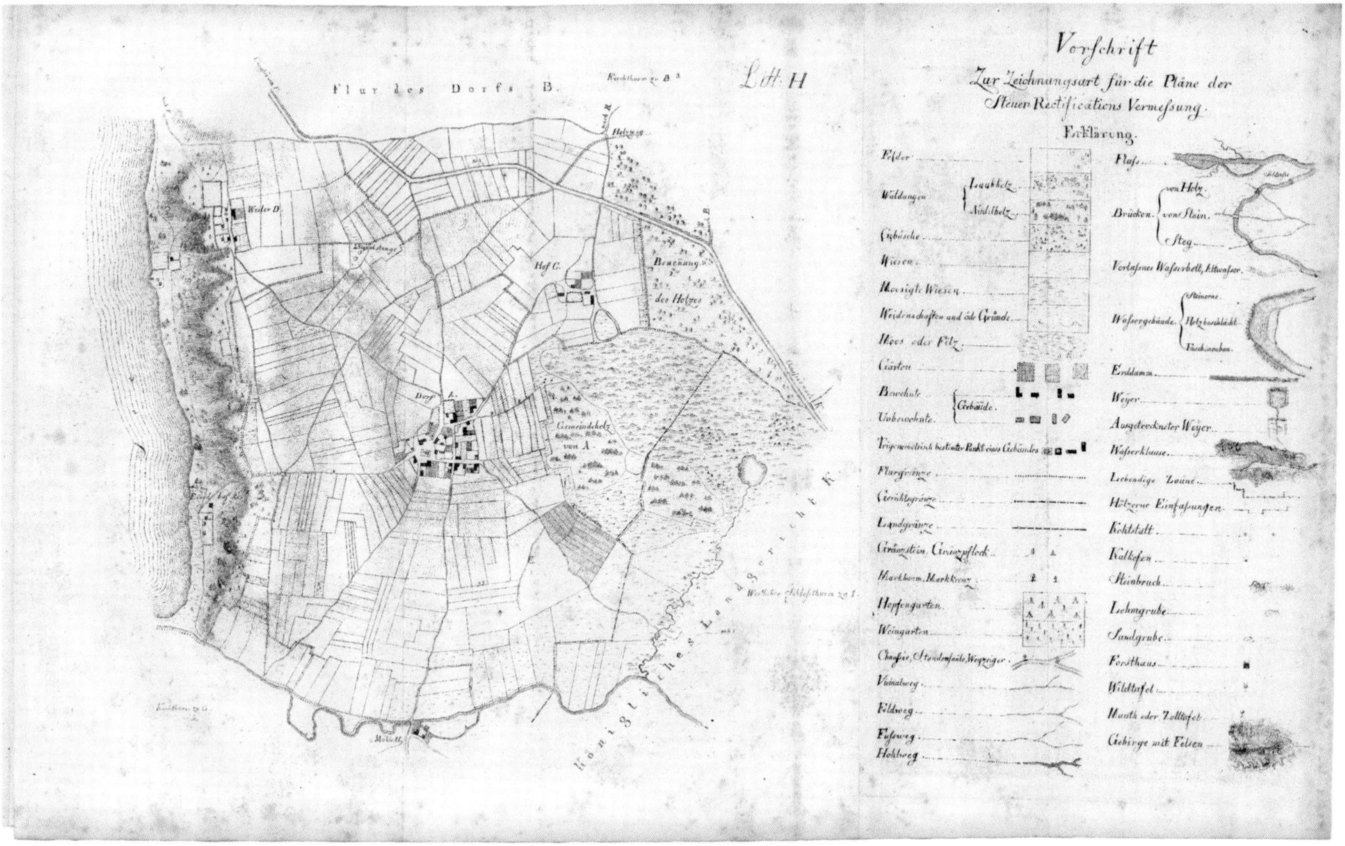
Vorschrift
Zur Zeichnungsart für die Pläne der
Steuer Rectifications Vermessung.
Erklärung.
Flur des Dorfs B.
Litt. H
Weiler D.
Hof C.
Dorf A.
Gemeindeholz von A.
Felder
Waldungen
Laubholz
Nadelholz
Gebüsche
Wiesen
Moosigte Wiesen
Moos oder Filz
Gärten
Bewohnte
Unbewohnte
Gebäude
Flurgränze
Gerichtsgränze
Landgränze
Hopfengarten
Weingarten
Vicinalweg
Feldweg
Fußweg
Hohlweg
Fluß
Brücken
von Holz
von Stein
Steg
Wassergebäude
Erddamm
Weyer
Ausgetrockneter Weyer
Wasserklause
Lebendige Zäune
Hölzerne Einfassungen
Kohlstatt
Kalkofen
Steinbruch
Lehmgrube
Sandgrube
Forsthaus
Wildtafel
Mauth oder Zolltafel
Gebirge mit Felsen
Königliches Landgericht K.

9.5e

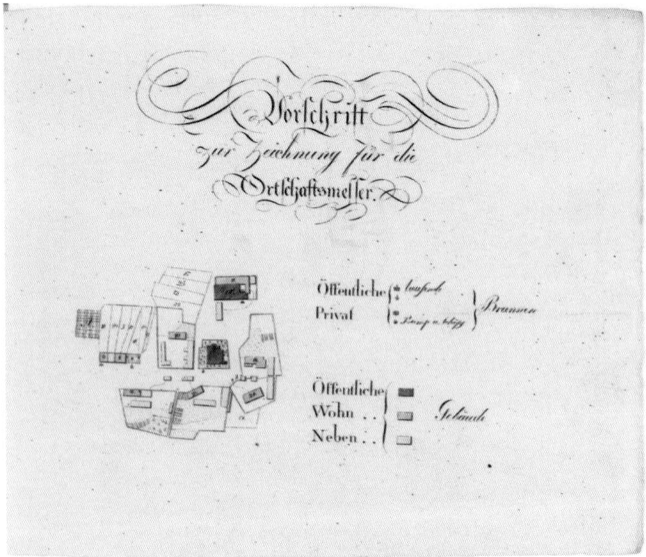

9.5f

Winkelmessung entstandene Hauptdreiecknetz zu ungenau für ein Kataster im Maßstab 1:5000 war. Für die neuerliche Messung wurden deshalb so genannte Repetitionstheodoliten verwendet, bei deren Ausstattung vielfach auf die Fernrohre aus einer optischen Werkstatt von Utzschneider und Fraunhofer zurückgegriffen wurde. Mittels der so genannten Messtischmethode wurde dann später eine Polaraufnahme erstellt, deren Grundlage ein graphisch bestimmtes Netz und ein, eben mit Hilfe eines Repetitionstheodoliten (9.5c) erstelltes trigonometrisches Netz (9.5d) waren. Durch Kippregler zur optischen Distanzmessung wurden im Anschluss Gebäude, Wege, Gewässer, Waldungen und vor allem Grundstücke aufgenommen und auf einzelnen Katasterkarten graphisch dargestellt. Deren Ausführung vollzog sich in mehreren Schritten: Zunächst wurde vor Ort eine erste Zeichnung und Beschriftung mit hartem Blei erstellt. Im Winter oder bei schlechtem Wetter wurde diese mittels Tusche nachgezogen; anschließend erfolgte die Überprüfung durch einen eigenen Revisor auf Vollständigkeit und Lagegenauigkeit. Ergebnis war eine nach strikten formalen Vorgaben (9.5e und f) gestaltete, übersichtliche und lesbare (9.5g) Flurkarte.

a–b) Papier/Aquarell, 42 x 22,5 cm.

c) Repitionstheodolit, achtzöllig, signiert Teilkreis: Ertel & Sohn, München; Fernrohr: Utzschneider und Fraunhofer in München.

d) 16 Bl., geheftet, 17,5 x 21 cm, gezeigt wird das Titelblatt und eine Rechnungstabelle.

e) Instruktion, 1 Bl., angeheftet, 35 x 58 cm.

f) geheftet im Akt, koloriert, 1 Bl., 17 x 21 cm.

g) Schreiben, 1 Bl., 35 x 22 cm.

a–b) Bayerisches Hauptstaatsarchiv, Landesvermessungsamt 4027/1.

c) Landesamt für Vermessung und Geoinformation (789–194).

d–f) Bayerisches Hauptstaatsarchiv, MF 16687.

g) Bayerisches Hauptstaatsarchiv, MF 16694.

Literatur: Josef Amann, Das baierische Kataster, Stuttgart 1920. – August Scherl, Das Steuerkataster, München 1974. – AK Wittelsbach und Bayern III/2, S. 169–170. – AK Bayern und Frankreich, S. 348.

9.6 Erstellung eines Katasters

1811
Katasterplan/Ortsbild von Ottmaring.

Eine gleichermaßen einheitliche und gerechte Grundbesteuerung war nur erreichbar, indem man eine neue allgemeine parzellare Vermessung des Landes startete. König Max I. Joseph schuf dazu 1808 eine eigene Steuervermessungskommission (ab 1811 eine Steuerkatasterkommission), die bis 1868 insgesamt 19,3 Millionen Grundstücksparzellen im Königreich Bayern sowie der Pfalz vermessen und mittels ca. 20.000 Orts- und Katasterkarten graphisch fixieren lies. Dies war notwendig, um die für die neue Form der Besteuerung einschlägigen Daten über die Größe der Grundstücke und ihre Bonität sowie graphische Darstellung der Messungsresultate zu erhalten. Deshalb geben die dabei entstandenen Flurkarten nicht nur Lage, sondern auch Figur und Kulturart der einzelnen Grundstücke wieder. Begonnen wurde mit der Vermessung im Isarkreis. Das ausgestellte Katasterblatt zeigt den Ort Ottmaring bei Friedberg.

Kolorierte Ortsbildaufnahme auf Zeichenpapier, 58 x 58 cm.

Bayerisches Hauptstaatsarchiv, Landesvermessungsamt Uraufnahmen (Ortsbild), NW X 18, O 82.

Literatur: AK Wittelsbach und Bayern, S. 168–172. – Amann (wie Kat. Nr. 9.5).

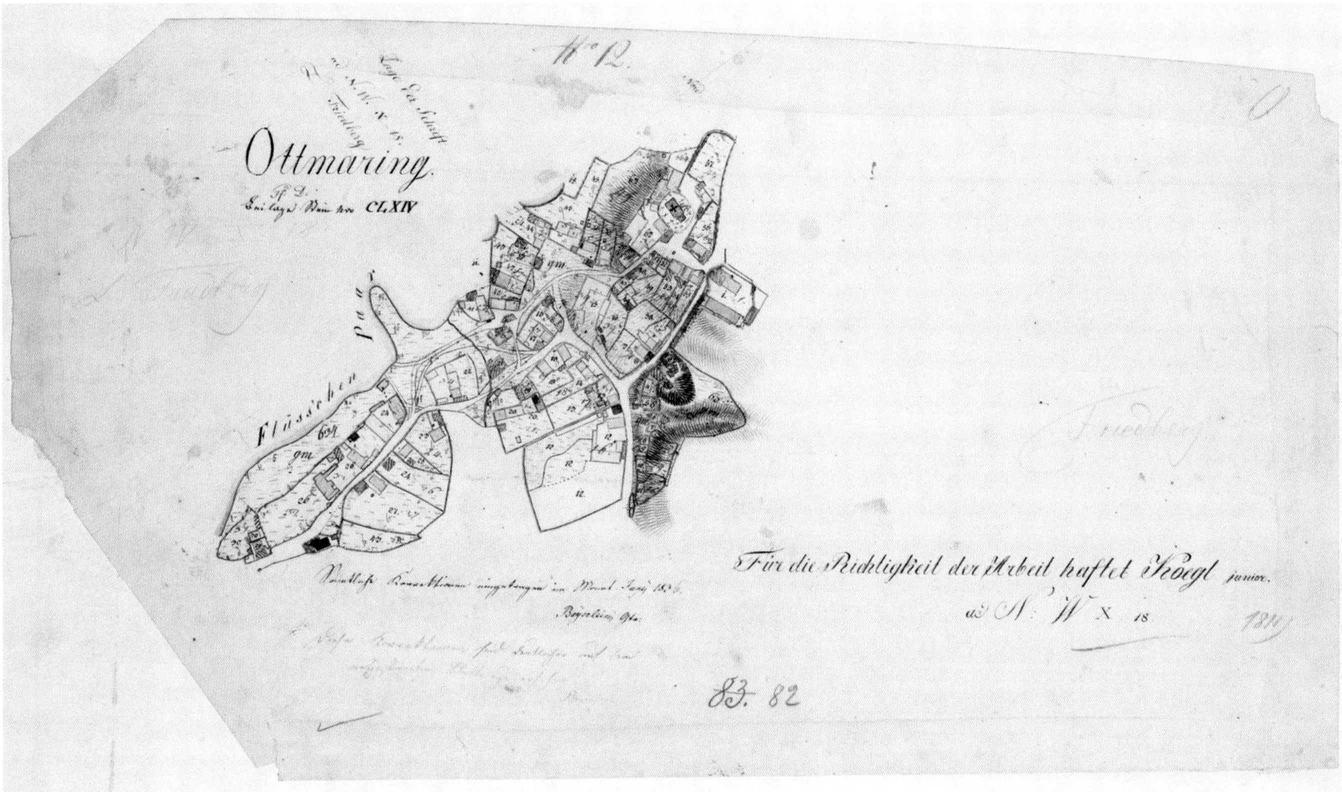

9.6

9.7 Steuern und Abgaben vor der Konstitution 1808

1802 März 24, München
„Auftrag an sämtliche churfürstliche Land- und gefreyten Gerichte, dann Hauptstädte Ober- und Unterlands Baiern. Die Steuerausschreibung betreffend".

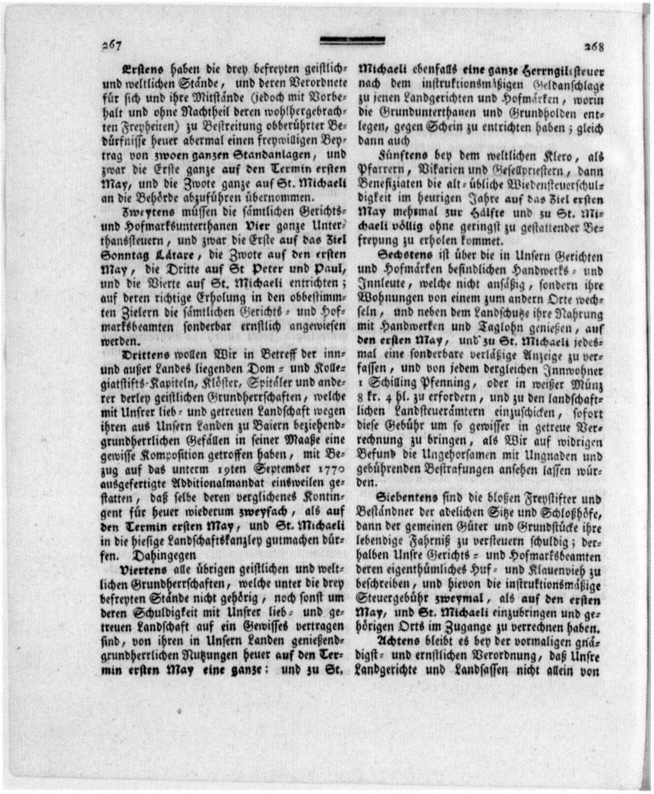

267 | 268

Erstens haben die drey befreyten geistlich- und weltlichen Stände, und deren Verordnete für sich und ihre Mitstände (jedoch mit Vorbehalt und ohne Nachtheil deren wohlhergebrachten Freyheiten) zu Bestreitung obberührter Bedürfnisse heuer abermal einen freywilligen Beytrag von **zwoen ganzen Standanlagen**, und zwar die Erste ganze **auf den Termin ersten May**, und die Zwote ganze **auf St. Michaeli** an die Behörde abzuführen übernommen.

Zweytens müssen die sämtlichen Gerichts- und Hofmarksunterthanen **Vier** ganze Unterthanssteuern, und zwar die Erste **auf das Ziel Sonntag Lätare**, die Zwote **auf den ersten May**, die Dritte **auf St Peter und Paul**, und die Vierte **auf St. Michaeli** entrichten; auf deren richtige Erholung in den obbestimmten Zielern die sämtlichen Gerichts- und Hofmarksbeamten sonderbar ernstlich angewiesen werden.

Drittens wollen Wir in Betreff der inn- und außer Landes liegenden Dom- und Kollegiatstifts-Kapiteln, Klöster, Spitäler und anderer derley geistlichen Grundherrschaften, welche mit Unsrer lieb- und getreuen Landschaft wegen ihren aus Unsern Landen zu Baiern beziehend-grundherrlichen Gefällen in seiner Maaße eine gewisse Komposition getroffen haben, mit Bezug auf das unterm 19ten September 1770 ausgefertigte Additionalmandat einsweilen gestatten, daß selbe deren verglichenes Kontingent für heuer wiederum **zweyfach**, als **auf den Termin ersten May**, und **St. Michaeli** in die hiesige Landschaftskanzley gutmachen dürfen. Dahingegen

Viertens alle übrigen geistlichen und weltlichen Grundherrschaften, welche unter die drey befreyten Stände nicht gehörig, noch sonst um deren Schuldigkeit mit Unsrer lieb- und getreuen Landschaft auf ein Gewisses vertragen sind, von ihren in Unsern Landen genießend-grundherrlichen Nutzungen heuer **auf den Termin ersten May eine ganze**: und zu St. Michaeli ebenfalls **eine ganze Herrngiltsteuer** nach dem instruktionsmäßigen Geldanschlage zu jenen Landgerichten und Hofmärken, worin die Grundunterthanen und Grundholden entlegen, gegen Schein zu entrichten haben; gleich dann auch

Fünftens bey dem weltlichen Klero, als Pfarrern, Vikarien und Gesellpriestern, dann Benefiziaten die alt-übliche Wiedensteuerschuldigkeit im heurigen Jahre **auf das Ziel ersten May mehrmal zur Hälfte** und **zu St. Michaeli völlig** ohne geringst zu gestattender Befreyung zu erholen kommet.

Sechstens ist über die in Unsern Gerichten und Hofmärken befindlichen Handwerks- und Innleute, welche nicht ansäßig, sondern ihre Wohnungen von einem zum andern Orte wechseln, und neben dem Landschutze ihre Nahrung mit Handwerken und Taglohn genießen, **auf den ersten May**, und **zu St. Michaeli** jedesmal eine sonderbare verläßige Anzeige zu verfassen, und von jedem dergleichen Innwohner 1 Schilling Pfenning, oder in weißer Münz 8 kr. 4 hl. zu erfordern, und zu den landschaftlichen Landsteuerämtern einzuschicken, sofort diese Gebühr um so gewisser in getreue Verrechnung zu bringen, als Wir auf widrigen Befund die Ungehorsamen mit Ungnaden und gebührenden Bestrafungen ansehen lassen würden.

Siebentens sind die bloßen Freystifter und Beständner der adelichen Sitze und Schloßhöfe, dann der gemeinen Güter und Grundstücke ihre lebendige Fahrniß zu versteuern schuldig; derhalben Unsre Gerichts- und Hofmarksbeamten deren eigenthümliches Huf- und Klauenvieh zu beschreiben, und hievon die instruktionsmäßige Steuergebühr **zweymal**, als **auf den ersten May**, und **St. Michaeli** einzubringen und gehörigen Orts im Zugange zu verrechnen haben.

Achtens bleibt es bey der vormaligen gnädigst- und ernstlichen Verordnung, daß Unsre Landgerichte und Landsassen nicht allein von

9.7

Zusammen mit dem schon im 18. Jahrhundert immer mehr steigenden Staatsdefizit wurden auch mehr und mehr die Steuererhebungen ausdifferenziert und erweitert. In Bayern gab es um 1800 eine Vielzahl von unterschiedlichen Steuern und Abgaben. Bei der Herrengiltsteuer handelte es sich um eine Abgabe der nichtständischen Grundherrschaften von den Zinsen und Gülten ihrer Güter, Zehnten und anderer dinglicher Abgaben. Die geistlichen Grundherrschaften leisteten einen so genannten Compositionsbeitrag, der niedere Weltklerus Steuern auf das Widdumsgut. Eine Inleutesteuer hatten nichtansässige Handwerker und Tagelöhner zu entrichten. Hinzu kamen eine Vielzahl weiterer Abgaben wie das Scharwerk und Herdstattgeld, eine Viehsteuer für die Freistifter, etc. Die Standsteuer war eine freiwillige Abgabe der drei gefreiten Stände und setze sich zusammen aus der Prälaten-, Ritter- und Städte- bzw. Märktesteuer, die meist nicht sehr hoch war, da sie von den Ständen selbst festgesetzt wurde. Die nichtgefreite Bevölkerung zahlte die Land- bzw. Untertanensteuer. Dazu wurde seit 1721 versucht, anhand einer eher ungenauen Abschätzung der Qualität des Bodens den Bestandteil des Ertrags festzustellen, der nach Abzug der Aufwendungen für den Ertrag sowie den Reallasten übrig blieb, immer unter zusätzlicher Berücksichtigung des Besitzrechts. Allerdings erfolgten hier keine regelmäßigen Aktualisierungen. Erschwerend kam hinzu, dass Steuerhöhe und Steuerarten der kurbayerischen und der neu hinzugekommenen Territorien untereinander stark differierten. Somit zeigten sich „allein nicht bloß im Steuerfuße, und in der Vertheilung der direkten Auflagen, sondern auch in der Art ihrer Erhebung ... Abweichungen, und sehr auffallende Anomalien".

RBl 1802, 265, gezeigt werden Sp. 265–269; 20 x 22,5 cm.

Reproduktion (Vorlage: Regierungsblatt; Bayerisches Hauptstaatsarchiv, Amtsbücherei, 8° Z 166–1802).

Literatur: Rainer Beck, Unterfinning, Ländliche Welt vor Anbruch der Moderne, München 1993, S. 472–505. – Demel, Staatsabsolutismus, S. 234–244.

9.8 Steuern und Abgaben nach der Konstitution 1808

a) 1814, Februar
„Rustikal und Dominikal Steuerkataster wie auch Lagerbuch über das gesamte Grundvermögen des Steuerdistriktes Ottmaring im k. Landgerichte [und] Rentamte Friedberg im Isar-Kreise".

b) 1811 November 22, München
Das allgemeine Steuermandat für das Etatjahr 1811/12 betreffend.

Die bei der Messung entstandenen Daten zur Ertragsfähigkeit, Nutzungsart und Flächengröße wurden unter dem Namen des jeweiligen Eigentümers in eigene Katasterbücher eingetragen, die für insgesamt 8493 Steuergemeinden erstellt wurden. Nach der Konstitution gab es nunmehr vier direkte Steuern: Basierend auf den Verkaufswert war die Rustikal- bzw. Grundsteuer festgesetzt auf 3/4 % oder „auf 45 kr[euzer] von jedem Hundert Gulden der erhobenen Steuerkapitalien". Die Dominikalsteuer auf 1/2 % oder „in 30 kr. vom Hundert Gulden des Kapitalanschlags dieser Renten". Die „ordentliche Jahressteuer von Häusern ... besteht in 1/4 Prozent oder 15 kr. von jedem Hundert Gulden" und die Gewerbesteuer, welche „nach den in den Gewerbesteuer-Katastern ausgeworfenen Klassen erhoben" wird (9.8b). Damit lag das Steuersystem in der Mitte zwischen überkommener Vermögens- und moderner Einkommensbesteuerung. Für das Wohngebäude Nr. 1 mit dem Flächeninhalt von 0 Tagwerk, 62 Dezimal (1 Tagwerk = 100 Dezimal), Bonitätsklasse 10 war nun die Rustikalsteuer von 6 Kreuzer, 2 Pfennig ermittelt. Für Acker Nr. 81 mit über 6 Tagwerk fielen 47 Kreuzer an, als einfache Zehentsteuer waren 5 Kreuzer 2 Pfennig ermittelt worden. Oftmals sind auch ältere Herrschaftsrecht erwähnt. Katasterkarten und -bände stellen deshalb eine quasi minutiöse Bestandsaufnahme des Grundstücksbesitzes im Königreich Bayern dar.

a) Katasterband, 2 Bl., S. je 22 cm x 38 cm, gezeigt wird S. 1.

b) RBl 1811, 1745, gezeigt werden Sp. 1748–1754; 20 x 24,5 cm.

a) Staatsarchiv München, Kataster 26312.

b) Reproduktion (Vorlage: Regierungsblatt; Bayerisches Hauptstaatsarchiv, Amtsbücherei, 8° Z 116–1811).

Literatur: Demel, Staatsabsolutismus, S. 80–93. – AK Wittelsbach und Bayern III/2, S. 168–172. – Anton Grau, Die Geschichte eines Bauernhofs. In: Lehrausstellungen im Hauptstaatsarchiv München 1965–1967 (Mitteilungen für die Archivpflege in Bayern, Sonderheft 5) München 1967, S. 68–76. – Bernhard Grau, Uraufnahme, Anfänge der Katastervermessung in Bayern, München 2006 (Faltblatt).

9.9 Von den Binnenzöllen zum einheitlichen Wirtschaftsraum

a) 1764
„Geographische Mauth-Charte von Bayern".

b) 1808 Januar 6, München
Zoll- und Mautordnung für die Gesamt-Staaten des Königreiches Baiern 1807.

Ursprünglich herrschte in Bayern ein System von uneinheitlichen Binnenzöllen, Akzisen (auf Nahrungs- und Genussmittel aufgeschlagene Abgaben), Transit-, Einfuhr- und Ausfuhrabgaben. Aus zollpolitischen Gründen hatte darum Johann Franz Kohlbrenner (1728–1783), Sekretär der 1765 geschaffenen Mautdirektion, eine eigene Mautkarte geschaffen, die sowohl gedruckt als auch bei allen Mautämtern erhältlich war. Sie zeigt die einzelnen Mautämter gemäß ihrer geographischen Lage und der zu entrichtenden Mauten in Abhängigkeit zu den benutzbaren Straßen und Wasserwegen, die zudem noch mit Entfernungsangaben nach Wegstunden versehen waren (9.9a). Die Möglichkeit einer Steigerung der durch die indirekten Steuern erhobenen Abgaben als weiteres Mittel zur Schuldentilgung blieb bei diesem komplexen Zollsystem jedoch begrenzt. Erschwerend kam für das durch Gebietsgewinne gewachsene Bayern hinzu, dass in den unterschiedlichen Territorien unterschiedliche Gebüh-

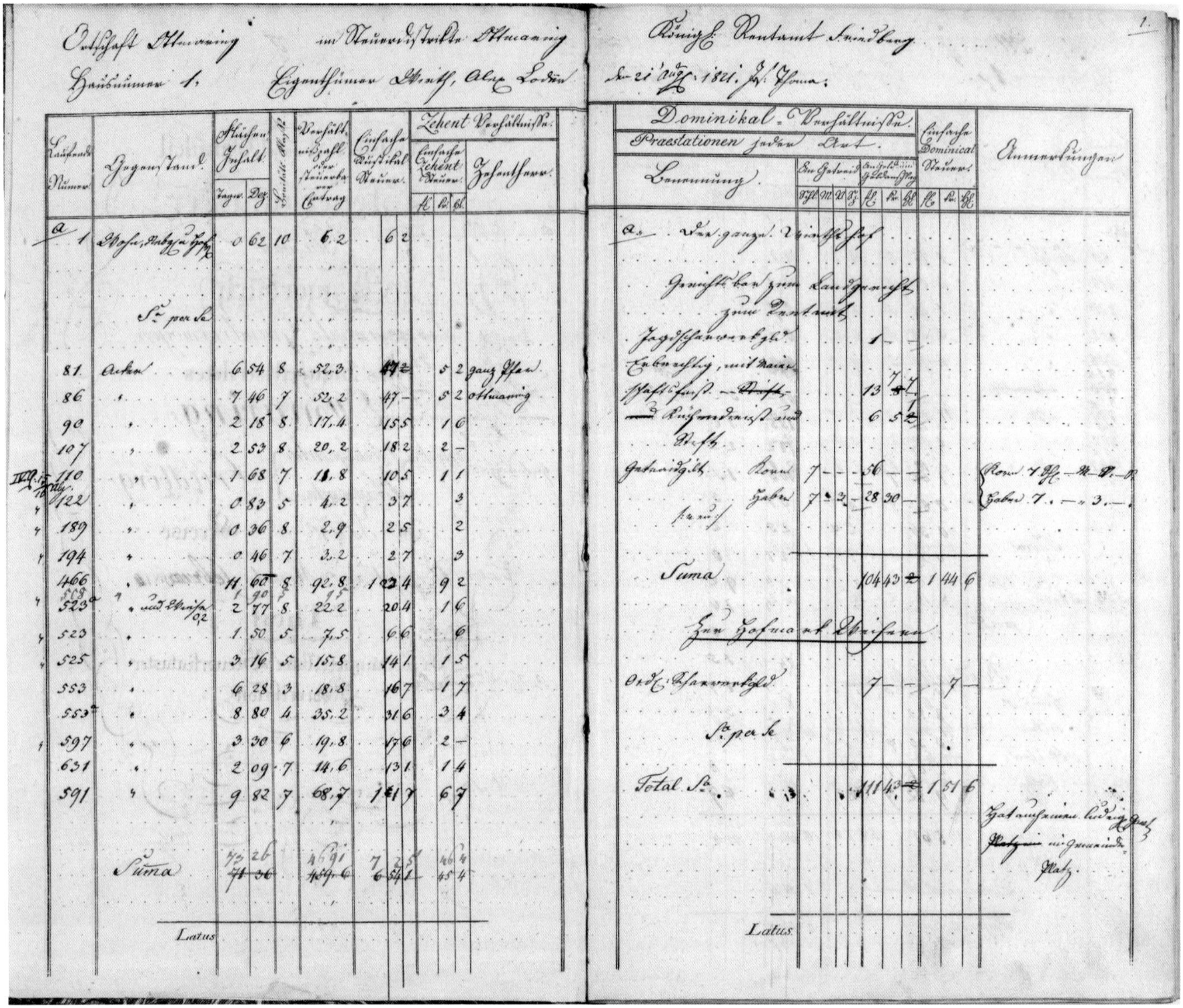
Zehent Verhältnisse
Dominikal-Verhältnisse
Praestationen jeder Art
Dominical
Suma
Total
Latus
Latus

9.8a

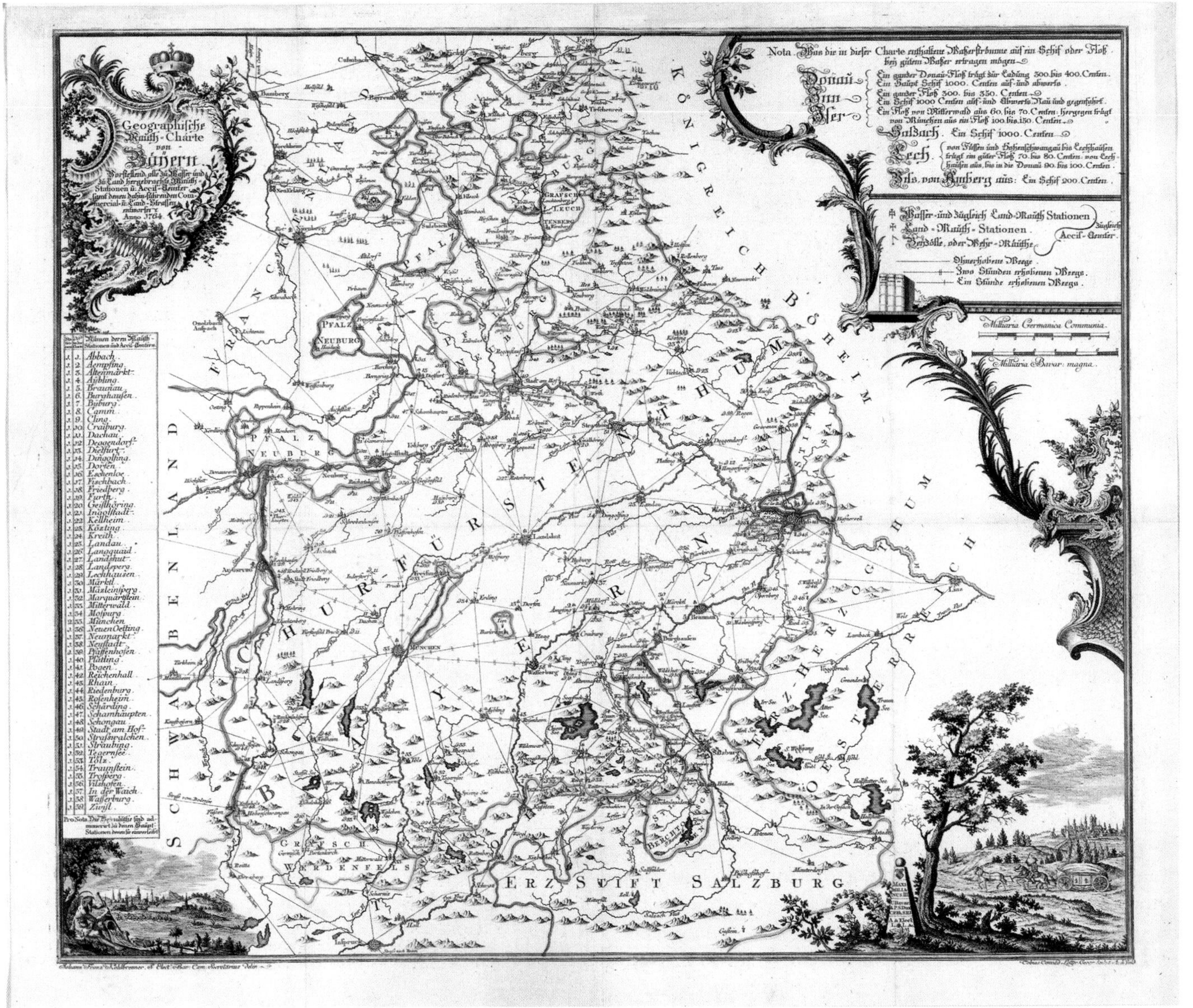
Geographische Mauth-Charte von Bayern
Anno 1764
KÖNIGREICH BÖHEIM
ERZ STIFT SALZBURG
SCHWABENLAND
Milliaria Germanica Communia
Milliaria Bavar: magna
MÜNCHEN
Landshut

9.9a

5 Königlich-Baierisches 6

Regierungsblatt.

I. Stück. München, Mittwoch den 6. Jänner 1808.

Zoll- und Mautordnung
für die Gesamt-Staaten des Königreiches Baiern.

Wir Maximilian Joseph,
von Gottes Gnaden König von Baiern.

Die Verschiedenheit der Zoll- und Maut-Behandlung, welche bisher nicht allein in einer jeden der neuerworbenen Provinzen Unseres Königreiches, sondern oft sogar in einzelnen Gebieten derselben bestand, so, daß sowohl jede der ersten, als mehrere der lezten ihr eigenes besonderes Maut-Tarif, und ihre eigenen Zoll- und Maut-Geseze hatten; Die gänzliche Absonderung dieser neuerworbenen Provinzen, in kommerzieller Hinsicht, von Unseren älteren, durch die bisherige Beibehaltung der zwischen ihnen befindlichen Maut-Grenzen, und die daraus entsprungene Hemmung des wechselseitigen Verkehrs in dem Inneren Unseres Reiches selbst, dessen verschiedene Theile sich in diesem Betrachte größtentheils unter einander noch als ausländisch behandelten, — haben Uns bewogen, dem Begriffe der Unser gesamtes Reich verbindenden Einheit gemäß, die dermaligen inneren Maut-Grenzen durchgängig aufzuheben, Unsere sämtliche Staaten in einen einzigen zusammenhängenden Maut-Verband zu ziehen, und die Grenzen der Maut überall bis an die Grenzen Unseres Reiches zu verlegen.

Wir sezen demnach, in Verbindung mit dieser allgemeinen Verfügung, über deren weitere spezielle Ausführung ein besonderes allerhöchstes Reseript erfolgen wird, zugleich nachstehende Zoll- und Maut-Ordnung für die gesamten Staaten Unseres Königreiches fest.

I. Abschnitt.

Aufhebung sämtlicher bisher bestandener Zoll- und Maut-Geseze durch Einführung der gegenwärtigen Zoll- und Maut-Ordnung. §. 1 — 13.

1. Alle in Unseren Provinzen dermalen bestehenden Zoll-, Maut-, Weg- und Brückengeld-Erhebungen, so wie alle übrigen im Inneren des Königreiches unter dem Namen: Intrinseco, oder unter jeder sonstigen Benennung statt habenden Zölle, Mauten und Accisen, selbst auch alle Umgelds- und Aufschlags-Erhebungen, welche sich nicht auf den durch Unsere allerhöchste Verordnung vom 28. Juni dieses Jahres für die Pro-

9.9b

renordnungen zugrunde lagen. Die teilweise falschen Zahlen aus den Kasten-, Maut- und Zollämtern liefen zwar über die Rentämter bis zur Generalkasse, machten aber einen Überblick bzw. eine Sanierung der Finanzen unmöglich. Entsprechend der Vorgabe, „die wesentlichsten Beschwerden wider das bisherige Maut- und Accis-System abzustellen", wurden darum durch die neue Zoll- und Mautordnung 1808 die Binnenzölle aufgehoben und die Mautgrenzen an die neuen Landesgrenzen verschoben. Es entstand ein liberales Handels- und Zollsystem mit freihändlerisch orientierten, niedrigen Ein- und Ausfuhrzolltarifen (9.9b). So genannte Weg- und Brückengelder wurden abgeschafft, die dadurch entstandenen Einnahmeausfälle für die Instandhaltung von Verkehrswegen wurden durch die Besteuerung des Besitzes von Zugtieren ausgeglichen.

a) Or., teilkoloriert, 72 cm x 60 cm Maßstab: 8,9 cm = 7 große bayerische Meilen (ca. 1:650.000); Johann Frank Kohlbrenner S. Elect. Bav. Cam. Secretarius delin[eavit], Tobias Conrad Lotter, Geogr. sculps[it] Aug[usta] Vind[elicorum].

b) RBl 1808, 5, gezeigt werden Sp. 5–10; 20 x 24,5 cm, (Reproduktion).

a) Bayerisches Hauptstaatsarchiv, Kartensammlung 230.

b) Reproduktion (Vorlage: Regierungsblatt; Bayerisches Hauptstaatsarchiv, Amtsbücherei, 8° Z 116–1808).

Literatur: Eberhard Weis, Die Begründung des modernen bayerischen Staates unter König Max I. (1799–1899). In: Spindler IV/1, S. 38–47. – Wolf (wie Kat.Nr. 9.1) S. 101. – Schimke, Das Ansbacher Mémoire und die praktische Umsetzung seiner Reformideen. In: AK Bayern entsteht, S. 52–61.

9.10 Der Rechnungshof

1814 März 24, München
Rechnungshofhauptbericht für 1811/12.

Die mangelnde Rechnungskontrolle war bereits im 18. Jahrhundert einer der Faktoren für die Unübersichtlichkeit des bayerischen Haushalts. Weder die 1808 abgeschlossenen Verwaltungsreformen mit klarem Geschäftsgang und stringentem dreistufigen Instanzenzug durch Finanzministerium, Kreisfinanzdirektionen und Rentämter, noch die Errichtung eines speziellen Zentralrechnungskommissariats als Unterabteilung des Finanzministeriums konnten hier die fortschreitenden Missstände beheben. Auch das 1809 angedachte System, Finanzgebaren und Amtsausübung der Mittel- und Unterbehörden durch regelmäßige Visitationen ständiger Kommissäre des Ministeriums zu prüfen, brachte nicht den gewünschten Erfolg. Nach vielfältigen Diskussionen wurde am 20. Oktober 1812 schließlich „zur Einholung

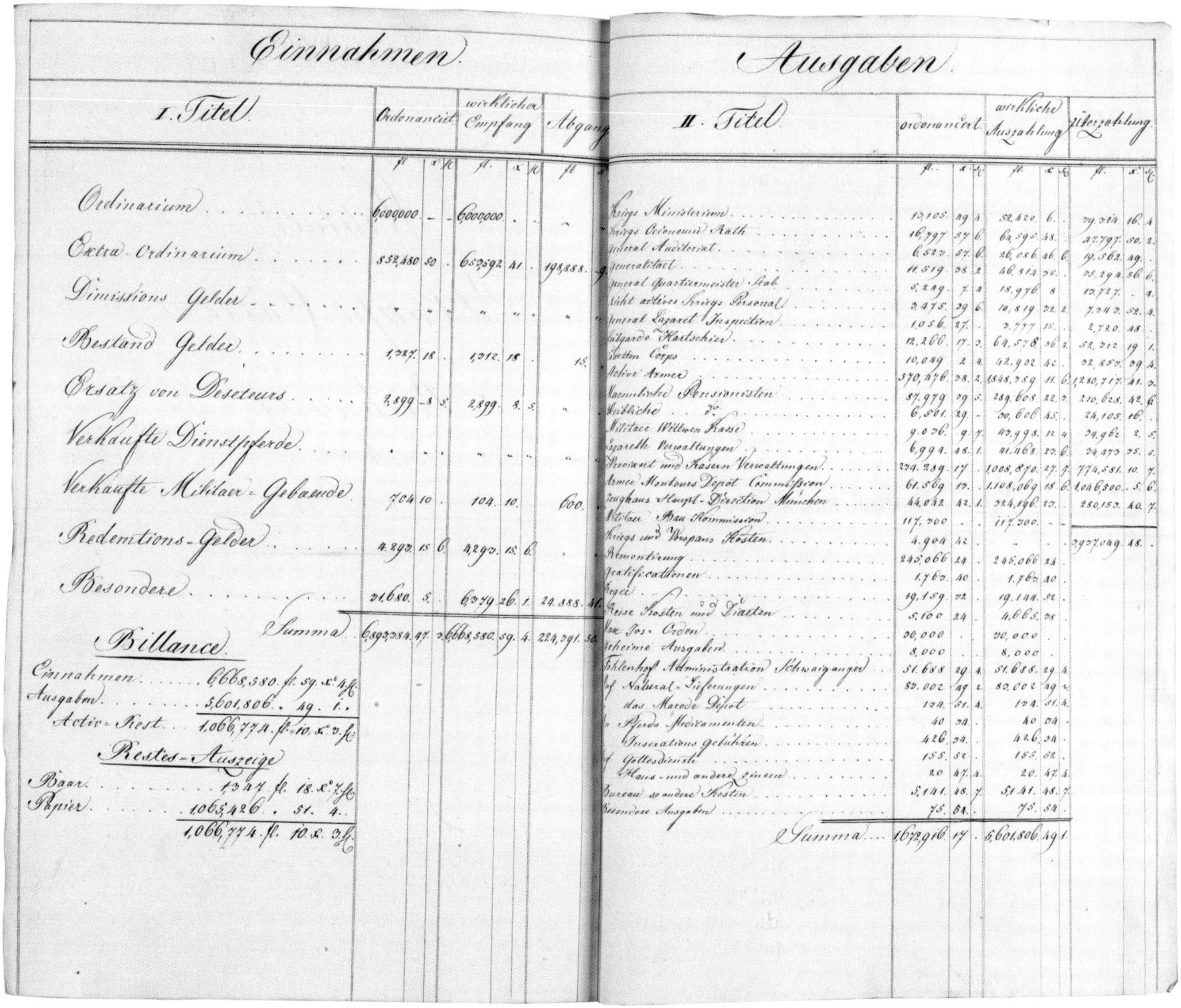

Einnahmen

I. Titel	Ordonanciirt fl.	x	h	wirkliche Empfang fl.	x	h	Abgang fl.	x
Ordinarium	6,000,000	–	–	6,000,000	.	.	–	
Extra-Ordinarium	852,480	50	.	653,592	41	.	198,888	9
Dimissions Gelder	"	"	"	"	"	"	"	
Bestand Gelder	1,327	18	.	1,312	18	.	15	
Ersatz von Deseteurs	2,899	8	5	2,899	8	5	"	
Verkaufte Dienstpferde	.	"	.	"	"	"	"	
Verkaufte Militaer-Gebaeude	704	10	.	104	10		600	
Redemtions-Gelder	4,293	15	6	4,293	15	6	.	
Besondere	31,680	5	.	6,379	26	1	24,888	41
Summa	6,893,384	47	3	6,668,580	59	4	224,391	50

Billance

Einnahmen	6,668,580 fl.	59 x.	4 h.
Ausgaben	5,601,806	49	1
Activ-Rest	1,066,774 fl.	10 x.	3 h.

Restes-Auszeige

Baar	1,347 fl.	18 x.	7 h.
Papier	1,065,426	51	4
	1,066,774 fl.	10 x.	3 h.

Ausgaben

II. Titel	ordonanciirt fl.	x	h	wirkliche Auszahlung fl.	x	h	Überzahlung fl.	x	h
Kriegs Ministerium	13,105	49	4	52,420	6	.	39,314	16	4
Kriegs Oeconomie Rath	16,797	57	6	64,595	48	.	47,797	50	2
General Auditoriat	6,523	57	6	26,086	46	6	19,562	49	.
Generalitaet	11,519	38	2	46,814	35	.	35,294	56	6
General Quartiermeister Stab	5,249	7	4	18,976	8	.	13,727	.	4
Nicht actives Kriegs Personal	3,475	39	6	10,819	32	2	7,343	52	4
General Lazaret Inspection	1,056	27	.	3,777	15	.	2,720	48	.
Leibgarde Hartschier	12,266	17	3	64,578	36	4	52,312	19	1
Cadetten Corps	10,049	2	4	42,902	42	.	32,853	39	4
Active Armee	570,476	38	2	1,848,389	11	6	1,280,717	41	3
Maennliche Pensionisten	87,979	39	5	289,608	22	3	210,628	42	6
Weibliche do.	6,501	29	–	30,606	45	.	24,105	16	.
Militaer Wittwen Kasse	9,036	9	7	43,998	12	4	34,962	2	5
Lazareth Verwaltungen	6,994	48	1	41,468	23	6	34,473	35	5
Proviant und Kasern Verwaltungen	234,289	17	.	1,008,870	27	7	774,581	10	7
Armee Montours Depot Commission	61,569	13	.	1,108,069	18	6	1,046,500	5	6
Zeughaus Haupt-Direction München	44,042	42	1	324,196	23	.	280,153	40	7
Militaer Bau Kommission	117,300	.	.	117,300	–	–			
Kriegs und Vorspanns Kosten	4,904	42	.	"	.	.	3,937,049	48	.
Remontirung	245,066	24	.	245,066	24	.			
Gratificationen	1,763	40	.	1,763	40	.			
Regie	19,159	32	.	19,144	52	.			
Reise Kosten und Diaeten	5,100	24	.	4,665	38	.			
Max Jos. Orden	30,000	.	.	30,000	.	.			
Geheime Ausgaben	8,000	.	.	8,000	.	.			
Fohlenhof Administration Schwaiganger	51,688	29	4	51,688	29	4			
Auf Natural-Lieferungen	83,002	49	2	83,002	49	2			
das Marode Depot	124	51	4	124	51	4			
Pferde Medicamenten	40	34	.	40	34	.			
Inserations gebühren	426	34	.	426	34	.			
Auf Gottesdienste	155	52	.	155	52	.			
Haus- und andere Zinsen	20	47	4	20	47	4			
Bureau- u. andere Kosten	5,141	48	7	5,141	48	7			
Besondere Ausgaben	75	54	.	75	54	.			
Summa	1,672,916	17	.	5,601,806	49	1			

9.10

und ferneren Bearbeitung dieser Rechnungsrückstände eine Zentral-Anstalt" gebildet und „die Revision und Superrevision derselben einem eigenen Obersten Rechnungshofe" übertragen. Dieser bestand aus einem Präsidenten, dem Direktor sowie 10 Räten und war direkt dem Finanzministerium unterstellt. Obwohl dieser nach § 53 des Gründungsedikts von 1812 jährlich einen Tätigkeits- bzw. Rechnungsbericht vorzulegen hatte, gelang dies wegen schleppender Rechnungsabgabe erst mit zweijähriger Verspätung. Der Bericht enthält die Aus- und Eingaben aller Rentämter, der Staatskassen, des königlichen Hauses sowie eine Zusammenstellung der Aktiva und Passiva des Königreichs. Darunter auch die Ausgaben der königlichen Hofstäbe, der Ausgaben des königlichen Hauses sowie für die königlichen Schlösser und Residenzen. Deutlich wird, dass ein Hauptkostenfaktor weiterhin das Militär war.

Aktenband, 36 x 25,5 cm.

Bayerisches Hauptstaatsarchiv, MF 56240.

Literatur: Wolf (wie Kat.Nr. 9.1) S. 110–114, S. 125, 130. – Volkert, Handbuch, S. 142–144. – Karl Bosl, Der bayerische Oberste Rechnungshof im ersten Jahrhundert seines Wirkens. In: Bayerische Landeszentrale für politische Bildungsarbeit (Hrsg.), Dem Staat in die Kasse geschaut 1812–1987. 175 Jahre Bayerischer Oberster Rechnungshof, München 1987, S. 23–38.

10. Die Konstitution von 1808 und die Reform des Militärwesens

Von Martin Schramm

Ausgangslage

Bereits kurz nach seinem Amtsantritt im Februar 1799 erteilte Kurfürst Max IV. Joseph den Auftrag, ihn ausführlich über seine neue Armee zu informieren. Daraus entstand die „Denkschrift über die Verfassung und den Zustand der Armee nach dem Tod des Curfürsten Carl Theodor“[1] vom 31. Juli desselben Jahres. Bedrückt stellte der Verfasser, General Franz Josef von Gaza, darin fest, „daß es der Baier für keine Ehre mehr, sondern fast für eine Unehre hält, zu dienen“ (vgl. Kat.Nr. 10.1).

Gaza nannte eine Reihe von Gründen für diesen Zustand. An erster Stelle standen für ihn die schlechte Finanzlage und die Rechtspraxis, Straftäter zum Ableisten des Wehrdienstes zu verurteilen. Außerdem bemängelte er, dass „man 2. und 3. mal meyneidig gewordene wieder zu den Fahnen schwören ließ; und weil gute Purschen, die einiges vermögen haben, sich loskaufen konnten.“[2] Auch die Offiziere wurden für ihre Unlust und den schlechten Umgang mit den Untergebenen getadelt. Dieses Verhalten ist nicht zuletzt auf die Möglichkeit zurückzuführen, Offiziersstellen ohne Berücksichtigung der Qualifikation kaufen zu können. Dies versperrte fähigeren, aber finanzschwächeren Soldaten den Weg in höhere Positionen.

Neben diesen charakterlichen und organisatorischen Missständen wurde kritisiert, dass die Montur „im Sommer zu warm, im Winter zu kalt, und zum Tragen auf dem Marsch zu allen Zeiten zu beschwerlich ist.“[3] Besonders verheerend wirkten sich die Probleme bei Konflikten aus. Zu wenig Soldaten[4], viele Desertionen und das Defizit zwischen der Soll- und Ist-Stärke der Truppen ließen dem bayerischen Regenten nur wenig machtpolitischen Spielraum. Hinzu kamen die schlechte Qualität der Bewaffnung, mangelnde Feuerdisziplin und zu wenig Übung.[5] Fast grotesk wirkt die Kritik, dass die meisten Kavalleristen unberitten waren – „daß man ihnen dennoch Stiefeln zu den Schuhen gab, dies war wohl eine entbehrliche Ausgab.“[6] Folgerichtig sprach Gaza ein vernichtendes Urteil. Es sei „eine traurige Wahrheit, daß das Churpfalzbaierische Militair schon lange in den letzen Zügen lag, ehe Carl Theodor starb.“[7]

Ausländische Diplomaten teilten diese Einschätzung, sprachen von überalterten und unfähigen Generälen. Der Verkauf hochbrisanter Militärgeheimnisse war an der Tagesordnung.[8] In der Literatur heißt es, Kurfürst Max IV. Joseph sei von seinen Vorgängern Max Emanuel und Karl Theodor ein „böses Erbe“ hinterlassen worden. Zu einem generell erschöpften Land kamen „leere Kassen und ein vernachlässigtes, kaum kriegsbrauchbares Heer.“[9] Deshalb war Bayern auf internationaler Bühne

1 BayHStA, Kriegsarchiv, A I 3, 6, General Gaza am 31.7.1799.
2 Wie Anm. 1.
3 Wie Anm. 1.
4 Vgl. Ernst Aichner, Das bayerische Heer in den Napoleonischen Kriegen. In: AK Wittelsbach und Bayern III/1, S. 239–253, hier S. 241.
5 Vgl. Aichner (wie Anm. 4) S. 241.
6 Wie Anm. 1.
7 Wie Anm. 1, vgl. bereits BayHStA, Kriegsarchiv, HS 39, „Entwurf Einer neu einzuführenden Organisation bey dem Churpfalz Bayerischen Militär“, 1788.
8 Vgl. Weis, Montgelas Bd. 2, S. 321, 414, 579.
9 Oskar Bezzel, Geschichte des königlich bayerischen Heeres unter König Max I. Joseph von 1806 (1804) bis 1825 (Geschichte des bayerischen Heeres, Bd. 6/1), München 1933, S. 3, vgl. Aichner (wie Anm. 4) S. 241 und Wolf-Dieter Gruner, Die Neuordnung der bayerischen Militärverfassung 1804–1812. In: AK Wittelsbach und Bayern III/2, S. 180.

zeitweise ohne politisches Gewicht.[10] Die vernachlässigten Truppen erwiesen sich in den Auseinandersetzungen zwischen 1799 und 1801 als ausgesprochen ineffektiv.[11] Überspitzt formulierte der österreichische Gesandte Buol-Schauenstein noch 1805, es sei ein Gewinn für den Feind, die bayerische Armee in den eigenen Reihen zu haben.[12]
Bezeichnend für die Lage ist die Schlacht von Hohenlinden am 3. Dezember 1803 (vgl. Kat.Nr. 10.2). Es wurde nur eingeräumt, dass bei der österreichischen Niederlage auch „die bayerische Brigade Deroy's [sic!] bedeutend mitgenommen wurde."[13] Tatsächlich wurden seine Truppen nahezu aufgerieben und spielten bis zur Neuaufstellung fast keine Rolle mehr. Umso notwendiger wurde es, die Reformen schnell und umfassend voranzutreiben. Es hatte sich gezeigt, dass die Armee essentiell für das Überleben des Staates war: „Die bewafnete Macht gewährt dem Staat Ansehen und Sicherheit; sie ist also unumgänglich nothwendig."[14]
Ein unbekannter Verfasser fügte hinzu, dass ein Staat mit einer ungenügenden Militärverfassung „der Willkühr und Laune angränzender mächtigerer Staaten ausgesezt [ist], und […] früher oder spät das Opfer ihrer Vergrößerungsbegierde [wird]."[15] Um dem Schicksal des zwischen den Mächten aufgeteilten Polen zu entgehen, müsse er jederzeit auf einen Krieg vorbereitet sein: „Denn immer wird es wahr bleiben: Si vis habere pacem, para bellum."[16]

10 Vgl. Weis, Montgelas Bd. 2, S. 5 und 182.
11 Vgl. Weis, Montgelas Bd. 2, S. 633.
12 Vgl. Weis, Montgelas Bd. 2, S. 33.
13 Maximilian von Montgelas, Denkwürdigkeiten des Bayerischen Staatsministers Maximilian Grafen von Montgelas (1799–1817), im Auszug aus dem französischen Original übersetzt von Max Freiherrn von Freyberg-Eisenberg und hrsg. von Ludwig Grafen von Montgelas, Stuttgart 1887. S. 53.
14 Wie Anm. 1, siehe auch Weis, Montgelas Bd. 2, S. 633–638.
15 BayHStA, Kriegsarchiv, HS 71, Denkschrift eines nicht genannten Verfassers vom 16. Juni 1800.
16 Wie Anm. 15.

Die Reformer

Um die anspruchsvollen Aufgaben zu erfüllen, war eine Reihe von Personen nötig, die die Notwendigkeiten erkennen und mit der Macht ausgestattet sein mussten, Veränderungen in die Wege zu leiten.[17] An erster Stelle ist hier Kurfürst Max IV. Joseph zu nennen. Als nachgeborener Sohn war er ursprünglich nicht für die Thronfolge vorgesehen. Er hatte daher eine sorgfältige militärische Ausbildung genossen. Er nahm jedoch nie an nennenswerten Kampfhandlungen teil.[18] Dafür zeichnete er sich durch die Fähigkeit aus, geeignete Personen einzusetzen.[19] Für die Zivilverwaltung war dies Montgelas. Wegen des großen Interesses des Oberbefehlshabers Max Joseph an militärischen Angelegenheiten konnte Montgelas hierbei weit weniger Einfluss nehmen als bei den anderen Ministerien.[20] Der Kurfürst behielt lange die Zügel selbst in der Hand und war treibende Kraft.[21]
Zur Umsetzung seiner Absichten beauftragte er führende Militärs. An erster Stelle sei der bereits erwähnte Gaza genannt. Max Joseph kannte diesen bereits aus seiner Zeit als Herzog von Zweibrücken. Als einer der dienstältesten und erfahrensten Generäle hatte er an den Reformen von Graf Rumford[22] unter Karl Theodor mitgewirkt.[23] Auch

17 Vgl. Aichner (wie Anm. 4) S. 243.
18 Vgl. Aichner (wie Anm. 4) S. 242 f. – Eugen von Frauenholz, Die Eingliederung von Heer und Volk in den Staat in Bayern 1597–1815, München 1940, S. 4.
19 Vgl. Bezzel, 1806 bis 1825 (wie Anm. 9) S. 29.
20 Vgl. Weis, Montgelas Bd. 2, S. 10.
21 Vgl. Montgelas-Denkwürdigkeiten, S. XXVI.
22 Benjamin Thompson, Graf Rumford (geb. 1753 in Woburn/Mass. – gest. 1814 Auteuil), Naturwissenschaftler und Techniker, Eintritt in britische Dienste, 1776 Flucht nach Großbritannien, 1780–1782 Unterstaatssekretär im britischen Kolonialamt, Bekanntschaft mit Herzog Max Joseph von Zweibrücken, 1784 Eintritt in bayerische Dienste, 1785 Kammerherr bei Karl Theodor, 1787 Geheimer Rat, 1788 Generalmajor und Staatsrat, 1792 Graf von Rumford. Vgl. Marcus Junkelmann, Benjamin Thompson Graf von Rumford. In: AK Wittelsbach und Bayern III/2, S. 61 f.
23 Zu Gaza vgl. BayHStA, Kriegsarchiv, OP 77772, Personalakt Joseph Graf von Gaza (1739–1805).

Rumford hatte versucht, die Armee zu reformieren. Aufgrund seines harschen Vorgehens und der daraus resultierenden Unbeliebtheit, blieben seine Bemühungen jedoch Stückwerk. Dauernde Bedeutung hatte lediglich die Schaffung des heutigen Englischen Gartens.[24]

Wegen seines hohen Dienstalters hatte Gaza einen guten Einblick in den Zustand der Armee. Besonders hervorzuheben ist, dass er die Mängel nicht nur erkannte, sondern sie auch dem Kurfürsten gegenüber beim Namen nannte. Viele seiner Verbesserungsvorschläge wurden später in die Tat umgesetzt.[25]

Als oberster Verwaltungsfachmann im militärischen Bereich diente General Johann Nepomuk von Triva (vgl. Kat.Nr. 10.3). Er fungierte an herausragender Position als einer der wichtigsten Berater Max Josephs.[26] Als Chef des Geheimen Kriegsbureaus[27], ab 1808 Staatssekretär im Kriegsministerium und als Nachfolger Max Josephs als Kriegsminister war er einer der Hauptreformer. Die staatsmännische Leistung Trivas[28] wird als gering eingestuft. Als sachlicher und kompetenter Verwalter lagen seine Stärken in der Organisation.[29]

24 Vgl. AK Bayern und seine Armee, S. 104–113.

25 Vgl. Oskar Bezzel, Geschichte des kurpfalzbayerischen Heeres von 1778 bis 1803 (Geschichte des bayerischen Heeres 5), München 1930, S. 15.

26 Vgl. Aichner (wie Anm. 4) v.a. S. 241.

27 Vgl. BayHStA, Kriegsarchiv, OP 83232, Personalakt Triva, Urkunde von Max Joseph vom 9. März 1804.

28 Vgl. Adolf Erhard, Johann Nepomuk Graf von Triva (Bayerische Bibliothek Bd. 29/30), München 1892. – Wolf-Dieter Gruner, Die bayerischen Kriegsminister 1805–1885. Eine Skizze zum sozialen Herkommen der Minister. In: ZBLG 34 (1971) S. 238–315. – BayHStA, Kriegsarchiv, OP 83232, Personalakt Johann Nepomuk von Triva (1755–1827): 1766 Regimentskadett, 1772 Ingenieurfähnrich, 1777 Genieleutnant, 1780 Hauptmann, 1785 Major, 1791 Oberstleutnant, 1796 Oberst, 1800 Kommandeur der Wredeschen Brigaden, Generalquartiermeister und Generalmajor, 1804 Chef des geheimen Kriegsbureaus und Generalleutnant, 1811 General der Artillerie, 1814–1822 Minister des Staatsministeriums der Armee.

29 Vgl. Erhard (wie Anm. 28) S. 150. – Frauenholz, Eingliederung (wie Anm. 18) S. 29.

In wichtigen Ämtern wirkten zudem Graf Bernhard Erasmus von Deroy[30] (vgl. Kat.Nr. 10.6) und Carl Philipp von Wrede[31]. Beide zeichneten sich in mehreren Feldzügen aus. Deroy fiel bereits 1812 im Russlandfeldzug, Wrede erlangte als Diplomat beim Sturz Montgelas' 1817 auch größere politische Bedeutung.

Die Reformen

Bereits ab 1799 veranlassten Max IV. Joseph und Montgelas erste Verbesserungen in der Armee. Unverzüglich wurde die Möglichkeit des Stellenkaufs abgeschafft. Stattdessen sollten Beförderungen nach Verdienst und Dienstzeit erfolgen.[32] Langfristig kam es dadurch zu einer Zunahme von Bürgerlichen in unteren und mittleren Offiziersrängen. Außerdem wurden das Oberkriegskollegium[33] und das Generalkriegskommissariat[34] geschaffen. Sie hatten als Vorläufer eines Ministeriums die Neuregelungen auszuarbeiten, wurden aber bald durch andere Institutionen ersetzt.[35] Hinzu kamen mehrere Kommissionen zur Reorganisation der Armee.[36]

Als Zielvorgabe galt es, das richtige Maß zwischen Größe der Armee und ihrer finanziellen Ausstattung zu finden. Es sollten Qualität wie Quantität der Ausrüstung und der

30 Vgl. Johann Heilmann, Graf Bernhard Erasmus von Deroy, k. b. Generals der Infanterie, Augsburg 1855.

31 Vgl. Hans Dormann, Feldmarschall Fürst Wrede. Das abenteuerliche Leben eines bayerischen Heerführers, München 1982. – Siehe auch Bezzel, 1806 bis 1825 (wie Anm. 9) S. 32.

32 Vgl. BayHStA, Kriegsarchiv, A I 1d, Verordnung Max IV. Joseph vom 21. Februar 1799. Vgl. ebd. Max Joseph an den Hofkriegsrat am 26. Februar 1799, gedruckt in: Eugen von Frauenholz, Das Heerwesen des XIX. Jahrhunderts (Entwicklungsgeschichte des deutschen Heerwesens 5), München 1941, S. 268. – Siehe auch Aichner (wie Anm. 4).

33 Vgl. BayHStA, StR 1, Protokoll der Geheimen Staatskonferenz vom 30. August 1799. – Siehe auch: Staatsratsprotokolle Bd. 1, S. 142 f.

34 Vgl. BayHStA, StR 1, Protokoll der Geheimen Staatskonferenz vom 21. Oktober 1799. – Staatsratsprotokolle Bd. 1, S. 169.

35 Vgl. Schimke, Regierungsakten, S. 703. Siehe auch RBl 1801, 29 und 579 f., RBl 1804, 293.

36 Vgl. Frauenholz, Eingliederung (wie Anm. 18) S. 29. – Bezzel, 1806 bis 1825 (wie Anm. 9) S. 20. – Aichner (wie Anm. 4) S. 243.

Soldaten angehoben werden. Diese sollten zugleich überzeugte Staatsbürger werden und mithelfen, die grundsätzliche Gefahr dieser Zeit abzuwenden: Bayerns Ende als unabhängiger Staat.[37]

Nach eingehender Beratung wurden die zahlreichen Vorschläge der älteren Denkschriften und der Kommissionssitzungen zu einem Gesamtkonzept zusammengefügt. Als Ergebnis ließ Max Joseph im April 1804 den Entwurf für ein „Allgemeines Reglement über die Ergänzung der Churfürstlichen Armee für sämmtliche Churfürstliche Erbstaaten"[38] durch den Referenten Georg Friedrich von Zentner verfassen (vgl. Kat.Nr. 10.4). Mit geringen Veränderungen wurde es am 7. Januar 1805 als Kantonsreglement in Kraft gesetzt.[39]

Ein wichtiger Punkt darin war die Abkehr von Söldnertruppen. Deren Unzuverlässigkeit und hohe Kosten machten ein Volksheer nach französischem Vorbild nötig. Grundsätzlich durften keine Ausländer mehr angeworben werden.[40] Dies sollte die Moral der Truppen stärken. Trotz Bedenken in der Regierung wurde 1805 formal die Wehrpflicht eingeführt. Zu beachten ist jedoch, dass nicht von einer allgemeinen Wehrpflicht im heutigen Sinne die Rede sein kann, da es eine Reihe von Ausnahmen gab.[41] Zahlreiche Bevölkerungsgruppen waren vom Dienst an der Waffe entbunden. Dies waren beispielsweise Geistliche, Adelige, Staatsbeamte, vor allem im Zivil- und Militärbereich und deren Söhne, „so weit sie nach dem baierischen Codex in die Klasse der Siegelmäßigen gehören", Verwalter, Richter und Gerichtsschreiber, Söhne von Bürgermeistern, Kammerschreiber und -diener des Adels sowie Hofpersonal, um nur die wichtigsten Gruppen zu nennen.[42] Aus Glaubensgründen war ausdrücklich keine Befreiung möglich. Religiöse Minderheiten, wie Mennoniten und Juden konnten sich indes für 185 Gulden freikaufen.[43] De facto dienten zunächst fast nur Kleinbürger, Bauern und die Männer der unterbürgerlichen Schicht. Nichtsdestotrotz war der Übergang vom Söldnerheer zum Volksheer in die Wege geleitet. Das Rekrutierungsalter wurde auf 16 Jahre festgelegt, die Dienstzeit auf acht Jahre, wobei Kriegsjahre doppelt zählten.

Änderungen dieses Reglements gab es in den folgenden Jahrzehnten nur wenige. Zu nennen sind die Reduzierung des Dienstes auf sechs Jahre und die Anhebung des Einberufungsalters auf 19.[44] Als nach den napoleonischen Kriegen der Bedarf an Rekruten stark zurückging, wurde durch das Los entschieden, wer zu den Fahnen gerufen wurde.[45] Mit der Verordnung vom 29. März 1812[46] wurden die Ausnahmen bei der Wehrpflicht gestrichen. Dies bedeutete aber mitnichten die endgültige Durchsetzung der allgemeinen Wehrpflicht: Sie wurde durch die Wiedereinführung der Möglichkeit eingeschränkt, sich gegen Gebühr von einem bezahlten Stellvertreter ersetzen zu lassen.

Des Weiteren wurde das Fuhrwesen neu geregelt. Die Artillerie wurde in ihrer Bedeutung aufgewertet und für die geringere Anzahl der Einheiten aus dem ganzen Land rekrutiert. Es wurden mehrere Kavallerieabteilungen aufgestellt, nun auch mit Pferden ausgerüstet. Die Einberufung erfolgte nach Bedarf und gleichmäßig über das gesamte Land verteilt. Bewusst sollte eine Benachteiligung der neuen Gebiete vermieden werden.

Mehrere Faktoren beeinflussten die Bedeutung der Wehrpflicht und steigerten das Ansehen der Armee. Schon

37 Vgl. Lee Shartle Harford, The Bavarian Army under Napoleon, 1805–1813, Tallahassee 1988, S. viii.

38 BayHStA, Kriegsarchiv, A II 1b, 23, Max IV. Joseph am 30. April 1804.

39 Vgl. BayHStA, Kriegsarchiv, A II 1b, 24. Verordnung Max Josephs vom 7. Januar 1805. Ein Auszug des Textes ist gedruckt bei Frauenholz, Heerwesen (wie Anm. 32) S. 272 f. und Schimke, Regierungsakten, S. 708–720.

40 Vgl. Wolf-Dieter Gruner, Das Bayerische Heer 1825 bis 1864. Eine kritische Analyse der bewaffneten Macht Bayerns vom Regierungsantritt Ludwigs I. bis zum Vorabend des deutschen Krieges (Militärgeschichtliche Studien, 14), Boppard am Rhein 1972, S. 40.

41 Vgl. Weis, Montgelas Bd. 2, S. 107.

42 Wie Anm. 38. – Siehe auch BayHStA, Kriegsarchiv, A II 1b, 24. Verordnung Max Josephs vom 7. Januar 1805.

43 Vgl. Frauenholz, Heerwesen (wie Anm. 32) S. 244.

44 Vgl. BayHStA, Kriegsarchiv, A I, 1f, Max Joseph im Februar 1809.

45 Vgl. Weis, Entstehungsgeschichte, hier S. 422.

46 Vgl. RBl 1812, 593.

Anfang 1804 wurde das Einziehen von Straftätern als Sanktionierungsmaßnahme verboten.[47] Dafür verhalf das Ableisten des Wehrdienstes zum Recht auf Eheschließung, ermöglichte die Anstellung im öffentlichen Dienst, die Wahrnehmung staatsbürgerlicher Rechte und die Ansässigmachung.[48] Auch wenn die Einschränkung der Wehrpflicht sehr ungleich war, entsprach sie der strukturellen und finanziellen Leistungsfähigkeit des Landes.[49]
Weitere Verbesserungen waren größere Rechtssicherheit, Pensionen für Unteroffiziere und Mannschaften nach deren Ausscheiden aus dem Dienst ab 1803, die Errichtung einer Veteranenanstalt in Donauwörth 1809, eines Invalidenhauses in Fürstenfeld 1818[50] und der Hofgartenkaserne am Englischen Garten[51] (vgl. Kat.Nr. 10.10). Als Symbol für die Veränderung kann auch das Abschneiden der Zöpfe in der Armee gelten. Aus Reinlichkeitsgründen regte Wrede ihre Entfernung an, die am 24. Dezember 1805 angeordnet wurde.[52]
Mit den Armeereformen auf Verwaltungsebene wurde die Modernisierung der Bewaffnung vorangetrieben. Im Zentrum der Produktion stand die neue Gewehrfabrik Amberg (vgl. Kat.Nr. 10.9), die ab 1800 für die Unabhängigkeit von Importen sorgen sollte. Obwohl dieses Ziel nicht erreicht wurde, entwickelte sich die Stadt zu einer der Säulen für die Waffenherstellung. Eine der dauerhaftesten Veränderungen wurde die Ersetzung der unbequemen[53] Rumford-Uniformen durch neue bayerische Uniformen, die bis ins 20. Jahrhundert getragen wurden.[54]

Für besondere Verdienste (vgl. Kat.Nr. 10.11) wurden an die einfachen Soldaten anstelle von Geldgeschenken immaterielle Auszeichnungen verliehen, um deren Träger an den Staat zu binden. Die Verleihung der Ehrenzeichen erfolgte durch eine Kommission bestehend aus 13 Soldaten, davon auch zwei Gemeine.[55] Für die Offiziere wurde 1806 der Militär-Max-Joseph-Orden (vgl. Kat. Nr. 10.6) eingeführt: „Nur Kriegs-Thaten, welche mit Einsicht, Geistes-Gegenwart und Tapferkeit, aus freiem Antriebe und mit Gefahr ausgeführt worden sind, und welche das erhabene Gepräge des Ungewöhnlichen und ganz ausser den Gränzen der Pflicht liegenden auf sich haben, geben einen Anspruch zur Aufnahme."[56]
Neben den eigentlichen Militärreformen war auch die Gründung des bayerischen Gendarmeriekorps (vgl. Kat. Nr. 10.7) von großer Bedeutung.[57] Dieses wurde aus Sorge um die öffentliche Sicherheit am 11. Oktober 1812 errichtet.[58] Die Polizeieinheit war militärisch organisiert und unterstand dem Kriegsministerium. Sie sollte der Sicherung von Ruhe und Ordnung dienen, die während der langen Kriegsjahre stark in Mitleidenschaft gezogen worden war. Die Gendarmerie ersetzte die Polizeiwachen der einzelnen Landgerichte, die nicht selten die Belastung der Bevölkerung durch Willkürmaßnahmen verstärkt hatten.[59]
Zur Gendarmerie trat die zunächst dreigeteilte Nationalgarde[60] (vgl. Kat.Nr. 10.7), die in der Umbruchzeit mehrfach umstrukturiert wurde.[61] Die erste Klasse diente als

47 Vgl. RBl 1804, 161 f.
48 Vgl. Gruner, Militärverfassung (wie Anm. 9). – Siehe auch Bezzel, 1806 bis 1825 (wie Anm. 9) S. 22.
49 Vgl. Gruner, Militärverfassung (wie Anm. 9) S. 180.
50 Vgl. Aichner (wie Anm. 4) S. 247.
51 Vgl. BayHStA, Kriegsarchiv, A XX 3, 78, Bauwesen München, Hofgartenkaserne, Beilage zur Cabinets Ordre vom 11. Juli 1801, Ausführliche Darstellung über eine zu bauende Cahserne vom 2. Juli 1801, ohne Verfasser.
52 Vgl. BayHStA, Kriegsarchiv, HS 978, S. 25, siehe auch Bezzel, 1806 bis 1825 (wie Anm. 9) S. 156.
53 Vgl. Junkelmann, Rumford (wie Anm. 22) S. 64.
54 Vgl. BayHStA, Kriegsarchiv, BS I/31, Bl. 1 und 2, Zeichnung von Louis Braun.
55 Vgl. Othmar Hackl (Hrsg.), Rangliste der Königlich Bayerischen Armee für das Jahr 1811, München 1811/ND Osnabrück 1982, S. 198.
56 Hackl, Rangliste (wie Anm. 55) S. 156.
57 Vgl. Zum Gendarmeriekorps z.B. Bezzel, 1806 bis 1825 (wie Anm. 9) S. 94–96. – Annelie Hopfenmüller, Die Vor- und Frühgeschichte der bayerischen Gendarmerie als Teil der bayerischen Verwaltungsgeschichte der Ära Montgelas. In: Archivalische Zeitschrift 89 (2007) S. 273–324.
58 Vgl. Einleitung in Montgelas-Denkwürdigkeiten, 1908, S. XXIX und RBl 1812, 1737.
59 Vgl. Bezzel, 1806 bis 1825 (wie Anm. 9) S. 95.
60 Vgl. RBl 1809, 657 und RBl 1813, 849.
61 Vgl. Bezzel, 1806 bis 1825 (wie Anm. 9) S. 99.

Reserve der regulären Armee. Nur innerhalb der Landesgrenzen durfte die zweite Klasse eingesetzt werden. Die Bürgerwehr war als dritte Klasse für Polizeiaufgaben innerhalb der rekrutierenden Landgerichtsbezirke zuständig. Trotz verschiedener Veränderungen wurde die Nationalgarde nach den Befreiungskriegen im Wesentlichen aufgelöst.[62]

Ungeachtet dieser zahlreichen Neuerungen blieb auch unter Max Joseph einiges im Argen. So war die Besoldung wenigstens bis 1811 bemessen am Wert der Ausrüstung niedrig. Diese war dennoch oft mangelhaft. Der Raupenhelm bot zwar einigermaßen Schutz gegen Säbelhiebe, aber weder gegen Schusswaffen noch gegen Kälte. Bei Regen belastete er den Träger zudem mit übermäßigem Gewicht.[63] Ungeachtet dieser Nachteile wurde er schnell zum anerkannten Symbol der bayerischen Armee. Erst 1886 musste er einer Abwandlung der preußischen Pickelhaube weichen. Es wirft ein bezeichnendes Licht auf den Zustand der Ausrüstung, dass es als besondere Belohnung galt, wenn nach tapferem Verhalten eine neue Uniform oder Stiefel ausgegeben wurden.[64]

Auf Verwaltungsebene wurde die bereits im Ansbacher Mémoire[65] von 1796 vorgesehene Aufteilung der Ministerien umgesetzt. Per Armeebefehl wurde 1808 fast beiläufig die Gründung des „Ministeriums des Kriegswesens"[66] bekannt gegeben (vgl. Kat.Nr. 10.5). Wie seine Vorgänger wurde es mehrfach umbenannt, bis es 1825 seine endgültige Bezeichnung „Bayerisches Kriegsministerium" erhielt.[67] Dessen Aufgaben sollten unter anderem Rekrutierungen, Festungen, Disziplin sowie Aufteilung und Versorgung der Truppen umfassen. Damit wurde die klassische Fünfteilung der ministeriellen Verantwortung vollendet.

Die Zahl der bayerischen Truppen (vgl. Kat.Nr. 10.8) wurde während der Max-Joseph-Zeit deutlich angehoben. Waren es 1799 noch 16.000 Soldaten gewesen, kämpften um 1815 trotz der hohen Verluste im Russlandfeldzug fast 90.000 Mann.[68] Seit 1822 betrug der Sollstand des Heeres 1458 Offiziere, 55.688 Unteroffiziere, Spielleute und Mannschaften, 735 Pferde für Offiziere und 6420 Dienstpferde. Der Ist-Stand im Frieden ohne Kranke und Beurlaubte betrug allerdings nur 23.303.[69] Viel wichtiger als die quantitative war jedoch die qualitative Verbesserung der Armee und die vereinfachte Aushebung im Konfliktfall.[70]

Detailliert wurde festgelegt, wie viele Rekruten jeder Wehrkreis zu stellen hatte.[71] Jedes Regiment erhielt einen festen Garnisonsplatz (vgl. Kat.Nr. 10.12). Nach einem Entwurf Trivas wurde das Land in Anlehnung an die 72 Gerichtsbezirke in Militärkantone eingeteilt. Je nach Truppenteil hatten ein oder mehrere Kantone bei der Rekrutierung eine bestimmte Einheit auszuheben.[72] Im Bedarfsfall sollte die Stärke der Einheiten verdoppelt werden.[73]

Über die eigentliche Landesverteidigung hinaus drückte Max Joseph ein weiteres Ziel aus: „Der Militaire Dienst werde ein Gegenstand der National Ehre."[74] Dazu war es nötig, eine Ungleichbehandlung im Wehrdienst zu vermeiden. Die bereits genannte Möglichkeit seinen Dienst durch einen Stellvertreter ableisten zu lassen, führte die

62 Vgl. Bezzel, 1806 bis 1825 (wie Anm. 9) S. 101.
63 Vgl. Bezzel, 1806 bis 1825 (wie Anm. 9) S. 154.
64 Vgl. Aichner (wie Anm. 4) S. 247. – Gerhard Heyl, Ministerium der Armee – Kriegsministerium. In: Volkert, Handbuch, S. 330–336.
65 Vgl. AK Bayern entsteht, S. 23–36, hier v.a. S. 33 f.
66 Vgl. München, BayHStA, Kriegsarchiv, A I 1, 4a, Max Joseph am 27. September 1808. Abdruck: RBl 1808, 2292.
67 Vgl. Rainer Braun, Bayerisches Kriegsministerium. In: Historisches Lexikon Bayerns, URL: <http://www.historisches-lexikon-bayerns.de/artikel/artikel_44436> (20.03.2007).
68 Genaue Aufstellungen finden sich immer wieder in den Unterlagen des bayerischen Kriegsministeriums, z.B. für das Jahr 1809 in: Bay HStA, Kriegsarchiv, A I 3, 7 vom 1. Januar 1809 und BS I/5. Siehe auch Aichner (wie Anm. 4) S. 244.
69 Vgl. Bezzel, 1806 bis 1825 (wie Anm. 9) S. 28.
70 Vgl. Bezzel, 1806 bis 1825 (wie Anm. 9) S. 24.
71 Vgl. BayHStA, Kriegsarchiv, A 1 1f, Tabelle vom 15. Februar 1809.
72 Vgl. BayHStA, Kriegsarchiv, A II 1b, 23, Triva zur Kantonseinrichtung am 18. April 1802.
73 Vgl. BayHStA, Kriegsarchiv, A II 1b, 23, Max Joseph am 12. Mai 1808.
74 Wie Anm. 73.

vermeintliche Gleichbehandlung jedoch ad absurdum, da die damit verbundenen finanziellen Aufwendungen nur von vermögenden Schichten aufgebracht werden konnten.

Die Bedeutung des „Militär-Standes" in der Konstitution

Voraussetzung für die Dauerhaftigkeit der wichtigsten Armeereformen war die bayerische Konstitution von 1808.[75] Dieses Verfassungswerk ist „der Höhepunkt der Montgelas'schen Reform- und Staatstätigkeit."[76] Es erwies sich als Grundlage für die Stärke des Mittelstaates Bayern in Europa. Auch wenn die Konstitution nur wenige Aspekte des Militärwesens direkt behandelte, bestätigte sie die vorangegangenen Reformen und legte die Basis für die folgenden Veränderungen. So bestimmte sie endgültig, dass, „durch den Weg der allgemeinen Militär-Konskription ergänzt"[77], eine stehende Armee unterhalten werden sollte, die in der Regel nur gegen äußere Feinde eingesetzt werden durfte. Hinzu sollten Gendarmerie und Nationalgarde kommen.
Mit dieser verfassungsrechtlichen Festlegung seiner vorangegangenen Entscheidungen verfolgte Max Joseph mehrere Ziele. An erster Stelle ist hier ein erfolgreiches Abschneiden der bayerischen Truppen in kriegerischer Zeit zu nennen. In der Ära Napoleons waren diese an mehr als 150 Schlachten und Gefechten beteiligt.[78] Auch wenn erste Erfolge zunächst ausblieben, lernten die bayerischen Truppen schnell dazu. Zunächst wurden die Bayern vom französischen Kaiser als Verbündete mit einigen Erfolgen meist auf Nebenkriegsschauplätzen eingesetzt. Als Folge des Bündnisses mit Napoleon und des Waffenglücks gegen Österreich wurde Bayern 1806 zum Königreich erhoben und verzeichnete große Gebietsgewinne – Erfolge, die ohne eine starke Armee nicht denkbar gewesen wären.[79] Im Gegensatz dazu riefen die hohen Kontributionen an Napoleon und dessen Niederlage im Russlandfeldzug 1812/13, aus dem nur 3000 der ausgerückten 33.000 bayerischen Soldaten zurückkehrten,[80] den Unmut der Bevölkerung und der Regierung hervor. Besonders Kronprinz Ludwig und General Wrede betrieben den Bündniswechsel. Unmittelbar vor der Völkerschlacht bei Leipzig wurde dieser vollzogen. Bayern hatte gerade noch rechtzeitig den Sprung auf die Siegerseite geschafft. Daran änderte auch das kriegerische Treffen mit den zurückströmenden französischen Truppen bei Hanau nichts. Gerade weil Bayern eine schwere Niederlage einstecken musste, bewies das Land die Ernsthaftigkeit der neuen Politik.[81]
Danach wurde die bayerische Armee zum Garanten der vorher erzielten Gewinne. Die Erfolge Montgelas' beruhten somit zu einem wesentlichen Teil auf dem neu aufgebauten Heer, das sowohl die Gegner als auch die Verbündeten als machtpolitischen Faktor anerkannten.[82] Die Grundlage dafür war in der Konstitution gelegt worden. Die darin festgelegte grundsätzliche Stärkung der Armee war neben der Ordnung der Finanzen und der rechtzeitigen Bindung an und dann Lösung von Frankreich eine der Grundvoraussetzungen für das politische Überleben Bayerns: „Montgelas hätte seine Außenpolitik ohne die Existenz dieser für Verbündete und Gegner wichtigen Armee nicht durchführen können."[83] Die Truppen wurde zu einem Standbein des Erfolgs: „As its military power increased, so did Bavaria's influence in German politics. Only by providing a viable military force to Napoleon, could Max Joseph expect any territorial rewards."[84] Dank

75 Vgl. Bezzel, 1806 bis 1825 (wie Anm. 9) S. 5.
76 Möckl, Die bayerische Konstitution, hier S. 154.
77 Wenzel, Verfassungsurkunden, S. 17. „Sechster Titel. Von dem Militär-Stande. § I und II"; vgl. Textedition in diesem Band, S. 332.
78 Vgl. Max Leyh, Die Feldzüge des Königlich Bayerischen Heeres unter Max I. Joseph von 1805 bis 1815 (Geschichte des bayerischen Heeres, Bd. 6/2), München 1935, S. 450.
79 Vgl. Peter Hartmann, Bayerns Weg in die Gegenwart. Vom Stammesherzogtum zum Freistaat heute, 2. Aufl. München 2004, S. 363 und 366.
80 Vgl. Weis, Montgelas Bd. 2, S. 661.
81 Vgl. Hartmann, Bayerns Weg (wie Anm. 79) S. 367.
82 Vgl. Bezzel, 1806 bis 1825 (wie Anm. 9) S. 19.
83 Weis, Montgelas Bd. 2, S. 638, vgl. Bd. 1, S. 344.
84 Harford (wie Anm. 37) S. 276 f.

der neu geschaffenen Armee konnte Bayern auch bei den diplomatischen Verhandlungen nach dem Niedergang Napoleons um die Neugestaltung Europas deutlich mehr Gewicht einbringen.[85] Im internationalen Vergleich erlangte Bayern durch die Militärreformen eine Stärke, wie sie seit Kurfürst Maximilian I. nicht mehr erreicht worden war.[86] In geringerem Maße setzte sich dies auch in der langen Friedenszeit des Deutschen Bundes fort.

Doch auch auf anderem Gebiet erlangten die Konstitution und ihre Nachwirkungen großen Einfluss: „Nach innen erleichterte die auf einer ‚nationalen' Basis geschaffene Militärverfassung die politische und soziale Integration der neuen Landesteile und trug … wesentlich zur Ausbildung eines neubayerischen Bewußtseins bei."[87] Von größter Bedeutung war, dass die Soldaten zukünftig nicht mehr nur Pflichten zu erfüllen hatten, sondern durch staatsbürgerliche Rechte und Vergünstigungen dem Staat enger verbunden waren – eben auch die Neubayern.[88] Die Armee spielte zudem eine entscheidende Rolle im Erziehungsprozess des Volkes für den neuen Gesamtstaat.[89] Der Erwerb großer Territorien mit sehr heterogener Bevölkerung, vor allem im Vergleich zu den wittelsbachischen Stammlanden in Altbayern, machte eine Vereinheitlichung des neuen Staates unverzichtbar.[90] Dazu gehörte auch eine transparente Vorgehensweise bei der Rekrutierungspolitik. Diese wurde aber nicht überall gerne gesehen. So trug sie in Tirol nicht unwesentlich zum Aufstand unter Andreas Hofer bei. Obwohl mit französischer Hilfe erfolgreich niedergeschlagen, führte dieser letztlich wieder zum Verlust des Gebietes. Die Rekrutierungspolitik war also keine reine Erfolgsgeschichte.

Dem großen zivilen Reformer dieser Zeit bereiteten die bayerischen Militärs allerdings auch Probleme. Obwohl für Montgelas die Lebensnotwendigkeit der Armee nie in Frage stand, trat er den horrenden finanziellen Forderungen der Generäle, besonders nach der endgültigen Niederwerfung Napoleons, konsequent entgegen.[91] Dies war ein Grund dafür, dass sie sich zusammen mit dem Kronprinzen vehement für den 1817 erfolgten Sturz Montgelas' einsetzten.

Obwohl sich die Regelungen zu Militärangelegenheiten in der Konstitution von 1808 nicht immer problemlos in die Praxis umsetzen ließen, hatten die Abschnitte über das Militär eine sehr lange Gültigkeit. Ohne große Veränderungen fanden die Paragraphen Eingang in die Verfassung von 1818.[92] Blieben die Grundlagen der Wehrverfassung ohnehin bis 1868 bestehen, so reichten die militärischen Elemente der bayerischen Verfassung mit geringen Veränderungen bis zum Ende einer eigenständigen bayerischen Armee 1918/1920.

85 Vgl. Weis, Montgelas, Bd. 2, S. 582.

86 Vgl. Montgelas-Denkwürdigkeiten S. XXV. – Gruner, Militärverfassung (wie Anm. 9) S. 180.

87 Gruner, Militärverfassung (wie Anm. 9) S. 180.

88 Vgl. Frauenholz, Eingliederung (wie Anm. 18) S. 39.

89 Vgl. Möckl, Die bayerische Konstitution, S. 157.

90 Vgl. Spindler IV/1, S. 64.

91 Vgl. Weis, Montgelas Bd. 2, S. 582.

92 Vgl. Wenzel, Verfassungsurkunden, S. 39 f., Verfassungs-Urkunde vom 26. Mai 1818.

10.1 Mängel in der bayerischen Armee und nötige Reformmaßnahmen

1799 Juli 31, München
Denkschrift General Gazas im Auftrag von Kurfürst Max IV. Joseph.

Kurz nach dem Tod des Kurfürsten Karl Theodor im Februar 1799 gab sein Nachfolger Max IV. Joseph eine Studie über den Zustand der bayerischen Armee in Auftrag. Dieser Aufgabe widmete sich General Franz Josef von Gaza. Er hatte schon zuvor mehrfach auf bestehende Mängel hingewiesen. In seiner ausführlichen Denkschrift listet er diese ebenso detailliert auf wie notwendige Reformen. Als besonderes Problem sah er die Lage des gemeinen Soldaten. Beispielsweise stellte er fest „daß die Montierung, so schön sie nun, und für jeden, der sie nicht trägt, kommod aussieht, [aber] im Sommer zu warm, im Winter zu kalt, und zum Tragen auf dem Marsch zu allen Zeiten zu beschwerlich ist." In der Folgezeit wurden die Kritikpunkte in der Regierung aufgegriffen und von der allgemeinen Wehrpflicht bis zur Verbesserung der Ausrüstung in wesentlichen Punkten umgesetzt.

Handschrift, vier Teile, insgesamt 93 S., zum Teil mit Verbesserungen und Anstreichungen, 34 x 21,3 cm.

Bayerisches Hauptstaatsarchiv, Kriegsarchiv, A I 3, 6.

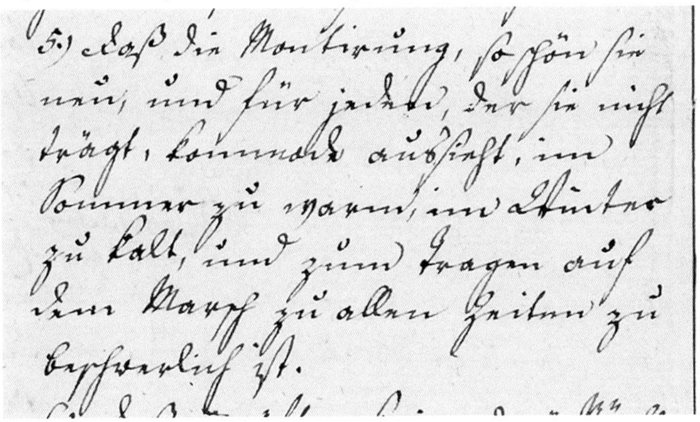
5.) daß die Montirung, so schön sie nun, und für jeden, der sie nicht trägt, kommod aussieht, im Sommer zu warm, im Winter zu kalt, und zum Tragen auf dem Marsch zu allen Zeiten zu beschwerlich ist.

10.1

10.2 Niederlage der bayerischen Armee bei Hohenlinden am 3. Dezember 1803

Nach 1803
Gemälde von Johann Lorenz Rugendas II. (1775–1826).

Im Bündnis mit Österreich stand Bayern in den ersten Koalitionskriegen auf der Seite der Gegner Napoleons. Dabei operierten die bayerischen Truppen nicht als eigenständiger Verband, sondern waren in das Hauptkontingent des Verbündeten eingegliedert. So blieb trotz der Zweifel der bayerischen Regierung an den Erfolgsaussichten an der Seite Österreichs keine andere Wahl als sich an den Kampfhandlungen zu beteiligen. Besonders verheerend war das Aufeinandertreffen von je etwa 60.000 bayerisch-österreichischen und französischen Soldaten bei Hohenlinden im Ebersberger Forst. Die Überlegenheit der französischen Heere mündete in eine katastrophale Niederlage und schaltete die bayerische Armee zunächst als Machtfaktor aus. Umso deutlicher unterstrich die Schlacht die Notwendigkeit der bald angegangenen Reformen.

Aquatinta, koloriert, 51 x 55 cm.

Ingolstadt, Bayerisches Armeemuseum, G 328-1965.

Literatur: Oskar Bezzel, Geschichte des königlich bayerischen Heeres unter König Max I. Joseph von 1806 (1804) bis 1825 (Geschichte des Bayerischen Heeres Bd. 6/1), München 1933, S. 603–615. – Günter Schneider, Hohenlinden 1800. Die vergessene Schlacht, Potsdam 2000. – James Arnold, Marengo and Hohenlinden. Napoleon's rise to power, Barnsley 2005.

10.2

10.3 Johann Nepomuk Graf von Triva (1755–1827), erster bayerischer Kriegsminister

a) 1807/1809
Porträt Trivas.

b) 1804 März 3
Ernennungsurkunde zum Leiter des Geheimen Kriegsbureaus.

Ursprünglich aus Friaul stammend kam die Familie Triva im Gefolge der Gemahlin des Kurfürsten Ferdinand Maria nach Bayern. Als Sohn eines Juristen und Diplomaten trat Johann Nepomuk von Triva 1766 in die bayerische Armee ein. Aufgrund der erst später unter Kurfürst Max IV. Joseph abgeschafften Möglichkeit, Offiziersstellen zu kaufen, wurde er Hauptmann im Infanterieregiment Kurprinz. Als Teilnehmer an den Kriegen des Reiches gegen das revolutionäre Frankreich (1791–1797) stieg er zum Generalquartiermeister der Wredeschen Brigade auf (1800) und wurde Generalmajor. Das neu geschaffene Geheime Kriegsbureau, das er ab 1804 leitete, war der Vorläufer des Kriegsministeriums. Nach der Gründung dieses fünften Ressorts unter der persönlichen Leitung des Königs leitete Triva ab 1808 als Staatssekretär de facto die Geschäfte. 1814 verzichtete Max Joseph auf das Amt und ernannte Triva zum Kriegsminister. Als Leiter der zentralen Behörde für das Kriegswesen machte er sich um die Reorganisation des bayerischen Militärs verdient. Er gilt als einer der Vorzeige-Reformer unter Montgelas und wurde aus Dankbarkeit 1816 in den erblichen Grafenstand erhoben.

a) Öl auf Leinwand, Schlegel nach Raabes, 81 x 64,5 cm.

b) Urkunde mit Papiersiegel und den Unterschriften des Kurfürsten Max IV. Joseph und des Freiherrn Maximilian Joseph von Montgelas, 41,1 x 51,8 cm.

10.3a

a) Ingolstadt, Bayerisches Armeemuseum, B 4855.

b) Bayerisches Hauptstaatsarchiv, Kriegsarchiv, OP 83232.

Literatur: Adolf Erhard, Johann Nepomuk Graf von Triva (Bayerische Bibliothek 29/30), München 1892. – Wolf-Dieter Gruner, Die bayerischen Kriegsminister 1804–1885. Eine Skizze zum sozialen Herkommen der Minister. In: ZBLG 34 (1971) S. 238–315.

Maximilian Joseph

in Ober- und Niederbaiern der obern Pfalz in Franken zu Kleve und Berg Herzog

Fürst zu Bamberg, Würzburg, Augsburg, Freising und Passau, Fürst und Herr zu Kempten,

Landgraf zu Leuchtenberg, gefürsteter Graf zu Mindelheim, Graf in der Mark zu Ravensberg, Ottobeuern und Helfenstein,

Herr zu Ulm, Rothenburg, Nördlingen, Schweinfurt, Weltenhausen, Roggenburg, Ursberg, Elchingen, Söflingen, Irsee,

Memmingen, Ravensburg, Wangen, Kaufbeuern, Buchhorn, Leutkirch und Bopfingen etc. des heiligen römischen Reichs

Erzpfalzgraf Erztruchsess und Churfürst

München den 9ten März 1804.

Patent
für
den Generalmajor
Johann Nepomuck von Triva
als
Chef des geheimen Kriegs Bureau.

10.3b

10.4 Neuordnung der bayerischen Armee

1804 April 30, München
Entwurf für eine Verordnung Kurfürst Max IV. Joseph.

Als Folge der ernüchternden Erfahrungen der ersten Koalitionskriege war eine Neuordnung der bayerischen Armee dringend notwendig geworden. Nach einer Reihe von Denkschriften und Beratungen ließ der Kurfürst durch den Referenten Georg Friedrich von Zentner ein „Allgemeines Reglement über die Ergänzung der churfürstlichen Armee“ ausarbeiten. Die darin angestrebten Reformen sollten Bayern nicht nur die Selbstverteidigung ermöglichen, sondern auch als militärischen und politischen Bündnispartner attraktiver machen. In einer überarbeiteten Fassung ging das Reformpapier in den Druck und wurde mit Veröffentlichung am 7. Januar 1805 wirksam. Einer Reorganisation der Truppen standen nur noch die Finanzen im Wege. Des Weiteren machten diverse Unzulänglichkeiten Änderungen des Reglements nötig, beispielsweise durch das Konskriptionsgesetz von 1812.

Reskript Max Josephs, handschriftlich mit Einfügungen und Ausbesserungen, 34,5 x 24,5 cm, 61 S., eingebunden in den Akt.

Bayerisches Hauptstaatsarchiv, Kriegsarchiv, A II 1b, 23.

Literatur: Bezzel, 1806 bis 1825 (wie Kat.Nr. 10.2) S. 19–22. – Wolf-Dieter Gruner, Das Bayerische Heer 1825 bis 1864. Eine kritische Analyse der bewaffneten Macht Bayerns vom Regierungsantritt Ludwigs I. bis zum Vorabend des deutschen Krieges (Militärgeschichtliche Studien, 14), Boppard am Rhein 1972, S. 37–41.

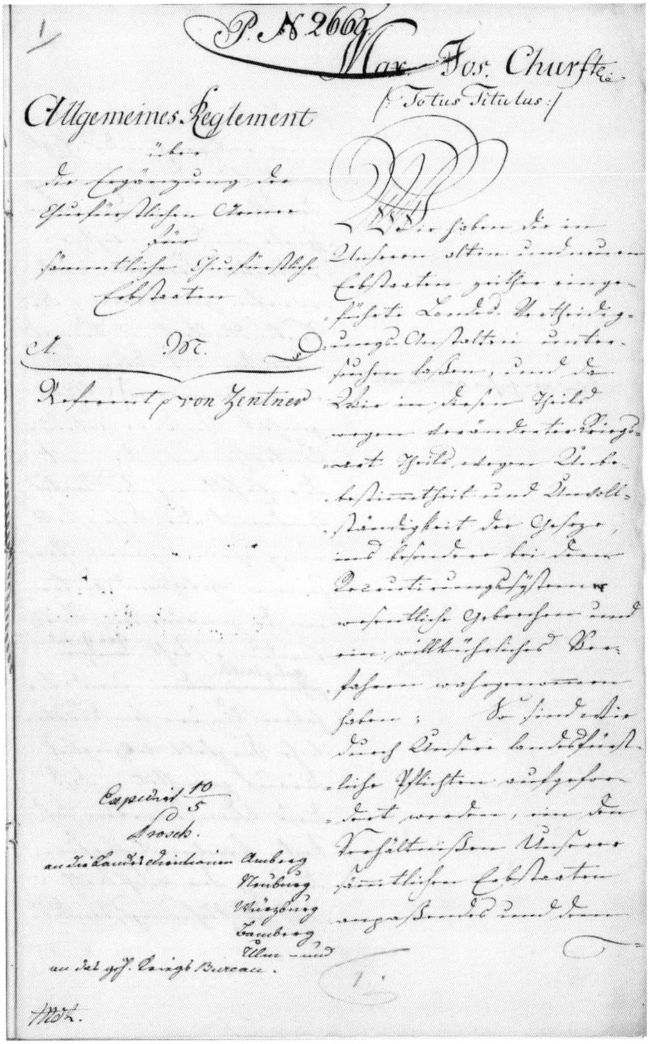
P. N 2660
Max Jos. Churfst.
(Totus Titulus)
Allgemeines Reglement
Referent von Zentner

10.4

10.5 Gründung des bayerischen Kriegsministeriums

1808 September 27, München
Armeebefehl von König Max I. Joseph.

Nachdem mit dem Geheimen Kriegsbureau (vgl. Kat. Nr. 10.3b) bereits 1804 eine zentrale Stelle für militärische Angelegenheiten geschaffen worden war, rief Max Joseph 1808 wie beiläufig per Armeebefehl das Kriegsministerium ins Leben. Damit schuf er neben den Minis-

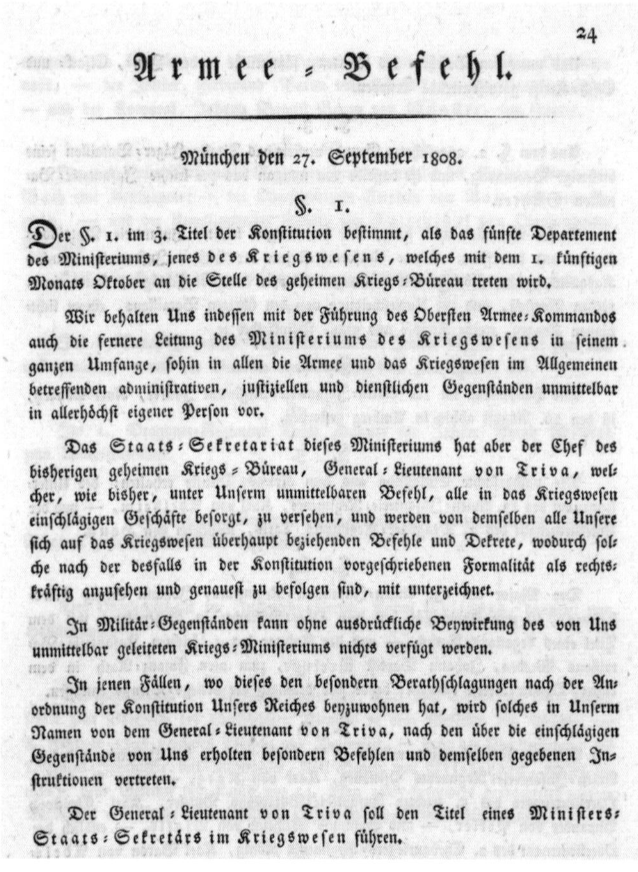
24

Armee-Befehl.

München den 27. September 1808.

§. 1.

Der §. 1. im 3. Titel der Konstitution bestimmt, als das fünfte Departement des Ministeriums, jenes des Kriegswesens, welches mit dem 1. künftigen Monats Oktober an die Stelle des geheimen Kriegs-Büreau treten wird.

Wir behalten Uns indessen mit der Führung des Obersten Armee-Kommandos auch die fernere Leitung des Ministeriums des Kriegswesens in seinem ganzen Umfange, sohin in allen die Armee und das Kriegswesen im Allgemeinen betreffenden administrativen, justiziellen und dienstlichen Gegenständen unmittelbar in allerhöchst eigener Person vor.

Das Staats-Sekretariat dieses Ministeriums hat aber der Chef des bisherigen geheimen Kriegs-Büreau, General-Lieutenant von Triva, welcher, wie bisher, unter Unserm unmittelbaren Befehl, alle in das Kriegswesen einschlägigen Geschäfte besorgt, zu versehen, und werden von demselben alle Unsere sich auf das Kriegswesen überhaupt beziehenden Befehle und Dekrete, wodurch solche nach der desfalls in der Konstitution vorgeschriebenen Formalität als rechtskräftig anzusehen und genauest zu befolgen sind, mit unterzeichnet.

In Militär-Gegenständen kann ohne ausdrückliche Beywirkung des von Uns unmittelbar geleiteten Kriegs-Ministeriums nichts verfügt werden.

In jenen Fällen, wo dieses den besondern Berathschlagungen nach der Anordnung der Konstitution Unsers Reiches beyzuwohnen hat, wird solches in Unserm Namen von dem General-Lieutenant von Triva, nach den über die einschlägigen Gegenstände von Uns erholten besondern Befehlen und demselben gegebenen Instruktionen vertreten.

Der General-Lieutenant von Triva soll den Titel eines Ministers-Staats-Sekretärs im Kriegswesen führen.

10.5

terien für Äußeres, Inneres, Justiz und Finanzen das letzte der fünf klassischen Ressorts innerhalb der Zentralregierung. Aufgrund seiner Vorliebe für das Militär machte sich der König selbst zum Kriegsminister. De facto leitete Generalmajor Johann Nepomuk von Triva als Staatssekretär das Ministerium und konnte trotz seiner nachgeordneten Stellung auf Wunsch Max Josephs an zentralen Besprechungen der Regierung teilnehmen.

Druck, 34,2 x 21,6 cm, 3 Seiten.

Bayerisches Hauptstaatsarchiv, Kriegsarchiv, A I 1, 4a.

Literatur: Gerhard Heyl, Ministerium der Armee – Kriegsministerium. In: Volkert, Handbuch, S. 330–336. – Bezzel, 1806 bis 1825 (wie Kat.Nr. 10.2) S. 35 f. – Rainer Braun, Bayerisches Kriegsministerium. In: Historisches Lexikon Bayerns, URL: <http://www.historisches-lexikon-bayerns.de/artikel/artikel_44436> (30.1.2007).

10.6 Der Militär-Max-Joseph-Orden

a) Verliehen 1806–1922
Großkreuz und Stern – Ausfertigung des Grafen Deroy.

Als Nachkomme eines kurpfälzischen Generals französischen Ursprungs diente Bernhard Erasmus von Deroy (1743–1812) bereits im Siebenjährigen Krieg. 1792 wurde er Generalmajor. Sowohl bei der Kapitulation von Mannheim 1795 als auch in der Schlacht von Hohenlinden 1803 wurde Deroy von den Franzosen gefangen genommen. Aufgrund des bayerischen Bündniswechsels kämpfte er im Folgenden an deren Seite. Bei mehreren Schlachten gegen die feindliche Allianz konnte er sich bewähren. Wie 30.000 andere bayerische Soldaten kehrte Deroy nicht vom Russlandfeldzug Napoleons zurück. Der bekannte General und Reformer der bayerischen Armee fiel 1812 in der Schlacht von Polozk.
Für seine Verdienste um die bayerische Armee wurde Deroy mit der höchsten militärischen Auszeichnung des Königreiches versehen, dem Militär-Max-Joseph-Orden.

10.6a

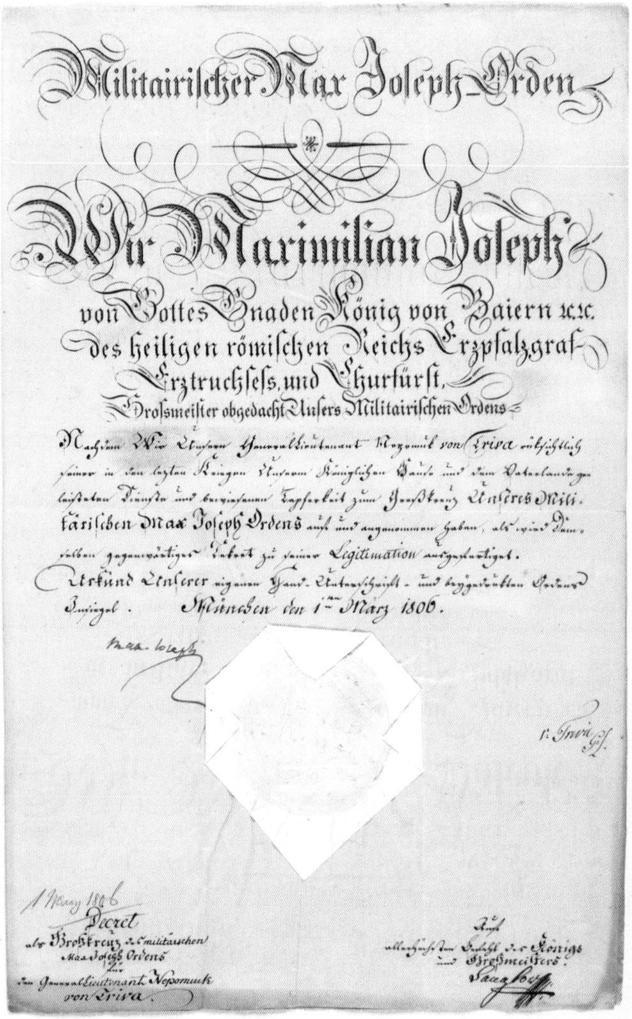

Militairischer Max Joseph Orden

Wir Maximilian Joseph
von Gottes Gnaden König von Baiern ꝛc. ꝛc.
des heiligen römischen Reichs Erzpfalzgraf
Erztruchsess, und Churfürst,
Grossmeister obgedacht Unsers Militairischen Ordens

Nachdem Wir Unseren Generallieutenant Nepomuk von Triva rücksichtlich seiner in den letzten Kriegen Unserem Königlichen Hause und dem Vaterlande geleisteten Dienste und bewiesenen Tapferkeit zum Grosskreuz Unseres Militärischen Max Joseph Ordens auf und angenommen haben, als wird Demselben gegenwärtiges Dekret zu seiner Legitimation ausgefertigt.

Urkund Unserer eigenen Hand-Unterschrift und beygedruckten Ordens Insiegel. München den 1ten März 1806.

Max Joseph

v. Triva

1 März 1806
Decret
als Großkreuz des militärischen Max Josephs Ordens
für
den Generallieutenant Nepomuk von Triva.

Auf allerhöchsten Befehl des Königs und Großmeisters:
Saugloy

10.6b

Dessen Gründung sollte zur Aufbruchstimmung in der neuen Bürgerarmee beitragen. Anders als früher stärkten fortan immaterielle Auszeichnungen die Bindung des Soldaten an den Herrscher. Um frühere Ungerechtigkeiten zu vermeiden, entschied nicht der Souverän über die Vergabe der Ehrung, sondern ein Ordenskapitel. Maßgeblich für die Auszeichnung waren selbständige Leistungen, die ohne Verletzung der Dienstpflichten hätten unterlassen werden können. Unnötig hohe Opfer unter den Soldaten zur Befriedigung des persönlichen Ehrgeizes wurden als Ausschlussgrund gesehen. Nach dem Tod des Inhabers wurde der Orden zurückgegeben und konnte an den nächsten Träger verliehen werden.

Gold, Email, Seidenrips, 9,5 x 7,2 cm, Ø des Sterns 9,6 cm, Krone 3,2 x 3,0 cm.

Ingolstadt, Bayerisches Armeemuseum, AM 2003.

Literatur: Bezzel, 1806 bis 1825 (wie Kat.Nr. 10.2) S. 174–178. – Jörg Nimmergut, Deutsche Orden und Ehrenzeichen bis 1945, 4 Bde., Bd. 1, München 1997, S. 154–159.

b) 1806 März 1, München
Aufnahme Johann Nepomuk von Trivas in den Militär-Max-Joseph-Orden.

Neben militärischen Leistungen konnten auch andere Verdienste um die bayerische Armee zur Aufnahme in den Militär-Max-Joseph-Orden beitragen. Diese Urkunde zeichnet den späteren Kriegsminister Triva – hier noch als Chef des Geheimen Kriegsbureaus – für seine Verdienste um die Reorganisation der bayerischen Armee aus.

Urkunde mit Papiersiegel und der Unterschrift von König Max I. Joseph mit Gegenzeichnung Trivas, 34 x 21,7 cm.

Bayerisches Hauptstaatsarchiv, Kriegsarchiv, OP 83232.

Literatur: Baptist Schrettinger, Der Königlich-Bayerische Militär-Max-Joseph-Orden und seine Mitglieder, München 1882. – Günther von Pechmann, Der Militär-Max-Joseph-Orden. Geschichte und Bedeutung der Ordensstiftung. Festschrift zur 150-Jahr-Feier des Ordens, München 1956. – Georg Schreiber, Die bayerischen Orden und Ehrenzeichen, München 1964.

10.7 Gründung von Gendarmerie und Nationalgarde

a) Um 1810
Gendarmerie-Tschako.

Die unruhigen Jahre der napoleonischen Kriege hatten auch im zivilen Sektor negative Folgen. Die unter dem Kriegsministerium neu gegründete Gendarmerie bekämpfte ab 1812 nicht nur die hohe Kriminalitätsrate, sondern ersetze auch die alten Polizeiwachen und deren oft kritisierte Willkürmaßnahmen gegen die Bevölkerung.

Filz, Leder und Messingbeschläge, 28 (H) x 25 (B) x 22 (L) cm.

Ingolstadt, Bayerisches Armeemuseum, B 1389.

Literatur: Bezzel, 1806 bis 1825 (wie Kat.Nr. 10.2) S. 94–96. – Annelie Hopfenmüller, Die Gründung der bayerischen Gendarmerie im Jahre 1812. In: Archivalische Zeitschrift 89 (2007) S. 273–324. – Montgelas-Denkwürdigkeiten, S. XXIX. – RBl 1812, 1737.

b) 1809 April 6, München
Verordnung von König Max I. Joseph über die Errichtung einer Nationalgarde.

Als Ergänzung zur allgemeinen Wehrpflicht wurde eine Nationalgarde gegründet. In verschiedenen Abstufungen durften die Gardisten nur für bestimmte Aufgaben eingesetzt werden. Während die erste Klasse als Reserve der regulären Armee diente, sollte die zweite Klasse nur innerhalb der Landesgrenzen eingesetzt, die dritte ausschließlich mit Polizeiaufgaben innerhalb der rekrutierenden Gerichtsbezirke betraut werden.

Reproduktion (Vorlage: Regierungsblatt; Bayerisches Hauptstaatsarchiv, Amtsbücherei; 8° Z 116–1809).

Druck: RBl 1809, 657.

Literatur: Bezzel, 1806 bis 1825 (wie Kat.Nr. 10.2) S. 99. – RBl 1809, 657 und RBl 1813, 849.

10.7a

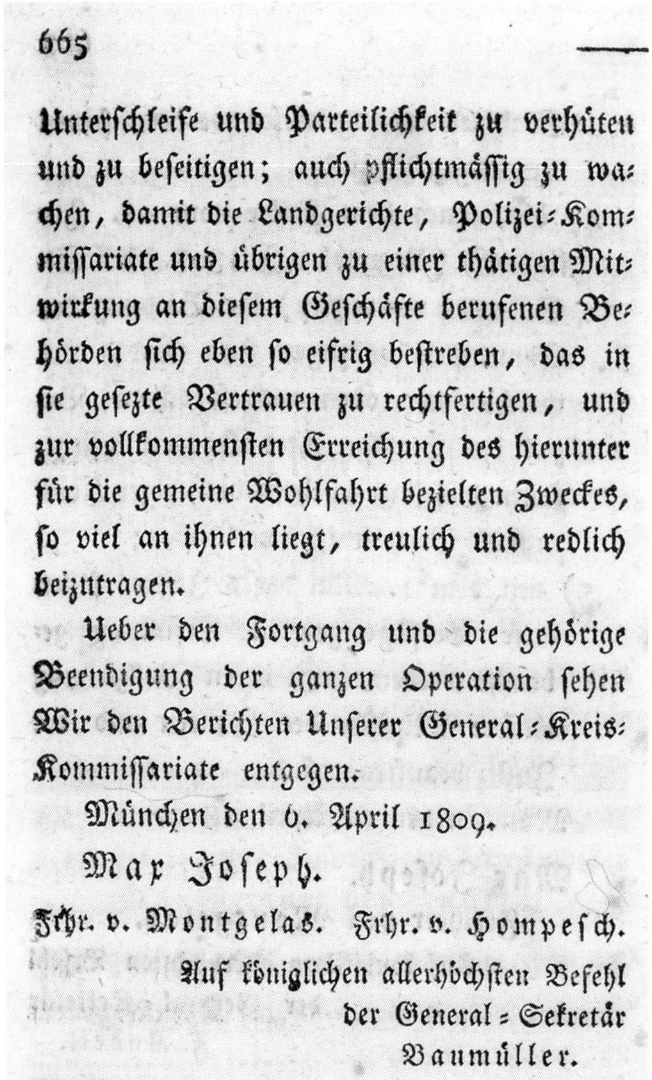

665

Unterschleife und Partheilichkeit zu verhüten und zu beseitigen; auch pflichtmässig zu wachen, damit die Landgerichte, Polizei-Kommissariate und übrigen zu einer thätigen Mitwirkung an diesem Geschäfte berufenen Behörden sich eben so eifrig bestreben, das in sie gesezte Vertrauen zu rechtfertigen, und zur vollkommensten Erreichung des hierunter für die gemeine Wohlfahrt bezielten Zweckes, so viel an ihnen liegt, treulich und redlich beizutragen.

Ueber den Fortgang und die gehörige Beendigung der ganzen Operation sehen Wir den Berichten Unserer General-Kreis-Kommissariate entgegen.

München den 6. April 1809.

Max Joseph.

Frhr. v. Montgelas. Frhr. v. Hompesch.

Auf königlichen allerhöchsten Befehl
der General-Sekretär
Baumüller.

10.7b

10.8 Stärke der bayerischen Armee

1809 Januar 1, München
Tabellarische Übersicht.

Neben Ausrüstung und Trainingszustand wurde vor allem in der Truppenstärke ein entscheidender Aspekt für die Schlagkraft der Armee gesehen. Penibel wurde deshalb darauf geachtet, dass die Entscheidungsträger regelmäßig über die Soll- und Ist-Stärke der Truppen informiert waren. Im Gegensatz zum 18. Jahrhundert wurde bei der Aufstellung der Einheiten auf die Verwurzelung der Soldaten in der Heimat Wert gelegt. Außerdem trat mehr und mehr die Ausrüstung einer angemessenen Artillerie in den Vordergrund. Zudem setzten Staatsminister Montgelas und König Max Joseph auf eine deutlich stärkere Kavallerie. Neben den schweren Dragonern waren dies vor allem die leichteren Chevaulegers. Husaren gab es dagegen in der bayerischen Armee nur kurze Zeit.

Handschrift, Papier, 1 Blatt eingelegt in den Akt, 35 x 21,6 cm.

Bayerisches Hauptstaatsarchiv, Kriegsarchiv, A 1 3, 7.

Literatur: Gruner, Das Bayerische Heer 1825 bis 1864 (wie Kat.Nr. 10.4) S. 44–50.

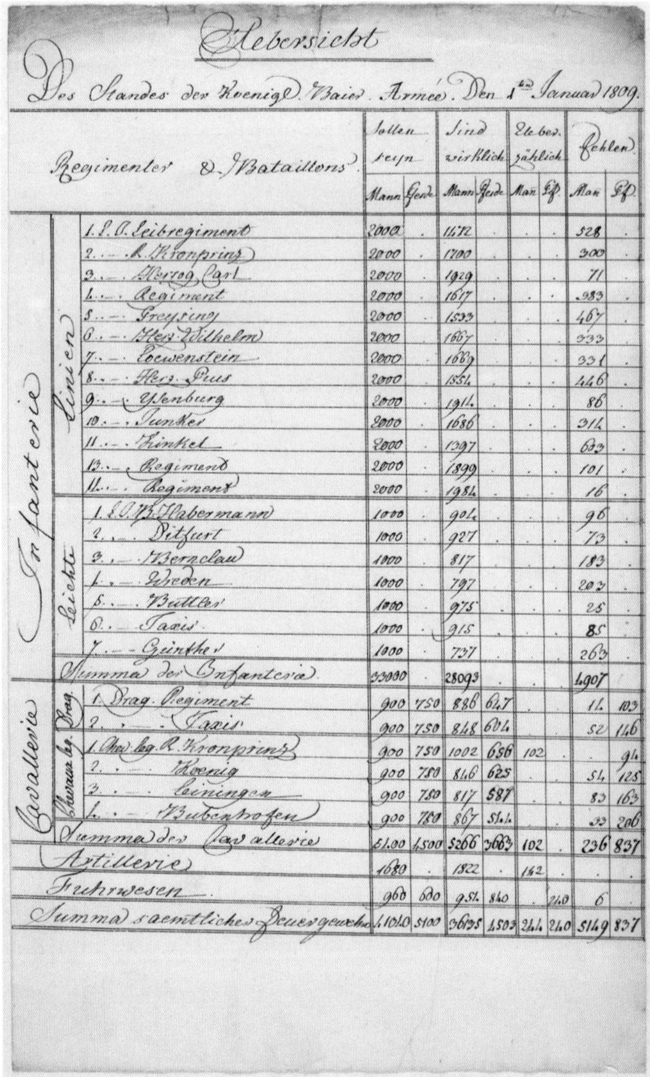

Uebersicht

Des Standes der Koenigl. Baier. Armee. Den 1ten Januar 1809.

		Regimenter & Bataillons	Sollen seyn		Sind wirklich		Ueberzählich		Fehlen	
			Mann	Pferde	Mann	Pferde	Man	Pf.	Man	Pf.
Infanterie	Linien	1. L. R. Leibregiment	2000	.	1472	.	.	.	528	.
		2. – K. Kronprinz	2000	.	1700	.	.	.	300	.
		3. – Herzog Carl	2000	.	1929	.	.	.	71	.
		4. – Regiment	2000	.	1617	.	.	.	383	.
		5. – Preysing	2000	.	1533	.	.	.	467	.
		6. – Herz. Wilhelm	2000	.	1667	.	.	.	333	.
		7. – Loewenstein	2000	.	1669	.	.	.	331	.
		8. – Herz. Pius	2000	.	1554	.	.	.	446	.
		9. – Ysenburg	2000	.	1914	.	.	.	86	.
		10. – Junker	2000	.	1686	.	.	.	314	.
		11. – Zinkel	2000	.	1397	.	.	.	603	.
		13. – Regiment	2000	.	1899	.	.	.	101	.
		14. – Regiment	2000	.	1984	.	.	.	16	.
	Leichte	1. L. J. B. Habermann	1000	.	904	.	.	.	96	.
		2. – Ditfurt	1000	.	927	.	.	.	73	.
		3. – Bernclau	1000	.	817	.	.	.	183	.
		4. – Wreden	1000	.	797	.	.	.	203	.
		5. – Buttler	1000	.	975	.	.	.	25	.
		6. – Taxis	1000	.	915	.	.	.	85	.
		7. – Günther	1000	.	737	.	.	.	263	.
		Summa der Infanterie	33000	.	28093	.	.	.	4907	.
Cavallerie	Drag.	1. Drag. Regiment	900	750	886	647	.	.	14	103
		2. – Taxis	900	750	848	604	.	.	52	146
	Chevaux leg.	1. Chev. leg. R. Kronprinz	900	750	1002	656	102	.	.	94
		2. – Koenig	900	750	846	625	.	.	54	125
		3. – Leiningen	900	750	817	587	.	.	83	163
		4. – Bubenhofen	900	750	867	541	.	.	33	206
		Summa der Cavallerie	5400	4500	5266	3663	102	.	236	837
Artillerie			1680	.	1822	.	142	.	.	.
Fuhrwesen			960	600	954	840	.	240	6	.
Summa saemtliches Feuergewehr			41040	5100	36135	4503	244	240	5149	837

10.8

10.9 Ausrüstung und Ausstattung der Truppen

a) 2. Hälfte des 19. Jahrhunderts Einführung neuer Uniformen.

Nach der Abschaffung der Rumfordschen Uniformen wurde vor allem die bayerische Infanterie im traditionellen Weiß-Blau eingekleidet. Wie viele andere Aspekte des Militärwesens diente auch die neue Uniform zur Integration der Soldaten. In verschiedenen Varianten wurde die Uniform bis ins 20. Jahrhundert getragen.

Kolorierte Zeichnung von Louis Braun, 68,8 x 98 cm.

Bayerisches Hauptstaatsarchiv, Kriegsarchiv, BS I/31, 1.

Literatur: Joseph Schuster, Das Uniformwesen der Bayerischen Armee nach der Heeresgeschichte des bayerischen Kriegsarchivs, dem bayerischen Armeemuseum u.s.w. entwickelungsgeschichtlich dargestellt, München masch. 1920.

b) 1826, Amberg Steinschlosskarabiner der bayerischen Kavallerie.

Mit den Armeereformen auf Verwaltungsebene wurde auch die Modernisierung der Bewaffnung vorangetrieben. Im Zentrum der Produktion stand dabei die neue Amberger Waffenfabrik, die ab 1800 für die Unabhängigkeit von Einfuhren sorgen sollte. Obwohl dieses Ziel nicht erreicht werden konnte, Importe und sogar Beutewaffen eingesetzt werden mussten, wurde Amberg zu einer der Säulen für die Ausrüstung der bayerischen Armee. Der ausgestellte Karabiner besitzt ein Steinschloss. Zwei eiserne Ringe verbinden den Lauf mit dem Schaft aus Nussbaumholz. Auf der linken Seite der Waffe ist eine Reitstange mit Ring angebracht. Sie diente dazu, den Karabiner mit Hilfe eines so genannten Karabinerhakens am Bandolier zu tragen, um zum Reiten und zum Gebrauch des Säbels freie Hand zu haben. Die Gravur „A 1826" auf dem Schlossblech zeigt den Herstellungsort Amberg und das Produktionsjahr an. Der ausgestellte Karabiner gehörte zur Standardbewaffnung der bayerischen Reiterei. Sowohl die Chevaulegers als auch die Dragoner waren damit ausgerüstet.

Nussbaumholz und Eisen, Gesamtlänge: 95 cm, Kaliber 17,8 mm.

Ingolstadt, Bayerisches Armeemuseum, E 1064.

Literatur: Florian Hailer, Festschrift zur Feier des 100jährigen Bestehens der K.B. Gewehrfabrik Amberg, München 1901. – Gernot Bock, Die Amberger Gewehrfabrik, hrsg. vom Stadtmuseum Amberg, Amberg 1997. – Thomas Janssens, Die Geschichte der königlich bayerischen Gewehrfabrik in Amberg. Ein Beitrag zur Wirtschafts- und Sozialgeschichte Bayerns, Diss. München 1998.

c) 1813 Ulanen-Säbel.

Nicht zuletzt wegen persönlicher Erfahrungen schätzte auch Staatsminister Montgelas die leichte Reiterei. So wurden die Ulanen unter Max Joseph, der in Frankreich selbst als Offizier gedient hatte, zu einem elementaren Bestandteil der regulären bayerischen Reiterei. Der Säbel sollte den Soldaten vor allem im Nahkampf gegen feindliche Infanterie oder Kavallerie sowie bei der Erstürmung feindlicher Artilleriestellungen zum Sieg verhelfen. Das stählerne Gefäß besteht aus der halben Griffkappe, einem gerippten, gebeizten Griff, dem gerippten Griffring, der Parierstange, dem Griffbügel und den Parierspangen. Der Griffbügel zweigt rechtwinklig von der Parierstange ab und mündet in die Griffkappe. Der Schlitz für den Faustriemen befindet sich im letzten Drittel der Griffkappe. Der Griff selbst besteht aus Holz. Die stählerne Klinge ist gekrümmt, mit Pandurenspitze und beidseitiger Hohlbahn. An der Scheide befinden sich zwei angelötete Trageriemen und ein aufgesetztes Mundblech. Im Schleppblech erkennbar eingeschlagen ist die Zahl 686.

Holz und Stahl; Gesamtlänge: 108 cm, Länge der Klinge: 90,2 cm, Scheide 92,5 cm.

Ingolstadt, Bayerisches Armeemuseum, C 649.

I
KÖNIGL. BAYERISCHE ARMEE.
A. Oehlein's Verlag München.
Unteroffizier
des 1. Linien-Infanterie-Leib-Regiments
1806.
(Nun 1. Infanterie-Regiment König.)
Grenadier
des 4. Linien-Infanterie-Regiments
(1. Grenadier-Kompagnie)
1806.
Tambour
des 2. Linien-Inf.-Regts. Kronprinz
(1. Majors-Kompagnie)
1807.
Oberlieutenant
des 14. Linien-Infanterie-Regiments
1809.
Unteroffizier
des 11. Linien-Inf.-Regts. Kinkel
(3. Füsilier-Kompagnie)
1810.
Gemeiner
des 4. Leichten Inf.-Bataillons Theobald
1812.

10.9a

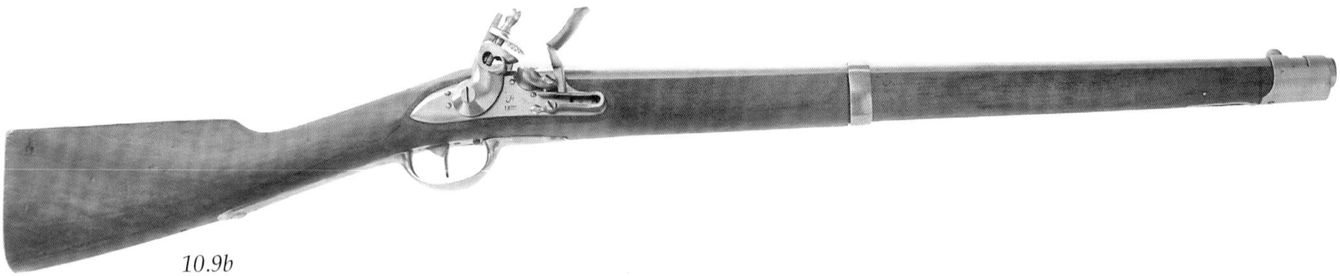

10.9b

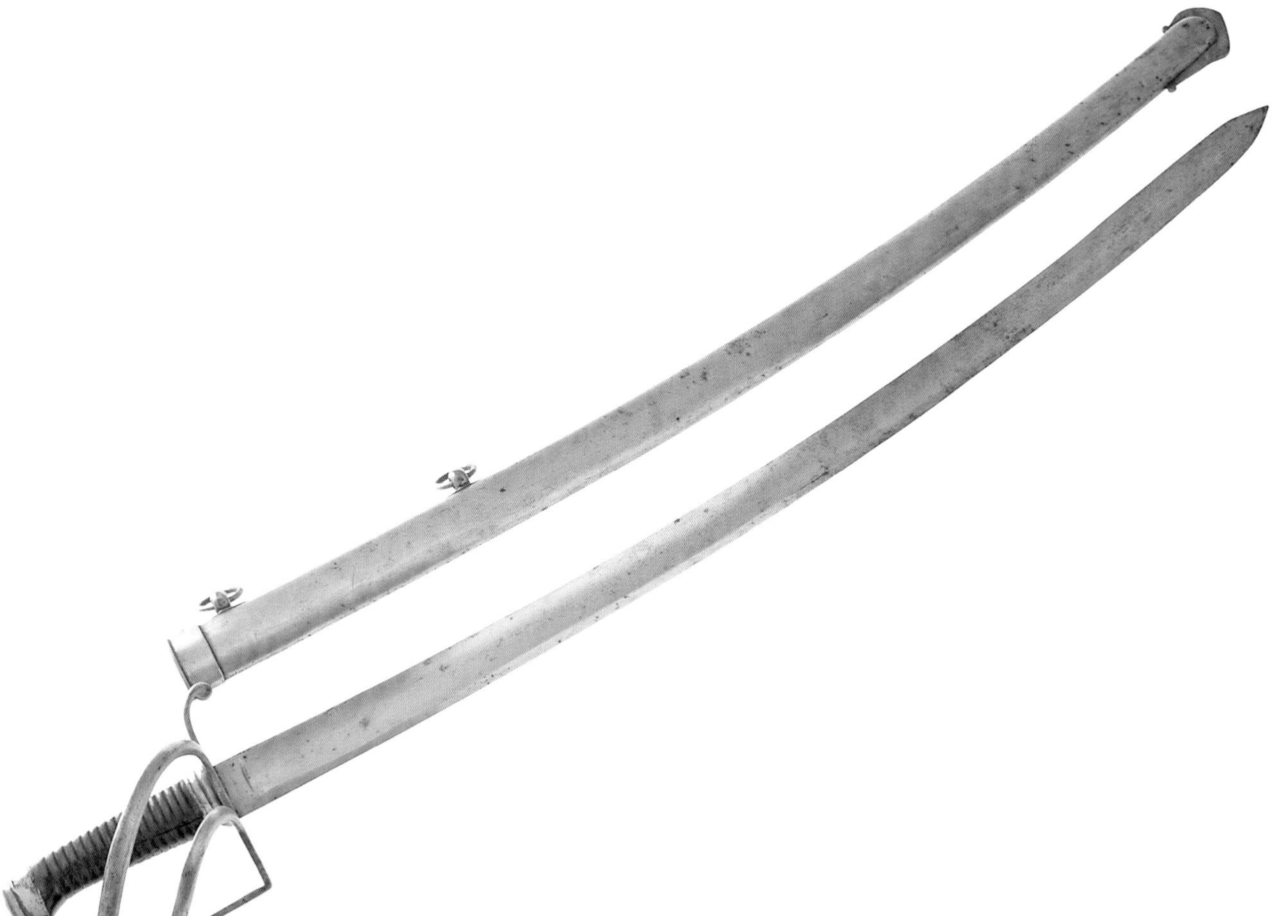

10.9c

10.10 Neubau einer Kaserne

Um 1801, München
Plan der Hofgartenkaserne in München.

Nach eingehender Analyse im Auftrage Max Josephs wurde bald nach dessen Amtsantritt klar, dass die Münchner Kasernen weder nach ihrer Lage, ihrem Bauzustand noch nach gesundheitlichen Aspekten die zeitgenössischen Anforderungen erfüllten. Als Standort für einen Neubau wurde – damals in angemessener Entfernung von der Bevölkerung vor den Toren der Stadt – das Gebiet der heutigen Staatskanzlei gewählt. Nach Plänen von Kriegsökonomie- und Direktorialrat Joseph Frey wurde dort die 189 m lange Hofgartenkaserne errichtet, die Platz für 1800 Soldaten bieten sollte. Standesgemäß wurden hier die Gardeeinheiten des bayerischen Herrschers (1. Linien-Infanterie-Leibregiment bzw. 1. Infanterie-Regiment „König" u.a.) untergebracht. Im Laufe des 19. Jahrhunderts zeigte sich jedoch, dass der Bau nicht den hohen Ansprüchen gerecht wurde. Als die häufigen gesundheitlichen Ausfälle 1893 in einer Epidemie unter den Soldaten mit 34 Toten gipfelten, empfahl ein Gutachten wegen der ungünstigen Bedingungen des Gebäudes das Ende der Nutzung. Noch im gleichen Jahr wurde die Kaserne geräumt. An ihre Stelle wurde ab 1899 das Bayerische Armeemuseum (heute Ingolstadt) errichtet. Infolge der teilweisen Zerstörung im Zweiten Weltkrieg stand das Gebäude lange Jahre leer. Nach dem Abriss der Seitenflügel und ausgiebigem Umbau der Kuppel dient es seit 1993 als Bayerische Staatskanzlei, dem Sitz des Ministerpräsidenten.

Zeichnung, koloriert, 47,7 x 175,8 cm.

Bayerisches Hauptstaatsarchiv, Kriegsarchiv, Plansammlung München 286.

Literatur: Bezzel, 1806 bis 1825 (wie Kat.Nr. 10.2) S. 152. – Heinrich Habel, Das Bayerische Armeemuseum in München. Entstehungsgeschichte und Bedeutung des Gebäudes am Hofgarten, München 1982. – Sigrid Dittmann-Hotop, 40 Jahre Planung um Hofgarten und Armeemuseum 1945–1985. Altstadtring Nord-Ost. Eine Dokumentation, München 1985. – Ernst Aichner, Bayerisches Armeemuseum Ingolstadt, Ingolstadt 1993.

10.10

10.11 Wehrpflicht

a, b) Um 1807, Nürnberg
a) „Der Abschied des Conscribierten" zum Militärdienst.
b) „Die Wiederkehr des Conscribierten" aus dem Felde.

Die Einführung der allgemeinen, wenn auch zum Teil eingeschränkten, Wehrpflicht in der Konstitution von 1808 wurde zu einem wesentlichen Element der bayerischen Armeereformen. Sie sollte das Heer zahlenmäßig aufstocken und das Land unabhängig von auswärtigen Söldnern machen. Damit wollte man zugleich die Verteidigungsfähigkeit des Landes stärken und es auf internationalem Parkett als Bündnispartner attraktiv machen. Außerdem trug die Gleichbehandlung der kurbayerischen und der neu hinzugewonnenen fränkischen bzw. schwäbischen Rekruten maßgeblich zur Identifikation mit ihrem neuen Vaterland bei.
Die erste Radierung zeigt, wie der junge Zivilist von seiner Familie Abschied nimmt, bevor er von einem Rekrutentransport zu seiner Ausbildungsstelle gebracht wird. Die zweite Abbildung stellt seine Rückkehr als ordensgeschmückter Grenadierkorporal des 5. Linien-Infanterie-Regiments Preysing dar.

c) Gestiftet 1806
Militär-Verdienstmedaille.
d) Gestiftet 1848
Veteranendenkzeichen für die Feldzüge 1790–1812.

Anstelle finanzieller Zuwendungen rückten mit der Einführung des Volksheeres ideelle Auszeichnungen in den Vordergrund. Die Belobigungen einfacher Soldaten banden nicht nur diese, sondern ganze Familien und deren Bekannte emotional an den Herrscher. Tapferkeitsauszeichnungen wurden bereits während des Krieges

10.11a

verliehen. Die Goldene Verdienstmedaille zeigt König Maximilian I. Joseph in Generalsuniform. Durch König Maximilian II. wurde 1848 ein Erinnerungsmedaille ausgeprägt „für alle diejenigen, welche den Feldzügen der 90er Jahre bis incl. jener von 1812 im streitbaren Stande des bayerischen Heeres beiwohnten (und) sich hierüber legitimieren konnten".

№ 240.
Die Wiederkehr des Conscribirten aus dem Felde.
Nürnberg, bei Friedrich Campe.

10.11b

MAXIMILIAN JOSEPH KÖNIG VON BAIERN

10.11c

10.11d

10.11d (Rückseite)

a, b) Grafiken, koloriert, Friedrich Campe, je 25 x 17,5–17,8 cm.

c) Joseph Losch, München, Metall, Ø 33,5 mm.

d) Metall, 3,6 x 3,6 cm.

a, b) Ingolstadt, Bayerisches Armeemuseum, E 6906 und E 6907.

c) Ingolstadt, Bayerisches Armeemuseum, 3107.

d) Ingolstadt, Bayerisches Armeemuseum, 1977.

Literatur: Bezzel, 1806 bis 1825 (wie Kat.Nr. 10.2) S. 154–163 (zu a, b). – Nimmergut, Deutsche Orden (wie Kat.Nr. 10.6) S. 226–235 (zu a).

10.12 Auswirkungen der Reformen

a) Um 1814, Nürnberg
Einzug der siegreichen bayerischen Truppen in München 1814.

10.12a

Königlich - Bayerische Armee
Garnisonen
1806 - 1914
Bischofsheim
Bad Neustadt
Bad Brückenau
Bad Königshofen
(1920)
Seßlach
Rosenberg
Kronach
Hof
Hammelburg
Schweinfurt
Lichtenfels
Kulmbach
Lohr
Aschaffenburg
MAIN
Bayreuth
Bamberg
Marktheidenfd.
Ebrach
Würzburg
Kitzingen
Forchheim
Grafenwöhr
Michelfeld
Bärnau
Weiden
Milten berg
Neustadt
Erlangen
Rothenberg
Bad Windsheim
Fürth
Sulzbach - Rosenberg
Nürnberg
Zirndorf
Amberg
Rothenburg
Ansbach
Schwabach
Lichtenau
Neumarkt
Roth
Triesdorf
Wolframs - Eschenbach
Regen
Gunzenhausen
Dinkelsbühl
Ellingen
Wülzburg
Regensburg
DONAU
Eichstätt
Kelheim
Wemding
Straubing
Deggendorf
Nördlingen
Kaisheim
Donauwörth
Neuburg
Ingolstadt
Höchstädt
Landau
Vilshofen
Passau
Lauingen
Dillingen
Landshut
Günzburg
Neu - Ulm
Augsburg
Freising
Dachau
Erding
Lechfeld
Füstenfeld - bruck
Neuötting
Burghsn.
MÜNCHEN
Wasserburg
Achselschwang
Memmingen
Landsberg
Tittmoning
Otto - beuren
Kaufbeuren
Laufen
Rosenheim
Traunstein
Schongau
Kempten
Steingaden
Benediktbeuern
Bad Reichenhall
Lindau
Füssen
Schwaiganger
Regierungsbezirk
Rheinpfalz
Kirchheim Bolanden
Kaiserslautern
Ludwigshfn.
Homburg
Neustadt
Speyer
St. Ingbert
Zweibrücken
Edenkoben
Germersheim
Blieskastel
Pirmasens
Annweiler
Landau
Garnisonen 1914
aufgelöste Garnisonen 1806 - 1914
Garnisonsbewerbung
Grundlagen: BayHStA, Abt. IV Kriegsarchiv, München

10.12b

10.12c

Die Militärreformen und geschicktes politisches Taktieren ermöglichten nach dem Bündniswechsel auf die Seite der Gegner Napoleons 1813 an deren Siegen teilzuhaben. Mehrfach konnten sich die bayerischen Truppen auf dem Schlachtfeld auszeichnen. Belohnt wurde ihr Einsatz mit dem Fortbestehen des neuen Königreiches und mit großen Gebietsgewinnen im Vergleich zur vornapoleonischen Zeit. Auf dem Bild zieht der siegreiche Generalfeldmarschall Wrede an der Spitze seiner Truppen durch einen Torbogen in die Stadt München ein. Weiß bekleidete Mädchen huldigen ihm, andere tragen französische Kriegstrophäen.

b) 1985
Standorte der bayerischen Armee ab 1806.

Im Zuge der Armeereform wurde neben dem Schwerpunkt München eine Reihe von Garnisonen in den neuen Gebieten geschaffen, die zusammen mit den hergebrachten Standorten eine Tradition bayerischer Militärstandorte begründeten, die zum Teil bis in die Gegenwart reicht.

c) Um 1806
Bayerischer Raupenhelm.

Im Jahr 1800 ersetzte der Raupenhelm das Rumfordkaskett. Trotz seiner gewaltigen Ausmaße hatte er schon bei seiner Einführung nur wenige Vorzüge. Weder gegen Waffeneinwirkungen noch gegen die Unbilden des Wetters – im Sommer wie im Winter – bot er ausreichend Schutz. Immerhin konnte er als Aufbewahrungsort für Kleingepäck verwendet werden. Ungeachtet der Nachteile wurde der Helm schnell zum allgemein anerkannten Symbol für die bayerische Armee. Erst 1886 musste er einer abgewandelten Form der preußischen Pickelhaube weichen.
Der Raupenhelm bestand aus einem Lederhelm, der mit einer Wollraupe versehen wurde. Hinzu kamen Augenschirm und Kinnriemen. Auf einem Messingband über dem Schirm stand der Name der jeweiligen Einheit, in diesem Fall „10. Infanterie-Regiment“.

a) Grafik, koloriert, Friedrich Campe, 17,5 x 22,2 cm.

b) Druck: Militärgeographischer Dienst nach einem Entwurf von Rainer Braun, 79,4 x 77,5 cm.

c) Leder, Messing, Wolle, 40 (H) x 25 (B) x 27 (L) cm.

a) Ingolstadt, Bayerisches Armeemuseum, G 1022.

b) Bayerisches Hauptstaatsarchiv, Kriegsarchiv, Wandkarten, R 73.

c) Ingolstadt, Bayerisches Armeemuseum, B 572.

11. Konstitution und Justiz

Von Monika von Walter

Notwendige Reformen

Maximilian Graf von Montgelas prangerte in seinem berühmten Ansbacher Mémoire von 1796[1] nicht nur die allgemeinen Missstände in der Verwaltung und im Beamtenapparat des Kurfürstentums Bayerns gegen Ende des 18. Jahrhunderts an, sondern forderte auch im Bereich des Justizwesens konkrete Reformen in Gerichtsbarkeit und Justizverwaltung: „Die Art, wie die Amtsinhaber ihre Gerichtsuntertanen schikanieren, sowie die übermäßigen Gebühren, die sie ihnen abnehmen, kann man nicht in Worte fassen. Man würde das arme Volk sehr entlasten, wenn man (den Amtsinhabern) feste Gehälter zuweisen würde, wodurch sie gezwungen wären, über die Höhe der Gebühren vor der Hofkammer Rechenschaft abzulegen."[2] Und an anderer Stelle: „Die Richter der höheren Gerichte, mit Ausnahme des Revisoriums in München, haben die Gewohnheit, sich in Form von Sporteln Abgaben für die Berichte und Vorträge der zuständigen Beamten bezahlen zu lassen ... Es wäre den wohltätigen Einsichten einer humanen und aufgeklärten Regierung würdig, das Volk von dieser Last zu befreien."[3] Doch lag Montgelas nicht nur die Verbesserung der Ausbildung des Justizpersonals und die Abschaffung des Sportelwesens am Herzens, sondern vor allem auch eine Reform des Zivil- und Strafrechts: „Wir übergehen mit Stillschweigen die Reform des Zivilrechts, des bayerischen Gesetzkodex und vor allem des Strafrechts, die schon seit langem dringend von allen human eingestellten und aufgeklärten Personen gewünscht wird."[4] Montgelas, der als ehemaliger Hofrat in München die bayerischen Verhältnisse gut kannte, hatte mit diesem Mémoire ein umfassendes Reformkonzept entworfen, durch das Bayern zu einem modernen Staat umgebaut werden sollte. Erste Maßnahmen begannen 1799 mit dem Regierungsantritt des neuen Kurfürsten Max IV. Joseph. So erfolgte bereits wenige Tage danach am 25. Februar 1799 im Rahmen der Ministerialorganisation die Errichtung eines Departements der Justiz.[5] Zunächst noch eine Behörde mit Kompetenzen auch der inneren Verwaltung, beschränkte es sich ab 1806 endgültig auf den Justizbereich. Laufende Gebietszuwächse ab 1803 sowie der Druck Napoleons, sich dem französischen Verwaltungs- und Rechtssystem anzugleichen, beschleunigten die Reformpolitik. Wichtige Vorschläge aus dem Reformprogramm Montgelas' finden sich deshalb in der Konstitution von 1808 mit ihren Organischen Edikten wieder.

Bestimmungen der Konstitution

Nachdem die in sechs Titel und 45 Paragraphen gegliederte Konstitution bereits im Ersten Titel (Hauptbestimmungen) in § VII Sicherheit der Person und des Eigentums zusichert, handelt der Fünfte Titel zusammenfassend „Von der Justiz"[6]. Die ersten beiden Paragraphen

1 Zu Inhalt und Transkription vgl. Eberhard Weis, Montgelas' innenpolitisches Reformprogramm: Das Ansbacher Mémoire für den Herzog vom 30.9.1796. In: ZBLG 33 (1970) S. 219–256.

2 AK Bayern entsteht, S. 27.

3 Ebd.

4 Ebd.

5 Hermann Rumschöttel, Auf dem Weg zum modernen Rechtsstaat: Die Entwicklung des bayerischen Rechtswesens im 19. Jahrhundert. In: Erich Stahleder u.a. (Bearb.), „Gerechtigkeit erhöht ein Volk." Recht und Rechtspflege im Wandel der Geschichte (Ausstellungskataloge der Staatlichen Archive Bayerns, 28), München 1990, Nr. 143.

6 Vgl. Textedition in diesem Band, S. 324–332 und 329–332, hier S. 325.

behandeln die Gerichtsorganisation: § I schreibt vor, dass die Justiz durch in geeigneter Zahl bestimmte Ober- und Untergerichte mit einer obersten Justizstelle an der Spitze verwaltet werden soll; nach § II sind alle Gerichte dazu verpflichtet, bei Endurteilen die Entscheidungsgründe anzuführen. Die folgenden beiden Paragraphen III und IV gehen auf die Stellung der Richter ein: Die „Glieder der Justiz-Kollegien", so § III, werden vom König auf Lebenszeit ernannt und können nur durch einen förmlichen Spruch ihre Stellen verlieren. Nach § IV kann der König in Kriminalsachen Gnade erteilen, die Strafe erlassen oder mildern, aber in keinem Fall irgendeine anhängige Streitsache oder angefangene Untersuchung hemmen oder eine Partei ihrem gesetzlichen Richter entziehen. In § V wird der königliche Fiskus verpflichtet, in allen streitigen Privatrechtsverhältnissen bei den königlichen Gerichtshöfen Recht zu nehmen. § VI geht nochmals auf die bereits in den Hauptbestimmungen garantierte Sicherheit des Eigentums ein und schreibt vor, dass Güterkonskriptionen außer bei Deserteuren nicht mehr stattfinden sollen. Lediglich die Einkünfte könnten während der Lebenszeit eines Verbrechers eingezogen und damit die Gerichtskosten bestritten werden. Nach § VII schließlich soll für das ganze Königreich ein eigenes „bürgerliches und peinliches Gesetzbuch" eingeführt werden.

Anspruch und Wirklichkeit

Den Bestimmungen der Konstitution folgten die so genannten Organischen Edikte zur Vollziehung der Konstitution sowie zahlreiche weitere Vollzugsvorschriften, die deren Festlegungen umsetzen sollten.

Noch im gleichen Jahr wurde das Organische Edikt, die Gerichtsverfassung betreffend vom 24. Juli 1808 erlassen.[7] Das gleichsam als Gerichtsverfassungsgesetz des Königreichs Bayern geltende Edikt trat am 1. Januar 1809 in Kraft. Es schuf ein dreigliedriges Gerichtssystem, bestehend aus Untergerichten, Appellationsgerichten und Oberappellationsgericht. Patrimonialgerichte[8] und Gerichte der mediatisierten Fürsten und Grafen, die zunächst noch erhalten blieben, wurden in die neue Gerichtsverfassung eingegliedert. Es sollte nur noch im Namen des Königs Recht gesprochen werden und dies nur von Stellen, die von ihm bestätigt worden waren. § 57 des Edikts bekräftigte nochmals die Verpflichtung der Gerichte, bei Urteilen in Zivil- und Strafrechtsprozessen künftig die Entscheidungsgründe anzuführen. Präzisere Ausführungen dazu finden sich in der Verordnung, die zweckmäßige Fassung der Entscheidungsgründe betreffend, vom 27. April 1813.[9] „Durch die Entscheidungs-Gründe", so § 1 der Verordnung, „soll die Rechtsverwaltung Publizität erhalten; durch sie hören die Aussprüche des Richters auf, geheime und verborgene zu seyn; indem die Entscheidungsgründe den Richter in seiner vornehmsten Amts-Funkzion öffentlich vor dem Publikum hinstellen, sollen sie ihn auf sich selbst, auf seine Ehre und sein Ansehen aufmerksam machen, und ihn vor der Gefahr einer jeden Uebereilung bewahren; durch sie soll ein verdientes Zutrauen der streitenden Theile, der peinlich Untersuchten, der ganzen Nazion zu den Gerichtshöfen begründet und erhalten werden." Dies war zweifellos eine wichtige Bestimmung in einer Zeit, als Prozesse noch nicht öffentlich verhandelt wurden.

Die Umsetzung einer der wichtigsten Bestimmungen der Konstitution zum Justizwesen, nämlich die Unabsetzbarkeit und damit Unabhängigkeit der Richter, war bereits durch die Staatsdienerpragmatik vom 1. Januar 1805 begründet worden.[10] Sie wurde also lediglich nochmals aufgegriffen und bekräftigt. Durch eine geregelte und ausreichende Besoldung des Justizpersonals waren schließlich auch die für die Bevölkerung so drückenden Sporteln überflüssig geworden, deren Abschaffung Montgelas bereits in seinem Mémoire 1796 gefordert hatte.[11] Besonders

7 Vgl. Kat.Nr. 11.1.

8 Vgl. Kat.Nr. 11.3.

9 RBl 1813, 561.

10 Vgl. Kat.Nr. 11.6.

11 Eberhard Weis, Die Begründung des modernen bayerischen Staates unter König Max I. (1799–1825). In: Spindler IV/1, S. 68.

wünschenswert war die Unabhängigkeit der Richter in all den Fällen, in denen der Fiskus vor Gericht sein Recht suchte, wie es § V des Fünften Titels der Konstitution vorsah. Zwar ordnete sich die Regierung bei Zivilprozessen, an denen der Fiskus beteiligt war, in der Regel dem Urteil der Justizbehörden unter, doch tat sie dies erst nach längeren Diskussionen und mit Anspruch auf gewisse Sonderrechte gegenüber Privatpersonen.[12] Angesichts der desolaten Finanzlage des Staates wurde es von Seiten der Regierung als durchaus rechtmäßig empfunden, in besonderen Einzelfällen diese staatliche Überlegenheit auszuspielen. So galt auch weiterhin die garantierte Sicherheit des Eigentums nicht für Deserteure, im Gegenteil: Im Falle einer Desertion wurden häufig auch kleine Vermögen gnadenlos eingezogen, auch Verwandte von Deserteuren wurden oft nicht geschont.[13] Genauere Festlegungen dazu traf das Edikt über die Konfiskationen vom 29. August 1808.[14]

Eine Bestimmung, an der Montgelas im Bereich des Justizwesens besonders gelegen war, nämlich die Schaffung eines einheitlichen moderneren Strafrechts wurde schließlich fünf Jahre nach Erlass der Konstitution Wirklichkeit.[15] Mit Einführung des neuen Strafgesetzbuches von 1813 kam nicht nur eine Forderung aus dem Fünften Titel § VII unmittelbar zur Ausführung, sondern auch der in den Hauptbestimmungen geforderte Grundsatz der Gleichheit aller Bürger vor dem Gesetz wurde damit weitgehend umgesetzt, ebenso wie die durch § IV beschränkten Rechte des Königs, in laufende Verfahren einzugreifen. Was im Strafrecht gelang, blieb auf dem Gebiet des Zivilrechts ein unerreichtes Ziel. Zahlreiche im Laufe des 19. Jahrhunderts unternommene Versuche zu einer dringend notwendigen Vereinheitlichung des Zivilrechts scheiterten immer wieder, bis schließlich am 1. Januar 1900 das Bürgerliche Gesetzbuch in Kraft trat.[16] Da es auch nicht gelang, eine neue Zivilprozessordnung einzuführen, wurde 1811 die Gültigkeit von Kreittmayrs Codex Juris Bavarici Judiciarii von 1753 auf ganz Bayern ausgedehnt, um wenigstens in einem Teilbereich des zivilen Rechts eine gewisse Vereinheitlichung zu erreichen.[17]

Moderne Ansätze

Mit der Einleitung von Reformen unter Montgelas und der Umsetzung der in der Konstitution festgelegten Bestimmungen begann für die Justiz ein neues modernes Zeitalter. Durch die Einführung der Ministerialorganisation bzw. der Beschränkung des Justizdepartements auf den Justizbereich 1806 und die Umsetzung des Gerichtsverfassungsgesetzes von 1808 erfolge eine Trennung von Justiz und Verwaltung auf mittlerer und zentraler Ebene. Auf unterster Ebene gelang dies nur teilweise; lediglich die Stadtgerichte waren reine Justizstellen, während die Landgerichte noch bis 1862 Verwaltung und Rechtsprechung sowie die freiwillige Gerichtsbarkeit ausübten. Die Abtrennung der Finanzverwaltung von den Landgerichten war bereits 1802 mit der Neuorganisation der bayerischen Finanzverwaltung und Einrichtung der Rentämter als Finanzbehörden unterster Ebene erfolgt.[18]

Mit der Einführung einer geregelten und ausreichenden Besoldung des Gerichtspersonals wurden die Sporteln, Gebühren, die das Volk sehr belastet hatten, abgeschafft. Auch die so genannten Gnadenpflegen wurden abgeschafft: Landgerichte, die an Männer oder Frauen der höfischen Gesellschaft verliehen waren, die das Amt nicht selbst ausübten, sondern die Amtsgeschäfte durch schlecht bezahltes Personal erledigen ließen, die Einnahmen daraus aber hauptsächlich für sich behielten.[19] Für die Anstellung, Qualifikation, Besoldung, Beförderung und Altersversorgung des Justizpersonals wurden ver-

12 Demel, Staatsabsolutismus, S. 339 f.
13 Ebd. S. 383 f.; vgl. Kat.Nr. 11.5.
14 RBl 1808, 1937.
15 Vgl. Kat.Nr. 11.7.
16 Vgl. Kat.Nr. 11.11 und 11.12.
17 Weis, Begründung (wie Anm. 11) S. 69.
18 Volkert, Handbuch, S. 152 f.
19 Weis, Begründung (wie Anm. 11) S. 68.

bindliche Vorschriften erlassen.[20] Aufgrund der Staatsdienerpragmatik von 1805 waren die Richter auf Lebenszeit eingesetzt und konnten nicht mehr entlassen werden, eine wichtige Voraussetzung für die Unabhängigkeit der Rechtsprechung. Aus rechtsstaatlichen Erwägungen galt dies auch über das Jahr 1808 hinaus, als die Gültigkeit der Dienstpragmatik stark eingeschränkt worden war.

Die wichtigsten Reformschritte aber auf dem Weg zu einem moderneren Justizwesen wurden im Bereich des Strafrechts erzielt. Das von Anselm von Feuerbach entworfene und nach langwierigen Staatsratsdebatten schließlich 1813 eingeführte neue Strafgesetzbuch brachte ganz entscheidende Neuerungen. So fand hier erstmals das Prinzip der Rechtsgleichheit Anwendung. Juden und Angehörige gesellschaftlicher Randgruppen wurden nun vor Gericht als vollwertige Zeugen anerkannt. Auch hinsichtlich der Strafdauer gab es nun keine standesmäßigen Unterschiede mehr, wie es beispielsweise noch im preußischen Landrecht von 1794 üblich gewesen war. Einer der wichtigsten Grundsätze rechtsstaatlich-liberalen Denkens, „Nulla poena sine lege" (Keine Strafe ohne Gesetz)[21], bildet heute die Überschrift zu § 1 des Strafgesetzbuches und hat Eingang in das Grundgesetz der Bundesrepublik Deutschland gefunden.[22] Entscheidend für das fortschrittliche Denken Feuerbachs war auch, dass er streng zwischen Recht und Moral trennte. Was noch im Kreittmayrschen Kriminalkodex als Straftatbestand angesehen wurde (Zauberei, Hexerei, Gotteslästerung, Leichtfertigkeit ...) und mit Leib- und Todesstrafen geahndet wurde, fand nun keinen Eingang mehr in das neue Strafrecht.[23] Ein Jahr vor Erlass der Konstitution 1807 war bereits die Folter in Bayern abgeschafft worden.[24] Auch barbarische Leib- und Todesstrafen gehörten nun der Vergangenheit an; Hinrichtungen sollten nur mehr durch Enthauptung mit dem Schwert vollzogen werden.[25] Durch diese Maßnahmen wurde das Strafrecht insgesamt humaner. Feuerbachs Gesetzeswerk galt deshalb als erstes wirklich modernes Strafgesetzbuch und wurde zum Vorbild für andere Staaten (u.a. Preußen, Griechenland, Argentinien).[26]

Doch trotz aller Lobeshymnen auf die fortschrittliche Entwicklung und Modernität des bayerischen Staates zu Beginn des 19. Jahrhunderts dürfen nicht die Mängel übersehen werden, die aus den unterschiedlichsten Gründen immer noch vorhanden waren. Es gab weiterhin keine Trennung von Justiz und Verwaltung auf unterster Ebene. Ein Landrichter war verwaltende bzw. ausführende und rechtsprechende Stelle zugleich. Er war einerseits als Teil der Verwaltungshierarchie weisungsgebunden und hatte eine Vielfalt von Aufgaben der Exekutive auszuführen, sollte gleichzeitig aber auch als unabhängiger Richter fungieren. Für einige neu zu Bayern gekommene Gebietsteile wie z.B. die früheren Markgraftümer Ansbach und Bayreuth bedeutete deshalb der Anschluss an Bayern im Hinblick auf die Gewaltenteilung einen Rückschritt, da hier bereits Ende des 18. Jahrhunderts unter Hardenberg eine strikte Trennung zwischen Justiz und Verwaltung durchgeführt worden war, was nun wieder rückgängig gemacht wurde.[27]

Die ständischen Privilegien des Adels blieben in der Patrimonialgerichtsbarkeit erhalten. Die Niedergerichtsbarkeit des Adels war durch die Ständeverfassung garantiert und galt als autonomes Adelsrecht, das auch nach der Mediatisierung 1806 fortdauerte. Zwar wurde die adelige Gerichtsbarkeit zunächst 1808 einigen Einschrän-

[20] Vgl. dazu Bernd Wunder, Privilegierung und Disziplinierung. Die Entstehung des Berufsbeamtentums in Bayern und Württemberg (1780–1825) (Studien zur modernen Geschichte 21), München-Wien 1978, S. 139–160, 198–209.

[21] Zur Entwicklung dieses Rechtsgrundsatzes vgl. Hans-Ludwig Schreiber, Gesetz und Richter. Zur geschichtlichen Entwicklung des Satzes nullum crimen, nulla poena sine lege, Frankfurt a.Main 1976.

[22] Walter Demel, Die Entwicklung der Gesetzgebung in Bayern unter Max I. Joseph. In: AK Wittelsbach und Bayern III/1, S. 78 f.

[23] Vgl. Kat.Nr. 11.2.

[24] Vgl. Kat.Nr. 11.8.

[25] Vgl. Kat.Nr. 11.9 und 11.10.

[26] Demel, Gesetzgebung (wie Anm. 22) S. 80.

[27] Eberhard Weis, Die Trennung zwischen Justiz und Verwaltung bei den bayerischen Unterbehörden. Zur Vorgeschichte des Gerichtsverfassungsgesetzes von 1861. In: ZBLG 50 (1987) S. 754 f.

kungen unterworfen, 1812 jedoch erhielt der Adel auf Initiative Montgelas' Justiz- und Verwaltungsfunktionen in Form von Herrschaftsgerichten zurück, die die volle Kompetenz der staatlichen Landgerichte besaßen. Zu stark war die Stellung des Adels zu dieser Zeit immer noch, als dass ihm dieses althergebrachte Recht hätte genommen werden können. Auch freute sich die Staatskasse, in schwieriger finanzieller Lage weniger Gerichte einrichten und unterhalten zu müssen.[28]

Die Privilegierung bestimmter Bevölkerungsschichten war auch im neuen, als so modern geltenden Strafgesetzbuch von 1813 noch nicht ganz auszuschalten. Auf Antrag des Oberappellationsgerichtspräsidenten und Geheimen Rats Carl Graf von Arco wurde gegen den Willen Feuerbachs die Festungsstrafe für Angehörige von Adel und höherem Bürgertum als neue Strafart eingeführt.[29] In diesem Punkt war der in der Konstitution verankerte Grundgedanke der Gleichheit aller vor dem Gesetz außer Kraft gesetzt. Auch sonst wies das neue Strafgesetzbuch noch einige Mängel auf, die sich vor allem in seiner praktischen Anwendung zeigten. Der enge Strafrahmen, der den Richtern vorgegeben war, gerade um richterliche Willkür zu verhindern, führte oft zu übertrieben harten Strafen.[30]

Es gab nach wie vor keine öffentlichen und mündlichen Verfahren, keine Beteiligung des Volkes an der Rechtsprechung in Form von Schwurgerichten. Prozesse wurden weiterhin als geheime Inquisitionsprozesse nach Lage der Akten geführt, wenn auch ohne Folter als Beweismittel; Richter hatten immer noch eine Doppelrolle als Ankläger und Urteilssprecher auszuüben, da es keine Staatsanwälte gab.

Das größte Alltagshindernis war sicher das Nichtzustandekommen eines einheitlichen Zivilgesetzbuches. Es blieb das ganze 19. Jahrhundert hindurch bei einer starken regionalen Aufsplitterung im Zivilrechtsbereich mit der Gültigkeit von weit über hundert Einzelrechten, die größtenteils überholt und stark reformbedürftig waren.

Ausblick

Das Justizwesen in der linksrheinischen Pfalz, die 1816 wieder zum Königreich Bayern kam, war gekennzeichnet durch den weitgehenden Fortbestand des französischen Rechtssystems. Dort blieb die Gewaltenteilung auf unterster Ebene erhalten, Patrimonialgerichte gab es nicht mehr, wohl aber bereits Notariate. Im Bereich des Zivilrechts galt größtenteils der in Code civil umbenannte Code Napoléon. Auch öffentliche, mündliche Verfahren sowie Schwurgerichte waren dort durch französischen Einfluss bereits bekannt.[31]

Die Verfassung des Königreichs Bayern von 1818 greift die Grundsätze der Gleichheit vor dem Gesetz und der Unparteilichkeit der Rechtspflege nochmals auf. Titel VIII „Von der Rechtspflege“ folgt in seinen Ausführungen weitgehend den Formulierungen des Fünften Titels der Konstitution von 1808. Einige Punkte werden aber präziser genannt: Die Gerichtsbarkeit geht vom König aus (§ 1); Gerichte sind innerhalb der Grenzen ihrer amtlichen Befugnis unabhängig (§ 3).[32]

Entscheidende Reformen auf dem Weg zu einer liberaleren Justiz gelangen erst im Jahre 1848. Neben der endgültigen Aufhebung der standes- und gutsherrlichen Gerichtsbarkeit kam es nun zur Einführung von Schwurgerichten und Staatsanwaltschaften und zur Öffentlichkeit und Mündlichkeit der Verfahren. Aber erst das Gerichtsverfassungsgesetz vom 10. November 1861 brachte die lange geforderte endgültige Trennung von Justiz und Verwaltung auf unterster Ebene: Stadt- und Landgerichte

28 AK Bayern entsteht, S. 57.

29 Vgl. Kat.Nr. 11.4.

30 Reinhard Heydenreuter, Kriminalgeschichte Bayerns. Von den Anfängen bis ins 20. Jahrhundert, Regensburg 2003, S. 273–283.

31 Vgl. dazu Werner Schubert, Französisches Recht in Deutschland zu Beginn des 19. Jahrhunderts. Zivilrecht, Gerichtsverfassungsrecht und Zivilprozeßrecht (Forschungen zur neueren Privatrechtsgeschichte, 24), Köln-Wien 1977.

32 Wenzel, Verfassungsurkunden, S. 38. – AK „Gerechtigkeit erhöht ein Volk“ (wie Anm. 5) Nr. 147.

wurden auf jurisdiktionelle Aufgaben beschränkt, ihre bisherigen Funktionen als Verwaltungsbehörden den nach pfälzischem Vorbild eingerichteten Bezirksämtern übertragen. Durch Inkrafttreten des Notariatsgesetzes zum 1. Juli 1862 ging die freiwillige Gerichtsbarkeit an Notare über.[33]

11.1 Neue Gerichtsverfassung

1808 August 24, München
Veröffentlichung des Organischen Edikts im Regierungsblatt.

Die Forderung im Fünften Titel der Konstitution unter § 1 („Die Justiz wird durch die, in geeigneter Zahl bestimmten Ober- und Unter-Gerichte verwaltet. Für das ganze Reich besteht eine einzige oberste Justiz-Stelle.") wurde durch das Organische Edikt über die Gerichtsverfassung vom 24. Juli 1808 umgesetzt.

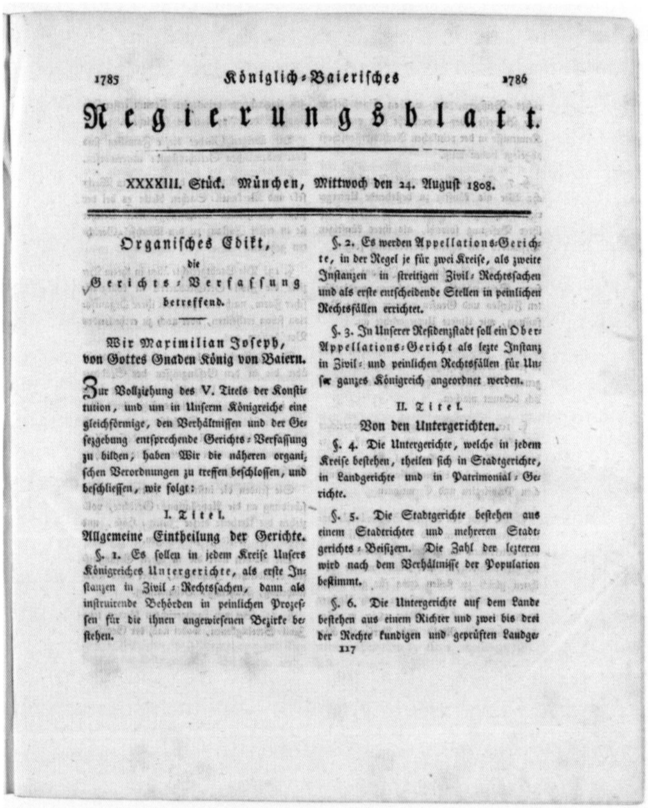

1785 Königlich-Baierisches 1786

Regierungsblatt.

XXXXIII. Stück. München, Mittwoch den 24. August 1808.

Organisches Edikt,
die
Gerichts-Verfassung
betreffend.

Wir Maximilian Joseph,
von Gottes Gnaden König von Baiern.

Zur Vollziehung des V. Titels der Konstitution, und um in Unserm Königreiche eine gleichförmige, den Verhältnissen und der Gesezgebung entsprechende Gerichts-Verfassung zu bilden, haben Wir die näheren organischen Verordnungen zu treffen beschlossen, und beschliessen, wie folgt:

I. Titel.
Allgemeine Eintheilung der Gerichte.

§. 1. Es sollen in jedem Kreise Unsers Königreiches Untergerichte, als erste Instanzen in Zivil-Rechtssachen, dann als instruirende Behörden in peinlichen Prozessen für die ihnen angewiesenen Bezirke bestehen.

§. 2. Es werden Appellations-Gerichte, in der Regel je für zwei Kreise, als zweite Instanzen in streitigen Zivil-Rechtssachen und als erste entscheidende Stellen in peinlichen Rechtsfällen errichtet.

§. 3. In Unserer Residenzstadt soll ein Ober-Appellations-Gericht als lezte Instanz in Zivil- und peinlichen Rechtsfällen für Unser ganzes Königreich angeordnet werden.

II. Titel.
Von den Untergerichten.

§. 4. Die Untergerichte, welche in jedem Kreise bestehen, theilen sich in Stadtgerichte, in Landgerichte und in Patrimonial-Gerichte.

§. 5. Die Stadtgerichte bestehen aus einem Stadtrichter und mehreren Stadtgerichts-Beisizern. Die Zahl der lezteren wird nach dem Verhältnisse der Population bestimmt.

§. 6. Die Untergerichte auf dem Lande bestehen aus einem Richter und zwei bis drei der Rechte kundigen und geprüften Landge-
117

11.1

33 AK „Gerechtigkeit erhöht ein Volk" (wie Anm. 5) Nr. 126, 152.

Die Schaffung von drei Gerichtsinstanzen orientierte sich am neuen dreigliedrigen Verwaltungsaufbau: Als Untergerichte erster Instanz werden Landgerichte und Stadtgerichte eingerichtet, von denen nur die Stadtgerichte reine Justizstellen sind, während die Landgerichte weiterhin auch Verwaltungsaufgaben wahrnehmen. Zu dieser Ebene gehören auch die Patrimonialgerichte und die Gerichte der mediatisierten Fürsten und Grafen. Als zweite Instanz in Zivilrechtsstreitigkeiten und erste Instanz in Strafsachen werden für jeweils zwei Kreise die Appellationsgerichte als Nachfolger der seit 1802 bestehenden Hofgerichte eingerichtet; als dritte und letzte Instanz schließlich das Oberappellationsgericht in München an Stelle der 1802 eingerichteten Obersten Justizstellen.
In § 59 der Allgemeinen Bestimmungen verbirgt sich die vielleicht wichtigste Aussage des Edikts: „Die Justiz kann in Unserm ganzen Königreiche nur von den von uns neu organisirten, oder bestätigten Gerichts-Höfen in Unserm Namen, nach Unseren Gesezen und Vorschriften verwaltet werden." Damit geht alle Gerichtsbarkeit vom König aus.

Druck, Papier, RBl 1808, 1785. Bayerisches Hauptstaatsarchiv Amtsbücherei, 8° Z 116–1808.

Literatur: Volkert, Handbuch, S. 119. – AK Wittelsbach und Bayern III/2, Nr. 290. – Erich Stahleder u.a. (Bearb.), „Gerechtigkeit erhöht ein Volk". Recht und Rechtspflege in Bayern im Wandel der Geschichte (Ausstellungskataloge der Staatlichen Archive Bayerns 28), München 1990, Nr. 145.

11.2 Bestrafung unsittlichen Verhaltens – ein Relikt aus der frühen Neuzeit

a) 1805/06, Wasserburg
Gerichts-, Polizei- und Bürgerwändel-Verhörsprotokoll des Landgerichts Wasserburg.
b) 1808 April 15, Wasserburg
Bestrafung der Katharina Pichler aus Kirchreit wegen Leichtfertigkeit.

Der lateinische Ausdruck „fornicatio" kann mit Unzucht, Leichtfertigkeit oder Ehebruch wiedergegeben werden, was in Bayern seit der Landesordnung von 1553 strafbar war. In der ersten Hälfte des 17. Jahrhunderts (Mandat vom 20. September 1635) unter Kurfürst Maximilian I. erfuhr die Verfolgung der Leichtfertigkeit (außerehelicher Geschlechtsverkehr) eine weitere Verschärfung, um gegen die nach Meinung des Regenten sich immer mehr ausbreitende Unsittlichkeit einzuschreiten. Die strengsten Bestimmungen enthielt ein Mandat von 1727, das für zweimaligen Ehebruch sogar die Todesstrafe vorsah, aber bereits durch die Strafrechtsreform Kreittmayrs in der zweiten Hälfte des 18. Jahrhunderts wieder abgeschwächt wurde.
Der hier gezeigte Eintrag stammt aus einem Polizeiverhörsprotokoll des Landgerichts Wasserburg für das Geschäftsjahr 1807/08. Er wurde zur Bestrafung der „zweitmaligen Fornication" aufgenommen und zeigt, dass im Alltag die Strafen in der Regel milder ausfielen. Die ledige Schneiderstochter Katharina Pichler hatte sich mit einem Zimmermeisterssohn aus Wasserburg im September 1807 in einem Heustadl „fleischlisch vergangen" und war nun schwanger, wodurch ihr Vergehen offenkundig wurde.
Im Landgericht Wasserburg begnügte man sich bei erstmaligem Vorfall mit einer Geldbuße für beide Beteiligten, wobei der Mann eine höhere Summe zu tragen hatte und zum Unterhalt des Kindes verpflichtet wurde; im Wiederholungsfall wurde die doppelte Summe erhoben. War die Frau zahlungsunfähig, wie in diesem Fall, wurde sie mit einer Arreststrafe belegt, wovon sie einen Teil in der Geige verbüßen musste. Die Geigenstrafe war eine typische Schandstrafe der Niedergerichtsbarkeit für Frauen, wobei Kopf und Hände der Delinquentin in ein geigenförmig gestaltetes Holzinstrument eingeschlossen wurden. Diese Schandstrafe wurde 1780 für das erstmalige Vergehen abgeschafft. Im Jahr 1808, im gleichen Jahr, in dem die Konstitution erlassen wurde, wurde auch die Bestrafung der Leichtfertigkeit aufgehoben; man hoffte damit vor allem das Delikt des Kindsmordes eindämmen zu können.

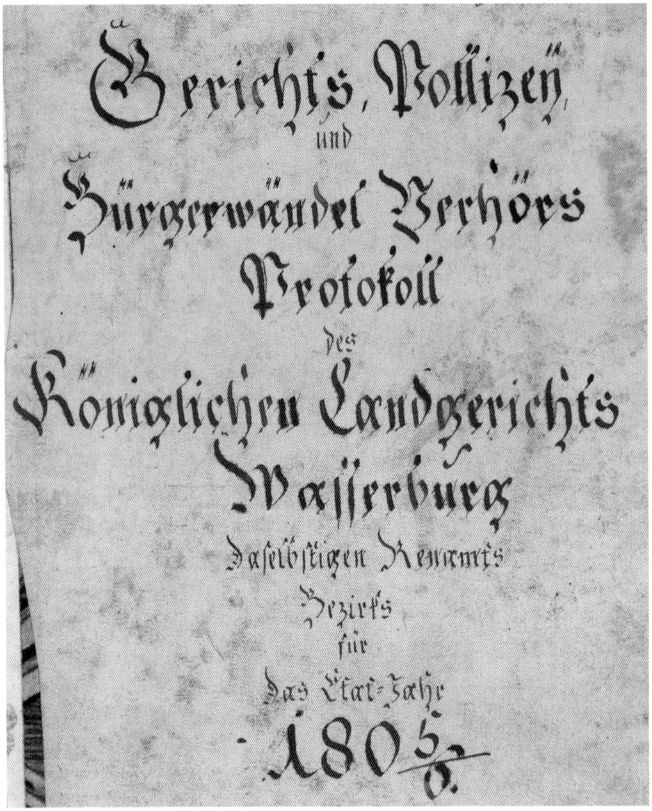

Gerichts, Pollizey und Bürgerwändel Verhörs Protokoll des Königlichen Landgerichts Wasserburg daselbstigen Rentamts Bezirks für das Etat-Jahr 1805/6.

11.2a

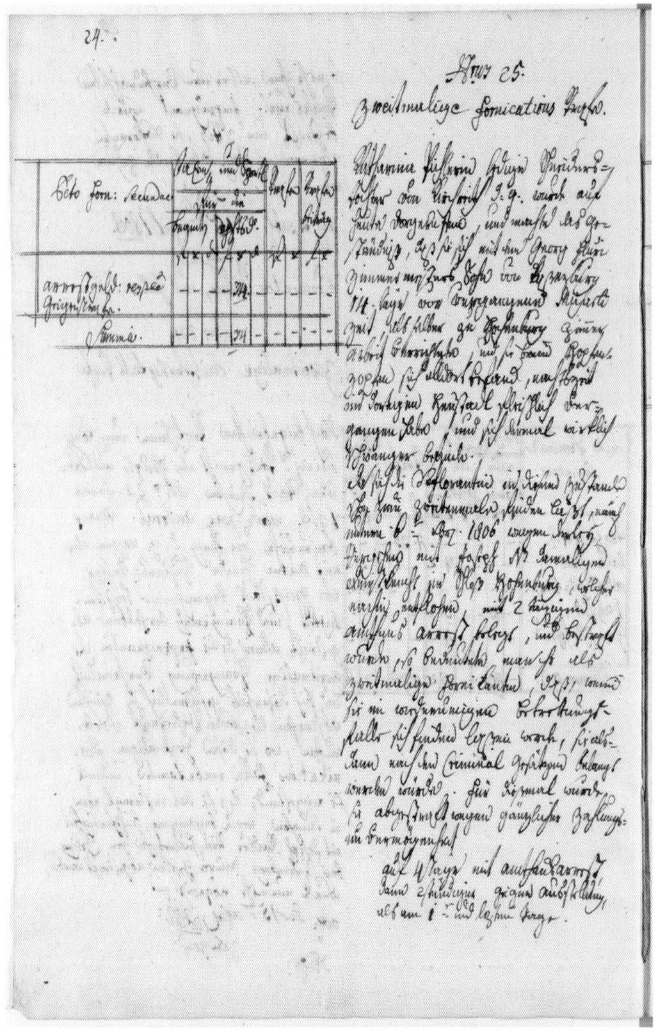

11.2b

a) Protokollband, 33 x 22 cm, Titelblatt.
   Staatsarchiv München, Briefprotokolle 11732.

b) Protokollband, 33,5 x 23 cm, aufgeschlagen S. 24/25.
   Staatsarchiv München, Briefprotokolle 11734.

Literatur: Reinhard Heydenreuter, Gerichts- und Amtsprotokolle in Altbayern. Zur Entwicklung des gerichts- und grundherrlichen Amtsbuchwesens. In: Mitteilungen für die Archivpflege in Bayern 25/26 (1979/1980) S. 11–46, hier S. 22 f. – Ders. (Bearb.), Recht, Verfassung und Verwaltung in Bayern 1505–1946 (Ausstellungskataloge der Staatlichen Archive Bayerns 13), München 1981, S. 48–55. – Ders., Recht und Rechtspflege im Herzogtum und Kurfürstentum Bayern 1505–1806. In: AK „Gerechtigkeit erhöht ein Volk“ (wie Kat.Nr. 11.1), Nr. 30. – Ders., Kreittmayr und die Strafrechtsreform unter Kurfürst Max III. Joseph. In: Richard Bauer – Hans Schlosser (Hrsg.), Wiguläus Xaver Aloys Freiherr von Kreittmayr. 1705–1790. Ein Leben für Recht, Staat und Politik, München 1991, S. 37–57, hier S. 53. – Ders., Kriminalgeschichte Bayerns. Von den Anfängen bis ins 20. Jahrhundert, Regensburg 2003, S. 103–107, 234, 270. – Volkert, Handbuch, S. 119. – Stefan Breit, „Leichtfertigkeit“ und ländliche Gesellschaft. Voreheliche Sexualität in der frühen Neuzeit (Ancien Régime, Aufklärung und Revolution 23), München 1991.

11.3 Ein bayerisches Landgericht am Gardasee

1808 November 13, Trient
Tabellarische Übersicht aller im Etschkreis gelegenen Patrimonialgerichte.

Durch die Bestimmungen der Friedensverträge von Brünn (10. Dezember 1805) und Pressburg (26. Dezember 1805) erhielt Bayern von Österreich neben Tirol auch die Fürstentümer Brixen und Trient und erreichte somit für einige Jahre die größte Nord-Süd-Ausdehnung seiner Geschichte. Das bayerische Territorium reichte bis zum Gardasee. Nach Anweisung der Konstitution wurde das gesamte Königreich 1808 in 15 Kreise eingeteilt, die nach den wichtigsten Flüssen der jeweiligen Kreise benannt wurden. Oberste Verwaltungsbehörden in jedem Kreis waren die Generalkreiskommissariate.
Das Organische Edikt zur Gerichtsverfassung vom 24. Juli 1808 sah eine weitere Unterteilung der Kreise in Landgerichte, Stadtgerichte und Patrimonialgerichte vor, von denen lediglich die Stadtgerichte reine Justizstellen waren. Die 1808 aufgrund altüberlieferter Adelsprivilegien gebildeten Patrimonialgerichte übten als Untergerichte des Königreichs ebenso wie die Landgerichte Verwaltungsaufgaben aus.
Die vorliegende Übersicht wurde vom Generalkommissariat des Etschkreises in Trient im November 1808 erstellt und dem Innenministerium vorgelegt. Sie umfasst

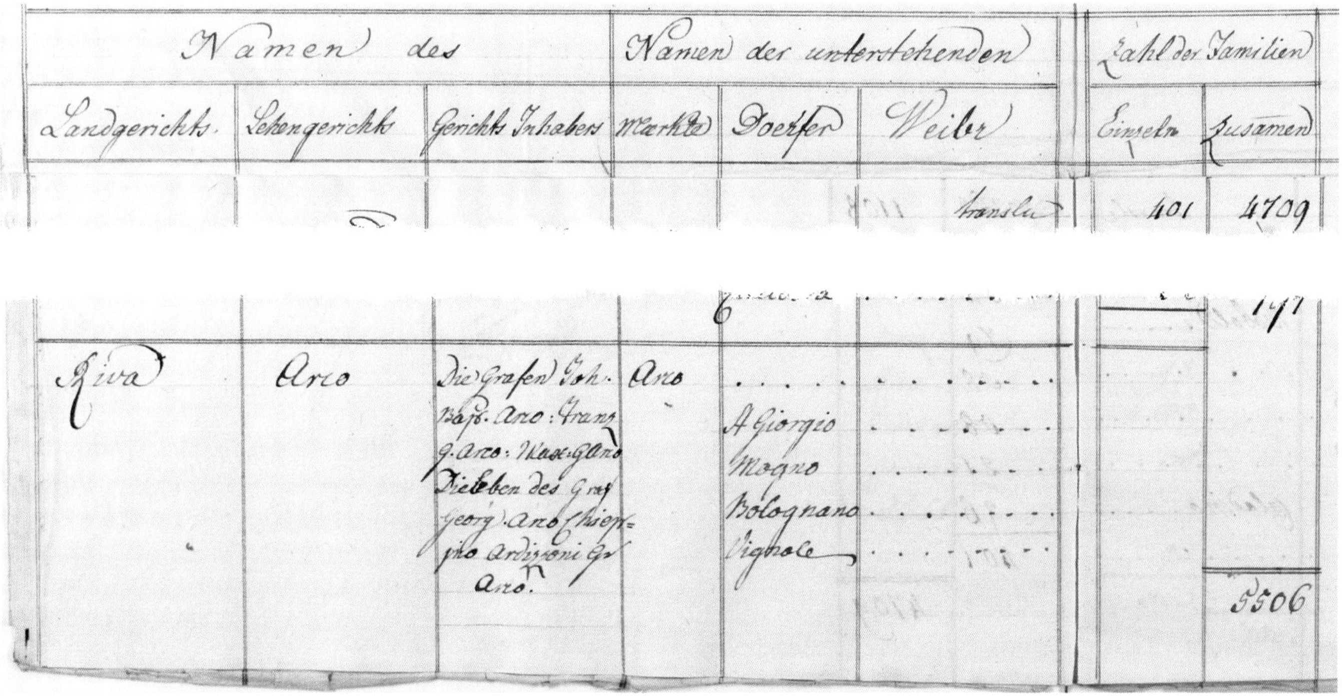

Namen des			Namen der unterstehenden			Zahl der Familien	
Landgerichts	Lehengerichts	Gerichts Inhabers	Märkte	Doerfer	Weiler	Einzeln	Zusamen
					translat[illegible]	401	4709
				6			147
Riva	Arco	Die Grafen Joh. Bapt. Arco: Franz G. Arco: Max G. Arco Die Erben des Graf Georg Arco Chiepp=pro Ardizzoni G. Arco.	Arco	S. Giorgio Mogno Bolognano Vignole			5506

11.3

alle Landgerichte des Etschkreises mit den darin liegenden Patrimonialgerichten und deren Gerichtsinhabern; ebenso werden alle zugehörigen Orte, gegliedert nach Märkten, Dörfern und Weilern, und die Anzahl der darin wohnenden Familien angegeben.
Die Freude an dem landschaftlich reizvollen Gebietszuwachs am Gardasee währte jedoch nicht lange. Bereits ein Jahr später nach dem Freiheitskampf der Tiroler von 1809 musste Bayern die südlichsten Teile seines Territoriums bis hinauf nach Meran und Brixen an das napoleonische Königreich Italien abtreten.

Schreiben, Pap., 32,5 x 21,5 cm, in geheftetem Akt, aufgeschlagen Landgericht Riva.

Bayerisches Hauptstaatsarchiv, MInn 30300.

Literatur: Bayerischer Geschichtsatlas, S. 107. – Volkert, Handbuch, S. 40–42. – Peter Claus Hartmann, Bayerns Weg in die Gegenwart. Vom Stammesherzogtum zum Freistaat heute, 2. Aufl. München 2004, S. 352.

11.4 Keine Festungshaft für Schullehrer

a) 1814 Februar 24, München
Stellungnahme des Kriegsministeriums zur Verurteilung des Schullehrers Joseph Windsberger zu Festungshaft.
b) 1833
Plan zum Neubau der Fronveste in Dachau.

Nach dem Willen der Konstitution sollten vor dem Gesetz alle Bürger gleich behandelt werden. Sicherte diese Bestimmung z.B. der jüdischen Bevölkerungsgruppe eine weitgehende Gleichstellung mit den christlichen Mitbürgern, so galt dies in der Strafgesetzgebung nicht unbedingt. So fand gegen den Willen Feuerbachs, des Schöpfers des neuen Strafgesetzbuches, die Festungsstrafe als neue Strafart für privilegierte Personen (Adel, Bildungsbürgertum) Eingang in die Strafgesetzgebung. Dabei handelte es sich um eine Freiheitsstrafe, die dem Häftling durch die Wahl eines besseren Verwahrungs-

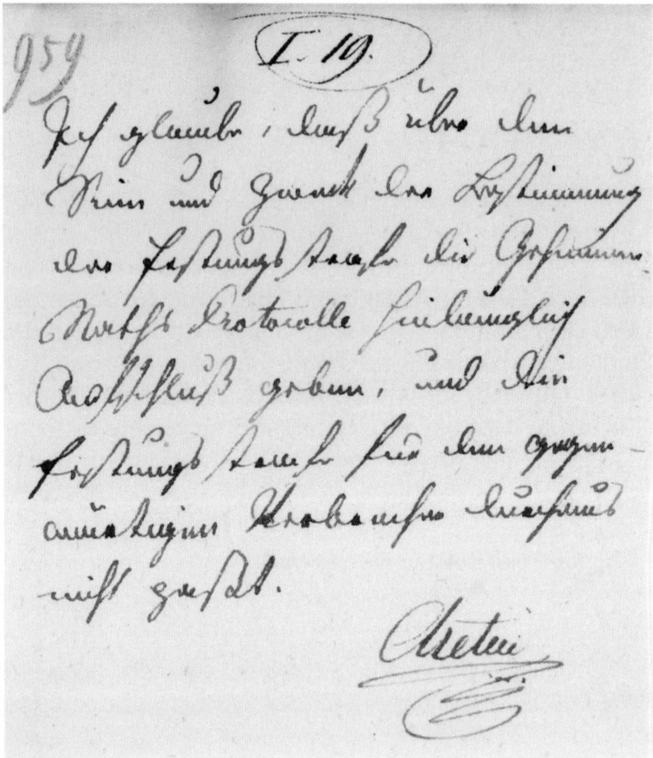
959
I. 19.
Ich glaube, daß über den Sinn und Zweck der Bestimmung der Festungsstrafe die Geheimen Raths Protocolle hinlänglich Aufschluß geben, und die Festungsstrafe für den gegenwärtigen Verbrecher durchaus nicht paßt.
Aretin

11.4a

ortes die entehrenden Folgen einer gewöhnlichen Arbeitshaus- oder Zuchthausstrafe ersparen sollte. Anlass dafür war ein Antrag des Oberappellationsgerichtspräsidenten und Geheimen Rats Carl Graf von Arco.
Kaum war das neue Strafgesetzbuch in Kraft getreten, stellten sich bereits die ersten Unstimmigkeiten ein, in welchen Fällen diese neue Strafart Anwendung finden sollte. Der Schullehrer Joseph Windsberger war vom Oberappellationsgericht wegen Diebstahl zu einer Festungsstrafe von sechseinhalb Jahren verurteilt worden, was der Geheime Rat Johann Adam von Aretin noch relativ nüchtern kommentierte: „Ich glaube, daß über den Sinn und Zweck der Bestimmung der Festungsstrafe die

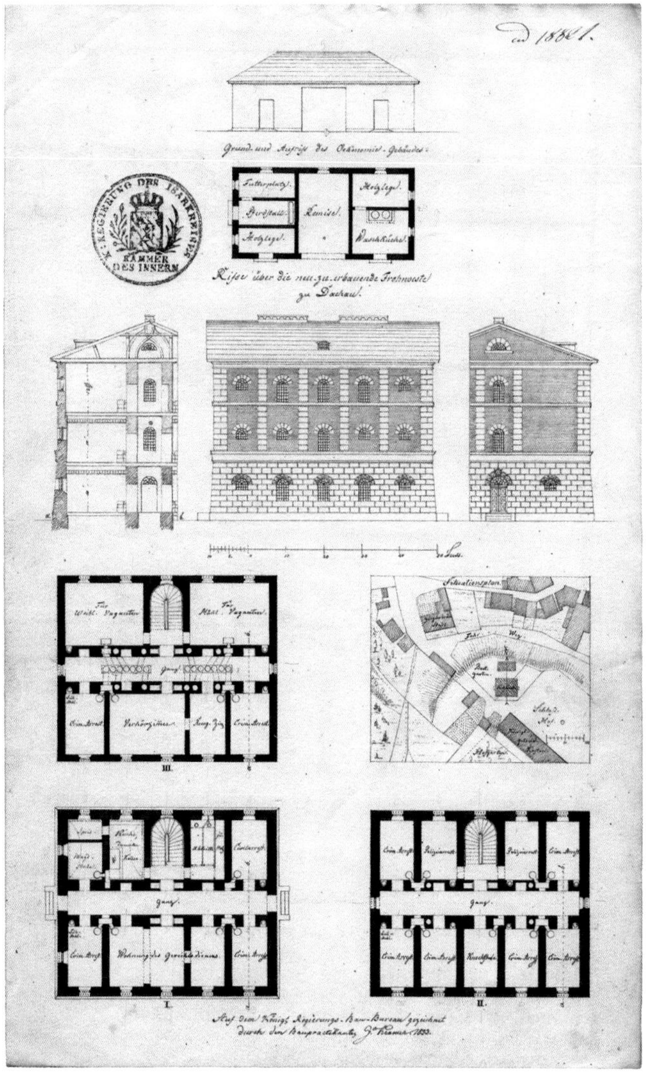

11.4b

Geheimen Raths Protocolle hinlänglich Aufschluß geben, und die Festungsstrafe für den gegenwärtigen Verbrecher durchaus nicht paßt.“ Heftig kritisiert und als unstatthaft erachtet wurde die Gerichtsentscheidung dagegen vom Kriegsminister von Triva: „Der Art. 19 im ersten Theile des Strafgesetzbuches dürfte sich nach der diesseitigen Ansicht lediglich auf angesehene Personen von Stand und Geburt, bey welchen aus besonderen Gründen auf ihre Familien Rücksicht genommen würde, beziehen und keineswegs die Absicht des Gesetzgebers seyn, die gesetzlich bestimmte Strafe jedes gemeinen Verbrechers in den Festungsarrest umzuwandeln.“ Noch deutlichere Worte fand der Jurist Nikolaus Thaddäus von Gönner: „Nur bei Personen von höherem Stande und höherer Bildung kann der Artikel 19 des Strafkodex angewendet werden. Nun ist Windsberger als Schulmeisterssohn und gebildet zum Dorfschulmeister weder von höherem Stande noch von höherer Bildung, und wenn das Oberappellat(ions)gericht solche Menschen zur Festungsstrafe für geeignet hält, so fürchte ich, die Festungen werden der Hauptort für Sträflinge und die Zucht- und Arbeitshäuser bleiben nur für das niedrigste Gesindel übrig, denn wie könnte man, jenes Präjudiz vor Augen gestellt, noch einen Bürger, einen Studenten oder einen des Lesens, Schreibens und Rechnens kundigen Bauernsohn ins Arbeitshaus verurtheilen?“

Die genaue Abgrenzung zwischen Festungsstrafe und einer gewöhnlichen Arbeits- bzw. Zuchthausstrafe war zwar weiterhin umstritten, insgesamt aber konnten zur Festungsstrafe Verurteilte mit liberaleren Haftbedingungen rechnen.

Fronvesten (Gefängnisse) waren im Gegensatz zu den Zucht- und Arbeitshäusern, die ursprünglich zur Bekämpfung des Bettels errichtet worden waren, vor allem für kurzfristige Freiheitsstrafen vorgesehen; sie waren zu Beginn des 19. Jahrhunderts nahezu in jedem Landgerichtsbezirk als dauerhaftes Zeichen für die Ordnungsgewalt des Staates vorhanden.

Der Plan zum Neubau der Fronveste in Dachau, die das alte baufällige Gefängnis ersetzen sollte, entspricht den

Vorschriften einer Verordnung vom 21. Mai 1834 über die Errichtung von Gefängnissen bzw. deren erforderliche Ausstattung.

a) Schreiben, Pap., 33 x 21 cm, in geheftetem Akt.
Bayerisches Hauptstaatsarchiv, MJu 13056, fol. 6.

b) Kolorierte Federzeichnung, Pap., 33,5 x 20,5 cm.
Staatsarchiv München, RA 59.

Literatur: Werner K. Blessing, Staatsintegration als soziale Integration. Zur Entstehung einer bayerischen Gesellschaft im frühen 19. Jahrhundert. In: ZBLG 41 (1978) S. 633–700, hier S. 673. – Walter Demel, Die Entwicklung der Gesetzgebung in Bayern unter Max I. Joseph. In: AK Wittelsbach und Bayern III/1, S. 72–82, hier S. 78. – Heydenreuter, Kriminalgeschichte (wie Kat.Nr. 11.2) S. 276.

11.5 Sicherheit des Eigentums: Nicht für Deserteure

1813 Juni 18/21, Trostberg
Protokolle des Landgerichts Trostberg über die Vermögenskonfiskation des Deserteurs Bartholomäus Leykam von Trostberg.

Die Konfiskation des Vermögens von Straftätern war bis Anfang des 19. Jahrhunderts gängige Strafpraxis, vor allem bei Tätern, die flüchtig waren. Die Vermögenswerte wurden zunächst beschlagnahmt und fielen nach einem Jahr, wenn sich der Täter nicht vor Gericht gestellt hatte, an den Staat. Auf diese Weise sicherte sich der Staat eine bedeutende Einnahmequelle.
Das Edikt über die Konfiskationen vom 29. August 1808, das auf Titel 5 § V der Konstitution zurückgeht, verbot die Einziehung von Vermögen als Strafe für ein Verbrechen; insbesondere sollten die unschuldigen Verwandten vor Vermögensverlusten geschützt werden. Für Deserteure galt diese neue Regelung nicht; deren Vermögen wurde weiterhin als Abschreckungsmaßnahme unnachsichtig eingezogen.
Die vorliegenden Protokolle zeigen, dass man sich notfalls auch an deren Verwandten schadlos hielt. In diesem

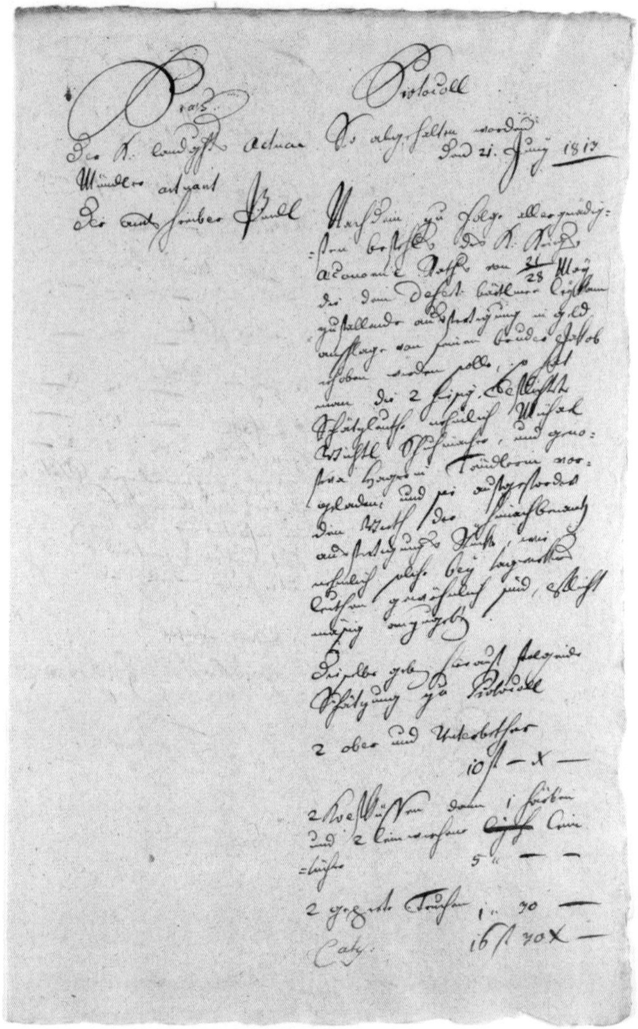

11.5

Fall wurde der Bruder des Deserteurs, der Tagelöhner Jakob Leykam dazu verpflichtet, das seinem desertierten Bruder Bartholomäus zustehende Heiratsgut von 105 Gulden abzuführen. Zusätzlich wurden zwei Schätzleute bestimmt, die für das Gericht den Geldwert der anzutreffenden Sachgegenstände (Bettzeug, Möbel, Geschirr) aufnehmen sollten, was zusätzlich eine Summe von 18 Gulden 45 Kreuzer einbrachte.

Schreiben, Pap., 1 Doppelbl., 35,5 x 22,5 cm, mit Unterschrift des Jacob Leykam; Schreiben, Pap., 1 Bl. (Schätzungsprotokoll), 36 x 22 cm, mit Unterschriften der Schätzleute.

Staatsarchiv München, Landgerichte ä.O. 5684.

Literatur: Demel, Staatsabsolutismus, S. 383 f. – Andreas Muggenthaler, Deserteure in der bayerischen Armee während der napoleonischen Zeit. Diplomarbeit in Staats- und Sozialwissenschaften an der Universität der Bundeswehr München, München 1993. – Heydenreuter, Kriminalgeschichte (wie Kat.Nr. 11.2) S. 268 f.

11.6 Anstellung auf Lebenszeit schafft unabhängige Richter

1808 September 4, Straubing
Gesuch des Hofgerichtsrats Sebastian Freiherr von Schrenk um Versetzung an das neu zu errichtende Appellationsgericht in München.

Zu den größten gesetzgeberischen Leistungen der Ära Montgelas zählt die so genannte Dienstpragmatik vom 1. Januar 1805, die das Beamtentum auf eine neue Grundlage stellte. Sie regelte vor allem die lebenslange Anstellung, Besoldung und Versorgung der Beamten und schuf klare Vorgaben für die Versetzung, Degradierung und Entlassung von Verwaltungsbeamten und Richtern. Eine plötzliche Entlassung aus reiner Willkür war damit unmöglich geworden.
Die Konstitution greift dann drei Jahre später diese wichtigen Grundsätze nochmals in Titel 5 § III für die Justizbeamten auf: Sie sollen vom König auf Lebenszeit ernannt werden und können nur durch einen förmlichen Spruch ihre Stellen verlieren. Diese Unabsetzbarkeit schuf im Be-reich der Rechtsprechung eine Unabhängigkeit der Richter.
Das Organische Edikt vom 24. August 1808 über die Gerichtsverfassung sah bei den Appellationsgerichten eine nach Rang und Alter gestaffelte, unterschiedlich hohe Besoldung der Gerichtsräte vor.
Um dadurch möglichen Einkommensverlusten vorzubeugen, bat der Hofgerichtsrat Sebastian Freiherr von Schrenk in Straubing ca. zwei Wochen nach Inkrafttreten des Edikts um seine Versetzung an das zu errichtende Appellationsgericht in München. Schrenk machte im Justizdienst weiter Karriere und wurde im Dezember 1832 Justizminister, daneben war er der erste Präsident der Kammer der Abgeordneten (vgl. Kat.Nr. 3.9).

Schreiben, Pap., 1 Doppelbl., 32,5 x 20,5 cm.

Bayerisches Hauptstaatsarchiv, MJu 19007, fol. 26.

Literatur: Bernd Wunder, Privilegierung und Disziplinierung. Die Entstehung des Berufsbeamtentums in Bayern und Württemberg (1780–1825) (Studien zur modernen Geschichte 21), München-Wien 1978, S. 128 f. – Demel, Gesetzgebung (wie Kat.Nr. 11.3) S. 73. – AK Wittelsbach und Bayern III/2, Nr. 286.

11.7 Schaffung eines einheitlichen Strafrechts

1807, München
Korrigierter Entwurf des Strafgesetzbuches, erster Teil.

Die Vereinheitlichung des Strafrechts gehört zu den Forderungen der Konstitution, die auch tatsächlich verwirklicht wurden. Bemühungen um eine Reform des Kreittmayr'schen Strafgesetzbuches von 1751 (Codex Juris Bavarici Criminalis) hatten allerdings schon Jahre vor Erlass der Konstitution eingesetzt. So konnte der mit der Reform beauftragte Jurist Anselm Feuerbach (1775–1833), Geheimer Referendär im Justizdepartement, bereits Ende 1807 den ersten Teil des Entwurfs („Über Vergehen und Verbrechen") vorlegen; der zweite Teil (Verfahrensrecht) folgte 1810. Nach langwierigen Diskussionen wurde das neue Strafgesetzbuch schließlich mit Wirkung vom 1. Oktober 1813 im ganzen Königreich Bayern eingeführt.

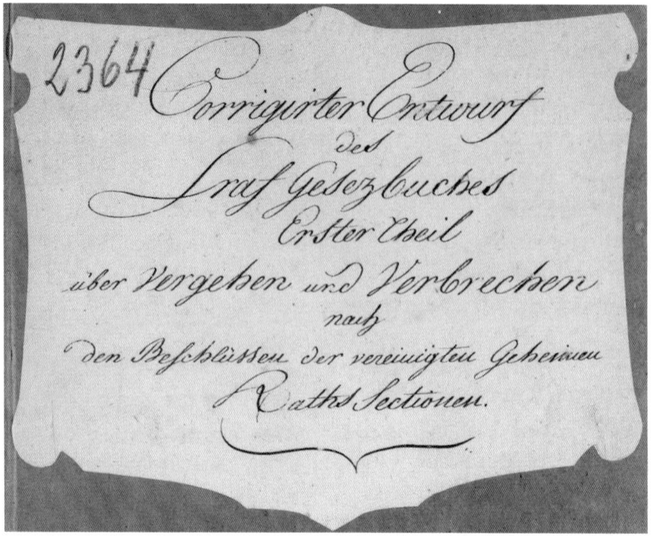

11.7

Obwohl Feuerbach nicht alle seine Vorschläge durchsetzen konnte, gilt sein Gesetzbuch als das erste wirklich moderne Strafgesetzbuch, das Vorbild für die Strafgesetzgebung anderer deutscher und europäischer Länder wurde. So wurde das Strafrecht insgesamt deutlich humaner (vgl. Kat.Nr. 11.8 und 11.9); barbarische Strafen wie Rädern, Handabhacken usw. gehörten nun der Vergangenheit an. Auch trennte Feuerbach strikt zwischen Recht und Moral; Hexerei, Unzucht, Sodomie, Ketzerei, Gotteslästerung waren nun keine Tatbestände mehr. Als sehr fortschrittlich galt auch die Idee der Gleichbehandlung; gesellschaftliche Randgruppen (Juden, Leute schlecht angesehener Berufsgruppen) waren nun vor Gericht als vollwertige Zeugen anerkannt. Hinsichtlich der Strafdauer wurden keine standesmäßigen Rücksichten mehr genommen. Nur hinsichtlich der Strafart musste Feuerbach mit Einführung der Festungsstrafe die Bevorzugung privilegierter Schichten hinnehmen (vgl. Kat.Nr. 11.4). Geradezu bahnbrechend wirkte der Grundsatz „Keine Strafe ohne Gesetz" (Nulla poena sine lege), der bis heute Gültigkeit besitzt. Das bedeutet, dass vor Begehen einer Straftat ein geschriebenes Gesetz mit präziser Tatbeschreibung und Strafandrohung in Kraft sein muss, damit ein Täter bestraft werden kann. Es sollte einerseits richterliche Willkür verhindern, schränkte andererseits aber den Ermessensspielraum der Richter stark ein und erwies sich daher in der Praxis als sehr problematisch. Bestimmte Materien wie z.B. Wilderei wurden im neuen Strafgesetzbuch überhaupt nicht geregelt, was dessen Bedeutung ebenfalls verminderte.
Wichtige Reformvorschläge Feuerbachs im Prozessrecht (Einführung von Staatsanwälten, Schwurgerichten, öffentliche und mündliche Verfahren) konnten erst 1848 durchgesetzt werden. So blieben die Richter weiterhin Ankläger und Urteiler in einer Person, der gesamte Prozessablauf weiterhin geheim ohne mündliche Verhandlung.
Das Feuerbachsche Strafgesetz wurde 1861 von einem Polizeistrafgesetzbuch und einem neuen, auch in der Pfalz geltenden Strafgesetzbuch abgelöst.

Band, 120 S., Manuskript (Lithographierter Entwurf) mit handschriftlichen Korrekturen, 34 x 22 cm.

Bayerisches Hauptstaatsarchiv, StR 2364.

Literatur: Gustav Radbruch, Paul Johann Anselm Feuerbach. Ein Juristenleben, hrsg. von Erik Wolf, 3. Aufl. Göttingen 1969. – Hans-Ludwig Schreiber, Gesetz und Richter. Zur geschichtlichen Entwicklung des Satzes nullum crimen, nulla poena sine lege, Frankfurt a. Main 1976, S. 102–112. – Demel, Entwicklung der Gesetzgebung in Bayern (wie Kat.Nr. 11.4) S. 78–80. – AK Wittelsbach und Bayern III/2, Nr. 288, 289, 291, 293. – Demel, Staatsabsolutismus, S. 347–367. – AK „Gerechtigkeit erhöht ein Volk" (wie Kat.Nr. 11.2), Nr. 153. – Heydenreuter, Kriminalgeschichte (wie Kat.Nr. 11.2) S. 273–279.

11.8 Folter als legales Beweismittel

a) 1794, Neuburg
Darstellung der Spitzrutentortur.
b) 1747 Juni 2, München
Mandat zur Durchführung der Spitzruten-tortur.

Die Anwendung der Folter fand seit dem späten Mittelalter Eingang in das Strafverfahren und diente als anerkanntes Mittel der Wahrheitsfindung, nicht als Strafmittel. Der Zweck der Folter bestand darin, einen Tatverdächtigen zu einem Geständnis zu bewegen. Im Zuge der Aufklärung im 18. Jahrhundert wurde die Folter immer seltener angewandt. Während sie in einigen Ländern ganz abgeschafft wurde (Preußen 1754, Sachsen 1770, Österreich 1776), hat Kreittmayr sie in seinem Strafge-

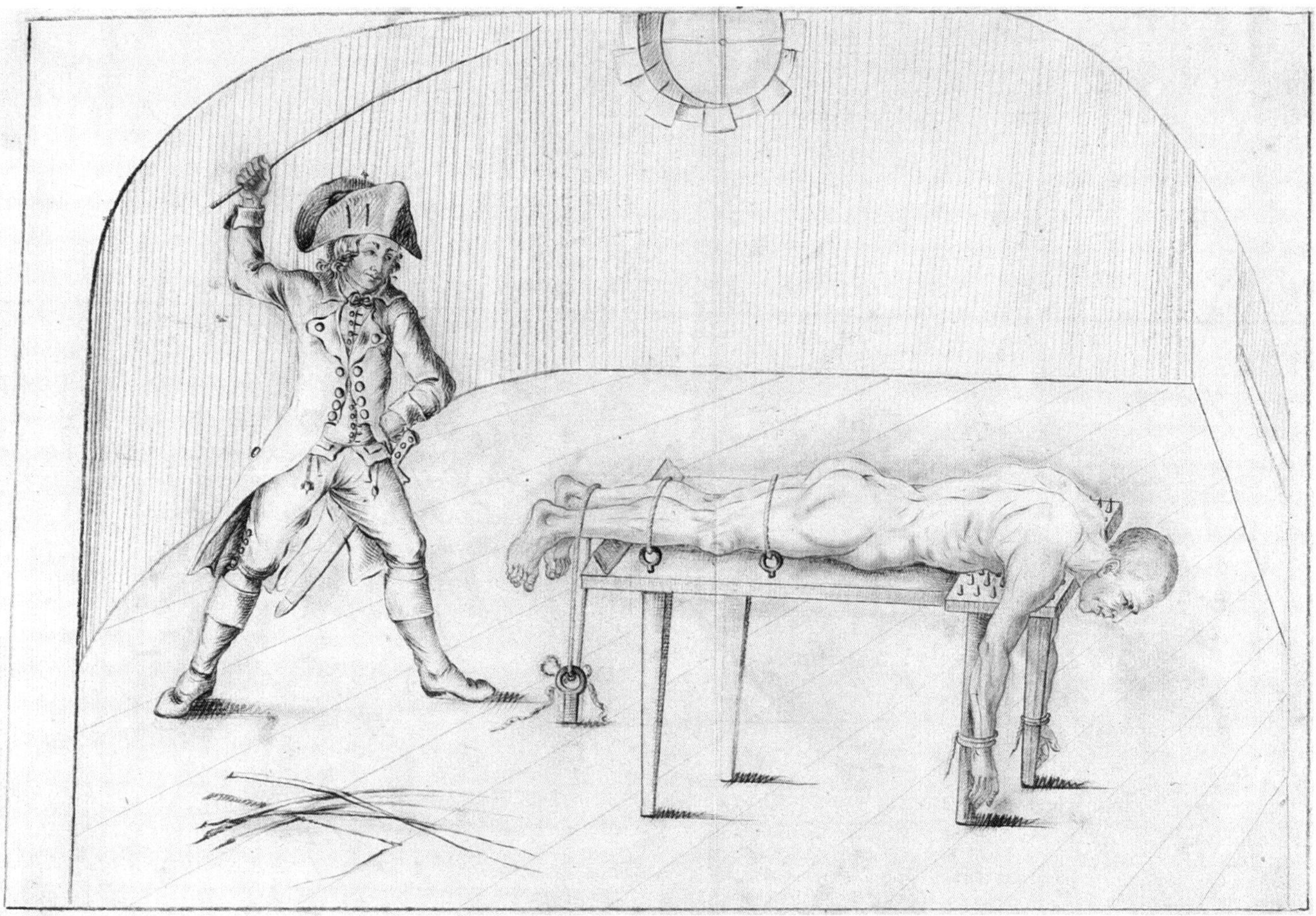

11.8a

setzbuch von 1751 noch als Verfahrensbestandteil beibehalten. Demnach sollte die Tortur nur eingesetzt werden, wenn die Wahrheit nicht auf anderen Wegen zu ermitteln war. Die Art und Weise der Torturanwendung beschränkte Kreittmayr auf das „Aufziehen", den Daumenstock und die Spitzrutenausstreichung.
Die Folter durch Rutenzüchtigung wurde in der Strafverfahrenspraxis in Bayern seit der Mitte des 17. Jahrhunderts zur dominierenden Methode, da sie weniger körperliche Schäden als das Aufziehen verursachte. Sie konnte in drei Graden erfolgen: Der erste Grad durch das Aufbinden des Delinquenten auf die Folterbank. Beim zweiten Grad wurden ihm zusätzlich Spitzrutenstreiche versetzt, beim dritten (verschärften) Grad wurden diese zwei- oder dreimal am Tag wiederholt (beim ersten Mal 15–20, beim zweiten Mal 20–25, beim dritten Mal 25–30 Streiche).
Das Mandat von 1747 schreibt vor, wie die Tortur mit „Spitzgärten" einheitlich durchgeführt werden soll. Der Delinquent musste mit dem Kopf nach unten festgeschnallt werden und durfte nur noch auf den Rücken geschlagen werden.
Im Zuge der Bemühungen zu Beginn des 19. Jahrhunderts, das Strafrecht zu reformieren und humaner zu gestalten, wurde die Folter durch Verordnung vom 7. Juli 1806 offiziell abgeschafft.

a) Kolorierte Bleistiftzeichnung, Pap., 28 x 42,5 cm.
Bayerisches Hauptstaatsarchiv, PLS 19897.

b) Druck, Pap., 1 Doppelbl., 34 x 21 cm.
Bayerisches Hauptstaatsarchiv, GL 324/24.

Literatur: Richard van Dülmen, Theater des Schreckens. Gerichtspraxis und Strafrituale in der frühen Neuzeit, 3. Aufl. München 1988, S. 29–36. – Heydenreuter, Kreittmayr und die Strafrechtsreform (wie Kat.Nr. 11.2) S. 54 f. – Ders., Kriminalgeschichte (wie Kat.Nr. 11.2) S. 165–181.

11.9 Bewerbungsunterlagen eines Scharfrichters

a) 1820 März 21, Buchloe
Bewerbungsschreiben des Scharfrichters Adam Teufler aus Buchloe.
b) 1808 Oktober 11, Buchloe
„Meisterstücksbrief" des Scharfrichters Xaver (Adam) Teufler (Abschrift).

Das neue Strafgesetzbuch von 1813 schrieb vor, dass Hinrichtungen nur mehr durch Enthauptung mit dem Schwert vollzogen werden sollten. Die ganze frühere Bandbreite von teils barbarischen Todesstrafen wie Rädern, Vierteilen, Verbrennen usw. wurde jetzt nicht mehr angewandt. So heißt es in Art. 5: „Wer das Leben verwirkt hat, soll mit entblößtem Kopfe, gekleidet in einen grauen Kittel, mit einer Tafel auf Brust und Rücken, worauf sein Verbrechen genannt ist, zum Richtplatz geführt und daselbst enthauptet werden." (vgl. Kat.Nr. 11.7). Die in der Pfalz und in der Rheinprovinz seit dem Ende des 18. Jahrhunderts übliche Hinrichtung mit dem Fallbeil nach französischem Vorbild konnte sich in Bayern noch nicht durchsetzen. Feuerbach hatte zwar in einer Sitzung des Geheimen Rats am 10. September 1810 auf Bitte der Scharfrichter einen entsprechenden Vorschlag unterbreitet, „das grausame und für sie gefährliche Köpfen mit dem Schwerdte oder Beil abzustellen, und da das Hängen eben so unsicher, das Fallbeil einzuführen", war aber damit bei allen Geheimen Räten auf Ablehnung gestoßen, „da das Fallbeil gehäßige und grausame Erinnerungen erweke." Offenbar fühlten sich die adeligen Räte dadurch noch zu sehr an die Schrecken der Französischen Revolution erinnert.
Die Hinrichtung mit dem Schwert verlangte von einem Scharfrichter große Geschicklichkeit. Er sollte nach Möglichkeit mit einem einzigen gezielten Hieb das Urteil vollstrecken, was häufig nicht gelang. Nicht wenige Scharfrichter wurden nach missglückten Hinrichtungen

Meisterstücks=Brief
für
Herrn Teufler
in
Buchloe
de anno
1806.

11.9b

oft selbst Opfer der Lynchjustiz des Volkes, wenn sie ihr „Handwerk“ nicht richtig beherrschten.

Der 33jährige Adam Teufler aus Buchloe bewarb sich im März 1820 aufgrund seiner „durch organische Verfügungen herbeigeführten Quieszierung“ beim Appellationsgericht München als Scharfrichter und legte als Beweis für sein Können mehrere amtlich beglaubigte Schriftstücke über von ihm erfolgreich durchgeführte Hinrichtungen bei. Darunter befand sich auch sein „Meisterstücksbrief“, der ihm nach der Hinrichtung des Räubers Mathias Krum 1806 in Buchloe ausgestellt worden war.

Nach der missglückten Hinrichtung des Raubmörders Christian Hussendörfer am 11. Mai 1854 in München wurde auch in Bayern die Hinrichtung mit dem Fallbeil eingeführt.

a) Schreiben, Pap., 1 Doppelbl., 34 x 21 cm.

b) Schreiben (Abschrift), Pap. 1 Bl., 21 x 34 cm.

a, b) Staatsarchiv München, Appellationsgericht 5594.

Quellen: BayHStA, StR 2359, MJu 13066.

Literatur: Helmut Schuhmann, Der Scharfrichter. Seine Gestalt – seine Funktion, Kempten 1964. – Jutta Nowosadtko, Scharfrichter und Abdecker. Der Alltag zweier „unehrlicher Berufe“ in der Frühen Neuzeit, Paderborn 1994. – Johann Dachs, Tod durch das Fallbeil. Der deutsche Scharfrichter Johann Reichhart (1893–1972), Regensburg 1996. – Heydenreuter, Kriminalgeschichte (wie Kat.Nr. 11.2), S. 292 f. – Bernhard Grau, In einem funktionierenden Königreich mussten auch die Köpfe ordentlich rollen. Das Staatsarchiv erwirbt die originalen Baupläne zur bayerischen Variante des Fallschwerts. In: Unser Bayern 3 (2007) S. 7–10.

11.10 Hinrichtung der Maria Birnbaum in München

a) 1836 November 12, München
Geschichtliche Darstellung des Verbrechens der Maria Anna Birnbaum aus Nürnberg.

b) 1836 November 12, München
Protokoll über die Hinrichtung der Maria Birnbaum in München.

c) 1835, München
Richtschwert des Münchner Scharfrichters.

Das ausgestellte Richtschwert wurde im Mai 1854 zum letzten Mal bei einer Hinrichtung eingesetzt (vgl. Kat.Nr. 11.9). Die Schneide trägt folgende Gravierungen:

„Dieses Schwert, welches ich L. Scheller Kgl. Nachrichter v. München hierselb ANNO 1835 anfertigen liess, verwendete ich erstmals am 12. Nov. 1836 an Maria Birnbaum. Anno 1880 v. We (Witwe) Scheller als And(enken) erh(alten): J. Kislinger Kgl. Nachrichter. Anno 1894 v. We (Witwe) Marg. Kislinger als Andenk(en) erh(alten) Fr(anz) Xav(er) Reichhart, Kgl. Nachrichter.“

Dieser Text enthält leider widersprüchliche Aussagen. Denn bis 1841 war in München der Scharfrichter Martin

Hörmann tätig, der auch die Hinrichtung der Maria Birnbaum vollzog. wie sich durch Quellen eindeutig belegen lässt. Von 1841 bis 1852 war die Stelle des Scharfrichters für Oberbayern unbesetzt, um Personalkosten zu sparen. Lorenz Scheller stammte aus Amberg und ist erst ab 1852 bis 1880 als Scharfrichter in München nachweisbar. Deshalb ist zu vermuten, dass das Schwert von Martin Hörmann in Auftrag gegeben worden war und der Name Lorenz Scheller erst später eingraviert wurde. Obwohl das Richtschwert ab Juni 1854 nicht mehr in Gebrauch war, wurde es als Symbol an den jeweiligen Scharfrichter weitergegeben, so 1880 an Johann Kislinger und 1894 an Franz Xaver Reichhart. Dieser gab das Schwert 1927 als Geschenk an das Münchner Stadtmuseum. Er war der Onkel des letzten bayerischen Scharfrichters Johann Reichhart, der während der Weimarer Republik, ab 1933 für das NS-Regime und schließlich noch für die Amerikanische Militärregierung bis zur Abschaffung der Todesstrafe als Scharfrichter tätig war.

Die auf dem Schwert erwähnte Hinrichtung der damals 43jährigen Maria Birnbaum ist sehr gut dokumentiert. Maria Anna Birnbaum stammte aus Nürnberg und trat 1816 bei dem Oberpostamtsrevisor Franz Xaver Unterstein in München eine Stelle als Haushälterin an. Zu ihren Aufgaben gehörte auch die Pflege und Erziehung der beiden minderjährigen Kinder Karl August und Elise, die 1825 bzw. 1831 wahrscheinlich aufgrund fortgesetzter Misshandlungen durch Maria Birnbaum starben. Sie wurde deshalb verhaftet und nach mehrjährigen Ermittlungen 1835 vom Appellationsgericht München wegen Mordes zum Tode verurteilt. Nachdem der König eine Begnadigung abgelehnt hatte, fand am Mittwoch, dem 9. November 1836 in der Fronveste am Anger die endgültige Verkündung des Todesurteils statt.

Sowohl ein amtliches Gerichtsprotokoll als auch der damalige Stadtchronist Ulrich von Destouches schildern sehr ausführlich, was sich drei Tage später am Hinrichtungstag, dem 12. November 1836 ereignete. „Fast zwei Dezennien sind verflossen, dass München nicht mehr das Schauspiel einer öffentlichen Hinrichtung erlebte, …" schrieb der Chronist. Am Morgen wurde die Verurteilte in der Fronveste dem Scharfrichter und seinen Gehilfen übergeben, die ihr eine graue Kutte anzogen und den Hinterkopf schoren. Dann wurde sie in Begleitung zweier protestantischer Vikare auf einen zweispännigen Leiterwagen gesetzt und ihr an Brust und Rücken eine schwarze Tafel mit der Aufschrift „Mord" umgehängt.

Um ca. 9 Uhr setzte sich der Wagen unter Anteilnahme einer ungeheuren Menschenmenge in Bewegung und hielt zunächst vor dem Stadtgerichtsgebäude. Von einem mit roten Tuch behangenen Fenster des ersten Stockes wurde noch einmal das Urteil vorgelesen und der Stab über die Verurteilte gebrochen. „Während dieses schauerlichen Aktes sah dieselbe starr für sich hin, weßhalb der Gerichtsdiener ihr das Haupt gewaltsam emporrichten mußte", bemerkte der Chronist. Erst gegen 10.30 Uhr erreichte der Zug das Marsfeld, wo das Schafott aufgerichtet war. Mit gefalteten Händen, die Augen mit einem schwarzen Tuch verbunden, bestieg Maria Birnbaum das Schafott. Das Gerichtsprotokoll führt nun weiter an: „Kaum hatte sie sich auf den Stuhl niedergesetzt, als Scharfrichter Hermann die Enthauptung mit e i n e m Schwerthiebe glücklich vollzogen hatte, worauf das Haupt der Birnbaum durch den Scharfrichtersgehilfen Ritzer bey den Haaren gehalten, dem Volk vorgezeigt und hernach neben dem Rumpf zu den Füßen niedergestellt." Einer der beiden Geistlichen, die dem Zug gefolgt waren, hielt nach der Hinrichtung eine erbauliche Rede an das Volk. Um das Volk zu belehren, wurden die Geschichte des Mordfalles und das Urteil gedruckt und in zahlreichen Exemplaren verteilt. Allerdings gab es zu dieser Zeit bereits viele kritische Stimmen, die öffentliche Hinrichtungen ablehnten und Zweifel an der beabsichtigten abschreckenden Wirkung äußerten. Auch der Chronist stand diesem Schauspiel, vor allem aber dem Verhalten der Volksmenge recht kritisch gegenüber: „Leider muß hier die Neugier des schönen und zartfühlenden Geschlechtes konstatiert werden, das in großer Anzahl und aus allen Ständen vorhanden war, um das blutige Schauspiel einer Hinrichtung mit anzusehen, ferner der

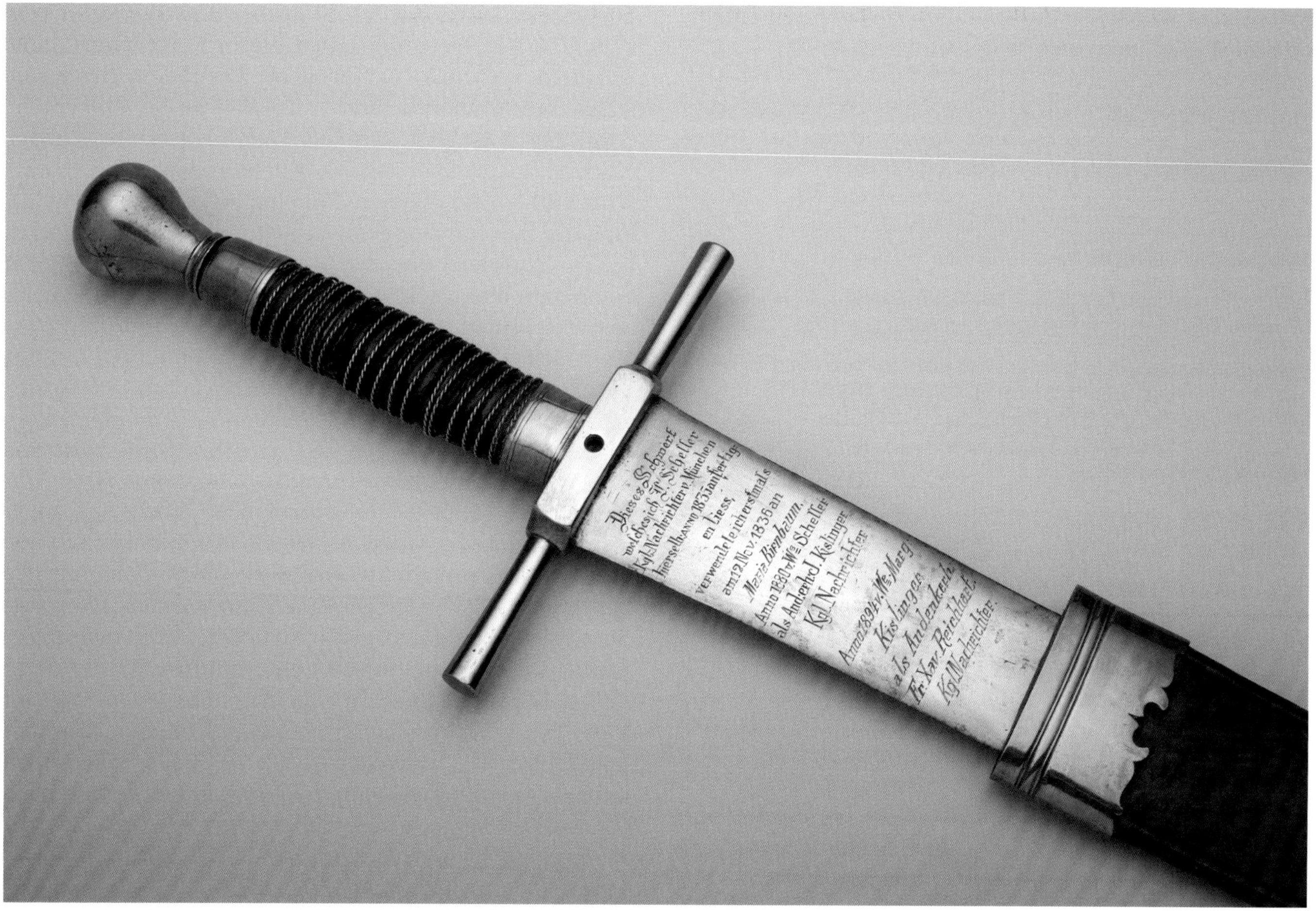

11.10c

abscheuliche Unfug des lauten Lärmens und Lachens, dessen sich viele Zuschauer selbst noch bei Annäherung des gewiß nicht zum Lachen erregen erschienen Trauerzuges schuldig gemacht haben; am allerwenigsten aber war bei dieser entsetzlichen Blutscene der laute Bravo-Ruf am Platz, welcher von vielen Zuschauern als Huldigung der Geschicklichkeit des Scharfrichters unmittelbar nach dem Schwertstreiche vernommen wurde. Es war ein kalter neblichter Tag, an welchem Anna Birnbaum zur Sühne ihres gräulichen Verbrechens blutete; die ältesten Leute erinnerten sich nicht bei einer Hinrichtung so viele Zuschauer gesehen zu haben welche selbst aus den entferntesten Orten herbeigekommen sind; und diese Hinrichtung lieferte einen neuen Beweis, wie wenig die Intension des abschreckenden Beispieles gerade auf diejenige Menschenklasse wirkt, die einen solchen, in jeder Beziehung furchtbaren Akt der strafenden Gerechtigkeit am Meisten zu beherzigen hätte."

Erst ab 1861 wurden in Bayern Hinrichtungen nicht mehr öffentlich durchgeführt.

a) Druck, Pap., 2 Doppelbl., 26 x 22 cm.

b) Schreiben, Pap., 2 Doppelbl., 35 x 21 cm.

a, b) Staatsarchiv München, Appellationsgericht 4840.

c) Schwert mit Scheide: Gesamtlänge 113 cm.

Münchner Stadtmuseum, Inv. Nr. XII/316.

Quellen: Staatsarchiv München, Appellationsgericht 4840; Stadtarchiv München, Stadtchronik 1836; Stadtmuseum 151.

Literatur: Helmut Schuhmann, Der Scharfrichter (wie Kat.Nr. 11.9). – Jutta Nowosadtko, Scharfrichter und Abdecker (wie Kat.Nr. 11.9). – Johann Dachs, Tod durch das Fallbeil (wie Kat.Nr. 11.9). – Petra Overath, Tod und Gnade. Die Todesstrafe in Bayern im 19. Jahrhundert, Köln-Weimar-Wien 2001.

11.11 Unerreichtes Ziel: Schaffung eines einheitlichen Zivilrechts

September 1811, München
Revisionsentwurf zum Codex Maximilianeus Bavaricus Civilis.

Neben einer Reform des Strafrechts strebte die Konstitution auch eine Reform des Zivilrechts an. Dies schien umso dringlicher, je mehr Gebiete Bayern seit 1803 erwarb. Doch was beim Strafrecht mit Mühen gelang, scheiterte beim Zivilrecht fast ein Jahrhundert am Widerstand verschiedenster Interessengruppen. So sollte zunächst auf Druck Napoleons der Code civil (Code Napoléon) in den Rheinbundstaaten eingeführt werden. Eine 1808 vorgelegte modifizierte Fassung des Code civil konnte sich nicht gegen die Interessen des Adels durchsetzen, der darin seine Rechte und Privilegien zu wenig berücksichtigt fand. Schon bald trat eine neue Kommission zusammen, der u.a. die Juristen Anselm Feuerbach und Nikolaus Thaddäus Gönner angehörten; sie legte 1811 eine überarbeitete Fassung des Zivilgesetzbuches Kreittmayrs von 1756 vor. Doch war auch dieses Reformwerk zum Scheitern verurteilt, weil sich die Mitglieder der Kommission nicht über die Rechte der Bauern gegenüber den Grundherrn einigen konnten. Dabei war man sich der Notwendigkeit einer Reform durchaus bewusst. Der Entwurf enthielt im zweiten Teil eine ausführliche Darstellung der Beweggründe, die zu seiner Entstehung geführt hatten. Dort heißt es u.a.: „... sogar kann das Landgericht Forchheim und das Justizamt Erlangen Dörfer aufzeigen, wo in verschiedenen Hausnummern des nämlichen Dorfes verschiedene Geseze gelten" (vgl. Kat.Nr. 11.12). Kein Mitglied des Oberappellationsgerichts könne sich so eindringlich mit den einzelnen Rechten auseinandersetzen, wie es erforderlich wäre, was sich mit Sicherheit sehr nachteilig auf die Justizverwaltung auswirken werde.
Da auch alle späteren Reformversuche scheiterten, blieb es in Bayern bis zur Einführung des Bürgerlichen Gesetzbuches (BGB) im Jahr 1900 bei der Gültigkeit zahlreicher Partikularrechte in den einzelnen Landesteilen. Wie manche Gerichtsräte damit in der täglichen Praxis verfuhren, schildert der Jurist Otto von Völderndorff 1892, der einen Kollegen auf diese schwierige Situation angesprochen hatte: „Es ist nicht so gefährlich, Herr Kollega, als es aussieht. Sehen sie, entweder es gilt das bayerische Landrecht, oder es gilt ein anderes Recht; gilt das bayerische Landrecht, so entscheidet man danach und citiert es; gilt das bayerische Recht nicht, so entscheidet man doch danach, aber man citiert es eben nicht."

Lithographierter Papierband, 34,5 x 22 cm.

Bayerisches Hauptstaatsarchiv, StR 8228.

Literatur: Otto von Völderndorff, Harmlose Plaudereien eines alten Münchners, Bd. 1, München 1892, S. 37. – Werner Schubert, Französisches Recht in Deutschland zu Beginn des 19. Jahrhunderts. Zivilrecht, Gerichtsverfassungsrecht und Zivilprozeßrecht (Forschungen zur neueren Privatrechtsgeschichte 24), Köln-Wien 1977, S. 162–192. – Demel, Entwicklung der Gesetzgebung in Bayern (wie Kat.Nr. 11.4) S. 73–76. – Barbara Dölemeyer, Kodifikationen und Projekte deutscher Einzelstaaten. Bayern (1808–1861/64). In: Helmut Coing (Hrsg.), Handbuch der Quellen und Literatur der neueren europäischen Privatrechtsgeschichte,

Bd. 3/2, München 1982, S. 1472–1491. – Walter Demel – Werner Schubert, Der Entwurf eines Bürgerlichen Gesetzbuches für das Königreich Bayern von 1811. Revidirter Codex Maximilianeus Bavaricus Civilis (Münchner Universitätsschriften. Juristische Fakultät. Abhandlungen zur rechtswissenschaftlichen Grundlagenforschung 63), Ebelsbach 1986. – AK „Gerechtigkeit erhöht ein Volk“ (wie Kat.Nr. 11.2) Nr. 156.

11.12 Verwirrende Vielfalt: 124 gültige Zivilrechte

1812, München
Statistik der geltenden Zivilrechte im Königreich Bayern.

Die territoriale Entwicklung Bayerns zu Beginn des 19. Jahrhunderts bedingte eine starke Rechtszersplitterung vor allem im zivilrechtlichen Bereich. Neben den drei großen Rechtsgebieten (des gemeinen Rechts, des preußischen Allgemeinen Landrechts von 1794 und des österreichischen Rechts) waren mehr als hundert Partikularrechte in den einzelnen Landgerichten gültig, wovon einige dieser Rechte nur wenige Rechtsmaterien beinhalteten (z.B. Erbrecht, bäuerliche Rechtsverhältnisse). Ein besonderes Problem bedeutete die Ansammlung verschiedenster Zivilrechte für die letzte Entscheidungsinstanz, das Oberappellationsgericht in München. Um sich einen Überblick zu verschaffen, erstellte das Oberappellationsgericht zum ersten Mal im Jahr 1811 eine „Statistik der bürgerlichen und peinlichen Gesetzgebung im Königreich Bayern“. Besonders unübersichtlich war die Situation in den fränkischen Gebieten; dort gab es Dörfer, in denen sogar in benachbarten Häusern unterschiedliche Gesetze galten, wie z.B. im Landgericht

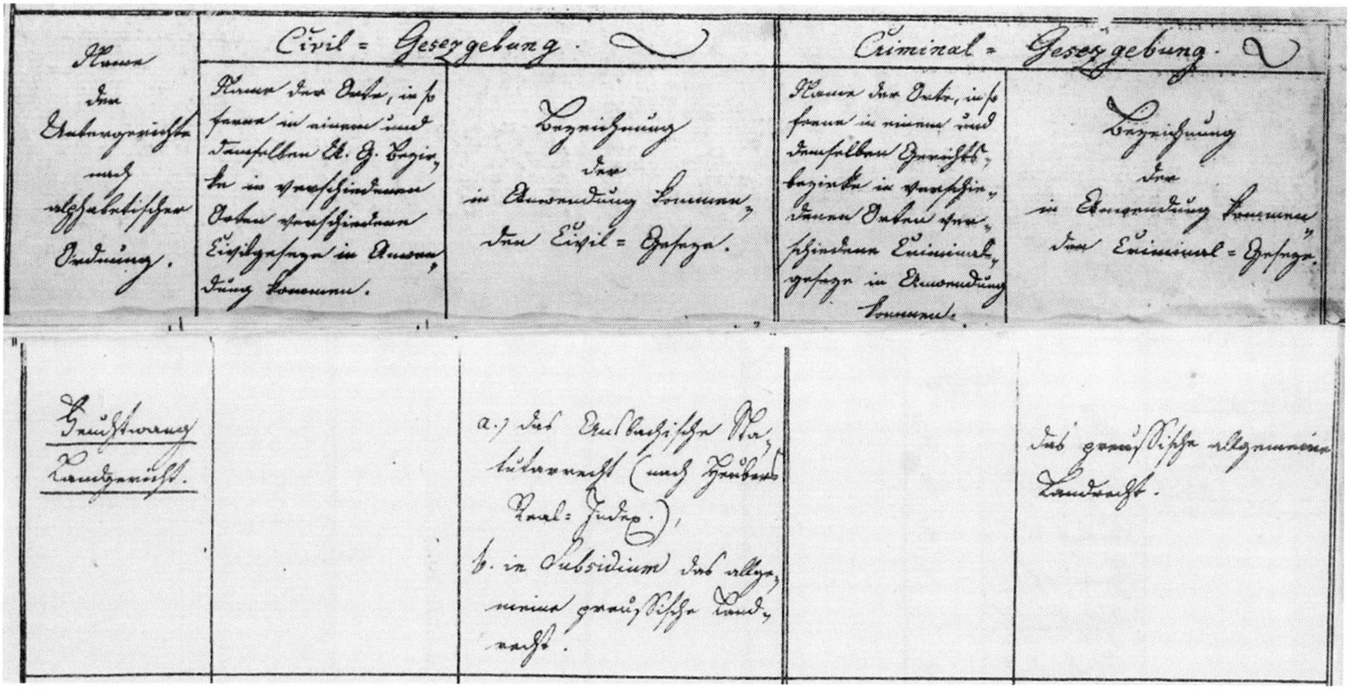

11.12

Forchheim. In anderen Orten wiederum waren bestimmte Gewohnheitsrechte festgeschrieben, beispielsweise in Markt Erlbach, wo u.a. festgelegt war, „daß bei Verkauf der Güter die Einwilligung der Weiber erholt werden muß". Dieser ersten Gesamtstatistik folgten im Laufe des 19. Jahrhunderts noch zahlreiche, teils auch gedruckte mehrbändige Statistiken.

Lithographierter Papierband, 106 Bl., 42 x 28 cm; gezeigt wird eine Seite der alphabetisch angeordneten Übersicht (Landgericht Forchheim).

Bayerisches Hauptstaatsarchiv, MInn 45439.

Literatur: Demel, Entwicklung der Gesetzgebung in Bayern (wie Kat. Nr. 11.4) S. 73–76. – AK „Gerechtigkeit erhöht ein Volk" (wie Kat.Nr. 11.2), Nr. 156.

12. Der bayerische Adel und die Konstitution von 1808

Von Michael Puchta

„So finden wir zu Hause zur angenehmen Abwechslung mit der genossenen Hofehre ... organische Edicte, die von Jahr zu Jahr die Rechte des Adels, sein Ansehen und sein Vermögen schwächen“[1]

Heterogenität und Tradition: Die Adelslandschaften des Königreichs Bayerns vor 1808

Im Jahr 1810 erklärte der leitende bayerische Staatsminister Graf Maximilian Joseph von Montgelas die Entstehung der 1808 oktroyierten Konstitution aus der Notwendigkeit, „so viele heterogene Theile, woraus das Königreich Baiern gegenwärtig zusammen gesezt, in ein Ganzes zu bringen, mit dem Geiste der Zeit in Übereinstimmung zu bringen“.[2] Rechtliche Unifizierung sowie die Einlösung zentraler Forderungen der Spätaufklärung und der französischen Revolution waren auch die Leitmotive, mit denen sich der bayerische Adel in Folge der Konstitution von 1808 verstärkt konfrontiert sah.[3]

Die Adelslandschaft des jungen Königreichs war nämlich weder in rechtlicher noch in sozialer und ökonomischer Hinsicht homogen und hatte vielfach mittelalterliche Strukturen konserviert. Auf der einen Seite stand der altbayerische Adel, der heute vor allem mit den Hofmarksherren verbunden wird. Sie übten als Grundherren die niedere Gerichtsbarkeit aus und genossen eine Reihe weiterer Vorrechte. Dennoch waren sie landsässig, d.h. sie unterstanden bis zum Zerfall des Alten Reichs 1806 dem bayerischen Kurfürsten bzw. König als reichsständischem Landesherrn. Wirtschaftlich messen konnte sich die große Mehrheit der Hofmarksherren mit den Magnatenfamilien Ungarns oder den ostelbischen Gutsbesitzern nicht. Dies galt erst recht für die zahlreichen Briefadligen, die von den bayerischen Kurfürsten nobilitiert und ebenfalls landsässig waren. Eine besondere Form des Titularadels hatten jene inne, die zwar für ihre Person oder sogar erblich in den Stand des Reichsadels erhoben worden waren, ohne dabei reichsunmittelbaren Besitz und damit die Kreis- und Reichsstandschaft zu erhalten. Derartige reichsweit gültige Nobilitierungen konnten neben dem Kaiser und den aus karolingischen Wurzeln erwachsenen Großen Hofpfalzgrafen auch die Reichsvikare aussprechen – ein Vorrecht, das besonders der bayerische Kurfürst Karl Theodor während der Interregna von 1790 und 1792 extensiv wahrgenommen hatte. Nicht zu vergessen ist die nicht unerhebliche Zahl der staats- bzw. reichsrechtlich nicht gedeckten Standeserhebungen sowie eigenmächtiger Usurpationen des Adelstitels – was natürlich kein spezifisch altbayerisches Phänomen war.[4]

Ganz andere Verhältnisse als in Kurbayern hatten dagegen in den neu gewonnenen Provinzen Franken und Schwaben vorgeherrscht: Zwar gab es auch hier Beamte, Offiziere und sonstige Würdenträger, die von Reichsfürsten als mediate Landesuntertanen nobilitiert worden

1 Sigmund Freiherr von Rotenhan, Patriotische Wünsche, Bitten und Vorschläge, der hohen Ständeversammlung des Königreichs Baiern den teutschen Adel und der teutschen Nation zur Prüfung und Beherzigung ehrerbietigst übergeben, Nürnberg 1819, S. 268.

2 Protokoll zur Sitzung des Geheimen Rats, München, 6. September 1810, BayHStA, StR 191, S. 1–32, hier S. 14 f.

3 Montgelas-Denkwürdigkeiten, S. 101 f. – Walter Demel, Struktur und Entwicklung des bayerischen Adels von der Mitte des 18. Jahrhunderts bis zur Reichsgründung. In: ZBLG 61 (1998) S. 295–345, hier S. 308. – Ders., Adelsstruktur und Adelspolitik in der ersten Phase des Königreichs Bayern. In: Eberhard Weis – Elisabeth Müller-Luckner (Hrsg.), Reformen im rheinbündischen Deutschland (Schriften des Historischen Kollegs, Kolloquien 4), München 1984, S. 213–228, hier S. 213–215.

4 Die Memoiren des Karl Heinrich Ritter von Lang. Faksimile der Ausgabe 1842 mit einem Nachwort von Heinrich von Mosch, 2 Bde. (Bibliotheca Franconia, Bd. 10), Erlangen 1984, hier Bd. 2, S. 174 f. – Montgelas-Denkwürdigkeiten, S. 100–102. – Demel, Struktur (wie Anm. 3) S. 295, 303–308, 314 f. – Ders., Adelsstruktur (wie Anm. 3) S. 213–215. – Gerald Müller, Das bayerische Reichsheroldenamt 1808–1825. In: ZBLG 59 (1996) S. 533–593, hier S. 561–568, 575–593.

waren oder gar in den reichsweit anerkannten Titularadel aufrücken konnten.[5] Aber darüber hinaus bestand ein mediater Adel nur in den Markgraftümern Ansbach und Bayreuth, die 1806 bzw. 1810 an die bayerische Krone fielen. Letzterer war in großen Teilen noch bis zu seiner Unterwerfung unter die brandenburg-preußische Landeshoheit in den Jahren 1792–1796/98 reichsunmittelbar gewesen, hatte also direkt unter Kaiser und Reich gestanden.[6] Reichsunmittelbarkeit prägte bis 1805/06 auch die Adelslandschaft in den restlichen fränkischen und schwäbischen Territorien, die das Kurfürstentum bzw. Königreich Bayern seit 1802/03 erwarb. Dabei sind wiederum zwei Gruppen zu unterscheiden: Zum einen die weltlichen Reichsgrafen und -fürsten, die am Kreis- und vor allem am Reichstag mit Sitz und Stimme vertreten waren und deren reichsunmittelbare Stellung der napoleonischen Neuordnung Süd- und Westdeutschlands im Jahre 1806 zum Opfer fiel. Als ehemaligen Reichsständen garantierte ihnen die Rheinbundakte den fortwährenden Genuss all derjenigen Privilegien und obrigkeitlichen Befugnisse, die nicht unter die so genannten „droits de souveraineté" fielen. Auf dieser Grundlage regelte das Königreich Bayern bereits in der Deklaration vom 19. März 1807 (vgl. Kat.Nr. 12.2) detailliert die Rechtsstellung der in seinem Territorium aufgegangenen weltlichen Reichsstände, für die sich schnell der Begriff der so genannten Standesherren einbürgerte.[7] Die zahlreichen Familien der Reichsritterschaft bildeten die zweite Adelsgruppe in den neuen fränkischen und schwäbischen Provinzen, die bis 1805/1806 sowohl für ihre Person als auch hinsichtlich ihres einer Rittermatrikel einverleibten Besitzes die Reichsunmittelbarkeit in Anspruch nahmen. Die Kreis- oder Reichsstandschaft besaßen sie jedoch nicht.[8] Schon seit 1802 versuchte München die so genannten Rittergenossen an seinen Grenzen zu unterwerfen. Aber erst der Sieg der französischen Schutzmacht Bayerns bei Austerlitz am 2. Dezember 1805 besiegelte die Unterwerfung der Bayern benachbarten Reichsritter unter das Zepter des neuen Königs Max I. Joseph.[9] Die schriftliche Leis-

5 Hanns Hubert Hofmann, Adlige Herrschaft und souveräner Staat. Studien über Staat und Gesellschaft in Franken und Bayern im 18. und 19. Jahrhundert (Studien zur Bayerischen Verfassungs- und Sozialgeschichte 2), München 1962, S. 141 f.

6 Montgelas-Denkwürdigkeiten, S. 101. – Demel, Struktur (wie Anm. 3) S. 296–298. – Hofmann, Herrschaft (wie Anm. 5) S. 108–111, 168–186. – Über die Unterwerfung der Reichsritterschaft an den Grenzen Ansbach-Bayreuths 1792 bis 1796/1798 ist derzeit eine Dissertation des Verfassers in Arbeit.

7 RBl 1807, 465. – Montgelas-Denkwürdigkeiten, S. 104, 115 f. – Rheinbundakte vom 12. Juli 1806. In: Ernst Rudolf Huber (Hrsg.), Dokumente zur Deutschen Verfassungsgeschichte, Bd. 1: Deutsche Verfassungsdokumente, 3. Aufl. Stuttgart-Berlin-Köln-Mainz 1978, Nr. 2, S. 28–34, hier S. 32 f. – Heinz Gollwitzer, Die Standesherren. Die politische und gesellschaftliche Stellung der Mediatisierten 1815–1918. Ein Beitrag zur deutschen Sozialgeschichte, 2. Aufl. Göttingen 1964, S. 15–20, 26 f. – Hofmann (wie Anm. 5) S. 250 f. – Demel, Staatsabsolutismus, S. 279–282. – Ders., Struktur (wie Anm. 3) S. 309–311.

8 Bis heute die ausführlichste Abhandlung zur Rechtsstellung und Organisation der Reichsritterschaft: Johann Georg Kerner, Allgemeines positives Staats-Landrecht der unmittelbaren freyen Reichsritterschaft in Schwaben, Franken und am Rhein, nebst einer Einleitung in das Staatsrecht der unmittelbaren freyen Reichsritterschaft überhaupt (Staatsrecht der unmittelbaren freyen Reichsritterschaft in Schwaben, Franken und am Rhein, Bd. 1), Lemgo 1786. – Ders., Allgemeines positives Staats-Genossenschaftsrecht der unmittelbaren freyen Reichsritterschaft in Schwaben, Franken und am Rhein (Staatsrecht der unmittelbaren freyen Reichsritterschaft in Schwaben, Franken und am Rhein, Bd. 2), Lemgo 1788. – Ders., Allgemeines positives Staats-Reichs-Recht der unmittelbaren freyen Reichsritterschaft in Schwaben, Franken und am Rhein (Staatsrecht der unmittelbaren freyen Reichsritterschaft in Schwaben, Franken und am Rhein, Bd. 3), Lemgo 1789.

9 Ludwig Graf von Montgelas (Hrsg.), Denkwürdigkeiten des bayerischen Staatsministers Maximilian Grafen von Montgelas (1799–1817). Im Auszug aus dem französischen Original übersetzt von Max Freiherrn von Freyberg-Eisenberg, Stuttgart 1887, S. 66–70, 76–84, 115 f., 122. – Heinrich Müller, Der letzte Kampf der Reichsritterschaft um ihre Selbstständigkeit (1790–1815) (Historische Studien 77), Berlin 1910, ND Vaduz 1965, S. 111–198. – Michael Puchta, „Indessen tritt hier der Fall ein, wo Gewalt vor Recht gehet." Die Mediatisierung der schwäbischen Reichsritterschaft am Beispiel des Bezirks Allgäu–Bodensee. In: Mark Hengerer – Elmar L. Kuhn – Peter Blickle (Hrsg.), Adel im Wandel. Oberschwaben von der Frühen Neuzeit bis zur Gegenwart, Bd. 2, Ostfildern 2006, S. 591–604, hier S. 591–600. – Wolfgang von Stetten, Die Rechtsstellung der unmittelbaren freien Reichsritterschaft, ihre Mediatisierung und ihre Stellung in den neuen Landen. Dargestellt am fränkischen Kanton Odenwald (For-

tung des Treueides der ehemaligen Rittergenossen auf ihren neuen Landesherrn im Jahre 1807 war nur noch der formalrechtliche Abschluss dieser Entwicklung (vgl. Kat. Nr. 12.1). Die wirtschaftliche Lage der mediatisierten Reichsritter konnte sich meist nicht mit derjenigen der Standesherren messen.[10] Ähnliches galt für ihre rechtliche Stellung im Königreich: Die Deklaration vom 31. Dezember 1806 stellte die ehemaligen Rittergenossen weitgehend dem schon zuvor landsässigen, grundbesitzenden Adel gleich. In der Realität bedeutete dies zwar, dass die Familien des aufgelösten corpus equestre weiterhin eine Reihe judikativer, administrativer und finanzieller Vorteile genossen. Aber gegenüber den Vorzügen, die den Standesherren gewährt wurden, standen die vormaligen Reichsritter deutlich zurück.[11]

Die Zurückdrängung der adligen Vorrechte durch das Verfassungswerk

Die rechtliche Regelung der künftigen Stellung der Standesherren und vormaligen Reichsritter war jedoch nur ein erster Schritt zur Lösung der Aufgabe, vor die sich die Regierung Montgelas gestellt sah: die Integration der in wirtschaftlicher, rechtlicher und sozialer Hinsicht äußerst heterogenen Adelsgruppen in das junge Königreich und zugleich die Zuweisung eines neuen Platzes in Staat und Gesellschaft. Hierfür mussten die neu- und die altbayerische Nobilität zu einer neuen Adelsklasse verschmolzen und ihre bisherigen Privilegien und Gerechtsame überall dort beschränkt werden, wo sie dem damals vielbeschworenen Zeitgeist sowie dem staatlichen Souveränitätsanspruch nach innen im Wege standen.[12]

Für diesen Prozess bildete die Konstitution vom 1. Mai 1808 das zentrale Fundament. Ihre allgemeinen Bestimmungen (insbesondere Erster Titel, § II und § VIII) sowie ihr speziell dem Adel gewidmeter Abschnitt (Erster Titel, § V) bedeuteten nichts weniger als eine „Revolution von oben" für die politische, soziale und wirtschaftliche Stellung des bisher ersten Standes im Staat: Während einerseits sämtliche landschaftlichen Vertretungen aufgehoben wurden, gestand die Verfassung dem Adel keine eigene Kammer in der künftigen Nationalrepräsentation mehr zu. Allein der Grundbesitz bzw. die auf diesem fußende Höhe der Grundsteuer, aber nicht mehr das Geburtsrecht sollten über die Wahlfähigkeit zu diesem nie verwirklichten Gremium entscheiden. Gleiches galt für die allgemeinen Versammlungen und Deputationen auf Kreisebene. Besonders dem ehemals reichsunmittelbaren Adel Frankens und Schwabens musste das Verbot, „ohne ausdrückliche Erlaubniß des Monarchen" das Land zu verlassen oder auswärtige Gehälter und Ehrenzeichen anzunehmen, als Zumutung erscheinen. Die Aufhebung des ausschließlichen Anrechts des Adels auf bestimmte Staatsämter, -würden und -pfründen unterwarf den Adel endgültig dem Leistungsprinzip und der Konkurrenz mit seinen bürgerlichen Mitbewerbern. Zugleich gingen den zahlreichen Adligen ohne (größeren) Grundbesitz wichtige Erwerbsquellen ebenso verloren wie die Möglichkeit, außerhalb der Landwirtschaft eine standesgemäße Betätigung zu finden. Ferner wurde der Adel der allgemeinen Steuerpflicht unterworfen und seine sonstigen Privilegien aufgehoben – Maßnahmen, die ihn wirtschaftlich hart treffen und sein Selbstverständnis in Frage stellen mussten. Allein ihre Titel, ihr Grundbesitz sowie ihre „gutsherrlichen Rechte" sollten nach der Konstitu-

schungen aus Württembergisch Franken 8), o. O. (Schwäbisch Hall) 1973, S. 121–175. – Adolf Eberlein, Bayerns Anteil an der Mediatisierung der Reichsritterschaft, Diss. phil. (masch.) München 1922, S. 58–145. – Hofmann (wie Anm. 5) S. 219–247.

10 Demel, Struktur (wie Anm. 3) S. 300. – Gert Kollmer, Die schwäbische Reichsritterschaft zwischen Westfälischem Frieden und Reichsdeputationshauptschluß. Untersuchungen zur wirtschaftlichen und sozialen Lage der Reichsritterschaft in den Ritterkantonen Neckar-Schwarzwald und Kocher (Schriften zur südwestdeutschen Landeskunde 17), Stuttgart 1979, passim.

11 RBl 1807, 193. – Montgelas-Denkwürdigkeiten, S. 104. – Hofmann (wie Anm. 5) S. 261–263. – Demel, Struktur (wie Anm. 3) S. 308–311. – Ders. (wie Anm. 7) S. 279–282.

12 Demel, Struktur (wie Anm. 3) S. 308–311. – Müller (wie Anm. 4) S. 533, 540, 591–593. – Hofmann (wie Anm. 5) S. 259 f., 270–275.

tion den Adligen verbleiben, wobei die Details auf dem Gesetzeswege geregelt werden sollten.[13]
Diese Regelungen erfolgten in den nächsten Jahren durch eine Reihe organischer Edikte, die als Anlagen der Konstitution Verfassungsrang hatten. Dazu gehörten zwei „Organische Geseze", die auf den 20. April 1808 datiert waren, mithin der Verfassungsurkunde zeitlich vorgriffen, aber erst im Januar 1809 publiziert wurden: Darin verfügte der König u.a. die Aufhebung der Edelmannsfreiheit, also jenes Rechts des 60. Freibriefes von 1557, das dem damals landständischen Adel Altbayerns die Niedergerichtsrechte über die so genannten einschichtigen Grundholden, die außerhalb seiner geschlossenen Hofmarken saßen, gesichert hatte und als Privileg im 18. Jahrhundert auch einzeln verliehen wurde. Dagegen sollte die zeitgleich angekündigte Aufhebung der so genannten Siegelmäßigkeit bis zur Bestätigung dieses Vorrechts in der Verfassung von 1818 nicht zum Vollzug kommen. Das altbayerische Rechtsinstitut der Siegelmäßigkeit gewährte seinen Inhabern den privilegierten Gerichtsstand, das Recht, amtliche Urkunden ausstellen zu dürfen, sowie weitere Vorzüge.[14] Umso ungerechter mochte manchem Adligen das „Organische Edikt die Gerichts-Verfassung betreffend" vom 24. Juli 1808 erscheinen: Dieses erst Ende August veröffentlichte Gesetz entzog sämtlichen Adligen – mit Ausnahme der Oberhäupter der standesherrlichen Familien „so wie jenen, welche Wir ihnen gleich zu stellen etwa für gut finden werden" – das privilegium fori und baute die adlige Niedergerichtsbarkeit in der Form so genannter Untergerichte provisorisch in die neu gegliederte Justizorganisation des Königreiches ein.[15]
Kurz zuvor, am 7. Juli 1808, hatte Max I. Joseph seine Unterschrift unter das „Edikt über die Lehen-Verhältnisse im Königreiche Baiern" gesetzt (vgl. Kat.Nr. 12.3 a–b). Dieses Anfang September desselben Jahres im Regierungsblatt veröffentlichte Gesetz gestaltete ein seit dem Frühmittelalter bestehendes und spezifisch adliges Rechtsinstitut von Grund auf um: Künftig sollten nur noch Thron- und Kanzleilehen als Mannlehen der Krone bestehen, die vom Monarchen selbst oder dem königlichen Lehenhof verliehen wurden. Die bestehenden adligen Lehen wurden auf diesem Wege „in die Staatsorganisation" eingegliedert oder mussten bis zum 1. Januar 1810 allodifiziert bzw. in alternative Leiheformen umgewandelt werden. Letzteres galt auch für die After- und Privatlehen, bei denen der grundbesitzende Adel bisher selbst als Lehensherr aufgetreten war. Für die ehemaligen Reichsritter und Standesherren bedeutete die Umwandlung der bis 1806 als Reichslehen geltenden Teile ihres Grundbesitzes eine weitere Einbuße an sozialem Prestige gegenüber dem stets landsässigen Adel. Auch stellte die Festschreibung des Königs als einzigem Lehensherrn einen Eingriff in althergebrachte Rechte dar. Andererseits waren die bei der Belehnung durch die Krone vom Vasallen zu entrichtenden Gebühren keineswegs so hoch, wie zeitgenössische Klagen oder die bisherige Forschung vermuten lassen. Zudem eröffnete das Lehensedikt dem Adel auch neue Möglichkeiten: Für die Adligen, die nun die Gelegenheit zur Allodifikation ihrer Lehen wahrnahmen, fiel der bisher notwendige Konsens des Lehensherrn bei Verkauf oder Kreditaufnahmen auf das Lehensgut

[13] Vortrag des Ministers des Inneren, Graf Thürheim, abgelesen in der Staatsratssitzung vom 28. Juni 1817 durch den Ministerialrat von Luz, BayHStA, StR 1955, fol. 3–54, hier fol. 5. – RBl 1808, 987, 994. – Montgelas-Denkwürdigkeiten, S. 69–76, 104 f. – Müller (wie Anm. 4) S. 540. – Hofmann (wie Anm. 5) S. 274–278, 322. – Demel, Struktur (wie Anm. 3) S. 312. – Die Heranziehung des Adels zu den Staatslasten wurde 1807 bis 1814 nur sukzessive und mit einer gewissen Rücksicht auf adlige Beschwerden und Interessen in die Tat umgesetzt, wobei die Standesherren eine eindeutige Bevorzugung genossen (Demel, Adelsstruktur (wie Anm. 3) S. 216. – Montgelas-Denkwürdigkeiten, S. 69, 113 sowie beispielsweise: RBl 1807, 206, 484, 971; RBl 1808, 1844, 2036; RBl 1811, 1521; RBl 1813, 513; RBl 1814, 81, 338).

[14] RBl 1809, 113. – Montgelas-Denkwürdigkeiten, S. 107 f., 115. – Hofmann (wie Anm. 5) S. 114 f., 280, 386 f. – Bernd Wunder, Privilegierung und Disziplinierung. Die Entstehung des Berufsbeamtentums in Bayern und Württemberg (1780–1825) (Studien zur modernen Geschichte 21), München-Wien 1978, S. 163–171. – Demel, Struktur (wie Anm. 3) S. 316, 337. – Ders. (wie Anm. 7) S. 285 f.

[15] Protokoll der Geheimen Staatskonferenz, München, 30. Juni 1808, BayHStA, StR 8. – RBl 1808, 1785. – Hofmann (wie Anm. 5) S. 285 f.

fort. Gleiches galt auch für die stets vorhandene Gefahr des Heimfalls der Mannlehen bei einer weiblichen Erbfolge.[16]

Deutlich weiter in der Beschneidung jahrhundertealter adliger Rechte ging das „Edikt über den Adel im Königreiche Baiern" vom 28. Juli 1808 (vgl. Kat.Nr. 12.4a–b), das Mitte September 1808 publiziert wurde: Darin statuierte die Regierung Montgelas die Aufhebung sämtlicher Fideikommisse und gab damit das Vermögen zahlreicher verschuldeter adliger Grundherren ihren Gläubigern preis. Allein den Standesherren und den wirtschaftlich potentesten adligen Grundbesitzern wurde zum Ersatz die Bildung von Majoraten gestattet sowie der privilegierte Gerichtsstand bestätigt. Zudem schrieb das Edikt die Überprüfung aller Adelstitel auf ihre Rechtmäßigkeit vor. Zu diesem Zweck führte das Reichsheroldenamt, das durch ein organisches Edikt vom 1. November 1808 konstituiert wurde, eine eigene Adelsmatrikel, in die sich jeder Adlige eintragen lassen musste. Der derart immatrikulierte Adel wurde in sechs – ab 1818 fünf – Adelsklassen eingeteilt, die von den Inhabern des Fürstentitels bis zu den „bloßen Adelichen mit dem Prädikate von" reichten. Jede Standeserhöhung und -bestätigung war forthin königlicher Kontrolle und Zustimmung unterworfen, wodurch der alt- und neubayerische Adel zu einem „staatlich konzessionierte[n]" herabgedrückt wurde. Zwar wurde nur eine – wenn auch nicht unbedeutende – Minderheit von etwa 8 % der Gesuche um Immatrikulation zwischen 1809 und 1825 abgelehnt, und die bei der Eintragung in die Adelsmatrikel erhobenen Taxen waren gering. Aber dennoch stellte der ganze Vorgang gerade gegenüber den altadligen Geschlechtern einen massiven Affront dar.[17] Am gleichen Tag, auf den das so genannte Adelsedikt vom 28. Juli datierte, wurde auch die Rechtsstellung der adligen Grundherren mit eigener Gerichtsbarkeit gemäß Titel I § V der Konstitution geregelt: Das Ende August 1808 publizierte „Organische Edikt über die gutsherrlichen Rechte" entzog den adligen Grundbesitzern, die künftig noch zur Bildung eines eigenen Gerichtsbezirks in der Lage waren, eine Reihe von obrigkeitlichen Befugnissen sowie verschiedene Einnahmequellen. Zudem postulierte das neue Gesetz die prinzipielle Ablösbarkeit aller Grundlasten auf den adligen Gütern – eine Bestimmung, die jedoch nur begrenzte Folgen haben konnte, da die Kolonen hierbei auf das Einverständnis ihrer „Gutsherren" angewiesen blieben. Zwar übten die adligen Gerichtsherren weiterhin verschiedene Kompetenzen bei der Sicherstellung der allgemeinen Ordnung und der Durchführung öffentlicher Aufgaben aus. Aber die den adligen „Gutsbesitzern" derart gelassenen Rechte stellten für die großen Hofmarksherren und noch mehr für ihre ehemals reichsunmittelbaren Standesgenossen nur einen schwachen Abglanz alter Rechte dar. Vor allem aber übten sie die ihnen belassenen Befugnisse nur noch unter der ausgedehnten Oberaufsicht der königlichen Behörden aus. Die adligen Gutsbesitzer mit ihren Gerichtsbezirken erinnerten auf diese Weise mehr an Träger staatlicher Unterbehörden, als an einen Stand, der bis vor kurzem seine Rechte kraft Geburt, jahrhundertealten Herkommens und Privilegien selbstbewusst wahrgenommen hatte.[18]

16 Protokoll der Geheimen Staatskonferenz, München, 7. Juli 1808, BayHStA, StR 8. – RBl 1808, 1893, 1932. – RBl 1809, 257 f. – Hofmann (wie Anm. 5) S. 280 f. – Die für den Adel positiven Perspektiven, die sich aus der Allodifikation der Lehen ergaben, werden in der Forschung nicht gesehen: Vgl. beispielsweise Demel, Struktur (wie Anm. 3) S. 312.

17 Protokolle zur Sitzung der Geheimen Staatskonferenz, München, 7. und 28. Juli 1808, BayHStA, StR 8. – RBl 1808, 2029, 2629. – RBl 1809, 49. – RBl 1812, 921. – Lang (wie Anm. 4) Bd. 2, S. 175–178. – Montgelas-Denkwürdigkeiten, S. 108, 113–115. – Hofmann (wie Anm. 5) S. 278–280, 388. – Müller (wie Anm. 4) S. 537–544, 568–593. – Demel, Struktur (wie Anm. 3) S. 312–317, 324 f. – Ders., Adelsstruktur (wie Anm. 3) S. 213 f. – Gollwitzer (wie Anm. 7) S. 62. – Vgl. auch RBl 1813, 868.

18 Protokoll der Geheimen Staatskonferenz, München, 16. Juli 1808, BayHStA, StR 8. – RBl 1808, 1833. – Montgelas-Denkwürdigkeiten, S. 106. – Hofmann (wie Anm. 5) S. 281–285.

Einen vorläufigen Abschluss fand der Einbau der Gerichtsbarkeit des Adels auf seinen Grundherrschaften in die staatliche Justiz- und Verwaltungsorganisation mit dem „Organische[n] Edikt über die Patrimonial-Gerichtsbarkeit" vom 8. September 1808, das keine drei Wochen später im Regierungsblatt bekannt gemacht wurde. Abgesehen von den Standesherren durften künftig nur noch diejenigen adligen Grundherren ein Patrimonialgericht [mittlerer Ordnung] unterhalten, wenn schon zuvor ein solches vor Ort bestanden hatte. Zudem mussten die betroffenen Adligen eine Mindestanzahl von gerichtssässigen Familien nachweisen, die in einem geschlossenen Bezirk und in nicht zu großer Entfernung zum Gerichtssitz lebten. Ein Entgegenkommen der Regierung Montgelas stellte dabei die Erlaubnis dar, dass die adligen Grundherrn zur Formierung ihrer Patrimonialgerichte abgelegene Gerichtsholden untereinander oder mit der Krone vertauschen sowie von nichtstaatlichen Gerichtsinhabern käuflich erwerben durften. Zwar entstanden einerseits durch die verschärften Vorschriften über das Tätigkeitsfeld und die Qualifikation der Patrimonialrichter für die adligen Gerichtshalter neue Unkosten. Aber auf der anderen Seite beließ München den adligen Gerichtsherren die nicht streitige zivile Gerichtsbarkeit, die im Gegensatz zur streitigen Zivil- und Strafgerichtsbarkeit auch finanzielle Vorteile bot. In dieselbe Richtung zielte die Bestimmung, dass die adligen Gerichtsherren „ihre liquiden Gerichts- und Grund-Gefälle und andere unbestrittene gutsherrliche Prästationen" selbst eintreiben durften.[19]

[19] Protokolle der Geheimen Staatskonferenz, München, 30. Juni und 28. Juli 1808, BayHStA, StR 8. – Vortrag des Ministers des Inneren, Graf Thürheim, abgelesen in der Staatsratssitzung vom 28. Juni 1817 durch den Ministerialrat von Luz, BayHStA, StR 1955, fol. 3–54, hier fol. 5–7. – RBl 1808, 2245. – Montgelas-Denkwürdigkeiten, S. 106 f. – Hofmann (wie Anm. 5) S. 286–289. – Demel, Struktur (wie Anm. 3) S. 317. – Ders., Adelsstruktur (wie Anm. 3) S. 221. – Ders. (wie Anm. 7) S. 293–298.

Die konservative Wende der Adelspolitik

Da die angestrebte Einführung eines neuen bayerischen Zivilgesetzbuches auf der Basis des antifeudalen Code Napoléon scheiterte, wurden in den nächsten Jahren nur geringere Modifikationen an der 1808 geschaffenen Rechtsstellung des bayerischen Adels vorgenommen. In ihrem letzten Jahrfünft kam die Regierung Montgelas sogar verstärkt den adligen Ansprüchen und Interessen entgegen: Manche Äußerung des 1809 zum Grafen erhobenen sowie zum Großgrundbesitzer aufgestiegenen Montgelas legt nahe, dass diese konservative Wende seiner Adelspolitik auch mit einem Wandel seiner persönlichen Einstellung zum Adel einherging. Sicher beweisen lässt sich eine solche Hypothese jedoch nicht. Ausschlaggebender dürfte dagegen ein ganzes Konglomerat von innen- und außenpolitischen Motiven gewesen sein: Zu ersteren gehörte die prekäre finanzielle Lage des Königreichs und die Formierung einer starken adligen Opposition gegen den leitenden Minister in der Spitze der Staatsverwaltung. Hinzu kam die Rolle König Max I. Josephs als Garant eines gewissen Mindestmaßes adliger Vorrechte, wodurch auch manche Härten der neuen Adelsgesetzgebung abgefedert wurden (vgl. Kat.Nr. 12.9 a–d). Außenpolitisch war der von Frankreich ausgehende Reformdruck weitgehend geschwunden, wo mit der Ehrenlegion sowie der noblesse impériale und dem Majoratsadel eine neue Aristokratie geschaffen wurde. Seit dem Bündniswechsel durch den Vertrag von Ried (8. Oktober 1813) stand Bayern zudem im Lager Preußens, Österreichs und Rußlands, weshalb eine fortgesetzte antifeudale Politik nur wenig ratsam war.[20]

[20] Demel, Adelsstruktur (wie Anm. 3) S. 217–221. – Elisabeth Fehrenbach, Der Kampf um die Einführung des Code Napoléon in den Rheinbundstaaten (Institut für Europäische Geschichte Mainz – Vorträge 56), Wiesbaden 1973, S. 5–25, 45–51. – Dies., Traditionelle Gesellschaft und revolutionäres Recht. Die Einführung des Code Napoléon in den Rheinbundstaaten (Kritische Studien zur Geschichtswissenschaft 13), Göttingen 1974, S. 9–63, 134–147. – Hofmann (wie Anm. 5) S. 270 f., 278 f., 291, 300, 313–316, 322. – Weis, Montgelas Bd. 2, S. 531–540, 550–553.

Noch Anfang September 1810 hatte Montgelas über die Lage seiner weniger vermögenden Standesgenossen geurteilt: „Auch könne der arme Adel in Zukunft sich nicht mehr erhalten, da alle Mittel hiezu[,] alle bestandene[n] Institute aufgehört, und selbst bei dem Willen des Regenten, sie erhalten zu wollen, wegen dem unerschwinglichen Bedürfniße aller Staaten aufhören müßten".[21] Aber ein gutes Jahr später schien für manchen Adligen Abhilfe in Aussicht. Das Edikt vom 22. Dezember 1811, veröffentlicht am 1. Januar 1812, revidierte einen Teil der auf Kosten des Adels und mit Verfassungsrang erlassenen Reformgesetze aus dem Jahre 1808. Die aus dem Edikt über den Adel im Königreiche Bayern ableitbare, ersatzlose Aufhebung der Fideikommisse der Standesherren, der von mehreren Zweigen eines Adelsgeschlechts besessenen, so genannten umgehenden Aktivlehen sowie der als Fideikommisse bezeichneten adligen Stiftungen zur Unterstützung einzelner Familienmitglieder wurde zum Missverständnis erklärt und faktisch widerrufen. Zugleich senkte das neue Edikt die 1808 festgesetzten Anforderungen zur Errichtung des allein dem grundbesitzenden Adel vorbehaltenen Rechtsinstituts des Majorats. Diese Modifikationen kamen den wirtschaftlichen Interessen des begüterten Adels entgegen.[22] Zur Schaffung von Rechtssicherheit trugen sie aber nicht zwingend bei. Die Flut der von München im Jahre 1808 beschlossenen organischen Edikte über den Adel war nämlich keineswegs immer juristisch eindeutig.[23]

Von der Forschung weitgehend unbeachtet, aber von kaum zu unterschätzender Bedeutung waren die Bestimmungen zu Beginn des zweiten Titels des Majoratsedikts vom 22. Dezember 1811. Darin wurden den adligen Majoratsbesitzern nicht nur eine drastische Ausweitung ihrer judikativen Befugnisse versprochen und weitere Vorzüge nach dem Vorbild der Standesherren in Aussicht gestellt. Vor allem interpretierte das Edikt die auf dem Grundbesitz fußende Wahlfähigkeit des Majoratsadels zu den in der Konstitution von 1808 vorgesehenen Repräsentativkörperschaften im geburtsständischen Sinne um. In den Kreisdeputationen sowie der geplanten Nationalrepräsentation wurden den Majoratsbesitzern, „als geborne[n] Mitglieder[n]" dieser Gremien, zusammen mit den Inhabern der königlichen Kanzleilehen „die mindere Hälfte" aller Sitze garantiert. In die allgemeinen Kreisversammlungen sollten sogar alle Majoratsherren aufgenommen werden. Angesichts der Grundbesitzverhältnisse in Bayern bedeuteten diese Garantien in der Realität des Jahres 1811/12 sicher keinen Verfassungsumsturz auf kaltem

21 Protokoll zur Sitzung des Geheimen Rats, München, 6. September 1810, BayHStA, StR 191, S. 1–32, hier S. 17 f.

22 RBl 1812, 5, 45, 54. – Montgelas-Denkwürdigkeiten, S. 108 f. – Demel, Struktur (wie Anm. 3) S. 325. – Hofmann (wie Anm. 5) S. 300 f. – Vgl. zur Neukonzeption der Majoratsgesetzgebung auch den Einleitungsvortrag von Krenner dem Älteren, München, 29. Juli 1810, BayHStA, NL Montgelas 272, fol. 1–21.

23 Die Forschung hat bisher dem Umstand nicht Rechnung getragen, dass die organischen Edikte über das Lehenswesen vom 7. Juli 1808, den Adel vom 28. Juli 1808 sowie die Fideikommisse und Majorate vom 22. Dezember 1811 in ihrer Widersprüchlichkeit zu rechtlichen Auseinandersetzungen unter den betroffenen Adligen führen konnten. Ein besonders interessantes Beispiel hierfür stellt der Streit zwischen den Linien Seefeld und Jettenbach des Hauses Törring um die rechtliche Beschaffenheit sowie die daraus fließenden Nutzungs- und Besitzrechte ihrer so genannten umgehenden Aktiv-Mann-Lehen in den Grenzen Bayerns vor dem Anfall Salzburgs dar. Bei letzteren handelte es sich um Güter, mit deren Obereigentum die männlichen Mitglieder des Gesamthauses Törring zwar gemeinsam belehnt waren, deren Nutzung bzw. deren realer Besitz im Untereigentum jedoch dem Oberhaupt der Linie Törring-Seefeld, Graf Anton Klement, als so genannten Geschlechtsältesten vorbehalten war. Dieser hatte in Folge der Edikte von 1808 die umgehenden Aktivlehen als allodifiziert angesehen und sie als sein frei verfügbares Privateigentum an seinen Sohn Clement übertragen. Zugleich hatte Graf Anton Klement dabei die fideikommissarischen Sukzessions- und Besitzansprüche der Linie Törring-Jettenbach an den umgehenden Aktivlehen einfach übergangen (Gutachten des Advokaten Schön, München, 15. Februar und 1. März 1812, StAM, Toerring-Seefeld, Archiv II: Nr. 228. – Gutachten des kgl. Advokaten Dr. Müller, München, 24. Februar 1812, ebd. – Vgl. RBl 1812, 9). – Zu den sich aus den Organischen Edikten ergebenden Unklarheiten vgl. auch den Vortrag im Geheimen Rat über Anfragen des Grafen von Törring-Guttenzell zum Edikt über die Patrimonialgerichtsbarkeit vom 8. September 1808, München, 1810, BayHStA, NL Montgelas 151, S. 1–83.

Wege zugunsten des besonders begüterten Adels. Aber von einer äußerst fragwürdigen Uminterpretation des Verfassungstextes durch die Krone, die künftige Änderungen in den Besitzstrukturen bewusst überging, wird man dennoch sprechen müssen.[24]

Die zweite große Maßnahme, mit der der 1808 geschaffene status quo zugunsten des Adels modifiziert wurde, stellte das „Organische Edikt über die gutsherrliche Gerichtsbarkeit“ vom 16. August 1812 dar, das einen knappen Monat später im Regierungsblatt erschien. Zwar betonte der erste Paragraph des ersten Titels dieses neuen Verfassungszusatzes, dass alle grundherrlichen Jurisdiktionsbefugnisse „nur von der Quelle aller Gerichtsbarkeit im Reiche, dem Souverän, ausgehen“ würden. Aber dies hinderte die Regierung Montgelas nicht daran, wenige Paragraphen später staatliche Hoheitsrechte an die Grundherren zu verschleudern, damit diese die erforderliche Anzahl an Gerichtsholden zur Bildung der neugeschaffenen Orts- und Herrschaftsgerichte erreichen konnten. Künftig bot die Krone zu diesem Zweck nicht nur, wie bisher, den Tausch, sondern auch die Belehnung mit unmittelbar königlichen Gerichtsuntertanen an. Zudem erhielten nicht nur die den Standesherren vorbehaltenen Herrschaftsgerichte I. Klasse, sondern auch die den Kronvasallen und Majoratsbesitzern zugewiesenen der II. Klasse deutlich mehr jurisdiktionelle Kompetenzen, als das organische Edikt über die gutsherrlichen Rechte vom 28. Juli 1808 vorgesehen hatte. Die Neureglungen von 1812, von denen Montgelas selbst profitierte (vgl. Kat.Nr. 12.5), brachten vor allem dem vermögenden Adel Vorteile. Zugleich verstärkten sie die in der Gesetzgebung vom 8. September 1808 angelegte Begünstigung eines regelrechten Handels mit Gerichtsrechten – ein Missstand, der durch die verstärkte Veräußerung der Gerichtsholden der Stiftungen ab 1813 noch gravierender wurde (vgl. Kat.Nr. 12.8a–b).[25]

Fast am Ende der Gesetzgebung über den Adel, die als Folge der Konstitution von 1808 verwirklicht wurde, steht der Nachtrag zum Adelsedikt von 1808, durch den König am 23. Dezember 1812 unterzeichnet und zwei Wochen später publiziert.[26] Die Forschung hat betont, dass den bürgerlichen Trägern des 1806 bzw. 1808 ins Leben gerufenen Militär-Max-Joseph-Ordens und des Zivilverdienstordens der bayerischen Krone nicht automatisch der persönliche Adel verliehen wurde.[27] Jedoch konnten sie sowohl ein Wappen führen, als auch den Titel eines Ritters, wenn sie in die Ritterklasse der Orden eingereiht worden waren.[28] Das Edikt vom 23. Dezember gewährte nun eben diesen Ordensträgern generell die persönliche Nobilitierung sowie die eingeschränkte Erblichkeit ihres neuen Ranges – ein Vorzug, der nach dem Sturz Montgelas' im Oktober 1817 wieder aufgehoben wurde (vgl. Kat.Nr. 12.6 und 12.7). Dieser „Transmissionsadel“ – nach seinem Erfinder auch „Langische[r]“ Adel genannt – verstieß als eine allein am Leistungsprinzip orientierte Nobilitierung im Erbgang zweifellos gegen altadliges Exklusivitätsdenken. Aber sie entsprach den grundsätzlichen Vorstellungen zahlreicher bayerischer Spitzenbeamter der Reformzeit sowie der verstärkten bürokratischen Durchdringung von Staat und Gesellschaft. Umgekehrt zeigte das Edikt, dass die Nobilitie-

24 RBl 1812, 36. – Montgelas-Denkwürdigkeiten, S. 109. – Zum marginalen Forschungsstand hierzu vgl. Hofmann (wie Anm. 5) S. 301.

25 Vortrag des Ministers des Inneren, Graf Thürheim, abgelesen in der Staatsratssitzung vom 28. Juni 1817 durch den Ministerialrat von Luz, BayHStA, StR 1955, fol. 3–54, hier fol. 3–17. – RBl 1812, 1505, 1523 f., 1556. – Montgelas-Denkwürdigkeiten, S. 111 f. – Hofmann (wie Anm. 5) S. 287 f., 296, 302–305, 311–320, 406. – Demel, Struktur (wie Anm. 3) S. 317, 325. – Ders., Adelsstruktur (wie Anm. 3) S. 221 f. – Ders. (wie Anm. 7) S. 294.

26 RBl 1813, 5.

27 RBl 1807, 241 f. – RBl 1808, 1033. – Müller (wie Anm. 4) S. 551. – Wunder (wie Anm. 14) S. 190–194.

28 Schreiben von Karl Heinrich von Lang an König Max I. Joseph (ca. Januar 1813) und Original des Antrags von Montgelas an König Max I. Joseph, München, 23. Dezember 1813, fol. 5 f. bzw. fol. 7, BayHStA, Adelsmatrikel Nr. Ri L 2.

rung sowie die Vererbung des Adelstitels mehr als fünf Jahre nach der Konstitution von 1808 eine ungebrochene Anziehungskraft auf Aufsteiger aus dem Bürgertum ausübte[29].

Vor dem Hintergrund einer gewandelten innen- und außenpolitischen Lage brachte die Verfassung vom 26. Mai 1818 mit ihren Beilagen IV bis VIII eine weitere Stabilisierung adliger Vorrechte sowie eine partielle Reprivilegierung. Die rechtliche Unifizierung sowie der Einbau des alt- und neubayerischen Adels in das Königreich war jedoch bereits in Folge der Konstitution von 1808 weitgehend erreicht worden[30]. Die Härten der Adelspolitik Montgelas' wurden nach dem Sturz des fast allmächtigen Ministers nicht einfach vergessen (vgl. Kat. Nr. 12.10).

Bei den jahrzehntelangen Auseinandersetzungen am Deutschen Bundestag um die Rechtsstellung des bis 1805/06 reichsunmittelbaren Adels, insbesondere der Standesherrn, stand Bayern nicht im Zentrum.[31] Durch die Revolution von 1848/49 verlor der bayerische Adel seine grund- und gerichtsherrlichen Prärogativen sowie seine politischen Vorzüge in der Kammer der Abgeordneten. Die letzten Sonderrechte der bayerischen Adligen begruben die Umwälzungen von 1918/19 unter sich.[32]

29 Von Montgelas abgezeichneter Entwurf von Karl Heinrich von Lang für den Nachtrag zum Adelsedikt, München, 23. Dezember 1812, BayHStA, Heroldenamt Akten 127, fol. 8 f. – Antrag Langs, München, 30. November 1812, BayHStA, Heroldenamt Akten 138, fol. 1–4. – Original und Entwurf des Antrags von Montgelas an König Max I. Joseph, München, 23. Dezember 1813, ebd., fol. 5 f. bzw. fol. 7 f. – RBl 1813, 6. – Lang (wie Anm. 4) Bd. 2, S. 186–188. – Demel, Struktur (wie Anm. 3) S. 334–336, 341. – Ders., Adelsstruktur (wie Anm. 3) S. 218–224. – Müller (wie Anm. 4) S. 551 f. – Hofmann (wie Anm. 5) S. 370, 471–473.

30 Hofmann (wie Anm. 5) S. 321–328, 344–366, 378–407. – Vgl. die kommentierten Texte der Verfassung von 1818 und ihrer Beilagen IV bis VIII in Karl Weber, Neue Gesetz- und Verordnungen-Sammlung für das Königreich Bayern mit Einschluß der Reichsgesetzgebung. Enthaltend die auf dem Gebiete der Verfassung und Verwaltung geltenden oder die Interessen des Staatsbürgers betreffenden Gesetze, Verordnungen und sonstigen Bestimmungen, zusammengestellt und mit Anmerkungen versehen, Bd. 1, Nördlingen 1880, Nr. 373, S. 578–597; Nr. 377, S. 615–626; Nr. 378, S. 626–629; Nr. 379, S. 630–649; Nr. 380, S. 649–667; Nr. 381, S. 667–669.

31 Gollwitzer (wie Anm. 7) S. 21, 53–58, 116–124, 130–132. – Hofmann (wie Anm. 5) S. 338–343. – Zu erwähnen ist beispielsweise die Beschwerde des Grafen zu Erbach-Erbach-Wartenberg gegen die bayerische Regierung wegen seiner durch die Gesetze vom 4. Juni 1848 aufgehobenen grund- und gerichtsherrlichen Rechte, die in den 1860ern die Bundesversammlung in Frankfurt beschäftigte (Bay HStA, Gesandtschaft Bundestag 144, passim, insbes. „Beschwerdeschrift des Grafen zu Erbach-Erbach-Wartenberg, die Rückgabe entzogenen Eigenthums, beziehungsweise die Entschädigung für die durch die Königlich Bayerischen Gesetze vom 4. Juni 1848 über die Aufhebung der standes- und gutsherrlichen Gerichtsbarkeit, dann Aufhebung, Fixirung und Ablösung der Grundlasten sowie die Aufhebung des Jagdrechts erlittenen Verluste betreffend. Mit Anlagen A. bis P., Erbach im Odw. 1860", S. 3–39, ebd.).

32 Demel, Struktur (wie Anm. 3) S. 316–319, 325–328, 339 f. – Gollwitzer (wie Anm. 7) S. 33–35, 54. – Hofmann (wie Anm. 5) S. 488–500. – Schon König Ludwig I. hatte die Zurückdrängung und schließlich die Ablösung adliger Gerichtsrechte vor der Revolution massiv vorangetrieben (Demel, Struktur (wie Anm. 3) S. 318–320. – Hofmann (wie Anm. 5) S. 444–461).

12.1 Die Mediatisierung der Reichsritterschaft

1807 Juni 22, Oberzenn; 1807 Juni 26, Ansbach; 1807 Juni 30, Stuttgart
Treuegelöbnis der Freiherren von Seckendorff für den bayerischen König.

Bei den Verhandlungen über die territoriale Neuordnung des Alten Reichs, die 1802/03 in Regensburg sowie Paris stattfanden und in den Reichsdeputationshauptschluss vom 25. Februar 1803 mündeten, hatte sich die Regierung Montgelas vergeblich für die Mediatisierung der Reichsritterschaft eingesetzt. Daher versuchte München im Alleingang seit Ende 1802 vor allem diejenigen Reichsritter unter seine Landeshoheit zu zwingen, die an seine neuen Entschädigungslande in Franken grenzten. Ein dauerhafter und durchschlagender Erfolg blieb der Mediatisierungspolitik der Regierung Montgelas jedoch versagt. Erst der Sieg der französischen Waffen im Dritten Koalitionskrieg über Österreich, der kaiserlichen Schutzmacht des so genannte corpus equestre, besiegelte die Mediatisierung der Bayern benachbarten Reichsritterschaft im Winter 1805/06.
Die Deklaration vom 31. Dezember 1806, die die Rechtsstellung der ehemaligen Reichsritter im Königreich regelte, verzichtete zwar vorerst auf eine direkte Eidesleistung der Unterworfenen auf König Max Joseph. Aber dafür verlangte sie die Unterzeichnung einer standardisierten „Subjektions-Urkunde", in der die einstigen Rittergenossen ihrem neuen Landesherrn Treue geloben mussten. Dies galt auch für eines der bedeutendsten Geschlechter des ehemaligen fränkischen Ritterkreises, die Freiherrn von Seckendorff. Die Subjektionsurkunde für ihr Rittergut Oberzenn trägt u.a. die Unterschrift des württembergischen Staatsministers Johann Carl Christoph von Seckendorff.

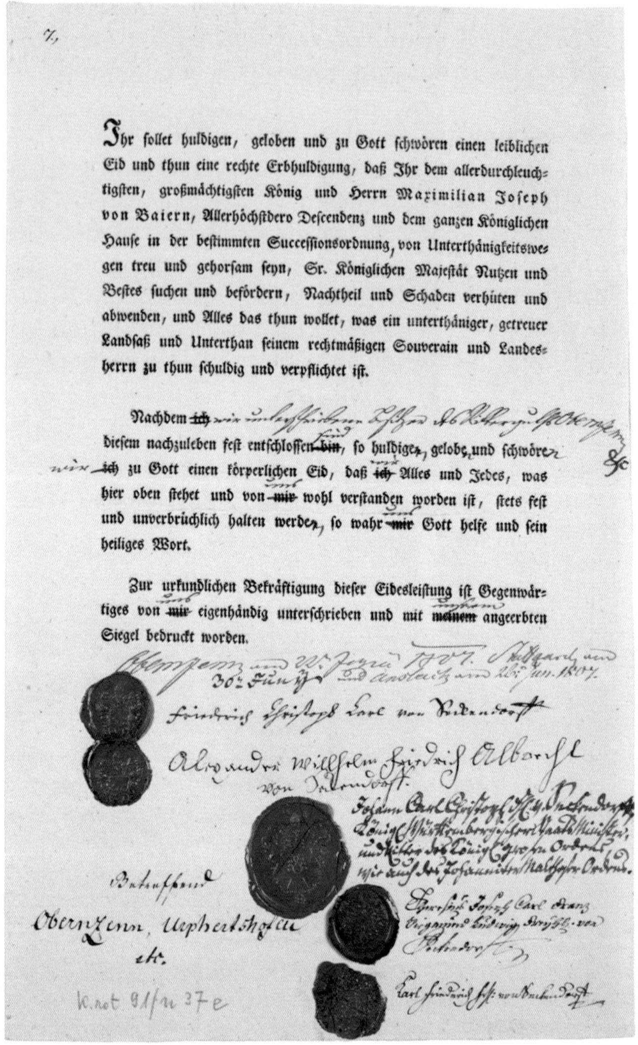
Ihr sollet huldigen, geloben und zu Gott schwören einen leiblichen Eid und thun eine rechte Erbhuldigung, daß Ihr dem allerdurchleuchtigsten, großmächtigsten König und Herrn Maximilian Joseph von Baiern, Allerhöchstdero Descendenz und dem ganzen Königlichen Hause in der bestimmten Successionsordnung, von Unterthänigkeitswegen treu und gehorsam seyn, Sr. Königlichen Majestät Nutzen und Bestes suchen und befördern, Nachtheil und Schaden verhüten und abwenden, und Alles das thun wollet, was ein unterthäniger, getreuer Landsaß und Unterthan seinem rechtmäßigen Souverain und Landesherrn zu thun schuldig und verpflichtet ist.

Nachdem ~~ich~~ wir ... diesem nachzuleben fest entschlossen ~~bin~~ sind, so huldigen, geloben und schwören wir ~~ich~~ zu Gott einen körperlichen Eid, daß ~~ich~~ wir Alles und Jedes, was hier oben stehet und von ~~mir~~ uns wohl verstanden worden ist, stets fest und unverbrüchlich halten werden, so wahr ~~mir~~ uns Gott helfe und sein heiliges Wort.

Zur urkundlichen Bekräftigung dieser Eidesleistung ist Gegenwärtiges von ~~mir~~ uns eigenhändig unterschrieben und mit ~~meinem~~ unserem angeerbten Siegel bedruckt worden.

Friedrich Christoph Carl von Seckendorff

Oberzenn, Urphertshofen etc.

12.1

Subjektionsurkunde, Druck, 1 Bl., 34,1 x 21 cm, Unterschriften und Lacksiegel von Friederich Christoph Carl Freiherr von Seckendorff, Alexander Wilhelm Friedrich Albrecht Freiherr von Seckendorff, Johann Carl Christoph Freiherr von Seckendorff, Christoph Joseph Carl Franz Siegmund Ludwig Freiherr von Seckendorff und Karl Friederich Freiherr von Seckendorff.

Bayerisches Hauptstaatsarchiv, Bayern Urkunden 1433.

Literatur: RBl 1807, 193. – Ludwig Graf von Montgelas (Hrsg.), Denkwürdigkeiten des bayerischen Staatsministers Maximilian Grafen von Montgelas (1799–1817). Im Auszug aus dem französischen Original übersetzt von Max Freiherrn von Freyberg-Eisenberg, Stuttgart 1887, S. 66–84, 115–122. – Heinrich Müller, Der letzte Kampf der Reichsritterschaft um ihre Selbstständigkeit (1790–1815) (Historische Studien 77), Berlin 1910, ND Vaduz 1965, S. 111–198. – Adolf Eberlein, Bayerns Anteil an der Mediatisierung der Reichsritterschaft, Diss. phil. (masch.) München 1922, S. 58–145.

12.2 Die Eingliederung der mediatisierten Fürsten und Grafen in das Königreich

1807, München
Verordnung von König Max Joseph über die künftige Rechtsstellung der Standesherren.

Durch die Rheinbundakte vom 12. Juni 1806 erhielt das Königreich Bayern nicht nur die Souveränität über eine Reihe bisher reichsunmittelbarer sowie am Kreis- und Reichstag vertretener weltlicher Grafen und Fürsten zugeschlagen. Zugleich umriss das Vertragswerk (Art. 25–28) den rechtlichen Rahmen für die künftige Stellung dieser so genannten Standesherren in den Rheinbundstaaten. Die mediatisierten Fürsten und Grafen sollten als Souveränitätsrechte allein ihre landesherrlichen Gerechtsame im Bereich der Gesetzgebung, der letztinstanzlichen Gerichtsbarkeit, der Oberpolizei sowie der Militär- und Steuerhoheit verlieren. Im Gegenzug garantierte die Rheinbundakte den Standesherren ihre sonstigen „droits seigneuriaux et féodaux", die niedere sowie mittlere Kriminal- und Zivilgerichtsbarkeit, einen privilegierten Gerichtsstand vor Ebenbürtigen in peinlichen Sachen, ferner Einnahmen, Jurisdiktions- und Polizeibefugnisse im Bereich des Forstwesens, der Jagd, der Fischerei, dem Bergwerks- und Hüttenwesen, dem Kirchenpatronat, der Zehenten usw. Auch ihre Domänen sollten den mediatisierten Fürsten und Grafen als Privateigentum verbleiben.

Vor diesem Hintergrund hielt Georg Friedrich von Zentner (vgl. Kat.Nr. 12.3b) als Referendär im Ministerialdepartement der Auswärtigen Angelegenheiten am 7. Februar 1807 einen Vortrag über die standesherrlichen Angelegenheiten und unterbreitete dabei einen detaillierten Entwurf über die künftige Rechtsstellung der mediatisierten Fürsten und Grafen im Königreich Bayern (MA 74124, v.a. fol. 63–79). Dieser wurde modifiziert und als königliche Deklaration vom 19. März 1807 in Kraft gesetzt. Zwar betonte das neue Gesetz, dass die Rechtsstellung der Standesherren derjenigen „der ersten Klasse des Adels in Unserem Königreiche" entsprechen solle. Aber die einzelnen Bestimmungen stellten die mediatisierten Fürsten und Grafen deutlich schlechter, als es der Inhalt der Rheinbundakte erwarten ließ. Vor allem das Recht, so genannte Mediat-Konsistorien und Justizkanzleien als mittlere Gerichtsinstanzen zu unterhalten, sowie ein mit besonders weitreichenden Vorzügen versehener, privilegierter Gerichtstand für die Familienhäupter erhob die Standesherren auch künftig über den grundbesitzenden niederen Adel des Königreichs. Doch selbst die in der Deklaration vom 19. März festgesetzten Vorrechte der Standsherren erwiesen sich als antastbar. Die Gesetze und organischen Edikte der folgenden Jahre führten gerade in den besonders sensiblen Bereichen des Fideikommisswesens sowie der Jurisdiktionsbefugnisse zu einer zwischenzeitlichen Verschlechterung der Rechtsstellung der mediatisierten Fürsten und Grafen. Dennoch war die Politik des Königreichs Bayern gegenüber den einstigen Regentenfamilien deutlich entgegenkommender als im Großherzogtum Baden und im Königreich Württemberg, das Heinz Gollwitzer nicht zu Unrecht als „Purgatorium der Standesherren" bezeichnet hat. Die bayerische Deklaration vom 19. März 1807 wurde sogar dem Artikel 14 der Deutschen Bundesakte von 1815 „als subsidäre Norm" zur Regelung der Rechtsverhältnisse der Standesherren in allen deutschen Staaten beigelegt.

Königliche allerhöchste Verordnungen. Die der königlichen Souveränität unterworfene Ritterschaft und ihre Hintersassen, dann die künftigen Verhältnisse der der königlichen Souveränität unterworfenen Fürsten, Grafen und Herren zu den verschiedenen Zweigen der Staatsgewalt betreffend, München 1807, deutsch und französisch, Druck, 49 S., 34 x 22,4 cm.

Bayerisches Hauptstaatsarchiv, MA 74124, fol. 224/236–248.

Druck: RBl 1807, 465.

Literatur: Montgelas-Denkwürdigkeiten, S. 104, 112–116. – Hanns Hubert Hofmann, Adlige Herrschaft und souveräner Staat. Studien über Staat und Gesellschaft in Franken und Bayern im 18. und 19. Jahrhundert (Studien zur Bayerischen Verfassungs- und Sozialgeschichte 2), München 1962, S. 262–269, 279–307, 330–339, 380. – Heinz Gollwitzer, Die Standesherren. Die politische und gesellschaftliche Stellung der Mediatisierten 1815–1918. Ein Beitrag zur deutschen Sozialgeschichte, 2. Aufl. Göttingen 1964, S. 20–31, 53–59, 351. – Walter Demel, Struktur und Entwicklung des bayerischen Adels von der Mitte des 18. Jahrhunderts bis zur Reichsgründung. In: ZBLG 61 (1998) S. 295–345, hier S. 309–311.

12.3 Zwischen mittelalterlicher Tradition und Modifikation: das neugestaltete Lehenswesen

a) 1815 Mai 20, München
Das Ministerium der auswärtigen Angelegenheiten weist Freiherrn von Lerchenfeld auf Egglkofen an, sich mit seinem Gut neu belehnen zu lassen und eine Beschreibung zu dessen Allodifikation vorzulegen.

b) 1822 Januar 3, München
Lehensurkunde von König Max Joseph für Staatsminister Georg Friedrich von Zentner über das Mannritterlehen Fuchsmühl.

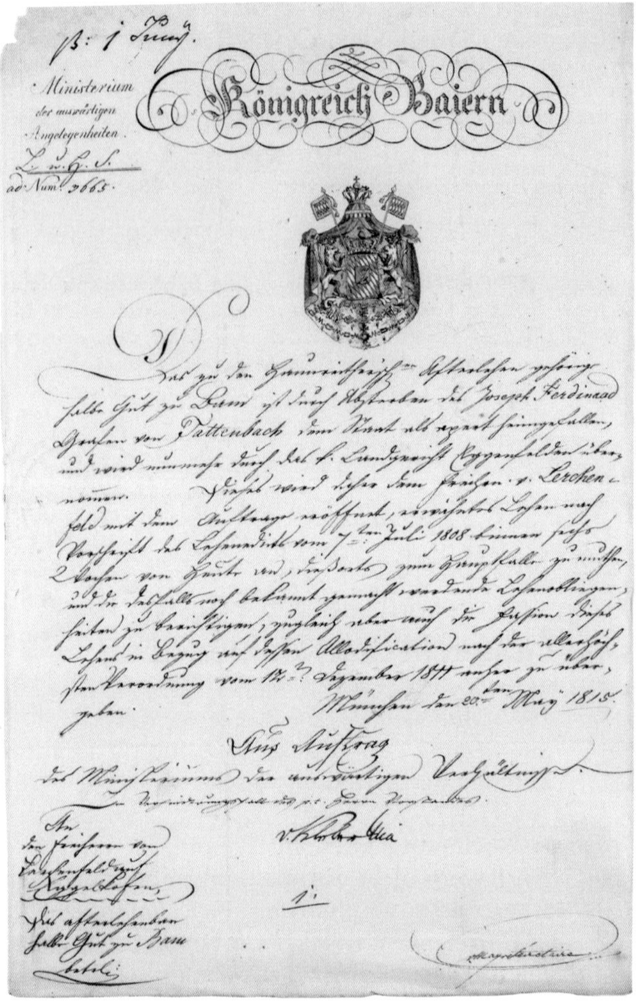

12.3a

Wir Maximilian Joseph von Gottes Gnaden König von Baiern x x.

Urkunden und bekennen hiermit in Kraft dieses Lehenbriefes. Nachdem Wir Uns unterm 29ten November im Jahre 1821 allergnädigst bewogen gefunden haben, Unserem Staats-Minister, Reichs-Rath, und General-Direktor des Staats-Ministeriums des Innern, dann lieben und getreuen Mannen, dem Friderich Freiherrn von Zentner, Großkreuz Unseres Civil-Verdienst-Ordens, Großkreuz des kaiserl: königl: oesterreichischen Leopolds-Ordens, dann des königlich preußischen rothen Adler-Ordens erster Klasse, und Großkreuz des Großherzoglich Hessischen Hausordens, – statt der Lehen Schönau Eckenhaid, Marquardsburg, und Reibersried, welche Wir demselben durch das Reskript vom 20ten Mai des Jahres 1820 zur Belohnung seiner ausgezeichneten Verdienste insbesondere bei Gelegenheit seiner Sendung nach Wien zugedacht haben, – das Uns heimgefallene Lehen Fuchsmühl im Rentamte Waldsassen im Obermainkreise, sammt allen Zubehörden im ganzen Umfange, in welchem es von dem lezten Vasallen, dem Freiherrn von Froschheim besessen worden ist, und wie es in derjenigen Spezifikazion, welche Unserem Vasallen noch ausgehändiget werden wird, näher enthalten sein wird, für ihn, und seine männlichen ehelichen Nachkommen, und in Ermanglung derselben für die ehelichen männlichen Nachkommen seiner Tochter, nun verehelichten Ringel, oder, falls auch diese keine ehelichen männlichen Nachkommen hinterlassen würde, den ehelichen männlichen Nachkommen der ältesten Tochter derselben zum Mannlehen nach der gesetzlichen Lehenfolge taxfrei, und frei von allen Schulden, mit Ausnahme der Alimentation, welche allenfalls nach § 163 und 164 des Lehenediktes auf dem Lehen haften würde, zum Zeichen Unserer königlichen Huld, und zur Belohnung für seine ausgezeichneten Verdienste um Thron und Vaterland, insbesondere für die großen Dienste, welche er Uns bei der jüngsten ihm anvertrauten wichtigen Sendung in Wien geleistet hat, allergnädigst zu verleihen; – So haben Wir demselben gegen Erholung des gewöhnlichen Lehen-Reverses heute für ihn selbst, und seine männlichen ehelichen Nachkommen, und in Ermanglung derselben für die ehelichen männlichen Nachkommen seiner Tochter, nun verehelichten Ringel, oder falls auch diese keine ehelichen männlichen Nachkommen hinterlassen würde, den ehelichen männlichen Nachkommen der ältesten Tochter derselben bei Unserem Obersten Reichslehenhofe des Staats-Ministeriums der Finanzen die Belehnung allergnädigst ertheilt. Derselbe hat daher mit Ablegung des gebührenden Leheneides durch seinen mit besonderer Vollmacht versehenen Anwalt Unserem Kämmerer und Ministerial-Rath im Unserem Staats-Ministerium des Innern Karl Freiherrn von [illegible], folgendes Mannlehen empfangen, nämlich das heimgefallene Lehen Fuchsmühl im Rentamte Waldsassen im Obermainkreise sammt allen Zubehörden, im ganzen Umfange, in welchem es von dem lezten Vasallen dem Freiherrn von Froschheim besessen worden ist, und wie es in derjenigen Spezifikation, welche Unserem Vasallen Freiherrn von Zentner noch ausgehändiget werden wird, näher, mit allen Bestandtheilen des Lehens enthalten sein wird. Wir behalten jedoch demselben auf den unverhoften Fall, daß der zwischen dem Lehenhofe und den Allodialerben des lezten Besitzers von Fuchsmühl obschwebende Streit über dieses Lehen ungünstig ausgehen, und jenen das Recht zur Veräußerung desselben zugesprochen würde, zur Sicherheit den Rücktritt in die Lehen Schönau, Eckenhaid, Marquardsburg und Reibersried bevor, und wollen deßhalb diese Lehen zur Zeit offen, und in besonderer Verwaltung behalten. Die Früchte des Lehens Fuchsmühl überlassen Wir von dem Tage an, von welchem Wir sie bezogen haben, Unserem lieben und getreuen Vasallen, wovon jedoch abzurechnen ist, was derselbe vom Anfange dieses Genußes an den Früchten der Lehen Eckenhaid, Marquardsburg, Reibersried und Schönau ebenfalls bezogen hat. Zu wahrer Urkunde dieser Belehnung haben Wir gegenwärtigen Lehenbrief unter Unserer allerhöchsteigenen Unterschrift, und mit Anhängung Unseres grösseren Siegels ausfertigen lassen. So geschehen in Unserer Haupt und Residenz-Stadt München den dritten Monatstag des Jänners im Jahre Eintausend achthundert und zwei und zwanzig, Unseres Reiches im siebenzehenten.

Max Joseph

12.3b

Die Konstitution von 1808 beseitigte trotz ihres streckenweise fortschrittlichen Charakters das ins Frühmittelalter zurückreichende Lehenswesen nicht. Vielmehr garantierte sie dem König ausdrücklich das Recht, „zur Belohnung grosser und bestimmter, dem Staate geleisteter Dienste, vorzüglich die künftig heimfallenden Lehen oder neu erworbene Staats-Domainen dazu zu verwenden, die sodann die Eigenschaft von Mann-Lehen der Krone annehmen, und worüber keine Anwartschaft erteilt werden kann".

Im Edikt über die Lehen-Verhältnisse im Königreiche Baiern vom 7. Juli 1808 wurde das Lehenswesen in den neuen Staat eingebaut und auf den Monarchen als alleinigen Lehensherrn ausgerichtet. Künftig sollte es nur noch die königlichen Kanzlei- und Thronlehen geben. Alle nicht in solche Kronlehen überführbaren Lehensverhältnisse des Adels sollten bis zum 1. Januar 1810 durch Allodifikation oder die Umwandlung in alternative Leiheformen einvernehmlich aufgehoben werden und ansonsten zwangsweise in „bodenzinsliches Eigenthum" überführt werden. Dieser Termin war jedoch in der Verfassungswirklichkeit nicht zu halten, wie die Akten zeigen: 1815 erhielt der Freiherr von Lerchenfeld auf Egglkofen (Lkr. Mühldorf a. Inn) durch das ausgestellte Schreiben des Außenministeriums nicht nur die Aufforderung, das an die Krone heimgefallene und vom Landgericht Eggenfelden übernommene halbe Gut zu Bam (Gem. Mitterkirchen, Lkr. Rottal-Inn) als neuer Vasall zu muten; Lerchenfeld wurde zugleich angewiesen eine detaillierte Zustandsbeschreibung für die geplante Allodifikation des Lehengutes vorzulegen.

Die 1808 vorgenommene Neuordnung des Lehenswesens wurde im Gegensatz zu anderen Bereichen der Montgelas'schen Reformpolitik durch die Konstitution von 1818 und ihre Beilagen nicht überholt. Erst die Regierung König Ludwigs I. brachte hier größere Modifikationen mit sich. In der ausgestellten Urkunde vom Januar 1822 belehnt König Max Joseph gemäß seinem am 29. November 1821 gefällten Beschluss, den Staatsminister Georg Friedrich von Zentner (1752–1835) mit dem heimgefallenen Mannritterlehen Fuchsmühl (Rentamt Waldsassen, Obermainkreis; heute Lkr. Tirschenreuth). Zugleich erhielt Zentner die Erlaubnis, das Lehen den männlichen Nachkommen seiner einzigen Tochter Karoline, verheiratet mit dem königlichen Regierungsrat Joseph von Ringel, zu hinterlassen. Damit belohnte der König Zentner für dessen erfolgreiche Vertretung der bayerischen Interessen auf der Wiener Ministerkonferenz von November 1819 bis Mai 1820 über die Ausgestaltung der Verfassung des Deutschen Bundes. Zugleich versprach Max Joseph seinem neuen Vasallen Ersatz, falls das schwebende Gerichtsverfahren mit den Allodialerben des vorigen Lehensträgers von Fuchsmühl zur Veräußerung des Gutes führen würde. Von verschiedenen Stellen im Departement der geistlichen Angelegenheiten, des Inneren sowie des Ministerialdepartements der auswärtigen Angelegenheiten prägte Zentner die Politik der Ära Montgelas wesentlich mit. Aber auch nach dem Sturz des leitenden Ministers, an dem Zentner maßgeblich beteiligt war, spielte der nobilitierte Bauernsohn eine wesentliche Rolle und stieg sogar zum Minister auf (vgl. Kat.Nr. 13.1).

a) Schreiben mit lithographiertem Briefkopf und Oblatensiegel des Auswärtigen Ministeriums auf der Adressseite, 2 Bl., 32,5 x 21,1 cm, Unterschrift des von Kleber.
Staatsarchiv München, Schlossarchiv Egglkofen 143.

b) Urkunde mit angehängtem königlichen Wachssiegel in Siegelkapsel an blau-goldener Siegelschnur, Pergament, 1 Bl., 40,2 x 64,4 x cm. Unterschrift von König Max Joseph, des Freiherrn von Lerchenfeld und des Generalsekretärs von Geiger.
Bayerisches Hauptstaatsarchiv, NL Zentner 4.

Literatur: RBl 1808, 985, hier 992. – RBl 1808, 1893. – August Ritter von Eisenhart, Georg Friedrich Freiherr von Zentner. In: ADB 45, S. 67–70. – Franz Dobmann, Georg Friedrich Freiherr von Zentner als bayerischer Staatsmann in den Jahren 1799–1821 (Münchener Historische Studien, Abt. Bayerische Geschichte 6), Kallmünz 1962, S. 1, 8, 23–191. – Hofmann (wie Kat.Nr. 12.2), S. 280 f., 355-357, 464 f.

12.4 Der Einbau des Adels in den Staat

a) 1812 Dezember 20
Wappen der Salzburger Adligen von Helmreich.
b) 1808 [Juli]
Entwurf des Edikts über den Adel im Königreiche Bayern.

Das organische Edikt über den Adel im Königreiche Bayern vom 28. Juli 1808 gestaltete das Verhältnis zwischen Staat und Aristokratie von Grund auf neu. Der Adelstitel wurde nicht mehr durch Geburt, sondern allein durch königliche Konzession erlangt. Daher hatte künftig jeder Adlige die Berechtigung seines Titels nachzuweisen und sich in die neugeschaffene Adelsmatrikel eintragen zu lassen. Auf diesem Wege wurde eine weitgehende rechtliche Unifizierung der heterogenen Adelslandschaft des Königreichs erreicht.

Ein interessantes Beispiel hierfür stellt der königliche Salzbeamte Sigmund [von] Helmreich aus Salzburg dar, dem die Anerkennung seines Adelstitels durch das Reichsheroldenamt mit dem Argument verweigert wurde, dass die Nobilitierungen durch geistliche Reichsfürsten „von Kaiser und Reich niemals anerkannt worden sind" (Gesuch des Sigmund von Helmreich, Salzburg, 22. November 1812, BayHStA, Heroldenamt Akten 1056, Dok. 1; Entwurf des Schreibens des Reichsheroldenamts an Sigmund [von] Helmreich, München, 24. April 1813, ebd., Dok. 15.). Der Großvater des Sigmund [von] Helmreich, Franz Anton, war nämlich 1738 durch den Erzbischof von Salzburg in den erblichen Adel erhoben worden. Seitdem führten die von Helmreich das gezeigte Wappen, dessen Schild sechs adlige Turnierhelme über sieben goldenen, blauen und roten Stäben mit drei silbernen sechseckigen Sternen zeigte (Abschrift des Adelsbriefs des Salzburger Fürstbischofs Graf von Firmian für Franz Anton [von] Helmreich und seine Nachkommen, Salzburg, 25. Dezember 1738, ebd., Dok. 2).

Einen wirtschaftlichen Einschnitt für viele verschuldete Adelsgeschlechter bedeutete die im Edikt über den Adel

12.4a

im Königreiche Bayern statuierte Aufhebung der Fideikommisse. Dadurch erhielten die Gläubiger der adligen Familien freien Zugriff auf deren bisher geschützten Besitz. Einen gewissen Ersatz sollten die neugeschaffenen Majorate bilden. Die Ausführungsbestimmungen dieses Rechtsinstituts machten den größten Teil des so genann-

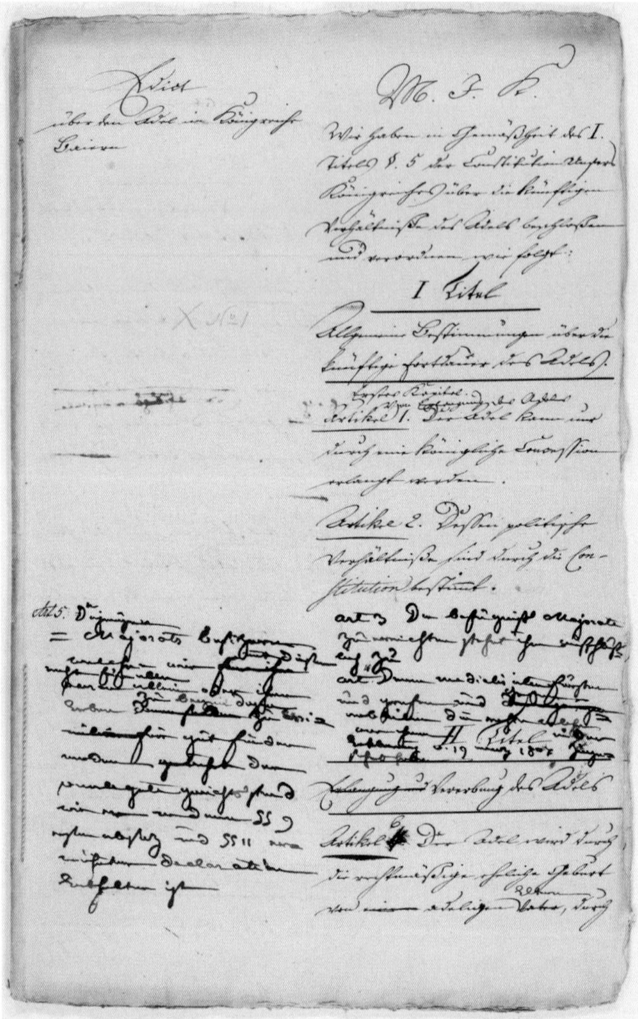

12.4b

ten Adelsedikts aus. Die Akten zeigen, dass Montgelas in der Geheimen Staatskonferenz vom 7. und 28. Juli 1808 eine Reihe von inhaltlichen Änderungen des Edikts durchsetzte (vgl. Entwurf des Adelsedikts, abgelesen in der Geheimen Staatskonferenz vom 7. Juli 1808, Bay HStA, MA 74113; Sitzungsprotokoll BayHStA, StR 8).

In diesem Kontext entstand auch der ausgestellte Entwurf des Adelsedikts vom 28. Juli 1808, den Montgelas in seinem Sinne überarbeitete. Auf diesem Wege fanden auch Bestimmungen ihren Weg in die Endfassung des Edikts, nach denen allein Adlige Majorate errichten durften und diesem neuen, vom französischen Vorbild inspirierten Majoratsadel auch der privilegierte Gerichtsstand zustehen solle. Damit scheint sich die schon von Zeitgenossen getroffene Einschätzung zu bestätigen, dass Montgelas, der „nichts Traurigeres als einen armen Edelmann" kannte, die über umfangreichen Grundbesitz verfügenden adligen Majoratsherren als neue Stütze der Krone etablieren wollte (Sitzungsprotokoll des Geheimen Rats vom 6. September 1810, BayHStA, StR 191, S. 1–32, hier S. 17 f.). Zudem kam Montgelas seinen adligen Kritikern sowie dem König entgegen, indem er das in § 70 des Adelsedikts festgelegte Minimum an grundherrlichen Renten für die Überführung eines Fideikommisses in ein Majorat drastisch senkte, ohne dabei den Anspruch auf ausreichende Begüterung des neuen Majoratsadels zu konterkarieren.

a) Erzbischöflich Salzburgisches Wappen für Sigmund Helmreich aus der am 20. Dezember 1812 beglaubigten Abschrift des Adelsbriefs für Franz Anton Helmreich vom 25. Dezember 1738, kolorierte Federzeichnung, 1 Bl. im Akt, 32 x 20,5 cm.
Bayerisches Hauptstaatsarchiv, Heroldenamt Akten 1056, Dok.2.

b) Handschriftlicher Entwurf, 18 Bl., 35 x 22,5 cm, mit Änderungen von der Hand Montgelas'.
Bayerisches Hauptstaatsarchiv, MA 74113.

Literatur: RBl 1808, 2029. – Die Memoiren des Karl Heinrich Ritter von Lang. Faksimile der Ausgabe 1842 mit einem Nachwort von Heinrich von Mosch, 2 Bde. (Bibliotheca Franconia, Bd. 10), Erlangen 1984, hier Bd. 2, S. 174–177, 186. – Montgelas-Denkwürdigkeiten, S. 108–115. – Walter Demel, Adelsstruktur und Adelspolitik in der ersten Phase des Königreichs Bayern. In: Eberhard Weis – Elisabeth Müller-Luckner (Hrsg.), Reformen im rheinbündischen Deutschland (Schriften des Historischen Kollegs, Kolloquien 4), München 1984, S. 213–228, hier S. 213–220. – Gerald Müller, Das bayerische Reichsheroldenamt 1808-1825. In: ZBLG 59 (1996) S. 533–593, hier S. 540, 568, 582 f. – Demel (wie Kat.Nr. 12.2) S. 312–316, 324 f., 337–341.

12.5 Die Umgestaltung der adligen Gerichtsbarkeit

1814
Plan aus dem Antrag des Grafen von Montgelas zur Bildung des Ortsgerichts Bogenhausen.

Das organischen Edikt über die gutsherrliche Gerichtsbarkeit vom 16. August 1812 versuchte den Spagat zwischen den Bedürfnissen einer geordneten Rechtspflege, den finanziellen Interessen und dem Souveränitätsanspruch des Staates nach innen, dem Bestreben, den Untertanen ein nahes Gericht für ihre unstreitigen Zivilsachen zu bieten, sowie dem Ziel, „den Gutsbesitzern wohlerworbene, zum Theil auf Staatsverträge sich gründende Rechte“ zu bewahren. In Anknüpfung an das organische Edikt über die Patrimonial-Gerichtsbarkeit vom 8. September 1808 wurde den adligen Grundbesitzern die Ausübung einer eingeschränkten Niedergerichtsbarkeit gestattet, wenn diese schon früher bestanden hatte. Als Voraussetzung galt zum einen ein geschlossener Gerichtsbezirk, dessen Bildung der Staat durch Vorschriften zum Tausch, Verkauf und der Belehnung mit Gerichtsholden unterstützte. Allerdings hatten die derart formierten adligen Gerichte eine Mindestzahl von Gerichtsholden nachzuweisen. Diese sollte für die Ortsgerichte 50 Familien umfassen, 300 dagegen bei den Herrschaftsgerichten II. Klasse, die den Kronvasallen und Majoratsbesitzern vorbehalten waren. § 13 des organischen Edikts vom 16. August 1812 legte fest, dass die adligen Gerichtsherrn vor dem zuständigen Generalkreiskommissariat Nachweise über ihre Berechtigung zur Bildung eines Orts- oder Herrschaftsgerichts, die Anzahl der dafür vorhandenen Grundholden sowie eine Beschreibung des neuen Gerichtsbezirks „mit topographischen Plänen“ bis spätestens 1. Oktober 1813 für das mehrstufige Prüf- und Genehmigungsverfahren vorzulegen hatten – ein Termin, der angesichts mannigfaltiger Schwierigkeiten mehrfach verlängert werden musste (vgl. zu diesen Vorgängen den Vortrag von Innenminister Graf Thürheim, abgelesen in der Staatsratssitzung vom 28. Juni 1817 durch den Ministerialrat von Luz, BayHStA, StR 1955, fol. 5–26). Den Vorschriften des Edikts vom 16. August 1812 entsprach auch Montgelas selbst, der mit dem ausgestellten Plan ein Ortsgericht für seinen 1803 erworbenen Landsitz in Bogenhausen beantragte. Am 8. Mai 1814 erfolgte die Bewilligung des Antrages des leitenden Ministers. Der neue Gerichtsbezirk umfasste die Ortschaften Bogenhausen, Zamdorf, Denning sowie Teile von Steinhausen und Priel (heute Stadtteile von München) mit 53 „gerichtsgesessenen“ Familien.

Handkolorierter Plan, nach den Grundsteuerkatasterplänen gezeichnet von dem Geometer Reber, 1 Bl., 35,3 x 31,3 cm.

Bayerisches Hauptstaatsarchiv, MInn KuPl 44.

Literatur: RBl 1812, 1505. – RBl 1814, 1084. – Hofmann (wie Kat.Nr. 12.2) S. 302–310. – Albrecht Liess, Pläne bayerischer Herrschafts- und Ortsgerichte aus dem frühen 19. Jahrhundert im Allgemeinen Staatsarchiv. In: Mitteilungen für die Archivpflege in Bayern 14 (1968) S. 48–57, hier S. 48–51. – AK Bayern entsteht, Nr. 187.

12.6 Ein neuer Erbadel

1812 Dezember 23, München
Antrag Montgelas’ zu einer eigenen Adelsmatrikel des Personaladels und für die Einführung des Transmissionsadels.

Seit jeher war es in den Territorien des Alten Reichs üblich gewesen, Bürgerliche, die sich im Hof-, Zivil- oder Militärdienst verdient gemacht hatten, durch die Verleihung des persönlichen oder erblichen Adelstitels auszuzeichnen. Das Kurfürstentum Bayern kannte darüber hinaus eine besondere Form des Amtsadels, der durch die Verleihung der Siegelmäßigkeit an nichtadlige Oberbeamte entstand. Das neue Königreich führte zur Belohnung herausragender Leistungen und Verdienste „der Staatsbürger aller Klassen“ 1806 den Militär- und 1808

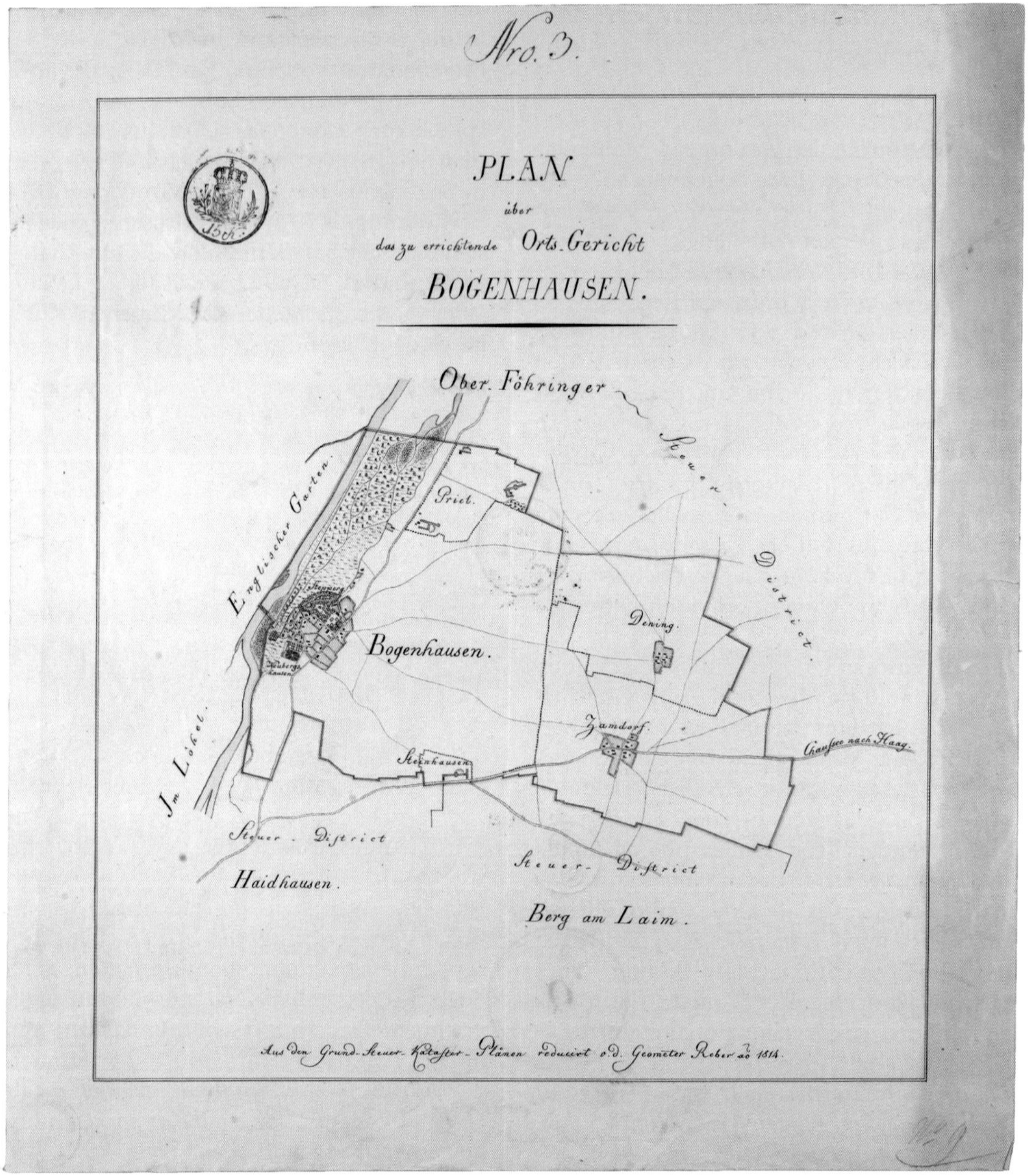
Nro. 3.
PLAN
über
das zu errichtende Orts. Gericht
BOGENHAUSEN.
Ober. Föhringer
Steuer. District
Englischer Garten
Priel.
Bogenhausen.
Dening.
Zamdorf.
Chaussée nach Haag.
Steinhausen
Im Lökel.
Steuer. District
Haidhausen.
Steuer. District
Berg am Laim.
Aus den Grund-Steuer-Kataster-Plänen reducirt v. d. Geometer Reber ao 1814.

12.5

den Zivilverdienstorden ein. Dabei standen der ältere Hausorden des Pfälzischen Löwen, die Verhältnisse in England sowie die von Napoleon neugeschaffene Ehrenlegion bzw. die „Noblesse impériale" Pate.
Die beiden neuen bayerischen Verdienstorden zogen für ihre Träger nicht nur finanzielle Vorteile nach sich, sondern schufen mit den bürgerlichen Ordensrittern eine weitere gesellschaftliche und politische Elite. Proteste aus altadligen Kreisen, die Ansprüche bürgerlicher Ordensträger auf ein förmliches Adelsprädikat sowie die Ziele der Montgelas'schen Adelspolitik machten jedoch eine genauere Regelung für diesen faktischen Verdienstadel notwendig. Hierfür verantwortlich zeichnete der Vorstand des Reichsheroldenamtes Karl Heinrich Lang, der seit 1808 selbst Ritter des Zivilverdienstordens war und sich nicht zuletzt vom antiken Vorbild des römischen Ritterstandes leiten ließ (vgl. hierzu auch Entwurf Langs für den Nachtrag zum Adelsedikt vom 23. Dezember 1812, BayHStA, Heroldenamt Akten 127, fol. 8 f.; Antrag Langs vom 30. November 1812, BayHStA, ebd. fol. 1–4). Die Vorschläge Langs vom 30. November 1812 legte Montgelas in dem ausgestellten Antrag vom 23. Dezember 1812 König Max Joseph vor, der sie genehmigte. „Um also den älteren und in seiner Eigenschaft als größere Güterbesitzer repraesentierenden Adel unvermischter, und dadurch geachteter zu erhalten, gleichwohl aber auch dem bürgerlichen Verdienst die Laufbahn nicht zu versperren, vielmehr ihm die Fortpflanzung des auch jezt noch zu erwerbenden Adels durch neue Formen zu erleichtern, damit aber auch allen übrigen Adelsanmaßungen, die nicht bewiesen werden können, vorzubeugen", sah Montgelas' Antrag zum einen die Errichtung einer – in der Realität nicht verwirklichten - separaten Adelsmatrikel für die Träger der beiden Verdienstorden vor. Diese sollten für sich und ihre Ehefrauen nach der Bezahlung einer auf 100 fl. festgesetzten Gebühr das Recht haben, das Adelsprädikat des Ritters zu führen.
Weiter schlug der leitende Minister nach dem Beispiel der umgestalteten Ehrenlegion in Frankreich vor, den mit den beiden Verdienstorden einhergehenden Personaladel „transmissibel" zu machen. Künftig durften die Ordensträger ihren Adel – allerdings nur in Form der niedrigsten Adelsklasse – an ihren ältesten Sohn vererben, wenn „ein zur anständigen Führung des Adels hinreichendes Vermögen" nachgewiesen werden konnte. Durch diesen neuen Transmissionsadel wollte Montgelas nicht nur die Bedeutung der beiden Verdienstorden untermauern und ihre Träger „noch fester an das Intereße Seiner Majestät und Ihrer Regierung binden". Zugleich sollte der begrenzt erbliche Verdienstadel - so der Antrag des leitenden Ministers – für den alten „Repräsentationsadel" „eine Pflanzschule, aus der er sich von Zeit zu Zeit würdig ergänzen kann", bilden sowie eine „Zwischenstufe zwischen alten Adel und Bürgerstand" schaffen. Damit korrespondiert das von Demel postulierte Ziel Montgelas', nach dem französischen Vorbild der so genannten gebildeten Stände aus der Elite des Bildungsbürgertums und den unteren bayerischen Adelsklassen eine neue, minder privilegierte Schicht unter den Standesherrn und Majoratsbesitzern zu schaffen. Auf diese Weise versuchte die Montgelas'sche Adelspolitik einen Ausgleich zu finden zwischen den Interessen der Krone, des alten Adels und den auf das Leistungskriterium pochenden Spitzenbeamten und Offizieren aus dem Bürgertum.

Schreiben, 2 Bl., 33,4 x 21,5 cm, Unterschrift von Montgelas und Max Joseph.

Bayerisches Hauptstaatsarchiv, Heroldenamt Akten 138, fol. 7–8.

Literatur: RBl 1807, 241. – RBl 1808, 1033. – RBl 1813, 5. – Lang (wie Kat.Nr. 12.4), Bd. 2, S. 88, 186–189. – Hofmann (wie Kat.Nr. 12.2) S. 367–370, 472 f. – Bernd Wunder, Privilegierung und Disziplinierung. Die Entstehung des Berufsbeamtentums in Bayern und Württemberg (1780–1825) (Studien zur modernen Geschichte 21), München-Wien 1978, S. 163–172, 188–195. – Demel (wie Kat.Nr. 12.4) S. 218–228. – Müller (wie Kat.Nr. 12.4) S. 549–552, 572. – Demel (wie Kat.Nr. 12.2) S. 334–343.

12.7 Der neue Verdienstadel

1812 (nach 1813 Januar 26)
Adelsmatrikelbogen mit Wappen des Karl Heinrich Ritter von Lang.

Keineswegs die einflussreichste, jedoch eine der schillernsten Personen im Umfeld Montgelas' war Karl Heinrich Ritter von Lang (1764–1835), der heute vor allem durch seine satirisch zugespitzten Memoiren bekannt ist. Lang war nach einer wechselvollen Laufbahn 1795 als geheimer Archivar auf der Kulmbacher Plassenburg in preußische Dienste getreten und stieg schließlich zum Kriegs- und Domänenrat im zweiten Kammersenat zu Ansbach auf. Beim Anfall des brandenburgischen Fürstentums an Bayern im Jahre 1806 trat Lang in die Dienste Max Josephs über. Nachdem er in die Landeshauptstadt versetzt worden war, wirkte Lang als Direktor des Geheimen Landes- und Allgemeinen Reichsarchives (1810–1815), Vorstand des Reichsheroldenamts (1812–1815) sowie als Mitglied der Verfassungskommission (1814), bevor er als Kreisdirektor (1817–1824) nach Ansbach zurückkehrte. Bereits 1808 war der Pfarrerssohn Lang zum Ritter des Zivilverdienstordens der bayerischen Krone erhoben worden. Als zum Jahreswechsel 1812/13 dieser faktische Verdienstadel rechtlich an den altadligen Ritterstand angeglichen wurde, stellte Lang den Antrag um Aufnahme in die bayerische Adelsmatrikel (Schreiben Langs an Max Joseph, ca. Januar 1813, BayHStA, Adelsmatrikel Ri L 2). Am 26. Januar 1813 wurde seinem Gesuch entsprochen sowie das von ihm vorgeschlagene und bereits geführte Wappen genehmigt (Entwurf des Antwortschreibens des Reichsheroldenamts an Lang, ebd.). Im Vergleich zu den aufwendigen Wappen der in die Adelsmatrikel aufgenommenen Grafen und Fürsten ist der Wappenschild Langs von ausgesprochener Schlichtheit. Dies entsprach nicht nur der Rolle des Ritterstandes als der vierten der sechs Klassen des immatrikulierten Adels. Zugleich spiegelt sich darin die von den Gedanken der Aufklärung und der Französischen Revolution beeinflusste adelskritische Haltung Langs.

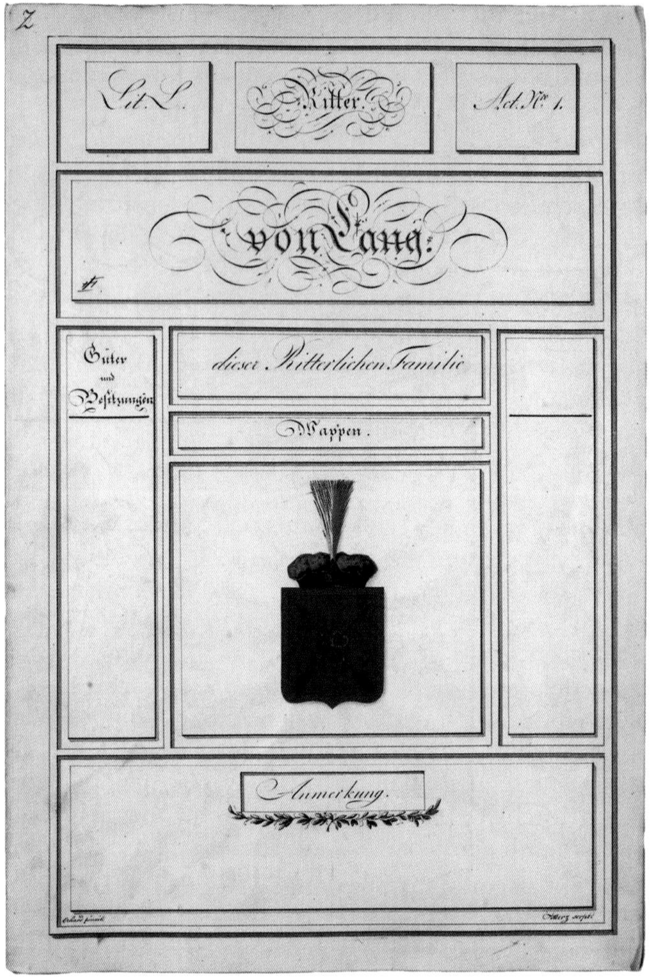

12.7

Handkolorierter Matrikelbogen, gezeichnet von Erhard und beschriftet von Merz, 4 Bl., 44 x 30 cm.

Bayerisches Hauptstaatsarchiv, Adelsmatrikel Ri L 2.

Literatur: RBl 1808, 1039. – RBl 1812, 921. – RBl 1813, 5. – Adalbert von Raumer, Der Ritter von Lang und seine Memoiren, hrsg. von Karl Alexander von Müller und Kurt von Raumer, München-Berlin 1923, v.a. S. 1–86, 249 f. – Adolf Bayer, Lang, Karl Heinrich, Ritter von. In: Anton Chroust (Hrsg.), Lebensläufe aus Franken, Bd. 3, Würzburg 1927, Nr. 31, S. 329–351, hier S. 329–348. – Hanns Hubert Hofmann, Der Ritter von Lang (1764–1835). Gedenken zu seinem 200. Geburtstag. In: Jahrbuch des Historischen Vereins für Mittelfranken 82 (1964/65) S. 201–223.

12.8 Missstände der Adelsreform

a) 1812 November 5., Ansbach
Bericht des königlichen Generalkommissars des Rezatkreises über den Handel mit Gerichtsholden.

b) 1812 November 2, Nürnberg
Anzeige im Allgemeinen Intelligenz-Blatt der Stadt Nürnberg über den Handel mit Gerichtsuntertanen.

Bereits das organische Edikt über die Patrimonial-Gerichtsbarkeit vom 8. September 1808 hatte den bisher zur Jurisdiktionsausübung berechtigten Adligen den Tausch von Gerichtsholden untereinander und mit der Krone gestattet sowie den Kauf und Verkauf von nichtstaatlichen Gerichtsuntertanen. Dadurch sollte die Bildung der adligen Gerichtsbezirke erleichtert werden, für deren Formierung nach dem Vorbild der altbayerischen Hofmarken räumliche Geschlossenheit ebenso vorgeschrieben wurde wie eine Mindestanzahl von 50 gerichtssässigen Familien. Diese durften nicht weiter als vier bayerische Straßenstunden vom Sitz des Patrimonialgerichts (mittlerer Ordnung) entfernt sein. Zwar erschwerte die Regierung in der Folgezeit den Tausch königlicher Gerichtsholden gegen adlige. Aber andererseits wies die Regierung Montgelas die Landgerichte mit Reskript vom 24. Juni 1809 an, die Gerichtsholden der unter die staatliche Aufsicht gestellten Stiftungen an die adligen Grund- und Gerichtsherren zu verkaufen. Die königliche Verordnung vom 4. Oktober 1810 beseitigte zudem die bisher gelten-

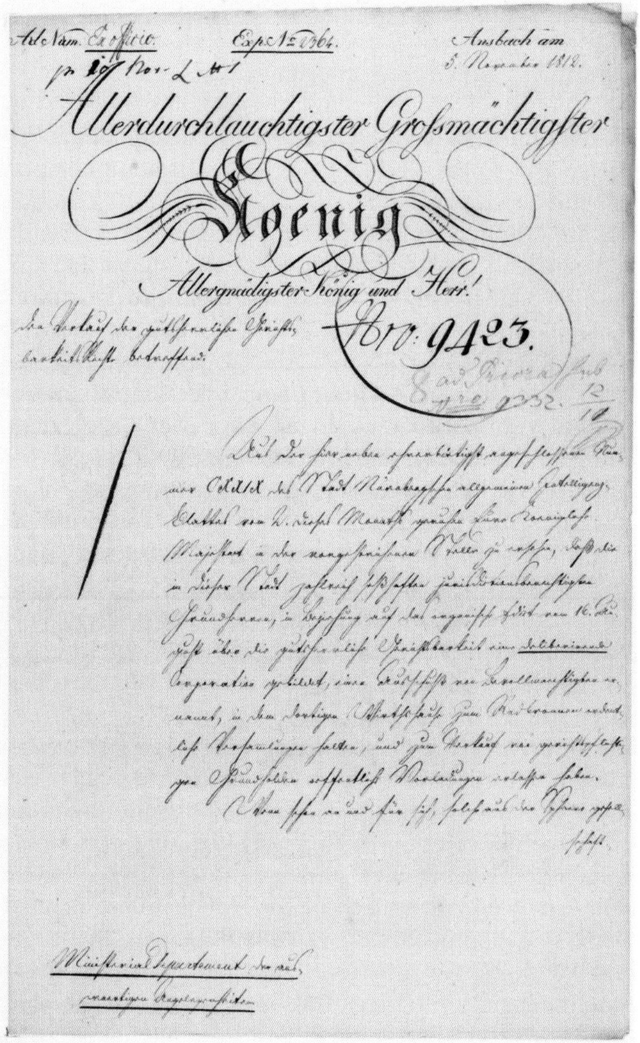
Ansbach am 5. November 1812.
Allerdurchlauchtigster Großmächtigster Koenig
Allergnädigster König und Herr!
Nro: 9423.

12.8a

den Einschränkungen bei der Anrechnung adliger Jurisdiktionsrechte auf den so genannten einschichtigen Gütern für die Gerichtsbildung. Diese aus finanziellen Motiven sowie durch die Beschwerden des Adels veranlassten Modifikationen vermochten jedoch nicht die Formierung der neuen adligen Gerichtsbezirke in Gang zu bringen.

Das änderte sich erst mit dem organischen Edikt über die gutsherrliche Gerichtsbarkeit vom 16. August 1812. Es beseitigte einerseits inhaltliche Mängel und finanzielle Nachteile, die die Neuformierung der adligen Gerichte bislang konterkariert hatten. Andererseits bestätigte das Edikt die bisherigen Bestimmungen über den Tausch und Verkauf von Gerichtsholden für die neuen Ortsgerichte und Herrschaftsgerichte und erweiterte sie sogar. Der adlige Gerichtsherr konnte nämlich künftig zur Arrondierung seines Gerichtsbezirks die Belehnung mit staatlichen Gerichtssassen erlangen. Zudem wurde das Kauf- und Tauschgeschäft nun auch auf diejenigen Gerichtsholden ausgedehnt, die außerhalb der vorgeschriebenen Maximalentfernung zum Gerichtssitz lebten. Gleiches galt für die bisher bei der Gerichtsformation nicht anrechenbaren Mieter und Austrägler, die keinen eigenen Grund besaßen. All diese Neuerungen führten zu zahlreichen adligen Anträgen auf Gerichtsbildung und brachten einen lebhaften Handel mit den Gerichtsuntertanen mit sich. Der seit Oktober 1813 forcierte Verkauf der Gerichtsholden der Stiftungen verstärkte diese Tendenzen zusätzlich. Auf diese Weise wechselten Gerichtsuntertanen teilweise wie eine gewöhnliche Ware ihren Gerichtsherren und wurden sogar zum Gegenstand der Spekulation. Der Innenminister konstatierte 1817 angesichts solcher Missstände rückblickend, „diese Bestimmungen hatten Inkonvenienzen zur Folge, welche die Würde der Regierung oft auffallend herabsetzten" (vgl. auch den Vortrag des Innenministers Graf Thürheim, abgelesen in der Staatsratssitzung vom 28. Juni 1817 durch den Ministerialrat von Luz, BayHStA, StR 1955, fol. 18).

Ein besonders drastisches Beispiel zeigen die ausgestellten Dokumente vom November 1812. Der Generalkommissar des Rezatkreises berichtet an das Ministerium des Äußeren, dass im Allgemeinen Intelligenzblatt der Stadt Nürnberg eine Anzeige erschienen sei, in der die Vertreter der so genannten Nürnberger Eigenherren – also der grundbesitzenden Adelsfamilien der Umgebung, die teils dem Patriziat und teils der Reichsritterschaft angehört hatten – in den Gasthof zum Radbronnen geladen seien. Dort sollte über den Verkauf ihrer Gerichtsuntertanen diskutiert werden. Ein solcher dem staatlichen Souveränitätsanspruch sowie den Gedanken der Aufklärung Hohn sprechender Handel mit Gerichtssassen in aller Öffentlichkeit stieß in der königlichen Beamtenschaft keinesfalls auf Gegenliebe. Daher verbot der Generalkommissar die geplante Versammlung in Nürnberg, da „bey allen Begünstigungen, welche Eure Königliche Majestaet den Gutsherren zugedacht haben, doch Baiern am allerwenigsten der Staat seyn dürfte, wo der Verkauf der Unterthanen in den Allgemeinen Anzeigeblaettern Statt finden mag". Der Tausch und Verkauf von königlichen Gerichtsholden und die daraus resultierenden Missstände fand jedoch erst 1817, nach dem Sturz Montgelas' sein Ende. Zu diesem Zeitpunkt lebten nicht weniger als 15,8 % der bayerischen Familien in adligen Gerichtsbezirken.

a) Schreiben, 2 Bl., 33,4 x 21cm, Unterschrift des Generalkommissars des Rezatkreises und des Beamten Donner.
Bayerisches Hauptstaatsarchiv, MInn 30133.

b) Intelligenzblatt der Stadt Nürnberg, Druck, Verlag Carl Felßecker im Rathausgäßchen/Nürnberg, 8 S., 22,7 x 20 cm.
Bayerisches Hauptstaatsarchiv, MInn 30133.

Literatur: RBl 1808, 2245. – RBl 1810, 1001. – RBl 1812, 1505. – Hofmann (wie Kat.Nr. 12.2) S. 109–111, 286–321.

12.9 König Max Joseph – eine Stütze des Adels

a) 1825 Februar 23, Altdorf
Bittgesuch des Prinzen Ernst von Isenburg-Birstein an den König um finanzielle Unterstützung.

b) 1825 März 9, München
Entwurf des Ablehnungsschreibens zum Hilfsgesuch des Prinzen Ernst zu Isenburg-Birstein.

c) 1825 März 12, München
Schreiben des königlichen Generaladjutanten Graf Pappenheim an den Staats- und Kabinettsrat von Ringel über die Unterstützung der Nachkommen des Grafen von Frohberg.

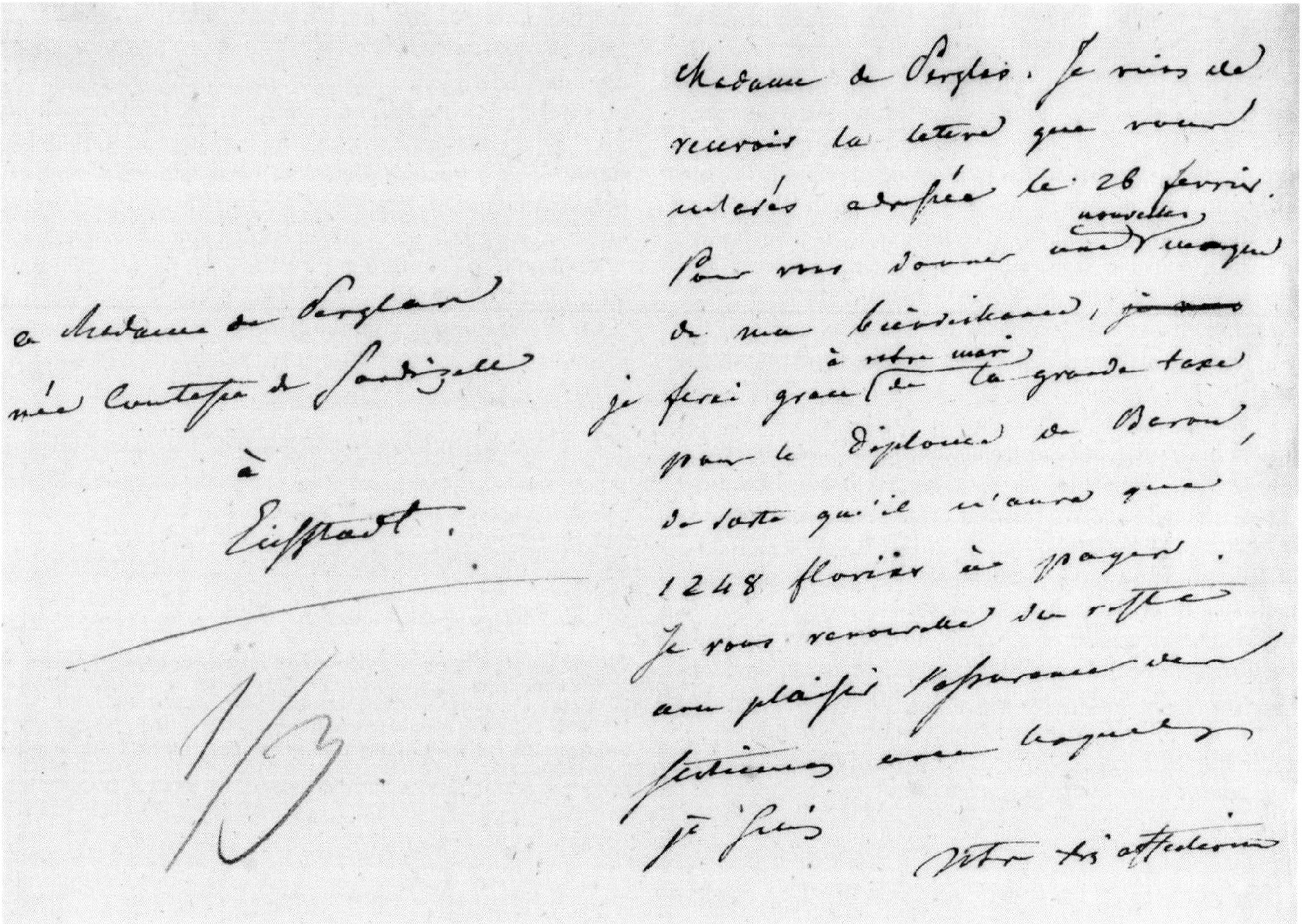

a Madame de Perglas
née Comtesse de Sandizell
à
Eichstadt.

1/3

Madame de Perglas. Je viens de
recevoir la lettre que vous
m'avez adressée le 26 février.
Pour vous donner une nouvelle marque
de ma bienveillance,
je ferai grace à votre mari de la grande taxe
pour le diplome de Baron,
de sorte qu'il n'aura que
1248 florins à payer.
Je vous renouvelle de cette
avec plaisir l'assurance des
sentiments avec lesquels
je suis
votre très affectionné

12.9c

d) 1817 (nach Februar 26)
Schreiben (Entwurf) von König Max Joseph an Baronin Pergler (geborene Gräfin Sandizell): Nachlass von 252 fl. auf die Taxe für das Freiherrendiplom (1500 fl.) ihres Mannes, Carl August Pergler.

Die Zeit der Französischen Revolution und der napoleonischen Kriege bedeutete für den Adel nicht nur Einbußen an gesellschaftlicher Bedeutung und politischem Einfluss. Viele Adelsfamilien gerieten auch in finanzielle Schwierigkeiten. Schon zuvor war die wirtschaftliche Lage zahlreicher neu- und altbayerischer Adelsfamilien katastrophal. Die Aufhebung der Fideikommisse durch das Adelsedikt vom 28. Juli 1808 sowie die Zerstörungen, Kontributionen und Requisitionen in Folge eines fast permanenten dreiundzwanzigjährigen Kriegszustandes brachten selbst bedeutende Adelsgeschlechter an den Rand des Bankrotts. In dieser Situation stellte für die Betroffenen ein Hilfsgesuch an den bayerischen König oft den letzten Ausweg dar, um den völligen Ruin abzuwenden.
Doch keinesfalls jede Bitte um finanzielle Unterstützung traf beim König auf positive Resonanz: Beispielsweise lehnte Max Joseph das Gesuch des Ernst von Isenburg-Birstein ab, eines apanagierten Prinzen aus standesherrlichem Hause, seine Schulden in Höhe von 6000 fl. zu übernehmen, da die königliche Kabinettskasse eine Vermehrung ihrer Ausgaben nicht erlaube.
Umgekehrt übernahm der König die Bürgschaft für einen einjährigen Kredit von 4000 fl. des Hofbankiers Jakob von Hirsch für die Nachkommen des Grafen von Frohberg, damit diese ihr Gut Ranshofen erhalten konnten (vgl. auch Entwurf zum Schreiben von Max Joseph an den Generaladjutanten Carl Graf Pappenheim vom 17. März 1825, BayHStA, Geheimes Hausarchiv, Ministerium des königlichen Hauses 40).
Doch nicht nur bei derartigen Notfällen konnte sich Max Joseph großzügig zeigen. Als Zeichen seiner Gnade erließ der König – auf ein Bittschreiben der Baronin von Pergler vom 26. Februar 1812 hin - dem in den bayerischen Freiherrenstand erhobenen königlichen Regierungsrat Carl August Pergler von Perglas 252 fl. der für das neue Adelsdiplom fälligen und 1808 auf 1500 fl. festgesetzten großen Taxe (vgl. BayHStA, Heroldenamt Bände 16/461).
Die aus Meißen in Sachsen stammenden Pergler von Perglas waren ein altadliges Geschlecht, das 1790 unter dem Reichsvikariat Karl Theodors die Erneuerung und Bestätigung des erblichen Reichsfreiherrenstandes erhalten hatte (vgl. Gesuch von Carl Anton Pergler von Perglas auf Katzengrünn an Karl Theodor vom 1. September 1790, BayHStA, Heroldenamt Bände 20/59, fol. 823; Entwurf des Adelsdiploms Karl Theodors für Carl Anton Pergler von Perglas vom 3. Oktober 1790, ebd., fol. 825–833).

a) Schreiben mit lithographiertem Briefkopf, 2 Bl., 31,8 x 21,4 cm.

b) Entwurf eines Schreibens, Bleistift und Tinte, 1 Bl., 23,9 x 20,4 cm.

c) Schreiben mit dem Lacksiegel Pappenheims auf der Adressseite, 2 Bl, 33,9 x 21,1 cm.

d) Entwurf eines Schreibens; französisch, 1 Bl., 35,4 x 22,7 cm.

a–c) Bayerisches Hauptstaatsarchiv, Geheimes Hausarchiv, Ministerium des königlichen Hauses 40.

d) Bayerisches Hauptstaatsarchiv, Geheimes Hausarchiv, Ministerium des königlichen Hauses 167.

Literatur: RBl 1808, 659. – Hofmann (wie Kat.Nr. 12.2) S. 250–255, 270–279, 300. – Demel, Staatsabsolutismus, S. 279–285. – Demel (wie Kat.Nr. 12.2) S. 300, 305–308, 322–324.

12.10 Eine Abrechnung mit der Adelspolitik des „Ministerial-Despotismus"

1819, Nürnberg
Anonyme Druckschrift des Freiherrn Sigmund von Rotenhan.

Bereits 1817 erschien die anonyme Druckschrift „Freimütig-patriotische Betrachtungen und Bemerkungen über die gegenwärtigen öffentlichen Angelegenheiten in Deutschland". Ihr Autor war Sigmund Freiherr von Rotenhan auf Rentweinsdorf und Eyrichshof (1761–1859), der seine Herkunft aus einem alten Geschlecht der ehemaligen Reichsritterschaft nicht verleugnete, sondern voller Stolz betonte, dass die „Reichs-Ritterschaftliche Verfassung nicht so schlecht war, als ihre Gegner sie ausgeschrieen hatten". Rotenhans reichsadlige Herkunft mag auch seine massive Ablehnung der Regierung Montgelas erklären. Ideengeschichtlich trennte den langjährigen leitenden Minister und den „Menschenfreund" Rotenhan mit seinen liberalen und aus der Aufklärung erwachsenen Vorstellungen vor allem ihr unterschiedliches Verhältnis zu den national-patriotischen Strömungen der Zeit. Hier zeigte sich Rotenhan als Verfechter „seines ihn lebhaft durchglühenden teutschen Patriotismus", der gleichzeitig für die Berücksichtigung der Traditionen seiner fränkischen Heimat innerhalb des Königreiches Bayern eintrat.

Der Zusammentritt der bayerischen Ständeversammlung in München wurde von Rotenhan als Ausdruck „liberale[r] Gesinnungen" lebhaft begrüßt. Daher widmete er ihr anonym eine zweite Auflage seiner Druckschrift aus dem Jahre 1817, die er nur durch ein neues Vorwort den geänderten Zeitumständen anpasste. Inhaltlich handelte es sich um eine in mehrere selbständige Teile zerfallende Reform- und Streitschrift, die sich sowohl mit gesellschaftlichen Fragen als auch mit Problemen der Staatsverwaltung und -verfassung intensiv auseinandersetzte.

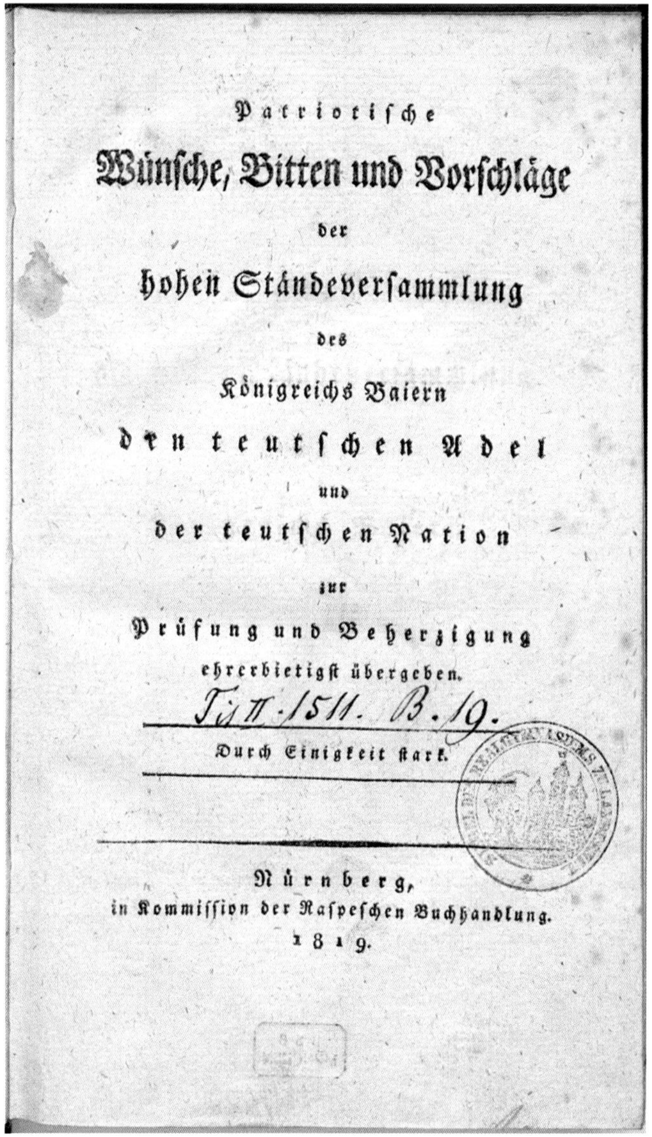
Patriotische
Wünsche, Bitten und Vorschläge
der
hohen Ständeversammlung
des
Königreichs Baiern
den teutschen Adel
und
der teutschen Nation
zur
Prüfung und Beherzigung
ehrerbietigst übergeben.

Durch Einigkeit stark.

Nürnberg,
in Kommission der Raspeschen Buchhandlung.
1819.

12.10

Dabei ging Rotenhan mit der Adelspolitik des „Experimental-Ministerium“ Montgelas’ hart ins Gericht. Der Immatrikulationszwang des Adelsedikts vom 28. Juli 1808 war für Rotenhan nur eine „Finanz-Speculation für Privat-Personen“. Insgesamt schien die Politik des Montgelas’schen „Ministerial-Despotismus“ allein den Zweck zu verfolgen, den Adel „zu kränken, sein Ansehen und sein Vermögen zu schwächen, und so ihn auf eine martervolle Weise langsam zu tödten“.

Patriotische Wünsche, Bitten und Vorschläge, der hohen Ständeversammlung des Königreichs Baiern den teutschen Adel und der teutschen Nation zur Prüfung und Beherzigung ehrerbietigst übergeben, Nürnberg 1819, Druckschrift in Kommission der Rapeschen Buchhandlung in Nürnberg, 556 S., 20,8 x 13,5 cm.

München, Bayerische Staatsbibliothek, Bavar. 5170a.

Literatur: Hofmann (wie Kat.Nr. 12.2) S. 30, 287, 349 f., 369, 374. – Gottfried Freiherr von Rotenhan, Geschichte der Familie Rotenhan. Fortsetzung der Familiengeschichte des Julius Frhr. von Rotenhan von 1865, Bamberg [1989], Beilage XIII.

13. Religionspolitik in Bayern um 1808

Die Einleitung zu diesem Kapitel wurde von Stefanie Albus, Julian Holzapfl, Michael Puchta, Martin Schramm, Marcus Sporn und Michael Unger formuliert.

Toleranz, Parität und die Neuordnung des Staatskirchenrechts standen im Mittelpunkt der Kirchenpolitik in der Max-Joseph- und Montgelas-Zeit. Den Höhepunkt bildete das Religionsedikt von 1809 (vgl. Kat.Nr. 13.5). Bereits im Titel dieses Gesetzes wurde der unmittelbare Bezug zu den allgemeinen religionspolitischen Bestimmungen der Konstitution hergestellt, also zur Beseitigung der Privilegien, zur Garantie des Besitzes der Religionsgemeinschaften für die Erfüllung der übertragenen Staatsaufgaben und zum Postulat der „vollkommene[n] Gewissensfreiheit". Wie die Konstitution selbst, so war auch das Religionsedikt von 1809 einerseits eine Zusammenfassung der seit 1799 in Kraft getretenen Regelungen, andererseits die Grundlage für weitere politische Entwicklungen. Das spätere, als zweite Beilage in die Verfassungsurkunde von 1818 integrierte Religionsedikt basierte bis in Einzelformulierungen hinein auf dem Edikt von 1809, dessen wesentliche Bestimmungen auf diesem Wege im Grundsatz bis 1924 galten. Erst dann schufen das neue Konkordat und der Vertrag des Bayerischen Staates mit der Evangelisch-Lutherischen Kirche eine veränderte Gesamtsituation.
Staatskirchenrecht und Religionsfragen hatten Montgelas lange vor der Übernahme von Regierungsverantwortung in München beschäftigt. „Bereits in den frühesten überlieferten persönlichen Schriften Montgelas' aus den achtziger Jahren, sodann in seinem Ansbacher Mémoire von 1796 zeigt sich sein entschiedenes Eintreten für Toleranz und Gewissensfreiheit, ferner für Gleichberechtigung der drei in Bayern vorhandenen christlichen Konfessionen, für die Rolle des Staates als konfessionell neutrale Aufsicht über den Religionsgemeinschaften und als Schiedsrichter zwischen ihnen ..."[1]

Zu den wichtigsten und einflussreichsten Mitarbeitern des Reformministers auf kirchenpolitischem Gebiet gehörte Georg Friedrich von Zentner (vgl. Kat.Nr. 12.3b und 13.1). Wie Montgelas vom Gedankengut der Aufklärung geprägt, förderte er die Gleichberechtigung der Konfessionen und stand als treibende Kraft hinter den Bestrebungen einer klaren Trennung zwischen staatlicher und kirchlicher Sphäre. So war nicht nur das Religionsedikt von 1803 sein Werk, sondern er hatte auch maßgeblichen Anteil an der Planung und Durchführung von Mediatisierung und Säkularisation in den Jahren 1802/03 (vgl. Kat.Nr. 13.2).
Die im Frieden von Lunéville vom 9. Februar 1801 vorgesehene Entschädigung der weltlichen Reichsfürsten für die an Frankreich abgetretenen Gebiete regelte der Reichsdeputationshauptschluss von 1803. Die meisten geistlichen Fürstentümer wurden aufgelöst und als Entschädigungsmasse genutzt. Den neuen Landesherren war zugleich die Verfügung über Klöster und Stifte in den neuen, aber auch in den alten Landesteilen zugestanden worden, wobei mit Blick auf die Kriegslasten die Erleichterung ihrer Finanzen ein explizit genanntes Ziel gewesen ist. Somit wurde die Herrschafts- mit der Vermögens- zur Totalsäkularisation verknüpft. Vereinfacht wurde diese Vermögenssäkularisation, da die angebliche Nutzlosigkeit des monastischen Lebens bereits lange in der öffentlichen Kritik stand. Die weder für die Seelsorge, Armen- und Krankenpflege noch Bildung bedeutenden Bettelorden bildeten daher das erste Ziel für die Aufhebung der Klöster. Die ständischen Klöster und Stifte folgten.
Aus finanzieller Sicht erfüllten sich die in die Säkularisation gesetzten Hoffnungen nicht, da das Überangebot an zu versteigernden Gütern die Preise drückte und enorme Folgekosten, nicht zuletzt für die Versorgung der Mönche und Nonnen anfielen. Auf dem Weg zur vollen Souverä-

[1] Weis, Montgelas Bd. 2, S. 85.

nität im Innern war die Beseitigung der klösterlichen Sonderstellung jedoch ein notwendiger Schritt.
Notwendig war auch eine grundsätzliche Neuregelung des Verhältnisses zwischen Staat und Kirchen. 1648 hatte der Westfälische Friede den konfessionellen Status quo ante im Alten Reich mit dem so genannten Normaljahr 1624 (1618 in der Kurpfalz) eingefroren. Damit endete zwar die Zeit gewaltsamer Reformation und Gegenreformation, aber der Weg zur Gleichberechtigung der christlichen Konfessionen war noch weit. Wichtige Meilensteine dorthin setzte die Toleranzgesetzgebung der zweiten Hälfte des 18. Jahrhunderts in den größeren Fürstentümern des Alten Reichs. Im Rahmen der Josephinischen Reformen in Österreich wurde 1781 allen nichtkatholischen Untertanen eine – wenn auch eingeschränkte – Religionsausübung gestattet. In Preußen verankerte das noch von König Friedrich II. initiierte Allgemeine Landrecht von 1794 die Religionsfreiheit.
Im Bayern der Ära Montgelas spielten verschiedene Faktoren zusammen und trieben die Toleranzgesetzgebung voran. Zum einen konnte man an die bayerische Kirchenpolitik seit dem 16. Jahrhundert anknüpfen, die ein weitgehendes Aufsichtsrecht der landesherrlichen Gewalt über die katholische Kirche verfochten hatte. Zum anderen kam seit der Reformation dem Landesfürsten die Rolle des Summepiskopus über die lutherische Kirche zu. Außerdem verloren durch Säkularisation, Mediatisierung und die Auflösung des Reichsverbandes bisherige Staatskirchengesetze „ihre verbindliche Kraft“ – so die Formulierung in der Präambel des Religionsedikts von 1809. Dies bedeutete, dass die Rechtsstellung der einzelnen christlichen Konfessionen auf eine neue staatsrechtliche Grundlage gestellt werden musste.
Bereits durch den Anfall von Sulzbürg-Pyrbaum 1740 an das Kurfürstentum Bayern und insbesondere seit der Vereinigung der Kurpfalz mit Altbayern unter Karl Theodor 1777 war das Stammland der Wittelsbacher de facto ein multikonfessioneller Staat geworden. Mit dem Erwerb zahlreicher protestantischer Gebiete in Franken und Schwaben ab 1802 verlor das Kurfürstentum endgültig seine religiöse Homogenität. Hinzu kam die Einwanderung Andersgläubiger, deren Ansässigmachung im wirtschaftlichen Interesse des Landesherrn lag. Nicht zuletzt war die religiöse Toleranz eine Kernforderung der Aufklärung. Einen ersten Schritt zur Herstellung religiöser Toleranz hatte die Regierung Montgelas bereits im Mai 1799 unternommen, als sie u.a. die Reformierten in der rechtsrheinischen Pfalz mit den Katholiken gleichstellte. Die Nichtkatholiken in Altbayern erfuhren durch das Toleranzreskript vom August 1801 eine deutliche Aufwertung.
Die tatsächliche rechtliche Gleichstellung (Parität) von Katholiken und Protestanten erfolgte im Religionsedikt vom 10. Januar 1803, das allen Untertanen christlichen Glaubens die gleichen Bürgerrechte zusprach. Nicht zu unterschätzen ist dabei auch der Einfluss von Max IV./I. Josephs zweiter Frau, der protestantischen Königin Karoline (vgl. Kat.Nr. 13.4). Der Ehevertrag von 1797 regelte die Bedingungen ihrer Religionsausübung und sicherte Karoline vollkommene Freiheit zu. Des Weiteren wurden ihr sowohl ein eigener evangelischer Betsaal in der Residenz als auch ein eigener Kabinettsprediger zugestanden. Letzterer traf 1799 in Ludwig Friedrich Schmidt als erstem protestantischem Prediger in München ein, am 12. Mai wurde in Schloss Nymphenburg der erste evangelische Gottesdienst gefeiert und 1800 schließlich der zugesicherte Betsaal in der Residenz eröffnet. Danach durften neben den 150 evangelischen Mitgliedern des Hofstaats auch Münchner Bürger an den Gottesdiensten teilnehmen.
Das in ganz Deutschland als Vorbild wirkende Edikt von 1803 wurde 1809 bestätigt und in der Verfassung 1818 festgeschrieben. Damit wurde auch die Integration der mehrheitlich protestantischen Gebiete, die während der napoleonischen Kriege an Bayern gefallen waren, wesentlich erleichtert (1815, also noch ohne Rheinpfalz, lebten in Bayern bereits über 750.000 Lutheraner und Reformierte und sie bildeten ein Viertel der Gesamtbevölkerung), auch wenn sich die unterschwelligen Konflikte zwischen Katholiken und Protestanten, wie zwischen

Lutheranern und Reformierten erst im Laufe der Jahrzehnte glätteten.
Mit dem Religionsedikt von 1809 hatte Montgelas „sein aufgeklärt-territorialistisches Staatskirchensystem gekrönt", wie Karl Möckl zutreffend feststellt.[2] Allen Einwohnern wurde grundsätzlich Gewissensfreiheit und Toleranz garantiert. Die drei christlichen Konfessionen (Katholiken, Reformierte, Lutheraner) genossen eine herausgehobene Position. Die innerkirchliche Autonomie begrenzten erhebliche staatliche Einflussmöglichkeiten auf allen Feldern, die als weltlich oder als „causa mixta" galten. „Durch diese Aufsicht sollten die Kirchen dem Zweck der religiösen und moralischen Belehrung des Volkes im Sinne der staatlichen Autorität dienen."[3]
1808 wurde der lang gehegte Plan verwirklicht, eine oberste Kirchenleitungsbehörde einzurichten. Diese fungierte im Innenministerium als paritätisch besetzte Sektion in Kirchengegenständen. Für die evangelischen Gemeinden, lutherisch oder reformiert, war die Kirchensektion in Ausübung des ius episcopale zugleich „Generalkonsistorium für die in dem Reiche öffentlich rezipierten protestantischen Konfessionen". Auf mittlerer Ebene folgte ab 1809 die Bildung von Generaldekanaten als staatliche Behörden bzw. als Aufgabe der Generalkreiskommissariate, darunter die Errichtung von Dekanaten.
Die Konsistorialordnung vom 8. September 1809 war ein Organisationsstatut für die „Protestantische Gesamtgemeinde", das zur Grundlage für die Ausbildung einer einheitlichen Landeskirche wurde.
Die Konstitution und das mit ihr in unmittelbarer Verbindung stehende Religionsedikt von 1809 dürfen somit, zusammen mit weiteren rechtlichen Festlegungen, auch als Gründungsdokumente der evangelischen Landeskirche in Bayern angesehen werden. Mit dem Edikt über die Protestantische Gesamtgemeinde vom 26. Mai 1818, dem Anhang II zum Religionsedikt der Verfassungsurkunde von 1818, wurde der Entstehungsprozess der protestantischen Landeskirche endgültig abgeschlossen. Für die protestantischen Kirchenangelegenheiten war nunmehr ein dem Innenministerium nachgeordnetes Oberkonsistorium zuständig, dem drei Konsistorien in Ansbach, Bayreuth und Speyer unterstanden.
Die mit der Kurie bereits 1802 aufgenommenen Konkordatsverhandlungen verliefen schleppend. Lange Unterbrechungen waren Folge der bayerischen Staatskirchenpolitik mit ihrer Verschärfung der staatlichen Oberaufsicht. Erst 1817 konnte ein Abschluss erreicht werden, der die Verfassung der katholischen Kirche in Bayern mit zwei Erzbischöfen und je drei Suffraganbischöfen sowie die staatliche Kirchenaufsicht regelte (vgl. Kat.Nr. 13.12). Dem König wurde das Nominationsrecht für die Bischöfe und das Präsentationsrecht für die landesherrrlichen Pfarreien und Benefizien zugesprochen, der Staat verzichtete unter anderem auf gewisse Kontrollrechte und auf ein Mitwirkungsrecht bei der Ausbildung des Klerus. Die offensichtlichen Widersprüche zum Religionsedikt versuchte man dadurch aus der Welt zu schaffen, dass man diesem verfassungsergänzenden Edikt, das als „zweyte Beylage der Verfassungs-Urkunde des Reichs" veröffentlicht wurde, das Konkordat als „Anhang I" und das so genannte Protestantenedikt als „Anhang II" nachordnete.
Damit war zum einen die Parität der Konfessionen in der Verfassungssystematik wiederhergestellt, zum zweiten enthielt das Religionsedikt staatskirchenrechtliche Regelungen, die das Konkordat weitgehend aushebelten. Die drei christlichen Konfessionen wurden ausdrücklich gleichgestellt, die Kirchen unterstanden in ihren äußeren Angelegenheiten voll der staatlichen Gesetzgebung, gegen den Missbrauch der geistlichen Gewalt konnte der Schutz des Landesherrn angerufen werden, und – besonders kontrovers – auch innerkirchliche Anordnungen konnten nur mit königlicher Genehmigung erscheinen. Tatsächlich lebten katholische Kirche und Staat in Bayern bis 1924 mit zwei sich offen widersprechenden staatskirchenrechtlichen Grundgesetzen ausgesprochen spannungsreich zusammen.

2 Dokumente zur Geschichte von Staat und Gesellschaft III/1, S. 124.
3 Schimke, Regierungsakten, S. 495.

Eine Verbesserung der gesellschaftlichen und rechtlichen Situation der Juden in Bayern wurde mit der Verordnung über die rechtlichen Verhältnisse der jüdischen Einwohner Münchens vom 25. April 1805 eingeleitet. An die Stelle der Schutzbriefe trat nun eine Matrikel, mit der vor allem eine quantitative Kontrolle erreicht werden sollte. Diese diskriminierende Matrikelregelung fand auch Eingang in das ansonsten eingeschränkte bürgerliche Rechte zugestehende Edikt über die bürgerlichen Verhältnisse der Juden in Bayern von 1813 (vgl. Kat.Nr. 13.8 und 13.9), das in die Verfassungsurkunde von 1818 übernommen worden ist.
„Die Matrikelregelung galt in Bayern bis 1861, die rechtliche Sonderstellung der jüdischen Bürger wurde erst mit dem Eintritt Bayerns in das Deutsche Reich 1871 beendet, womit Bayern in Deutschland die längste Phase der unvollständigen Emanzipation des jüdischen Bevölkerungsteils hatte."[4]

[4] Schimke, Regierungsakten, S. 547.

13.1 Im Dienst für Toleranz und Staatsaufsicht: Georg Friedrich von Zentner

a) Um 1830
Porträt Zentners.
b) 1808 August 25, München
Ernennung Zentners zum Geheimen Rat.

Georg Friedrich von Zentner (1752–1835) zählte zu den einflussreichsten Ministerialbeamten der Montgelas-Zeit und gilt als einer der Protagonisten der damaligen verfassungsrechtlichen Umbrüche. Geboren als Sohn eines wohlhabenden pfälzischen Bauern hatte der geadelte Juraprofessor bereits einen steilen sozialen Aufstieg erlebt, als er 1799 zum Geheimen Referendär im neu errichteten Departement der Geistlichen Angelegenheiten ernannt wurde. An dieser Schaltstelle der Kirchenpolitik nahm er wesentlichen Einfluss auf die bald darauf einsetzende Neuausrichtung des Staates gegenüber der Kirche. Infolge der konstitutionell bedingten Verwaltungsreformen übernahm Zentner 1808 die Leitung der neugegründeten Sektion für die öffentlichen Unterrichts- und Erziehungsanstalten im Departement des Innern und erhielt die Berufung in den Geheimen Rat. Neben vielfältigen Aufgaben in der Bildungs- und Kommunalpolitik blieb er weiterhin mit kirchlichen Angelegenheiten betraut. In den Religionsedikten vom 24. März 1809 (vgl. Kat.Nr. 13.5) und vom 26. Mai 1818, die inhaltlich auf dem ebenfalls von ihm verfassten Religionsedikt vom 10. Januar 1803 aufbauten, wurde das neue Staatskirchenrecht in feste Bahnen geleitet. Gemeinsam mit dem Protestantenedikt vom 26. Mai 1818, das ebenfalls Zentners Handschrift trägt, regelten diese Vorschriften die kirchlichen Verhältnisse beider Konfessionen in Bayern für die folgenden hundert Jahre. Die Voraussetzung dafür war die Integration des Religionsedikts in das Verfassungswerk von 1818, dem das eher kirchenfreundliche Konkordat von 1817 (vgl. Kat.Nr. 13.12) formal nachgeordnet blieb.

13.1a

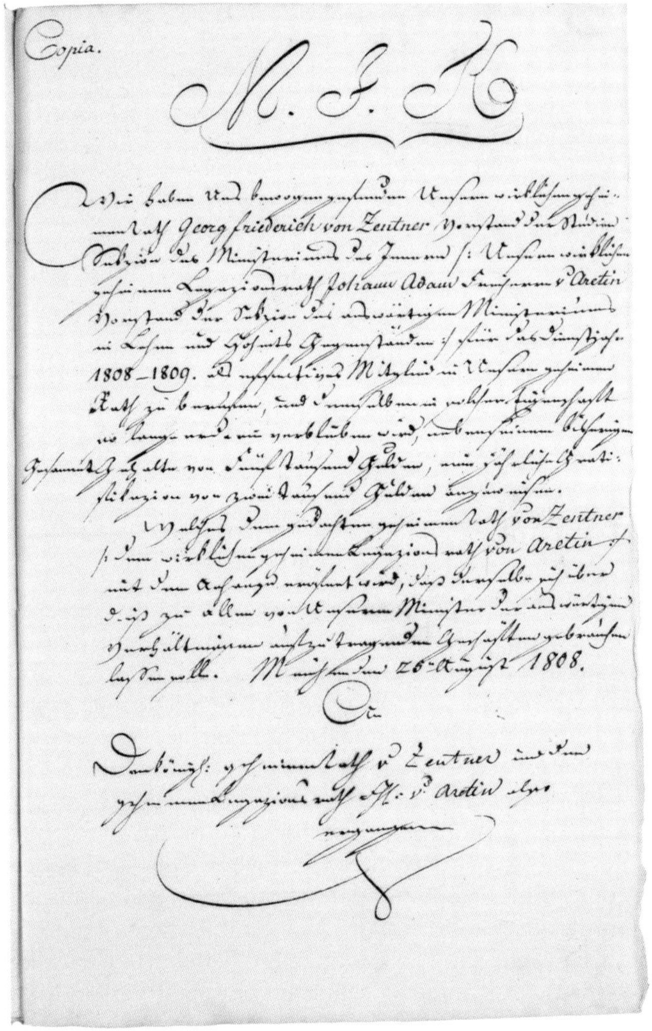
Copia.

M. J. K.

… Georg friederich von Zentner … Johann Adam Freyherrn v. Aretin …

1808–1809 …

… von Zentner … von Aretin …

… 26. August 1808.

… v. Zentner … v. Aretin …

13.1b

Indem Zentner durch diesen geschickten Zug seine etatistischen Ansichten weitgehend zur Geltung bringen konnte, blieb den Kirchen nur heftige Kritik an ihren geringen Selbstbestimmungsrechten und der weitgehenden Unterordnung unter die Aufsicht der Ministerialbürokratie. Davon unberührt blieb die weitere Karriere Zentners: Nachdem er als persönlicher Gegner Montgelas' bereits maßgeblich an dessen Sturz 1817 beteiligt gewesen und 1819 in den Freiherrenstand erhoben worden war, amtierte er ab 1823 als Justiz-, 1827/28 kurzzeitig auch als Außenminister, ehe er 1831 in den Ruhestand versetzt wurde (vgl. a. 12.3b).

a) Lithographie von Franz Seraph Hanfstaengl, 56 x 36 cm.

b) Schreiben (Abschrift), 34 x 43 cm (eingebunden in Akt).

a) München, Bayerische Staatsbibliothek, Bildersammlung, Portr. E.

b) Bayerisches Hauptstaatsarchiv, MF 37622.

Literatur: Franz Dobmann, Georg Friedrich Freiherr von Zentner als bayerischer Staatsmann in den Jahren 1799–1821 (Münchener Historische Studien, Abt. Bayerische Geschichte 6), Kallmünz 1962. – AK Bayern entsteht, S. 133 f. – AK Bayern ohne Klöster? S. 39 f. (Abb. S. 40) – Walter Schärl, Die Zusammensetzung der bayerischen Beamtenschaft 1806–1918 (Münchner Historische Studien, Abt. Bayerische Geschichte 1), Kallmünz 1955, S. 118. – Reinhard Heydenreuter, Der bayerische „Verfassungsvater". Zum 250. Geburtstag des Kurpfälzers Georg Friedrich Freiherr von Zentner. In: Die Pfalz 53/4 (2002) S. 6 f.

(Michael Unger)

13.2 Säkularisation: Aufhebung der Klöster

1802 Januar 25, München
Errichtung der „Spezialkommission in Klostersachen".

Noch vor dem Reichsdeputationshauptschluss von 1803, der u.a. die Säkularisation der Klöster legitimierte, wurde im August 1801 eine Kommission für die kirchlichen und Klostervermögen der oberen Lande eingerichtet, bestehend aus den Referendären Georg Friedrich von Zentner, Franz von Krenner, Hubert Steiner und Maximilian von Branca. Unter dieser Vierer-Kommission wurde am 25. Januar 1802 die Spezialkommission in Klostersachen unter dem Präsidenten des Geistlichen Rats Graf Seinsheim gebildet und mit der Leitung der Aufhebungen betraut, die vor Ort durch Lokalkommissare vorgenommen wurden. Die Besitzungen der Bettelorden wurden beschlagnahmt und die Mönche vom Staat versorgt, da ihnen das Betteln fortan verboten war. Die ständischen Klöster und Stifte folgten innerhalb eines Jahres, insgesamt wurden ca. 160 aufgehoben. Die Folgen der Säkularisation wirkten sich sowohl auf die Kirche selbst als auch durch die Umwälzungen im Bereich der Herrschaft und Wirtschaft sowie durch die Vernichtung von Kulturgütern auf einen großen Teil der Bevölkerung aus.

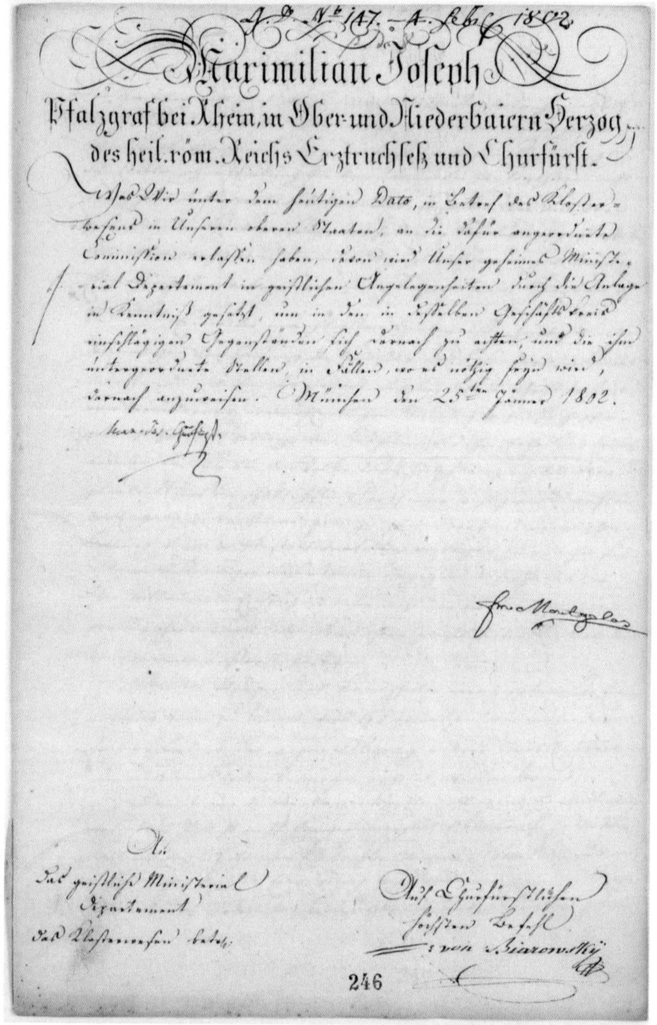
Maximilian Joseph
Pfalzgraf bei Rhein, in Ober- und Niederbaiern Herzog, des heil. röm. Reichs Erztruchseß und Churfürst.
246

13.2

Schreiben mit Beilage, 12 S. (Autor: Zentner), mit Unterschriften von Kurfürst Max IV. Joseph und Montgelas, 33 x 21,5 cm (lose im Akt).

Bayerisches Hauptstaatsarchiv, Staatsverwaltung 497/1.

Lit.: AK Bayern ohne Klöster? S. 42 Nr. 17a. – Dobmann, Zentner (wie Kat.Nr. 13.1) S. 33–52. – Rudolf Vierhaus, Säkularisation als Problem der neueren Geschichte. In: Irene Crusius (Hrsg.), Zur Säkularisation geistlicher Institutionen im 16. und im 18./19. Jahrhundert, Göttingen 1996, S. 13–30. – Hans Maier, Säkularisation. Schicksale eines Rechtsbegriffs im neuzeitlichen Europa. In: Alois Schmid (Hrsg.), Die Säkularisation in Bayern 1803. Kulturbruch oder Modernisierung? (Beihefte zur ZBLG, Reihe B 23), München 2003, S. 1–28. – Reinhard Stauber, Zwischen Finanznot, Ideologie und neuer Staatsordnung. In: Ebd., S. 111–151. – Eberhard Weis, Montgelas und die Säkularisation der bayerischen Klöster 1802/03. In: Ebd., S. 152–255. – Manfred Weitlauff, Die Säkularisation in Bayern. In: Ebd., S. 29–84. – Rainer Braun, Klöster in Bayern um 1800 – eine Bestandsaufnahme (Forum Heimatforschung. Ziele – Wege – Ergebnisse, Sonderheft 2), München 2005.

(Marcus Sporn)

13.3 Verleihung des Bürgerrechts an den Protestanten Johann Baptist Michel

1801 Juli 29, Nymphenburg
Befehl von Kurfürst Max IV. Joseph an den Münchner Stadtmagistrat.

Im konfessionell geprägten Bayern war es Nicht-Katholiken vor 1800 nur mit einer Ausnahmegenehmigung möglich, ansässig zu werden. Erst mit dem Amtsantritt Max IV. Josephs änderte sich die Anschauung der Regierung. Zunächst noch ausschließlich zum internen Gebrauch wurde am 10. November 1800 in der „Amberger Resolution" zum Ausdruck gebracht, dass der Katholizismus nicht mehr Vorbedingung für die Ansässigmachung sein sollte.
Die Umsetzung der staatlich verordneten Toleranz in der Praxis verlief dabei alles andere als konfliktfrei. Ins Bewusstsein der Öffentlichkeit drang die neue Politik, als

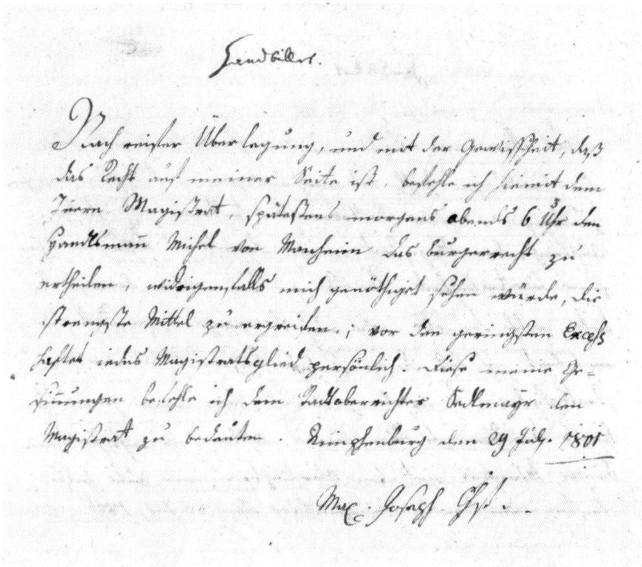

13.3

im Frühjahr 1801 der Mannheimer Bürger, Pferdehändler und – besonders wichtig – reformierte Protestant Johann Balthasar Michel um die Erlaubnis nachsuchte, die Gaststätte der Familie Rasp in der Münchner Rosengasse kaufen zu dürfen und das Bürgerrecht zu erhalten. Aus Furcht vor Konkurrenz, Fremdenfeindlichkeit sowie Angst vor der Entkonfessionalisierung Bayerns wurde sein Anliegen durch den Magistrat dilatorisch behandelt, an die Landschaft weitergegeben und von dieser schließlich abschlägig beschieden.
Da die Regierung Montgelas dies als unzulässigen Eingriff in ihre Entscheidungskompetenz ansah, wollte sie das Bürgerrecht für Michel durchsetzen. Nach zwei Monaten der Konfrontation griff der Kurfürst zur Beilegung der zum Teil heftigen Auseinandersetzungen klärend ein: „Nach reifer Überlegung" befahl er dem Münchner Stadtmagistrat „spätestens morgen abends um 6 Uhr dem Handelsmann Michel von Mannheim das Bürgerrecht zu ertheilen, widrigenfalls ich mich genöthiget sehen würde, die strengsten Mittel zu ergreifen". Um

dem Nachdruck zu verleihen, machte er jedes Mitglied des Magistrats persönlich für die Anweisung haftbar. Kleinlaut gaben die Stadtoberen daraufhin nach, Michel erhielt seine Urkunde. Um die Wogen zu glätten, belobigte der Kurfürst den Magistrat nach der Umsetzung seines Befehls.
Wie wichtig dies auch persönlich für den Weinwirt war, zeigt sich in seiner Bereitschaft, bei einem Gesamtvermögen von 600 Gulden die anfallende Gebühr von 470 Gulden zu bezahlen. Dagegen war die normale Bevölkerung zunächst besorgt. Angeblich wäre darauf gewartet worden, dass der Blitz in Michels Haus einschlagen würde. Dennoch wurde nach seinem Tod 1818 die Erinnerung an den ersten Münchner protestantischen Bürger aufrechterhalten. Auf seiner Grabinschrift heißt es, er sei „dieser Ehre wert" gewesen.
Damit war ein Präzedenzfall geschaffen worden, der den weiteren Zuzug von Protestanten nach München ermöglichte. Umgekehrt wurde in mehrheitlich protestantischen Gebieten, beispielsweise der ehemals freien Reichsstadt Nürnberg, die Gleichstellung der Katholiken mit der protestantischen Mehrheit obrigkeitlich verordnet.

Abschrift als Beilage eines Schreibens des Stadtmagistrats an die bayerische Landschaft, 34 x 21 cm.

Bayerisches Hauptstaatsarchiv, GR Fasz. 1256 Nr. 11 (als Abschrift auch in BayHStA, Altbayerische Landschaft 1044; Original im Stadtarchiv München, Einwohneramt 200, AK CIIa 2/150).

Literatur: Geschichte der ersten Bürgeraufnahme eines Protestanten in München. Ein Beitrag zur Charakteristik der Baierischen Landstände mit Urkunden, o.O. 1801. – Claus-Jürgen Roepke, Die Protestanten in Bayern, München 1972, S. 330–333. – Lothar Gall, Vom alten zum neuen Bürgertum. Die mitteleuropäische Stadt im Umbruch. Bürgertum in München 1780–1820, München 1991, S. 641–643. – AK Wittelsbach und Bayern III/2, S. 175 f. – AK Bayerns Krone 1806, S. 166.

(Martin Schramm)

13.4 Eine protestantische Königin: Karoline (1776–1841)

1821
Pastellgemälde von Johann Baptist Hirschmann.

Königin Karoline von Bayern – hier gemalt mit blauem Diadem und dazu passendem Collier – war die älteste Tochter des Erbprinzen Karl Ludwig von Baden und seiner Frau Amalie. Im Jahre 1796 begegnete sie als badische Prinzessin zum ersten Mal ihrem späteren Mann Max Joseph – damals noch Herzog von Zweibrücken und erst seit kurzem Witwer – in Ansbach, wo sich beide gerade im Exil aufhielten. Max Joseph entschloss sich zügig zu einer Heirat, wobei die protestantische Konfession der Braut keine unbedeutende Rolle spielte. Bereits die erste Gattin Max Josephs war Protestantin gewesen wie auch große Teile seiner Verwandtschaft väterlicherseits. Damit handelte Max Joseph im Geiste des ebenfalls 1796 formulierten „Ansbacher Mémoires" seines Beraters Montgelas, in dem dieser religiöse Toleranz befürwortete und vorschlug, auch Protestanten im bisher ausschließlich katholischen Altbayern Niederlassungsfreiheit zu gewähren, was bis 1801 umgesetzt wurde (vgl. Kat.Nr. 13.3).
Von nicht zu unterschätzender Bedeutung war Karoline für die Integration der protestantischen Neubürger Bayerns in Schwaben und Franken, die im Zuge der napoleonischen Kriege an Bayern fielen. Ziel der Politik dieser Jahre war es, Gleichberechtigung für katholische, lutherische und reformierte Untertanen zu erreichen.
Mit dem Tod Max I. Josephs 1825 und dem Regierungsantritt von Karolines Stiefsohn Ludwig I. änderte sich die tolerante religiöse Situation allerdings: Ludwig setzte wieder auf die katholische Prägung Bayerns, und dies obwohl seine Frau Therese von Sachsen-Hildburghausen ebenfalls protestantisch war.
Allzu deutlich wurde die schwierigere Lage der protestantischen Bevölkerung bei der Beisetzung Karolines 1841, als den protestantischen Geistlichen, die den Lei-

13.4

chenzug begleiteten, der Zutritt zur Theatinerkirche nicht gestattet wurde. Der Sarg Karolines musste durch in Zivil gekleidete katholische Geistliche unter Verzicht auf liturgische Formen in die königliche Gruft gebracht und dort beigesetzt werden.

Pastellgemälde, H 60 x B 50x T 6 cm.

Bayerisches Hauptstaatsarchiv, F. Verz. II, Inventarnr. 1/17.

Literatur: Adalbert Prinz von Bayern, Max I. Joseph von Bayern. Pfalzgraf, Kurfürst und König, München 1957. – Anna Lore Bühler, Karoline, Königin von Bayern. Beiträge zu ihrem Leben und ihrer Zeit, Diss. masch. München 1941. – Margot Hamm, Die erste bayerische Königin war Caroline von Baden. Caroline von Baden (1776–1841). In: AK Bayern entsteht, Nr. 35. – Hermann Rumschöttel, Caroline von Baden und die Anfänge der evangelischen Kirche in Bayern. In: 1881–2006. 125 Jahre Evangelische Stadtkirche Bad Reichenhall, hrsg. vom Evangelisch-Lutherischen Pfarramt Reichenhall, Berchtesgaden 2006, S. 16–18.

(Stefanie Albus)

13.5 Neuregelung des Verhältnisses zwischen Staat und Religionsgemeinschaften

1809 März, München
Entwurf des Religionsedikts vom 24. März 1809.

Ihren vorläufigen Höhepunkt erreichte die Toleranzgesetzgebung der Regierung Montgelas im Frühjahr 1809. Am 16. März 1809 hielt der Geheime Rat Georg Friedrich von Zentner in der Staatskonferenz Vortrag. Dabei berichtete er über den bereits überarbeiteten Entwurf des organischen Edikts „über die äußere[n] Rechts Verhältniße der Einwohner des Königreichs Baiern in Beziehung auf Religion und kirchliche Gesellschaften zur näheren Bestimmung der §.§. VI und VII des ersten Titels der Konstitution" (Sitzungsprotokoll des Geheimen Rats vom 16. März 1809, BayHStA, StR 160, S. 1-23, hier: S. 5 ff.). Sieben Tage später, am 23. März 1809, genehmigte Max Joseph das neue Edikt, das auf den folgenden Tag datiert wurde. Das Religionsedikt bündelte die Bestimmungen der bisherigen Toleranzgesetzgebung, ging aber in manchen Bereichen über die bisherigen Edikte hinaus: Es garantierte jedem Einwohner Bayerns die volle Glaubens- und Gewissensfreiheit. Künftig sollte die Religion keinen grundsätzlichen Einfluss mehr auf diejenigen Rechte und Pflichten haben, die dem zum Bürger erhobenen Untertanen innerhalb von Staat und Gesellschaft zustanden. Eine Ausnahme bildeten jedoch die Angehörigen derjenigen Glaubensgemeinschaften, die nicht den drei christlichen Konfessionen (Lutheraner, Reformierte, Katholiken) angehörten, also vor allem die Juden. Letztere galten nicht als Angehörige der öffentlich aufgenommenen „Kirchen-Gesellschaften", denen das Edikt vom 24. März 1809 den Charakter öffentlicher Korporationen zusprach.

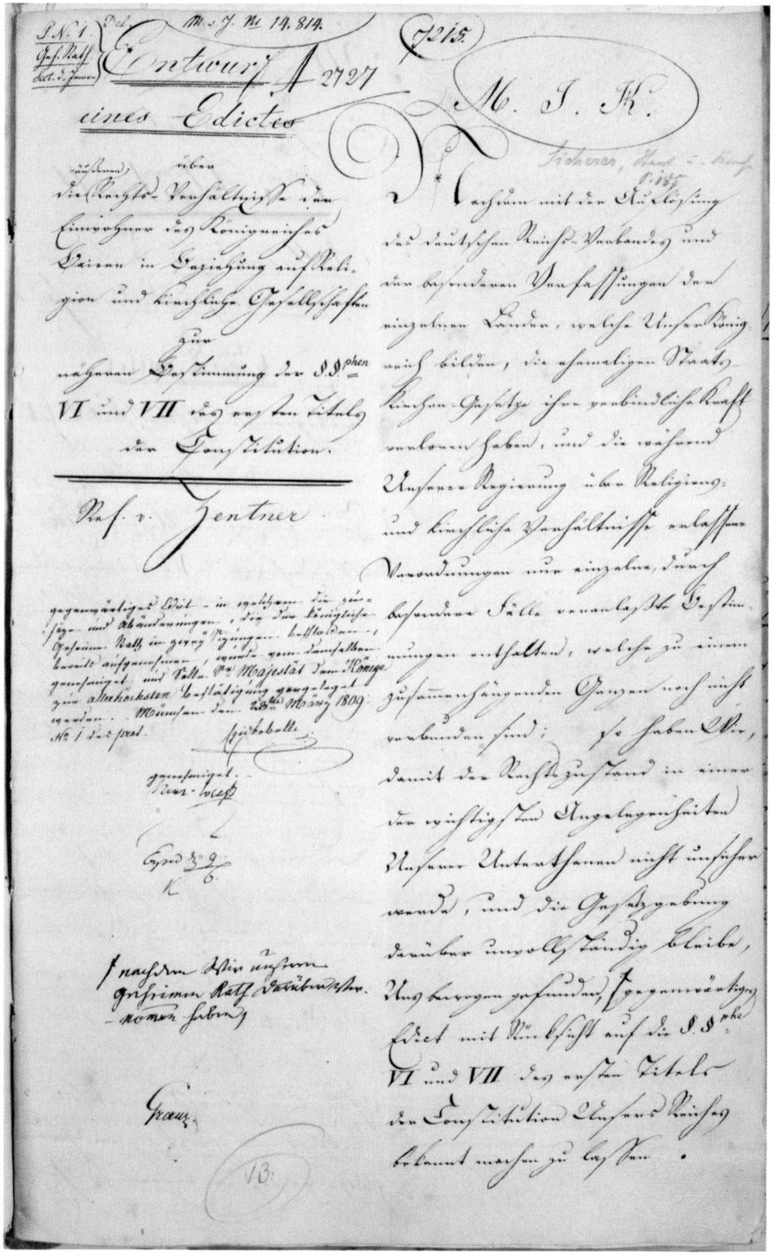
M. J. Nr 14.814.
7215
Entwurf 2727
eines Edictes
M. J. K.
über
die Rechts-Verhältnisse der Einwohner des Königreiches Baiern in Beziehung auf Religion und kirchliche Gesellschaften
zur
näheren Bestimmung der §§phen VI und VII des ersten Titels der Constitution.
Ref. v. Zentner
Nachdem mit der Auflösung des deutschen Reichs-Verbandes und der besonderen Verfassungen der einzelnen Lande, welche Unser Königreich bilden, die ehemaligen Staats-Kirchen-Gesetze ihre verbindliche Kraft verloren haben, und die während Unserer Regierung über Religions- und kirchliche Verhältnisse erlassenen Verordnungen nur einzelne, durch besondere Fälle veranlaßte Bestimmungen enthalten, welche zu einem zusammenhängenden Ganzen noch nicht verbunden sind; so haben Wir, damit der Rechtszustand in einer der wichtigsten Angelegenheiten Unserer Unterthanen nicht unsicher werde, und die Gesetzgebung darüber unvollständig bleibe, Uns bewogen gefunden, gegenwärtiges Edict mit Rücksicht auf die §§phe VI und VII des ersten Titels der Constitution Unseres Reiches bekannt machen zu lassen.

13.5

Mit diesem Status verbanden sich zahlreiche Vorzüge, die den bloß genehmigten „Privat-Kirchen-Gesellschaften" versagt blieben: Beispielsweise war ihnen der Gebrauch von Kirchenglocken gestattet, ihre Geistlichen genossen die gleichen Ehrenrechte wie die staatlichen Beamten und ihr Eigentum stand unter dem besonderen Schutz des Staates, der ausdrücklich auf eine künftige Vermögenssäkularisation verzichtete. Gemeinsam war allen Glaubensgemeinschaften, dass ihre Zulassung dem Staat oblag. Zwar garantierte das Edikt vom 24. März 1809 allen Religionsgemeinschaften das Recht, ihre inneren Angelegenheiten selbst zu ordnen. Aber diese Autonomie fand ihre Grenzen in umfassenden staatlichen Kompetenzen und Aufsichtsrechten in kirchlichen Angelegenheiten. Daher beinhaltete das Religionsedikt auch eine Reihe von Bestimmungen, die das friedliche Zusammenleben der einzelnen Glaubensgemeinschaften gewährleisten sollten.
Eine Trennung von Staat und Kirche wurde mit dem Religionsedikt von 1809 nicht vollzogen. Vielmehr erreichte die Macht der Krone im geistlichen Bereich bis zum Abschluss des Konkordats von 1817 (s. Kat.Nr. 13.12) einen neuen Höhepunkt.

Handschriftlicher Entwurf, 17 Bl., 33,5 x 21,3 cm, königliches Oblatensiegel, abgezeichnet und mit Weisung zur Publikation versehen durch die Hand König Max Josephs und Montgelas'.

Bayerisches Hauptstaatsarchiv, MK 20026, Prod. 13.

Druck: RBl 1809, 897.

Literatur: Weis, Montgelas Bd. 2, S. 249 ff. – Ders., Die Begründung des modernen bayerischen Staates unter König Max I. (1799–1825). In: Spindler IV/1, S. 3–26, hier S. 53, 85 ff. – Gerhard Pfeiffer, Die Umwandlung Bayerns in einen paritätischen Staat. In: Bayern, Staat und Kirche, Land und Reich. Forschungen zur bayerischen Geschichte vornehmlich im 19. Jahrhundert. Wilhelm Winkler zum Gedächtnis (Archiv und Wissenschaft, Schriftenreihe der Archivalischen Zeitschrift 3), München 1960, S. 35–109, hier S. 35 f., 57 f., 64 ff., 90 ff., 106 ff. – Andreas Kraus, Geschichte Bayerns. Von den Anfängen bis zur Gegenwart, München 1983, S. 424 ff. – AK Wittelsbach und Bayern III/2, Nr. 328-329B. – Ulrike Paul – Uwe Puschner, Toleranz: In: Ebd., S. 174.

(Michael Puchta)

13.6 Einheitliches Gesangbuch

1814, Sulzbach
„Gesangbuch für die protestantische Gesammt-Gemeinde des Königreichs Baiern".

Zu Beginn des 19. Jahrhunderts gab es in den neu zu Bayern gekommenen Gebieten über 30 offizielle evangelische Gesangbücher, aber kein einheitliches Gesangbuch für die neu gebildete protestantische Landeskirche. Nach den Vorstellungen des Theologen Friedrich Immanuel Niethammer (1766–1848) war dies aber ein wesentliches Mittel zur Zusammenfassung aller evangelischen Gemeinden in Bayern. Neben Niethammer engagierte sich auch Ludwig Friedrich Schmidt, der Kabinettsprediger von Königin Karoline, sehr stark für ein einheitliches Gesangbuch. So wurde nach einem Antrag Schmidts 1810 das Generalkonsistorium offiziell mit einer Neuschaffung beauftragt. 1811 erteilte König Max Joseph der Pfarrwitwenkasse ein Verlagsprivileg. Das erste „Gesangbuch für die protestantische Gesammt-Gemeinde des Königreichs Baiern" wurde 1814 in Sulzbach bei Johann Esaias Seidel gedruckt. Ende Oktober 1814 war der Druck der ersten Auflage von 15000 Exemplaren vollendet. Es war sowohl für Lutheraner als auch für Reformierte bestimmt und enthielt 775 Lieder. Federführend bei Sammlung und Auswahl der Lieder war Ludwig Friedrich Schmidt.
Ein Mangel des Gesangbuches bestand darin, dass es keine Noten enthielt, sondern nur lückenhafte Melodiezuweisungen. Deshalb wurde 1815 Musikdirektor Justin Heinrich Knecht aus Biberach mit der Erstellung eines Choralbuches beauftragt.
Trotz aller Mängel aber war mit der Einführung des ersten einheitlichen Gesangbuches ein wichtiger Schritt beim Zusammenschluss der evangelischen Gemeinden in Bayern gelungen.

Druck, Papier, Titelblatt; 16,5 x 11 cm (geschlossen).

München, Bayerische Staatsbibliothek, Bibl. Mont. 4393.

Literatur: Matthias Simon, Evangelische Kirchengeschichte Bayerns, Nürnberg 1952, S. 524 f., 563 f. – Günter Henke, Die Anfänge der evangelischen Kirche in Bayern. Friedrich Immanuel Niethammer und die Entstehung der Protestantischen Gesamtgemeinde (Jus Ecclesiasticum 20), München 1974, S. 273–284. – 175 Jahre Evangelische Kirche in München, Katalog zur Ausstellung des Landeskirchlichen Archivs im Haus der Kirche in München, Juli – Oktober 1976, München 1976. – AK Wittelsbach und Bayern III/2, Nr. 336a. – Gerhard Müller – Horst Weigelt – Wolfgang Zorn (Hrsg.), Handbuch der Geschichte der Evangelischen Kirche in Bayern, Bd. 2: 1800–2000, St. Ottilien 2000, S. 185 f.

(Monika von Walter)

13.7 St. Matthäus – erste evangelische Kirche in München

1827, München
Fassade der neuen protestantischen Pfarrkirche in München.

Mit der Übersiedelung des späteren Königs Max I. Joseph und seiner evangelischen Gemahlin Karoline 1799 nach München bildete sich eine kleine evangelische Hofgemeinde, deren Gottesdienste zunächst in Schloss Nymphenburg und in einem eigens dafür eingerichteten Betsaal in der Residenz stattfanden. Da die Gemeinde stetig anwuchs, reichten diese Räumlichkeiten bald nicht mehr aus. Deshalb übereignete König Max Joseph der 1806 neu errichteten evangelischen Pfarrei München die Salvatorkirche, die jedoch aufgrund ihrer Baufälligkeit nicht genutzt werden konnte. Nach jahrelangen vergeblichen Verhandlungen zwischen Dekanat und Ministerien hinsichtlich der Renovierung der Salvatorkirche und mehreren immer wieder verworfenen Plänen von Leo von Klenze zum Neubau einer Kirche erhielt im August 1826 der Oberbaurat Johann Nepomuk Pertsch ganz überraschend den Auftrag zum Entwurf eines Kirchenneubaus. Nach kontroversen Diskussionen über Standort und Kosten genehmigte König Ludwig I. schließlich die Pläne zu diesem Bauvorhaben am Beginn der Sonnenstraße unweit des Karlsplatzes. Am 5. August 1827 wurde der Grundstein gelegt, am 25. August 1833 wurde die Kirche eingeweiht. Sie erhielt 1885 den Namen St. Matthäus. Von Anfang an nahm die Matthäuskirche eine singuläre Stellung ein, da sie als eine Art Kathedral-Kirche aller Protestanten des ganzen Königreichs betrachtet wurde. Aufgrund ihrer exponierten Lage stand sie später den Aufmarschplänen der Nationalsozialisten im Wege und wurde deshalb 1938 abgerissen. Nach dem Krieg wurde am Sendlinger-Tor-Platz in der Nußbaumstraße eine neue Matthäuskirche errichtet, die heute evangelische Bischofskirche ist.

Fassadenaufriss, Feder, grau und rosa laviert, 69,2 x 56,8 cm.

Bayerisches Hauptstaatsarchiv, OBB KuPl 3688.

Literatur: Winfried Nerdinger (Hrsg.), Klassizismus in Bayern, Schwaben und Franken. Architekturzeichnungen 1775–1825 (Ausstellungskataloge der Architektursammlung der Technischen Universität München und des Münchner Stadtmuseums 3), München 1980, S. 84–87. – Evangelisch-Lutherisches Pfarramt St. Matthäus (Hrsg.), Eine Kirche, die Hitler im Wege stand. Dokumentation der Ausstellung vom 14. Juni 1998 bis 9. Mai 1999 zur Erinnerung an die Zerstörung der alten St. Matthäuskirche in München im Juni 1938, München 1999.

(Monika von Walter)

Façade
der neuen protestantischen Pfarrkirche in München

13.7

13.8 Rechtsverhältnisse der Juden in Bayern

1811
„Zusammenstellung der Beschlüsse der Polizey Section [im Innenministerium] über die bürgerliche Verbesserung der Juden".

Vor 1800 bildeten die Juden eine keinesfalls gleichberechtigte Minderheit innerhalb der christlichen Gesellschaft. In der zweiten Hälfte des 18. Jahrhunderts kam zunehmend der Gedanke der „Judenemanzipation" auf. Eng damit verbunden ist die Schrift des preußischen Verwaltungsbeamten Christian Wilhelm von Dohm „Über die bürgerliche Verbesserung der Juden" von 1781.
Während in Kurbayern seit 1553 – mit der Ausnahme weniger Hoffaktoren – keine Juden gelebt hatten, gab es in Franken und Schwaben zahlreiche und zum Teil auch sehr große jüdische Gemeinden. Insofern stand das Königreich Bayern nach 1806 vor der Herausforderung, rechtliche Regelungen für seine jüdische Bevölkerung zu schaffen.
Vor dem Hintergrund, durch künftige Rechtsverhältnisse eine „bürgerliche Verbesserung" der Juden in Bayern zu erreichen und sie somit zu „nützlichen" Untertanen zu machen, ist die vorliegende Zusammenstellung aus dem Jahr 1811 zu sehen. Sie besteht aus den fünf Abschnitten „Kirchliche Verfassung" (Art. 1–11), „Öffentlicher Unterricht" (Art. 12–14), „Erwerbsverhältnisse" (Art. 15–22), „Niederlassung und Heurathen der Juden" (Art. 23–25) und „Gemeindeverhältnisse" (Art. 26–29). Grundsätzlich wurde den Juden freie Religionsausübung (Art. 1) zugesichert und eine Einteilung in „kirchliche Gemeinden" von mindestens 50 Familien mit Synagoge und Rabbiner vorgesehen (Art. 2). Darüber hinaus wurden Vorgaben für eine Organisation mit Kreiskonsistorien und Zentralkonsistorium, die sich eng an die neu geschaffenen bayerischen Verwaltungsstrukturen anlehnte und bisherige korporative Einrichtungen der Juden ersetzen sollte, ge-

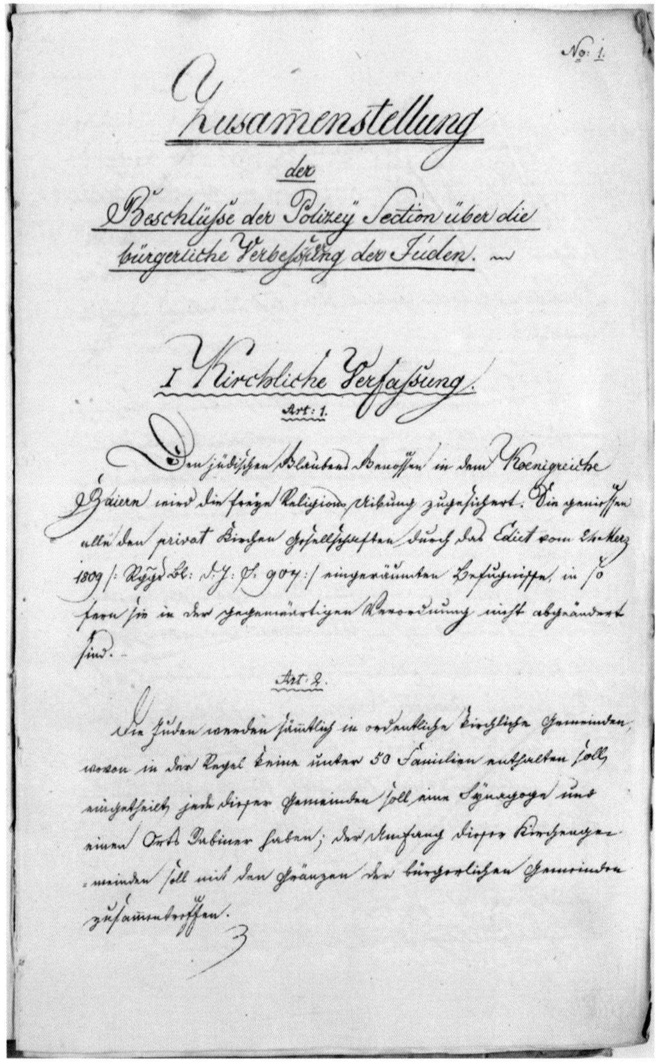
No: 1.

A

Zusamenstellung
der
Beschlüße der Polizey Section über die bürgerliche Verbeßung der Juden.

I Kirchliche Verfaßung.

Art: 1.

Den jüdischen Glaubens Genossen in dem Koenigreiche Baiern wird die freye Religions Uebung zugesichert. Sie genießen alle den privat Kirchen Gesellschaften durch das Edict vom 24. März 1809 / Regg. Bl.: S. 897 / eingeräumten Befugnisse, in so fern sie in der gegenwärtigen Verordnung nicht abgeändert sind.

Art. 2.

Die Juden werden sämtlich in ordentliche kirchliche Gemeinden, wovon in der Regel keine unter 50 Familien enthalten soll, eingetheilt, jede dieser Gemeinden soll eine Synagoge und einen Orts Rabiner haben; der Umfang dieser Kirchengemeinden soll mit den Gränzen der bürgerlichen Gemeinden zusammentreffen.

13.8

macht. Auf der anderen Seite nimmt das Bemühen um die „bürgerliche Verbesserung" der Juden großen Raum ein: die Erziehung der „jüdischen Jugend" und vor allem eine Abkehr von den „bisherigen ebenso unzureichenden

als gemeinschädlichen Erwerbsarten". Diese sollte durch die Gewährung gleicher Rechte bei der Berufswahl, aber auch restriktive Maßnahmen (höheres Mindestalter für eine Heiratserlaubnis und Niederlassungsbeschränkungen für Hausierer) erreicht werden. Außerdem wurde vorgesehen, dass Juden künftig deutsche Familiennamen annehmen sollten (Art. 24).
Die geschilderten Überlegungen flossen in das Judenedikt vom 10. Juni 1813 ein, das jedoch um einige Punkte, insbesondere die Anlage von Judenmatrikeln, erweitert wurde (vgl. Kat.Nr. 13.9).

Lithographierter Handakt, 18 Seiten, 34 x 49 cm, in Aktenband.

Bayerisches Hauptstaatsarchiv, StR 2093.

Druck: Stefan Schwarz, Die Juden in Bayern im Wandel der Zeiten, München 1963, S. 314–323.

Literatur: Stefan Schwarz, Die Juden in Bayern im Wandel der Zeiten, München 1963, S. 72–170. – Friedrich Battenberg, Das Europäische Zeitalter der Juden. Zur Entwicklung einer Minderheit in der nichtjüdischen Umwelt Europas, Darmstadt 1990, Bd. 2, S. 90–94.

(Till Strobel)

13.9 Die Judenmatrikel begrenzt die Zahl jüdischer Bürger

1814 November 16, Augsburg
Judenmatrikel der Stadt Augsburg: Immatrikulation von Simon Wallersteiner

Das Judenedikt von 1813 (RBl 1813, 922) ermöglichte der jüdischen Bevölkerung zwar den Zugang zur bayerischen Staatsbürgerschaft („Indigenat"), doch war es mit einer strengen zahlenmäßigen Beschränkung verbunden. Zur Kontrolle sollten laut § 2 des Edikts öffentliche Verzeichnisse geführt werden, die so genannten Judenmatrikeln (vgl. lat. „matrix" = Stammrolle). § 12 – der berüchtigte Matrikelparagraph – erlaubte in jedem Ort nur einer festgesetzten Anzahl jüdischer Familienoberhäupter mit ihren Angehörigen die Ansiedlung. Die Möglichkeit zusätzlicher Stellen „über die Zahl hinaus" war zwar gegeben (§ 13), setzte aber ein beträchtliches Vermögen (Unternehmen, Handwerksbetrieb, Grundbesitz) voraus und wurde in der Praxis bis in die 1830er Jahre hinein selten angewendet.

13.9 (Aktendeckel)

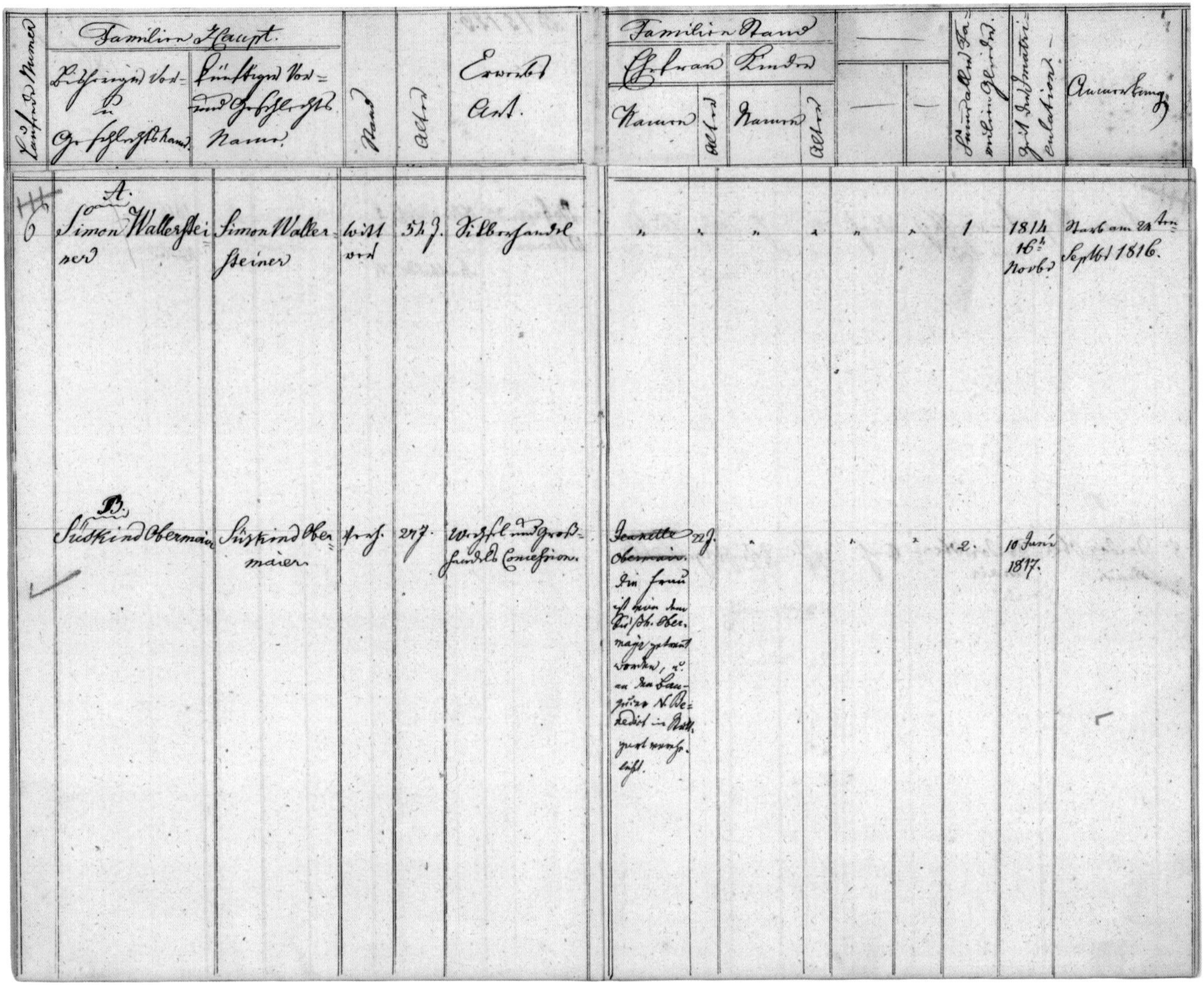

Laufende Nummer	Bisheriger Vor- u. Geschlechtsname	Künftiger Vor- und Geschlechts Name	Stand	Alter	Erwerbs Art	Ehefrau Namen	Alter	Kinder Namen	Alter			Familienglieder	Zeit der Immatriculation	Anmerkung
6	A. Simon Wallersteiner	Simon Wallersteiner	wittwer	54 J.	Silberhandel	"	"	"	"	"	"	1	1814 16t. Novbr	Starb am 24ten Septbr 1816.
	B. Süskind Obermaier	Süskind Obermaier	led.	27 J.	Wechsel und Großhandels Concession	Jeanette Obermair	22 J.	"	"	"	"	2	10 Juni 1817	

13.9 (Innenseiten)

In der Stadt Augsburg wurde der Matrikelparagraph zwischen Oktober 1814 und Januar 1815 in die Tat umgesetzt. Eine der 13 Matrikelstellen, die hier vorgesehen waren, entfiel auf den 54-jährigen kinderlosen Witwer Simon Wallersteiner, der nach der Ableistung des auf die Bibel zu schwörenden Untertaneneides am 16. November 1814 seine Zulassung bekam (vgl. Stadtarchiv Augsburg, Bestand 4 J 55). Wie bei der Mehrzahl der jüdischen Neubürger in Augsburg handelte es sich um eine finanziell hoch stehende Persönlichkeit: Simon Wallersteiner war Juwelier, die übrigen zwölf Matrikelstellen wurden bis auf eine Ausnahme durch Bankiers und Großhändler ausgefüllt. Augsburg war also bei der Zulassung der Juden recht wählerisch; wie in den meisten Reichsstädten hatte man dort seit dem Spätmittelalter bis zum Übergang an das Königreich Bayern überhaupt keine Juden geduldet. Während nach 1813 in den umliegenden Orten Kriegshaber, Pfersee und Steppach die jüdischen Gemeinden aufblühten, blieb die Anzahl der Matrikelstellen im Augsburger Stadtgebiet bis in die zweite Hälfte des 19. Jahrhunderts weitgehend unverändert. Eine eigene jüdische Gemeinde konnte hier erst 1861 entstehen.

Die Sonderposition von vermögenden Juden wie Simon Wallersteiner ist auch anhand der Namensgebung zu erkennen. Sie hatten oft bereits im 18. Jahrhundert geographische Herkunftsbezeichnungen als Familiennamen angenommen; die nach § 5 des Edikts in der Matrikel auszufüllende Rubrik „künftiger Vor- und Geschlechtsname“ wiederholte also im Falle von Simon Wallersteiner den alten jüdischen Namen.

Diskriminierungseffekte hatte das Judenedikt von 1813 deshalb vor allem für die weniger vermögenden Schichten, insbesondere in dem stark vom Hausierhandel lebenden Landjudentum. Allein im Raum Augsburg wurden um 1819 56 des Hausierhandels verdächtigte Personen angezeigt und sahen sich damit in rechtliche Grauzonen herabgedrückt. Tausende andere wählten die Auswanderung aus Bayern und Europa als letzten Ausweg. Erst durch den auf anhaltende Klagen der Juden gefällten Landtagsbeschluss vom 10. November 1861 hin wurde der unselige Matrikelparagraph abgeschafft; 1871 wurde die rechtliche Gleichstellung auf Reichsebene in der Verfassung festgeschrieben.

Die von ihrem Quellenwert her für Namens- und Sozialgeschichtsforschung sehr bedeutenden Judenmatrikeln waren bei den Generalkreiskommissariaten und in Auszügen bei den Unterbehörden zu führen. Veränderungen wurden über Jahrzehnte hinweg nachgetragen, so auch der Tod des Simon Wallersteiner am 24. September 1816. Eine erste Edition liegt inzwischen in elektronischer Form von der zwischen 1813 und 1819 erstellten Gesamtmatrikel des Rezatkreises vor.

Tabelle in Aktenband, 34 x 49 cm.

Augsburg, Stadtarchiv, Bestand 4 J 56.

Literatur: Schwarz (wie Kat.Nr. 13.8), S. 341–348 (Abdruck des Edikts). – Hans K. Hirsch, Zur Situation der Juden in Augsburg während der Emanzipationszeit. In: Rolf Kießling (Hrsg.), Judengemeinden in Schwaben im Kontext des Alten Reiches (Colloquia Augustana 2), Berlin 1995, S. 306–323. – Gerhard Rechter, Die Judenmatrikel 1813–1861 für Mittelfranken. In: Julia Hecht (Bearb.), Juden in Franken 1806 bis heute. Referate der am 3. November 2006 in der Nürnberger Akademie abgehaltenen Tagung der Reihe „Franconia Judaica“, veranstaltet vom Bezirk Mittelfranken in Kooperation mit dem Historischen Verein für Mittelfranken und dem Jüdischen Museum Franken (Franconia Judaica 1), Ansbach 2007, S. 53–66. – Emanzipation auf Raten. Die schwäbischen Landjuden auf ihrem Weg zur Freiheit und Gleichberechtigung in der ersten Hälfte des 19. Jahrhunderts. In: Ein fast normales Leben. Erinnerungen an die jüdischen Gemeinden Schwabens. Ausstellung der Stiftung Jüdisches Kulturmuseum Augsburg-Schwaben, Augsburg 27.10.–7.12.1995, Augsburg 1995, S. 10–20. – Staatsarchiv Nürnberg. Die Judenmatrikel 1813–1861 für Mittelfranken, bearb. von der Gesellschaft für Familienforschung in Franken e.V. und dem Staatsarchiv Nürnberg (Staatliche Archive Bayerns – Digitale Medien 1; Gesellschaft für Familienforschung in Franken e.V. – Digitalisierte Quellen 1), München-Nürnberg 2003.

(Nicola Schümann)

13.10 Die kurfürstliche Durchlaucht wird zum Untertan

Um 1800
Porträt des Augsburger Fürstbischofs Klemens Wenzeslaus (1768–1812).

13.10

Klemens Wenzeslaus von Sachsen wurde am 28. September 1739 als Sohn des sächsischen Kurfürsten, seit 1733 auch polnischen Königs, Friedrich August II. und der Maria Josepha von Österreich geboren und trat nach kurzer militärischer Karriere in den geistlichen Stand. Auf der Suche nach einer standesgemäßen Versorgung kamen ihm familiäre Beziehungen zu Bayern zugute (seine Schwester Maria Anna war seit 1747 mit Kurfürst Max III. Joseph vermählt). Bereits 1763 wurde er zum Bischof von Freising (18. April) und zum Bischof von Regensburg (27. April) gewählt. Beinahe zeitgleich forcierte seine Verwandtschaft die Bestellung als Koadjutor cum iure successionis für den Augsburger Bischof Joseph von Hessen-Darmstadt. Daneben strebte das Haus Wettin mit französischer, bayerischer und habsburgischer Unterstützung für ihn eine geistliche Sekundogenitur durch die Kurwürde und den erzbischöflichen Stuhl von Trier an. Am Tag der Amtseinsetzung in Trier, dem 20. August 1768, starb der Augsburger Bischof und er übernahm zeitgleich mit der Kurwürde auch den Stuhl des Heiligen Ulrich. Eine derartige Pfründehäufung widersprach allerdings dem Trienter Reformgedanken, Papst Clemens XIII. forderte deshalb eine Resignation auf die Bistümer Regensburg und Freising. Als Entschädigung gewährte er jedoch 1770 die Koadjutorie und 1787 die Propstwürde der gefürsteten Propstei Ellwangen. Mit dieser Karriere stand Klemens Wenzeslaus noch ganz in der Tradition eines geistlichen Fürsten der alten Reichskirche, dessen Position aber nun durch die politischen Umwälzungen entscheidend verändert wurde. Nachdem schon 1794 der linksrheinische Teil des Kurfürstentums Trier an die Franzosen gefallen war, residierte der Fürstbischof zunächst mit dem gesamten kurtrierischen Hof in Augsburg. Mit dem Frieden von Lunéville 1801 und seiner Umsetzung im Reichsdeputationshauptschluss 1803 verlor er dann auch das Hochstift Augsburg.

Was blieb, war jedoch das geistliche Amt des Bischofs. Hier kamen § 62 und § 63 des Reichsdeputationshauptschlusses zum Tragen, die die Bistümer – bis zu einer reichsgesetzlichen Neuregelung – in ihrem bisherigen Bestand schützten. Daneben profitierte Klemens Wenzeslaus davon, dass den bisherigen geistlichen Regenten freie Wohnung und Sommeraufenthalt gewährt worden war, wozu ihm der Kurfürst die lebenslange Nutznießung der Schlösser in Marktoberdorf und Hindelang zugestand. Explizit genannt wird Klemens Wenzeslaus in § 69: Als „einzigem in jedem Betrachte die größte Rücksicht verdienenden höchsten Kurfürsten des Reiches" werden ihm 100.000 Gulden als vom gesamten Reich zu zahlender Unterhalt zugestanden und die Stadt Augsburg verpflichtet, ihm die bisherige bischöfliche Residenz und die Jurisdiktion über Hofstaat und Dienerschaft zu überlassen.

An diesem Beispiel wird deutlich, dass – trotz der immensen Veränderungen für die gestürzten geistlichen Reichsfürsten – nicht nur weiterhin der gewohnte fürstliche Lebensstil möglich war, sondern zunächst auch Immunitäten belassen wurden. Erst mit der vollen bayerischen Souveränität ab 1806 wurde der Bischof der bayerischen Gerichtsbarkeit unterstellt, die Gerichtsbarkeit über seine Dienerschaft hatte er fortan nach bayerischen Gesetzen auszuüben.

Der ehemalige Fürstbischof war nun nur noch ein mit gewissen Adelsprivilegien ausgestatteter Untertan des bayerischen Königs. Als solcher sollte er nach den Konkordatsverhandlungen an die Spitze des vom König gewünschten neuen Erzbistums München rücken und – versehen mit dem Kardinalshut – die Krönung des ersten bayerischen Königs übernehmen. Dies sollte dem modernen bayerischen Staatswesen nicht nur Anerkennung, sondern auch eine sakrale Weihe verleihen. Der Plan scheiterte jedoch, da die Vorraussetzung, ein Konkordatsabschluss (vgl. Kat.Nr. 13.12), vor dem Tod Klemens Wenzeslaus nicht zustande kam. Er starb am 27. Juli 1812 in seinem Schloss in Marktoberdorf. Sein Aufstieg und Leben stehen symbolhaft für Glanz und Abstieg der Reichskirche am Ende des Alten Reichs und für die langsame Anpassung der alten Hierarchien an den modernen Staat.

Öl auf Leinwand, 101 x 82.

Augsburg, Priesterseminar St. Hieronymus.

Literatur: Hildebrand Troll, Kurfürst Klemens Wenzeslaus (1739–1812). In: Götz Freiherr von Pölnitz (Hrsg.), Lebensbilder aus dem Bayerischen Schwaben, Bd. 2, München 1953, S. 302–326. – Heribert Raab, Clemens Wenzeslaus von Sachsen und seine Zeit 1739–1812 (Dynastie, Kirche und Reich im 18. Jahrhundert 1), Freiburg-Basel-Wien, 1962. – Peter Rummel, Die Augsburger Bischöfe, Weihbischöfe und Generalvikare vom 17. Jahrhundert bis zum 2. Vatikanischen Konzil (1598–1963). In: Jahrbuch des Vereins für Augsburger Bistumsgeschichte 24 (1990) S. 25–114, hier S. 43–47. – Theodor Rolle, Fürstbischof Clemens Wenzeslaus und Kurfürst Max IV./König Max I. Joseph von Bayern. Zu den Auseinandersetzungen über das Verhältnis von Kirche und Staat in Bayern in den Jahren 1802–1806. In: Jahrbuch des Vereins für Augsburger Bistumsgeschichte 25 (1991) S. 109–143.

(Nicole Finkl)

13.11 Unterm Krummstab: Symbol nur noch des geistlichen Amtes

1777–79, Augsburg
Bischofsstab (angefertigt von Georg Ignatius Christoph Baur).

Der schlicht gehaltene silberne Bischofsstab aus Augsburg besteht aus vier Teilen, die zusammengeschraubt die stattliche Höhe von zwei Metern erreichen. Die vergoldete Krümme windet sich als spiralförmige Akanthusranke aus dem ebenfalls vergoldeten Knauf, der wie eine klassizistische Vase mit Eierstab, Rosettenbordüre und angenieteten Lorbeergirlanden gestaltet ist. Die Krümme wirkt wie eine fleischig verdickte Staude, aus der die ersten Triebe entsprießen, deren größter sich spiralförmig nach unten rollt und am Ende eine geometrische sechsblättrige Blüte trägt.

Der Bischofsstab wird, wegen der Formenwahl für die Krümme, Georg Ignatius Christoph Baur aus Biberach an der Riss zugewiesen, der 1750 die Meistergerechtigkeit in der Reichstadt Augsburg erworben hatte und fast ausschließlich für kirchliche Arbeitgeber tätig war.

Vermutlich wurde 1779 anlässlich seiner Bestellung zum Weihbischof von Augsburg Johann Nepomuk August

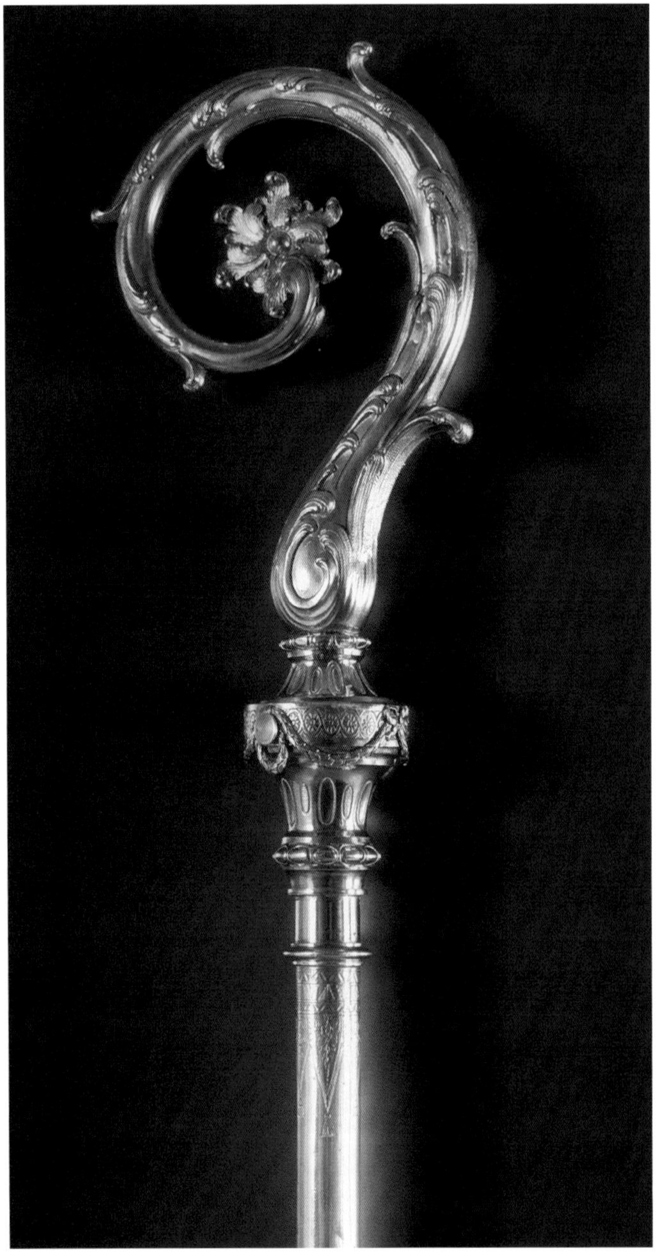

13.11

Ungelter von Deisenhausen (1731–1804) damit ausgestattet. Dieser leitete seit 1770 als Statthalter das Hochstift und ab 1785 als Generalvikar auch das Bistum Augsburg für Fürstbischof Klemens Wenzeslaus (vgl. Kat.Nr. 13.10), in beiden Funktionen machte er sich verdient um die Verbesserung des Schulwesens und galt als gemäßigter kirchlicher Aufklärer.

Silber, teilweise vergoldet; 201,0 x 7 cm, Ø (Krümme) 16,8 cm.

Augsburg, Diözesanmuseum St. Afra, DMA 5129.

Literatur: Renate Mäder, Bischofsstab. In: Melanie Thierbach (Hrsg.), Gold und Silber, Augsburgs glänzende Exportwaren, Augsburg 2003. S. 292–293. – Denis A. Chevalley, Der Dom zu Augsburg (Die Kunstdenkmäler von Bayern I), München 1995, S. 386. – Peter Rummel, Die Augsburger Bischöfe (wie Kat.Nr. 13.10) S. 79–80.

(Nicole Finkl)

13.12 Göttliches Gesetz und staatliche Kirchenaufsicht – Das Konkordat vom 5. Juni 1817

Rom, 1817 November 9
Unterzeichnete Prunkausfertigung der päpstlichen Ratifikationsurkunde.

Nachdem das neue Bayern auf dem Wiener Kongress seine endgültige äußere Form erlangt hatte, war ein neues Konkordat mit dem päpstlichen Stuhl ein vordringliches Ziel auf dem Weg zur inneren Konsolidierung des Verfassungsstaates. Das federführende Innenministerium versprach sich davon vor allem die Neuorganisation der bayerischen Diözesen mit ihren Domkapiteln entlang der neuen Staatsgrenzen, die Festschreibung der landesherrlichen Besetzungs- und Patronatsrechte und die Einbindung der Geistlichkeit in das System der staatsbürgerlichen Pflichten und Loyalitäten. Die Zeit drängte, denn ohne umfassende Rechtsgrundlage konnte keines der verwaisten bayerischen Bistümer rechtsgültig neu be-

13.12

setzt werden – auch für den neuen Staat, der sich nach der Säkularisation mehr denn je als äußerer Garant für die Seelsorge seiner Bürger verstand, ein untragbarer Zustand.

Am Verhandlungstisch jedoch hatte die Kirche die besseren Karten: Der bayerische Unterhändler in Rom Kasimir Freiherr von Häffelin hatte – entgegen einer königlichen Instruktion – am 5. Juni 1817 eine Übereinkunft unterzeichnet, die sehr viel näher bei den päpstlichen Maximalforderungen lag. So sollten der römisch-katholische Glaube seine althergebrachten „Rechte und Prärogativen" ungeschmälert behalten, Kirche und Gläubige weiter allein nach kanonischem Recht leben (Artikel I) und der Kirche die Schulaufsicht (Artikel V), die Ehegerichtsbarkeit (Artikel XII) und gewisse Zensurrechte (Artikel XIII) zukommen. Nicht zuletzt wurde früheres Staatskirchenrecht, soweit es dem Konkordat entgegenstand, außer Kraft gesetzt (Artikel XVI) – bei romfreundlicher Auslegung also auch die gesamte in der Konstitution von 1808 fixierte Toleranz- und Paritätsgesetzgebung gegenüber den Protestanten.

Bei den von bayerischer Seite angestoßenen Nachverhandlungen war die Kurie in der stärkeren Position und machte nur wenige Zugeständnisse. Die letztlich zustande gekommene Version des Vertragswerks, die der Papst schließlich mit der gezeigten Urkunde am 9. November 1817 ratifizierte, wurde auf den 5. Juni rückdatiert, um die diplomatischen Verwerfungen nicht zu offen kenntlich zu machen.

Die bayerische Regierung unterschätzte die historischen Folgen dieser diplomatischen Niederlage. Zum einen ging man davon aus, die Kurie würde sich, nachdem sie ihre kirchenpolitischen Grundpositionen festschreiben konnte, nicht gegen eine staatsfreundliche Ausgestaltung oder sogar faktische Übertretung des Konkordats im kirchenpolitischen Alltag stemmen. Zum zweiten glaubte man einen Weg gefunden zu haben, das Konkordat effektiv zu neutralisieren: Publiziert wurde es – zusammen mit dem Edikt „über die innern Kirchlichen Angelegenheiten der Protestantischen Gesammt-Gemeinde" vom 26. Mai 1818 – als Anhang zum Religionsedikt gleichen Datums, das selbst Verfassungsbestandteil war.

Urkunde lat. Perg., Libell, 10 Bl., 38 x 27 cm; Unterschriften Papst Pius' VII. und Kardinalstaatssekretär Ercole Consalvis; großes päpstliches Prunksiegel in vergoldeter Kapsel; Einbanddecken mit rotem Samt bezogen, päpstliches Wappen aufgestickt.

Bayerisches Hauptstaatsarchiv, Bayern Urkunden 1687.

Drucke des Konkordats: GBl 1818, 397–336 (lateinisch und deutsch) – Ernst Rudolf Huber – Wolfgang Huber (Hrsg.), Staat und Kirche im 19.

und 20. Jahrhundert. Dokumente zur Geschichte des deutschen Staatskirchenrechts, Bd. 1, Berlin 1973, S. 170–177 (deutsch).

Literatur: Hans Ammerich (Hrsg.), Das Bayerische Konkordat 1817, Weißenhorn 2000. – Hildebrand Troll u.a. (Bearb.), Kirche in Bayern. Verhältnis zu Herrschaft und Staat im Wandel der Jahrhunderte (Ausstellungskataloge der Staatlichen Archive Bayerns 17), Neustadt a.d. Aisch 1984, Nr. 111, 112 und 115. – Karl Hausberger, Staat und Kirche nach der Säkularisation. Zur bayerischen Konkordatspolitik im frühen 19. Jahrhundert (Münchener Theologische Studien 23), St. Ottilien 1983.

(Julian Holzapfl)

13.13 Kirchliche Einteilung des Königreichs Bayern

1841, München
Lithographierte und linienkolorierte Karte.

Das zu Beginn des 19. Jahrhunderts noch fast flächendeckend katholische Bayern gewann durch die Gebietszuwächse ab 1803 Territorien mit hohem protestantischem Bevölkerungsanteil, vor allem in Franken und Schwaben. 1816 waren im rechtsrheinischen Bayern von etwa 3,16 Millionen Einwohnern 752.000 evangelisch (24 %). Auf der Karte ist die Verteilung der Konfessionen durch Farben und Symbole augenfällig dargestellt. Tabellarische Übersichten bieten darüber hinaus weitere zahlenmäßige Orientierung: 1841 lebten in Bayern bei einer Gesamtbevölkerung von 4,3 Millionen 1,2 Millionen Protestanten (28 %; 32.803 allein in Nürnberg), 3 Millionen Katholiken (71 %) und 61.000 Juden (1 %). In München waren 84.981 Bewohner katholisch (88 %), 10.550 protestantisch (11 %) und 1.423 jüdisch (1 %).
Durch die weitreichenden territorialen und organisatorischen Veränderungen war auch eine Neuformierung der kirchlichen Einteilung Bayerns unumgänglich – die Karte zeigt das Ergebnis. Artikel II des Konkordats mit dem Heiligen Stuhl von 1817 (vgl. Kat.Nr. 13.12) legte mit zwei Kirchenprovinzen und je drei Suffraganbistümern die Gesamtorganisation der katholischen Kirche in Bayern

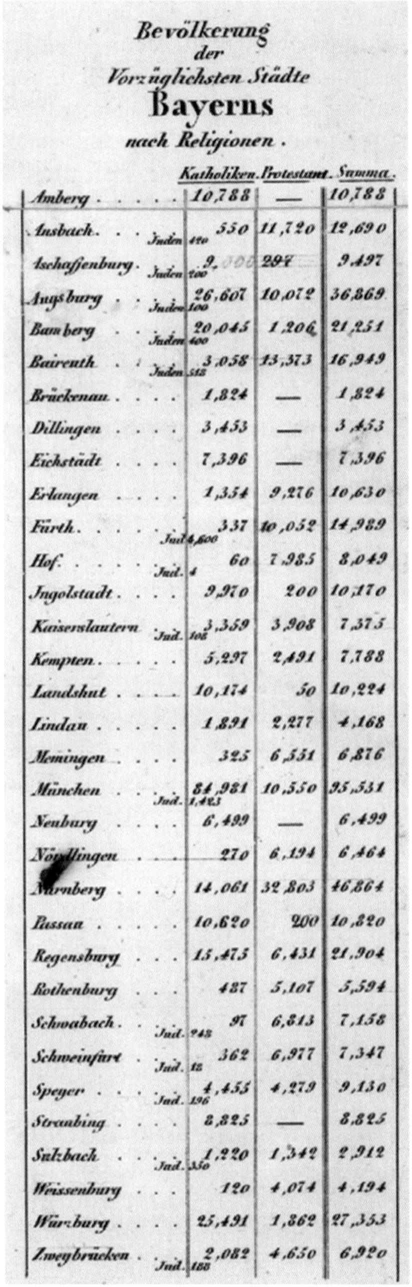

Bevölkerung der Vorzüglichsten Städte Bayerns nach Religionen.

		Katholiken.	Protestant.	Summa.
Amberg		10,788	—	10,788
Ansbach	Juden 4[illegible]0	550	11,720	12,690
Aschaffenburg	Juden 200	9,[illegible]	297	9,497
Augsburg	Juden 100	26,607	10,072	36,869
Bamberg	Juden 400	20,045	1,206	21,251
Baireuth	Juden 518	3,058	13,373	16,949
Brückenau		1,824	—	1,824
Dillingen		3,453	—	3,453
Eichstädt		7,396	—	7,396
Erlangen		1,354	9,276	10,630
Fürth	Jud. 4,600	337	10,052	14,989
Hof	Jud. 4	60	7,985	8,049
Ingolstadt		9,970	200	10,170
Kaiserslautern	Jud. 108	3,359	3,908	7,375
Kempten		5,297	2,491	7,788
Landshut		10,174	50	10,224
Lindau		1,891	2,277	4,168
Memingen		325	6,551	6,876
München	Jud. 1,423	84,981	10,550	95,531
Neuburg		6,499	—	6,499
Nördlingen		270	6,194	6,464
Nürnberg		14,061	32,803	46,864
Passau		10,620	200	10,820
Regensburg		15,473	6,431	21,904
Rothenburg		487	5,107	5,594
Schwabach	Jud. 248	97	6,813	7,158
Schweinfurt	Jud. 12	362	6,977	7,347
Speyer	Jud. 196	4,455	4,279	9,130
Straubing		8,825	—	8,825
Sulzbach	Jud. 350	1,220	1,342	2,912
Weissenburg		120	4,074	4,194
Würzburg		25,491	1,862	27,353
Zweybrücken	Jud. 188	2,082	4,650	6,920

13.13 (Ausschnitt)

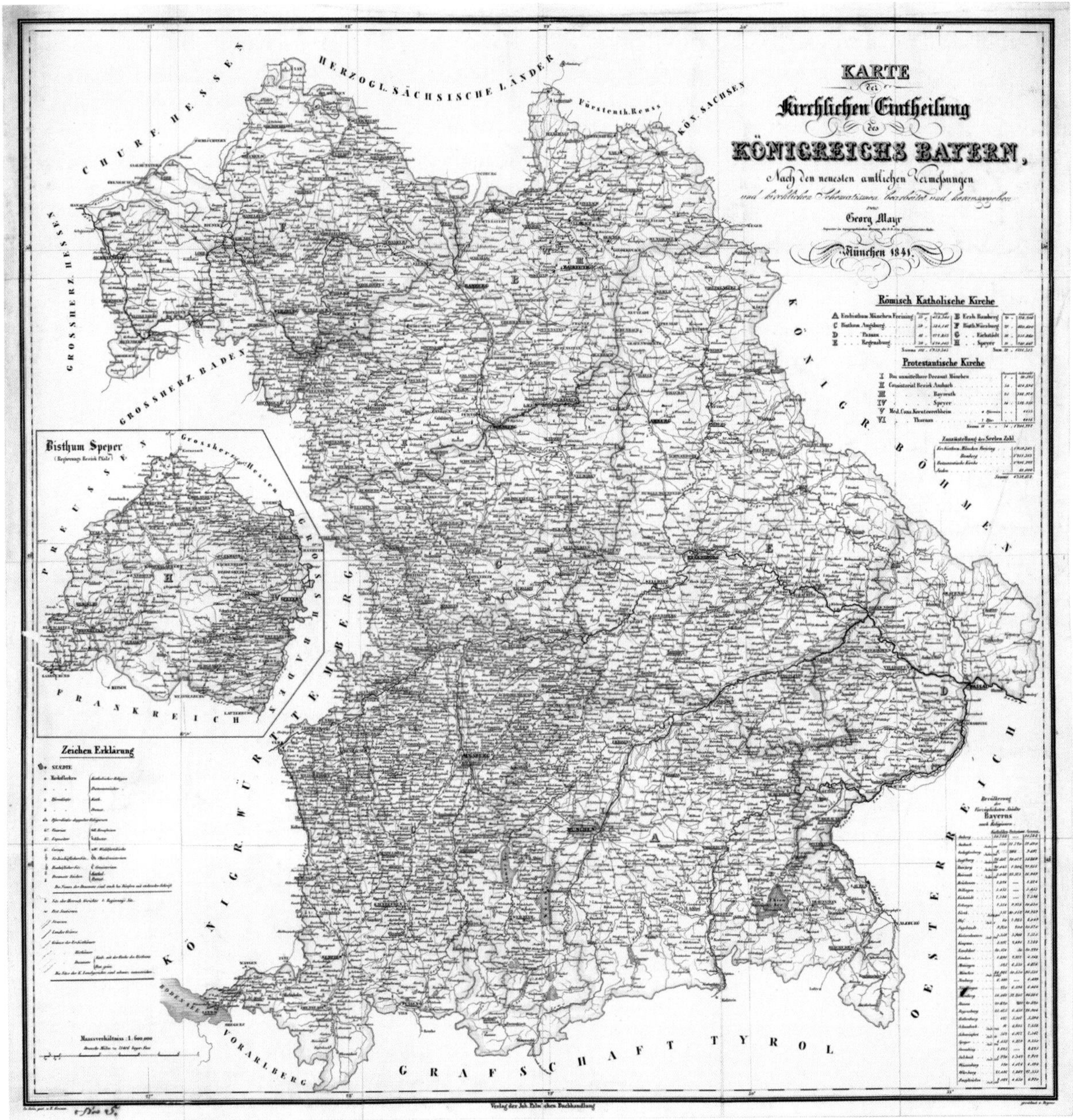
KARTE
der
kirchlichen Eintheilung
des
KÖNIGREICHS BAYERN,
Nach den neuesten amtlichen Vermessungen
Georg Mayr
München 1841.
HERZOGL. SÄCHSISCHE LÄNDER
Fürstenth. Reuss
KÖN. SACHSEN
CHURF. HESSEN
GROSSHERZ. HESSEN
GROSSHERZ. BADEN
KÖNIGR. BÖHMEN
KÖNIGR. WÜRTEMBERG
GRAFSCHAFT TYROL
VORARLBERG
OESTERREICH
Bisthum Speyer
PREUSSEN
FRANKREICH
Zeichen Erklärung
Römisch Katholische Kirche
Protestantische Kirche

13.13

fest, ließ jedoch die exakte Definition der Grenzen (Zirkumskription) offen. Erst aus der Zirkumskriptionsbulle vom 1. April 1818 gehen die genauen Bistumsgrenzen hervor. Auf der Karte ist die bis heute gültige Grenzziehung klar erkennbar. Von den alten bayerischen Bistümern behielt nur das Bistum Eichstätt seine früheren Grenzen. Im Bistum München und Freising wurde der Bischofssitz von Freising nach München verlegt, München wurde Metropolitansitz. Zum neuen Erzbistum München und Freising kamen die ehemals salzburgischen Archidiakonate zwischen Inn und Salzach (nur Burghausen und Neuötting fielen an Passau) sowie die ehemaligen Sprengel des Bistums Chiemsee und der Fürstpropstei Berchtesgaden. Das Bistum Augsburg wurde im Nordwesten um das Stiftsland Ellwangen geschmälert, gewann dafür aber ehemals konstanzische Gebiete im Allgäu. Zur zweiten bayerischen Metropole wurde Bamberg erhoben, das zwar Pfarreien im Vogtland verlor, dafür aber bereits im Vorfeld bei einer Sprengelbereinigung mit Würzburg sein Bistumsgebiet erweitern konnte. Gravierende Verluste trafen Regensburg, es verlor das Egerland.

Die 1808/09 begonnene Organisation der protestantischen Kirche in Bayern fand 1817/18 einen nahezu hundert Jahre gültigen Abschluss, dessen Ausprägung die Karte ebenfalls veranschaulicht. Durch das der Verfassung von 1818 als Beilage angefügte Religionsedikt wurden die 1809/10 geschaffenen Generaldekanate in Konsistorien umgewandelt. Neben dem Oberkonsistorium in München, gab es in Bayern nun mit Ansbach für Mittelfranken und Schwaben, Bayreuth für Oberfranken, die Oberpfalz, Niederbayern und Unterfranken sowie Speyer für die linksrheinische Pfalz drei Konsistorien. Zu den drei Konsistorien traten zwei dem Oberkonsistorium direkt unterstellte Mediatkonsistorien in Kreuzwertheim und Thurnau, die allerdings nur bis 1847 bzw. 1851 erhalten blieben. Die Einteilung der in der Karte grün umrandeten bzw. unterstrichenen Dekanate, als Stufe zwischen Pfarrämtern und Konsistorien, änderte sich im Vergleich zu 1810 nicht.

Or. Papier auf Leinwand, 68 x 68,5 cm; unten links der Stecher E. Gronen, unten rechts der Zeichner v. Deyrer vermerkt; Maßstab 1: 600.000. Bayerisches Hauptstaatsarchiv, MA KuPl 271.

Literatur: AK Kirche in Bayern (wie Kat.Nr. 13.12) S. 192 Nr. 114. – Hartmut Böttcher, Die Entstehung der evangelischen Landeskirche und die Entwicklung ihrer Verfassung. In: Handbuch der Geschichte der evangelischen Kirche in Bayern, Bd. 2 (wie Kat.Nr. 13.6) 1–29.

(Laura Scherr)

Die Verfassung von 1818

Von Thomas Paringer

Die Ablösung steht bereit – „Verfassung" statt „Konstitution"

1818 Mai 26, München
Verfassungsurkunde des Königreichs Bayern.

Mit dem Inkrafttreten der Verfassung des Königreichs Bayern am 26. Mai 1818 wurde die Konstitution von 1808 durch ein neues Staatsgrundgesetz abgelöst. Als oktroyierte Verfassung, die vom König in freier Selbstbeschränkung erlassen wurde und somit nicht das Ergebnis einer Vereinbarung zwischen Fürst und Volksvertretung darstellte, weist sie Parallelen zur Charte Constitutionelle Ludwigs XVIII. von 1814 und zu den übrigen davon inspirierten Verfassungen süddeutscher Staaten (z.B. Baden 1818, Württemberg 1819 und Hessen-Darmstadt 1820) auf.
Mit der Neubearbeitung der Konstitution von 1808, die 1818 in die Verfassung mündete, wurde bereits 1814 begonnen. Zusätzlich sah auch die Deutsche Bundesakte von 1815 Verfassungen für die Mitgliedsstaaten vor. Vor allem die auch nach 1808 weiterhin fehlende Repräsentation der Untertanen in einer parlamentarischen Körperschaft blieb eine wichtige Forderung der Liberalen, wie auch die Rechte des Adels und besonders der Standesherren bis 1818 ein ungelöstes Problem bildeten. Allerdings zögerte Montgelas die Umsetzung einer neuen Verfassung hinaus, so dass erst nach seinem Sturz 1817 eine endgültige Fassung erarbeitet werden konnte. Die wichtigsten Neuregelungen betrafen das Parlament, die sogenannte Ständeversammlung (seit 1848 als Landtag bezeichnet), die in zwei Kammern geteilt war, wobei über die Kammer der Reichsräte nun die ehemaligen reichsunmittelbaren Standesherren in das Staatsgefüge eingebunden wurden (vgl. Kat.Nr. 3.7–3.9). Eine Verantwortlichkeit der Regierung gegenüber der Ständeversammlung war jedoch noch nicht vorgesehen.
Die Verfassungsurkunde von 1818 ist wie ihre „Schwester" von 1808 in blauen Samt gebunden, die Siegelschnüre bzw. Verschlussbänder sind weiß bzw. silber und blau. Im Gegensatz zur Konstitutionsurkunde 1808 (8 Blatt) ist die Verfassungsurkunde 1818 mit 134 Pergamentblättern jedoch bei weitem umfänglicher; sie enthält nicht nur den in Einleitung und 10 Titel gegliederten Haupttext, sondern weist auch die übrigen integrierenden Bestandteile der Verfassung von 1818 nach, die aus ihr ein umfangreiches Gesetzeswerk machen. So ergänzen insgesamt zehn Edikte etwa über die Ständeversammlung (Edikt X), über den Adel (Edikt V) oder über die Pressefreiheit (Edikt III) den Verfassungstext; an das Religionsedikt (Edikt II) wurden mit dem Konkordat von 1817 und dem Edikt über die protestantische Gesamtgemeinde zusätzlich zwei Anhänge angegliedert, die ihrerseits die bedeutendsten Gesetzesgrundlagen für das katholische und evangelische Staatskirchenrecht in Bayern bildeten (vgl. Kat.Nr. 13.12).
Auch wenn bis 1848 das monarchische Prinzip deutlich betont war, vertrat die Verfassung von 1818 die Staatsform der konstitutionellen Monarchie und eine vergleichsweise liberale Grundeinstellung. Trotz mehrfach vorgenommener Anpassungen an veränderte politische Ausgangslagen, etwa im Revolutionsjahr 1848 oder nach der Reichsgründung 1871, hatte sie im Kernbestand bis zum Ende der Monarchie 1918 Gültigkeit. Die Verfassung des Königreichs Bayern von 1818 bildete damit für ein volles Jahrhundert die Grundlage der bayerischen Staatlichkeit.

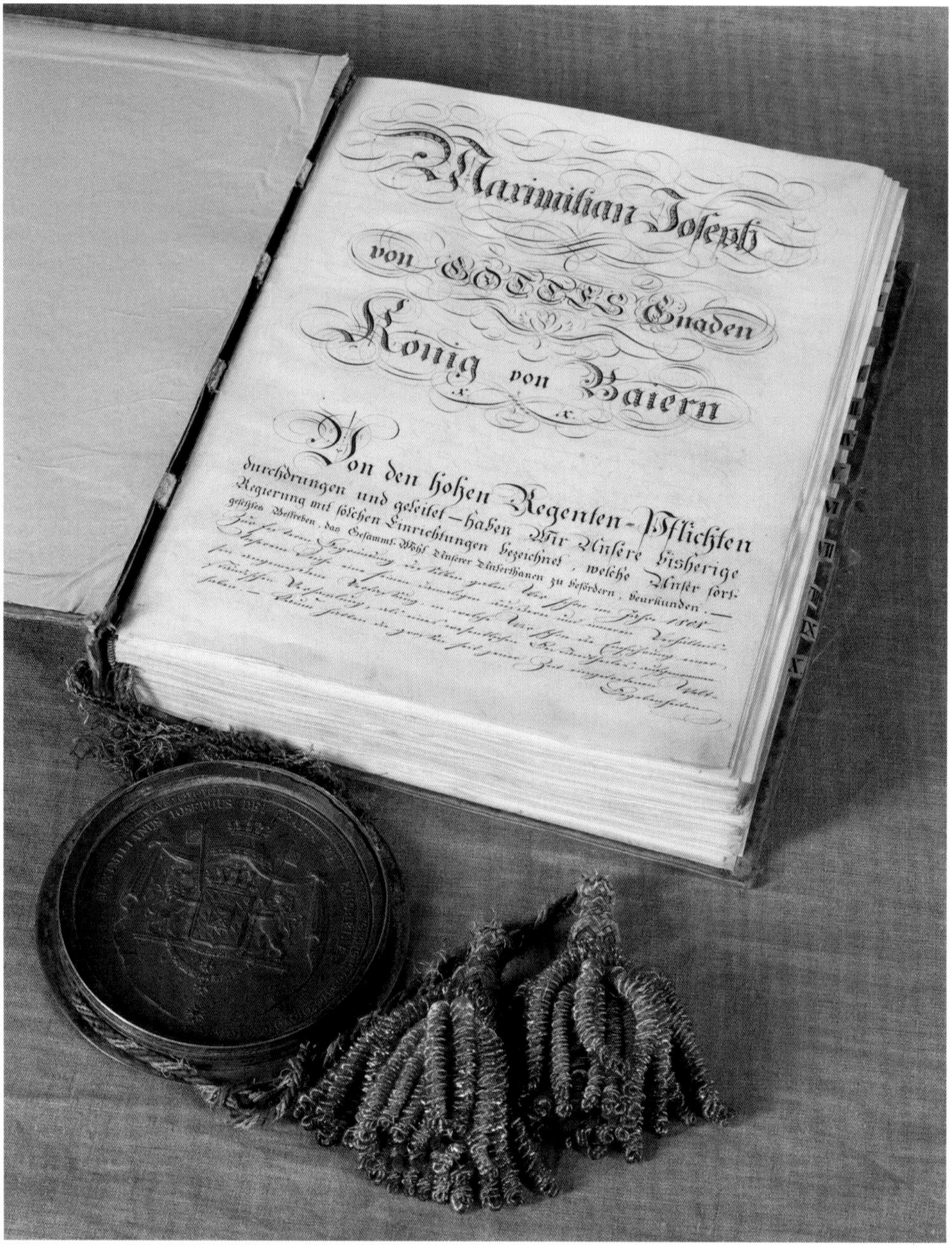

Original der Verfassungsurkunde von 1818

Handschrift, Perg., 134 Bl., 38 x 28 cm, mit Majestätssiegel König Max Josephs in silberner Kapsel (Ø 16,5 cm) an silbern-blauen Schnüren mit Quasten; Unterschriften König Max Josephs, des Gesamtstaatsministeriums (Minister Reigersberg, Triva, Rechberg, Thürheim, Lerchenfeld; Feldmarschall Wrede; Präsident des Staatsrats Törring) und des Generalsekretärs des Staatsrats Kobell; zusammen mit den Anlagen I–X in blauen Samt gebunden.

Bayerisches Hauptstaatsarchiv, Bayerischer Landtag 10191 (früher: Verfassungsurkunden 3).

Literatur: AK Bayerns Weg zum modernen Staat. – AK Wittelsbach und Bayern III/2, S. 310. – Weis, Entstehungsgeschichte. – AK Aus 1200 Jahren, S. 230–233. – AK Bayerns Krone 1806, S. 276 f. (mit Abb.).

Druck: GBl 1818, 101–452. – Ernst Rudolf Huber, Dokumente zur deutschen Verfassungsgeschichte 1, Stuttgart 1961, Nr. 51 (ohne Edikte). – Dokumente zur Geschichte von Staat und Gesellschaft in Bayern III/2, Nr. 26 (gekürzt). – Wenzel, Verfassungsurkunden, S. 23–44.

Anhang

1. Textedition der Konstitution von 1808[*]

Konstitution für das Königreich Baiern.[1]

Wir[2] Maximilian Joseph,
von Gottes Gnaden König von Baiern.

Von der Ueberzeugung geleitet, daß der Staat, so lange er ein bloßes Aggregat verschiedenartiger Bestandtheile bleibt, weder zur Erreichung der vollen Gesamtkraft, die in seinen Mitteln liegt, gelangen, noch den einzelnen Gliedern desselben alle Vortheile der bürgerlichen Vereinigung, in dem Maaße, wie es diese bezwecket, gewähren kann, haben Wir bereits durch mehrere Verordnungen die Verschiedenheit der Verwaltungsformen in Unserm Reiche, so weit es vor der Hand möglich war, zu heben, für die direkten Auflagen sowohl, als für die indirekten ein gleichförmigeres Sistem zu gründen, und die wichtigsten öffentlichen Anstalten dem Gemeinsamen ihrer Bestimmung durch Einrichtungen, die zugleich ihre besondern sichern, entsprechender zu machen gesucht. Ferner haben Wir, um Unsern gesamten Staaten den Vortheil angemessener gleicher bürgerlicher und peinlicher Geseze zu verschaffen, auch die hiezu nöthigen Vorarbeiten angeordnet, die zum Theil schon wirklich vollendet sind. Da aber diese einzelnen Ausbildungen besonderer Theile der Staats-Einrichtung nur unvollkommen zum Zwecke führen, und Lücken zurück lassen, deren Ausfüllung ein wesentliches Bedürfniß der nothwendigen Einheit des Ganzen ist; so haben Wir beschlossen, sämtlichen Bestandtheilen der Gesezgebung und Verwaltung Unsers Reichs, mit Rücksicht auf die äussern und innern Verhältnisse desselben, durch organische Geseze einen vollständigen Zusammenhang zu geben, und hiezu den Grund durch gegenwärtige Konstitutions-Urkunde zu legen, die zur Absicht hat, durch entsprechende Anordnungen und Bestimmungen den gerechten, im allgemeinen Staatszwecke gegründeten Foderungen des Staats an seine einzelnen Glieder, so wie der einzelnen Glieder an den Staat, die Gewährleistung ihrer Erfüllung, dem Ganzen feste Haltung und Verbindung, und jedem Theile der Staatsgewalt die ihm angemessene Wirkungskraft nach den Bedürfnissen des Gesamt-Wohls zu verschaffen.

Wir bestimmen und verordnen demnach, wie folgt:

[*] Der Text der Konstitution vom 1. Mai 1808 wird in der ursprünglichen Orthographie nach der Publikation im Königlich-Baierischen Regierungsblatt vom 25. Mai 1808 abgedruckt (RBl 985–1000). Dieser wurde verglichen mit der vom König unterfertigten Originalurkunde (Bayerisches Hauptstaatsarchiv, Bayerischer Landtag 10190, früher: Verfassungsurkunden 2; unbesiegeltes Pergamentlibell in blauem Samteinband mit weißen und blauen Verschlußbändern aus Seide; 8 Bl. 37 x 25 cm; Unterschriften Max Josephs und der Minister Montgelas, Morawitzky und Hompesch auf Bl. 8'). Die beiden Texte sind verschieden in Rechtschreibung und Flexionssilben; die wenigen Abweichungen, die darüber noch hinausgehen, sind in den Anmerkungen als Hinweise auf den Urkundentext (U) vermerkt; vgl. auch die Edition von Peter Wegelin, Die Bayerische Konstitution von 1808. In: Schweizer Beiträge zur Allgemeinen Geschichte 16 (1958) S. 142–206, hier S. 143–150. – Die Anmerkungen und die Zusammenstellung der zum Vollzug der Konstitution ergangenen Rechtsnormen orientieren sich an der kommentierten Ausgabe von Alfons Wenzel, Bayerische Verfassungsurkunden. Dokumentation zur bayerischen Verfassungsgeschichte, 4. ergänzte Auflage, Stamsried 2002, S. 9–19.

1 U: Titel „Konstitution für das Königreich Baiern“ fehlt.

2 U: „Wir“ fehlt.

Erster Titel.
Hauptbestimmungen.

§ I. Das Königreich Baiern bildet einen Theil der rheinischen Föderation.[3]

§ II. Alle besondern Verfassungen, Privilegien, Erbämter und Landschaftliche Korporationen der einzelnen Provinzen sind aufgehoben.[4] Das ganze Königreich wird durch eine Nationalrepräsentation vertreten, nach gleichen Gesezen gerichtet und nach gleichen Grundsäzen verwaltet; dem zu Folge soll ein und dasselbe Steuersistem für das ganze Königreich seyn. Die Grundsteuer kann dem fünften Theil der Einkünfte nicht übersteigen.

§ III. Die Leibeigenschaft wird da, wo sie noch besteht, aufgehoben.[5]

§ IV. Ohne Rücksicht auf die bis daher bestandene Eintheilung in Provinzen, wird das ganze Königreich in möglichst gleiche Kreise, und, so viel thunlich, nach natürlichen Gränzen getheilt.[6]

§ V. Der Adel behält seine Titel und, wie jeder Guts-Eigenthümer, seine gutsherrlichen Rechte nach den gesezlichen Bestimmungen[7]; übrigens aber wird er in Rücksicht auf die Staatslasten, wie sie dermal bestehen oder noch eingeführt werden mögen, den übrigen Staatsbürgern ganz gleich behandelt. Er bildet auch keinen besondern Theil der Nationalrepräsentation, sondern nimmt mit den übrigen ganz freien Landeigenthümern einen verhältnißmässigen Antheil daran. Eben so wenig wird ihm ein ausschließliches Recht auf Staatsämter, Staatswürden, Staatspfründen zugestanden. Die gesamten Statuten der noch bestehenden Korporationen müssen nach diesen Grundsäzen abgeändert, oder seiner Zeit eingerichtet werden.

§ VI. Dieselben Bestimmungen treten auch bei der Geistlichkeit ein.

Uebrigens wird allen Religionstheilen, ohne Ausnahme, der ausschließliche und vollkommene Besiz der Pfarr-, Schul- und Kirchen-Güter, wie sie nach der Verordnung vom ersten Oktober 1807 unter die drei Rubriken: des Kultus, des Unterrichts und der Wohlthätigkeit in einer Administration vereinigt sind, bestätigt, Diese Besizungen können weder unter irgend einem Vorwande eingezogen, noch zu einem fremden Zwecke veräussert werden. Dasselbe gilt auch von den Gütern, welche seiner Zeit den zu errichtenden Bißthümern und Kapiteln zur Dotation angewiesen werden sollen.[8]

§ VII. Der Staat gewährt allen Staats-Bürgern Sicherheit der Personen und des Eigenthums – vollkommene Gewissensfreiheit – Preßfreiheit nach dem Zensur-Edikt vom 13. Junius 1803[9], und den wegen der politischen Zeitschriften am 6. September 1799[10] und 17. Februar 1806[11] erlassenen Verordnungen.

Nur Eingeborne, oder im Staate Begüterte, können Staatsämter bekleiden.

Das Indigenat kann nur durch eine königliche Erklärung, oder ein Gesez, ertheilt werden.

§ VIII. Ein jeder Staatsbürger, der das ein- und zwanzigste Jahr zurückgelegt hat, ist schuldig, vor der Verwaltung seines Kreises einen Eid abzulegen, daß er der Konstitu-

3 Konföderations-Akte der rheinischen Bundes-Staaten [Rheinbund-Akte] vom 12. Juli 1806 (RBl 1807, 97).

4 Verordnung, die Auflösung der damaligen landschaftlichen Korporationen betr., vom 1. Mai 1808 (RBl 961).

5 Siehe dazu unten Nr. 3 h, aber auch Nr. 2 c und Nr. 2 k.

6 Siehe dazu unten Nr. 3 a und Nr. 4 c.

7 Siehe dazu unten Nr. 2 c und Nr. 2 k sowie Nr. 3 d.

8 Zu den §§ VI. und VII. war ein sog. „Religionsedikt“ ergangen (siehe dazu unten Nr. 3 l).

9 Verordnung, die Preß- und Buchhandel-Freyheit betr., vom 13. Juni 1803 (RBl 377).

10 Verordnung, die Censur der in den Churfürstl. Landen gedruckt werdenden politischen Zeitschriften betr., vom 6. September 1799 (Münchner Intelligenzblatt S. 665).

11 Verordnung, die politischen und statistischen Zeitschriften betr., vom 17. Februar 1806 (RBl 70).

tion und den Gesezen gehorchen – dem Könige treu seyn wolle. Niemand kann ohne ausdrückliche Erlaubniß des Monarchen auswandern, in das Ausland reisen oder in fremde Dienste übergehen, noch von einer auswärtigen Macht Gehälter oder Ehrenzeichen annehmen, bei Verlust aller bürgerlichen Rechte. Alle jene, welche ausser den durch Herkommen oder Verträge bestimmten Fällen, eine fremde Gerichtsbarkeit über sich erkennen, verfallen in dieselbe Strafe, und können nach Umständen mit einer noch schärfern belegt werden.

Zweiter Titel.
Von dem königlichen Hause.

§ I. Die Krone ist erblich in dem Manns-Stamme des regierenden Hauses, nach dem Rechte der Erstgeburt und der agnatisch-linealischen Erbfolge.

§ II. Die Prinzessinnen sind auf immer von der Regierung ausgeschlossen, und bleiben es von der Erbfolge in so lange, als noch ein männlicher Sprosse des regierenden Hauses vorhanden ist.

§ III. Nach gänzlicher Erlöschung des Manns-Stammes fällt die Erbschaft auf die Töchter und ihre männliche Nachkommenschaft.

§ IV. Ein besonderes Familiengesez[12] wird die Art, wie diese Erbfolge eintreten soll, bestimmen; jedoch mit Vorbehalt der im § 34 der rheinischen Föderationsakte[13] erwähnten erblichen Ansprüche, in so weit sie anerkannt und bestimmt sind.

Der Leztlebende vom königlichen Hause wird durch zweckmässige Maaßregeln die Ruhe und Selbstständigkeit des Reichs zu erhalten suchen.

§ V. Die nachgebornen Prinzen erhalten keine liegende Güter, sondern eine jährliche Appanagial-Rente von höchstens Einmal Hundert Tausend Gulden aus der königlichen Schazkammer in monatlichen Raten ausbezahlt, die nach Abgang ihrer männlichen Erben dahin zurück fällt.

§ VI. Zweimal Hundert Tausend Gulden jährliche Einkünfte, nebst einer anständigen Residenz, sind als Maximum für das Witthum der regierenden Königin bestimmt; das Heurathgut einer Prinzessin ist auf Einmal Hundert Tausend Gulden festgesezt.

§ VII. Alle Glieder des königlichen Hauses stehen unter der Gerichtsbarkeit des Monarchen, und können bei Verlust ihres ErbfolgeRechts nur mit dessen Einwilligung zur Ehe schreiten.

§ VIII. Die Volljährigkeit der königlichen Prinzen tritt mit dem zurückgelegten achtzehnten Jahre ein.

§ IX. Einem jeden Monarchen steht es frei, unter den volljährigen Prinzen des Hauses den Reichsverweser während der Minderjährigkeit seines Nachfolgers zu wählen. In Ermanglung einer solchen Bestimmung gebührt sie dem nächsten volljährigen Agnaten. Der weiter Entfernte, welcher wegen Unmündigkeit eines nähern die Verwaltung übernommen hat, sezt sie bis zur Volljährigkeit des Monarchen fort. Die Regierung wird im Namen des Minderjährigen geführt; alle Aemter, mit Ausnahme der Justizstellen, können während der Regentschaft nur provisorisch vergeben werden. Der Reichsverweser kann weder Kron-Güter veräussern, noch neue Aemter schaffen. In Ermanglung eines volljährigen Agnaten verwaltet der erste Kronbeamte das Reich. Einer verwittweten Königin kann die Erziehung ihrer Kinder unter Aufsicht des Reichsverwesers, nie aber die Verwaltung des Reichs übertragen werden.

§ X. Es sollen vier Kron-Aemter des Reichs[14] errichtet werden.[15] Ein Kron-Oberst-Hofmeister – ein Kron-Oberst-Kämmerer – ein Kron-Oberst-Marschall – ein Kron-

[12] Siehe dazu unten Nr. 3 f und Nr. 4 a.
[13] Siehe oben Fußnote 3.
[14] U: „des Reichs" fehlt.
[15] Siehe dazu unten Nr. 3 e.

Oberst-Postmeister[16], die den Sizungen des geheimen Raths beiwohnen.

Alle wirklich dirigirenden geheimen Staats-Minister genießen alle mit der Kronämter-Würde verbundenen Ehren und Vorzüge[17].

§ XI. Die am 20. Oktober 1804 wegen Unveräusserlichkeit der Staatsgüter erlassene Pragmatik[18] wird bestätigt; jedoch soll es dem König frei stehen, zur Belohnung grosser und bestimmter, dem Staate geleisteter Dienste, vorzüglich die künftig heimfallenden Lehen oder neu erworbene StaatsDomainen dazu zu verwenden, die sodann die Eigenschaft von Mann-Lehen der Krone annehmen, und worüber keine Anwartschaft ertheilt werden kann.[19]

Dritter Titel.
Von der Verwaltung des Reichs.

§ I. Das Ministerium theilt sich in fünf Departements: jenes der auswärtigen Verhältnisse, der Justiz, der Finanzen, des Innern und des Kriegs-Wesens. Die Geschäfts-Sphäre eines jeden ist und bleibt durch die Verordnungen vom 26. Mai 1801[20], 29. Oktober 1806[21], und 9. März 1804 bestimmt.

Mehrere Ministerien können in Einer Person vereinigt werden. Das Staats-Sekretariat wird von einem jeden Minister für sein Departement versehen; daher müssen alle königliche Dekrete von demselben unterzeichnet werden, und nur mit dieser Formalität werden sie als rechtskräftig angesehen. Die Minister sind für die genaue Vollziehung der königlichen Befehle sowohl, als für jede Verlezung der Konstitution, welche auf ihre Veranlassung oder ihre Mitwirkung Statt findet, dem König verantwortlich. Sie erstatten jährlich dem Monarchen einen ausführlichen Bericht über den Zustand ihres Departements.

§ II. Zur Berathschlagung über die wichtigsten inneren Angelegenheiten des Reichs wird ein geheimer Rath angeordnet, der neben den Ministern aus zwölf oder höchstens sechszehen Gliedern besteht.[22] Die geheimen Räthe werden von dem König anfänglich auf Ein Jahr ernannt, und nicht eher, als nach sechsjährigem Dienste als permanent angesehen. Der König und der Kron-Erbe wohnen den Sizungen des geheimen Raths bei; in beider Abwesenheit präsidirt der älteste der anwesenden Staats-Minister. Der geheime Rath entwirft und diskutirt alle Geseze und Haupt-Verordnungen nach den Grundzügen, welche ihm von dem König durch die einschlägigen Ministerien zugetheilt werden, besonders das Gesez über die Auflagen, oder das Finanz-Gesez. Er entscheidet alle Competenz-Streitigkeiten der Gerichtsstellen und Verwaltungen, wie auch die Frage: ob ein Verwaltungs-Beamter vor Gericht gestellt werden könne oder solle?

Zur Führung der Geschäfte wird der geheime Rath in drei Sektionen getheilt: jene der bürgerlichen und peinlichen Gesezgebung, der Finanzen und der innern Verwaltung. Eine jede Sektion besteht wenigstens aus drei Mitgliedern, und bereitet die Geschäfte zum Vortrage im versammelten Rathe vor.

§ III. Der geheime Rath hat in Ausübung seiner Attributen nur eine berathende Stimme.

16 U: „Kron Obersthofmarschall", „Kron Oberpostmeister des Reichs".

17 U: „... genießen alle mit dieser Würde verbundenen Ehren und Vorzüge."

18 Verordnung, die neu errichtete Domanial-Fideikommißpragmatik des Churhauses Pfalzbaiern betr., vom 20. Oktober 1804 (RBl 1805, 161).

19 Siehe dazu unten Nr. 3 b.

20 Verordnung, die neue Ministerial-Organisation betr., vom 26. Mai 1801 (Regierungs- und Intelligenzblatt S. 353).

21 Verordnung, die Ministerial-Organisation betr., vom 29. Oktober 1806 (RBl 425), der nach Verkündung der Konstitution vom 1. Mai 1808 zahlreiche weitere organisationsrechtliche Regelungen folgten (siehe unten Nr. 2 f–i und Nr. 2l–n).

22 Siehe dazu unten Nr. 2 a.

§ IV. An der Spize eines jeden Kreises steht ein königlicher General-Kommissär[23], dem wenigstens drei, höchstens fünf, Kreis Räthe untergeordnet sind; ferner besteht in einem jeden Kreise

a) eine allgemeine Versammlung, und
b) eine Deputation.[24]

Erstere wählt die National-Repräsentanten; leztere wird vom König aus der Mitte der Kreis-Versammlung gewählt, und bringt

1) Die zur Bestreitung der Lokal-Ausgaben nöthigen Auflagen in Vorschlag, welche gesondert in den jährlichen Finanz-Etat aufgenommen, von den Rent- und Steuer-Beamten mit den Auflagen des Reichs erhoben, und ausschließlich zu dem Zwecke, wozu sie bestimmt sind, verwendet werden müssen.

2) Läßt sie die, die Verbesserung des Zustandes des Kreises betreffenden Vorschläge und Wünsche, durch das Ministerium des Innern an den König gelangen.

Die Stellen bei der allgemeinen Versammlung werden von dem König auf Lebenszeit vergeben: sie werden aus denjenigen vierhundert Land-Eigenthümern, Kaufleuten oder Fabrikanten des Bezirks, welche die höchste Grundsteuer bezahlen, nach dem Verhältniß von 1 zu 1000 Einwohnern gewählt, und versammeln sich, so oft die Wahl eines Repräsentanten vorfällt, oder es der Monarch befiehlt. Ihre Versammlungen dauern höchstens acht Tage. Der König ernennt den Präsidenten und die übrigen Offizianten auf eine oder mehrere Sessionen: erstere Stelle kann auch dem General-Kommissär des Kreises übertragen werden.

Die Kreis-Deputation wird jährlich zu dem dritten Theile erneuert. Der König ernennt die Glieder derselben aus den Deputirten der allgemeinen Versammlung. Der Name der austretenden wird durch das Loos bestimmt. Die Deputation versammelt sich jährlich auf höchstens drei Wochen. Zeit und Ort des Zusammentrittes werden von dem Monarchen bestimmt. Mit dem Vorstande und den Sekretärs wird es so, wie bei der General-Versammlung gehalten.

§ V. Die Landgerichte[25] üben die Lokal-Polizei unter der Aufsicht der General-Kommissariate aus, und erhalten zu diesem Behufe einen oder mehrere Polizei-Aktuarien. Für eine jede Städtische- und Rural-Gemeinde wird eine Lokal-Verwaltung angeordnet werden.[26]

§ VI. Die Gefälle, Steuern und Auflagen des Reichs werden, so wie die Lokal-Nebenbeischläge, durch die Rentämter und die übrigen zur Einnahme der Auflagen bestimmten Beamten erhoben .[27]

§ VII. Alle Verwaltungs-Beamte, von dem wirklichen Rathe an, unterliegen den Bestimmungen der Haupt-Verordnungen vom 1. Jäner 1805[28], und 8. Junius 1807[29]; jedoch werden alle künftig Anzustellende nur dann als wirkliche Staats-Beamte angesehen, wenn sie ein Amt, welches dieses Recht mit sich bringt, sechs Jahre lang ununterbrochen verwaltet haben.

Wegen der Unterstüzungs-Beiträge der übrigen königlichen Diener und ihrer Wittwen wird eine eigene zweckmässige Verordnung erlassen werden.[30]

23 Siehe dazu unten Nr. 3 c.
24 Dazu waren keine Vollzugsvorschriften erlassen worden, die Deputationen wurden nicht gebildet.
25 Die Landgerichte waren untere Verwaltungsbehörde und gleichzeitig Untergericht i. S. des Fünften Titels § 1 der Konstitution.
26 Siehe dazu unten Nr. 2 d und Nr. 3 i.
27 Siehe dazu unten Nr. 2 e und Nr. 3 n.
28 Verordnung, die Verhältnisse der Staatsdiener, vorzüglich in Beziehung auf ihren Stand und Gehalt betr., vom 1. Jänner 1805 (RBl 225) – sog. „Haupt-Landespragmatik".
29 Verordnung, die Beiträge der Staatsdiener zum Witwen- und Waisen-Fonde betr., vom 8. Juni 1807 (RBl 1105).
30 Siehe dazu unten Nr. 3 q.

Vierter Titel.
Von der National-Repräsentation.[31]

§ I. In einem jedem Kreise werden aus denjenigen zwei hundert Land-Eigenthümern, Kaufleuten oder Fabrikanten, welche die höchste Grundsteuer bezahlen, von den Wahlmännern sieben Mitglieder gewählt, welche zusammen die Reichs-Versammlung bilden.

§ II. Der König ernennt einen Präsidenten, und vier Sekretärs aus den Mitgliedern der Versammlung auf eine oder mehrere Sizungen.

§ III. Die Dauer der Funktionen der Deputirten wird auf sechs Jahre bestimmt; jedoch sind sie nach Verlauf dieser sechs Jahre erwählbar[32].

§ IV. Die National-Repräsentation versammelt sich wenigstens einmal im Jahre auf die vom König erhaltene Zusammenberufung, welcher die Versammlung eröffnet und schließt. Er kann sie auch vertagen oder auflösen; jedoch muß im lezten Falle wenigstens innerhalb zwei Monaten eine neue zusammenberufen werden.

§ V. So oft die Wahl eines Deputirten oder auch der ganzen Reichs-Repräsentation vorzunehmen ist, werden entweder alle oder die betheiligte Kreis-Versammlung durch königliche offene Briefe, welche der Minister des Innern expedirt, hiezu aufgefodert.

§ VI. Die Versammlung wählt unter sich Kommissionen von drei, höchstens vier Mitgliedern, jene der Finanzen, der bürgerlichen und peinlichen Gesezgebung, der innern Verwaltung und der Tilgung der Staats-Schulden. Diese versammeln sich und korrespondiren mit den einschlägigen Sektionen des geheimen Raths über die Entwürfe der Geseze und Haupt-Reglements sowohl, als den jährlichen Finanz-Etat, so oft es die Regierung von ihnen verlangt.

§ VII. Die auf solche Art vorbereiteten Geseze werden an die Repräsentation durch zwei, höchstens drei Mitglieder des geheimen Raths gebracht; die Versammlung stimmt darüber durch den Weg des geheimen Scrutiniums nach der absoluten Mehrheit der Stimmen. Niemand ist befugt, das Wort zu führen, als die königlichen Kommissärs aus dem geheimen Rathe und die Glieder der einschlägigen Kommission der Repräsentation.

Fünfter Titel.
Von der Justiz.

§ I. Die Justiz wird durch die, in geeigneter Zahl bestimmten Ober- und Unter-Gerichte verwaltet.[33] Für das ganze Reich besteht eine einzige oberste Justiz-Stelle.

§ II. Alle Gerichts-Stellen sind verbunden, bei End-Urtheilen die Entscheidungsgründe anzuführen.[34]

§ III. Die Glieder der Justiz-Kollegien werden von dem König auf Lebenszeit ernannt, und können nur durch einen förmlichen Spruch ihre Stellen verlieren.

§ IV. Der König kann in Kriminal-Sachen Gnade ertheilen, die Strafe erlassen oder mildern; aber in keinem Falle irgend eine anhängige Streit-Sache oder angefangene Untersuchung hemmen, vielweniger eine Parthei ihrem gesezlichen Richter entziehen.

§ V. Der königliche Fiskus wird in allen streitigen Privat-Rechts-Verhältnissen bei den königlichen Gerichts-Höfen Recht nehmen.

§ VI. Die Güter-Konfiskation[35] hat in keinem Falle, den der Desertion ausgenommen, Statt; wohl aber können die Einkünfte während der Lebenszeit des Verbrechers sequestrirt und die Gerichtskosten damit bestritten werden.

31 Die Nationalrepräsentation war nicht einberufen worden.
32 U: „... wieder erwählbar."
33 Siehe dazu unten Nr. 2 b und Nr. 2 k sowie oben Fußnote 25.
34 Dazu: Verordnung, die zweckmäßige Fassung der Entscheidungsgründe betr., vom 27. April 1813 (RBl 561).
35 Siehe dazu unten Nr. 3 g.

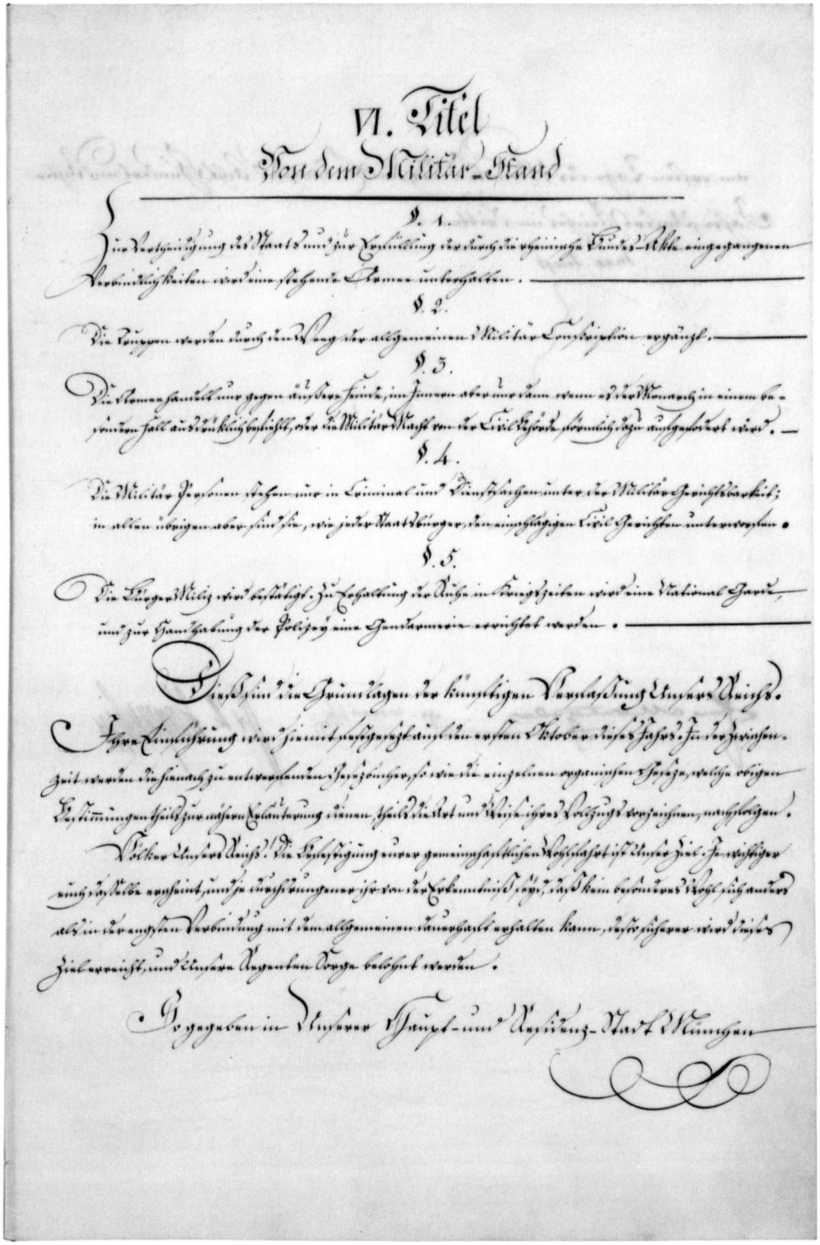

VI. Titel
Von dem Militär-Stand

§. 1.
Zur Vertheidigung des Staats und zur Erfüllung der durch die rheinische Bundes-Akte eingegangenen Verbindlichkeiten wird eine stehende Armee unterhalten.

§. 2.
Die Truppen werden durch den Weg der allgemeinen Militär-Conscription ergänzt.

§. 3.
Die Armee handelt nur gegen äussere Feinde, im Innern aber nur dann, wenn es der Monarch in einem besondern Fall ausdrücklich befiehlt, oder die Militär-Macht von der Civil-Behörde förmlich dazu aufgefordert wird.

§. 4.
Die Militär-Personen stehen nur in Criminal- und Dienstsachen unter der Militär-Gerichtsbarkeit; in allen übrigen aber sind sie, wie jeder Staatsbürger, den einschlägigen Civil-Gerichten unterworfen.

§. 5.
Die Bürger-Miliz wird bestätigt. Zur Erhaltung der Ruhe in Kriegszeiten wird eine National-Garde, und zur Handhabung der Polizey eine Gendarmerie errichtet werden.

Dieses sind die Grundlagen der künftigen Verfassung Unsers Reichs.

Ihre Einführung wird hiemit festgesezt auf den ersten Oktober dieses Jahrs. In der Zwischenzeit werden die hienach zu entwerfenden Gesezbücher, so wie die einzelnen organischen Geseze, welche obigen Bestimmungen theils zur nähern Erläuterung dienen, theils die Art und Weise ihres Vollzugs verzeichnen, nachfolgen.

Völker Unsers Reichs! Die Beförderung eurer gemeinschaftlichen Wohlfahrt ist Unser Ziel. Je richtiger euch dasselbe erscheint, und je durchdrungener ihr von der Erkenntniß seyd, daß kein besonderes Wohl sich anders als in der engsten Verbindung mit dem allgemeinen Ganzen erhalten kann, desto sicherer wird dieses Ziel erreicht, und Unsere angelegene Sorge belohnt werden.

Gegeben in Unserer Haupt- und Residenz-Stadt München

Original der Konstitution vom 1. Mai 1808, Bl. 8

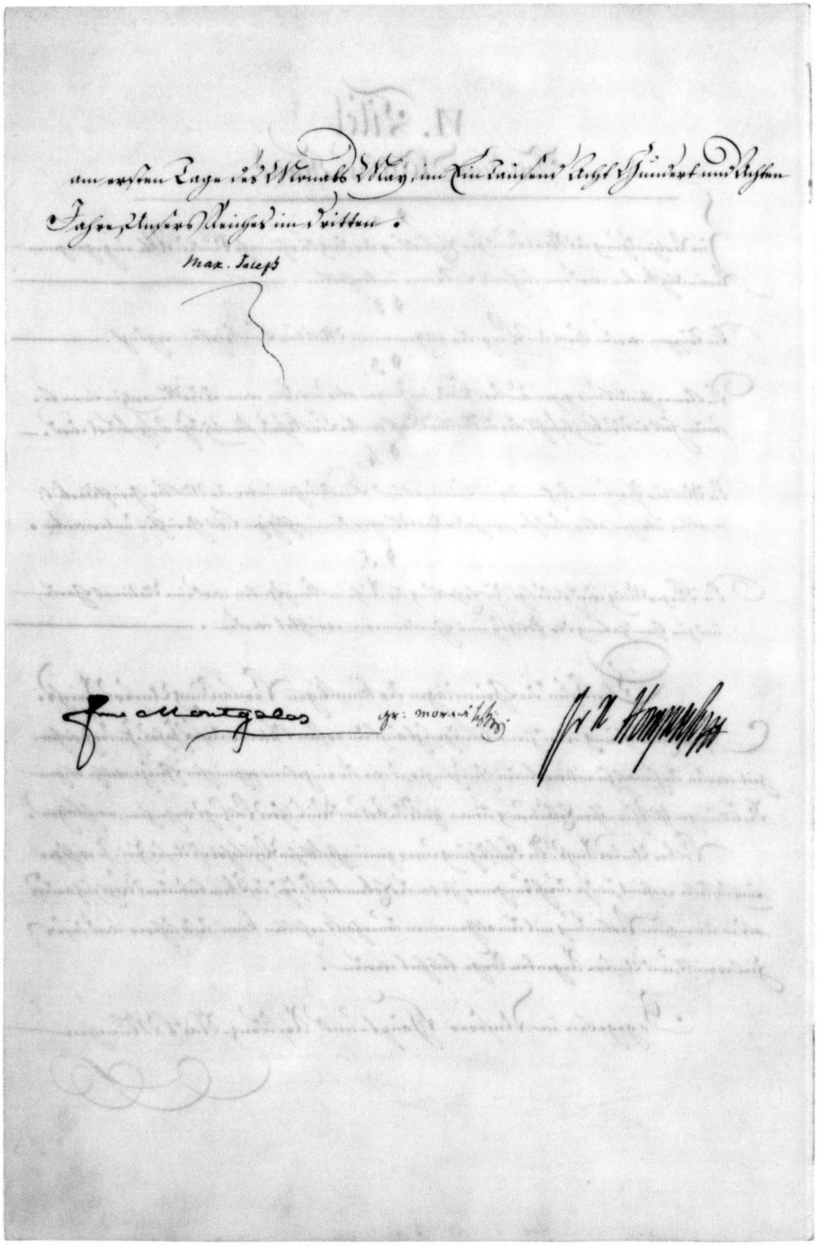
am ersten Tage des Monats May, im Ein Tausend Acht Hundert und Achten Jahre, Unseres Reiches im Dritten.

Max. Joseph

Montgelas

Gr: Morawitzky

Fr. v. Hompesch

Original der Konstitution vom 1. Mai 1808, Bl. 8'

§ VIII. Es soll für das ganze Reich ein eigenes bürgerliches und peinliches Gesezbuch[36] eingeführt werden.

Sechster Titel.
Von dem Militär-Stande.

§ 1. Zur Vertheidigung des Staats, und zur Erfüllung der durch die rheinische Bundes-Akte[37] eingegangenen Verbindlichkeiten, wird eine stehende Armee unterhalten.

§ II. Die Truppen werden durch den Weg der allgemeinen Militär-Konskription ergänzt.

§ III. Die Armee handelt nur gegen äussere Feinde; im Innern aber nur dann, wenn es der Monarch in einem besondern Falle ausdrücklich befiehlt, oder die Militär-Macht von der Zivil-Behörde förmlich dazu aufgefodert wird.

§ IV. Die Militär-Personen stehen nur in Kriminal- und Dienst-Sachen unter der Militär-Gerichtsbarkeit; in allen übrigen aber sind sie, wie jeder Staatsbürger, den einschlägigen Zivil-Gerichten unterworfen.

§ V. Die Bürger-Miliz wird bestättigt. Zur Erhaltung der Ruhe in Kriegs-Zeiten wird eine National-Garde[38], und zur Handhabung der Polizei eine Gensd'armerie[39] errichtet werden.

Dieß sind die Grundlagen der künftigen Verfassung Unsers Reichs. Ihre Einführung wird hiemit festgesezt auf den ersten Oktober dieses Jahres. In der Zwischenzeit werden die hienach zu entwerfenden Gesez-Bücher, so wie die einzelnen organischen Geseze, welche obigen Bestimmungen theils zur nähern Erläuterung dienen, theils die Art und Weise ihres Vollzugs vorzeichnen, nachfolgen.[40]

Völker Unsers Reichs! Die Befestigung eurer gemeinschaftlichen Wohlfahrt ist Unser Ziel. je wichtiger euch dasselbe erscheint, und je durchdrungener ihr von der Erkenntniß seyd, daß kein besonderes Wohl sich anders, als in der engsten Verbindung mit dem allgemeinen dauerhaft erhalten kann, desto sicherer wird dieses Ziel erreicht, und Unsere Regenten-Sorge belohnt werden.

So gegeben in Unserer Haupt- und Residenz-Stadt München, am ersten Tage des Monats Mai, im Ein Tausend Acht Hundert und Achten Jahre, Unsers Reiches im Dritten.

Max Joseph.

Frhr. v. Montgelas. Gr. Morawitzky. Frhr. v. Hompesch.

2. Organische Edikte zur Vollziehung der Konstitution

Im Anschluss an die Veröffentlichung der Konstitution vom 1. Mai 1808 wurden zahlreiche als „Organische Edikte" bezeichnete Vollzugsvorschriften erlassen, die zusammen mit der ersten Verfassung (im formellen Sinne) das Fundament für ein einheitliches Staatsrecht im neuen Königreich Bayern bildeten. Von fundamentaler Bedeutung waren insbes. folgende Rechtsvorschriften:

a) Organisches Edikt, die Bildung des geheimen Raths betr., vom 4. Juni 1808 (RBl 1329).

b) Organisches Edikt, die Gerichts-Verfassung betr., vom 24. Juli 1808 (RBl 1785), wozu mehrere Verordnungen gerichtsverfassungsrechtlichen und verfahrensrechtlichen Inhalts ergangen waren.

c) Organisches Edikt über die gutherrlichen Rechte vom 28. Juli 1808 (RBl 1833).

[36] Ein für das ganze Staatsgebiet geltendes eigenes bürgerliches Gesetzbuch war nicht zustande gekommen. Dazu: Patent über die Verkündung des allgemeinen Strafgesezbuches für das Königreich Baiern vom 16. Mai 1813 (RBl 665).

[37] Siehe oben Fußnote 3.

[38] Siehe dazu unten Nr. 3 m.

[39] Siehe dazu unten Nr. 3 o.

[40] Dazu: „Organische Edikte" und sonstige Vollzugsvorschriften (siehe unten Nr. 2–4).

d) Organisches Edikt über die Bildung der Gemeinden vom 28. Juli 1808 (RBl 2789).[41]

e) Organisches Edikt, die Anordnung der Kreis-Finanz-Direktionen betr., vom 8. August 1808 (RBl 1869).[42]

f) Organisches Edikt, die Anordnung einer Lehen- und Hoheits-Sektion bei dem Ministerium der auswärtigen Angelegenheiten betr., vom 25. August 1808 (RBl 1939).

g) Organisches Edikt, die Anordnung einer Polizei-Sektion bei dem Ministerium des Innern betr., vom 25. August 1808 (RBl 1953).

h) Organisches Edikt über die Anordnung einer Steuer- und Domänen-Sektion bei dem königlichen geheimen Finanzministerium vom 25. August 1808 (RBl 2045).

i) Organisches Edikt über das Medizinalwesen im Königreiche vom 8. September 1808 (RBl 2189).

k) Organisches Edikt über die Patrimonial-Gerichtsbarkeit vom 8. September 1808 (RBl 2245), ersetzt durch Organisches Edikt über die gutsherrliche Gerichtsbarkeit vom 16. August 1812 (RBl 1505).

l) Organisches Edikt über die Anordnung einer Sektion in Kirchen-Gegenständen bei dem Ministerium des Innern vom 8. September 1808 (RBl 2271).

m) Organisches Edikt über die Sektion des Ministeriums des Innern für die öffentlichen Unterrichts- und Erziehungs-Anstalten vom 15. September 1808 (RBl 2461) nebst Instruktionen für Schulaufsicht und Schulinspektionen.

n) Organisches Edikt über die Anordnung der General-Post-Direktion als Sektion des auswärtigen Ministeriums vom 17. September 1808 (RBl 2261).

41 Siehe dazu unten Nr. 3 i und Nr. 4 d.
42 Siehe dazu unten Nr. 3 n.

3. Sonstige Vollzugsvorschriften zur Konstitution

Außer den „Organischen Edikten" waren nach der Verkündung der Konstitution vom 1. Mai 1808 noch viele weitere Vollzugsvorschriften mit unterschiedlichen Bezeichnungen ergangen, die ebenfalls für die Bildung eines einheitlichen Staatsrechts im Königreich Bayern von fundamentaler Bedeutung waren. Unabhängig von ihren verschiedenartigen Benennungen, waren insbes. folgende Rechtsvorschriften verfassungs- und verwaltungsrechtlich wichtig:

a) Verordnung, die Territorial-Eintheilung des Königreichs Baiern betr., vom 21. Juni 1808 (RBl 1481), geändert durch Verordnung, die Territorial-Eintheilung des Königreichs betr., vom 23. September 1810 (RBl 809).[43]

b) Edikt über die Lehen-Verhältnisse im Königreiche Baiern vom 7. Juli 1808 (RBl 1893) mit nachträglichen Änderungen.

c) Instruktion für die General-Kreis-Kommissäre vom 17. Juli 1808 (RBl 1649) mit nachfolgenden Änderungen.

d) Edikt über den Adel im Königreiche Baiern vom 28. Juli 1808 (RBl 2029) mit späteren Änderungen, insbes. Edikt vom 22. Dezember 1811 (RBl 1812, 5), durch das die Majoratsherren und die adligen Lehnsbesitzer für geborene Repräsentanten der Nation erklärt wurden.

e) Reglement, die Kron-Ämter des Reichs betr., vom 28. Juli 1808 (RBl 2109).

f) Königliches Familien-Gesez vom 28. Juli 1808 (RBl 1810, 777).[44]

g) Edikt über die Konfiskationen vom 29. August 1808 (RBl 1937).

43 Ersetzt durch Verordnung vom 20. Februar 1817 (siehe unten Nr. 4 c).
44 Ersetzt durch Familien-Gesez vom 18. Jänner 1816 (siehe unten Nr. 4 a).

h) Edikt über die Aufhebung der Leibeigenschaft vom 31. August 1808 (RBl 1933).

j) Edikt über das Gemeinde-Wesen vom 24. September 1808 (RBl 2405) mit Instruktion der Gemeinde-Vorsteher (RBl 2431) und Instruktion der Polizei-Direktionen in den Städten (RBl 2509) nebst Verordnung, die Organisation der städtischen Polizei-Behörden betr., vom 24. Dezember 1808 (RBl 1809, 5).[45]

k) Königliche allerhöchste Erklärung über die konstitutionellen Geseze, wodurch Rechte der Privaten aufgehoben werden, vom 6. Jänner 1809 (RBl 97).

l) Edikt über die äusseren Rechts-Verhältnisse der Einwohner des Königreiches Baiern, in Beziehung auf Religion und kirchliche Gesellschaften, zur näheren Bestimmung der §§ VI. und VII. des ersten Titels der Konstitution, vom 24. März 1809 (RBl 897) – sog. „Religionsedikt".

m) Verordnung, die Errichtung einer National-Garde betr., vom 6. April 1809 (RegBl. S. 657) nebst Verordnung vom 6. Juli 1809 (RBl 1093), ersetzt durch Organische Verordnung über die Errichtung einer Nazional-Garde vom 10. Juni 1813 (RBl 849).

n) Verordnung, die Formation der Kreis-Finanz-Direktionen betr., vom 7. Oktober 1810 (RBl 904).

o) Edikt, die Errichtung einer Gendarmerie betr., vom 11. Oktober 1812 (RBl 1737).

p) Verordnung, die Errichtung und Bildung des obersten Rechnungshofes im Königreiche Baiern betr., vom 20. Oktober 1812 (RBl 1785).

q) Verordnung, die Verhältnisse der Staats-Diener rücksichtlich ihrer Pensions-Ansprüche betr., vom 28. November 1812 (RBl 1813, 761).[46]

r) Edikt über die Verhältnisse der jüdischen Glaubensgenossen im Königreiche Baiern vom 10. Juni 1813 (RBl 921).

4. Verfassungsrechtlich bedeutsame Vorschriften nach dem Beitritt zum Deutschen Bund

Nach dem Beitritt des Königreichs Bayern zum Deutschen Bund[47] waren bis zur Verkündung der Verfassungs-Urkunde vom 26. Mai 1818 insbes. folgende staats- und verwaltungsrechtlich bedeutsamen Rechtsvorschriften ergangen:

a) Königliches Familien-Gesez vom 18. Jänner 1816 (RBl 747).

b) Verordnung, die Bildung und Einrichtung der obersten Stellen des Staats betr., vom 2. Februar 1817 (RBl 49).[48]

c) Verordnung, die Einteilung des Königreichs in acht Kreise betr., vom 20. Februar 1817 (RBl 113).

d) Verordnung, die künftige Verfassung und Verwaltung der Gemeinden im Königreiche betr., vom 17. Mai 1818 (GBl 49).

[45] Alle gemeinderechtlichen Vorschriften wurden aufgehoben und ersetzt durch die Verordnung vom 17. Mai 1818 (siehe unten Nr. 4 d).

[46] Ersetzt durch das Edikt die Verhältnisse der Staatsdiener, vorzüglich in Beziehung auf ihren Stand und Gehalt betr., vom 26. Mai 1818 (Neunte Beylage zu Titel V S 6 der Verfassungs-Urkunde).

[47] Teutsche Bundes-Akte vom 8. Juni 1815 (RBl 1817, 635).

[48] Gemäß dieser Verordnung war der Staatsminister des Äussern, des Innern und der Finanzen, Maximilian Graf von Montgelas, entlassen worden.

Mit Kurztiteln zitierte Literatur

Allgemeine Deutsche Biographie, hrsg. von der Historischen Kommission bei der Bayerischen Akademie der Wissenschaften, Bd. 1–56, Leipzig 1875–1912 = ADB

Bayerischer Geschichtsatlas, hrsg. von Max Spindler, Redaktion Gertrud Diepolder, München 1969 = Bayerischer Geschichtsatlas

Rainer Braun u.a. (Bearb.), Bayern und seine Armee. Eine Ausstellung des Bayerischen Hauptstaatsarchivs aus den Beständen des Kriegsarchivs (Ausstellungskataloge der Staatlichen Archive Bayerns 21), München 1987 = AK Bayern und seine Armee

Rainer Braun – Joachim Wild u.a. (Bearb.), Bayern ohne Klöster? Die Säkularisation 1802/03 und die Folgen. Eine Ausstellung des Bayerischen Hauptstaatsarchivs (Ausstellungskataloge der Staatlichen Archive Bayerns 45), München 2003 = AK Bayern ohne Klöster?

Hermann-Joseph Busley – Lieselotte Klemmer (Bearb.), Maximilian Joseph Graf von Montgelas (1759–1838). Dokumente zu Leben und Wirken des bayerischen Staatsmannes. Eine Ausstellung anläßlich seines 150. Todestages, Bayerisches Hauptstaatsarchiv München, 15. Juni – 29. Juli 1988 (Ausstellungskataloge der Staatlichen Archive Bayerns 24), München 1988 = AK Montgelas

„Daß unsere Finanzen fortwährend in Ordnung erhalten werden ...“. Die staatliche Finanzkontrolle in Bayern vom Mittelalter bis zur Gegenwart (Staatliche Archive Bayerns – Kleine Ausstellungen 23), Nachdruck München 2005 = AK Finanzkontrolle

Walter Demel, Der bayerische Staatsabsolutismus 1806/08–1817. Staats- und gesellschaftspolitische Motivationen und Hintergründe der Reformära in der ersten Phase des Königreichs Bayern (Schriftenreihe zur bayerischen Landesgeschichte 76), München 1983 = Demel, Staatsabsolutismus

Michael Diefenbacher – Gerhard Rechter (Hrsg.), Vom Adler zum Löwen (Ausstellungskataloge des Stadtarchivs Nürnberg 17), Nürnberg 2006 = AK Vom Adler zum Löwen

Johannes Erichsen – Katharina Heinemann (Hrsg.), Bayerns Krone 1806. 200 Jahre Königreich Bayern, München 2006 = AK Bayerns Krone 1806

Caroline Gigl, Die Zentralbehörden Kurfürst Karl Theodors in München 1778–1799 (Schriftenreihe zur bayerischen Landesgeschichte 121), München 1999 = Gigl, Zentralbehörden

Hubert Glaser (Hrsg.), Krone und Verfassung. König Max I. Joseph und der neue Staat. Beiträge zur bayerischen Geschichte und Kunst (Ausstellungskatalog Wittelsbach und Bayern III/1), München-Zürich 1980 = AK Wittelsbach und Bayern III/1

Hubert Glaser (Hrsg.), Krone und Verfassung. König Max I. Joseph und der neue Staat, Katalog der Ausstellung (Ausstellungskatalog Wittelsbach und Bayern III/2), München-Zürich 1980 = AK Wittelsbach und Bayern III/2

Dirk Götschmann, Bayerischer Parlamentarismus im Vormärz. Die Ständeversammlung des Königreichs Bayern 1819–1848 (Handbuch der Geschichte des deutschen Parlamentarismus 7), Düsseldorf 2002 = Götschmann, Parlamentarismus

Michael Henker – Margot Hamm – Evamaria Brockhoff (Hrsg.), Bayern entsteht. Montgelas und sein Ansbacher Mémoire von 1796. Katalog zur Ausstellung des Hauses der Bayerischen Geschichte in Zusammenarbeit mit dem Bayerischen Hauptstaatsarchiv in Ansbach und München 1996/97 (Veröffentlichungen zur Bayerischen Geschichte und Kultur 32), Augsburg 1996 = AK Bayern entsteht

Gerhard Hetzer – Ariane James-Sarazin – Albrecht Liess (Bearb.), Bayern und Frankreich: Wege und Begegnungen. 1000 Jahre bayerisch-französische Beziehungen. France-Bavière: allers et retours. 1000 ans de relations franco-bavaroises (Ausstellungskataloge der Staatlichen Archive Bayerns 47), München -Paris 2006 = AK Bayern und Frankreich

Rolf Kießling – Anton Schmid unter Mitarbeit von Werner Blessing (Bearb.), Dokumente zur Geschichte von Staat und Gesellschaft in Bayern Abt. III, Bd. 3: Regierungssystem und Finanzverfassung, München 1977 = Dokumente zur Geschichte von Staat und Gesellschaft III/3

Rudolf M. Kloos (Bearb.), Bayerns Weg zum modernen Staat. Ausstellung des Bayerischen Hauptstaatsarchivs zum 150. Jahrestag der Verfassung des Königreichs Bayern vom 26. Mai 1818 (Ausstellungskataloge der Staatlichen Archive Bayerns 1), Kallmünz 1968 = AK Bayerns Weg zum modernen Staat

Franz-Ludwig Knemeyer, Regierungs- und Verwaltungsreformen in Deutschland zu Beginn des 19. Jahrhunderts, Köln-Berlin 1970 = Knemeyer

Georg Laubmann – Michael Doeberl (Hrsg.), Denkwürdigkeiten des Grafen Maximilian Joseph v. Montgelas über die innere Staatsverwaltung (1799–1817). Mit einer Einleitung über die Entstehung des modernen Staates in Bayern von M. Doeberl, München 1908 = Montgelas-Denkwürdigkeiten. – Über die Digitale Bibliothek der Bayerischen Staatsbibliothek ist das „Compte rendu" auch digitalisiert verfügbar: http://mdz10.bib-bvb.de/~db/bsb00007137/images/ (zuletzt aufgerufen am 4.11.2007)

Albrecht Liess (Bearb.), Aus 1200 Jahren. Das Bayerische Hauptstaatsarchiv zeigt seine Schätze (Ausstellungskataloge der Staatlichen Archive Bayerns 11), 3. erg. Aufl. Neustadt a.d. Aisch 1986 = AK Aus 1200 Jahren

Karl Möckl, Die bayerische Konstitution von 1808. In: Eberhard Weis – Elisabeth Müller-Luckner (Hrsg.), Reformen im rheinbündischen Deutschland (Schriften des Historischen Kollegs, Kolloquien 4), München 1984, S. 151–167 = Möckl, Die bayerische Konstitution

Karl Möckl, Dokumente zur Geschichte von Staat und Gesellschaft in Bayern Abt. III, Bd. 1: Der moderne bayerische Staat. Eine Verfassungsgeschichte vom aufgeklärten Absolutismus bis zum Ende der Reformepoche, München 1979 = Dokumente zur Geschichte von Staat und Gesellschaft III/1

Neue Deutsche Biographie, hrsg. von der Historischen Kommission bei der Bayerischen Akademie der Wissenschaften, Bd. 1 ff., Berlin 1953 ff. =NDB

Die Protokolle des Bayerischen Staatsrats 1799 – 1817. Bd. 1: 1799 bis 1801, bearb. von Reinhard Stauber unter Mitarbeit von Esteban Mauerer (Die Protokolle des Bayerischen Staatsrats 1799–1817, 1), München 2006 = Staatsratsprotokolle Bd. 1

Die Protokolle des Bayerischen Staatsrats 1799–1817. Bd. 2: 1802 bis 1807, bearb. von Esteban Mauerer (Die Protokolle des Bayerischen Staatsrats 1799–1817, 2), München 2008 = Staatsratsprotokolle Bd. 2

Michael Schaich, Staat und Öffentlichkeit im Kurfürstentum Bayern der Spätaufklärung (Schriftenreihe zur bayerischen Landesgeschichte 136), München 2001 = Schaich, Staat und Öffentlichkeit

Maria Schimke (Bearb.), Regierungsakten des Kurfürstentums und Königreichs Bayern 1799–1815 (Quellen zu den Reformen in den Rheinbundstaaten 4), München 1996 = Schimke, Regierungsakten

Max Spindler – Alois Schmid (Hrsg.), Handbuch der bayerischen Geschichte Bd. II, 2. Aufl. München 1988 = Spindler II

Max Spindler – Alois Schmid (Hrsg.), Handbuch der bayerischen Geschichte Bd. IV/1, 2. Aufl. München 2003 = Spindler IV/1

Wilhelm Volkert, Die bayerischen Kreise. Namen und Einteilung zwischen 1808 und 1838. In: Ferdinand Seibt (Hrsg.), Gesellschaftsgeschichte. Festschrift für Karl Bosl zum 80. Geburtstag, Bd. 2, München 1988, S. 308–323 = Volkert, Die bayerischen Kreise

Wilhelm Volkert (Hrsg.), Handbuch der bayerischen Ämter, Gemeinden und Gerichte 1799–1980, München 1983 = Volkert, Handbuch

Peter Wegelin, Die Bayerische Konstitution von 1808. In: Schweizer Beiträge zur Allgemeinen Geschichte 16 (1958) S. 142–206 = Wegelin

Eberhard Weis, Zur Entstehungsgeschichte der bayerischen Verfassung von 1818. Die Debatten der Verfassungskommission von 1814/15. In: Zeitschrift für bayerische Landesgeschichte 39 (1976) S. 413–444 = Weis, Entstehungsgeschichte

Eberhard Weis, Montgelas, Bd. 1: 1759–1799. Zwischen Revolution und Reform, München 1971 = Weis, Montgelas Bd. 1.

Eberhard Weis, Montgelas, Bd. 2: Der Architekt des modernen bayerischen Staates 1799–1838, München 2005 = Weis, Montgelas Bd. 2.

Alfons Wenzel, Bayerische Verfassungsurkunden. Dokumentation zur bayerischen Verfassungsgeschichte, 4. erg. Aufl. Stamsried 2002 = Wenzel, Verfassungsurkunden

Walter Ziegler (Bearb.), Dokumente zur Geschichte von Staat und Gesellschaft in Bayern, Abt. I, Bd. 3: Altbayern von 1550 bis 1651, München 1992 = Dokumente zur Geschichte von Staat und Gesellschaft I/3

Fritz Zimmermann, Bayerische Verfassungsgeschichte vom Ausgang der Landschaft bis zur Verfassungsurkunde von 1818. Ein Beitrag zur Auseinandersetzung Deutschlands mit den Ideen der Französischen Revolution und Restauration. Erster Teil: Vorgeschichte und Entstehung der Konstitution von 1808 (Schriftenreihe zur bayerischen Landesgeschichte 35), München 1940, ND Aalen 1973 = Zimmermann, Bayerische Verfassungsgeschichte